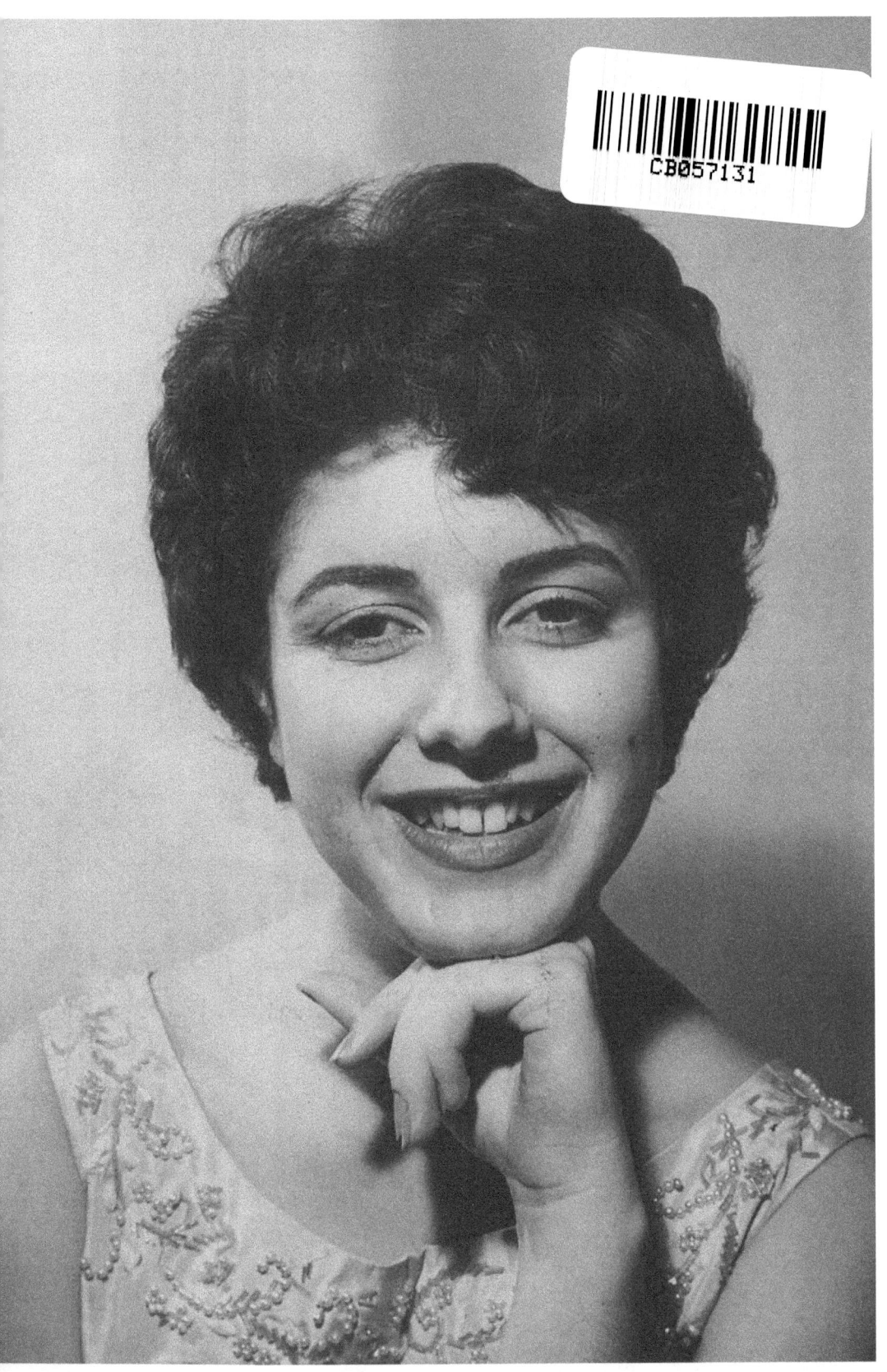

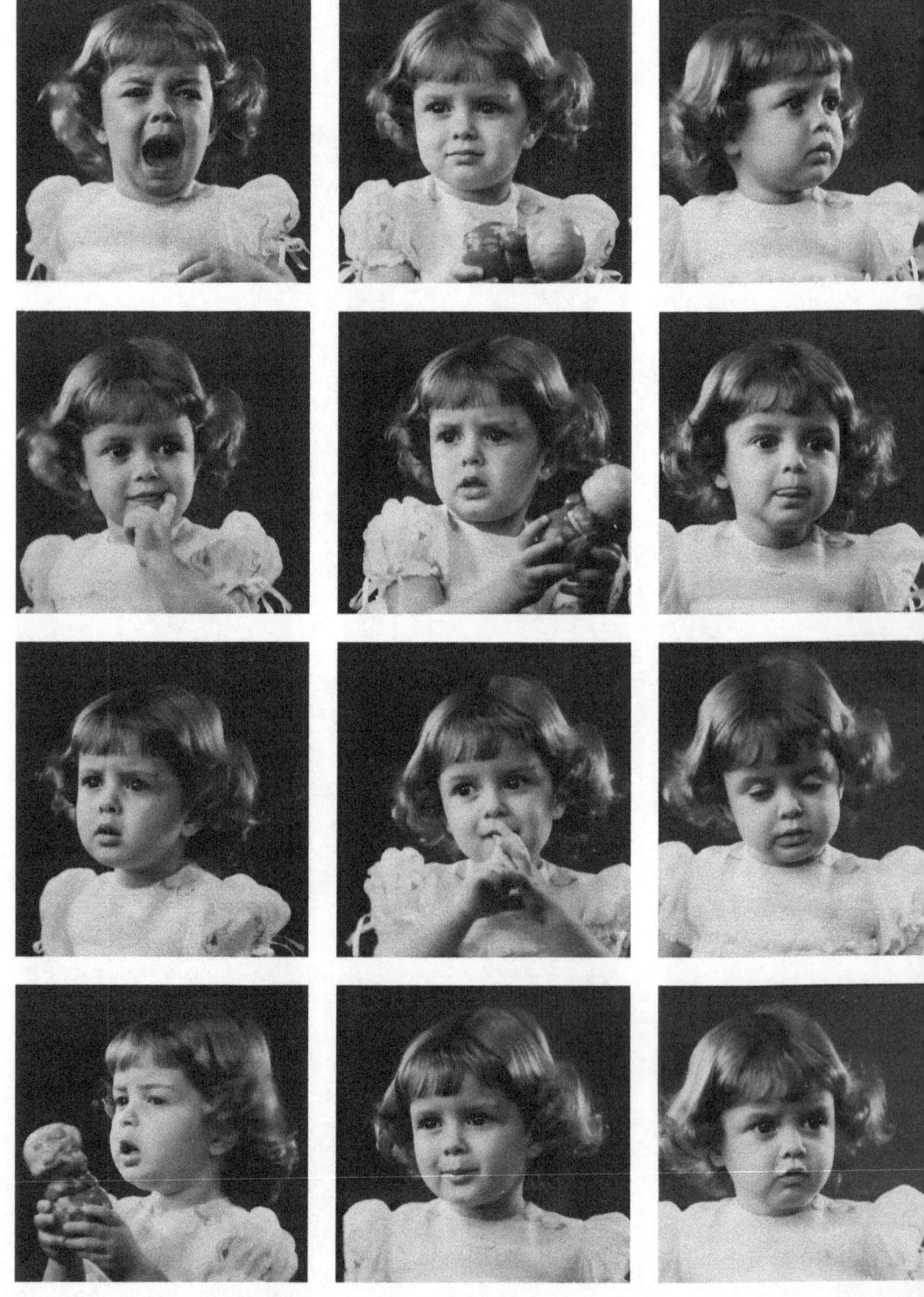

*Para o mestre e grande amigo
Gutemberg Cruz, com gratidão.*

Gonçalo Junior

**Gonçalo Junior
Dimas Oliveira Junior**

Garota Fenomenal

Celly Campello e o nascimento do Rock no Brasil

GAROTA FENOMENAL
Celly Campello e o nascimento do Rock no Brasil

© Copyright 2024 Gonçalo Junior e Dimas Oliveira Junior.
Todos os direitos reservados. É proibida a reprodução total ou parcial do conteúdo desta obra, por quaisquer meios existentes ou que venham a ser criados, sem a autorização prévia por escrito dos autores e da editora, exceto para fins de divulgação.

Capa e projeto gráfico: Dirceu Rodrigues
Revisão: Manoel de Souza e Leonardo Vicente Di Sessa

Editora Noir Ltda
Praça da Sé, nº 21 - conjunto 410
Bairro da Sé - São Paulo - SP - 01001-000
N63
Site: www.editoranoir.com.br
E-mail: contato@editoranoir.com.br
facebook.com/editoranoir
www.instagram.com/editora_noir
Impresso no outono de 2024
Impressão: Gráfica Forma Certa

Dados Internacionais de Catalogação na Publicação (CIP)
(Câmara Brasileira do Livro, SP, Brasil)

Gonçalo Junior
  Garota fenomenal : Celly Campello e o nascimento do rock no Brasil / Gonçalo Junior, Dimas Oliveira Junior. -- São Paulo : Noir Editora, 2024.

  ISBN 978-65-89482-43-7

  1. Campello, Celly, 1942-2003 2. Cantoras - Brasil - Biografia 3. Rock - Brasil - História I. Oliveira Junior, Dimas. II. Título.

24-208370   CDD-780.092

Índices para catálogo sistemático:

1. Cantoras : Biografia   780.092

Cibele Maria Dias - Bibliotecária - CRB-8/9427

Vozinha afinada, baby face, ar de boa menina. Menina de família. Durante os quatro anos em que ela reinou absoluta nas paradas de sucesso, viveu seu sonho de Cinderela. Comandou um programa de televisão e virou mania nacional. "Rainha do rock". Até que o estúpido cupido levou a mocinha para o altar. E Celly Campello virou a senhora Célia Chacon. Deixou o palco para se dedicar aos afazeres do lar. Isso foi há muito tempo. Ainda era 1962, estávamos na pré-história do rock'n'roll. Faz 27 anos. Mas parece que essa saudade não passa e, vira e mexe, alguém se lembra de alertar que a gente era feliz e não sabia.

Regina Echeverria,
O Estado de S. Paulo
1º de julho de 1989

Parte 1

O banho de lua de Celly Campello

Prólogo
O cupido flechou o Brasil

No começo de 1959, Celinha tinha 16 anos de idade – completaria 17 em 18 de junho – e se preparava para terminar naquele ano o segundo grau no Colégio Bom Conselho, na cidade de Taubaté, interior paulista, a 130 quilômetros da capital, onde vivia desde a segunda semana de vida. Havia nascido em São Paulo por conveniência e zelo dos pais, Nelson e Idea Campello, para evitar algum problema no parto – em uma época que era comum mães morrerem por complicações na hora de dar à luz.

Como o disco de 78 rotações (rpm) de duas faixas gravado com o irmão Tony em abril do ano anterior e o que fizera sozinha, lançado em outubro anterior, não deram certo, muita gente achou que sua tranquilidade sobre como encarava o suposto fracasso de sua breve carreira como cantora era só aparência para não dar o braço a torcer. Não era possível que ela simplesmente deixasse o fiasco pra lá e seguisse em frente, como estudante. Tony dera mais certo, uma de suas músicas chegou a tocar nas rádios.

Um bom número de pessoas na cidade sabia que ela agora tinha um nome artístico, Celly Campello, embora preferisse ser chamada pelo nome de batismo mesmo, Célia. Ou Celinha. Quem a conhecia o mínimo sabia que estava, de fato, tudo bem. Era uma garota de personalidade forte, que dizia não se importar tanto com o tal sucesso que poderia ter alcançado ao gravar um disco em uma das maiores gravadoras do país, a cobiçada Odeon.

Suas prioridades eram os estudos – queria fazer faculdade – e manter o namoro com Eduardo Chacon, seis anos mais velho, com quem pretendia se casar, dizia. Mas, como ficara combinado no contrato com a gravadora, ela estava obrigada a fazer três discos – dois individuais, além do gravado com o irmão. E vice-versa. Ou seja, a gravadora também deveria cumprir essa cláusula e realizar o disco, em caso de fracasso, caso Célia quisesse. Ou os dois lados poderiam entrar em um acordo e dar a parceria por encerrada.

Para ela, a última opção parecia a melhor saída. Mas havia uma terceira pessoa na história que queria ver o disco gravado de qualquer jeito: o mano – como ela chamava – mais velho Tony Campello, que todos ainda chamavam em casa pelo nome verdadeiro, Sérgio.

Por causa dele, a situação, no entanto, inverteu-se completamente e o correto seria dizer não que ela tivesse obrigação contratual, mas o "direito" de uma terceira oportunidade de tentar dar certo com novo disco.

Nada, porém, foi comunicado à estudante sobre o que se passou antes de Tony partir para cima da gravadora, na defesa do cumprimento do acordo assinado com todos que faziam parte do *cast* da gravadora. Nesse momento, o plano que a Odeon tinha a seu respeito não era nada positivo: dispensá-la assim que fosse possível, sem sequer chamá-la para fazer o último disco. Tony sentia que algo não ia bem nesse sentido, uma vez que a gravadora não definia quando a caçula dos Campello entraria em estúdio novamente, apesar de suas cobranças.

Ouvia sempre a mesma resposta: "Vamos ver!", "Vamos ver!". E ele precisava fazer alguma coisa, mais uma vez, como protetor que era da única irmã – e caçula da casa. "Numa conversa com os diretores da Odeon, quando lembrei do contrato que tínhamos assinado quase um ano antes, entendi que eles concordavam que Celly tinha de fazer o terceiro disco, sim, mas não mostraram entusiasmo quanto ao resultado. Era só cumprir contrato mesmo e dar o assunto por encerrado", recorda Tony.

Não seria a primeira nem a última vez que tinham feito a aposta errada. Pelo contrário. Todas as gravadoras viviam mais de erros que de acertos. O importante era evitar prejuízos o máximo possível, embora seus diretores sempre achassem que sabiam das coisas. "Mas eu não gostei disso, achei que a coisa não deveria acabar desse jeito para ela, Celinha era talentosa, tinha um enorme potencial e só precisava de uma música certa, como o tempo mostraria".

Quando a Odeon se reuniu em dezembro de 1958 para fazer um balanço do ano que terminava e montar a programação dos doze meses seguintes, havia na gravadora quem concluísse que Tony deveria ser a maior aposta junto ao público jovem, pois tivera melhor desempenho entre todas as experiências feitas naquele ano.

Por incrível que pudesse parecer, os executivos que tinham ido a Taubaté no começo de abril para conhecer os dois irmãos Campello de perto e convencê-los a assinar seus contratos com a gravadora estavam desiludidos com a mocinha sem um bom motivo, já que tinha bela voz e afinação fora do comum. O diretor artístico Júlio Nagib estava à frente dessa resistência e tomou para si o papel de convencer Tony a desistir do terceiro disco de Celly.

Ele, então, chamou-o e explicou, de acordo com diálogo reproduzido pelo cantor: "Tony, meu amigo, infelizmente sua irmã não realizou o que esperávamos com os dois discos. Você sabe, isso aqui é um negócio, puro comércio. Não deram certo as tentativas e temos de rescindir o contrato dela". Tony conta que sentiu seu amor-próprio ferido ao ouvir Nagib. Vieram-lhe lágrimas nos olhos, lembrou da irmãzinha caçula por quem seria capaz de morrer em sua defesa. Parecia escutar as palavras do seu pai, quando todos eram ainda crianças: "Aqui é um por todos e todos por um!".

E disse, simplesmente, como resposta, com olhar firme e desafiador, mesmo que significasse ser ele também dispensado: "Para começo de conversa, Júlio, o contrato que vocês fizeram Celinha assinar estabelece que ela deve gravar um terceiro disco e você vai ter que honrar isso. Depois, se ela sair, eu também sairei". Nagib, então, concordou, que, como não tinha jeito, gravaria o último disco. Esse "favor" significava que o trabalho nasceria natimorto, o departamento comercial da Odeon não faria o menor esforço para promover as duas novas canções a serem gravadas junto aos jornais, revistas e aos programadores de rádio.

Mesmo assim, Tony pediu para deixar por sua conta que ele encontraria uma música para ela que faria sucesso e mostraria seu valor. Só não sabia qual ainda, quando Nagib perguntou o que tinha em mente. Havia, portanto, mais duas balas no coldre para Celly. E se errasse o alvo, sua carreira certamente estaria encerrada para sempre. A mocinha agora com 16 anos precisava desesperadamente de um sucesso, concluiu o irmão, embora não demonstrasse qualquer sinal de aflição.

Para piorar, só não podia imaginar que Nagib pretendia dificultar ao máximo que ele tivesse êxito nessa empreitada, depois de Tony pressioná-lo daquela forma, com ameaça de deixar a gravadora. O diretor acabaria por se tornar um vilão na história de Celly Campello por causa de seu esforço em não a deixar gravar o que Tony escolheria poucos dias depois daquela conversa. Mas não era só com ela a implicância do polêmico, passional e manipulador executivo.

Figura controversa do mercado musical, Júlio Nagib acumulou uma coleção de desafetos por causa de suas pretensões como compositor e versionista de sucessos estrangeiros para o português. Paulista de Sorocaba, onde veio ao mundo em 1929, quando era adolescente, seus pais o mandaram para a capital, onde deveria estudar e se formou como bacharel de direito pelo Mackenzie – conhecimento que usaria para ser um atuante defensor dos direitos autorais décadas depois.

Seu interesse maior estava na música, porém. Tanto que, no final da década de 1940, Nagib estreou na Rádio Tupi, de São Paulo, como redator e ator, no elenco de peças de radioteatro escritas e dirigidas por Otávio Gabus Mendes – pai de Cassiano Gabus Mendes, futuro autor de telenovelas. Otávio era considerado um dos modernizadores da radiodramaturgia, com adaptações de filmes, apresentadas no programa *Cinema em Casa* e do qual também participaram futuros astros como Walter Forster, Lima Duarte, Dionísio Azevedo, Flora Geny e outros.

Em seguida, Nagib se tornou animador de auditório, quando produziu e apresentou o programa *Domingo de Festa*, em que misturava variedades com música, humorismo e entrevistas. Com a chegada da Televisão ao Brasil, em 18 de setembro de 1950, dia em que foi inaugurada a TV Tupi, de São Paulo, ele se tornou o primeiro apresentador do *Clube dos Artistas*, o mesmo que seria apresentado por Lolita e Airton Rodrigues até a década de 1980, na mesma emissora e no SBT, de Silvio Santos. Na Rádio Nacional de São Paulo, ele ocupou o cargo de diretor musical e produtor de sucessos como *Um Milhão de Melodias* e *Quando os Maestros se Encontram*.

Sua carreira, no entanto, sofreu um revés e ele virou programador da *Discoteca da Rádio Bandeirantes*, onde lançou a atração *Telefone Pedindo Bis*, um grande sucesso da emissora. Em seguida, foi contratado para ocupar o cargo de diretor artístico da Odeon, e seria responsável por grandes hits como *Molambo*, interpretado por Roberto Luna; *Hino ao Amor*, com Wilma Bentivegna; e *Brasil Dia e Noite*, com o maestro Luiz Arruda Paes e Orquestra, que deu a ele como prêmio um disco de ouro nos Estados Unidos.

Meio sem querer, Nagib se tornou pioneiro do rock and roll no Brasil. Foi dele a primeira versão para o português de *Rock Around The Clock*, de Bill Halley e Seus Cometas, gravada como *Ronda das Horas*, por Heleninha Silveira, em novembro de 1955. A ele seriam atribuídas descobertas de nomes importantes do disco nos anos de 1950 e 1960, como Luiz Arruda Paes, Chiquinho de Moraes e Erlon Chaves. Na RGE, seu emprego seguinte, anos depois, lançaria Chico Buarque, Erasmo Carlos, Paulinho Nogueira e Cláudia, só para citar alguns.

Na Odeon paulista, na segunda metade da década de 1950, Júlio Nagib investiu na carreira paralela de autor de versões de sucessos internacionais, que o levaria a competir com Fred Jorge – responsável pela maioria das letras brasileiras de sucesso do gênero. Como *Only You*, *Concerto de Outono*, *Malaguenha*, *Cerejeira Rosa*, *Stranger in Paradise* e *Matilda*, entre tantas, além da composição de uma letra inédita para *Piano Alemão*. Seu maior sucesso como autor, porém, seria o samba-canção *Não me Condene*, gravado por diversos cantores, como Agnaldo Rayol, Claudia Barroso e Norma Avian.

Enquanto o futuro musical de Celly era uma incógnita, com dois discos no currículo lançados no decorrer de 1958, embora não tivessem sido tocados de modo excepcional, os irmãos Campello foram premiados, em janeiro de 1959, quando o empresário Paulinho de Carvalho, diretor da TV e Rádio Record, institui o *Troféu Chico Viola* – apelido do cantor Francisco Alves, morto em um acidente de carro em 1952 –, destinado a premiar anualmente cantores, compositores e gravadoras. Aquela foi a primeira edição do troféu, cuja cerimônia, portanto, ocorreu no dia 20 do mesmo mês.

A comissão de votação estabeleceu que o termômetro para escolha dos vencedores seriam os destaques do programa semanal *Astros do Disco*, da própria Record, um respeitado hit parade da época, apresentado por Randal Juliano. O troféu seria entregue em uma festa de gala, com transmissão ao vivo pela TV e pelo rádio, no Teatro Record, que ficava na Rua da Consolação, a um quarteirão da Avenida Paulista. Celly foi escolhida a revelação do ano, com ênfase no fato de ter gravado o primeiro disco aos 15 anos de idade.

A escolha causou surpresa na direção da Odeon, que, como foi dito, apostava mais em Tony, porque tocou mais nas rádios. Antes de sair o anúncio, no primeiro dia útil de 1959, Tony entrou na sala de Júlio Nagib tendo em mãos o compacto de 45 polegadas que a Odeon tinha lançado de uma cantora americana chamada Connie Francis, que havia sido um dos grandes sucessos americanos no ano que terminara, com a faixa *Stupid Cupid*, da dupla Howard Greenfield e Neil Sedaka, mas que as rádios brasileiras não tocaram porque o compacto era na velocidade 45 rpm e os disc-jockeys e técnicos não tinham paciência de ficar alterando a velocidade padrão de 33 rpm e 78 rpm dos aparelhos toca-discos (pick-ups) para músicas até então desconhecidas.

O próprio compacto dos dois irmãos tinha saído também nesse formato e os resultados nas lojas tinham sido pífios. Os que venderam, portanto, foram em 33 e 78 rpm. Na época, as rádios tinham grandes mesas de controle de som que lembravam ao primogênito de Nelson Campello um câmbio de automóvel antigo, com marchas que tinham de ir para direita, esquerda, ponto morto e tal. "Era uma mão de obra danada ter de mudar aquilo toda hora", recorda.

A Odeon, em 1958, além do 78 rpm tradicional gravado pelo sistema elétrico desde 1927, e do 33 rpm dos LPs, surgido em 1948, começava a fazer discos de 45 rpm e o dos Campello levou o número 1001, por ser o primeiro de todos na empresa. "Como começamos a ter uma aceitação rápida entre os programadores quando nosso disco chegou às emissoras, resolveram fazer o 45 rpm também", observa Tony. Esse entusiasmo, porém, durou apenas um mês, como se verá adiante.

"Encontrei, finalmente encontrei a música que vai fazer Celly ser a cantora mais conhecida do Brasil", disse ele, entusiasmado. E pediu para colocar o disco na radiola ao diretor da gravadora.

Com apenas 20 anos de idade e nascida Concetta Rosa Maria Franconero, em Newark, Connie Francis era uma cantora de belíssima voz, que conseguia efeitos sonoros encantadores com gritinhos no final dos refrões, mas parecia madura demais para cantar algo tão bobo e adolescente como *Stupid Cupid*. Mesmo assim, a música, lançada em agosto de 1958, não saía, então, das paradas americanas. Em tradução livre, a letra era cantada do ponto de vista feminino:

Cupido estúpido, você é um cara muito malvado
Eu gostaria de cortar suas asas para que você não possa voar
Eu estou apaixonada e isso é uma vergonha terrível
E eu sei que você é o único culpado
Ei, ei, me liberte
Cupido estúpido, pare de pegar no meu pé!

Eu não posso fazer minha lição de casa e não consigo ver direito
Eu o encontro todas as manhãs por volta das oito e meia
Estou agindo como uma tola apaixonada
Você ainda me pegou carregando seus livros para a escola
Ei, ei, me liberte
Cupido estúpido, pare de pegar no meu pé!

Você me confunde, mas de um jeito bom, desde o início
Ei, vá brincar de Robin Hood com o coração de outra pessoa
Você me fez pular como uma palhaça louca
E eu não apresento o que você está colocando
Desde que eu beijei seus lábios amorosos com gosto de vinho
O que me incomoda é gostar tanto disso!
Ei, ei, me liberte
Cupido estúpido, pare de pegar no meu pé!

Você me fez pular como uma palhaça louca
E eu não sou o que você está me levando a fazer
Desde que eu beijei seus lábios amorosos com gosto de vinho
O que me incomoda é que eu gosto tanto disso!
Ei, ei, me liberte
Cupido estúpido, pare de pegar no meu pé!

Ei, ei, me liberte
Cupido estúpido, pare de pegar no meu pé!

A música tinha fechado o ano em 14º lugar entre as 100 mais tocadas das paradas americanas da revista *Billboard*, o mais respeitado ranking das mais ouvidas do país. Sendo seu primeiro sucesso, alavancou a carreira de Connie Francis depois de quase três anos de fracassos. A cantora recordou depois: "Eu sabia que tinha que encontrar um hit meu no terceiro disco. Era um momento crucial para mim. Ouvi todas as músicas de todas as editoras musicais de Nova York, mas nada estava me agradando". Celly também precisava de algo de peso no terceiro disco.

Até que a sorte e um empurrão da gravadora vieram em socorro da quase desconhecida cantora americana. O editor Don Kirshner, da Aldon Music, fez com que Greenfield e Sedaka, que eram letristas contratados da equipe de sua empresa, visitassem Francis em sua casa para apresentar suas novas músicas. Ela e seu amigo Bobby Darin, no entanto, argumentaram que as baladas lentas e densas que eles estavam oferecendo não a atraíam, pois eram voltadas para o mercado adolescente.

Francis perguntou se eles tinham algo mais rápido e saltitante, algo realmente rock and roll, então voltado para adolescentes brancos. Greenfield pediu a Sedaka para tocar *Stupid Cupid*, que pretendiam oferecer às Shepherd Sisters. Sedaka disse para o amigo que não ficava bem uma "dama de classe" como Francis ouvir uma canção tão pueril e ela poderia até se sentir ofendida. Mas o parceiro insistiu: "Ora, o que temos a perder, ela odiou tudo o que escrevemos, não é? Manda ver!" Depois de ouvir apenas alguns versos, Connie Francis ficou alucinada. Ela lembrou: "Comecei a pular para cima e para baixo e disse: 'É isso! Vocês têm a música do meu próximo disco!'".

Para Tony, algo tão juvenil como aquela letra funcionaria ainda melhor na voz de Celly. E a chance do sucesso americano se repetir no Brasil era imensa. Ou até mais. Ele conta que ganhou de presente a gravação de Connie Francis pouco depois de conversar com Júlio Nagib sobre o futuro da irmã. O disco lhe foi dado por Orlando Stefano, representante comercial da Odeon em São Paulo. Como o mercado fonográfico vivia a onda das versões em português, ele lhe disse: "Tenho um disco com uma música que me parece boa para sua irmã gravar".

O diálogo aconteceu quando os dois se encontraram na Rua Barão de Itapetininga, uma das travessas da Praça da República, por acaso, numa manhã ensolarada e quente de verão. Os dois começaram a conversar e Tony o acompanhou até o banco, onde precisava fazer um depósito, para, em seguida, seguirem até o escritório de Stefano. "As rádios não estão tocando a música, infelizmente, porque eles acham que dá trabalho mudar a rotação do toca-discos", disse o gerente.

Para o cantor, o 45 rpm de *Stupid Cupid* em prensagem brasileira não foi para frente por dois motivos. Primeiro, do ponto de vista do marketing, foi mal lançado pelo departamento de divulgação. Depois, Stefano tinha razão: "A RCA queria vender as vitrolinhas dela que só tocavam nessa velocidade, importadas dos EUA. Imagina, comprar um disco de 45 rpm e para ouvi-lo, tinha de comprar o aparelho. Nem todo mundo entrava nessa, pois era muito caro". Portanto, deveria ter prensado também o de 78 rpm ou o de 33 rpm.

Depois do banco, eles seguiram conversando pela rua. Apesar da pouca idade, Tony era bem ligado em tecnologia, acompanhava tudo que saía de novidade pelas lojas, pedia aos funcionários para dar detalhes sobre o que havia de especial em cada máquina. Escolhera com cuidado a que seu pai lhe deu. "Minha Standard Eletric (que ficava na casa dos pais, em Taubaté) era linda, tinha tampa por cima. Esses equipamentos já eram todos fabricados no Brasil. Provavelmente lá fora tinha toca-discos com as três rotações", observa.

O cantor morava na Rua Amaral Gurgel, trecho central que começava no Largo do Arouche e seguia até encontrar com a Rua da Consolação por uma estreita subida à direita. Tony tinha acabado de comprar um toca-discos "HI-FI" com as três rotações. "Ele me deu o disco, ouvi várias vezes e fiquei bastante impressionado como a letra e o ritmo. A Odeon lançava no Brasil os discos da MGM, onde Connie gravava. E esse veio parar na minha mão e mudou nossas vidas".

Mas, não fosse a teimosia do brigão Tony, não teria acontecido por bem pouco, na sua queda de braço com Júlio Nagib. E se deu em um momento de absoluto desespero para resguardar a irmã, insiste ele, mais de seis décadas depois. Antes desse desfecho, Celly, claro, tomou conhecimento da música por Tony no fim de semana seguinte, quando ele viajou para o interior somente para lhe tocar o disco. "Como eu permanecia em Taubaté e Tony em São Paulo, ele foi tendo outras oportunidades para ver se acertava algo para mim. Até que, certo dia, ele ouviu *Stupid Cupid* e se lembrou novamente de mim", recordou Celly.

De acordo com suas lembranças, não tão precisas, ele teria feito um novo apelo a Nagib no mesmo dia em que ganhou o disco: "Essa música é o jeito todo de Celinha cantando, vocês bem que podiam dar-lhe uma outra oportunidade, ao menos como última chance... Eu tenho confiança na minha irmã e sei o que ela poderá fazer com esta música", apelou. "Eu, logo assim que ouvi *Stupid Cupid*, fiquei deliciosamente fascinada e senti que abriria uma flor para mim", afirmou Celly.

Na verdade, seu irmão fez confusão nas lembranças. Aquela primeira conversa, descrita no parágrafo anterior, não existiu. Antes de propor a gravação da música pela irmã a Nagib, Tony achou que seria melhor mostrar uma versão em português. Lembrou-se de um bom versionista, que conhecera nos corredores da Rádio São Paulo, na Avenida Angélica, e tinha feito a transposição de *Louco Amor*, que o filho mais velho dos Campello gravara quatro meses antes. E foi atrás dele. "Quando soube de Fred Jorge, ele tinha feito algumas versões para Carlos Gonzaga e com um tremendo resultado e, por isso, procurei ele para adaptar *Louco Amor*", recorda o cantor.

Fizera isso movido pela sua "intuição de pisciano detalhista", conta. E foi ao apartamento de Fred, que ficava em frente à Rádio São Paulo, na esquina na Alameda Barros com a Avenida Angélica e em frente ao aristocrático Clube Piratininga, famoso por seus bailes de Carnaval e réveillon. O apartamento ficava no Edifício Lupércio Teixeira Camargo. Culto e aplicado, Fred adorava ler e escrever textos para jornais e revistas, além de poesia. Nesse começo, ele fez as primeiras versões de músicas do original em inglês, como *Midnight Masquerade*, que virou tema de uma novela radiofônica.

Fued Jorge Jabur – seu nome de batismo – nunca imaginou que se tornaria um dos nomes mais conhecidos do meio musical brasileiro ao longo das décadas de 1950 a 1970. Nascido na cidade paulista de Tietê, em 31 de maio de 1928, era filho dos imigrantes libaneses Jorge Jabur e Farid Abdalla. O casal teve seis filhos – cinco rapazes e uma moça. Fued, quando adolescente, adotou o nome de Fred. Ele tinha oito anos a mais que Tony Campello e escolheu o rádio para viver o mais próximo possível do meio que tanto gostava – a música, claro.

Desde pequeno, achava que tinha dom para a escrita e, na adolescência e juventude, arriscou escrever versos que, acreditava, poderiam imortalizá-lo como poeta ou compositor. Levaria décadas, porém, para publicá-los. Após concluir o curso normal, mudou-se para São Paulo no final da década de 1940, aos 20 anos de idade, com o propósito de conseguir um emprego e iniciar uma carreira musical. Ingressou na Rádio São Paulo como redator, onde teve a oportunidade de se destacar como autor de novelas, gênero que começava a se firmar como entretenimento.

Em paralelo, Fred escrevia crônicas para emocionar o público feminino, apresentadas no programa *Cartas de Amor* – que as ouvintes pensavam ser verdadeiras. Foram tantas que ele reuniria tudo depois em nada menos que quatro volumes, pelas Edições Luzeiro, nos anos de 1960. Ainda na década de 1950, pela Editora Prelúdio, ganhou bastante popularidade com o livro *Manual de Boas Maneiras*, resultado de seus modos educados e gentis de tratar a todos e se comportar à mesa nas refeições e eventos sociais.

Em 1957, Fred Jorge pediu licença da Rádio e viajou para os EUA, onde morou por mais de um ano, para estudar inglês. Ao retornar, a pedido de Carlos Gonzaga, fez a versão da balada-rock *Diana*, de Paul Anka, que o brasileiro gravou e se tornou um enorme sucesso, como se verá mais adiante. No ano seguinte, teve o samba de sua autoria *Velha Paineira* registrado na RCA Victor pelo mesmo cantor.

Impressionado com o sucesso de Diana em português, Tony procurou Fred para lhe pedir que fizesse o mesmo com *Poor Little Fool*, de Sharl Sheeley, que ele gravaria em 1959 com o título de *Pobre de Mim*. No caso desta música, o versionista lhe explicou que podia ficar mais legal uma "versão", ou seja, uma adaptação da letra com mudanças significativas para aproximá-la da realidade do público brasileiro, como ele tinha feito com outras músicas em inglês.

Fred Jorge se tornava, assim, um "versionista", principalmente da música jovem branca americana, isto é, baladas e rocks de grandes sucessos musicais dedicados ao público entre

15 e 20 anos de idade. Com o tempo, como lembraria Celly, ele radicalizaria o conceito de versão, a tal ponto que praticamente aproveitava somente a melodia e o tema das músicas e inseria suas próprias letras e rimas.

Quando Tony o conheceu, no final de 1958, além de escrever novelas para a Rádio São Paulo, Fred Jorge era produtor do Canal 7, como era chamada a TV Record. Quatro meses depois que recebeu os versos em português de *Pobre de Mim*, Tony lhe pediu que fizesse uma letra para outra música de Neil Sedaka, *Stupid Cupid*, que seria cantada por sua irmã – pelo menos iria brigar por isso. E assim aconteceu.

Os dois não demoraram a se tornar amigos. "Eu o conhecia de vista antes da primeira versão que fez para mim, sabia onde ele morava. Inteligente, sagaz, bastante agradável, tinha uma cultura geral boa, embora não tivesse feito grau superior. Era assim porque lia bastante, sabia sobre literatura e possuía um conhecimento musical excepcional", recorda Tony.

Fred Jorge tinha 30 anos quando os dois se falaram pela primeira vez. "E já tinha acumulado um conhecimento extraordinário. Naquela época, se as pessoas quisessem saber um pouco mais, tinham de se virar sozinhas, informavam-se com o que havia à mão – ou seja, livros, jornais, revistas e filmes". Os dois, portanto, tinham interesses em comum. Em especial, a música. "Fred não bebia e eu também não me ligava em álcool. A gente se encontrava e apenas acertava o que tinha de ser feito, no máximo tomávamos um café. Tudo se dava bem rápido porque éramos ocupados".

Tony frequentava o Restaurante Gigetto, na Avenida Rangel Pestana, no Brás, onde eles marcavam para almoçar juntos de vez em quando, nos anos seguintes. "Nesse período, criamos uma relação profissional e de bons amigos. Com os sucessos de suas versões, nos aproximamos mais e ele foi duas ou três vezes comigo a Taubaté".

Enfim, Tony o considerava uma figura admirável. "Fred tinha conhecimento das coisas e se relacionava bem com todos. A maneira como ele falava também angariava simpatia. Se teve inimigos na vida, isso aconteceu de graça, não dependeu dele". E veio a conversa para ele versar *Stupid Cupid*. "Ele me recebeu em sua casa, colocamos a música para tocar na vitrola e Fred se entusiasmou tanto que fez a versão ali mesmo, na minha frente, depois de ouvir a faixa algumas vezes e copiar toda a letra".

Na verdade, ele pegou os versos originais anotados, sentou-se na mesa da sala e, com a máquina de escrever e algumas folhas de papel ofício, não-pautado, pôs-se a fazer os versos definitivos da versão, sem traduzir a letra. Lia uma frase e a adaptava. E foi assim até o fim. "Como conhecia os costumes dos norte-americanos e os de cá, dos brasileiros, Fred Jorge evitou usar ideias e situações que só funcionariam no original, algo que se repetiria em todas as suas adaptações de sucessos estrangeiros", avalia Tony.

Um exemplo foi que, em Stupid Cupid, Neal Sedaka usou Robin Hood, que não dizia nada para o brasileiro adolescente ou jovem – que não conhecia a versão para o cinema com Errol Flynn ou o livro original do escritor Alexandre Dumas – e ele o excluiu. Tratava-se, claro, do nome do famoso ladrão que roubava dos ricos para dar aos pobres.

O título original, no entanto, seria aproveitado, certamente. Virou *Estúpido Cupido*.

"Mas a garotada sabia da história do cupido que flechava o coração para fazer as pessoas se apaixonarem, tão comum nos EUA. Graças ao cinema. Mesmo assim, ele entendia isso e mudava um pouco, para deixar mais de acordo com o público do Brasil". E os dois cantaram algumas vezes para ver como ficou, com Tony ao violão que pertencia a Fred. O jovem deixou a casa do versionista em êxtase. Sabia que tinha procurado a pessoa certa.

E havia uma novidade naquela música que também pretendia preservar na gravação: a pegada rock and roll, que Tony tanto adorava e colecionava discos. Até aquele momento, nem ele nem Celly tinham tido seus nomes ligados ao movimento americano que se espalhava pelo mundo como fogo em palha seca. Nenhum dos dois poderia imaginar que aquela música mudaria suas vidas para sempre, como diz Tony. Com a letra datilografada em mãos, o cantor foi para Taubaté para apresentar a música a Celly e ensaiar com ela a letra de Fred, que ficou assim:

Óh-óh! Cupido, vê se deixa em paz (Óh-óh! Cupido)
Meu coração que já não pode amar (Óh-óh! Cupido)
Eu amei há muito tempo atrás (Óh-óh! Cupido)
Já cansei de tanto soluçar (Óh-óh! Cupido)

Hei, hei, é o fim
Óh-óh! Cupido
Vá longe de mim! (Óh-óh! Cupido)

Eu dei meu coração a um belo rapaz (Óh-óh! Cupido)
Que prometeu me amar e me fazer feliz (Óh-óh! Cupido)
Porém, ele me passou pra trás (Óh-óh! Cupido)
Meu beijo recusou e meu amor não quis (Óh-óh! Cupido)

Hei, hei, é o fim
Óh-óh! Cupido
Vá longe de mim!
(Óh-óh! Cupido)

Não fira um coração cansado de chorar
A flecha do amor
Que só traz angústia
E a dor (Óh-óh! Cupido)

Mas, seu Cupido, o meu coração (Óh-óh! Cupido)
Não quer saber de mais uma paixão (Óh-óh! Cupido)
Por favor, vê se me deixa em paz (Óh-óh! Cupido)
Meu pobre coração já não aguenta mais (Óh-óh! Cupido)

Hei, hei, é o fim
Óh-óh! Cupido
Vá longe de mim!
Mas, seu Cupido, o meu coração (Óh-óh! Cupido)
Não quer saber de mais uma paixão (Óh-óh! Cupido)
Por favor, vê se me deixa em paz (Óh-óh! Cupido)
Meu pobre coração já não aguenta mais (Óh-óh! Cupido)

Hei, hei, é o fim
Óh-óh! Cupido
Vá longe de mim
(Óh-óh! Cupido)

Hei, hei, é o fim
Óh-óh! Cupido
Vá longe de mim
(Óh-óh! Cupido)
(Óh-óh! Cupido)

O plano de Tony era os dois chegarem juntos à Odeon na segunda-feira seguinte para propor a Júlio Nagib a gravação da música por Celly – que teria a letra em português na ponta da língua, após os ensaios no sábado e no domingo – na verdade, treino, com o irmão ao violão. Se fosse o caso, poderia entrar no estúdio no mesmo dia. Bastava um sim do diretor e reunir os músicos para executar o arranjo que ele tinha na cabeça e até anotado no papel para não esquecer – inclusive que instrumentos usar. "Ela adorou a música desde a primeira audição cantada por Connie Francis e amou a letra em português. O resto foi ensaiar exaustivamente no sábado e no domingo", conta o irmão.

E assim ele fez. Os dois embarcaram no primeiro horário na segunda cedo e foram direto para a gravadora. Chegaram por volta das 11 horas da manhã. Celly se sentia bastante desconfortável porque sabia que Tony precisava convencer a gravadora e só estava ali porque ele não aceitava um não como resposta. Feria o orgulho pedir algo a quem havia virado as costas para ela, como tinha sido o caso de Nagib, segundo o irmão lhe contou. Além disso, sua preocupação se tornara outra, que não a música: casar-se com o namorado José Eduardo.

Ao Museu da Imagem e do Som (MIS), de São Paulo, em 1983, ela descreveu o mal-estar em que se encontrava quando os dois seguiram para a Odeon e como aquela viagem foi desconfortável pela ela: "Depois de um ano, a gravadora queria me mandar embora, queria ficar só com Tony, porque os diretores acharam que eu não fui aquilo que esperavam. Mas Tony, com esse negócio de ficar sempre ouvindo música americana e com discos de fora e tal, conseguiu na editora a autorização para eu gravar a música *Stupid Cupid*, de Neal Sedaka. Ele mostrou a Fred Jorge, que fez a versão".

Diante de um Júlio Nagib que não parecia tão interessado, mais uma vez, o cantor disse: "Gostaria que você ouvisse isso daqui, Júlio, acho que na voz de Celly vai bem. Eu acho que poderia dar mais uma chance a ela com essa música", recorda ele. A primeira queixa do diretor foi sobre o tamanho da letra, que lhe pareceu grande – o que era comum naquela época, embora os produtores preferissem letras curtas, repetição do refrão três ou quatro vezes e que rendessem canções de, no máximo, três minutos de direção, para que tivessem entrada mais facilmente nas emissoras de rádio.

A lógica das companhias de discos era de que para se vender mais discos, uma letra precisava ser memorizada e cantada por todos. Em outra entrevista, Celly voltou a falar daquele momento de tensão: "Quem fez mesmo força mesmo para eu gravar foi Tony, porque se fosse pela vontade da gravadora, não teria acontecido (o que veio depois na minha vida). Acho que talvez (a empresa) não tivesse mais interesse em mim. E, olha, conseguimos gravar (*Estúpido Cupido*) porque ele lutou muito".

Na verdade, a história foi bem mais complicada e tensa do que lembrou a irmã, segundo Tony. Tanto que ele atropelou o diretor artístico da Odeon para conseguir que ela pudesse cantar no estúdio naquele mesmo dia, sem dar chance de o diretor geral conversar com Nagib e ouvir seu ponto de vista. "Fui forçado a fazer isso porque quando a versão de Fred Jorge foi apresentada a Júlio Nagib, ele não aceitou que Celly a gravasse. Primeiro, ele nos disse que achava a letra 'muito longa' para 'pegar junto à garotada'. 'Ninguém seria capaz de decorá-la', alegou".

Depois, disse que ela não combinava com aquele rock and roll – que as gravadoras tentavam estabelecer no Brasil nos últimos quatro anos, sem êxito – e que pretendiam apostar somente com Tony no elenco. O cantor sugeriu, então, que cortassem uma estrofe. Nesse momento, ele estava a um passo de brigar com o diretor. "Nagib era o cara que só servia para apagar a luz do estúdio. Eu trabalhei sob a direção dele e o tenho como profissional medíocre, era um burocrata. Um burrocrata, na verdade. Tanto que, depois que escolhi *Estúpido Cupido* para Celly e a música deu certo, ele deixou tudo que ela faria depois na minha mão, passei a escolher o repertório para ela. Se ele ia ao estúdio ver o que acontecia, eu não via".

Para Tony, a birra de Nagib com *Estúpido Cupido* aconteceu por que ele queria que Celly gravasse outra música que tinha versão sua e foi tirada da trilha sonora do filme *Meu Tio*, do diretor francês Jacques Tati, um sucesso mundial em 1958. Para o diretor, aquela canção francesa – que chamou de Meu Tio – compassada e com ênfase no acordeon, tinha mais chance de funcionar na voz de Celly do que uma música de rock and roll. "Quando me mostrou aquilo, eu disse que não era melhor". A canção seria gravada pelo Conjunto Farroupilha, de Porto Alegre, somente em 1960.

Desconfortável, Celly acompanhou em silêncio o clima esquentar entre o irmão e o diretor da Odeon. "Ele mostrou para nós dois sua versão da canção francesa, naquela de fazer uma comparação sobre o que seria melhor para ela. Ora, logo comigo que já tinha uma experiência bastante boa de ter sido *crooner* de baile e já era chato nesse negócio, tinha uma personalidade bastante definida sobre o que poderia funcionar? Quem trabalha com bailes por quatro ou cinco anos com o Ritmos Ok e o conjunto de Mário Gennari Filho como eu aprende a conhecer repertório. Se não bastasse, coleciono discos desde os nove anos de idade, embora tenha sido mais seletivo que quantitativo, exceto alguns cantores e grupos que a gente gosta mais e tem todos os discos".

Nagib, por fim, disse que Celly não tinha o tipo de voz que a música gravada por Connie Francis pedia e, de certo modo, insinuou que desconfiava do fato de ela não ter funcionado nos dois primeiros discos por más escolhas. E, portanto, o assunto estava encerrado. Tony não recuou. Pelo contrário, aumentou o tom de voz. Repetiu que a irmã tinha ainda um disco para fazer, como constava no contrato, e a Odeon teria de fazê-lo, nem que fosse por ordem judicial. Nagib disse que tudo bem, faria o disco, mas que não aceitaria "aquela bobagem" de cupido e que procurasse para Celly outra composição.

Ou, claro, aceitasse gravar a música do filme Meu Tio. "Você resolve tudo com sua irmã e estou fora dessa discussão. Essa eu não gravo", teria dito, para encerrar o assunto. "Como eu já era um sujeito encardido, como se dizia em Taubaté, resolvi peitar a coisa. Eu e ela saímos da sala dele e fomos falar com o 'grande chefe' Oswaldo Gurzoni" – diretor geral da Odeon, que fora pessoalmente a Taubaté assinar o contrato com os dois irmãos no ano anterior. "Celly ficou magoada com Nagib, tinha aprendido a letra, gostara da música e queria gravar", observa.

Em outra entrevista, Tony contou que, na verdade, Gurzoni viu os dois irmãos saírem contrariados da sala do diretor e pediu apenas que o acompanhassem até a sua sala. Depois, mudou um pouco a história: "Quando ela ouvia a rejeição do diretor a seu nome, vi que seu Oswaldo passava no corredor, olhou para onde estávamos e viu algo estranho acontecendo. Parou na porta e disse: 'Tudo bem aí, pessoal?'. Era um homem experiente, elegante, sabia conduzir as coisas, percebeu certa tensão no ar, a expressão no meu rosto e no de minha irmã, e disse que depois passássemos na sala dele".

Gurzoni conhecia bem a engrenagem de uma gravadora, sabia que nem sempre um artista dava certo, mas que havia a possibilidade do jogo virar, de acertar com uma música. Ou poderia acabar a carreira com um sucesso só. Ainda mais Celly, por quem se encantou como se fosse uma filha. Portanto, ela tinha o direito de fazer o terceiro disco, sim. E deixou claro que não sabia da resistência de Nagib contra ela. "Entramos na sala dele, que nos recebeu de modo afável, convidou-nos para sentar e pediu para contarmos o que estava acontecendo. Dissemos que Nagib não queria que Celly gravasse a música que tinha ensaiado".

Meio sem jeito, Celly completou que veio de Taubaté somente para gravar a faixa. Depois de ouvir a história do que acabara de acontecer, segundo Tony, Gurzoni pediu para escutar o disco de Connie Francis, que o jovem lhe passou. Olhou a capa, colocou na vitrola e, ao final, exclamou: "Mas isso é rock and roll, pode dar certo com Celly, sim. Faz tempo que queremos alguém para gravar rock aqui". E mandou que Tony fosse em frente, gravasse imediatamente a música sem falar com Nagib e deixasse que ele cuidaria disso.

O mais velho dos Campello assim recorda mais um trecho daquele momento histórico: "Gurzoni tinha aquele sotaque italiano de quem cresceu no bairro do Pari, perto da Mooca – um dos mais antigos da região central de São Paulo, grudado no Brás –, com uma visão grande das coisas. Tanto que o que dizia era lei, e falou: 'Olha, Tony Campello, vamos sim fazer o disco de Celly e o senhor, por favor, cuida de tudo. Vai procurar Mario Gennari Filho, ensaia com ele e o conjunto, vai para o estúdio com Celly para ela gravar imediatamente'".

Quem não gostou de ter sua ordem contrariada, claro, foi Júlio Nagib que, contrariado, não apareceu para acompanhar a gravação. Sentiu-se desmoralizado na hierarquia da gravadora. "Eu achei ótimo, resolvemos tudo entre nós, chamamos os músicos que achávamos necessários para dar a mesma pegada de rock and roll a Estúpido Cupido e deu no que deu. Como Nagib também não estava no primeiro teste nosso, quando gravamos o primeiro disco, um ano antes, com cada um de nós dois de cada lado, então estava tudo certo, não fez a menor falta".

A gravação de *Estúpido Cupido* foi iniciada no começo da tarde do dia 24 de fevereiro de 1959, uma ensolarada terça-feira, no mesmo dia em que o filho mais velho do casal Campello completou 23 anos de idade e 24 horas depois da conversa tensa na Odeon com Nagib. E se tornaria um marco na história da música no Brasil. Primeiro, porque o arranjo de Mario Gennari Filho era mais redondo, leve e musical que o original americano, até mais rock and roll, com os instrumentos básicos em perfeita harmonia. Depois, pela qualidade dos músicos envolvidos, experientes e apaixonados pelo gênero americano.

Como Tony conhecia os líderes dos dois grupos pioneiros do rock no Brasil, pediu ajuda a seus líderes: Bolão e os Roquettes e Betinho e seu Conjunto. Do primeiro, veio o próprio Bolão, que ficou responsável pelo saxofone que abre a música e a acompanha até o fim. Da turma de Betinho, trouxe Rubens Cubeiro Rodrigues, o Rubinho, um dos grandes guitarristas desses primórdios do rock nacional – décadas depois, ele ficaria conhecido como membro do Quinteto do programa de Jô Soares. Rubinho dividiu as guitarras com Heraldo e Edgar, da turma de Bolão. O primeiro tocou com uma Gibson SG fabricada pela brasileira Giannini, com acabamento natural em madeira.

Quase imperceptível era o acordeon de Mário Gennari Filho, que aparecia nos créditos da gravação como arranjador. O baterista foi Nei, músico de Betinho. O violão base coube a Joci. Azeitona cuidou do contrabaixo, Turquinho tocou bateria. O maestro Chiquinho de Morais entrou com o piano. O solo de Bolão com o sax também faz a transição para a segunda parte. "O arranjo original foi recomposto aqui, no Brasil. Não havia um conjunto de rock formado na Odeon, mas um grupo que montamos só para aquela gravação. Tinha sido acertado para se fazer idêntico, calcado no original", recordou Celly.

Mas o resultado ficou diferente – e melhor. Na interpretação dela, mais uma vez aparecia o contraponto dos vozeirões masculinos dos cantores cegos do conjunto vocal Titulares do Ritmo. Eles entram de imediato e no segundo verso, enquanto no original americano o coral masculino vem apenas no segundo. Cheia de bossa, sem qualquer empostação, a garota ainda adolescente mandou tão bem que parecia brincar de cantar.

Como alguém podia se sentir tão à vontade em meio a músicos experientes e respeitados? À exceção de Mário Gennari, os demais eram apaixonados pelo ritmo americano e pareciam brincar com improvisos que conheciam bem do grande hit americano do momento. Todos, sem exceção, vieram depois parabenizá-la. "Menina, finalmente estou conhecendo o potencial da sua voz e seu talento para cantar", disse Mário, que fora responsável pelos dois discos anteriores de Celly. Cego dos dois olhos, tinha um ouvido afiado acima da média de qualquer pessoa que enxergava.

Para o outro lado do disco, Celly cantou em inglês o fox *The Secret*, de Joe Lubin e I. J. Roth, que saíra nos EUA em 1957 na voz do cantor americano Gordon Micras e havia feito relativo sucesso no Brasil na versão em português de Luiz Claudio. "Como eu tinha gravado as três primeiras músicas em inglês, achamos que deveria ter uma assim para seguir o que estávamos fazendo", observou ela. Deu tudo certo, mesmo que, entre ensaios e a versão final das duas músicas, tudo não foi além de duas horas de estúdio.

Isso aconteceu por causa da quantidade de vezes que Tony ensaiou com ela e depois com Mário Gennari Filho em sua casa no bairro de Santo Amaro, com os músicos convidados na manhã do dia das gravações. Havia também a parte de agendamento, pois o estúdio só tinha aquele curto espaço de tempo no decorrer da semana. "De tanto Tony insistir, deixaram que eu gravasse aquele disco. Fizeram, às pressas – e meio contra a vontade deles, acho", observou Celly, mais de duas décadas depois. Na mesma resposta, completou com uma alfinetada: "Lançaram, rapidamente, um 78 rotações para cumprir o contrato e sabe quanto vendeu? 100 mil cópias".

Antes mesmo que as cópias definitivas para venda ficassem prontas, o departamento de divulgação, sem tomar conhecimento desse "cumprimento de contrato", juntou uma cópia do que chamavam de "acetato" e mandou no mesmo lote dos discos da Odeon que seriam lançados em março. Algum programador não se sabe de qual rádio ouviu *Estúpido Cupido* e adorou. Imediatamente, colocou a faixa na relação das novidades a serem executadas nos próximos dias. Reação parecida parece ter acontecido em outras emissoras, pois em poucos dias os disc-jockeys das rádios começaram a tocar a música sem parar.

Primeiro em São Paulo. Ao fim de uma semana, no Rio de Janeiro. "Tenho certeza de que aquele disco tinha sido despachado sem qualquer expectativa pela Odeon, que o incluiu no meio de um pacote de lançamentos porque esse era o procedimento com tudo que era gravado e prensado", reforça Tony. "Fosse o que Deus quisesse", devem ter dito, acredita. Para ele, porém, desde o dia em que ouviu Connie Francis cantar *Stupid Cupid*, algo lhe dizia que finalmente Celly "aconteceria" como cantora.

Mesmo otimista como era, nem ele nem ninguém poderia imaginar o quanto. "Que frescor de voz, tão juvenil, tão virginal", foi o primeiro comentário de um disc-jockey que ele guardou na memória, sem registrar o nome do autor. Ao ser informado de que São Paulo e Rio estavam tocando o "rock and roll" de Celly pelo menos uma vez a cada hora na primeira semana, Gurzoni mandou que 100 mil cópias em 78 rpm fossem prensadas o mais rápido possível.

Alguns dias depois, mandou fazer 20 mil unidades do compacto em vinil de 33 rpm. O disco chegou às lojas na última semana de março de 1959. No boca a boca que se espalhou de que o disco estava à venda, a garotada correu para comprar o seu, principalmente as meninas. Os primeiros cem mil acabaram em duas semanas somente em São Paulo.

O número se tornou um recorde, pois um sucesso absoluto mal alcançava 20 mil ou

30 mil discos em vendas. *Estúpido Cupido* explodiria ainda no Rio de Janeiro e em todos os estados brasileiros no decorrer de dois meses – abril e maio. Bastava a cópia de divulgação chegar a cada rádio.

Em meados de abril, o Brasil inteiro estava tocando *Estúpido Cupido* em bailes, festinhas e, claro, nas rádios. Centenas de pedidos feitos a cada semana por lojistas de todo país chegavam ao departamento de divulgação da Odeon. A imprensa ficou em alvoroço. Quem era Celly? Onde vivia? Qual a idade? Pedidos de entrevistas chegavam diariamente por telegrama. Seria ela tão irreverente quanto a moça que xingava o cupido do amor de estúpido e o mandava deixá-la em paz? Que garota "roqueira" era aquela que mostrava tanta personalidade na interpretação?

Com as primeiras audições nas rádios, criou-se uma expectativa na residência dos Campello. "Na nossa casa, a gente ficava de olho nas paradas de sucesso para ver ela ganhando colocações em várias emissoras. Um dia ela subia um pouco e a gente torcia. No seguinte, mais um pouco. De manhã, estava numa posição. No fim da tarde, em outra. Até chegar ao primeiro lugar", conta o irmão do meio Nelson Filho. Logo *Estúpido Cupido* entrou para as listas das músicas mais tocadas e dos discos mais vendidos dos jornais e revistas.

Tudo acontecia rápido demais. "Meu pai vibrava com isso, fazia questão de cuidar de tudo, inclusive das cartas que começavam a chegar aos montes, encaminhadas pelo escritório da Odeon. Ele respondia todas com máquina de datilografia e Celinha assinava. E a quantidade logo ficou grande. Nem assim desistiu e guardava todas. Até morrer, ele dava retorno às cartas para Celly, mesmo depois que ela parou de cantar. Isso era um prazer para papai".

Não existem números oficiais, mas se acredita que Celly Campello se tornou o primeiro nome na história do disco brasileiro a superar a marca de um milhão de cópias vendidas em apenas um ano. Antes do primeiro semestre terminar, os telefones da Odeon tocavam sem parar, com ligações de fãs pedindo fotos e convites para shows em todo canto. Em uma reunião de emergência, Nelson Campello assumiu o compromisso de cuidar dessas propostas para shows, uma vez que não tinha ideia de que esse era trabalho para um empresário do ramo.

Apenas por causa de *Estúpido Cupido*, fã-clubes surgiam em todo canto e as revistas e os jornais ficaram chocados ao saber que aquela cantora de voz tão afinada e firme tinha apenas 16 anos e gravara o primeiro disco com 15 anos. "Uma loucura total em tão pouco tempo... Se fiquei rica? Oh, não!", afirmou ela, em uma de suas primeiras entrevistas depois da fama. Começava, de fato, a carreira musical de Celly Campello. Dali em diante, ao longo de quatro anos, boa parte do que ela gravasse iria diretamente para as paradas das rádios e das emissoras de TV.

Uma curiosidade que pode ter ajudado *Estúpido Cupido* a decolar era que, diferentemente das gravadoras concorrentes, a Odeon tinha a manha de não colocar lado A e B ou lado 1 e 2 em seus discos porque, muitas vezes, a segunda se sobressaía. Por causa dessa regra, era comum que os programadores se sentissem influenciados a tocar primeiro o lado A ou lado 1, por se tratar da aposta maior da gravadora. Não raro, se não funcionasse, não davam importância ou se esqueciam até mesmo de ouvir o verso.

Com isso, a Odeon deixava para as emissoras decidirem por onde começar na execução dos compactos de divulgação que recebiam gratuitamente. No primeiro momento, contra a vontade de Tony, Júlio Nagib tentou uma última cartada para derrubar *Estúpido Cupido*. Sem dar o braço a torcer, decidiu que a crença maior da Odeon para ser a mais tocada deveria ser *The Secret*. Explicou que seria assim porque se tratava de uma balada cantada em inglês, além de um suposto potencial maior para se tornar um ritmo romântico dançante de bailes e festas, uma prática comum naquele tempo.

O próprio texto de divulgação da gravadora (release) citava primeiro essa faixa. Alguém, no entanto, começou pelo lado "errado" e a ordem dos planetas e do sistema solar quase foi alterada por Celly. "Ajudou nesse sentido o fato de ter sido lançada em 45 rpm por Connie Francis no Brasil e a música não 'aconteceu' por causa da preguiça dos técnicos. Só isso explica ter passado em branco no país. A canção tinha colocado Neil Sedaka pela primeira vez na parada da *Billboard*, e alcançou a posição #14 em 4 de agosto de 1958", insiste Tony.

Quem mais vibrava com tudo aquilo era o irmão de Celly. A experiência o tinha dado ainda mais confiança em fazer algo que começava a comichar suas mãos: ser produtor de discos. Foi a primeira vez que ele se envolveu mais diretamente com o registro de uma música. Naquele disco, em especial, cuidou de tudo com mais zelo do que o que fizera nos seus, para salvar a carreira de Celly. "Tudo tinha que sair o melhor possível, nada podia dar errado", completa.

Algo precioso demais para ele estava em jogo – corria riscos por ir contra a decisão do diretor artístico e não queria decepcionar o presidente da empresa. Fazia isso não apenas como irmão mais velho superprotetor que era, mas porque achava a irmã de um talento acima da média, afinada e carismática. Além disso, era a caçula da família e seu Nelson criara os filhos, vale repetir, como os três mosqueteiros – um por todos e todos por um.

Como aconteceria outras vezes, Tony não se empenhou em receber os créditos pelo disco. "Participei bastante, mas não aparecia meu nome como produtor nem o de Mario Gennari Filho. Por incrível que pudesse parecer, constava só o do diretor artístico, Júlio Nagib, um capricho dele, só para marcar território". Teria sido vingança pela insubordinação? "Saiu assinado por ele porque a Odeon tinha um conceito de que o produtor representava a companhia. Só depois viria a figura imprescindível do produtor fonográfico".

A faixa *The Secret* seria completamente ignorada e esquecida, embora reaparecesse em outro compacto naquele ano ainda e em algumas antologias nas duas décadas seguintes. Mais do que adolescentes, *Estúpido Cupido* atraía as meninas, acostumadas a uma educação rígida e a se comportar de modo passivo em relação aos rapazes. Elas eram obrigadas a disfarçar, esconder ou sublimar qualquer tipo de desejo. Não ficavam bem nem mesmo olhares de interesse para os garotos ou rapazes mais velhos.

Mas a letra de Fred Jorge falava exatamente desse universo feminino, com certa malícia, disfarçada em uma aparente inocência juvenil, quando ela diz que o ex-amado havia recusado um beijo seu. A decepção do primeiro amor e a decisão de não querer mais amar a ninguém mostrava a frustração com o príncipe encantado, algo doloroso para elas, educadas por obras da extensa e moralista coleção *Biblioteca das Moças*, feita com romances açucarados em que a única felicidade possível estava nos príncipes encantados.

Aquela era mesmo uma letra para a idade de Celly e das garotas que, como consumidoras, jamais tiveram músicas gravadas para se identificarem e cantarem. Somava-se a isso o balanço totalmente rock and roll do arranjo, infinitamente mais interessante que o original. Os meses passaram e o rock juvenil de Celly não dava sinais de cansaço. Tanto que manteve o pique na virada para o segundo semestre de 1959.

A música subiu de imediato para o primeiro lugar do hit parade no Rio de Janeiro, de acordo com a seção de "Discos" da *Revista do Rádio*, em 18 de julho. Em São Paulo, no mesmo mês, manteve-se entre as cinco primeiras colocadas – liderada por Maysa, com Recado. E continuou do mesmo jeito na semana seguinte no Rio, com *Smoke Get in Your Eyes*, do The Platters, em segundo. Na terceira semana, apareceu em quarto lugar na capital paulista, depois de passar abril e maio entre as três primeiras.

A surpresa maior foi quando o radialista e apresentador de TV Abelardo Barbosa, o Chacrinha, ouviu pelo rádio a jovem cantora e falou com sua produção: "Quero essa menina no meu programa urgente! Tragam ela no próximo, fale com o pessoal da Odeon para mandá-la aqui urgente!". Por causa da audiência, sua aparição na *Discoteca do Chacrinha*, da TV Tupi, seria considerada – por Chacrinha – o lançamento oficial da música. O pessoal de divulgação da gravadora vibrou, enquanto intensificava o envio do texto promocional para as rádios de todo país, com cópias dos disco.

De acordo com a Odeon, no final de março de 1959, *Estúpido Cupido* estava entre as dez mais tocadas em São Paulo, Rio de Janeiro e algumas capitais do país. Nunca tinha acontecido algo parecido no mercado discográfico brasileiro desde que a Casa Edison lançou o primeiro disco no país, em 1902. Por fim, a partir de 22 de agosto, *Estúpido Cupido* voltou a ocupar o primeiro lugar nas emissoras das duas maiores cidades do país e assim ficou até virar o ano.

Em 24 de junho, a música também entrou na lista dos discos mais vendidos entre todos os gêneros. Como as prestações de contas das lojas demoravam, ficou em terceiro lugar, atrás da regravação de *Carinhoso*, de Orlando Silva, e *Recado*, de Luís Cláudio – que também era cantada naquele momento por Maysa. Para a *Revista do Rádio*, a aposta que Chacrinha fez na cantora foi fundamental para o disco de Celly decolar.

A própria artista recordou ao MIS, com certo exagero, sobre a velocidade com que tudo aconteceu: "*Estúpido Cupido* foi um negócio do dia para a noite. Gravamos (numa tarde) e na manhã seguinte já estava nas rádios, e veio aquele auê todo". Ela fez tudo parecer fácil: "A música caiu nas mãos de Tony e ele disse para o pessoal da gravadora que eu ia gravar e ia ser um estouro. E foi o que aconteceu. E tudo foi se sucedendo rapidamente comigo e com ele".

Em outras entrevistas, Celly manteve o tom de quem escondia os problemas que ela e Tony tiveram com a gravadora para fazer o disco: "Gravei *Estúpido Cupido* porque estava fazendo sucesso nos EUA. Alguém disse: 'Acho (o original em inglês) que não está funcionando no Brasil, mas vamos fazer em português e ver o que acontece e tal'". Ao MIS, acrescentou: "Diziam para mim: 'É coisa descartável que se grava e amanhã já não sabe quem foi, nem onde'".

Segundo ela, as gravadoras queriam qualquer coisa que pudesse vender disco, sem preocupação com qualidade. E com a Odeon não era diferente. "Eles já partiram com negócio (do rock) mais comercial, apesar de ser uma coisa que eu gostava de ouvir e cantar. A partir desse pressuposto, gravei Estúpido Cupido. Realmente foi um grande sucesso em todo país, a música ficou nas paradas mais de um ano". Não havia exagero nessa afirmação.

Para Tony, o que aconteceu com o disco foi algo extraordinário porque Celly era um produto da indústria fonográfica "substancialmente novo", uma cantora quase desconhecida e bem jovem, com um carisma fora do comum. "Pela primeira vez, os adolescentes brasileiros tinham uma música de alcance popular que falava do seu cotidiano e em uma linguagem própria dos jovens, mesmo sendo a música calcada em ritmos americanos. Era a chegada e a instalação definitiva do rock and roll no Brasil", observa.

Dois meses depois do disco estourar, boa parte dos brasileiros sabia o nome da cantora e as publicações sobre música começaram a destacá-la. Primeiro, com notas. *O Diário da Noite* de 4 de junho de 1959, por exemplo, trazia uma enquete com os leitores na seção "É só pedir..." para que indicassem qual das músicas entre as mais tocadas naquele momento eles queriam ouvir das 13 às 14 horas pela Rádio Cultura. Em primeiro lugar, ficou *Caminhemos*, de Lupicínio Rodrigues, sucesso dos anos de 1940 na voz de Francisco Alves e que saiu com nova roupagem de Nelson Gonçalves. Em segundo, *Recado*, com Djalma Ferreira, e, em terceiro, *Estúpido Cupido*, de Celly Campello". Uma semana depois, Celly subiu para a primeira posição.

Embora tivesse estourado no Rio desde abril, as duas músicas do disco estranhamente foram anunciadas como novidades com ambos os títulos em inglês em uma nota da *Revista do Rádio* de 6 de junho de 1959, na seção "Músicas americanas": "Celly Campello, a jovem cantora paulista, irmã de Tony Campello, e que também canta em inglês, gravou na Odeon o fox *My Secret*, de Lubin e Roth, tendo na outra face *Stupid Cupid*, em versão de Fred Jorge". Até então, a publicação ignorava Celly totalmente. Nos meses seguintes, vieram perfis e reportagens.

Além da *Revista do Rádio*, ela apareceu em *Radiolândia* e na badalada *O Cruzeiro*, uma espécie de *Veja* da década de 1950, que circulava com 500 mil exemplares por semana. As três se referiam a ela como uma nova Emilinha Borba ou como uma rival de Lana Bittencourt, musas quase veteranas com mais de uma década de carreira e voltadas para o público adulto. Não era nada disso. Celly era (e teve plena consciência disso) a primeira cantora de música jovem no Brasil, como se verá ao longo deste livro.

Para Tony, susto enorme tiveram os executivos da gravadora quando os primeiros números de vendas chegaram, mesmo com os comentários entusiasmados vindos antes do setor de distribuição. Celly deu pulinhos de alegria quando o irmão ligou para contar que ela era conhecida em todo o Brasil, como ele previra: "Foi um espanto para eles, que pretendiam me desligar da gravadora, e com a ajuda de Tony, com a pressão dele para que me dessem uma nova oportunidade, o jogo virou", contou ela.

Ao MIS, mais adiante no depoimento, Celly voltou ao tema e recordou, com outras palavras, o que disse o irmão a Nagib, quase esmurrando a mesa: "Não, ela tem que ficar na Odeon e vai ser com essa música!". Segundo ela, "até hoje" Tony sempre foi assim, protetor dela. "Acho que ele se esqueceu um pouquinho de si próprio a partir desse momento, para ficar olhando sempre por mim, ele queria que eu fosse a melhor, que eu gravasse sempre ali, com ele junto comigo". Os fatos mostrariam que ele renunciou à carreira por ela de fato nos anos seguintes, mesmo com alguns sucessos gravados pelo cantor.

Quando a família recebeu a edição da *Radiolândia*, de 30 de maio, viu que *Estúpido Cupido* tinha chegado ao quarto lugar nas paradas paulistas, atrás de *Jambalaya*, com Brenda Lee; *Lamentos*, de Djalma Ferreira; e *Deusa do Asfalto*, com Nelson Gonçalves. Os jornais apontavam o primeiro lugar desde o final de março. Mesmo com tudo isso, Celly mantinha sua rotina escolar inabalável e morria de vergonha quando as colegas lhe davam atenção além da conta, cercavam-na no pátio do colégio durante o intervalo para perguntar ou dizer que tinham ouvido música no rádio.

Alguém assistia a tudo aquilo sem entender o que estava acontecendo: o namorado José Eduardo Chacon. Tudo estava se transformando à sua volta de modo rápido. Ele, que vinha de uma família humilde e trabalhava desde cedo, passava o dia inteiro focado na contabilidade da Petrobras, tinha certa dificuldade para se enturmar com os amigos de classe média alta de Celly. Tudo era diferente para ele, que se sentia deslocado. Ganharia fama de "fechadão" e "caladão".

Desde meados da década, a onda americana do rock and roll tinha chegado a Taubaté com o milkshake, a banana-split, as jaquetas de couro dos rapazes e os vestidos rodados e cabelos presos com laço das garotas, sem esquecer as lambretas. Todo mundo queria ter uma moto. E a Lambreta italiana, a mais acessível, virou coqueluche entre os jovens. "Você convive num ambiente estudantil, você sente as coisas mais rapidamente, né? Eu me lembro que nas festas tocavam The Platters, Elvis Presley e, de repente, Celly Campello entrou e começou a tomar conta, as pessoas cantavam junto e a gente ouviu no rádio quase o dia inteiro. Comigo foi uma grande surpresa porque parece que realmente ela fez um imenso sucesso, né?", recordou José Eduardo Chacon.

Os donos das lojas de discos de Taubaté se assustaram ao ver tantas meninas adolescentes e um pouco mais velhas atrás do disco de Celly. Não era diferente em todo país. Nas capitais e nas cidades do interior. Nascia a primeira e única rainha do rock brasileiro. "Antes de mim e de Celly, a música brasileira, de uma certa maneira, dizia respeito e agradava aos mais adultos", reforça Tony. Não era só *Estúpido Cupido* que grudou como chiclete.

Havia algo a mais naquele balanço. "Lembro que não existia um estilo musical que fosse atender o que a gente podia chamar de anseios da juventude. Tínhamos um começo do rock internacional, mas que poucos entendiam o que diziam as letras. E alguns cantores no Brasil que não eram exatamente formados dentro do espírito do rock and roll começaram a gravar, mas vinham de uma fase anterior, do samba-canção, principalmente, e eram aproveitados pelas gravadoras em função do lado comercial de uma onda que surgia no Brasil", acrescenta Tony.

Ele insiste: "Agostinho dos Santos, pelo que sei, abominava o rock, mas a gravadora impôs que gravasse dois rocks. Havia ídolos meus como Cauby Peixoto, que tinha gravado rock, mas vinha de um estilo mais romântico, não que o rock não tivesse suas baladas, não só aquele ritmo agitado. Tanto que aqui adotamos o rock balada, como fizeram os italianos também". A própria Nora Ney, acrescenta, gravou um rock, *Ao Balanço das Horas*, com letra em inglês, mas tinha um veio de música brasileira. "Mas não eram pessoas que tinham uma imagem de identificação para a garotada e tinham mais idade, compreende? E aparecemos nós. Os outros cantores eram antigos", ressalta.

E quando ele e Celly começaram a fazer sucesso, passaram a ser referência de algo que não se limitava à música que cantavam, foram atrelados a uma imagem próxima da garotada, dos jovens. Ou seja, viraram ídolos juvenis. "Não só na música como no estilo, no nosso visual, muitas meninas queriam ter o cabelo, se vestir como Celly, cujos vestidos eram feitos por minha mãe, dentro do modelo das cantoras de rock and roll americanas que elas viam nas revistas. Bem antes, eu tinha adotado o topete, muita gente certamente passou a usar porque tinha alguém com quem se identificar. Podemos certamente dar uma direção ao comportamento da garotada. E Celly virou coqueluche nacional".

Essa identificação por causa de *Estúpido Cupido*, portanto, fez a diferença no decorrer de 1959 e plantou em definitivo a semente do rock and roll, finalmente, no Brasil. "Isso foi um dos fatores que fizeram com que fossemos bem aceitos logo no início da nossa carreira por um público até então totalmente ignorado pelas gravadoras e pelo mercado consumidor de modo geral, até mesmo da moda", observa Tony.

Portanto, bastou a música cair no gosto do público e os dois irmãos passarem a se apresentar juntos que eles estabeleceram um diálogo com quem tinha entre 14 e 20 anos de idade, que queria namorar, mas tinha dificuldade de se aproximar do sexo oposto ou que precisava se manter virgem, no caso das meninas, para casar e formar família exemplar. "Aí começa exatamente a importância minha e de Celly nessa história toda do rock chegar ao país e, depois, passou a ser o contrário, Celly e a minha porque eu praticamente me coloquei ao lado da carreira dela, da evidência de quem um ano depois do nosso lançamento começou a conquistar os seus sucessos".

Tony diz que aquele foi um momento apropriado para a irmã e ele aparecerem como cantores, sem deixar de reconhecer a disposição da Odeon – na verdade, de Guzoni, seu presidente – em apostar naquela faixa de público até então invisível como consumidor. Mas a gravadora só o fez depois de não dar a menor atenção a *Estúpido Cupido*. Afinal, pregava-se, ainda, que adolescente tinha apenas que estudar e se preparar para fazer o vestibular, ter uma profissão e só depois, adulto, aproveitar o que a vida lhe oferecia. Inclusive comprar seus próprios discos.

Enganava-se, porém, quem pensava que Celly estava disposta a colocar a fama que se seguiu ao lançamento de *Estúpido Cupido* à frente dos seus planos de se casar com José Eduardo Chacon. O irmão Nelson recordou: "A verdade era que ser cantora não fazia parte mesmo do grande sonho de Célia, Celinha Campello que, aos 15 anos, já namorava Eduardo e só estava esperando terminar o clássico para se casar. Se desse, ela ainda ia fazer faculdade de Filosofia. Se não conseguisse, casava-se logo. Mas cantar, ainda mais profissionalmente, ela nunca havia pensado nisso. Verdade que tinha uma voz gostosa e afinada desde pequena".

Quem ainda não sabia disso, logo concordaria porque Celly não seria uma cantora de um sucesso só. No futuro, diriam que a música brasileira nunca mais seria a mesma depois de *Estúpido Cupido*. E não havia qualquer absurdo nesta frase. No presente em que ela vivia, bastava entrar no estúdio para gravar e o que sua voz tocasse virava ouro. Enfim, não demoraria a colecionar um sucesso atrás do outro. E isso acontecia para seu completo desespero, embora ninguém percebesse algo nesse sentido.

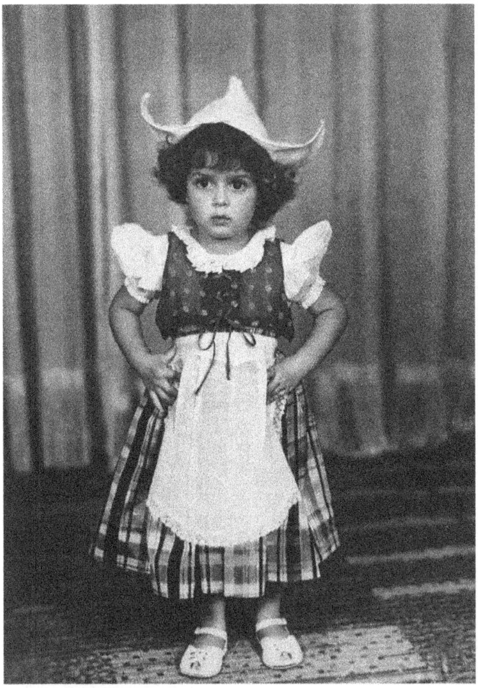
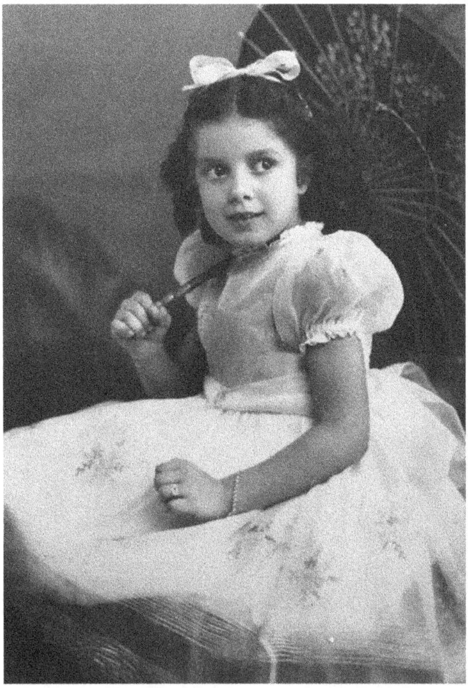
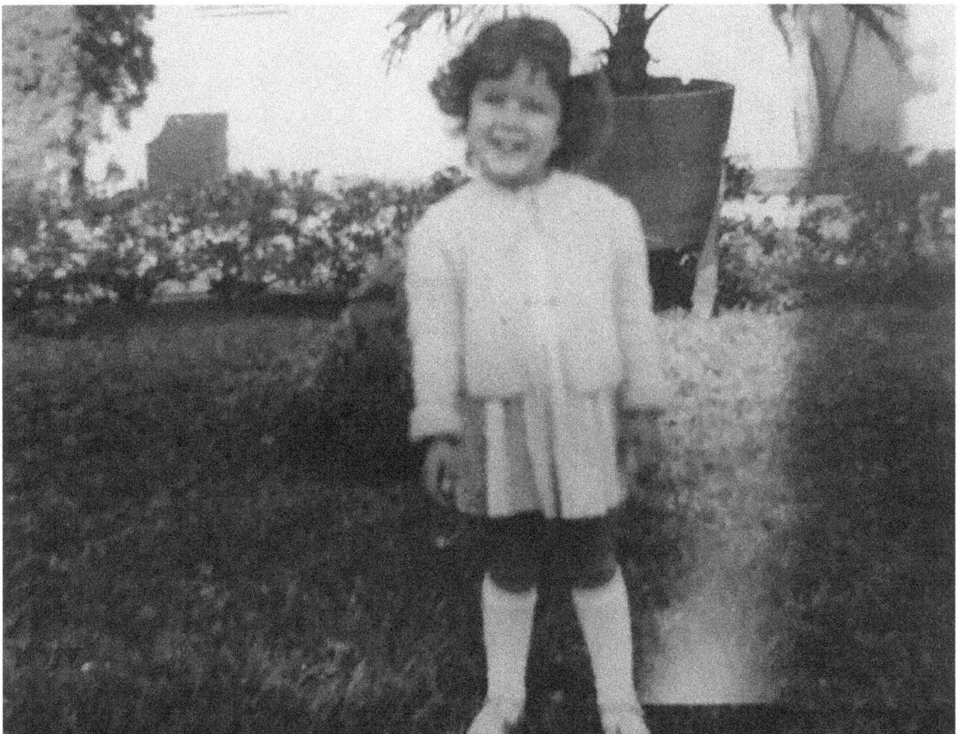

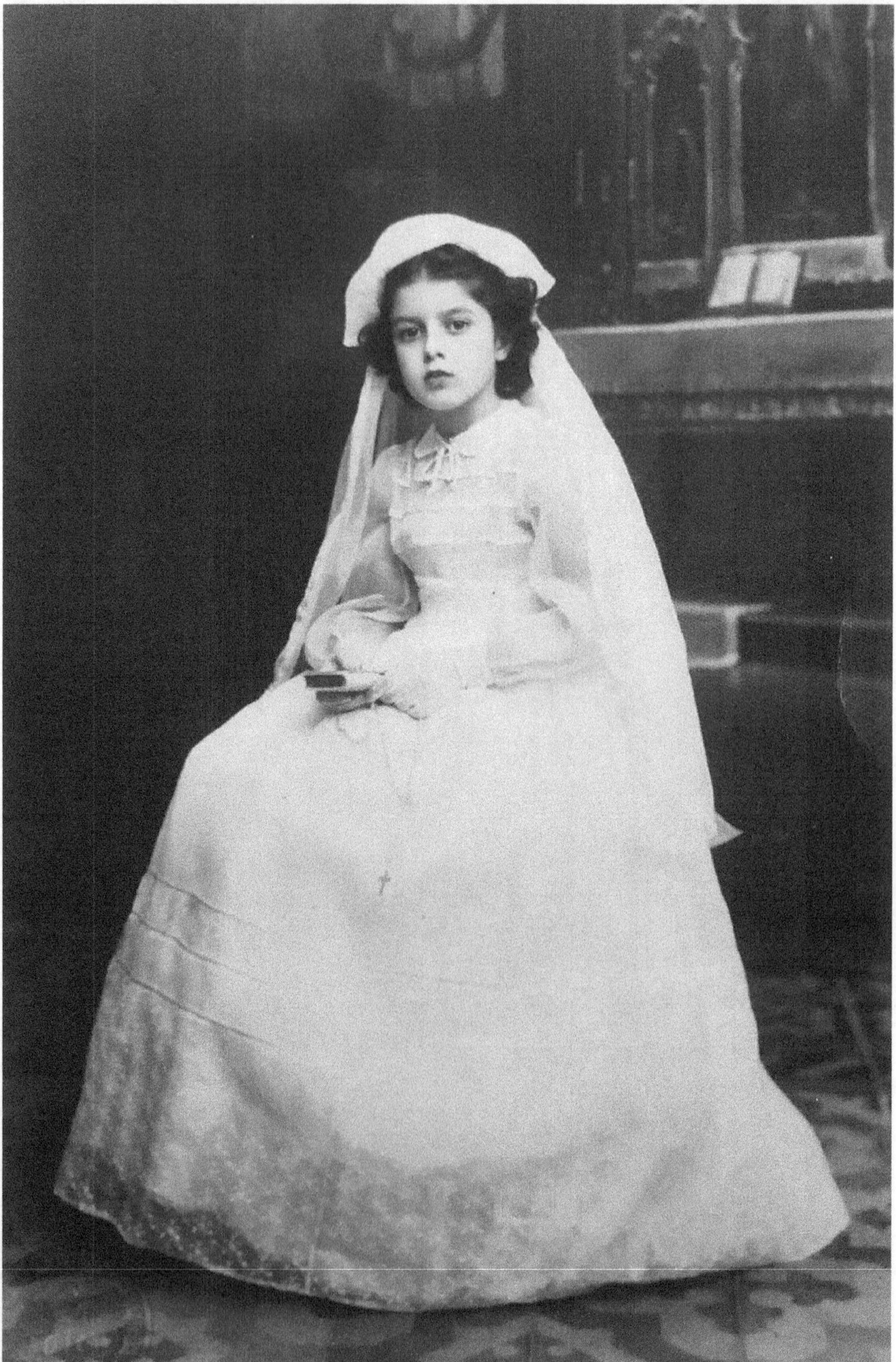

Capítulo 1
Um corretor da vida e da morte

Não foram poucas as vezes em que para impressionar a namorada Idea Benelli, o agente de seguros e taquígrafo Nelson Freire Campello cantou-lhe ao pé do ouvido sucessos dos grandes astros do rádio, como Francisco Alves, Mário Reis e Sylvio Caldas. Não consta que tenha feito serenata, prática tão comum em outras capitais e cidades do interior, mas não na urbana e industrial São Paulo de 1935. Nada modesto, Nelson dizia para todos que tinha boa voz, que deveria ser cantor e gravar discos.

Idea, claro, ficava lisonjeada pelo que ouvia. No entanto, não fazia qualquer comentário sobre o suposto dom vocal do namorado. Queria um marido discreto, não um artista boêmio da noite. Um pouco antes do casamento, ele desabafou para ela: "Puxa, Idea, eu acho que você não gosta da minha voz, nunca faz um elogio". Antes que ela respondesse, o jovem emendou: "Mas, tudo bem, se Deus quiser, teremos filhos que cantarão melhor do que eu, não é?". Apaixonada, a noiva ponderou, com alguma ironia e bom humor: "Ora, querido, ficaria contente se eles cantassem ao menos igual a você. Muitos cantores profissionais não têm a sua voz".

O diálogo do casal "terminou entre sorrisos e abraços de ternura", como observou a reportagem da *Revista do Rádio*, quase três décadas depois. Nelson e Idea se casaram no dia 16 de fevereiro de 1935. Sua principal fonte de renda vinha de um emprego como vendedor na companhia de seguros SulAmérica. Os rendimentos, claro, dependiam da comissão que ganhava pelas apólices que vendesse ou renovasse. Completava o salário com as aulas que dava no curso prático de taquigrafia.

Não significava que tivesse fugido dos estudos. Pelo contrário. Formou-se em secretariado, pela Faculdade Mackenzie, mas temia que nunca exercesse a profissão, por falta de oportunidade, uma vez que a preferência recaía sobre as mulheres que desafiavam as regras morais e machistas para trabalhar – daí a prática em taquigrafia. O jovem noivo queria e fazia questão de ser como o avô, um homem de família exemplar – seu pai morreu cedo, quando ele, o filho mais velho, tinha apenas onze anos de idade.

Os dois subiram ao altar da Catedral de São Paulo, na Praça da Sé. O local escolhido para a cerimônia foi um capricho e um desejo do seu sogro, Angelo Benelli, de ver a filha se casar em uma igreja realmente especial. E ele escolheu a mais suntuosa da cidade. De acordo com suas lembranças, enquanto tomava o café matinal no dia da cerimônia, mesmo com toda insegurança financeira. Nelson lembrou do provérbio que diz: "Quem pensa não casa".

A família do noivo era de origem gaúcha. A mãe Maria Isabel Campello, viúva, e os filhos Nelson, Jorge, Plinio e Odete moravam na Rua Oscar Freire, a dois quarteirões da Augusta, então uma área residencial de belas casas de classe média. Os Campello eram de origem irlandesa e tinham se espalhado por alguns países europeus, como a Itália, de onde seguiram para Canadá, Estados Unidos e América do Sul, principalmente Brasil.

O ramo latino da família seria chamado de Campello ou de Campos e o ramo anglo-americano virou os Campell, segundo Nelson Filho. Em seu país, família recebeu o título de nobreza pelo status de Cavaleiros Reais de Grandeza. No Brasil, instalaram-se no Nordeste, onde virou Campelo com um L só. No Sul, continuou com dois *eles*. O avô paterno de Nelson, Antonio Chaves Campello, nasceu em Montevidéu, Uruguai, mas se mudou para a gaúcha Pelotas e, depois, Rio Grande, onde se casou com Ricardina de Sá e passou para ela seu sobrenome.

Antonio acumulou propriedades e fortuna. Foi prefeito na cidade e tinha alta patente, embora nunca tenha sido militar e passou a ser chamado Coronel Antonio Chaves Campello. Como ajudou na construção da Santa Casa de Misericórdia, tem até hoje uma foto sua no salão principal como um dos principais benfeitores. Seu filho, pai de Nelson, o professor Oscar de Sá Campello, e os irmãos nasceram em Rio Grande. A motivação para a mudança de Oscar para São Paulo é quase desconhecida dos parentes. Sabe-se que antes disso ele se casou com a jovem Maria Isabel Freire, que vinha dos Freire do Maranhão.

Nelson era o filho mais velho e nasceu em 20 de setembro de 1911, em São Paulo. Os outros filhos de Oscar e Maria Isabel eram Plínio, Jorge e Odete, nessa ordem de nascimento. Em um curto espaço de tempo, Maria Isabel perdeu o sogro e o marido e se viu diante do desafio de criar os filhos ainda pequenos sozinha. Como herdara do pai e do sogro alguns imóveis, teve uma ideia que a colocaria em uma posição de destaque, em meio a um mundo tão machista, na época em que mulher não trabalhava e tinha de ficar em casa cuidando da educação dos filhos.

Ela vendeu tudo e passou a comprar e a reformar casas, para comercializá-las em seguida, com expressivos lucros. Com isso, pôde dar uma vida de fartura aos filhos. Além de levá-los para morar em um bom lugar, na casa que comprou no bairro residencial dos Jardins, precisamente na Rua Oscar Freire, entre a Augusta e a Haddock Lobo. E também os colocou em boas escolas e fez com que cursassem faculdade. "Quem segurou a família foi minha avó, com muito trabalho, era uma mulher bem ousada para a época", conta o neto Sérgio, que depois ficaria conhecido por Tony Campello. Nesse endereço, aliás, o destino aproximou Nelson de Idea.

A mãe de Idea, Giulieta Baldelli, veio com a família da Itália na virada para o século 20. O clã se instalou em Santo André, na Grande São Paulo, onde a filha nasceu, em 17 de novembro de 1913. Os outros foram Hélio, Nila, Léa e Diego Baldelli Benelli. O pai de Idea, paulistano e filho de italianos, ganhou como nome de batismo Angelo Benelli. Pai de família dedicado, turrão do momento que acordava até a hora de ir para cama, no início da noite, Seu Angelo, Giulieta e os filhos se mudaram para a capital em busca de oportunidades.

Angelo trabalhou duro por anos, até que, com as economias que o casal fez, montou um comércio de secos e molhados na movimentada esquina da Augusta, no nº 2027, que depois seria ampliado até a Oscar Freire nº 652. O comércio se chamava Empório Jardim América, uma espécie de mercadinho tamanho "GG", segundo descreve Sérgio, com maior variedade em alimentos e bebidas e segmentos de limpeza – um modelo precursor dos supermercados, que só surgiriam na capital paulista em 1942, com a rede Peg-Pag, cuja primeira loja foi montada na esquina da Alameda Santos com a Consolação.

Ao lado do empório dos Benelli, na parte da Oscar Freire, ficava a ampla residência da família, no nº 646 – que depois seria alugada para a Dini Joalheiros e, em seguida, à H. Stern, que permanecia no local até a finalização deste livro. Nos anos de 1940, Angelo prosperou tanto que montou uma fábrica de cosméticos, a Testful, que seria vendida anos depois para a multinacional Nívea. A unidade ficava em uma das travessas da Rua da Consolação, vizinha à casa onde a família passou a morar. "Quando eu era criança, ia passar férias na capital e a gente acompanhava as entregas dos produtos como caronas de vovô ou de algum funcionário para ver como faziam", lembra Nelson Filho.

Como Nelson sempre passava pelo empório para comprar algo a pedido de sua mãe ou o pão para o jantar, encantou-se pela filha do proprietário, que cuidava do caixa durante boa parte do dia e o começo da noite. Idea tinha tempo livre porque já tinha concluído o ensino médio – cursara magistério e era professora, pelo menos de formação, pois jamais lecionaria. A recíproca não demorou a acontecer e ela também caiu de amores pelo cliente e vizinho.

A jovem era dois anos mais nova que o pretendente. Quando se conheceram, em 1934, ela tinha 21 anos, e ele, 23. O que o rapaz não esperava foi a reação de Angelo ao saber que ele andava de conversa com sua filha. "Meu avô materno era descendente de italianos, a família tinha migrado havia um ano para cá quando ele nasceu. Portanto, foi o único filho a ser brasileiro. Mas se revelou o mais cabeça-quente de todos, mais italiano que brasileiro, com aquele temperamento explosivo, porque foi criado no meio de italianos. Tanto que, em casa, todos falavam o idioma natal e só foi aprender português na escola", recorda Sérgio.

Os irmãos, curiosamente, eram exatamente o contrário, bem-humorados e brincalhões. Nelson Filho confirma que o avô era mesmo "muito" bravo, um gênio difícil de quem a filha herdaria um pouco no trato com os filhos, de acordo com Sérgio – a relação entre os dois seria de atrito por toda a vida. E o mundo veio abaixo quando o namoro se confirmou, com ameaças e uma proibição irrevogável de que ela não se encontrasse com o paquera novamente. Qual teria sido o motivo de tanta raiva? O fato do pretendente ter um modesto emprego de vendedor de seguros da Companhia SulAmérica que não permitiria o conforto que ele sempre sonhou para a filha?

Essa era a motivação mais provável. Sérgio acrescenta: "Sei que ele e mamãe namoravam escondidos e meu avô chegou a se desentender com papai algumas vezes, quando descobriu o que acontecia. Mas a gente nunca soube por que vovô se comportou assim". Proibido de entrar no ponto comercial, Nelson explicou para a família o seu infortúnio. Mesmo assim, não desistiu de Idea. Aos poucos, aproximou-se da casa dos Benelli e os dois namoravam no amplo jardim da residência – característica comum às casas do bairro.

Com seu olhar observador feminino, a filha Célia, que viraria Celly, descreveu o pai como um "eterno romântico" que, de quando em vez, fazia os seus galanteios para a futura esposa. Até que, em 1935, "eles acertaram os ponteirinhos e, para a satisfação geral, formaram mais uma família. Ele, Nelson Campello e ela, Dona Idea Benelli e assim começou tudo", contou a futura cantora. O irmão Nelson Filho completa: "Meu pai era hábil, bom de conversa e fez vovô ver que era um bom rapaz para se casar com sua filha".

Um pouco antes do início da namoro, Angelo tinha ficado viúvo e se casado com Dina. Isso aconteceu um ano depois do começo da relação. Com a ajuda da mãe, Nelson comprou um terreno no final da Rua Constantinopla com a Rua Suécia, próxima à Avenida Europa, no Jardim Europa. Ele adquiriu o terreno do comerciante Manuel Garcia da Silva. Aquele era um dos primeiros e mais sofisticados bairros planejados de São Paulo, inspirado no sucesso do vizinho Jardim América.

Coube ao engenheiro carioca Hipólito Gustavo Pujol Jr. seu planejamento urbano, que estabelecia nas ruas dos loteamentos nomes das principais nações europeias e de algumas cidades do velho continente, como Atenas e Constantinopla. Em 1938, porém, o trecho mudou para Rua Turquia, por um decreto municipal, porque esta se tornou a nova nação depois do fim da Primeira Guerra Mundial e o país trocou a denominação da capital de Constantinopla para Istambul.

A casa que Nelson e Idea ocupariam ficava em um terreno com 20 metros de frente e 28 metros de fundo e foi planejada para ser um confortável e amplo sobrado de um andar, com recuo de seis metros em relação à calçada, para um jardim com gramado. O projeto arquitetônico foi criado por Otávio Lotufo. Nelson Filho guardaria com carinho a planta e duas fotos do imóvel em construção, em que apareciam os pais, os avós, o irmão mais velho Sérgio e ele. Célia ainda não tinha nascido quando isso aconteceu.

Na primeira imagem, aparecia o pai com chapéu na mão no primeiro andar. Na parte de baixo da obra, de roupa preta e chapéu, estava sua mãe, Maria Isabel, que os netos chamariam de Vovó Bebé. "Eu era pequeno, não sei se a casa terminou de ser construída por meu pai e se moramos lá por algum tempo, não tenho nenhuma lembrança e conhecimento sobre o que aconteceu com essa casa, se foi vendida logo depois, pois, em 1940, viemos para Taubaté e eu tinha apenas 3 anos de idade, e Sérgio havia completado 4".

A construção foi concluída, sim, em 1938, e a família viveu ali por quase dois anos. Antes disso, quando 1935 chegou ao fim, Idea estava grávida de mais de sete meses. Esperava o primeiro filho, que veio ao mundo no dia 24 de fevereiro de 1936, na Maternidade São Paulo, na Rua Frei Caneca, próxima à Rua Antonio Carlos e a poucas dezenas de metros da Avenida Paulista.

Como era madrugada de domingo para segunda de Carnaval, o menino abriu os olhos e ouvidos após o parto natural ao som da folia dos carros que desfilavam na mais aristocrática das avenidas da capital. Pela cidade, o povo cantava o principal sucesso da folia daquele ano e mexia os braços como um galináceo a bater as asas: "Co, co, co, co, co, co, ró, co, co, co, co, co, co, ró/O galo tem saudade da galinha carijó", de Lamartine Babo e Paulo Barbosa, marcha gravada pelo cantor Almirante.

Por isso, Sérgio sempre gosta de destacar que veio ao mundo em um ambiente sonoro, o que funcionou como uma predestinação sua em relação à música: "Eu nasci às 2h20, imagina que cheguei ouvindo som de música, porque foi nas proximidades da Paulista, onde se fazia Carnaval em cima de carros particulares". Célia não esqueceria de uma história que era contada nas reuniões familiares: "Tony foi o primeiro filho e aconteceu que, quando ele nasceu, papai, de brincadeira, falou que aquele garoto seria cantor. Talvez por ser aquele um dia de Carnaval!".

Dos primeiros anos de vida, Sergio não guardaria quase nada na memória. Em uma segunda entrevista para este livro, ele não só confirma que a família viveu no Jardim Europa, como acrescenta: "Lembro vagamente da nossa casa confortável que ficava na Rua Constantinopla, a primeira que meus pais construíram. Tinha uma tia por parte de pai que cantava alguma coisa quando ia lá nos visitar, mas nada que fosse importante para despertar meu interesse por música".

O futuro Tony Campello não tinha idade também para se lembrar do irmão do meio nesse período, que não demoraria a chegar – um ano e meio depois dele. E foi mais um menino, que nasceu em 3 de outubro de 1937, também na Maternidade São Paulo, na Frei Caneca. Por sugestão da mãe, ganhou o nome de Nelson Campello Filho. O pai, claro, sentiu-se lisonjeado e orgulhoso e os dois teriam uma relação de proximidade por toda a vida.

Tudo corria com certa tranquilidade, embora Nelson se cobrasse um salário melhor para dar mais conforto à mulher e aos dois filhos. Quatro anos depois do casamento, finalmente, surgiu uma oportunidade de emprego melhor. E sem trocar de empresa. No final de 1939, o chefe de Nelson o chamou em sua sala para lhe dizer que a SulAmérica precisava dele para uma missão especial e seria bem-recompensado por isso. Queria que fosse montar uma unidade de negócios e cuidar da gerência do escritório na região do Vale do Rio Paraíba.

A partir da cidade de Taubaté, Nelson deveria coordenar um grupo de agentes para venda de seguros nos municípios próximos. Com dois garotos para criar, percebeu que seria uma oportunidade para agarrar sem pensar muito, embora exigisse adaptação em uma pequena localidade para ele e a família. Ou que significasse ficar longe da mãe e dos irmãos em São Paulo. O salário que recebia na empresa mal chegava para cobrir as despesas de casa. Melhor seria mesmo tentar a sorte em outro lugar, com mais oportunidades.

Idea aceitou seus argumentos de que a proposta permitiria uma vida mais confortável, além da tranquilidade de ser no interior. Os familiares de Nelson, assim como os da esposa, não aprovaram a transferência. Argumentaram que a capital oferecia possibilidades de empregos melhores. Afinal, São Paulo vivia um momento de intensa industrialização que ainda ia se expandir bastante nas décadas seguintes. Mesmo assim, foi em frente e se preparou para a drástica mudança.

A partida aconteceu em abril de 1940. Nelson foi antes e alugou dois imóveis. Um para o escritório regional da SulAmérica e outro que seria ocupado pela família. Para o primeiro, escolheu um casarão antigo na Rua Visconde do Rio Branco, que seria demolido décadas depois. No segundo, o casal e os filhos viveram por alguns meses na casa da Rua Dr. Pedro Costa nº 239. Sérgio conta que o imóvel era um sobrado onde embaixo morava o engenheiro Antonio Mario Caviakoviski, que se instalou na cidade para construir um trecho próximo da Rodovia Dutra.

A estada no lugar deixaria poucas recordações nos filhos, ainda bem pequenos. "A minha mais antiga lembrança desse local era de uma casa que ficava ao lado da agência dos Correios. Mas ficamos tão pouco tempo. Tanto que não tenho ideia nenhuma de como era por dentro, por exemplo, a não ser que ficamos ali até papai achar uma outra casa para nós, mais espaçosa e confortável", conta Nelson Filho.

A morada foi até o começo do segundo semestre de 1940. "Tanto que consideraríamos a primeira residência nossa de fato a da Rua das Palmeiras, 130, em frente ao Taubaté Country Clube, que chamava na época de Rua Conselheiro Moreira de Barros e o nº era 75, ao lado esquerdo da Caixa Econômica Federal", observa Nelson Filho.

A charmosa casa tinha em sua fachada as cores azul e branca. "A nossa infância toda foi nessa rua", lembra Sérgio. Era um imóvel amplo, com quintal e diversos pés de frutas, de onde se tirava a matéria-prima para sucos e saladas fresquinhas, servidas como sobremesas. Além disso, as crianças podiam brincar na rua com garotos da sua idade, sem preocupação com violência.

Naquela virada de década, Taubaté tinha, então, aproximadamente 50 mil moradores. Era conhecida por ter sido o lugar onde nasceu o escritor Monteiro Lobato (1882-1948), além de outros filhos ilustres que se projetariam depois, como o comediante e cineasta Amâncio Mazaroppi (1912-1981) e os futuros apresentadores de TV Cid Moreira (1927) e Hebe Camargo (1929-2012). E o cantor e compositor Renato Teixeira, que não veio ao mundo na cidade, mas foi criado lá até o início da juventude.

Taubaté também é uma das mais antigas localidades que deram início à colonização do estado de São Paulo. O começo da ocupação que lhe daria origem aconteceu com a chegada das tropas do sertanista Capitão Jacques Félix, por volta de 1640. As poucas casas que ele mandou construir fizeram do local o primeiro núcleo de povoamento oficial do Vale do Rio Paraíba do Sul, cujo trecho em território paulista ia de Arujá a Bananal, ou, pelo próprio curso do rio, de Guararemo até Queluz.

Suas terras ficavam na Capitania de Itanhaém, cuja donatária, Dona Mariana de Souza Guerra, a Condessa de Vimieiro, era neta e herdeira de Martim Afonso de Souza (1500-1564), administrador colonial português e primeiro donatário da Capitania de São Vicente. Antes do surgimento de Taubaté, toda a região fora ocupada durante séculos por grupos indígenas como Puris, Jerominis e Guaianás.

Como narra o historiógrafo da cidade Antônio Carlos Argôllo Andrade, conhecido morador da Vila de São Paulo dos Campos de Piratininga, onde tinha grande prestígio, Jacques Félix foi incumbido de representar os interesses da condessa donatária e fundou um povoado em local previamente escolhido para ser "posto avançado", de onde expandiu a ocupação por toda região valeparaibana. Para tanto, conseguiu convencer várias famílias que topassem trocar a capital por aquele desbravamento selvagem.

Em troca, esses grupos receberiam propriedades para plantio e moradia. Aceitaram o convite membros dos Albernaz, Barreto, Barros, Bueno, Cabral, Costa, Corrêa, Cunha, Dias, Escobar, Fernandes, Freire, Freitas, Gil, Góes, Gomes, Leme, Maia, Macedo, Medeiros, Mendonça, Pedroso, Pereira, Pimenta, Raposo, Rodrigues, Silveira, Siqueira, Teixeira, Toledo, Veiga, Vieira e outros. Alguns desses sobrenomes, aliás, marcariam a história do lugar por séculos, graças à projeção que alcançaram em riqueza.

Em 5 de dezembro de 1645, o local se tornou oficialmente Vila de São Francisco das Chagas de Taubaté, primeiro povoado do Vale do Paraíba a alcançar esta posição. Para tanto, foi preciso erguer uma Igreja Matriz, a Câmara Municipal e a Cadeia Pública. Todas essas melhorias e outras mais foram implementadas em tempo recorde. Logo vieram moinhos de farinha e engenhos de açúcar, obras consideradas indispensáveis pelo governo português para que um povoado pudesse se tornar vila.

O nome Taubaté veio da variação do vocábulo "taba-ibaté", que, na língua tupi, significa "aldeia que fica no alto", em referência à aldeia guaianá, que existia na colina onde depois seria instalada a estátua do Cristo Redentor. Ainda no século 17, o vilarejo se destacou como importante centro de atividades dos desbravadores bandeirantes, que descobriam ouro e se tornaram os fundadores dos povoados que deram origem às conhecidas "cidades históricas" de Minas Gerais – Ouro Preto, Mariana, São João Del Rei, Tiradentes e Caeté, entre outras.

Ao longo do século 18, o comércio de Taubaté prosperou tanto que se tornou importante centro de abastecimento da região mineradora de Minas Gerais. Ali, podia-se comprar ou até encomendar gêneros alimentícios de primeira necessidade, como feijão, farinha de mandioca e de milho, rapadura etc. As mercadorias eram transportadas por tropas no lombo de animais cargueiros – mulas e burros ou carros de boi – até a distante região mineradora das Minas Gerais.

No século 19, alguns episódios mais curiosos que relevantes, como escreve Antônio Carlos Argôllo Andrade, também aconteceram na cidade. Como a histórica viagem do Rio de Janeiro até São Paulo e Santos, em 1822, do Príncipe Dom Pedro de Alcântara (futuro Dom Pedro I). Ele atravessou todo o Vale do Paraíba e pernoitou durante vários dias em diversas localidades, inclusive em Taubaté, onde dormiu de 21 para 22 de agosto, e levou em sua comitiva oito moradores que estiveram presentes no momento da Proclamação da Independência, o "Grito do Ipiranga", em 7 de setembro de 1822.

Por fim, exatos vinte anos depois, em 1842, a Vila de São Francisco das Chagas de Taubaté foi elevada à categoria de município – a primeira do Vale do Paraíba a conquistar esta posição. Seu nome, então, foi simplificado para Taubaté. Nos anos seguintes, ganhou destaque como centro produtor de café, com 86 fazendas em atividade intensa. Rica e com uma classe média ascendente, durante a Guerra do Paraguai, ocorrida entre 1865 e 1870, a cidade manteve sua vocação de protagonismo político e de combate, ao contribuir para o esforço de guerra com subscrições em dinheiro e voluntários enviados às frentes de combate.

Outro marco importante, de repercussão nacional, ocorreu em 4 de março de 1888, quando a Câmara de Vereadores de Taubaté aprovou uma lei que concedia a liberdade aos 2.568 escravos existentes no município – o ato antecipou em mais de dois meses a Lei Áurea, proclamada em 13 de maio daquele mesmo ano. Nesse período, a produção e o comércio de café aumentaram na região e enriqueceram várias famílias de produtores. Na virada para o século 20, essa condição fez do município um dos mais prósperos do país – e um dos mais influentes também, com seus milionários barões do café. Com as receitas dos impostos, a cidade se desenvolveu com rapidez.

Entre as melhorias estava a construção do Mercado Municipal (1860), a fundação do primeiro jornal, O Taubateense (1861), a Estrada de Ferro Dom Pedro II (depois denominada Central do Brasil), em 1876; o Teatro São João (1878), o Colégio (Feminino) Nossa Senhora do Bom Conselho (1879), o início da operação dos bondes urbanos de tração animal (1881), a instalação da iluminação a gás nas ruas (1884), abastecimento de água e empresa telefônica (1893); o primeiro grupo escolar, denominado de Dr. Lopes Chaves (1902), e a rede de esgotos (1905), entre outros pontos importantes.

O pioneirismo industrial do lugar se consolidou em 1891, com a fundação da Companhia Taubaté Industrial (CTI), pelo empresário Félix Guisard. Em 1900, tornou-se o município que mais produziu café no Vale do Paraíba. Oito anos depois, foi criada a Diocese de Taubaté, a primeira da região, pelo Papa Pio X, por meio da bula papal "Diocesium Nimiam Amplitudinem".

Mesmo abalada pela crise do café a partir de 1929, em meados de 1932, a cidade teve relevante participação na Revolução Constitucionalista de São Paulo contra o Governo Vargas, ao enviar para a frente de combate o "Batalhão Jacques Félix". Durante a Segunda Guerra Mundial, entre 1944 e 1945, dezenas de jovens taubateanos integraram a Força Expedicionária Brasileira (FEB), que lutou na Itália contra os fascistas e nazistas.

Os anos de 1930 em Taubaté seriam testemunhados por um garoto que seria conhecido como Cid Moreira, que apresentou o Jornal Nacional, da Rede Globo, por quase três décadas: "Eu era um garoto de 11 anos (1938), quando fui morar na Rua Barão da Pedra Negra, 156. Perto da minha casa tinha um bueiro que era um terror, principalmente quando chovia". Para resolver o problema, seu pai mandou um funileiro fazer uma chapa de ferro. Quando chovia, ele tapava o bueiro com aquela chapa, para evitar que transbordasse e invadisse a casa da família.

Nessa época, a rua ainda não tinha calçamento. "Era de terra e eu andava descalço. Quando vieram fazer o calçamento, fiquei olhando e acabei aprendendo e até fiz um pedaço do calçamento em frente à minha casa. Colocava a pedra, a areia, batia com o martelo". Cid estudou no Colégio Estadual de Taubaté, perto do Bosque da Saúde. "Meu pai era bibliotecário da escola". Sua vida profissional também começou em Taubaté, na Difusora, "de onde saí com 19 ou 20 anos, para trabalhar na Rádio Bandeirantes, em São Paulo".

Falante e expansivo, tipo boa praça, com o inconfundível bigodinho que o acompanharia por toda a vida, Nelson Campello não demorou a conseguiu um segundo emprego, noturno, como professor de taquigrafia na Escola do Comércio de Taubaté, conhecida por seu curso profissionalizante de contabilidade. "Ele lecionou por bastante tempo nesse lugar, o que ajudou nas despesas de casa nos primeiros anos", recorda Nelson Filho.

O pai adorava contar que quando foi transferido para cuidar da filial da SulAmérica na região do Vale da Paraíba e saía para vender seus serviços nas cidades vizinhas com os colegas que chefiava, as pessoas reagiam com repulsa à ideia de fazer seguro de vida. "Várias pessoas temiam que a compra daquela proteção atraísse algo de ruim e elas morressem logo, ao sofrer algum acidente", conta Nelson Filho.

Natural, pois nunca tinham ouvido falar naquilo. Cansava de ouvir a mesma reação: "Seguro de vida? Como assim? O senhor acha que eu vou morrer? Está me agourando, seu Nelson?". Nelson, pacientemente, explicava que todos estavam vulneráveis diante dos imprevistos de Deus e que, nesse caso, sua esposa e seus filhos receberiam um dinheiro para se manter por algum tempo. E desamparo era algo que ninguém queria para seus entes queridos. Convencia alguns, outros não. Havia os que passavam um bom tempo a refletir sobre aquela novidade, até ceder. Seus vendedores se queixavam da mesma coisa.

E foi nessa cidade interiorana agradável que Nelson recomeçou a vida com Idea e os dois meninos. Até que uma novidade surgiu. Quando o ano de 1942 começou, estava no terceiro mês de gravidez e, dessa vez, ela e o marido queriam que fosse uma menina. Logo que se instalou em Taubaté, o casal tinha feito planos de ter mais um filho. E até se anteciparam na escolha do nome da garota, "se Deus assim quisesse", como disse Nelson.

Na cidade existiam quatro lindas meninas conhecidas dos Campello chamadas Célia. Se eram belas, o pai anunciou em casa, sem consultar a esposa: "Minha filha também será Célia". Idea assentiu, disse que gostou do nome e não faria objeções. Estava tão certa disso que começou a preparar um enxoval com vestidinhos e bonecas. Como os dois meninos tinham nascido na capital, o casal resolveu que não seria diferente com o novo membro da família.

Preferia assim por uma questão de "segurança médica", caso houvesse alguma complicação – o que não tinha acontecido nos anteriores. "Minha mãe queria que o parto fosse em São Paulo, ela achava que Taubaté não tinha muitos recursos", recordou Célia. Eram tempos de guerra, porém, e quando se aproximou da data, prevista para a primeira quinzena de junho, Nelson começou a ficar preocupado porque o governo brasileiro endureceu o racionamento de gasolina, por causa da falta dos produtos, devido aos bombardeiros de navios petrolíferos no Oceano Atlântico.

Para não interromper o serviço, os ônibus usavam dois tubos de gasogênio na parte de atrás, a fim de alimentar os motores por combustão interna. Isso era possível por meio da conversão de matérias-primas sólidas como madeira ou carvão e líquidas em gás. Os gasogênios podiam ser fabricados com relativa facilidade, até mesmo por mecânicos sem maiores qualificações, a partir de materiais de baixo custo e de fácil aquisição.

Equipamentos assim estavam em produção antes e depois da guerra para uso em circunstâncias especiais ou em países com dificuldades econômicas. Mesmo onde não havia conflitos, como Suécia ou Portugal, o gasogênio era popular, uma vez que o petróleo se tornou difícil de ser obtido. No Brasil, o piloto Chico Landi – que foi apelidado de "o rei do gasogênio" – se tornou campeão de automobilismo em 1943, 1944 e 1945 com carros equipados com o produto e movidos a gás de carvão vegetal.

Durante a Guerra, na Grã-Bretanha, na França, nos EUA e na Alemanha um número expressivo de gasogênios foi fabricado ou improvisado para converter madeira e carvão em combustível para veículos. Nelson pensou em instalar um desse em seu Chevrolet preto, ano 1939, mas o veículo não comportava o improviso. Até que veio tranquilizá-lo o amigo Ruy Jackson Pinto, gerente da agência de venda de carros Chevrolet e dono do único posto de gasolina da cidade, na entrada da Rua das Palmeiras, à esquerda.

Disse-lhe que não deveria se preocupar, pois arrumaria quantidade suficiente do precioso líquido para levar sua esposa até a capital quando achasse que era o momento certo. "Não exista a Rodovia Presidente Dutra, usávamos a antiga Estrada de Rodagem Rio-São Paulo para chegar à capital", conta Nelson Filho. Como eram tempos de economia de todo jeito, seu pai deixava o carro sobre cavaletes por ficar muito tempo parado, o que evitava deterioração, caso tivesse um contato mais próximo da terra do quintal de casa.

Ficou acertado que uma semana antes do prazo definido pelo médico para o parto, Nelson levaria Idea e os dois meninos para a casa de parentes, em São Paulo. Com a ajuda de Ruy, seguiram rumo à capital para receber a esperada irmãzinha, como acreditavam todos. E ela veio, de fato, em 18 de junho de 1942, à 1h40 da madrugada, na mesma Maternidade São Paulo da Rua Frei Caneca onde os dois mais velhos tinham nascido.

Célia comentou depois, quando era conhecida como Celly: "Eu também, por um acaso, nasci em São Paulo. Papai e mamãe estavam pedindo a Deus que viesse uma menina e esse dia (em que nasci) foi o dia D da Vitória (dos aliados contra os nazistas) e eu chorei pela primeira vez". Nascia Célia Benelli Campello – nesse mesmo dia, na Inglaterra, acontecia o parto que daria ao mundo Paul McCartney, um dos Beatles.

Antes de a família aumentada voltar para o interior, duas semanas depois do nascimento de Célia, os pais aproveitaram para batizar logo a filha. O ritual ocorreu na Igreja de Nossa Senhora do Brasil e o bebê ganhou como padrinhos Jorge Freire Campello (irmão de Nelson) e Leia Benelli (irmã de Idea). Com pouco tempo vivido na capital, seria natural que Celinha dissesse a todos que era, de fato, taubateana, assim como afirmariam os irmãos.

No primeiro ano de vida, a menina chorava bastante, como contou a mãe à *Revista do Rádio*. "Eu quase não deixava ninguém dormir em casa", recordou a cantora. Com apenas dois anos de idade, ela fez a primeira travessura, que lhe custou umas "palmadinhas", como recomendava a educação naquele tempo: em cima da cama, pintou as unhas com o esmalte da mãe. Até aí, tudo bem. O problema foi que a menina estendeu as pinceladas ao lençol branco cuidadosamente arrumado, engomado e passado.

Para dona Idea, aquela malinice fazia supor, portanto, que a filha se tornaria vaidosa quando moça. Nem tanto, como se veria, pois seria uma adolescente e depois uma jovem senhora discreta no modo de se vestir e maquiar, embora tivesse outra postura como cantora na vida pública e no palco, como se verá adiante.

Uma vez que tanto queria e lutou para isso, a vida prosperou profissionalmente – e na parte financeira, claro – para Nelson em Taubaté. As vendas de seguro cresceram, com sua pequena equipe, na cidade e em toda a região – nesse momento, eles cobriam as cidades de Tremembé, Caçapava, Pindamonhangaba e Ubatuba. A rotina da família daria uma guinada com a fundação do Rotary Club, em 21 de agosto de 1943, em um movimento liderado por ele.

Como aprendeu a dinâmica da instituição por frequentá-la em São Paulo, Nelson reuniu alguns comerciantes conhecidos de sua confiança e trabalhou duro para erguer uma filial na cidade. Fez incontáveis viagens à capital com esse propósito de conseguir toda a documentação e estudou o assunto por meio de apostilas. Até que deu certo e a sede foi inaugurada. Tornou-se um feito e tanto e o ajudaria a ficar bastante conhecido na cidade – o que seria aproveitado na década seguinte para uma promissora – porém breve – carreira na política.

Quando começou a estruturar o espaço, no entanto, Nelson teve de enfrentar uma série de percalços. Precisava convidar um grupo mínimo de associados que o estatuto exigia – pelo menos 21 cidadãos de reputação ilibada e acima de qualquer suspeita. Foi quando se deparou com uma resistência inesperada do padre da cidade. Soube disso quando um dos voluntários anunciou sua saída do abaixo-assinado porque recebeu a informação de que o Rotary era contra a religião católica.

O líder do movimento não precisou se esforçar para saber de onde vinha a difamação: o pároco via a iniciativa como uma concorrente, que lhe tomaria parte do rebanho e das ajudas financeiras que precisava para manter a igreja. Depois, haveria até padres rotaryanos na cidade, lembra Nelson Filho. "Era um pensamento da época e não tinha sentido nenhum", completa. "Papai era apaixonado pelo Rotary e tudo fez para levá-lo para a cidade", conta o filho.

Tanto que Vitor Barbosa Visar, filho da cidade, só aceitou ser o primeiro presidente se Nelson ficasse como secretário. Três anos depois, ele se tornou presidente. Católico praticante, daqueles de levar a família todo domingo pela manhã à missa – o que teria profundo impacto na vida pessoal da filha –, ele passou a frequentar o Taubaté Country Club, após aceitar o convite para ser diretor esportivo.

O TCC, como seria chamado, havia se tornado o principal espaço esportivo da cidade, onde eram realizadas todas as festas das famílias de classes alta e média da cidade. Do Carnaval às formaturas de fim de ano e casamentos e, principalmente, as matinês dançantes dos domingos, ponto de encontro de adolescentes e jovens da cidade. O espaço nasceu da iniciativa de um grupo de jovens amigos em julho de 1936 e foi instalado próximo à catedral.

Até então, a cidade dispunha apenas das quadras de basquete e campos de futebol do Esporte Clube Taubaté. Todos sentiam falta de outras modalidades esportivas, como natação, porque não tinha piscina no local. Por isso, um grupo de jovens de famílias tradicionais da cidade propôs, no primeiro momento, a compra do terreno que ficava no caminho de Quiririm, ao lado do campo de aviação – o valor seria pago com um rateio entre eles.

Uma curiosidade lembrada por um dos fundadores do TCC sobre o lugar escolhido foi a dúvida quanto à frequência de público, por causa da distância e pelo fato de que poucos na cidade tinham automóveis. Por fim, desistiram daquele ponto. Um dia, o jovem

Raul Guisard caminhava e pensava onde podiam construir o novo clube e se lembrou de um amplo terreno no centro, ideal para a realização do seu sonho e dos amigos.

O local ficava na Rua das Palmeiras – a mesma onde a família Campello residiria a partir de 1940, exatamente na calçada oposta, do outro lado da rua. E levou a ideia para o Bar do Alemão, na praça da matriz, um dos pontos mais conhecidos de Taubaté desde a década de 1920. Ali se tomava o melhor chope da região, principalmente no verão. Para suas mesas iam os cavalheiros de terno e chapéu, tirados e pendurados em tornos que ficavam na parte interna, antes que seus donos se sentassem para fazer o primeiro pedido.

Nos barbeiros, escritórios e nos encontros depois da missa, o assunto passou a ser o mesmo: a construção de um novo e amplo clube esportivo. A "sociedade" taubateana – os empresários e fazendeiros e suas famílias, principalmente – acreditou e apoiou a iniciativa, com suporte financeiro, que tornou várias famílias sócios permanentes.

O projeto foi sacramentado no dia 16 de julho de 1936, quando a turma seguiu para uma reunião improvisada na mercearia de seu "Miranda", que funcionava no térreo do edifício identificado com seu sobrenome. Ali, os rapazes acertaram os últimos detalhes, como o valor a ser proposto e como seria pago. Em seguida, no mesmo prédio, os rapazes subiram até a sala 7, onde ficava o escritório do Dr. Avelino, proprietário do terreno onde eles queriam que fosse erguido o clube. O encontro tinha sido agendado por um deles.

Bem-recebidos pelo empresário, amigo dos pais de todos eles, explicaram o que pretendiam fazer: "a fundação de uma sociedade esportiva, de cultura física e intelectual, sonhada antes por um grupo de abnegados esportistas e que recebia naquele momento o apoio integral da sociedade taubateana". O comerciante não criou resistência e a negociação teve início. Disse que tinha todo interesse em dar sua contribuição porque seus netos também poderiam usufruir do espaço. Tanto que fez um preço mais em conta.

Nascia, ao menos no papel, o Taubaté Country Club, que seria tão importante anos depois para a carreira musical de dois dos filhos de seu Nelson e dona Idea e para a história do rock and roll no Brasil. Até lá, centralizaria a maioria das festas de uma Taubaté ainda próspera e que não perdia a pose pelos tempos de riqueza e fartura do café, até o final da década de 1920, quando aconteceu a quebra da bolsa de valores de Nova York, em 1929.

Tanto que suas calçadas serviam para circulação de senhores que trajavam calça, camisa, colete, paletó de linho e chapéu e acompanhavam suas senhoras que iam às compras. Sempre elegantes com seus vestidos que iam até abaixo dos joelhos, elas usavam chapéus e a tradicional bolsinha de mão. O problema maior continuava a ser os efeitos da desvalorização do café, que atravessou toda a década de 1930 e invadiu os anos da guerra.

Assim que foi inaugurado, o TCC se tornou o queridinho das famílias mais abastadas e de classe média de Taubaté. No começo da década de 1940, a direção decidiu tornar o espaço uma referência regional em natação e chamou Nelson Campello para ser o diretor esportivo, pelo entusiasmo que mostrava ao se envolver em projetos da comunidade. Quando veio o convite, a cidade ainda estava "naquela doce e pacata vida de interior, sem reboliço, menos gente, uma vidinha calma", como descreveu o jornalista Wellington Queiroz, o Bororé.

Nelson, segundo ele, "não era dessa calmaria enervante, de quem não faz nada. Era uma calma sem grande agitação, mas tudo em ritmo de trabalho, de olhar no futuro, sempre acreditando que o amanhã seria sempre melhor". Bororé descreveu o amigo ainda como o tipo "da criatura esperta, viva, relativamente magro, de baixa estatura, e de uma conversação que fazia gosto". Educação fina, continuou ele, "traços faciais agradáveis, enfim, uma pessoa que logo à primeira vista a gente se simpatizava".

Nelson transformou o TCC, segundo Bororé, em uma excelência em natação, esporte que era uma de suas paixões. "Ele não teve medo, juntou a família, esposa e os três filhos bem pequeninos e lá se foi com todo o entusiasmo, sábados e domingos, levar incentivo, levar alegria a muita gente". No início, tudo era brincadeira, segundo o cronista. "Todo mundo ia praticar aquele esporte para passar tempo, para sentir o calor do sol. Na pele, para estar à vontade".

Nelson Campello, prosseguiu ele, "exultava de alegria, ante o grande movimento de gente moça, de crianças, de senhoras, o que representava quebrar um tabu", uma vez que traje de banho costumava chocar os mais tradicionalistas. Era como ver uma piscina cheia de "gente pelada". Bororé destacou a pressão do quesito moralismo na cidade: "o negócio não era mole, não".

Havia "uma ala que alardeava puritanismo, de afronta ao pudor, de imoralidade e outras bobagens tão em voga na época", de acordo com Sérgio, futuro Tony Campello. Nelson, entretanto, que era "evoluído", vindo dos clubes da capital, "não dava pelota" e foi levando o seu departamento, até que um dia, pensou bastante e disse para a esposa: "Sabe, esse negócio no Departamento que dirijo não vai ficar somente em brincadeiras de sábados à tarde, domingos e feriados, não, não senhora... Irei mais além... Vou ver no que dá..."

Na ida seguinte ao clube, ele colocou umas cordas, arranjou uma câmara de ar de pneu de automóvel e deu início a um trabalho sério de formar atletas nadadores altamente competitivos, que trouxessem medalhas para Taubaté. Houve algumas queixas dos demais banhistas e parte dos associados achou que o espaço da ampla piscina havia ficado menor. E disseram que ele colocasse cordas à noite, de madrugada, fosse lá na que hora fosse, menos aos domingos pela manhã.

A ideia era despertar o interesse de quem ia nadar nos fins de semana. "Ele não deu bola, fechou os ouvidos e foi em frente. Não demorou e aquele grupinho formado por ele, pelos seus três filhos e esposa, aumentou, aumentou... e quando se percebeu, havia dezenas de meninos, meninas e até crianças quase de fraldinhas. O negócio pegou fogo... Começaram a surgir competições. Todo menino ou menina, e mesmo marmanjos, queria estar na 'dele'. Aquilo estava ficando bom demais e passou a ser 'coqueluche' do clube", recorda Nelson Filho.

O entusiasmo aumentou quando apareceram dois associados que se dispuseram a ajudá-lo como voluntários. Um era de origem alemã, Max Winker, da área industrial da cidade. O outro, o jornalista baiano Welington Queiroz, que cobria a área esportiva para jornais da região. "Em vez de um só, agora eram três dispostos ao que desse e viesse e o Departamento de Esportes foi ganhando fama, tornou-se um dos orgulhos do Clube e da cidade", conta Nelson. "Eram amigos de papai, que gostavam de ajudar nas atividades da natação. Não havia nenhuma remuneração, nem para o diretor de natação, meu pai, moviam ele apenas vontade e dedicação".

Para alegria do pai, Nelson Filho começou a se destacar, o que não demoraria a acontecer com a pequena Célia. "De todos ao filhos, Célia participou um pouco como nadadora na sua infância, não foi durante muito tempo, e retomou na adolescência, quando se destacou entre as nossas melhores nadadoras. Eu e Sérgio chegamos a competir, entre os 8 e 10 anos de idade, em torneios regionais. Não esqueço que quando perdia para ele, eu chorava, mas não podia ser diferente, ele era mais velho e mais forte", diz Nelson Filho.

Outro jornalista, Hélio Queiroz de Oliveira, foi quem ajudou o diretor na organização de treinos e das competições. "Como morávamos em frente ao clube, em determinado período, ficava fácil a gente praticamente viver dentro da entidade, bastava atravessar a rua. Mas quem ensinou a gente a nadar mesmo foi meu pai. Lembro que, na piscina, havia dois trampolins, de um e três metros – eu pulava do de três", recorda o filho do meio.

A precocidade de Celinha fez com que, ainda bem pequena, mostrasse inclinações de boa nadadora. Com quatro anos de idade, passava as manhãs na piscina do clube e dava saltos corajosos de um dos trampolins – o mais baixo, claro. Fazia isso sob a supervisão e os cuidados do Professor Pará, antigo campeão sul-americano de natação e que trabalhava como professor na entidade. Graças a ele, a menina ficou conhecida como a melhor nadadora "mirim" da cidade.

Não por acaso, quando o TCC estreou o trampolim da piscina, foi a escolhida para dar o primeiro mergulho e, à sua espera, na água, estava o pai, de braços abertos: "Pula, Celinha, pula que eu pego você, minha filha", recordou ela. "Meu pai foi o primeiro diretor de natação do clube e aprendemos a nadar com ele", contou a filha. Com o tempo, ela enfrentou outros desafios. "O trampolim de três metros era o que eu usava, quando tinha por volta de sete anos de idade".

No dia 15 de fevereiro de 1948, Nelson se desligou da SulAmérica para assumir no dia seguinte a direção da filial do Serviço Nacional de Aprendizagem Comercial – Senac, na mesma Rua das Palmeiras onde morava. O Senac era uma instituição privada, sem fins lucrativos, fundada havia apenas dois anos, em 1946, no Estado de São Paulo. Seu objetivo era capacitar profissionalmente pessoas e empresas ligadas ao comércio. Dessa maneira, atuaria diretamente no desenvolvimento econômico e profissional da região.

A unidade de Taubaté foi uma das primeiras a entrar em atividade no interior. Sua estrutura incluía biblioteca, cozinha pedagógica, laboratório de bebidas, 24 salas de aula, laboratórios, área verde e auditório. A inauguração ocorreu com pompa no dia 16 de fevereiro de 1948, com a presença do governador Adhemar de Barros (1901-1969), o que ajudou a projetar bastante o nome de Nelson na cidade e a despertar sua veia política.

Se não bastasse, no ano seguinte, ele ganhou o comando da diretoria também do Serviço Social do Comércio (Sesc), que começou a funcionar em 15 de março de 1949 – ocuparia os dois cargos por quase duas décadas, até se aposentar, no final dos anos de 1960, um pouco antes de sua morte. Para sua sorte, uma sede ficava em frente à outra, na

Rua das Palmeiras. Bastava atravessar a rua. Ele dirigia uma pela manhã e a outra durante a tarde.

Mesmo assim, não deixou o comando de suas equipes de natação. Em dias de competição, lá estava ele à frente de tudo. Aquilo era "a menina dos seus olhos", contou Bororé. Havia, claro, outra menina dos seus olhos. A mais importante de todas. Um dia, contou ele, o amigo saiu mostrando, orgulhoso, um recorte de jornal que dizia em destaque na página esportiva: "Célia Campello: essa menina será campeã olímpica!".

Se nadava com afinco, no entanto, a música também chamava a atenção da filha caçula. Aos cinco anos, em 1947, Celinha deixou impressionado o amigo de seu pai, o professor Osmar Barbosa, ao cantar uma música em casa, durante uma visita aos Campello. Ficou tão encantado com a criança que providenciou pessoalmente para que ela se apresentasse no programa *Clube do Guri*, na Rádio Difusora de Taubaté.

A emissora tinha sido fundada como parte do conglomerado da Companhia Taubaté Industrial (C.T.I.), considerada, naquele momento, a maior indústria têxtil da América Latina. A rádio surgiu do desejo do proprietário do grupo, o empresário Alberto Guisard, que encarregou da missão o funcionário Benedito Marcondes Pereira, que se uniu ao futuro radialista Emílio Amadei Beringhs.

A Difusora entrou no ar em ondas médias no dia 19 de julho de 1941, pelo prefixo ZYA-8, com programas em dois turnos, das 9h às 13h e das 15 às 23h. Logo se consolidou como um importante canal de informação com notícias da guerra. Tão logo o conflito chegou ao fim, a emissora conseguiu o aval do Governo Federal, que permitiu o aumento de sua potência para 1000 watts e, desse modo, entrou para o rol das mais potentes rádios do interior do país.

Um de seus primeiros locutores foi o taubateano Cid Moreira. E o radialista Silva Neto, que, durante anos, produziu e apresentou vários programas, como *Clube do Guri*, onde Célia fez sua estreia tão pequenininha. "Na Difusora, logo nos primeiros meses, eu já me entusiasmei pela profissão", recordou Silva Neto.

Ele não pensava em ser radialista, pois sua função inicial foi de técnico. Mas ficou bastante entusiasmado e cada um que precisava ser substituído ao microfone como disc-jockey o convidava a ocupar seu lugar. "Eu comecei a participar, então, de quase toda a programação, ou de toda mesmo e, alguns meses depois, ganhei meu horário. Comecei, então, a ser locutor comercial, a apresentar programa de auditório, de estúdio, fazia externa, reportagem e por aí vai. No interior, naquela época, a gente fazia de tudo e eu fiz isso gradativamente. Hoje, uma coisa, amanhã outra, duas, três coisas ao mesmo tempo". Com o correr do tempo, a emissora adquiriu um prédio, onde se instalou definitivamente, na Avenida Rio Branco.

Na verdade, antes de cantar na rádio, Célia teve uma experiência de se apresentar em público. Aconteceu quando ela dançou *Tico-Tico no Fubá*, famoso choro composto por Zequinha de Abreu (1880-1935), em uma apresentação na sua escola. Em parte, esse interesse musical dela veio do fato de que a família Campello gostava de música. Ouvia-se rádio o dia inteiro em casa, além de discos, que Nelson comprava regularmente e tocava em reuniões com amigos e aniversários. Todos acompanhavam também novelas, programas de humor e paradas musicais.

Nelson estimulava os filhos a cantar. E Celinha pegou gosto. À revista *Bondinho*, em 1972, ela lembrou: "Com cinco anos, eu praticamente comecei a gostar de ser artista. Eu já me apresentava em programas infantis em Taubaté". No *Clube do Guri*, em sua estreia, como o microfone era alto, teve de subir em uma cadeira. Nessa primeira vez, interpretou *Cadê Zazá?*, marchinha do Carnaval de 1940 da dupla Roberto Martins e Ari Monteiro, gravada por Carlos Galhardo (1913-1985). Não teve dificuldade em memorizar a curta letra:

Cadê Zazá?
Cadê Zazá?
Saiu dizendo, vou alí, já volto já,
Mas não voltou por que, por que será?
Cadê Zazá, zá, zá, zá, zá?
(Bis)

Sem ela vou vender meu bangalô,
Que tem tudo, mas não tem o seu amor,
Sem ela pra que serve geladeira,
Pra que ventilador?
Pergunto e ninguém diz onde ela está,
Cadê Zazá, zá, zá, zá, zá?

A pequena Célia se saiu tão bem que recebeu convite para voltar outras vezes. Desde pequena, ela passava as horas livres a cantar sucessos que ouvia no rádio – por prazer ou, depois, para treino, quando ia cantar na Difusora. "Não tive formação nenhuma como cantora, acho que foi desde pequenininha que comecei a praticar. Eu já cantava com cinco para seis anos, aquela fase em que todo artista profissional conta que cantou no *Clube do Guri*, né? Havia em Taubaté um programa de criança e eu já cantava pequenininha. Eu gostava de cantar", disse ela, ao MIS.

Em outra entrevista, acrescentou: "Minha aproximação da música tinha muita influência de meu irmão Sérgio, ele era seis anos mais velho, eu o via tocando violão, comprando discos, que ouvia com ele. E achava que eu tinha jeito para cantar".

Um pouco antes de morrer, em maio de 2007, em entrevista ao jornal *Diário de Taubaté*, Silva Netto lembrou que o *Clube do Guri* era um programa de auditório patrocinado pela empresa Embaré, fundada em 15 de maio de 1935, na Granja Embaré, em Taubaté, e que fabricava e comercializava doces de leite e frutas, geleias, sopas, extrato de tomate, além de itens industrializados originários de frutas e legumes de safra. Os produtos eram vendidos exclusivamente para o Rio de Janeiro e São Paulo, capital. O programa começava com um hino que todos sabiam de cor:

Unidos pelo mesmo ideal
Daremos ao Brasil um canto triunfal
De fé, amor e esperança
Elevando a alma da criança

Segundo o radialista, a atração era a alegria dominical de uma grande parcela da população de Taubaté. Principalmente porque os artistas eram sempre crianças. Havia sorteios, brindes e prêmios e todos os participantes, sem exceção, recebiam um pacote de doces da Embaré.

Talvez o tempo tenha levado o radialista a fantasiar e a exagerar em suas lembranças sobre Célia. Claro que o fato de ser bem pequena deve ter marcado ele, sem deixar de considerar, porém, a fama que alcançou depois. Não há registro de que a menina fosse tão diferente das outras crianças: "Ela entrava, o público aplaudia, delirava, batia palmas, os pés vibravam no chão", afirmou ele, com alguma imaginação. Com toda paciência do mundo, Silva Neto ajeitava o microfone, mandava pegar a cadeira mais alta, levantava a menina, a colocava em pé sobre o móvel "e ela cantava para delírio do público, dos participantes do programa e dos ouvintes taubateanos".

O apresentador contou ainda que Elpídio dos Santos, compositor de São Luiz do Paraitinga e autor da música-prefixo do programa, chorava em todas as apresentações de Celinha. De qualquer modo, o radialista sem dúvida foi importante para a cidade em seu tempo. Ele ocupava outros horários da emissora durante a semana, onde os artistas da cidade e de outras regiões do Vale do Paraíba promoviam a sua arte – cantavam músicas e divulgavam outra atividades culturais.

Sua voz no radiojornal *Notícias do Dia* ficou no ar por 35 anos, com notícias sobre fatos ocorridos em Taubaté, na região, no Estado, no Brasil e no mundo. Além de colocar a população da cidade em sintonia com os acontecimentos, ele funcionava como um relógio eletivo: "É hora de almoçar, já começou o programa do Silva Neto". Ou "É hora de ir para casa, *Notícias do Dia* está no ar". Dizia-se que as fábricas paravam as suas máquinas por ordem de Silva Neto, quando ele queria dar algum comunicado. Força de expressão, claro, mas sua popularidade era inquestionável. Aparecer em algum de seus programas virou o sonho de adultos e crianças.

Inclusive na casa dos Campello. Cada vez mais, a caçula mostrava inclinação para o canto. Célia lembrou mais detalhes depois: "Desde pequenininha, com quatro anos, cinco anos, eu gostava de músicas, comecei a aprender um pouquinho de balé, violão, piano. Isto tudo na faixa até seis anos, sete anos. Esse foi o meu início de dom artístico e justamente porque Sérgio gostava de música. Então, fui sempre influenciada por ele porque a gente ouvia muita música, ele estava sempre com discos novos em casa, e tal, a gente, sei lá, tudo que aparecia de novidade ele comprava. E lembro que quando meu irmão achava que eu tinha jeito para cantar, eu ia ao programa *Clube do Guri*, comandado por Silva Neto".

A cantora não esqueceria como era sempre apresentada aos ouvintes pelo locutor: "Agora, com vocês, Celinha Campello, filha do nosso conhecido amigo Nelson Campello".

Tudo no melhor e mais ingênuo estilo interiorano. O locutor comentou ainda: "Não sei se alguém a treinava em casa, mas a afinação e a presença de palco daquela menina eram impecáveis". Desde esse momento, Célia mostraria um comportamento que levaria para toda a vida: fazer as coisas da melhor maneira possível, com disciplina e educação.

Nos outros dias da semana, a menina sabia separar a música de sua rotina na escola, na rua e no clube, sem jamais mostrar qualquer tipo de exibicionismo ou esnobismo quando lhe davam parabéns pelas apresentações como cantora mirim. Jamais falaria de si mesma ou perguntaria aos colegas se a ouviram na rádio. Os pais a descreveriam nessa idade como "dona de uma voz extremamente afinada, clara e meiga, que encantava a todos na rádio, mas sem conseguir superar a timidez que a marcaria por toda a vida".

Os estudos estavam acima de tudo, claro. Havia uma orientação a todos os filhos nesse sentido por Nelson e Idea. Queriam os três formados e encaminhados na vida, dizia o casal à mesa no almoço ou jantar, quase todo dia. Quando a menina completou cinco anos, seus pais a matricularam no Externato Mary Marcondes, onde ela fez a alfabetização. "Os três filhos de papai e mamãe estudaram nessa escola, que era a melhor da cidade e funcionava no mesmo prédio da Escola do Comércio, na Rua das Palmeiras", recorda Nelson Filho. "Lá ofereciam o primário, o ginásio e depois a gente fazia teste de admissão para o colégio, com os cursos normal, científico e clássico".

Os rapazes só tinham duas opções, enfim, para cursar o ginásio: Colégio Taubateano e Escola do Comércio. As atividades escolares da caçula da família, para a sua alegria, não lhe privaram da natação e nem de cantar de vez em quando na rádio – não era toda semana, como aconteceria anos depois. Aos 8 anos de idade, Celinha entrou para a escola de balé. Aqueles eram tempos em que menina só estudava com professoras mulheres, como mandavam as regras morais em vigor. "Estudei piano com a dona Irene Freitas. E fiz balé e violão com várias professoras".

Os pais faziam questão de levá-la às aulas. Quando não era possível, o filho mais velho fazia o trabalho. "Nesse período, participei algumas vezes de outros programas da emissora também, cujos nomes não me recordo. Aos domingos, convidavam a gente para cantar. Sérgio ia sempre junto comigo, né? Eu era levada por ele". A mãe não se esqueceria da apresentação que fez "com sucesso" como pequena bailarina no clube, no papel de "gatinho de botas", adaptação do famoso conto homônimo.

Mas, para o riso dos presentes, ela perdeu o equilíbrio quando tentou fazer uma pirueta mais ousada e se esborrachou no chão. Seus pais correram para lhe dar consolo e enxugar as suas lágrimas. Principalmente Nelson, que era louco pela filha e a paparicava o tempo todo. Em casa, explicou à caçula que fazia parte do aprendizado da vida tombos assim. O importante era respirar fundo, levantar-se e seguir em frente. A menina logo esqueceu a experiência ruim, mas guardou a lição paterna.

Não se iludiria com nada mais. Nem mesmo com o sucesso avassalador que a pegaria de uma hora para outra com *Estúpido Cupido* ainda adolescente. E nem com a infinidade de hits que viria depois. Ao mesmo tempo, os progressos na natação eram elogiados pelos jornais locais, porque ela aparecia sempre entre os três primeiros colocados nas categorias mirins. Evoluiu tanto que estabeleceu um recorde nos Jogos Abertos do Vale do Paraíba, ainda não superado quase oitenta anos depois.

Após concluir o primário, Célia foi estudar com as freiras no Colégio Nossa Senhora do Bom Conselho, na Rua do Rosário, administrado pelas irmãs da Congregação Francesa de São José de Chambéry. Sua missão era ensinar as jovens principalmente a serem boas esposas e mães, a partir da união entre educação formal e religiosa, mais corte e costura e culinária. Ali ela fez todo o ginásio. "Conheci Célia no Colégio Bom Conselho. Na época, ela já dava um show nas apresentações estudantis e já possuía a doce voz e bondade de sempre", relembra Mara Neves, uma das colegas de sala.

E a vida harmoniosa seguia entre os Campello, Idea ganharia fama de boa dona de casa e principalmente de cozinheira. Todos na mesa de jantar admiravam seus deliciosos e famosos quitutes, além das inesquecíveis refeições do dia a dia ou em momentos especiais. Enquanto isso, os filhos do casal cresciam e os dois meninos atingiam a adolescência nos anos seguintes ao fim da Segunda Guerra Mundial.

Em 1950, Sérgio completou 14 anos, Nelsinho treze e Celinha oito. Aos nove anos, como descreveu Idea, a filha "estava linda" no seu vestidinho de noiva para receber a Primeira Comunhão, na Igreja Matriz, como mandava a tradição católica, depois de um ano de aulas dominicais de catecismo após a missa matinal, marcada por incontáveis conselhos de condutas morais e de culpa por qualquer deslize diante dos dez mandamentos de Deus. Esse foi um dia que Célia jamais esqueceu, como destacou depois.

A dedicação religiosa de Nelson e Idea faria com que os Campello fossem vistos como católicos reservados e bem-queridos por toda a cidade. O patriarca, em especial, fazia questão de ir à Igreja todos os domingos, mas não arrastava mais os filhos quando adolescentes. Ia quem tivesse vontade. "Nossa família era católica do tipo normal, sem obrigatoriedade de ir à missa todo domingo depois que crescemos", pondera Nelson Filho.

A religião, felizmente, jamais direcionou a educação dos filhos, insiste ele. Para os pais, não havia restrição sobre o que gostassem de fazer, achavam diferente e interessante em uma família que os filhos se interessassem por música. "Nunca houve 'não pode', 'não vai', 'não quero'. Meu pai era um entusiasta. Sérgio era mais rebelde, para ele, a música deveria prevalecer sobre os estudos", destaca o irmão.

A relação entre os três irmãos não podia ser melhor. E a caçula tinha toda atenção e proteção dos manos mais velhos. Superproteção, na verdade, que Sérgio, em especial, tomaria para si por toda a vida na carreira musical da jovem. "Celinha era uma irmã sensacional, a gente tinha um carinho grande por ela", recorda Nelson Filho. "Ela me chamava sempre de 'Sinho'. A gente tinha um querer grande por ela, quantas vezes eu a punha no quadro da minha bicicleta para levá-la ao curso de admissão para entrar no ginásio?".

E, para Célia, cada vez mais, a música virava uma coisa importante. O sucesso na rádio quando ainda pequena não subia à cabeça e tinha uma conduta de criança comum. "Gostava daquilo que fazia, mas não tinha empolgação maior pela fama. Sempre foi assim", diz o irmão do meio. Nada disso, enfim, evitou ou atrapalhou que Célia tivesse uma infância e adolescência como tantas outras meninas. "Os bailes, as matinês, eu frequentava tudo que tinha no Taubaté Country Clube, também brinquei de boneca. Gostava de colocar o nome da minha mãe, das minhas amigas, como Magali. Mamãe costurava bem e fazia as roupinhas", contou ela, na entrevista ao MIS.

Taubaté, no entanto, prestava mais atenção no desenvolvimento cada vez maior de um outro Campello, o mais velho, Sérgio. E se havia uma certeza era de que aonde ele fosse, abriria as portas para a irmã caçula. Porque entre os garotos daquela família, era um por todos e todos por um. E isso valia para a música também.

65

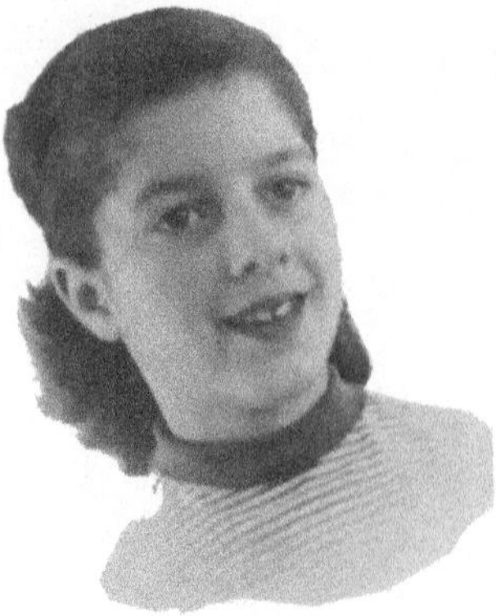
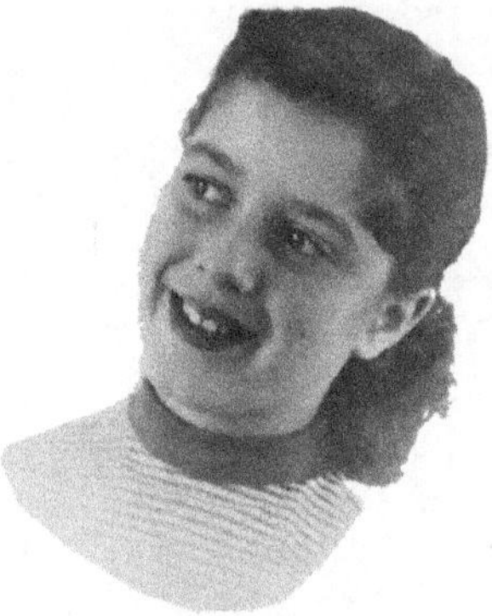
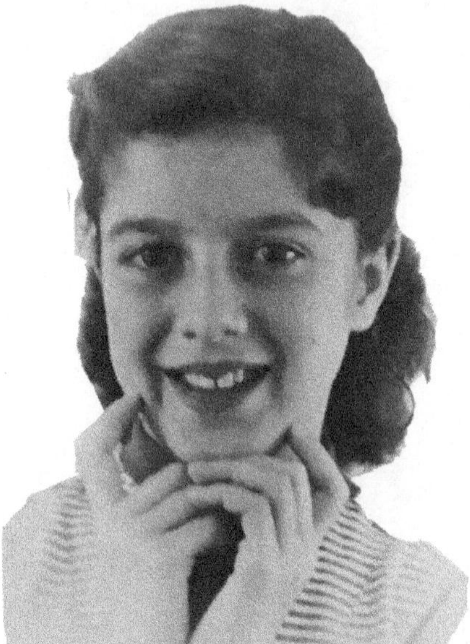
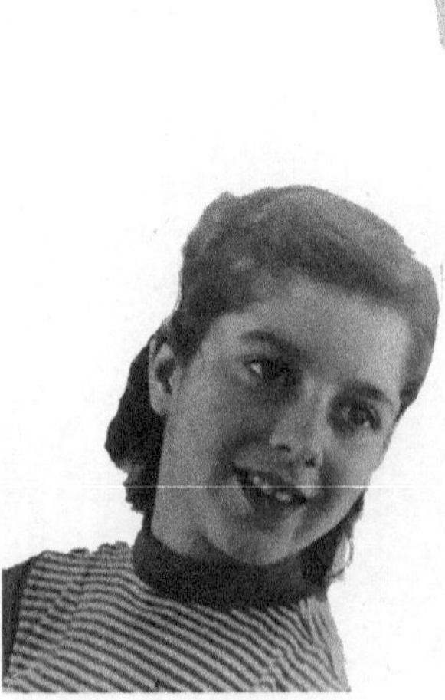
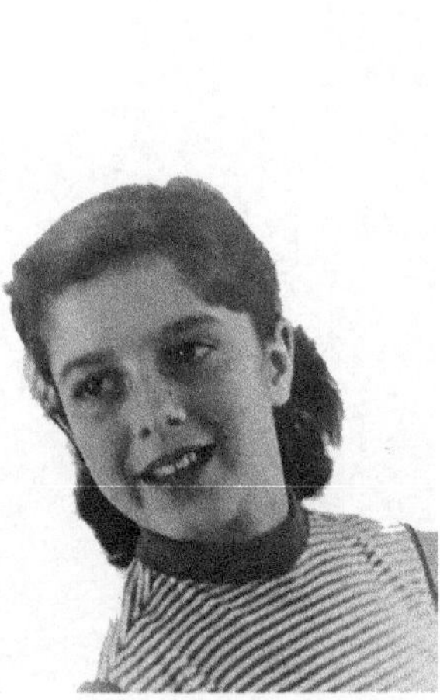

Capítulo 2
Nadar e não morrer na praia

Tudo que Célia viveu na infância ligado à dança, à música e à natação aconteceu quando os Campello moravam na Rua das Palmeiras, em frente ao Taubaté Country Clube (TCC). O terceiro e definitivo endereço da família foi na Praça Santa Terezinha nº 30, que depois seria alterado para o 214. O moderno imóvel seguia o formato padrão das residências de classe média da década de 1940, separado da rua por um muro de um metro e meio de altura e um portão com um arco, dividido em duas partes.

Como todas as casas da praça, tinha um recuo de três metros onde se cultivava um jardim, e havia vagas para estacionar dois carros no lado direito. A passarela de pedras que cortava a grama levava à escada de três degraus que dava acesso à área coberta e à porta de entrada. Ao lado, um arco maior permitia que os carros pudessem ser estacionados na garagem.

O largo onde estava localizada a casa, bastante amplo e ainda não arborizado, era um ponto de referência em Taubaté. Em especial, por abrigar a Igreja Matriz, erguida no século 18. Ao seu lado esquerdo ficava um ponto de táxi, onde se revezavam os chofers nas dez vagas para estacionar organizadas pela Prefeitura, de modo a disciplinar o fluxo de carros na área. Todos os motoristas tinham de trabalhar devidamente alinhados de terno, gravata e chapéu próprio da profissão, uma espécie de boina.

A dez metros do ponto, funcionava uma das paradas de ônibus que faziam linha com as cidades próximas. Do outro lado ficava a Cadeia Municipal, para onde eram levados os presos à espera de julgamento – as penas tinham de ser cumpridas em presídios estaduais. Por muito tempo, a prisão desvalorizou a praça como local para a morada de famílias de classes alta e média. Mas havia uma incorporadora disposta a mudar aquela imagem, a Companhia Predial de Taubaté.

Nelson Campello comprou a casa na planta, entre as que a construtora ergueu no entorno, entre as décadas de 1940 e 1950. A aquisição se deu no dia 7 de fevereiro de 1952, quando foi assinado o contrato de compra e venda e a família se mudou poucos meses depois, no mesmo ano – quando Célia completou seu décimo aniversário. Eram imóveis espaçosos, para famílias maiores, com vários filhos. Enfim, depois de doze anos na cidade, os Campello adquiriram sua própria morada.

O imóvel simbolizou a prosperidade de Nelson, conhecido por comandar as unidades locais do Sesc e do Senac. "Essa foi a casa onde mais vivi, até me casar", contou Célia, depois de famosa. Mesmo assim, ela teve motivos para retornar várias vezes à Rua das Palmeiras, não somente por frequentar o TCC, mas pelas aulas particulares de inglês com Dona Lucia, em uma das salas do prédio da Escola do Comércio. "Eu também tinha aula de inglês lá, não na mesma sala que Celly porque ela estava mais adiantada, mas a simplicidade dela era assim tocante, pois começava a ficar famosa", conta a cunhada Terezinha.

Em paralelo à música, agora adolescente, Célia voltou a se dedicar à natação, com participação em competições regionais. Em outubro de 1955, aos 13 anos, foi campeã nos 25 metros livres para meninas no Primeiro Concurso de Delegacias de Natação do Vale do Paraíba, em Rio Claro. Nelson Filho levou o segundo lugar nos 100 metros livres masculino. Célia continuou a brilhar nos dois anos seguintes, sempre entre as três primeiras colocadas em todas as provas que disputou.

Na edição de 30 de agosto de 1957, o jornal *Gazeta Esportiva*, da capital, fez uma ampla cobertura do Primeiro Concurso Aquático do Vale da Paraíba, realizado no Taubaté Country Clube, organizado pela Federação Paulista de Natação. Quatro recordes regionais foram batidos em um dia inteiro de provas naquele evento. Nos 50 metros nado livre adulto masculino, Nelson Campello Filho ficou em terceiro lugar. Na mesma distância, no nado borboleta, acabou em quarto lugar. Finalmente, nos 50 metros nado de costas, ele venceu a prova.

Célia ficou em terceiro nos 50 metros livres para moças. Seu desempenho foi melhor nos 50 metros nado de costas, com o segundo lugar. Ambos os irmãos representaram o TCC, que ficou em primeiro lugar na pontuação entre as equipes. Nesse momento, aos 15 anos, ela se prepara para fazer o clássico no Colégio do Estado Monteiro Lobato, na Rua Visconde do Rio Branco, que ficava mais perto de casa.

Os Campello, então, seguiam a rotina de uma família tradicional totalmente incorporada à vida de Taubaté. "Todos nós em casa tínhamos um relacionamento bom, sem problemas ou conflitos. Os temperamentos meu e de meu irmão eram diferentes", conta Nelson Filho. "Nossos sistemas de vida eram diferentes. Não quando éramos crianças. Minha paixão sempre foi a natação, eu gostava de competir, fiz isso até os 23 anos, bati recorde paulista, ganhei competições. O objetivo de Sérgio era ser artista, tinha isso em mente, e dom para isso. Nosso universo em casa era o rádio, acompanhar as novelas e ouvir músicas".

Célia amava tudo que passava no rádio. Por ser menina, a rígida educação que recebia não permitia que saísse de casa para brincar na rua ou mesmo na casa das amigas. A garota seria descrita por Idea em casa como uma criança comportada e certinha, que brincava pacatamente de bonecas com algumas amigas e não fazia nenhuma espécie de molecagem. E se divertia grudada no rádio. "Eu adorava ouvir radionovela, principalmente da Rádio Nacional, lembro que gostava de *Jerônimo, O Herói do Sertão* (1953). Tudo que tinha no rádio eu gostava de ouvir", recordou.

Ela tinha onze anos quando o programa estreou na Nacional e ficaria no ar por 14 anos. A radionovela era uma espécie de faroeste ambientado no Nordeste brasileiro e virou até histórias em quadrinhos. Célia vibrava com a voz do ator Milton Rangel, um herói destemido que "protegia os pobres e oprimidos", com a ajuda do Moleque Saci, interpretado por Cahué Filho.

Para ela, os irmãos Campello ficaram conhecidos por causa da reputação do pai na cidade e não pelo talento musical, quando eram adolescentes e envolvidos com programas de rádio e shows. Modéstia dela, pois tinham fama de imbatíveis na natação também. "Papai era uma pessoa maravilhosa, além de pai exemplar, tinha carisma, era agradável, tinha o poder da palavra, gostava de conversar com todos. Então, a gente passou a se apresentar e a dançar um pouquinho de balé, tocar um pouquinho de violão, ficamos conhecidos com os filhos de Seu Nelson, a Celinha e o Sergio Campello de Seu Nelson", lembrou a cantora.

Talento os meninos tinham, era inegável. Tanto que coube à Rádio Cacique, também de Taubaté, dar um espaço maior ao dom vocal incontestável de uma Célia quase adolescente. Em 1954, aos doze anos de idade e já mocinha feita, ela estreou no programa *A Música é uma História*, produzido por Judith Mazella Moura.

Nessa emissora, a menina recebeu seu primeiro cachê no valor de 200 cruzeiros – um incentivo que a deixou radiante. Feminista e avançada para a época, Judith era uma pessoa ativa e intensa na vida cultural da cidade. Nunca se acomodou, a ponto de se formar advogada aos 50 anos de idade, algo raro e até chocante para a época. Como assim, uma senhora na idade de ser avó, estudar no meio de pós-adolescentes?

Ela não se intimidou e foi em frente. Era filha de italiano e portuguesa, nascida em Taubaté. Proibida pela mãe de estudar educação física, após se casar, Judith buscou sua realização nos esportes de outra forma, como jogadora de vôlei, basquete e na prática da natação, ao mesmo tempo em que se dedicava a seu esporte preferido, o tênis, o qual, muitas vezes, na ausência de oponentes femininas, acabava por jogar contra homens. Respeitada por todos, Judith se elegeu a primeira vereadora da cidade e passou a se dedicar ao rádio também.

Os mais próximos, no entanto, diziam a Nelson Campello: "Essa sua menina tem futuro na natação, fala com ela para deixar de lado essa história de cantar em rádio. Só vai atrapalhar ela". Judith, no entanto, contra-atacava e insistia para ele não podar o talento musical da filha. Havia quem concordasse: "Nelson, sua menina precisa estudar música, é afinada, poderá ser a melhor cantora do Brasil", lembra Nelson Filho.

O pai da menina não podia tomar outra posição que não dizer para os dois grupos opositores: "Ela fará o que desejar, desde que isso não venha a prejudicar os seus estudos!". Célia conciliava as duas coisas. Enquanto treinava na piscina do TCC, passou a estudar violão e piano com Dona Yolanda Barbosa Lima, além de prosseguir nas aulas de balé. A morte do seu professor e amigo Pará a teria influenciado a deixar a piscina para sempre, no final de 1957.

Ao ser lembrada dessa fase de nadadora, Célia disse ao MIS: "Lá em casa, todos moravam na piscina. Em certos dias, meus pais, meus irmãos e eu íamos todos nadar. Em casa só ficava a empregada. Orgulho-me de, aos 13 anos, haver conquistado um recorde infanto-juvenil de natação". Nessa rotina, contava com a amizade e a proteção dos irmãos, além das caronas de Nelsinho, para dar conta de tantas tarefas e ainda estudar no colégio. "Não me esqueço que era uma menina compenetrada", conta o irmão do meio.

A partir de 1955, Célia dividia as obrigações na escola com um programa de rádio seu com o irmão, aos domingos, após a missa matinal, com o curioso nome de dupla, "Célio e Célia". O primeiro, claro, era pseudônimo de Sérgio, que a acompanhava ao violão. Modesta, Célia, mais uma vez, amenizou a importância desses momentos iniciais de sua formação e a dar crédito a Seu Nelson: "Meu pai era uma pessoa bastante conhecida e, em parte por isso, passei a me apresentar em festas, cantava no Rotary, nas rádios. Foi aí que os donos da Cacique disseram: 'Celinha canta bem, vamos fazer um programa com ela'. Topei, mas sabia que era algo sem compromisso".

Em outra entrevista, acrescentou: "Cantei em alguns programas e vou ser franca, não lembro os nomes, tinha outros programas que eu cantava também, toda rádio tem várias atrações, né? Principalmente aos domingos, no formato de auditório e ao vivo. Na Rádio Cacique, esse programa que nós fizemos não tinha auditório, era em estúdio, embora fosse musical, eu e Tony, e durava apenas meia hora. Mesmo assim, tinha audiência".

E passou a render cada vez mais convites para apresentações. "Quando tinha festa no Rotary, uma coisa mais para os jovens, a gente também cantava. O mesmo acontecia no TCC, o clube que frequentávamos. E a gente (eu e Sérgio) tinha esse trabalho de cantar, tocar um violão, pianozinho etc. Tudo ajudou depois em nossas carreiras". E não era só isso. "Eu dançava balé também, tinha um grupo do qual eu fazia parte na Escola de Balé. Naquela época, os professores vinham de São Paulo para ensinar a gente e eu cheguei a fazer balé algum tempo".

Ela tinha onze para doze anos, nessa época, por volta de 1954. A música, no entanto, estava em primeiro lugar. "O pessoal que trabalhava na rádio gostava tanto de nós como cantores que, um dia, quando a gente se apresentava lá, perguntaram: 'Por que não fazemos um programa aos domingos com vocês dois?'. E nós topamos". Embora o nome da dupla lembrasse aquelas de música sertaneja, o irmão não cantava ou fazia a segunda voz. Ele estava ali mais para acompanhá-la ao violão.

Célia gostava de interpretar músicas de Ângela Maria, principalmente. Era uma das estrelas do rádio, então. E a que mais vendia discos. "Porque ela era realmente meu ídolo na época, uma coisa maravilhosa, gostava da voz dela, do modo de cantar. Eu tinha meu repertório e a maioria continha canções dela. Até a imitava um pouquinho", confessou. Célia também adorava Dóris Monteiro.

De Ângela Maria, a preferida era *Lábios de Mel*, um clássico da canção romântica, em meio a tantos boleros que dominavam as rádios. Em diversas entrevistas, cantarolou a música de Waldir Rocha, com impressionante sentimentalismo. E começava com o seu inconfundível "Lá, rá, rá, ri, ri, rá":

Lá, rá, rá, ri, ri, rá...
Meu amor quando me beija
Vejo o mundo revirar

Vejo o céu aqui na Terra
E a Terra no ar

Os seus lábios têm o mel
Que a abelha tira da flor
Eu sou pobre, pobre, pobre
Mas é meu o seu amor

Quem tem amor
Peça a Deus
Pra o seu bem
Lhe amar de verdade

Para mais tarde
Não ter desengano
E chorar de saudade

Quem foi na vida
Que teve um amor
E este amor sem razão lhe deixou
E até hoje não guarde no peito a marca da dor
Lá, rá, rá, ri, ri, rá

Ao MIS, Célia destacou a importância da cantora em sua formação e foi mais incisiva: "Gostava de Ângela Maria, isso antes de eu me tornar profissional, né? Ela fazia um programa na TV Record. Lembro que nós não tínhamos televisão em casa, mas nossa vizinha, sim. Não perdia um programa de Ângela e comecei a cantar mais ou menos no estilo dela, como todo artista que tem um ídolo e é influenciado por ele, né? Cantava todas as suas músicas, imitava ela de todo jeito. Então, eu era a própria Ângela Maria e fazia questão mesmo de cantar como ela. Depois, claro, a gente adquire o próprio estilo, ganha sua própria personalidade de intérprete. Mas, realmente, Ângela foi uma pessoa marcante na minha vida antes de me tornar profissional".

Carioca de Macaé, Abelim Maria da Cunha era o nome de batismo de Ângela Maria. Tinha apenas 25 anos de idade em 1954 e era considerada uma das grandes vozes da música popular. Ela ganharia naquele ano o cobiçado troféu de Rainha do Rádio e começava a ser chamada de "A maior voz do Brasil" pelos críticos e fãs, claro. A cantora veio de uma família humilde. A mãe era dona de casa e o pai pastor da Igreja Batista, o que fez com que ela, desde pequena, cantasse no coral e, assim, despertou o desejo de ser cantora.

A vida não foi fácil em casa, marcada por constantes mudanças de endereço – na sua infância e adolescência, a família morou em Niterói, São Gonçalo e Nova Iguaçu, até se fixar em definitivo no Rio de Janeiro. Ângela teve uma origem bem diferente da de Célia.

Adolescente, ajudava nas despesas de casa como podia. Foi empacotadora em uma fábrica de lâmpadas, operária em fábrica de tecidos, mas queria cantar nas rádios e alcançar o sucesso.

O problema estava no fato do pai ser contra por motivos religiosos. Seu desejo era que a filha se convertesse à religião evangélica e se casasse cedo. Às escondidas, Ângela se inscreveu em diversos concursos de calouros de rádio e ganhou o primeiro lugar na maioria deles. Até ser contratada para cantar e até participar de novelas radiofônicas. Não desperdiçava nenhuma oportunidade, além de se desdobrar para que o pai não descobrisse.

Como desculpa, dizia que fazia curso de costura após o expediente de seus diversos empregos. Por fim, em 1947, aos 18 anos, passou no teste para cantar no programa *Pescando Estrelas*, da rádio, com calouros que se destacavam em outros programas. O júri considerou sua interpretação belíssima e lhe deu o primeiro lugar. Portas foram abertas e ela passou a cantar no famoso Dancing Avenida. Logo depois, entrou para a rádio Mayrink Veiga.

Em 1951, já com o aval da família, mesmo após inúmeras brigas com o pai, gravou o primeiro disco. Vieram assim, numa rapidez impressionante, os sucessos que a consagrariam. Como todas as outras intérpretes mais velhas que ela, porém, Ângela cantava para ouvintes mais maduros, que viviam os dramas de relacionamentos mais intensos, como casamento, a paixão não correspondida, a frustração, a traição etc. A faixa mais jovem de ouvintes continuava à margem do mercado discos, portanto.

Ao imitá-la, enfim, Célia cantava para adultos. Com o tempo, seu repertório foi ampliado e se tornou bem eclético. Interpretava também sucessos de Lana Bittencourt, Inezita Barrozo, Isaurinha Garcia, Marlene, Dalva de Oliveira e até das americanas Brenda Lee e Doris Day, entre outras, cujos discos conhecia bem, graças ao irmão mais velho, que começava a ficar conhecido como um colecionador de bolachões e um dos sujeitos mais antenados com o mercado musical brasileiro e internacional – leia-se, americano – da cidade.

De Doris Monteiro, com sua voz de travesseiro que lembrava as grandes divas americanas, cantava seus sucessos *Mudando de Conversa*, *Mocinho Bonito*, *É Isso Aí*, *Cedo para Amar* e *Tudo Muda Toda Hora*. Interpretava principalmente a sua preferia, *Dó, Ré, Mi*, de Fernando César:

Eu sou feliz tendo você sempre a meu lado
E sonho sempre com você mesmo acordado
Saiba, também, que só você mora em meu coração
E é de você, é pra você, esta canção

É de você que vem a minha inspiração
Você é corpo e alma em forma de canção
Você é muito mais do que, em sonhos, eu já vi
Você é Dó, é Ré Mi Fá, é Sol Lá Si

Com o Sérgio, Célia aprendeu a cantar em inglês, ajudada pelas aulas particulares que tomava com Dona Lúcia. Em especial, o repertório de Doris Day, sem imaginar que viria dela uma gravação que ajudaria a mudar sua vida pouco depois de *Estúpido Cupido – Túnel do Amor*. "Eu me identificava com o tipo de baladas que ela cantava, adorava aquele tipo canção romântica".

Quando ia a São Paulo visitar os parentes, Célia curtia ouvir o piano tocado pela Vovó Bebé, que a ensinou as primeiras noções e lhe deu de presente aulas no instrumento, que pagou a uma professora em Taubaté. "Vovó, mãe de papai, gostava de música. Quando ela morreu, eu ainda era pequena, mas lembro dela tocando para a família, fazia isso bem", contou a futura cantora.

Na chegada da adolescência, Célia também se interessou por violão, paixão de seu irmão Sérgio. Dedicou-se ao instrumento com interesse para se acompanhar enquanto praticava seus ensaios. O que ela fazia questão de ficar atenta eram os shows de estrelas nacionais que se apresentavam no ginásio do TCC, com capacidade para até dez mil pessoas. Um dos que mais vibrou foi o de Cauby Peixoto, que fez questão de conhecer no camarim, sem ser ajudada pelo pai. "Fui assistir e peguei autógrafo de Cauby e acho que eu tenho até hoje, foi lá no TCC. Enquanto não consegui não desisti. Fiquei até na escada. Ah, fui correndo para pegar o autógrafo dele. Então, acho que foi antes de me tornar profissional, tenho impressão que foi na fase áurea desses artistas que se apresentaram em Taubaté".

Outro cantor que a marcaria foi o veterano Vicente Celestino, que tinha quase quatro décadas de carreira. "Ele fez show no Cine Palace, assim como Orlando Silva". A cidade inteira foi vê-lo. Veio gente de outras cidades de toda a região. Ninguém queria perder aquele vozeirão lamentar seu maior sucesso, *O Ébrio* – "Tornei-me um ébrio/ Na bebida busco esquecer/Aquela ingrata que eu amava? E que me abandonou". Celestino arrancou lágrimas da menina Célia, assim como da plateia inteira.

A vida de Célia como pequena estrela da Rádio Cacique continuou no começo da segunda metade da década de 1950. É claro que seu brilho não passava em branco, arrebatava corações e admiradores. Como o futuro professor José Carlos Sebe Bom Meihy. "Recordo-me vivamente da menina de sorriso pronto e que adorava cantar. Fiz primeira comunhão ao lado dela, mas a imagem que mais guardo da alegre colega é vestida de uniforme do Bom Conselho".

Segundo ele, a cidade tinha orgulho da pequena cantora. "São inesquecíveis suas aparições nos programas da Rádio Cacique ou com seu violão na mureta da praia do Cruzeiro, em Ubatuba, para onde todos em Taubaté iam passar férias ou feriados prolongados. Lembro-me vivamente de um aniversário dela, comemorado em sua casa, na Praça Santa Terezinha, que teve bastante gente".

Um dos prazeres da menina era se deslocar pela região central da cidade de bicicleta, quase sempre sozinha ou com amigas. "Em frente à igreja, ficava a cadeia. Eu não gostava de passar por ali, tinha medo", contou. O mundo de Célia e das meninas de classe média de sua idade girava em torno do clube esportivo. "Lembro do TCC e do *footing*, que adorávamos fazer, entre a Praça Dom Epaminondas e o Cine Palace", recordou. O termo em inglês quer dizer passear em movimentos circulares para "paquerar".

Era comum na maioria das cidades do interior de todo país a partir da década de 1930 que rapazes e moças, em grupos, andassem de um lado para o outro, trocando olhares, tentando se fazer notado ou notada, até que o moço criasse coragem para conversar com alguma pretendente, se notasse algum olhar convidativo. Só aos rapazes se permitia fazer isso. Mocinhas de família, de modo algum. Seriam malfaladas e até se "desvalorizavam" diante dos garotos. Tudo com o maior respeito e estrito rigor moral.

Célia acrescentou em outra entrevista: "Os rapazes iam para lá e as moças vinham para cá, em sentido contrário. Na praça, eles iam numa direção e elas em outra. Fazia-se o flerte ali. Alguém dizia: 'Olha, ela vindo ali'. Era a área da paquera. Era praxe e os rapazes usavam terninho e gravata para tudo: cinema, *footing*, eles iam assistir jogos de basquete com gravata". "A gente fazia pequenas artes do flerte, mas sem dano nenhum às moças de família. No Carnaval se extrapolava um pouco, bebia-se álcool, a gente ficava mais sem-vergonha e os pais não gostavam. Tudo dentro dos limites que conhecíamos bem", conta Sérgio.

O irmão, aliás, chamava atenção pelo humor criativo e improvisador. Fazia piada com tudo e o tempo todo. "Aqui em Taubaté, fiz 'misérias' no teatro do colégio", disse ele à *Revista do Rádio*, sem dar detalhes. E no Carnaval, sempre aparecia com as mais diferentes fantasias. Segundo a publicação, Dona Idea, "com o mais simpático olhar de reprovação", escutava as palavras do filho. E sem se conter, exclamou: "Esse menino é impossível... Sempre me deu trabalho querendo bancar o 'engraçado' dentro de casa. Imaginem que um dia, saiu pelo Carnaval caracterizado de Carlitos, com chapéu de coco, bengala e andar de pato!"

O repórter não ficou espantado com as declarações da mãe, porque naquele momento, o filho tinha acabado de vestir "um uniforme de salva-vidas de 1890". Eram os tempos do lança-perfume, feito durante muito tempo apenas para criar odor agradável no salão. "Depois, passou-se a cheirar e virou problema. No ar, era gostoso o cheiro. Virou contravenção", observou o mais velho dos Campello.

Aos poucos, Célia passou a acompanhar os irmãos nos passeios de fim de semana, onde podia encontrar as amigas deles e também algumas de sua idade que os pais deixavam dar uma volta na praça. Todos se conheciam e se respeitavam. Na maioria das vezes, primeiro via-se um filme na sessão das 19 horas em algum dos seis cinemas da região central da cidade – o que mostrava o quanto aquele tipo de entretenimento tinha força, pois se tratava de uma pequena cidade de interior.

Nessas sessões, vários pais iam também e ficavam nas galerias, de modo a deixar os filhos mais à vontade na parte térrea. "A gente só se sentava com os 'namoradinhos' depois que as luzes se apagavam para começar o filme", lembrou Célia. "Às vezes, havia algum problema na projeção e acendiam-se as luzes no meio do filme, bruscamente. Era a maior correria para que pais não vissem as filhas com os garotos". Muitos viam, óbvio, mas fingiam que não. Ou queriam saber se eram de "boa família".

Entre as amigas mais próximas de colégio de Célia e que faziam parte desses momentos de diversão nos fins de semana estavam Isabel Barbosa Lima, Ligia Beringhs, Carmem Luíza Braga, Eloísa Nóbrega, Regina Helena Mendes, Benina Meirelles Ribeiro, Magali e outras que se casaram e adotaram sobrenome do marido. "Ah, a gente tinha de se comportar muito bem, sem nenhuma brecha para comentários maldosos", recorda Isabel.

Domingo era um dia intenso para a filha de seu Nelson. No decorrer de 1957, ano em que ela completou 15 anos, a audiência do programa matinal se tornara elevada e Célia se tornou uma pequena celebridade em Taubaté, o que a fazia morrer de vergonha quando recebia elogios na rua ou na escola. Dizia para todo mundo que nunca pensou em ser cantora profissional, apenas soltava a voz por diversão e que logo deixaria aquilo para lá, pois queria fazer faculdade.

Chamava atenção da família e dos amigos, porém, que essa popularidade não a incomodava de jeito algum. Mas era impossível não perceber que havia algo de especial nela, além da afinação no canto. Quem a conheceu viu que tinha bossa, brincava ao microfone, ria, fazia caras e bocas, como se dizia – o que explica sua surpreendente desenvoltura no registro de *Estúpido Cupido*, pois foi a primeira vez que ignorou a impostação que teve de fazer nos dois primeiros discos.

Enfim, de tudo acontecer, com 15 anos, ela praticava algumas divertidas encenações que contagiavam a todos. E era charmosa, cuidadosa na escolha dos vestidos, que pedia à mãe para copiar das páginas de moda da revista *O Cruzeiro*, escritas e desenhadas pelos irmãos Alceu e Tereza Penna. Alceu se tornara um pioneiro em alta costura, além de cartunista que usava personagens femininas para pregar sua emancipação com a famosa coluna semanal "As Garotas do Alceu", que criou por mais de três décadas e que Célia adorava ler.

A atração da Rádio Cacique com a menina-prodígio de Taubaté animava as casas que tinham rádio nas manhãs de domingo. O programa tinha um locutor – ninguém entre os Campello se lembraria do nome – que contava uma história ou alguma curiosidade sobre cada música, antes de Célia cantá-la, acompanhada pelo irmão ao violão. "Deu até certo, tanto que passou a ter patrocínio e o fazíamos no auditório, com plateia", observa Sérgio.

Em meados da década de 1950, Nelson Campello trabalhava intensamente e era um dos homens mais respeitados e conhecidos da cidade. Era professor de taquigrafia na Escola do Comércio à noite e mantinha os dois cargos como diretor do Senac e do Sesc, comandava o Rotary Club e se mantinha ligado à natação do TCC, como coordenador. Estava próximo de se tornar vereador e havia políticos que até o estimulavam a concorrer como primeiro passo para depois disputar a prefeitura, graças à força do trabalho no Senac e no Sesc.

Candidato pelo Partido Social Democrático (PSD), Nelson se tornou o mais votado nas eleições de 1955. Tomou posse em 1º de janeiro de 1956. Terminaria o mandato em 31 de dezembro de 1959 e não seguiria adiante porque um furacão chamado Celly Campello atropelaria a vida da família e seus planos políticos. Muita coisa aconteceria, porém, até lá. Nelson não gostou da experiência desde o início. "Papai ficou decepcionado com a política, que já tinha problemas crônicos na história da cidade que desanimaram e desapontaram ele", avalia Nelson Filho.

Sim, era preciso fazer conchavos, cobrar e receber propinas, o que ele mais fez. "Toda vez que tinha de decidir sobre um projeto, o voto quem determinava era o partido e ele nem sempre concordava. Não tinha liberdade de escolha, decidiam por ele quase sempre em sua ausência, na calada da noite ou em encontros secretos, para evitar questionamentos".

Sérgio estava cada vez mais convicto de que a música era seu destino. Ele não era apenas o acompanhante da irmã ao violão nas manhãs de domingo na rádio e nos bailes em que ela era chamada para cantar. Fazia tempo que pensava em se tornar um profissional e viver de cantar e tocar, nessa ordem. Respirava e comia música – discos e programas de rádio – 24 horas por dia.

Na verdade, interessou-se por música desde os nove anos de idade, em 1945, quando passou a estudar sozinho piano e violão. Não queria fazer feio quando tivesse uma oportunidade. "Mas eu já ouvia muita música, não só porque meus pais gostassem de comprar discos, a gente morava em frente ao TCC, onde realizavam aquelas festas, os bailes, e o local tinha um serviço de autofalante, aquelas cornetas, que transmitiam muita música para fora do clube".

Com seis anos, conta ele, era um atento ouvinte da Rádio Nacional, do Rio de Janeiro, que pertencia ao Governo Federal e cuja potência de sinal AM alcançava com qualidade todo país – era uma espécie de Rede Globo da época em liderança de audiência e com o maior e melhor elenco. Com nove anos, apareceu para Sérgio a oportunidade de cantar no teatro da Companhia Taubaté Industrial, onde interpretou um samba de breque de Moreira da Silva (1902-2000), cujo título se perderia em sua quase sempre prodigiosa memória.

Seu contato, até então, limitava-se à música brasileira. "Acho que agradei, porque logo em seguida fui chamado para cantar na Rádio Difusora de Taubaté, no *Clube do Guri*, comandado por Silva Neto" – o mesmo onde Célia cantaria alguns anos depois. Dos 10 aos 14 anos de idade, Sérgio se apresentou no auditório da emissora, que ele descreveria como um ambiente "muito bom" para se cantar. E cresceu ainda mais seu interesse por rádio e discos.

Seria um colecionador dedicado por toda a vida. "Ganhei meu primeiro disco 78 rotações (rpm) do meu pai quando tinha nove anos de idade e era de uma banda americana liderada pelo músico e maestro Harry James (1916-1983), que tocava pistom. O lado que mais ouvia era o da faixa *Sleep Lagun*". Aquele momento seria marcante em sua vida, uma espécie de batismo no mundo da música americana e que o levaria ao rock and roll.

Na Difusora, o adolescente cantava o que "todos queriam ouvir", isto é, como orientavam os produtores da emissora. "Meu repertorio era formado de boleros. Esse negócio de rumbas e tchã-tchã-tchã veio depois, no final da década de 1950. Antes, só dava bolero em todos os cantos, uma coisa impressionante". O ritmo chegou ao Brasil por uma fatalidade da Segunda Guerra Mundial e se tornou uma espécie de praga de lavoura no mercado musical.

A partir de 1942, como não havia matéria-prima para prensar discos novos de cantores nacionais que atendessem à demanda do mercado brasileiro, as gravadoras começaram a importar do México estoques encalhados de bolero – que enviaram para toda a América Latina. "Aquilo tinha muita influência da música centro-americana, que vinha de Cuba, do México", observa Sérgio. Ele ouvia de tudo. "Eu cantava em espanhol, sempre tive boa audição e percepção para outros idiomas, mas não saía nada em inglês. Mesmo assim, com essa experiência de *crooner* – termo usado para identificar cantores de banda, locutores ou apresentadores de programas de rádio –, eu me toquei que estava me direcionando para trabalhar como músico".

Para isso, era fundamental acompanhar o que acontecia no mercado por meio das rádios que conseguia pegar no aparelho da família e na ida quase diária às lojas de Taubaté. Os discos eram vendidos sem encarte e com capas padronizadas com a marca da respectiva gravadora e alguma arte gráfica ou desenho. As poucas informações sobre autoria apareciam em um selo (rótulo) colado ao centro do disco – quase sempre se informava apenas o nome da canção, dos autores e do intérprete com orquestra ou conjunto e o gênero – bolero, samba, samba-canção, valsa etc.

Funcionava assim desde o início da indústria fonográfica mundial, em 1898, e a agulha rodava a uma velocidade de 78 vezes por minuto. Por causa disso, cabiam de 3 a 5 minutos de gravação em cada lado – ou seja, uma só música. No primeiro momento, o disco era feito de cera de carnaúba. Depois, adotou-se o *shellac*. Sérgio só saberia disso depois.

Ao invés de jogar futebol na rua, ele queria ouvir música em seu tempo livre, depois da escola. Embora brincalhão, tinha seus momentos de ouvinte em casa, sozinho. "Meus pais, de certa forma, não poderiam adivinhar o que o destino estava traçando, mas desde os oito eu sabia o que queria, gostava de cantar, meu primeiro violão de brinquedo eu mesmo fabriquei com caixa de goiabada, desfiz os arames entrelaçados, tive a paciência de tirar todos, montar quatro ou cinco, amarrei com prego e prendi nas pontas. Sempre tive habilidade em construir coisas", conta ele.

Não conseguia tirar musicalidade daquilo, mas era o suficiente para ele se divertir, simular ou dublar o que ouvia na vitrola. "E comecei a preparar meu espírito para isso, ficava antenado com relação ao repertório de vários cantores brasileiros e estrangeiros". Por um tempo, Sérgio ouviu os discos na radiola da família, que ficava na sala de visitas da casa. Era seu sonho ter uma só sua, no seu quarto e de Nelson Filho, para ficar mais à vontade, imitar e acompanhar seus ídolos aos gritos, sem ser policiado ou contido pela mãe.

Mas o garoto não chegou a ter tanta privacidade, quando recebeu o cobiçado equipamento de presente. Por um detalhe técnico: "Ganhei do meu pai um toca-discos que, para funcionar, precisava ser acoplado à nossa rádio-vitrola. Havia um buraquinho para encaixar o fio e eu escutava meu 78 rpm ali. Nosso aparelho não tinha uma marca conhecida, era da Standart Eletric, mas tinha qualidade e eu adorava. Trazia, na base, os chamados pés de palito, um móvel bem característico dos anos de 1950, e que tocava LP, além do 78 rpm. Escutei nele os primeiros LPs de dez polegadas que comprei em Taubaté".

Em 1954, com 18 anos, Sérgio comprou o dez polegadas em 33 rpm *Rock Around The Clock*, de Bill Halley e Seus Cometas, com oito faixas, que difundiu pelo mundo os primeiros acordes de rock and roll, como passou a ser apresentado pela indústria do disco. "E quando saiu o mesmo disco em doze polegadas, com mais duas faixas em cada lado, adquiri também, sem pestanejar. Aquilo era bom demais", diz ele, que guarda ambos até hoje.

Seu Nelson via no filho o cantor que ele sempre quis ser e falava para Idea quando noivos com certa frustração. Em parte por isso ele estimulava seu interesse por música.

"Meu pai era um doce de pessoa, amava os filhos, fazia tudo por nós e gostava de cantar. Mamãe implicava quando eu cantava, achava que não era uma coisa que me desse futuro". Como era filho primogênito, a cobrança dela sobre ele se mostrava ainda maior. Mas era uma típica preocupação de mãe que queria uma profissão segura para o filho.

Sérgio não compreendia assim e os atritos entre os dois se tornariam cada vez mais constantes nos anos seguintes. "A postura dela era uma coisa estranha para mim, ela sendo filha de italianos, não encarava meu interesse musical de modo mais natural possível e nem se esforçava nesse sentido. Porque, como sabemos, os italianos ou são cantores ou são ladrões, não é verdade? Depende de quando você os joga na parede. Se grudar é cantor, se cair é ladrão. Pelo menos as famílias tradicionais de São Paulo diziam isso, a tradicional família paulista", brinca ele, quase sete décadas depois.

A relação entre mãe e filho deixaria marcas em Sérgio: "Minha mãe não se ligava em música. Não conheci meu avô paterno, mas devia ser parecido com meu pai, alegre, divertido. Quase todos os seus irmãos foram criados por minha avó, mas herdaram características genéticas do pai deles, que morreu bem cedo, sem que tivesse sido necessário conviver com ele para serem assim. Meu avô materno Angelo era o extremo oposto, formal, levava a vida a sério demais, tanto que eu nunca o vi rindo. E minha mãe, provavelmente, acreditava que uma mulher para ser respeitada como de família não deveria sorrir. Ela puxou meu avô".

Nenhum dos filhos saiu parecido com ela, diz ele. "E se passou esse temperamento para Celinha geneticamente, não deu certo. Até porque ela vivia em outro mundo, não tinha nada ver com a época e o tempo em que minha mãe foi educada". A vida do interior, acredita Sérgio, ajudou a moldar a personalidade interiorana dos três irmãos nascidos na cosmopolita São Paulo. Sobre a mãe, Célia confirmou a opinião do irmão mais velho: "Mamãe tinha a mesma altura de papai. Ela era brava, mais rígida na educação dos filhos. E quem nos protegia era papai ou Vovó Bebé, quando ela vinha para cá nos visitar em nossa casa".

A moral cristã e aristocrática de Taubaté, nesse sentido, estabelecia que os pais ficassem de olho por onde os filhos andavam. Era, enfim, uma cidade bem diferente, não recaiam sobre seus jovens as influências de comportamento de São Paulo, apesar da distância de apenas duas horas. "Eu me considero exatamente um cidadão caipira, mais que paulistano. E meu pai equilibrava o convívio com minha mãe, era bem liberal com a gente", diz Sérgio. "Ele conversava com os filhos, permitia que fizessem suas escolhas, era uma época ainda, no final da guerra, com outra cara de mundo e de Brasil".

Para ele, embora Célia tenha estudado em um colégio dirigido por freiras durante um período de sua infância, ela não assimilou uma educação mais rígida, mais conservadora, pregada pelo catolicismo. Mesmo assim, ventos de mudanças sopravam sobre a cidade, vindos de todos os cantos – das grandes cidades brasileiras e do exterior. Notava-se maior convívio entre meninos e meninas, pois em algumas escolas e na piscina do clube isso passou a ser permitido.

O TCC não tinha qualquer política de ser liberal. Pelo contrário, como se verá a seguir. Mas não conseguiu conter os novos hábitos. "Todos nadavam juntos, meninos e meninas, já era um outro tipo de sociedade que, se não parecia mais livre e mais aberta, não se esforçava em constranger a juventude. Acredito que São Paulo era diferente ou o contrário, mais conservadora, mesmo na posição de capital", afirma Sérgio.

Na cidade, continua ele, a maioria das pessoas do seu ciclo, de classe média, conhecia umas às outras e todos os pais também. "Se minha mãe era um pouco contida, meu pai se mostrava uma pessoa mais aberta, divertida, brincalhona dentro de casa, com os filhos, os parentes e os amigos. Quando me refiro a ele, tenho uma admiração profunda e orgulho também. Por minha mãe eu não teria me envolvido com música", afirma o filho mais velho.

No começo da década de 1950, Taubaté tinha quatro lojas de discos. A que Sérgio mais frequentava era a Representações Caçula, de Seu Rossi, amigo de seu pai e que ficava em uma das esquinas da Praça do Epaminondas. "A gente morava na vizinha Praça Santa Terezinha, quando comecei a adquirir discos com seu Rossi". Na Carneiro de Souza, em frente onde ficava o Banco do Brasil, havia outra loja, que ele fuçava sempre – e cujo nome não se recorda. Depois, surgiu a loja de Ramalho Neto – que se tornaria diretor da RCA Victor, no Rio de Janeiro, nos anos de 1960. "Ele abriu uma concorrente ao comércio de Seu Rossi".

A quarta loja de discos funcionava perto do mercado municipal, que só vendia sertanejo e aonde ele ia pouco – sem imaginar que seria, décadas depois, o maior produtor de discos do gênero, que adequou Sérgio Reis ao segmento. "A loja de Rossi colocava um adesivo nos discos, como muitas faziam na capital, uma espécie de selo de garantia de qualidade. A de Ramalho Neto não tinha placa nenhuma na fachada, sei que funcionava ao lado do Cine Palace".

Um dia, Sérgio deu mais um passo importante rumo ao mundo da música. Ele acompanhava Célia na Cacique e começou a observar um músico que tocava bem um violão dinâmico da marca brasileira Del Vecchio, de onde tirava um som semelhante ao de um violão americano. Ele soube depois que aquele exemplar fora feito com folhas de flandres, de alumínio. Botou na cabeça que precisava ter um igual e espalhou seu desejo entre os membros da família, inclusive avós e tios.

Quem quisesse dar um presente de aniversário que o tornaria o rapaz mais feliz do mundo, que comprasse um violão da marca Del Vecchio, cuja loja ficava nas proximidades da Estação da Luz, na capital. Deu certo. "Ganhei o meu primeiro violão de Tia Odete, produzido em 1936, tinha um selo por dentro, com o nome da fábrica e o telefone, que era de quatro dígitos na época".

Em casa, Célia acompanhava o irmão mais velho com interesse, porque também estava bastante envolvida com música. Nelson Filho observava tudo de perto, mas não se envolvia diretamente: "Sérgio tinha um veio artístico, isso nasceu com ele, e gostava mesmo de ser músico. Nós tínhamos um conjunto musical (que não tinha nome) na Rua das Palmeiras, com uns amigos que gostavam de aparecer e fazer uma batucada, com ele ao violão. A gente ficava brincando sem instrumento nenhum, tudo mímica. Aparecia um amigo com uma sanfona, outro batendo bumbos, sob seu comando".

No grupo, Sérgio mostrava seu dom musical e o caminho que queria para a sua vida. "Ele acompanhava todas as áreas musicais, vivia focado nisso". Até que o primogênito de

Nelson e Idea resolveu criar com amigos o que se chamava na época de conjunto de baile, para animar festinhas jovens e matinês aos domingos à tarde no Taubaté Country Clube, chamadas de "domingueiras dançantes".

O grupo começou a nascer graças a um evento despretensioso de fim de semana. Ele e uma turma de amigos foram a um piquenique estudantil em uma fazenda de plantação de eucaliptos, criada para abastecer a fábrica de papel do empresário Cícero Prado, em Coruputuba, perto de Pindamonhangaba. Não ficava distante de Taubaté. "Os proprietários cediam o local para excursões estudantis e lá fomos em um grupo grande de colegas para passarmos um domingo", recorda um dos rapazes, Osny Amaral, que todos chamavam de Osny Pinguim.

Era, diz ele, "uma fazenda linda, toda tomada pelos eucaliptos e exalava um perfume discreto, porém, marcante, que tornava o ar daquele local de um frescor sedutor, dando-nos a sensação de frio suave". A estrada principal de acesso à sede da fazenda parecia não ter fim e transmitia àqueles garotos a sensação de calma e bem-estar durante a viagem – a primeira que fizeram ao local.

Pela manhã, após acordarem, curtiram passeios em todos os pontos mais bonitos, até o almoço no salão para festas na sede. Alguns, então, perceberam um palco com uma bateria. "No nosso grupo, havia algumas pessoas que sabiam tocá-la, eu inclusive, e lá fomos brincar. Não é que deu certo? De repente, todos começaram a cantar, a dançar e, assim, passamos o resto da tarde curtindo. Foi bom e parecia que havíamos ensaiado tudo antes".

Quando voltaram a Taubaté, no dia seguinte, os amigos só comentavam sobre a curtição. Passaram-se alguns dias e o diretor social do TCC, Armando Azzolini, ao falar que tinha ouvido sobre a animada viagem de piquenique, principalmente da improvisação musical, fez uma sugestão a Osny. "Por que vocês não fazem um grupo musical e trazem para tocar no TCC? Nós cederemos o local para os ensaios e, ainda mais, estabeleceremos um valor por cada apresentação que fizerem nas matinês de domingo para que vocês possam comprar instrumentos".

Todos conheciam Osny na cidade por causa de suas atividades musicais. Talento precoce, ele fundou, com os alunos de sua escola alguns anos antes, uma fanfarra infanto-juvenil. Os componentes tinham até 14 anos de idade. Aos pouco, tornou-se conhecida por participar – e ganhar – diversos concursos nas cidades vizinhas. A banda chegou a ser campeã por Taubaté no Estado de São Paulo e vice-campeã no Brasil. Por causa disso, os convites não paravam de chegar para que a fanfarra se apresentasse em eventos escolares e públicos. Foi chamada a tocar, por exemplo, no Festival de Inverno de Campos do Jordão, onde participavam músicos eruditos, inclusive a Orquestra Filarmônica de São Paulo.

Diante do convite do diretor do TCC, Osny gostou da ideia e foi procurar "alguns elementos que tinham alguma tendência musical" e tinham participado do passeio. Alguns aceitaram, outros, não. Ele completou o grupo com conhecidos e amigos que sabiam tocar algo ou tinham interesse musical. "Reuni um cantor (Sérgio Campello), uma cantora (Célia Campello), um acordeonista (Genial de Almeida), um baterista (Tuta), um baterista e percussionista (eu), um clarinetista e um saxofonista (Zito), um violonista (Maurício) e precisávamos também de um eletricista para instalar os sons e chamamos Argemiro Braga".

Para o piano, Osny teve mais dificuldade. Até que, inesperadamente, surgiram três candidatos. Ou melhor, candidatas, pois eram só mulheres: Mirian Neves, sua irmã Marlene e a jovem Marli Banhara. "Elas se mostraram excelentes pianistas, mas, por tocarem somente músicas clássicas, tiveram que se adaptar a músicas populares. Por bastante tempo elas se revezavam durante as apresentações", conta Osny.

Sua versão é diferente da de Sérgio, que assume para si o protagonismo na montagem do conjunto em 1952. "Com dezesseis anos de idade, montei o grupo, que a molecada da cidade, os cafajestes de plantão, chamavam de 'Ritmo Zero Quilômetro'" – na insinuação de que não iria a lugar nenhum. Ele, claro, não veio ao mundo para perder, ressalta.

De qualquer modo, ele estava na gênese de tudo. E lembra de outros músicos que também fizeram parte da formação original. A começar por Walter Aridi. "Ele era um excelente pianista, aprendi com ele", recorda, sem saber se ele veio antes ou depois das três garotas que teriam feito parte da formação inicial. Provavelmente, em um segundo momento.

Outro foi Sílvio, no acordeon, irmão de Osny. Este ele descreve como o "excelente saxofonista Itapeva". Mais adiante, o baterista passou a ser Toninho Peru. "Cidade do interior é assim, todo mundo tem apelido, né? Desses eu me lembro bem", afirma Sérgio. Com o grupo formado, Osny procurou Azzolini e deu início aos ensaios. "Todos os componentes eram amadores. Após alguns ensaios, sentimos que estávamos preparados, tudo dava cedo, ensaiávamos sempre o mesmo repertório musical que era o suficiente para atender as três horas necessárias para tocarmos nas brincadeiras dançantes, aos domingos, no TCC".

No dia da estreia, a ansiedade e o nervosismo tomaram conta de todos, segundo Osny. Foi quando se deram conta de que não tinham ainda o nome do conjunto. "Não havíamos pensado nisso, estávamos tão preocupados em ensaiar e nos preparar para a estreia que o nome do conjunto passou despercebido". Inúmeras sugestões surgiram até que se destacaram dois nomes: "Ritmos Pinguim" e "Ritmos Ok". Decidiram pelo segundo, bem mais modesto, aliás, e não centrado na figura do fundador.

Ao iniciar a primeira apresentação, com um fundo musical bem suave, tocaram *September Song*, enquanto Osny anunciava a novidade aos convidados. "Com esta canção que se tornou nosso prefixo musical, apresentamos o conjunto Ritmos Ok e dedicamos aos jovens de Taubaté uma das fases mais emocionantes e superagitadas de nossas vidas em que nos identificamos com as notas musicais", recorda o músico. "Confesso que durante as apresentações da estreia, a emoção que eu sentia era enorme!".

A partir daí, acrescenta o percursionista, o som, que era um fundo musical, aumentou o volume e teve início a primeira brincadeira dançante do clube social da cidade e que virou "um sucesso" durante anos, até o final da década seguinte. "Por um longo período, tivemos um contrato com o clube para tocarmos aos domingos. Todo dinheiro que ganhávamos era destinado à compra de instrumentos musicais de qualidade e uniformes para todos nós. Os componentes do conjunto nada recebiam nos primeiros tempos".

Aos poucos, a turma adquiriu instrumentos sofisticados como solovox, contrabaixo, violão elétrico e bateria. Ainda no primeiro ano, o Ritmos Ok se tornou conhecido em todo Vale do Paraíba e com a agenda fechada por meses. "O mais importante era que os componentes se tornaram verdadeiros amigos e, em todos os momentos, estávamos juntos, sempre falando do conjunto e do assédio das fãs, porque em todas as cidades que íamos tocar as garotas ficavam esperando o ônibus que nos conduzia".

Tempos depois, bem-estruturado, com instrumentos adequados e diversos modelos de uniformes, Ritmos Ok foi se profissionalizando. Nesse período, já dividiam a quantia recebida por apresentação. Além de tomar a frente do conjunto, o desinibido Sérgio ocupou a posição de *crooner* e assumiu a responsabilidade pela escolha do repertório. A irmã virou uma espécie de participação especial, pois cantava poucas músicas e não viajava para outras cidades. "Naquela época, adolescente não iam a programas noturnos", contou ela ao MIS.

O irmão Nelson acrescenta: "Essas tardes eram bem disputadas, surgiam no repertório as novidades que Sérgio levava, como o rock and roll algum tempo depois, que ele *importou* de São Paulo. Eu frequentava também as domingueiras dançantes, claro. Eram tardes gostosas. Célia também participava como cantora ou apenas para se divertir com as amigas". Em casa, conta ele, seu interesse musical só aumentava. "Lembro que ela gostava de cantarolar com seu violão em aniversários e festas. Em eventos no Rotary, Sérgio levava Célia para cantar".

Sérgio descreve o Ritmos Ok dos primeiros anos como um grupo musical discreto e antenado com as novidades do mundo musical, principalmente de origem americana, que o seduzia cada vez mais. "Não se falava ainda em rock and roll, eu cantava baladas americanas, principalmente". O conjunto tocava tudo que se esperava em bailinhos e matinês, para movimentar o corpo e permitir que os casais dançassem agarrados a partir de determinado momento. Ou seja, samba-canção, baião, bolero, tchã-tchá-tchá, mambo e algumas coisas de repertório americano que já eram solicitadas em eventos dançantes.

Os meses passaram e o conjunto se firmou cada vez mais, com entrosamento e popularidade entre os jovens de Taubaté. E Sérgio queria mais, claro. Como incluir uma guitarra elétrica, por exemplo, que via nas revistas de música. "Embora eu tocasse um pouco de violão, ter uma guitarra naquela época, nem pensar, porque, além de cara, o instrumento só teria uma aceitação grande no começo dos anos de 1960. Mas era possível comprá-la em São Paulo. A gente tinha um violão elétrico, botava captador e um amplificador Ipami, que não tinha ganho de volume sonoro nenhum, mas era o que havia à disposição".

O contrabaixo da banda era de madeira, chamado por todos de *rabecão*. "O baixo eletrônico só fomos conhecer a partir de 1961", completa. Todo mundo em Taubaté passou a saber quem era Sérgio Campello, o galã vocalista do Ritmos Ok. Em casa, muitas vezes, quando ele ia ensaiar com o grupo, Célia o acompanhava ao piano – ela nunca seria oficializada como membro do conjunto, diferentemente do que disse Osny.

Mas a menina se satisfazia em apenas cantar de vez em quando no TCC. "Serginho estudava piano e violão e eu, como sempre gostei de música, estudava também. Ele sabia bem acompanhamentos e nós dois juntos sempre cantávamos alguma coisa" – em casa e em apresentações pela cidade, somente eles, com vozes e violão.

O instrumento seria deixado de lado por ela quando gravou o primeiro disco. "Tocar mesmo eu só toco piano. Violão arranho um pouco. Quando estava mais decidida a estudar violão, meu irmão sugeriu que me dedicasse ao canto e gostava mais de ver-me cantando do que tocando. Nessa altura, cantava para ele tocar me acompanhando. Aliás, juntos, uma vez nós fizemos uma exibição no Rotary Club e logo depois nas reuniões o pessoal comentava sobre os filhos de Nelson Campello".

Isso estimulou Sérgio, segundo ela. "Meu irmão foi sempre quem pensou em ser artista na família e ele resolveu formar um conjunto. Ensaiou e certo dia o rock começou a dominar a juventude brasileira e aí parece que surgiu o ritmo adequado para o temperamento artístico do meu irmão", recordou anos depois. E de Célia também, o tempo mostraria. Para ela, o Ritmos Ok era "bem ensaiadinho", com o irmão como *crooner*, "atuando aqui e acolá".

Foi nesse momento que Sérgio começou a se interessar por música jovem americana. Não daquela voltada ao público adulto, madura, cantada por nomes como Frank Sinatra. Nos momentos de maior romantismo dos bailes, ele interpretava parte do repertório de Nat King Cole e Johnny Ray – este sim, um ídolo da juventude americana e conhecido no Brasil, pois alguns discos seus foram lançados no país.

Johnny Ray se tornou o preferido do jovem cantor de Taubaté: "Foi o primeiro artista americano que prestei atenção pelo modo de cantar. Ele mudou o estilo do intérprete tradicional de seu país, que era o *crooner* de baile, conhecido por cantar macio, quase sempre. E usava uma *misencene* corporal diferente, antes de surgir Elvis Presley". Com um inconfundível vozeirão e um jeito peculiar de gesticular enquanto fazia malabarismo com a voz ao vivo, nos estúdios de TV, Ray literalmente mexia com o coração das meninas quando cantava seu grande sucesso, *Cry*.

Ainda sobre o cantor, quando Sérgio tinha se transformado em Tony Campello, conversou a respeito com o compatriota do astro americano, Neil Sedaka, autor de *Diana* e *Carol*, que veio ao Brasil em 1961. "Concordamos que se não tivesse aparecido Johnny Ray, usando o corpo e os gestos para cantar, talvez a história de Elvis Presley fosse outra. Ele abriu um caminho, promoveu uma ruptura de postura, de atitude e de comportamento. Foi o que aconteceu com Cauby Peixoto também no Brasil, com aquele jeito espalhafatoso e extrovertido que fez dele o grande intérprete brasileiro da década de 1950".

De Johnny Ray Sérgio incorporou algumas músicas a seu repertório que se tornariam obrigatórias nas apresentações da Ritmos Ok, como *From Here to Eternity*, *Cry* e *Blue Gardênia*, entre outras. Não se esqueceria como o descobriu: "Em 1953, ganhei de um amigo que vinha dos EUA um 78 rpm de presente. E, ao ouvir o disco, tive um sobressalto com *Cry*, de Johnny Ray. Ele cantava de uma forma diferente da convencional americana, era mais extrovertido, punha para fora tudo o que sentia... Para mim, ali, naquele instante, foi o primeiro berro do rock...".

No decorrer daquela década, Sérgio juntou todos os discos que conseguiu encontrar dele e de Nat King Cole, inclusive de dez polegadas em 33 rpm, a novidade tecnológica lançada no Brasil em 1952. No começo, esses discos eram importados e chegavam às suas mãos graças a uma eficiente distribuição até as lojas de Taubaté.

Ritmos Ok sinalizava para ele que agradava as plateias: "Passamos a viajar para as cidades do sul de Minas, norte do Rio de Janeiro – as que ficavam mais perto de São Paulo e do nosso Vale da Paraíba. Eu ganhava em quatro fins de semanas o que muita gente levava um mês para conseguir em um emprego regular. Além de fazer o que gostava, financeiramente era compensador".

Com o dinheiro dos shows, o conjunto conseguiu comprar uma perua, ou *station wagon*, como era conhecido no Brasil aquele modelo de transporte, que passou a usar para levar músicos e instrumentos. Para seu alívio, Sérgio conseguiu ser dispensado duas vezes de prestar o serviço militar. "Porque, para mim, bastava a farda no ginásio, aquilo já era chato", afirma, quase sete décadas depois, sem perder a irreverência. No começo, o rapaz sabia pouco de inglês, mas procurava decorar o que ouvia da forma mais fiel possível.

Depois, passou a usar o dicionário para saber o que cantava. E isso ajudava a memorizar as letras até aprender a ponto de ensinar a irmã. "Cantar em bailes se tornou uma escola boa, deixa a gente mais desenvolto, apesar de exigir uma cara de pau grande sempre que subia ao palco. A música era um norte que eu tinha para a minha vida desde moleque". Tudo parecia simples e decidido para ele. "O rádio era o único meio no mundo para se comunicar com a gente. Eu fazia lição de casa, ouvia bastante, comprava discos de sucesso".

A partir de 1956, no quarto ano de vida do conjunto, nesses shows e viagens do Ritmos Ok, Sérgio passou a levar a irmã, então com 14 anos, para cantar junto, quando ela não tinha compromissos escolares como provas ou com as amigas – aniversários, batizados, casamentos etc. "Ela ia apenas porque gostava de cantar, pois era tímida", observa o irmão. "Celinha se divertia cantando em inglês. Tinha uma ótima pronúncia, embora não soubesse falar quase nada nessa língua".

Nesse ponto, ele fez confusão, pois era uma dedicada aluna de inglês e fazia aulas particulares de reforço com Dona Lúcia. E também memorizava a sonoridade. "É fato que em Taubaté o pessoal tinha uma ótima pronuncia do inglês devido ao forte e carregado sotaque da região em puxar pelo erre", brinca ele. Na verdade, Célia pensava em fazer o curso clássico – depois rebatizado de segundo grau e ensino médio – e, por fim, prestar vestibular para a Faculdade de Letras. Seria professora de português.

Música era apenas diversão, insistiria depois. "Como toda moça do interior, sonhava em encontrar seu príncipe encantado, casar-se, ter filhos. Enfim, constituir uma feliz família, ela dizia isso sempre em casa e entre os amigos", afirma Sérgio. Quem não gostava dos rumos que o filho mais velho dava para sua vida era Dona Idea. Ela não escondia seu crescente incômodo e as brigas entre eles se tornaram frequentes.

Virou implicância com ele. "Meu pai sempre gostou de nos ver cantar e minha mãe era um tanto alheia. A única coisa que ela dizia era: 'Não quer estudar, não quer trabalhar, só quer cantar? Vai ser vagabundo'. Eu acho que sou o vagabundo que deu certo, porque consegui fazer o que queria da vida". Cansado de ouvir da mãe que deveria estudar e fazer faculdade e cada vez mais decidido a seguir uma carreira musical, Sérgio pediu ajuda ao pai. Ou o apoio moral que precisava para dar um passo adiante.

Ele explicou a Seu Nelson que Taubaté não oferecia maiores possibilidades para conquistar algo no meio musical. Ele queria cantar para ser ouvido em todo Brasil. Pelas rádios e pelos discos. Assim, precisava ir para a capital. Nelson sucumbiu à determinação do filho. E perguntou o que poderia fazer nesse sentido. Quem sabe ele não lhe dava uma carta de recomendação para trabalhar no Senac ou no Sesc da capital, enquanto fazia uma sondagem sobre o mercado musical em São Paulo, em busca de alguma oportunidade como músico ou cantor?

O pai prometeu ajudá-lo. Até levantou a hipótese de o filho morar com a avó ou com algum tio, o que ele rechaçou. Queria se virar por conta própria. Nos dias seguintes, depois de dar alguns telefonemas para a matriz paulistana do Sesc, conseguiu uma colocação na entidade para o primogênito. Nada que rendesse um salário expressivo, mas daria tranquilidade para pagar as despesas com pensão e alimentação e correr atrás do seu sonho. E se o salário não fosse suficiente, daria a ele um complemento.

Nelson também acalmou Idea e insistiu para que desse ao filho sua bênção. "Meu pai arrumou um trabalho no meio do ano de 1956, o que me levou a pegar um inverno terrível em São Paulo. Não foi fácil. Nunca vi uma época de frio igual, estava acostumado com o clima quente de Taubaté". Sobre esse momento na vida do irmão, Célia completou: "Sérgio queria entrar no meio artístico, queria ser artista, estava sempre com o violão na mão, cantava. Eu também tocava violão, cantava, mas não pensava como ele, que queria ter uma chance, ser artista, tornar-se um profissional, um cantor, entende?".

O plano do rapaz não incluía dissolver o Ritmos Ok ou abandonar o grupo. Explicou aos companheiros que, como Taubaté ficava a apenas duas horas de ônibus, viria toda sexta para cumprir a agenda de shows do sábado e do domingo e voltaria na segunda bem cedo, no primeiro ônibus para São Paulo. Ele acabara de completar 20 anos de idade, quando fez sua mala e embarcou, com a promessa de retornar todos os finais de semana, o que aliviou bastante o trauma de sua partida junto aos pais e aos irmãos. "Em 1956, Sérgio saiu de Taubaté porque ele queria entrar no meio artístico, conhecer pessoas, os artistas e tal, porque a veia dele pendia para esse lado", contou a irmã.

Os planos da caçula eram mais discretos. "Eu já não pensava da mesma forma, queria me casar, esse já era o meu desejo. Fui criada em cidade do interior, era tudo diferente. Para mim, sempre tive vontade de casar e ter uma família. Não foi o que aconteceu nos primeiros anos. Foi uma opção que eu fiz e que realmente valeu a pena para mim depois". Para Sérgio, sobrava confiança e ele achava que seria mais fácil do que poderia imaginar. Não aconteceu bem assim. Pelo contrário. Passaria meses sem nenhum resultado prático na área musical, só promessas.

Durante doze meses, até meados de 1957, Sérgio se dividiu entre o trabalho no Sesc, o deslumbramento da vida intensa na capital e os cansativos deslocamentos para os shows de fim de semana em Taubaté. Mantinha contato com os avós, tios e primos, mas fazia questão de manter a sua sonhada liberdade de morar sozinho. "Fui trabalhar no Sesc da Rua Florêncio de Abreu, 305, na região central, a primeira unidade do serviço em São Paulo", observou.

Desde o começo, ele falava para todos os colegas de seus planos na área musical – ser um famoso cantor. Então, começou a se apresentar nas festas da empresa, no pequeno auditório. "E o pessoal gostava". No dia a dia, porém, odiava tanto o emprego que, segundo ele, passou por "dez" departamentos e não se adaptou em nenhum. Tornou-se, assim, um problema para a chefia da entidade, pois estava ali a pedido do pai.

Longe do Sesc, aproveitava ao máximo para se divertir depois do expediente ou quando passava o fim de semana na capital – isso forçaria o Ritmos Ok a buscar substitutos quando precisava cumprir alguma agenda. "Usufrui bastante a vida na capital, ia ao Cine Marabá ver filmes, enquanto procurava uma oportunidade para cantar e, quem sabe, gravar meu primeiro e sonhado disco".

Na verdade, desde o final de 1956, depois de forçar um pouco a memória, Sérgio se lembra que chegou a cantar em alguns conjuntos de baile em São Paulo, cujos nomes se esqueceu. Exceto de um, pois mudaria sua vida para sempre, o do acordeonista e compositor cego Mário Gennari Filho. Os dois foram apresentados por uma bibliotecária do Sesc, que se ofereceu para pedir pessoalmente a Mário que lhe desse uma chance para cantar em seu conjunto de bailes e clubes.

A moça, cujo nome ele lamenta não se recordar em gratidão, ficara sensibilizada com sua dificuldade em abrir alguma porta para realizar seu sonho. "Ela mudou minha vida – e da minha irmã – e não me lembro seu nome para agradecer, não me conformo com isso". Como o rapaz vivia cantando durante o trabalho, ela lhe prometeu apresentar a um amigo "muito" famoso, com vários discos gravados. Era verdade. "Coincidiu que Mário precisava de um cantor e gostou de mim, passei a trabalhar com seu conjunto". E, mais uma vez, Sérgio teve certeza de que seu "negócio não era ficar atrás de uma mesa de escritório".

Mesmo cego dos dois olhos, Mário Gennari Filho se tornou um respeitado músico e líder de orquestra, além de bom vendedor de discos. Sete anos mais velho que o filho primogênito de Nelson e também paulistano de nascimento, o músico tinha um talento raro para tocar vários instrumentos, além do acordeon, como violão, piano, solovox e guitarra havaiana, o que fazia dele um coringa nos estúdios da gravadora Odeon. Fora o enorme talento, tornou-se um exemplo de superação por causa da deficiência visual.

Gennari Filho se destacou bem novo nas emissoras de rádio por onde trabalhou, como Tupi e Difusora, além da TV Tupi, tão logo a primeira emissora de televisão brasileira foi inaugurada, em 1950. Sua estreia musical se deu aos oito anos de idade, na Rádio Bandeirantes, no *Programa de Capitão Barduíno*. Aos 14 anos, gravou o primeiro disco pela Columbia, um 78 rpm, em dupla de acordeon com Ângelo Reale, na rancheira *Sempre Alegre* e no maxixe *Rã na Frigideira*, ambos de autoria de Ângelo Reale.

E não parou mais. Entre 1943 e 1963, como músico e arranjador, gravaria nada menos que 62 discos de 78 rpm e recebeu diversos prêmios de melhor instrumentista, como o respeitado Roquete Pinto. Coincidiu que quando a bibliotecária procurou o músico para ajudar Sérgio, ele precisava de um cantor para interpretar músicas americanas, principalmente de um tal rock and roll, gênero que começava a se espalhar por alguns países e que era pedido em seus bailes.

Dessa vez, Sérgio parecia estar no lugar e na hora certos: "Eu já sabia, a essa altura, o que era rock and roll, claro, depois de meses em São Paulo, e cantava baladas americanas porque estava entre as demandas dos nossos bailes de interior, como *The Great Pretender* e *Only You*, ambas então superhits dos The Platters no Brasil".

Com o endereço de Gennari Filho na mão, Sérgio pegou um ônibus na Praça das Bandeiras, no Anhangabaú, até a Avenida Ibirapuera e lá embarcou no bonde fechado, rumo ao distante bairro de Santo Amaro, na Zona Sul da capital. Desceu no Largo 13 de Maio e caminhou até a casa certa. "A linha que ia para Santo Amaro era uma espécie de Metrô a céu aberto, subia a Brigadeiro Luís Antônio, passava perto do Clube Militar, Assembleia Legislativa e seguia até o fim da Ibirapuera. Tinha pequenas paradas com coberturas, algo bem moderno para a época".

Sérgio chegou pontualmente para o teste combinado por telefone e cantou algumas músicas sugeridas pelo anfitrião. Conhecia todas que ele indicava. Era, sem dúvida, afinado e o músico o convidou a ser uma espécie de reserva no grupo de baile, pois contava com uma cantora oficial, Celeste Novais. Mas prometeu que entraria em algumas performances, aquelas que fez o teste. Nas chances que teve ao longo de meses, ele mostrou potencial e afinação, além de simpatia e desenvoltura no palco.

Um dia, Mário Gennari Filho fez uma série de considerações elogiosas à promissora carreira do jovem. Ele o definiu como um artista completo, de liderança incontestável com o microfone na mão e que tinha uma bossa quando mexia o corpo ao cantar – segundo lhe tinham dito, pois não enxergava, claro –, principalmente gostava de manter os braços malemolentes. Tudo claro, inspirado em seu ídolo Johnny Ray.

Disse ainda que poderia se tornar um "Elvis Presley brasileiro" se quisesse. Até então, o roqueiro americano que fazia sucesso em todos os cantos do planeta não tinha despertado tanta atenção de Sérgio, embora possuísse alguns de seus discos. Preferia ser fiel a Johnny Ray. Não demorou para que dividisse cada vez mais com Celeste as apresentações do conjunto, famoso também por causa de suas aparições em programas de TV, como atração ou na condição de acompanhante de cantores famosos.

Desse modo, Sérgio apareceu na televisão pela primeira vez. "Fui levado para cantar no programa de Hebe Camargo, na TV Paulista, que ficava no final da Rua da Consolação, esquina com a Avenida Paulista. A emissora ocupava só um andar, ficava no oitavo e o estúdio era minúsculo", recorda ele. como *crooner* do grupo de Gennari Filho, interpretou *Just Walk In The Rain*, de Johnny Ray.

Até então, Sérgio não sabia que Taubaté era a cidade natal da apresentadora. Teve a informação nos bastidores. Mas guardaria o incentivo que ouviu dela e que se tornaria um de seus mais famosos bordões: "Que gracinha, esse menino vai longe". Ela comandava o primeiro programa feminino da TV brasileira, *O Mundo é das Mulheres*, dirigido por Walter Forster. "Era naquele formato que ela consagrou, de entrevista e número musical. Participavam com ela Branca Ribeiro e Neide Alexandre, uma das primeiras garotas-propaganda da TV, que fazia comercial de sabonetes".

Em Taubaté, Hebe viveu até os seis anos de idade – entre 1929 e 1935. Sua família morou na Rua Barão da Pedra Negra, na região central, perto da casa que os Campello comprariam depois, na Praça Santa Terezinha. Com o pai, o maestro Fêgo Camargo, ela deu os primeiros passos no mundo artístico. "Ele a levava para participar de corais nas igrejas de Taubaté, era músico que tocava bastante em festas, casamentos e recitais para conseguir sustentar a família", explica a historiadora Conceição Molinaro.

Apesar de participar de coral, as primeiras manifestações artísticas de Hebe, de fato, aconteceram na Rádio Difusora, na capital paulista, onde o pai regia a orquestra e a filha sempre o acompanhava. Sérgio também se apresentou no *Programa Galera do Nelson*, na Rádio Nacional, de Nelson de Oliveira, onde se deparou pela primeira vez com Silvio Santos, que era conhecido só como locutor de comerciais.

O cantor ganhou confiança com os elogios de Gennari Filho e, cada vez mais, deixou de ir à sua cidade nos finais de semana para se apresentar na capital. "Em São Paulo, consegui fazer alguns bailes com Gennari Filho no Clube Indiano, por exemplo", conta. No conjunto, Sérgio atuou do final de 1956 a junho do ano seguinte, quando resolveu voltar para Taubaté porque o que recebia como cantor não cobria suas despesas básicas de sobrevivência.

Quando tomou a decisão, tinha deixado o emprego no Sesc. "O que eu imaginava que poderia acontecer não deu certo, não vi possibilidades de ir além das participações no conjunto e resolvi voltar para o interior". Pelo menos para ter êxito com a rapidez que esperava. Explicou para Gennari Filho que, com pesar, tomara a decisão de ir embora. O músico até tentou convencê-lo a ter paciência, mas não conseguiu.

Pesou nessa desistência o desligamento que ele mesmo pediu do emprego, pois sentiu certo constrangimento em ficar tão deslocado entre os colegas e levar bronca do chefe por chegar atrasado quando tinha show de Gennari Filho na noite anterior. Não queria pedir dinheiro ao pai para se manter, por outro lado. Menos ainda ir morar com os avós ou tios. "Resolvi sair do Sesc no dia em que uma pessoa (da chefia) me disse que meu negócio era cantar e que eu deveria pedir demissão. Fiz isso, voltei para Taubaté e continuei com meu conjunto".

Gennari Filho era um ótimo contato, cada vez mais acompanhava cantores em gravações nos estúdios da Odeon. E não deixaria um talento como Sérgio se apagar em uma pequena cidade do interior. Prometeu que tentaria ajudá-lo de algum modo e entraria em contato. Não foi jogo de cena. Ao voltar a morar em Taubaté, Sérgio continuou a acompanhar o mundo da música como fizera durante a infância e a adolescência pelo rádio e revistas especializadas – *Radiolândia* e *Revista do Rádio*, principalmente.

Os meses passaram e Gennari Filho, mesmo distante do antigo *crooner* de seu conjunto, não se esqueceu dele. Até que uma oportunidade preciosa surgiu no começo de 1958. E o telefone tocou para Sérgio na casa dos Campello. E ele logo reconheceu quem estava do outro lado da linha.

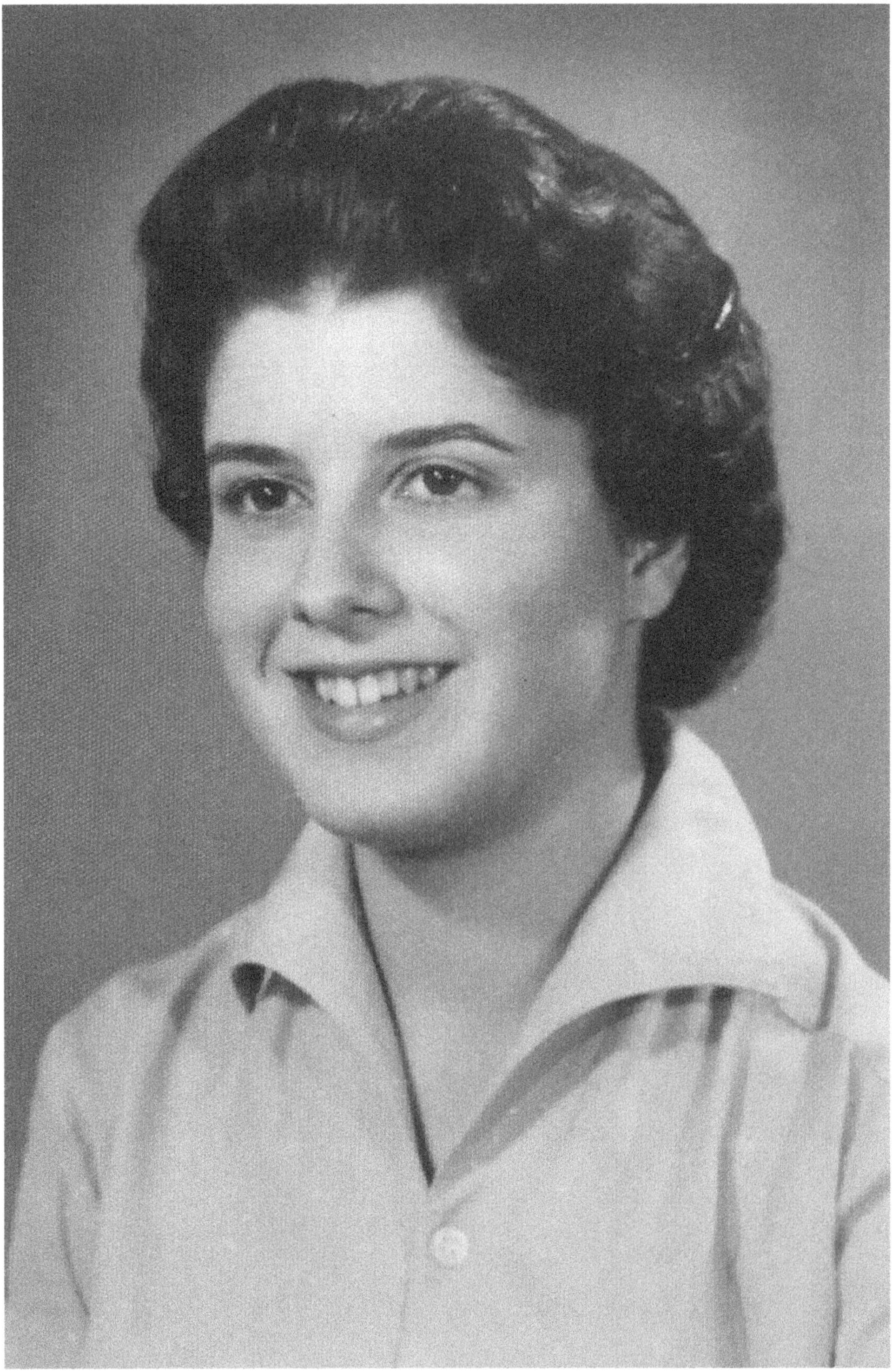

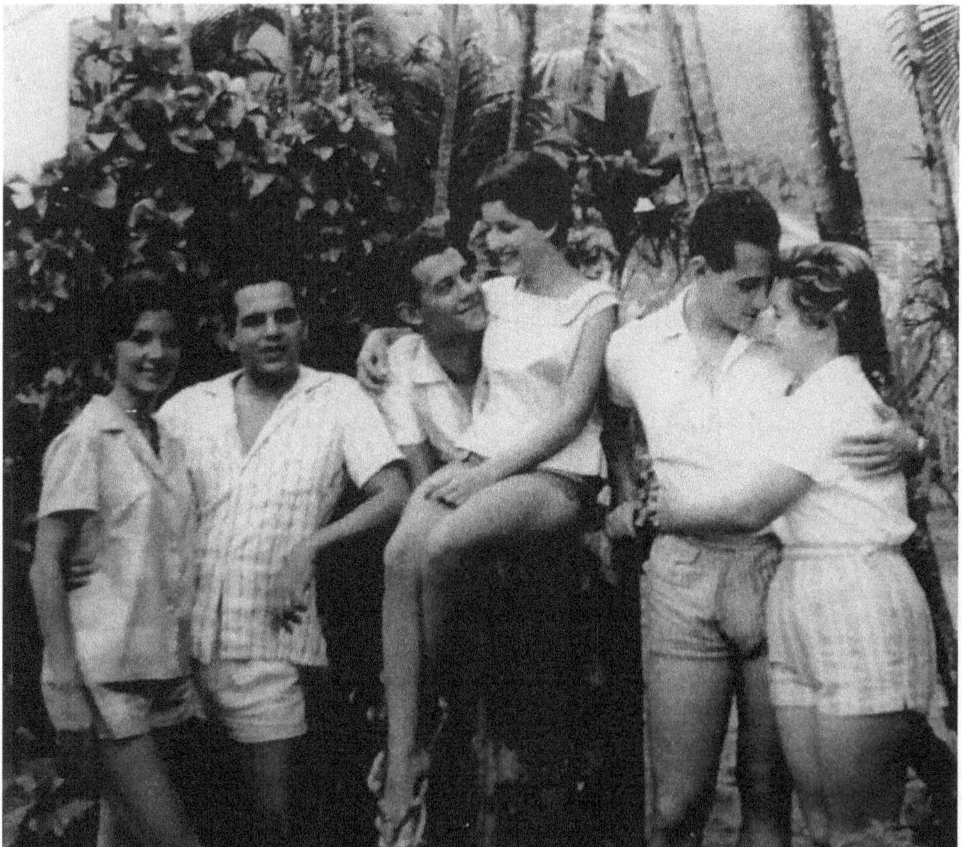

Capítulo 3
Amor nos tempos do rock and roll

Enquanto Nelson Campello ainda alimentava a ideia de entrar para a política como vereador, sua caçula descobria o amor em idade precoce, em março de 1954, a alguns meses de completar doze anos de idade, quando decidiu que José Eduardo Chacon seria o seu príncipe encantado – algo tão comum de acontecer com meninas pré-adolescentes. Mais para frente, a pequena Célia Campello teria outra certeza: ele era, sem dúvida, o amor de sua vida. Nem que tivesse de enfrentar quase um país inteiro contrário a isso.

Exagero? De modo algum, como se verá. Ela pretendia viver essa paixão por Eduardo intensamente, até que a morte os separasse. Não que fosse pudica, conservadora ou moralista. Romântica, certamente. Simplesmente botou na cabeça que passaria com ele a intensidade de uma relação entre um homem e uma mulher até o fim. E foi dessa forma que o rapaz aprendeu que é a mulher quem escolhe o homem. Não o contrário. E ponto final, como ele lembra quase setenta anos depois.

José Eduardo, ou Chacon, apenas, como os amigos e colegas de trabalho o chamavam, era um rapaz de 18 anos de idade quando a menina Célia o viu pela primeira vez em uma apresentação do então badalado cantor João Dias. Ele era um astro nacional, apontado pela imprensa como o substituto de Francisco Alves, o grande intérprete brasileiro até então e que morrera em um acidente de carro dois anos antes, em setembro de 1952, perto da cidade paulista de Pindamonhangaba.

Sua apresentação lotou a Praça Dom Epaminondas, em um evento promovido pelo veterano prefeito Félix Guisard Filho, um médico, historiador e empresário, que pretendia se reeleger com ajuda daquele showmício e de outros que tinha programado para a cidade ao longo de algumas semanas. "Coincidentemente, fiquei próximo a ela e à sua mãe, naquela noite", conta o então futuro contador da Petrobras.

Sem que ele sequer desconfiasse, a pirralha Célia, ainda com rosto e jeito de menina, dividiu sua atenção entre o cantor do palco e o rapaz desconhecido que assistia o show sozinho, impassível. Era uma curiosidade e um fascínio que começavam a despertar a menina para o amor, uma sensação que ela jamais sentira na vida até aquele momento. De repente, percebeu que esqueceu quem estava cantando e passou o tempo todo a olhá-lo com admiração, sem que a mãe notasse. E nem ele.

Até que se perguntou o que aquele moço alto e bonito poderia querer com uma garotinha como ela, enquanto havia outras mais velhas que certamente gostariam de namorá-lo? Ao voltar para casa, Célia mal conseguiu dormir. Quando conseguiu, sonhou com o rapaz que lhe sorria. Mal levantou e a primeira coisa que fez, na mesa do café da manhã, foi perguntar ao irmão Nelson quem era aquele moço de "paletó de couro" preto (jaqueta) que viu o show ao lado dela e da mãe e se ele o conhecia.

Nelsinho se lembrou de quem ela se referia porque havia passado pela mãe e a irmã e disse que não sabia afirmar se o conhecia. "Provavelmente ele é de fora da cidade e está a passeio ou acabou de se mudar para cá", comentou, sem dar conta da intensidade do interesse da irmã, pois era ainda uma criança, de acordo com seu ponto de vista. A adolescência, no entanto, tinha chegado para ela.

Célia passou a procurar Eduardo por todo canto aonde ia. Fazia isso quando voltava do colégio ou saía de casa, sem ter ideia de que ele morava a uma rua de sua casa. Se não saía, ficava na janela ou no portão, a observar se ele passava. E teve uma grata surpresa, uma semana depois, ao ver José Eduardo jogando basquete com Nelson Filho, na quadra do Sesc. Ela se sentou para assistir e, mais uma vez, não teve olhos para mais ninguém.

Não lhe interessava o jogo, somente o rapaz do show da praça, que reapareceu à sua frente como no desenho animado de *Cinderela*, que tinha visto no cinema quatro anos antes, com oito anos de idade. "Eu conheci Célia porque o pai dela era diretor do Sesc e tinha uma quadra de basquete lá, onde passei a jogar com seu irmão Nelson", recorda Eduardo. Para alegria da menina, coube a Nelsinho enturmar o sério e calado forasteiro entre os amigos que se reuniam no fim de semana, no TCC ou no *footing* do domingo.

Célia experimentava uma sensação completamente nova em sua vida, de puro encantamento, que ela não conseguia compreender direito. "Eduardo era conhecido meu, ele jogava bem basquete ou bola ao cesto, como se dizia. E nunca houve restrição da minha parte para o namoro deles. Nem às atitudes dela, pois sabia se comportar. E com ele era tudo certinho", conta Nelson. "Como em qualquer cidade do interior, todo mundo se conhecia assim, na Praça, formava rodinha de amigos e eu passei a fazer parte da dele e dos demais irmãos Campello", completa Eduardo.

Nos primeiros meses, o basquete foi também o elo de aproximação do rapaz com a família de Célia. O TCC tinha uma equipe que fora campeã do interior de São Paulo em 1942 e a garotada que surgiu desde então interessada em dar continuidade à tradição não tinha vez no uso da quadra, somente os veteranos, que a usava para treinamento de competições, alguns com mais de 40 anos de idade. Até que o professor de educação física conhecido por todos como Daise (sim, nome feminino) montou um time com garotos entre 17 e 18 anos, que passou a usar o ginásio do Sesc para jogar, após solicitar autorização a Nelson Campello. "Na verdade, montamos um time só para brincar, sem qualquer ambição de disputar competições", observa Eduardo.

Logo que chegou à cidade, em fevereiro de 1954, ele também conheceu Sérgio, porque o novo morador era vizinho do coordenador musical do grupo Ritmos Ok, o pianista Walter Aridi, de quem o contador se tornou amigo. "Até então, eu não conhecia a irmã de

Nelsinho e Sérgio, ela era uma garotinha e a via, claro, mas não dava qualquer importância ou atenção, por ser ainda quase criança. Nunca imaginei que ela, tão nova, tivesse interesse por mim porque tínhamos seis anos de diferença e isso é bastante quando se é criança, como no caso dela naquele momento".

Eduardo não desconfiou nem mesmo quando passou a fazer parte da turma. "Eu não a vi, foi ela quem me viu", brinca. "Célia me contou bem depois que ia assistir aos jogos de basquete só para me observar". Nem mesmo a informação de que ela cantava na rádio conseguiu impressioná-lo, porque seu interesse era por garotas mais velhas, com idades próximas à sua, com mais de 15 anos.

Quando a caçula dos Campello, um tanto tímida, contou-lhe que tinha um programa na Cacique e o pediu para ouvir, ele apenas prometeu que faria isso no domingo seguinte. Acabou por admitir que se esqueceu, quando ela lhe pediu sua opinião sobre as músicas que cantou. Célia ficou arrasada com a resposta. Até Eduardo se dar conta da paixão dela passariam três anos em que muitas coisas aconteceram e transformaram a vida dos dois. Ela cresceu um pouco mais – ficaria com 1m62 de altura –, ganhou corpo de moça e se preparou para celebrar seus 15 anos de idade em junho de 1957.

Nos dois últimos anos, via Eduardo pouco porque uma oportunidade de emprego no começo de 1955 o levara a morar em outra cidade. Demoraria para conhecê-lo melhor, portanto. Como saber da sua origem, algo que ignorava totalmente. Chacon era filho de uma família humilde, trabalhava desde os onze anos de idade para ajudar nas despesas em casa. O rapaz nasceu em Santo Anastácio, no dia 6 de outubro de 1936 – era oito meses mais novo que Sérgio Campello.

Tornou-se o filho mais velho do casal José Gomes Santiago e Carmen Chacon, que teve quatro meninos. Os outros eram Hamilton, Manoel Carlos e Luís Antonio. "Sou Chacon porque entre os espanhóis o filho fica com o sobrenome da mãe, pelo fato de ser ela quem sofre no parto. Eu brincava com minha mãe, dizia que as espanholas impuseram essa tradição porque são fogo para mandar nos maridos".

O pai José Santiago era filho de Manoel Gomes Santiago e de Maria José Presência Santiago. Os três filhos do casal se chamavam José, Silvério e uma irmã que o sobrinho Eduardo não conheceu porque morreu criança, ele nem se lembrava do nome. Ele nasceu na pequena cidade de Mococa, região de Ribeirão Preto, interior paulista, que ficaria famosa pela produção de um tênis com seu nome a partir da década de 1970.

A mãe Carmen veio ao mundo na capital. O pai dela era o espanhol Miguel Chacon Luis. A mãe, Alexandrina. O casal morava em São Paulo, mas ela era filha de Taubaté e os dois se casaram lá e tiveram cinco filhos – Francisco, Carmen, Alcides, Miguel e Fausto. Miguel sustentou a família por anos como comerciante na Zona Cerealista, nas proximidades do Mercado Municipal paulistano. Até que decidiu partir para Santo Agostinho, porque soube que estava em construção uma extensão da Estrada de Ferro Sorocabana e havia bastante vagas de emprego.

Como se tratava de uma localidade ainda em formação, imaginou que teria oportunidades de dar uma vida melhor à esposa Alexandrina e aos filhos. E conseguiu. Inteligente e instruído, encontrou emprego não na companhia ferroviária, mas como oficial de justiça, o que o obrigou a se naturalizar brasileiro, por exigência legal para ocupar o cargo. A família jamais voltaria a morar na capital.

Em Santo Agostinho, Carmen conheceu o futuro marido, José Santiago. "Todos morávamos no centro da cidade, só que em um terreno de cinco mil metros quadrados. O lugar mais parecia uma chácara. Eram duas casas, a do meu avô e a outra pertencia a meus pais". Eduardo, quando menino, só ia dormir na sua casa, pois eles também faziam refeição na casa dos pais de Carmen. "Meu pai foi para a região da Ferrovia Sorocabana com a mesma motivação que meu avô, em busca de uma vida melhor para nós. Como era marceneiro e carpinteiro, foi trabalhar na construção da estrada. Depois, empregou-se nas obras da Penitenciária de Presidente Venceslau".

Após a obra, a família se mudou para Santo Anastácio. Depois de se aposentar, Miguel foi trabalhar com o genro José Santiago, que havia montado uma fábrica de móveis e, em seguida, uma loja desses produtos, que o sogro passou a tomar conta. Mas não ficou muito tempo. Anos depois, a pedido da esposa, o casal, com os filhos já criados e casados e os dois já idosos, voltaram a morar em Taubaté.

E foi por isso que Eduardo, da terceira geração da família, mudou-se para a cidade e foi morar com os avós, onde seu caminho se cruzaria com o de Célia Campello. "Eu fazia a Escola do Comércio, em Presidente Prudente, mas trabalhava em Santo Anastácio, tinha de viajar todo dia em um carrinho da marca Morris por uma estrada de terra que, quando chovia, a gente não passava, dormia no acostamento até a pista melhorar. Vivi anos bem difíceis nessa época".

Ao mesmo tempo, nessa época, a vida não foi fácil também para seu pai José Santiago, pois a fabricação e venda de móveis fracassou e ele faliu. O dinheiro nunca dava para algo além dos itens básicos de necessidade. Por causa da rotina exaustiva do filho Eduardo, Carmen sugeriu que ele fosse morar com os avós em Taubaté, onde poderia estudar gratuitamente na Escola do Comércio e arrumar um emprego. Além disso, faria companhia a eles.

Miguel e Alexandrina moravam na Rua Marques de Herval, na região central de Taubaté. Eduardo ali se instalou em janeiro de 1954, para cuidar da matrícula e participar do concurso para trabalhar no Banco do Vale da Paraíba. Aos 17 anos, passou na seleção e logo foi chamado para assumir o posto. "Eu dava um duro danado desde os onze anos de idade, quando interrompi o grupo escolar, fiz curso de datilografia e fui trabalhar no cartório do meu tio Alcides, que era tabelião em Santo Anastácio", recorda.

A experiência no pequeno banco familiar, no entanto, não durou muito. Um boato de que a instituição ia falir provocou uma "corrida" dos clientes, com saques da maioria deles. O banco não quebrou, mas teve de enxugar o quadro de funcionários. Como Eduardo estava havia pouco tempo, entrou na lista dos demitidos. "Ficava mais barato para a direção indenizar os novatos", explica. O jovem, no entanto, logo conseguiu uma colocação em um escritório de contabilidade, enquanto fazia o último ano na Escola do Comércio.

No começo de 1956, já formado, foi morar em Santo André, por causa de uma vaga de contador na Companhia Paulista de Óleos Vegetais. Ele não se adaptou ao cargo, depois de alguns meses. Queria voltar para Taubaté, onde tinha uma namorada, sua vizinha, Clenise. Enquanto não conseguia se mudar, passava as noites e os fins de semana estudando com afinco para um concurso do Banco do Brasil, um dos empregos mais cobiçados do país na época, pelo salário, estabilidade e benefícios.

Nem chegou a se inscrever, quando recebeu um recado do avô Miguel de que a unidade da Petrobras em Tremembé – a dez minutos de carro de Taubaté – abriu concurso na sua área, a contábil. Aprovado, começou na empresa em abril de 1957. E ele estava de volta, para a alegria infinita de Celinha. A menina sabia de sua namorada, mas avisou para as amigas, de modo enfático, que ele seria "só dela".

A dois meses de completar 15 anos, se conseguisse conquistá-lo, não seria o primeiro namorado. Havia paquerado alguns meninos, mas nada sério e demorado. Nesse retorno, seria impossível ele não notar a irmã do amigo Nelsinho, agora moça formada, corpo de mulher e rosto doce e angelical. E o modo como olhava para ele? Discreta e contida, não mediu esforços para se fazer notar, com olhares que denunciavam sua paixão pelo rapaz, que não demorou a perceber.

Em todas as oportunidades que tinha, dava-lhe atenção, puxava conversa, convidava-o para os encontros do grupo de amigos dos irmãos e das amigas e se encontravam nas festas do TCC. E deu certo. Embora namorasse, Eduardo ficou encantado por ela. Para ele, Celinha era uma menina sonhadora de classe média do interior na década de 1950, cercada de rígidos valores morais e religiosos que faziam com que as garotas brincassem de boneca até a adolescência, como treino para a maternidade, ao mesmo tempo em que aprendiam tarefas domésticas para que fossem prendadas. Significava aprender a cozinhar, arrumar a casa, lavar louças, panelas e roupas, além de passá-las e se preparar para criar e educar os filhos.

Celly dava bastante importância a isso e era o que desejava para a sua vida. "Quando voltei para Taubaté, já como empregado da Petrobras, não demorou para que começasse nosso namoro", recorda Eduardo. Sim, só precisou de um tempo para terminar a antiga relação – algo que ele prefere não falar a respeito, sequer citar o nome da moça. "Fazia uns 15 dias que eu tinha retornado. Nessa época, tinha uma namorada, mas logo acabamos porque passei a gostar de Célia". A data precisa em que Eduardo e Célia começaram ele não esquece: 13 de janeiro de 1958.

Como a diferença de idade era grande entre os dois, "só prestei atenção em Célia quando voltei a morar em Taubaté, pois ela tinha quase 15 e eu 21 anos". Na verdade, o início do namoro durou algumas semanas para acontecer. O flerte dos dois começou na Praça da Matriz, nos encontros de fim de semana. "A gente saía e todo mundo se reunia na praça aos domingos, depois do cinema, como acontecia quando morei lá alguns anos antes. Íamos ao Cine Palace, a cem metros dali. Depois da sessão, ficava todo mundo rodando a igreja, batia papo nos bancos ou ficava na paquera", conta ele.

Tudo começou mesmo com a "brincadeira dançante" das matinês dominicais no TCC. "Entre nós, passou a acontecer uma atração, uma vontade de ver o outro, aquela coisa de um ficar sempre perto do outro", lembra ele. Seguiram-se trocas de olhares durante dias, até aquela tarde de fim de domingo. "Depois do clube, quando dançamos juntos, reunimos um grupo na Sorveteria São Rafael, batemos um papo e, como ela tinha de ir embora, decidi acompanhá-la. Pedi licença a todos e fomos andando a pé até sua casa, mas não nos beijamos nesse dia, embora a tenha pedido em namoro no portão de sua casa".

Os olhos de Célia brilharam de intensa alegria. E seu "sim" saiu um tanto gaguejado, tamanha a emoção. Célia guardaria cada detalhe. "Eduardo era lindo, jogava basquete no Sesc e eu ia lá, ainda adolescente, vê-lo jogar", contou ela. No reencontro, anos depois, a atenção aumentou com o namoro. "Quando eu ia pra aula de manhã, passava lá pela Rua Chiquinha de Matos, onde ele passou a morar, para vê-lo no ponto de ônibus, que o levaria à Petrobras, em Tremembé".

Aos três meses de namoro, Eduardo havia se transformado em parte importante na vida da garota Célia. Um rapaz sério que, aos 21 anos, já sabia o que queria: um trabalho seguro, bem remunerado, e se casar. Não fazia o tipo metido como acontecia com os garotões da época, que só pensavam em curtição, como Célia o descreveu depois.

Do mesmo modo que a maioria das cidades do interior do país, Taubaté seguia regras rígidas de conduta moral, mas que fariam parte do imaginário de seus moradores como de um tempo de romantismo. Como recorda Isabel Mazela, uma das amigas de Célia: "Naquele tempo, as moças de família não eram de ir à casa das outras, a não ser em eventos especiais, como festas, sempre acompanhadas. O comum era a gente se encontrar no colégio, no clube ou no cinema, de onde a gente saia para dar uma volta na praça e tinha de estar em casa às 10h da noite".

Isabel destaca a importância para todos do *footing*, que ia da frente do Cine Palace até a Igreja na Praça Santa Terezinha, onde os Campello moravam. "As trocas de olhares tinham de ser discretas e respeitosas. As garotas usavam vestidos e os moços terno e gravata, fizesse frio ou calor. As seis salas de cinema da cidade tinham sessões aos domingos às 19h e às 21h, para uma faixa etária mais adulta e eram disputadíssimas, pois só depois o pessoal começava a circular". O Cine Palace e Metrópole eram os dois principais cinemas de Taubaté – havia ainda o Urupês, em homenagem a Monteiro Lobato, e outros três menores.

Continua ela: "Era comum que os fazendeiros que tinham filhas as colocassem no internato Bom Conselho, o mais caro da região". Aconteceu com Isabel, que perdeu a mãe cedo, com nove anos idade. Seu pai se chamava João Moacir Castro, filho de uma família de Cruzeiro, mas ela não tinha contato com ele. Desde cedo, foi criada pela tia Filomena Mazela, que herdara uma enorme fortuna do marido e não teve filhos. "Minha tia cuidava da fazenda e eu virei uma filha para ela. Estudei em um colégio caro, só filhas de fazendeiros, políticos e empresários estudavam lá".

Ela frequentou o Bom Conselho dos 9 aos 18 anos e saiu formada em magistério. Até os 14, fez primário e ginásio em regime interno. E o normal, externo. Faculdade, no entanto, só para os homens, botaram na sua cabeça. "A gente tinha de estudar para ser professora, ninguém perguntava se a gente queria fazer curso superior. Na verdade, éramos preparadas para casar-se, exclusivamente. Era uma vida gostosa, mas as moças tinham obrigação de seguir várias normas de disciplina. Tínhamos uma vida regrada, moça de família não entrava em carro, não subia em lambreta ou outro tipo de motocicleta. Algo assim nem pensar".

Em Taubaté, Isabel morava perto de Célia, na Rua Marquês do Herval. "A vida social eu não participava nesse período porque não saía do colégio, ficava o ano inteiro fechada, resguardada pelas freiras, não sabia o que acontecia do lado de fora. No final de semana, eu ficava na roça com minha tia. O motorista dela vinha me buscar". Aos poucos, porém, a adolescente ganhou um pouco de liberdade para uma "voltinha" depois do cinema aos domingos. "A Praça Santa Terezinha tem uma igreja em estilo gótico. Naquele tempo, havia um terreno baldio e na outra ponta funcionava uma delegacia (cadeia pública), em um prédio quadradão, parecia uma caixa de concreto, que tirava um pouco da beleza do local".

As meninas tinham medo do lugar. "A gente atravessava no terreno quando circulávamos, porque aquele era o point, todo mundo ia se divertir no centro. Havia também um gramado, cercado de bancos, onde as pessoas se sentavam. E era cercada por uma ampla calçada". Todo mundo se conhecia. "Era gente educada, tinha berço, as casas eram lindas. Taubaté vivia a condição de capital do Vale da Paraíba".

As famílias com mais posses, conta Isabel, compravam na Casa Cabral, que pegava todo um quarteirão da Rua das Palmeiras. Tudo ali era referência de qualidade e todos compravam sem receio. Boa parte do acervo vinha da Europa, principalmente de Paris. Até mesmo porcelana chinesa passava antes pela França, como um atestado de qualidade. Os enxovais de casamento saíam dali. "Era uma loja maravilhosa, as vitrines ficavam iluminadas, as pessoas saíam de casa para vê-las à noite". Na parte interna, funcionava uma casa de chá e um barbearia.

Em suas lembranças, Isabel destaca os bailes no TCC, que eram "uma maravilha", segundo ela. "A gente tinha aqueles vestidos longos a rigor, os rapazes usavam smoking, e aconteciam sempre no mesmo local, no salão nobre, com orquestras vindas do Rio de Janeiro ou de São Paulo. Às vezes, faziam duas festas ao mesmo tempo, com uma orquestra no piso de cima e outra no térreo. Como minha tia era rica, eu cheguei a ter cinco vestidos de baile. Esse era o sonho das meninas, terem vestidos longos, lindos. Com meus pais, não teria a vida que levei".

Fazia-se qualquer sacrifício para ter a peça dos sonhos e exibi-la nesses eventos de gala – formaturas, casamentos, réveillon etc. "Assistíamos filmes da Metro que apareciam aqueles vestidos lindos, maravilhosos, a gente queria um igual, ia atrás na Casa Cabral. Quando não tinha ao menos um parecido, viajávamos para São Paulo e seguíamos para a Tecelagem Francesa, na Barão de Itapetininga, a loja mais chique da capital. Sempre encontrava lá. No Mappin também tinha coisa bonita, embora fosse mais popular".

Os sapatos ela comprava na Sutely, a mais chique e cara em seu segmento, que também ficava na Barão de Itapetininga, a algumas dezenas de metros da Praça da República. "Meu tio que me criou, Oliveira Tavares Miranda, marido de minha tia, trazia-me para fazer compras e não tinha restrição de crédito". Ele fazia isso quando tinha negócios na capital. Enquanto cuidava dos afazeres, a sobrinha ia às compras.

A aproximação com Célia só veio depois de ela concluir o colégio, uma vez que era três anos mais velha. "Ela cantava na escola, nas festinhas, na rádio, todo mundo em Taubaté conhecia ela. Mas não subia à cabeça. Era uma menina que vivia como todas nós, participava do que a cidade oferecia. Ela cantava porque tinha voz. Não era um talento produzido". Por intermédio de Eduardo que a amizade das duas começou. "Na minha rua, quatro ou cinco casas depois da nossa, morava um rapaz que veio para estudar e foi viver com os avós. E ele começou a namorar Célia. Ele tinha uma vizinha com quem namorava, Clenise, que era da nossa turma".

Clenise gostava de Eduardo, recorda Isabel. "Álvaro Barbosa Lima, meu namorado e que viria a ser meu marido, tornou-se amigo de Eduardo, o primeiro que ele teve aqui em Taubaté, pois era um moço tímido e bastante fechado. E começou a aproximação entre nós duas. A gente era jovem, estudávamos em colégios diferentes, mas frequentávamos o mesmo clube e as mesmas festas. Nos aproximamos bastante e no Carnaval a gente organizava um bloquinho, brincávamos embalados pelas marchinhas carnavalescas que até hoje todo mundo sabe cantar".

Célia seguia a risca todas as etiquetas, pois tudo aquilo lhe parecia natural, segundo Isabel. "No meio dos amigos, antes da fama, minha irmã era uma pessoa comunicativa, não era retraída e nem extrovertida, tinha um perfil de pessoa que agradava a todos, sem exibicionismos, sem mostrar que era melhor que ninguém", conta Nelson Filho. "Claro que, de certa forma, entre as colegas, tinha destaque, pois fazia balé, tinha um programa de rádio e impressionava bastante pela afinação quando cantava".

E veio o namoro com Eduardo. Ele informou que queria com ela um relacionamento sério, pois estava mesmo gostando dela. "Eu falei para ela: 'Eu já tenho 21 anos e não quero namorico escondido, de sair correndo para não ser visto por seus pais e seus irmãos. Você vai e fala para eles da gente'. Eu queria um relacionamento mais responsável, compreende?". E reforçou: "Vamos namorar, mas eu não quero nada escondido, combinado?".

Era tudo que a mocinha queria, dentro das normas que regiam esse tipo de relação. Eduardo percebia a pureza de Célia, enquanto ele tinha uma experiência grande de alguns relacionamentos. "Ela era uma doce menina. Como comecei a trabalhar cedo, eu me considerava um jovem velho e praticamente criei Célia para a vida".

Nelson Filho não se esqueceria de que a irmã realmente se empenhou para conquistar o futuro namorado. "Celinha tanto fez e articulou que acabou conseguindo que ele largasse a namorada para ficar com ela", conta, com humor, sem dar maiores detalhes. Em outra entrevista, disse: "Minha irmã lutou para conquistá-lo". Esse é um assunto que nem Eduardo nem as amigas de Célia querem dar detalhes".

A adolescente cumpriu o prometido e, assim que entrou em casa naquela noite, avisou aos pais que estava namorando "um rapaz que trabalhava na Petrobras", em tom solene. Pretendia deixar claro, assim, que o pretendente não era um molecote qualquer, mas um sujeito sério e com responsabilidades, trabalhava na maior empresa do país. E observou que era amigo de Sérgio de longa data, desde quando jogavam basquete na quadra do Sesc quando morou em Taubaté alguns anos antes. Portanto, podiam pedir referência a eles.

Na verdade, os pais da moça conheciam Eduardo, já tinham visto os dois juntos em algumas oportunidades. Como não tomar conhecimento dos flertes em uma cidade pequena em que tudo girava em torno da Praça da Igreja Matriz? Todos aprovaram a relação, pois gostavam dele. "Eu tinha um tio, Miguel, que era caixa do Banespa e conhecido na cidade. Célia o citou para reforçar que eu vinha de uma família de pessoas sérias, que era um bom rapaz, com boas referências", acrescenta Eduardo.

Tímido, ele não daria detalhes sobre o momento em que o namoro se consumou, depois do compromisso no portão, quando a levou em casa. "O nosso primeiro beijo foi aquele típico 'beijo roubado', dentro das regras da época", resume. Com os primeiros salários que juntou da Petrobras, ele comprou uma lambreta azul e bege e esperava impressionar a namorada e lhe dar mais conforto quando precisassem circular pela cidade.

Ingenuidade sua. Bastou parar na porta para que Seu Nelson fosse atraído pelo barulho do motor e viesse em sua direção para avisar, em tom sério, que a filha dele não circularia na garupa de moto para não ficar "falada" na cidade. De jeito nenhum. E ponto final. E aí de Eduardo se o pai da moça soubesse que isso acontecia longe de seus olhos. O sonho de consumo do jovem contador terminou assim, não durou muito tempo.

O próprio Eduardo concluiu que não tinha a ver com o seu jeito um tanto fechado e sério demais de se comportar ter uma moto. "A lambreta me trouxe duas alegrias: quando a comprei e quando a vendi. Jamais passeei nela com Célia e a vendi porque não me adaptei", acrescenta. Ele também não teve coragem de ir trabalhar com aquela máquina possante na cidade vizinha, Tremembé. Preferia a segurança do ônibus que levava os funcionários da Petrobras. E nunca mais se interessou por qualquer máquina de duas rodas.

Logo, todo mundo começou a falar do namoro do casal. "Célia era conhecida como cantora porque se apresentava toda semana na rádio, mas nada daquilo mexia com a vaidade dela, jamais demonstrou algum tipo de estrelismo ou esnobismo no dia a dia e eu a admirava bastante por causa disso", recorda Eduardo.

A seriedade na relação proposta por ele não evitou que os dois levassem mais de um ano para começar a falar em casamento. Parte disso tinha a ver com um acontecimento extraordinário na vida de Célia que se deu nesse período: a música em um outro patamar conseguido por Sérgio. "Eu começava a carreira na Petrobras, ainda não tinha condições de assumir uma responsabilidade dessa como demandava um casamento. Até que sua vida deu uma virada", conta.

Por causa da fama que Célia alcançaria como Celly Campello, aquele se tornaria um dos relacionamentos mais polêmicos, comentados e criticados do Brasil ao longo do século 20. Algo que faria de Eduardo um dos grandes vilões do país, embora parecesse não ligar para isso. Sem fazer ideia de que algo assim aconteceria, ela apenas queria viver um grande amor. E para isso a música não teria qualquer importância. Ou teria?

Quando morou em São Paulo, entre 1956 e 1957, o ainda Sérgio Campello conheceu um novo movimento musical surgido nos EUA e que transformaria a cena do mercado de discos em todo o mundo por décadas e a sua vida e a da irmã para sempre: o rock and roll.

Assim como aconteceu em seu país de origem, sua má reputação chegou antes do que as primeiras gravações em português feitas por brasileiros.

Na capital, Sérgio acumulou um pequeno lote de discos e fora irremediavelmente contaminado pela nova sensação da música americana. Ele havia comprado uma série de 78 rpm e LPs de 10 e 12 polegadas de nomes fundadores como Chuck Berry, Little Richard, Fats Domino, Roy Orbison, Jerry Lee Lewis, Pat Boone e, claro, Bill Haley. Ouvia durante a semana e levava para a casa dos pais nas viagens de sexta à noite. Alguns tinham saído no Brasil. Outros tinham sido importados pelas gravadoras.

Parte de seu acervo ele adquiriu em uma das mais badaladas lojas de discos de São Paulo, a HI-FI, fundada em 1956 por Hélcio Serrano, e que funcionava na endinheirada e badalada Rua Augusta da região dos Jardins – o espaço surgiu quase ao mesmo tempo da sua mudança de Taubaté. O rock ganhava o planeta, naquele momento, porém bastante criticado como um tipo de gênero ligado a um comportamento rebelde, de afronta à autoridade dos pais e dos professores e aos valores defendidos pelos tradicionalistas, inclusive as religiões cristãs.

Desde que surgiram os primeiros discos, três anos antes, o tema ocupava as páginas dos jornais e revistas com bastante polêmica, principalmente por causa da dança, considerada escandalosa, principalmente para as garotas, que rebolavam como nunca tinham feito até então e faziam acrobacias que mostravam suas calcinhas. Isso acontecia desde as coreografias ensaiadas que apareciam no sucesso internacional e no escândalo mundial que se tornara o filme *Sementes de Violência* (Blackboard Jungle), do diretor Richard Brooks, com Glenn Ford, Anne Francis, Louis Calhern e o jovem estreante Sidney Poitier.

O filme chegou aos cinemas em 1955 e contava as agruras do professor Richard Dadier (Ford), depois de ser transferido para um escola onde os adolescentes faziam as regras e os funcionários simplesmente aceitavam o fato de não conseguirem manter a disciplina. Mesmo assim, Dadier decidiu enfrentá-los para impor sua autoridade e passou a ser hostilizado, a ponto de levar uma surra com cenas chocantes de espancamento.

Enquanto isso, sua esposa grávida começou a receber cartas anônimas com falsas acusações de que ele a estava traindo, envolvido com uma colega de trabalho. Com raiva, o professor lançou a culpa sobre um de seus alunos, um jovem negro (Poitier), sem saber se de fato ele era o culpado – o que trouxe para a discussão o racismo na América, quando negros tinham de usar banheiros separados e viajar nas últimas poltronas dos ônibus.

O filme discutia um dilema daqueles tempos turbulentos: a adolescência. Por incrível que pareça no século 21, durante séculos, até o fim da Segunda Guerra Mundial, como observaram os historiadores Lidiane Fires e Fábio Marton, não havia o conceito de adolescente na cultura ocidental.

Pelo menos assim os adultos e o mercado cultural e mesmo a propaganda entendiam. "As crianças eram vestidas de forma engraçadinha, como marinheiros, escoteiros ou o que estivesse na moda. Então chegava o dia, entre os 10 e 14 anos, em que abandonavam as calças curtas. A partir daí se esperava que seu comportamento imitasse em tudo o dos adultos – o mesmo jeito de se vestir e falar, os mesmos gostos e obrigações, inclusive a de trabalhar", observaram.

Nesse contexto, confundia-se adolescência com puberdade. A última era o processo fisiológico de transformação do corpo infantil em adulto, que ocorre em algum momento durante a adolescência, por meio da liberação dos hormônios sexuais. Até o século 19, a idade da primeira menstruação ficava entre os 15 e 17 anos. No final do 20, ocorria entre 11 e 13 anos. "A adolescência é uma construção social, a ideia que exista uma fase transitória na vida, em que não se é nem adulto nem criança", escreveram.

A palavra "adolescente" foi cunhada somente em 1898, há pouco mais de cem anos, portanto, pelo psiquiatra americano Granville Stanley Hall (1846-1924) e passou a ser usada apenas entre psicólogos durante algumas décadas. O termo se tornou popular apenas a partir de 1945, na mesma época em que aumentava a delinquência juvenil por causa, em parte, da orfandade causada pelo conflito e nascia o rock and roll, a primeira revolução cultural que afetava diretamente os jovens.

Daí uma ligação apressada e equivocada de uma coisa com a outra. "O rock era a música que eles ouviam, mas os adultos desprezavam, assim como o estilo de se vestir e o comportamento, que vinham atrelados. Só então nasceu a juventude como conhecemos hoje", observaram os dois pesquisadores.

Para Lidiane Fires e Fábio Marton, se o rock foi o "detonador", o barril de pólvora da juventude já vinha sendo carregado por mais de um século. De um lado, anotaram, havia a idealização da juventude nascida no romantismo, que prezava os sentimentos intensos, a energia natural e a falta de compromisso dessa fase da vida. Do outro, um pânico legítimo. "Ao final do século 19 e começo do 20, a urbanização, a explosão demográfica e as condições precárias das classes trabalhadoras levaram à formação de gangues em grandes cidades, como os hooligans de Londres e os apaches de Paris", acrescentaram.

Essas gangues tinham um estilo próprio de se vestir e incluíam moças sexualmente liberadas, ainda que dominadas pelos homens. Seu estilo de vida, porém, era inaceitável pelos adultos e autoridades. A principal atividade de sobrevivência era o crime, o que incluía extorsões, guerras de gangues e assassinatos sob encomenda.

Em seu livro *A Criação da Juventude*, o jornalista britânico Jon Savage destacou que esse era um mundo inteiro em si mesmo. "Todas as regras usuais eram viradas de cabeça para baixo". No decorrer de toda a década de 1950, tanto nos EUA quanto no Brasil, a juventude se tornou um problema e a solução foi enquadrá-la de todas as formas, inclusive por internamento em hospitais psiquiátricos.

Esse acirramento, no entanto, vinha de muito tempo por outros fatores também. E tinham a ver, por exemplo, com opressão e repressão na escola, até mesmo com castigos físicos e rituais próximos de tortura. No século 19, surgiam as primeiras leis de ensino obrigatório, a princípio só para o primário. Enquanto isso, nacionalistas começaram a pregar pela militarização do jovem do sexo masculino de forma a disciplinar sua energia.

Assim, em 1908, o tenente veterano inglês Robert Baden-Powell lançava seu livro *Scouting for Boys*, a base do escotismo. "Powell vinha de uma longa carreira em guerras coloniais inglesas, nas quais havia usado adolescentes como mensageiros e para auxiliar soldados feridos", escreveu um de seus biógrafos. Scout em inglês quer dizer reconhecimento

– e as atividades propostas por Powell eram apenas uma adaptação do treinamento militar de reconhecimento.

O movimento criaria imitadores pelo mundo todo, até em países socialistas e no nazismo – o mais infame deles, a Juventude Hitlerista, era obrigatória para os meninos a partir de 10 anos e misturava treinamento de escoteiro com doutrinação racista. "Os nazistas até proibiram os escoteiros regulares para evitar concorrência", destacaram os dois pesquisadores.

O filme de Richard Brooks captava com impressionante sensibilidade esse início de conflito que desaguaria nas revoluções de comportamento e de drogas dos anos de 1960 e 1970. Aquele "desajustamento" mostrado na tela tinha a ver também com outras causas, como as histórias em quadrinhos, diziam os críticos daquela recente forma de entretenimento – os heróis e super-heróis tinham surgido a partir de 1929.

Em 1954, o psiquiatra Fredric Wertham tinha publicado o livro *A Sedução do Inocente*, em que apresentava adolescentes tratados por ele cujos crimes graves – principalmente assassinatos – cometidos tinham sido inspirados nos gibis de histórias policiais e de terror. Por isso, garantia ele, as revistinhas levavam os leitores a cometer assassinatos, suicídios, estupros, além de "deformações sexuais" como homossexualismo e prostituição.

Brooks fala dos gibis no filme, mas tirou sua culpa e enfocou um problema bem mais complexo, com ênfase na falta de diálogo e na impaciência dos adultos em relação aos adolescentes. O professor quis iniciar conversa sobre isso com os alunos, mas encontrava resistência o tempo todo. E o que tudo aquilo tinha a ver com rock and roll? Quase nada, aparentemente.

Os créditos de abertura e encerramento do filme, no entanto, eram apresentados sob a música de Bill Haley e seus Cometas, *Rock Around Thé Clock*, que aparecia depois de um texto explicativo afirmar que a intenção daquela produção era identificar as origens da delinquência juvenil que tanto preocupava os pais e as autoridades dos EUA. Logo, o rock passou a identificar aquele tipo de comportamento desrespeitoso, barulhento, acelerado, desagregador. E foi suficiente para agitar os jovens espectadores e produzir grandes confusões nas salas de cinema de todo o planeta.

Desde 1953, na verdade, a delinquência juvenil vinha sendo retratada em filmes principalmente do jovem astro James Dean, que morreria tragicamente em acidente de carro no último dia de setembro de 1955, com apenas 24 anos de idade. Dean se tornava ícone da chamada juventude transviada, formada em parte por órfãos da guerra e em um mundo atormentado pelo risco de uma guerra atômica entre americanos e russos (soviéticos).

O jovem astro deixou três filmes icônicos sobre inconformismo juvenil e incapacidade de se adequar ao mundo adulto: *Vidas Amargas* (1955), *Juventude Transviada* (1955) e *Assim Caminha a Humanidade* (1956). A rebeldia nas telas também apareceu em um filme polêmico dois anos antes de Dean se projetar como rebelde sem causa nas telas. Era um tanto adulto e mais dramático que *Sementes de Violência: O Selvagem* (1953), com direção de Laslo Benedek, que consagrou Marlon Brando como *bad boy* de sua geração.

O inconformismo do personagem deixou os pais arrepiados de pavor. "Contra o que você está se rebelando, Johnny?", uma moça perguntou ao motoqueiro interpretado por Brando. "Contra o que você quiser", respondeu, meio sem sentido. Ele era líder de um grupo de arruaceiros que transformou a noite de uma pequena e pacata cidade americana em um inferno.

Tornou-se um símbolo da inquietação juvenil e antecipou o conflito de gerações que seria detonado definitivamente pela explosão do rock and roll, poucos anos depois, com Elvis Presley. Produções assim faziam a imprensa conservadora, os educadores, psiquiatras e autoridades policiais e judiciais acreditarem que esses garotos adotavam uma desobediência civil sem sentido, o que estava longe de ser verdade.

Havia uma guerra declarada de gerações e eles reagiam com baderna, arruaças e destruição de carteiras e móveis das escolas. Por mais que um professor tentasse se aproximar deles, por exemplo, não conseguia ganhar sua confiança. O cinema, então, percebeu o potencial do gênero como filão jovem e acabou por incendiar a polêmica e o inconformismo contra a moral vigente familiar.

Uma testemunha que vivenciou isso no Brasil foi o compositor e cantor baiano Tom Zé, que completou 19 anos no mesmo mês que *Sementes de Violência* estreou em cartaz em Salvador, ainda sob o impacto da morte de James Dean. E não se esqueceria do impacto que teve em sua cabeça. "Um dia, matei aula e entrei no Cine Excelsior, na Praça da Sé. Começou um filme no qual Bill Haley abria cantando *Rock Around The Clock*. Nossa! Eu chorei naquela cadeira, estremeci, era uma coisa igual à Fonte da Nação", disse o artista, em entrevista ao jornal *República*. Referia-se à bica d'água em sua cidade natal, Irará. "A primeira vez que ouvi *Rock Around The Clock* pode se comparar a isso".

O ritmo americano continuou a provocar polêmica no decorrer de 1956, assim que começou a ser anunciado o filme que levava o nome da mesma música de Bill Haley como título. *Ao Balanço das Horas*, como foi chamado no Brasil. Não havia dúvidas, era uma oportunista iniciativa para tirar proveito de seu sucesso nas rádios, depois de *Sementes de Violência*. O filme do diretor Fred F. Sears seria considerado o verdadeiro introdutor do ritmo em vários países.

Curioso que a produção veio de um veterano da indústria, Sam Katzman, o rei dos filmes B – produções baratas –, que soube farejar ouro e investiu no primeiro longa sobre a febre do rock and roll entre os jovens. O longa chegou às salas americanas em março de 1956 e, de fato, transportava o rock and roll como a indústria do disco via telas, com foco na ingênua e inventada ascensão e descoberta de Bill Haley e seus Cometas.

Era, enfim, um musical com o nome do megahit de Haley. Dessa vez, o cantor e seus músicos abriam a série de apresentações dublando a si mesmos em *See You Later, Alligator* e *Razzle Dazzle*. E seguiram-se outras atrações que já faziam sucesso: The Platters (*The Great Pretender* e *Only You*), Tony Martinez & His Band, Freddie Bell & His Bellboys e o DJ Allan Freed, que teria criado a expressão "rock and roll".

Na trama, um promotor de grandes bandas frustrado e um músico (Johnny Johnston/Henry Slate) decidem passar a noite em uma pequena cidade no caminho para Nova York, quando descobrem um amável grupo de garotos e garotas que dançam e cantam o tempo todo um novo ritmo que eles chamam de rock and roll! Os dois forasteiros concluem que aquele é exatamente o tipo de som que procuravam, mas percebem que, para isso, terão de enfrentar a caretice dos mais velhos.

A produção do filme acertou ao incluir hits do momento na trama. Difícil entender a polêmica e a censura na história, no entanto. Tudo se mostra bastante comportado, não fossem as irresistíveis coreografias de danças, que provocam suposta excitação incontrolável na garotada. Nunca se viu até então garotas rebolarem com as "cadeiras" daquela forma, algumas com calças colantes que realçam as pernas e a cintura. E as que usam saias rodadas são jogadas para o alto, quando se pode ver um pouco do que elas escondem por baixo.

O gênero, portanto, era mostrado como uma "onda" juvenil, a ponto de pregar que, qualquer artista que buscasse o sucesso, deveria aderir o quanto antes ao rock and roll. Com 31 anos de idade, Haley não poderia ser considerado um "garoto do rock". Na prática, foi visto como cantor caipira de meia-idade que, do dia para a noite, tornou-se "ídolo da juventude".

Não por acaso, portanto, *Ao Balanço das Horas*, o leve e panfletário longa-metragem, tornou-se um dos filmes mais polêmicos e combatidos. Como documento histórico, era um erro, por não atribuir autoria do novo ritmo aos negros e por vendê-lo como um produto de consumo da classe média branca, além de criado para ela. Lançado em março de 1956 nos EUA – só chegaria ao Brasil em dezembro do mesmo ano –, o filme percorreu boa parte do mundo com reações "descontroladas" dos jovens dentro das salas, por meio de badernas e quebra-quebra de cadeiras e móveis, que tiveram amplo destaque na imprensa conservadora.

Isso aconteceu não porque pregava a violência, mas por causa do que as coreografias na tela causavam nas plateias, pois tinha uma trama tolinha que servia de pretexto para a exibição de números musicais, como era comum na época. A imprensa começou a dar destaque e a prática agressiva virou uma "onda" mundial. Todo mundo queria ver o filme e arrebentar o que fosse possível nas salas. À medida que autoridades reagiam, os jovens encaravam a presença ostensiva da polícia como desafio e provocação a eles.

Os produtores do longa adoraram tudo isso, até o ponto que ninguém se machucasse com gravidade. Quanto mais polêmica, mais gente queria ir aos cinemas. Tudo, no fundo, tinha um rigoroso controle moral, pois o filme não defendia ideais ou estilos de vida, como disseram historiadores depois. Havia uma onda musical e dançante e o negócio era faturar por todos os meios possíveis. Portanto, coube ao cinema transformar o rock, por meio da polêmica, em uma manifestação sociológica por décadas.

Essas plateias não passavam de garotos entre 15 e 20 anos que lotavam os *drive-ins*. O espírito inquieto do novo ritmo ganhava forma por meio da arruaça promovida durante as sessões. Assim, os filmes ajudaram a definir o famoso jargão "o rock não pode parar". Virou uma guerra e o filme chegou a ser proibido em vários países, estados ou cidades. Em cada lugar em que era anunciado, espalhava-se a expectativa de confusão e quebra-quebra e as autoridades avisavam aos pais para não deixarem seus filhos ver.

O veto para exibição quase aconteceu na capital paulista, onde o governador Jânio Quadros ordenou ao secretário de Segurança que instruísse "à polícia (para) deter, sumariamente, colocando em carro de preso, os que promoverem cenas semelhantes; e, se forem menores, entregá-los ao honrado juiz". O juiz de menores Aldo de Assis Dias, então, baixou uma portaria em que proibiu o filme para menores de 18 anos. Argumentou que "o novo ritmo é excitante, frenético, alucinante e mesmo provocante, de estranha sensação e de trejeitos exageradamente imorais".

Mas a confusão ainda estava por vir. A reputação ruim do rock and roll nos EUA era conhecida no Brasil pelas páginas policiais dos jornais, além das reações causadas no ano anterior por *Sementes de Violência* entre os brasileiros. Natural, portanto, que, como todas novidades culturais, começasse a causar pânico com a mesma força de outros países conservadores. Literalmente, por ser sinônimo de rebeldia e perversão quando surgiu na década de 1950.

Em todo o mundo, a imprensa teve papel fundamental nas reações contrárias ao rock and roll. Não foi diferente no Brasil. No dia 7 de novembro de 1956, por exemplo, o jornal carioca *O Globo* estampou a manchete: "Polícia pronta para o rock and roll". A notícia dizia com destaque que "telegramas de Londres, Paris, Lisboa e outras grandes capitais nos dão conta da estranha acolhida que vem merecendo por parte do público as músicas que caracterizam o novo ritmo originário dos EUA: o rock and roll".

A música, segundo os telegramas, "parece endoidecer os jovens, que se atiram nas mais grotescas extravagâncias ao som da cadência alucinante", dentro das salas, durante a exibição de *Ao Balanço das Horas*. "As sessões cinematográficas têm terminado geralmente em baderna, com os espectadores depredando as salas de projeção e promovendo depois, na rua, autênticos shows de dança bamboleante e frenética".

A polícia carioca deveria ficar atenta porque, "ao que se noticia, uma ameaça de um grupo de playboys e teenagers cariocas", estaria planejando "uma demonstração de consequências imprevisíveis", com atos de violência. Para o jornal, "é claro que seria uma coisa puramente artificial, se preparada". O diário defendia ações enérgicas da polícia contra a garotada.

Pelo seu caráter de evidente demonstração de desprezo aos bons costumes e pela perturbação que poderá causar à ordem pública, essa possibilidade já alertou as nossas autoridades, conforme ouvimos do delegado substituto de Costumes e Diversões, Sr. Clértan Arantes, que nos informou haver tomado conhecimento da ameaça, tendo determinado que se exerça uma vigilância especial com relação ao assunto", destacou *O Globo*.

Para as autoridades, gostar de rock and roll era sinal de loucura ou de algum transtorno mental. Tanto que, ao jornal de Roberto Marinho, o delegado afirmou: "Eu aconselharia aos pais dos jovens que se têm deixado transtornar pela música em questão a levá-los ao médico psiquiatra, pois alguma coisa está errada em suas mentes. No que diz respeito ao cumprimento da lei, no entanto, é ponto pacífico: a ordem será mantida". O que se temia aconteceu em São Paulo assim que se deu a estreia do filme no Brasil, em 19 de dezembro de 1956, quase às vésperas do Natal.

O rock virou caso de polícia na capital paulista e, como um dominó, em várias grandes cidades brasileiras. Em muitos lugares, a reação mais comum foi de os jovens dançarem, batendo os pés no chão durante o filme, em movimentos que faziam o espaço tremer. Em outros, os mais exaltados subiam e quebravam cadeiras e gritavam durante a sessão, mas em gesto de pirraça e provocação às autoridades e aos pais.

Com medo de que algo parecido pudesse acontecer em São Paulo, mesmo com a restrição para menores de 18 anos, a "rádio patrulha" da polícia foi acionada para vigiar a plateia no chique Cine Paulista, na Rua Augusta, um dos locais onde o longa-metragem estreou – e mais duas outras salas da região central da cidade.

Não aconteceu o terror que se esperava, mas gerou confusão, a imprensa deu amplo destaque e a polícia entrou na história de todo jeito. "O filme provocou manifestações histéricas de adolescentes", escreveu O Estado de S. Paulo, na edição de 21 de dezembro. A primeira sessão teve que ser interrompida duas vezes por causa de jovens que gritavam e xingavam os guardas que os proibiam de dançar na sala. No dia seguinte, mais onze cinemas da capital passaram a exibir o filme, como estava programado. Só que regado a "fumeta", um tipo de inseticida tóxico levado pela garotada para provocar fumaça.

No dia 5 de janeiro, a polêmica continuou. O Estado a publicou naquela manhã que, "a respeito da exibição, nesta capital, da fita Ao Balanço das Horas, que provocou tumulto em vários cinemas, fato que levou o juiz de menores de São Paulo a baixar portaria proibindo sua exibição a menores de 18 anos de idade, o sr. Vicente de Paulo Melillo, presidente da Comissão de Moral e Costumes da Confederação das Famílias Cristãs, enviou ao sr. Hilton Rocha, chefe do Serviço Federal de Censura do Ministério da Justiça, uma carta em que afirmou ter a entidade, em sua última reunião, tomado conhecimento da decisão de restringir a faixa etária do filme pelo juiz de menores Aldo de Assis Dias".

A comissão, continuou Melillo, em nome de dez mil famílias "confederadas" que faziam parte da entidade, solidarizava-se com Assis Dias, porque entendeu que "era sua missão impedir que os menores de 18 anos continuassem a praticar os atos de selvageria e delírio coletivo, se não influenciados pelo filme, pelo menos a seu pretexto, e orientados por insidiosa propaganda" que passou a circular no boca a boca entre a garotada.

O Estadão observou ainda que, "várias vezes temos criticado a Censura Federal que não tem critério algum para a seleção de películas cinematográficas, liberando obras indecorosas e proibindo para 18 anos filmes quase inócuos". Por isso, estava assim estabelecida a competência do juiz de menores para rever a opinião da Censura Oficial. O debate causado pelo governador não ganhou somente as páginas dos jornais, como também as mesas de bares e salas de jantar de famílias de classe média.

Nessas, espalhou o pânico e fez com que até mesmo quem tinha mais de 18 anos – as mocinhas, principalmente – fosse proibida de ire ao cinema até que o filme saísse de cartaz. Os pais temiam que acabassem machucadas no quebra-quebra ou se ferissem por agressão física pelos arruaceiros do rock and roll. Essa confusão sem sentido fez com que em São Paulo, assim como no resto do mundo, o rock chegasse como símbolo da transgressão e perigo.

Para se ter uma ideia do quanto se vivia em um ambiente conservador e moralista, no caso de *Ao Balanço das Horas*, os anúncios nos jornais diziam de um modo que seria usado contra o filme por seus críticos: "Ouçam quatro orquestras maluquíssimas executando o ritmo selvagem do rock and roll. Este é o filme cuja música alucina". Alucinaram principalmente os pais, os políticos e as autoridades.

A jornalista Cecilia Thompson, ouvida pelo *O Estado de S. Paulo*, em 1986, quando da exibição de *Ao Balanço das Horas* completou 30 anos, contou que o Cine Paulista tinha tido suas poltronas trocadas recentemente, com listras de vermelho e preto, as cores da bandeira paulista, em homenagem ao quarto centenário de São Paulo, comemorado dois anos antes. Apesar de considerar, naquela época, o rock coisa da garotada, foi ver o filme. Ela era militante de esquerda e noiva do ator e dramaturgo Gianfrancesco Guarnieri, com quem se casou, e acreditava que o rock era "coisa do imperialismo ianque". Mas gostou do que viu.

A repercussão das ordens do governador paulista contra o filme na capital, claro, chegou a Taubaté pelas duas emissoras de rádio e pelos jornais. Quando Sérgio decidiu apresentar algumas músicas da novidade no palco do TCC com o Ritmos Ok, no começo de 1957, alguns meses tinham se passado da polêmica e ele achou que não teria maiores problemas.

O longa ainda não tinha sido exibido na cidade, o que só viria ocorrer no meio daquele ano, como lembrou o economista Paulo de Tarso Venceslau, contemporâneo dos Campello em Taubaté: "Em 1956, foram quilométricas as filas que se formaram na porta do Cine Urupês, que depois se transformou no igualmente saudoso Teatro São João, para assistir ao filme *Ao Balanço das Horas*, um musical que imortalizou Bill Haley and His Comets interpretando *Rock Around the Clock*, o conjunto The Platters cantando *Only You*, além de Little Richard e outros".

Mesmo sem a maioria daquela plateia conhecer o longa ainda, Tony esperava que todos caíssem na dança de modo civilizado, pois alguns deveriam ter visto *Ao Balanço das Horas* na capital. Quando o conjunto deu os primeiros acordes de rock, cuidadosamente ensaiados com violão, claro, pois ninguém tinha guitarra ainda, dois casais de São Paulo que visitavam a cidade começaram as coreografias que conheciam do filme e, certamente, tinham treinado ou praticado em casa ou durante algum evento.

Mas ninguém de Taubaté na pista saiu do lugar para dançar, pois todos apenas olhavam, espantados e maravilhados com a performance dos jovens. "A coreografia do rock não era fácil e ninguém se mexeu, as pessoas estavam acostumadas a dançar com rostinhos colados, era a melhor maneira de se abraçar em público sem ser incomodado. E precisava ser bom bailarino para entrar no rock", recorda Sérgio.

Antes que a primeira música terminasse, porém, todo mundo passou a imitar as duas duplas paulistas e "virou aquela zorra", com todo mundo aplaudindo e gritando. Como se diria depois, eram "pernas para o ar e calcinhas ao luar", comenta Sérgio, que guardou aquele momento para sempre em sua memória. "Você imagina o apelo erótico daquelas viradas que as duas meninas davam, quando moças de família de Taubaté tinham de ser recatadas e esconder tudo, até os decotes".

O diretor social do TCC, Armando Azzolini, então, surtou, entrou correndo no meio do salão e começou a gritar: "Para, para, para! Que pouca vergonha é essa?". Ele parou em frente ao conjunto e pediu para que deixassem de tocar aquelas músicas "horríveis", "despudoradas", "licenciosas", de acordo com Sérgio. Não foi atendido. "Continuamos por algum tempo, na teimosia, porque, se parássemos, a gente perderia a moral com a turma".

Quando aconteceu a reação do diretor, Sérgio cantava *Tutti-Frutti*, de Little Richards. Em seguida, emendou *Rock Around the Clock* e *See You, Aligator*, ambas de Bill Haley e seus Cometas. "Só por causa disso, o episódio virou um escândalo na cidade. Eu não estava ainda ligado em Elvis, achava ele um tanto agressivo para a minha cabeça de rapaz do interior, bem caipira, mas gostava de Pat Boone e Bill Haley, comprava discos deles. Só com o tempo passei a curtir Elvis".

O diretor ameaçou subir no palco para desligar a energia elétrica e tomar o microfone das mãos de Sérgio. Só então o pessoal do conjunto foi parando aos poucos, porque o cantor pediu para que continuasse só um pouco mais. O público, ao mesmo tempo, iniciou uma sonora vaia. "Terminamos o baile no terceiro número. Naquela época, não havia essa postura de não aceitar passivamente essas coisas, duvido que se acabassem com uma música que ferisse a moral e os bons costumes da sociedade taubateana alguém reagisse", diz o primogênito dos Campello.

A investida para testar o rock and roll em Taubaté aconteceu na parte térrea do TCC, o chamado *grill room* – porque o salão de cima era a área nobre do clube, disponível para casamentos, formaturas e grandes atrações musicais com artistas de projeção nacional e orquestras e frequentado pelos adultos. E desse modo Ritmos Ok foi suspenso de se apresentar no TCC por 15 dias – dois domingos – com a justificativa de atentado à moral e aos bons costumes e o diretor arrumou um grupo substituto. O vocalista ficou furioso com a retaliação.

A censura que Sérgio e seus companheiros sofreram deve ter ocorrido e se repetido inúmeras vezes pelo Brasil. "O rock havia recém-nascido nos EUA. Como pregavam os filmes sobre o gênero, não havia opção possível para nós, terráqueos, além de nos entregarmos totalmente a ele", recorda ele. Mas o estilo, nos primeiros anos, foi visto mais como uma curiosidade do que como um gênero definido – confundido ainda com o "fox-trot", observa ele.

Ele, porém, tinha tudo definido na cabeça: "Eu já cantava de tudo com minha banda de baile em Taubaté, quando o rock chegou para mim. Primeiro pelo cinema e eu gostei de cara. Célia também cantava muita música brasileira em casa e na rádio da cidade e gostou da novidade, adorava ouvir comigo. Mas rock mesmo ela só cantou depois que eu a trouxe para gravar em São Paulo. Por isso, é preciso lembrar, não tem nada disso de Rua do Matoso, na Tijuca, e Pompeia, em São Paulo quando se fala do nascimento do rock no Brasil".

Sérgio se referia, respectivamente, à afirmação de que o rock surgiu no Brasil no Rio de Janeiro, com a turma de Erasmo Carlos, Roberto Carlos, Jorge Bem e Tim Maia, ou na gravadora paulistana Young entre 1958 e 1959, como se verá adiante. "Esse pioneirismo de cantar rock é meu e de minha irmã, o resto é papo furado, é só olhar as datas de lançamento dos discos. O rock brasileiro nasceu mesmo foi em Taubaté, queiram ou não e ponto final", diz o cantor, mais de seis décadas depois.

Assim que soube da suspensão, Sérgio botou na cabeça que precisava reagir contra o diretor do TCC: "Eu tinha um conceito que trouxe de casa de não aceitar o que achava errado. Meu pai ensinou isso a nós três. Tinha comigo essa coisa de contestar desde criança. Por que temos de aceitar que essa gente diga o que devemos ou não ouvir ou tocar? E corri um abaixo-assinado com um bom número de participantes do TCC, todos filhos dos associados, que foi levado a uma reunião de diretoria e os nossos opressores recuaram. Voltamos a tocar rock and roll. Sabemos que tudo que vem para mudar o que é estabelecido incomoda e o efeito sempre é contrário, como aconteceu conosco em Taubaté".

Osny Amaral, o percussionista Pinguim do Ritmos Ok, recorda que todos se apaixonaram pelo rock de imediato e o gênero se tornou o *gran finale* das apresentações do conjunto aos domingos no TCC. Havia música dançante, romântica para casais curtirem juntinhos e, por último, o rock. "Eu era magro e havia um rapaz grande e forte no grupo, Zito. A gente sempre brincava ou ensaiava aquelas coreografias de *Ao Balanço das Horas* para que quem não sabia dançar nos acompanhasse".

Certa noite, recorda ele, quando tocava em Araraquara, os dois perderam a inibição e começaram a dançar, a ponto de um jogar o outro para o ar e aparar. A garotada foi ao delírio e os dois pularam para a pista, onde todos abriram uma roda para o número inusitado, enquanto Sergio mandava Little Richard e Jerry Lee Lewis. "Fomos longamente aplaudidos e virou número em nossos shows".

Com Sérgio de volta em definitivo – ao que parecia – a Taubaté, ele se reintegrou completamente à agenda do Ritmos Ok. Até Mário Gennari Filho lhe telefonar na última semana de março de 1958 e pedir para que fosse imediatamente a São Paulo. A essa altura, aos 22 anos, o primogênito dos Campello sabia os nomes de vários ídolos do rock, gostava de cantar e dançar. Mas não fazia ideia do quanto foi tortuosa sua origem e o fracasso das primeiras tentativas de gravá-lo no Brasil.

AMANHÃ
PLAZA
OLINDA
MASCOTE
GLENN FORD
O FILME
MAIS VIOLENTO
SÔBRE A
JUVENTUDE TRANSVIADA
!
PROIBIDO 18 ANOS
SEMENTES DA VIOLÊNCIA
DIREÇÃO DE RICHARD BROOKS
CIA. CINEMATOGRÁFICA FRANCO BRASILEIRA

Capítulo 4
Toca que é rock and roll

Os doze meses de 1956 foram fundamentais para consolidar o rock and roll nos EUA. No primeiro dia do ano, por exemplo, o talentoso e trágico Buddy Holly fez suas primeiras gravações pela Decca. Um mês depois, Elvis Presley entrou, pela primeira vez em sua carreira, na parada de sucessos da revista *Billboard*, com *Heartbreak Hotel*.

Uma ideia um tanto inusitada mostrava o quanto o rock em tão pouco tempo projetou jovens ao estrelato, quando Elvis, Jerry Lee Lewis, Carl Perkins e Johnny Cash gravaram nos estúdios Sun o LP *Million Dollar Quartet*. Isso aconteceu em meio ao terror de uma guerra nuclear, quando, em 1º de maio, a bomba de hidrogênio foi testada pelos EUA no atol Bikini, no Oceano Pacífico.

No decorrer dos meses daquele ano, Elvis não parou de subir nas listas das mais tocadas. Por fim, em 1º de setembro, ele estreou no programa de TV *Ed Sullivan Show*, o que atestou sua importância no mercado musical americano. Mais que isso, um fenômeno. Dois meses depois, estrelou seu primeiro de vários filmes juvenis, *Love Me Tender*.

No entanto, a polêmica que ainda demoraria para se acalmar era que tudo aquilo não passava da apropriação pelos brancos de classe média de um ritmo dos negros que tinha nascido de um longo período de transformações ao logo de décadas, além de fusões de ritmos da comunidade negra. Tanto que os primeiros astros do rock, de fato, foram negros que se projetaram em paralelo a brancos (Bill Haley, Jerry Lee Lewis, Elvis Presley, Carl Perkins, Roy Orbison, Buddy Holly e Johnny Cash, entre outros). Eram eles Chuck Berry, Little Richard, Fats Domino e diversos outros.

As origens do rock não são um ponto pacífico entre estudiosos e historiadores, porque o gênero não nasceu da noite para o dia, a partir de uma fórmula pronta e original. Ou seja, não foi inventado por alguém, como aconteceu com a bossa nova, por exemplo, fruto dos modos de tocar e cantar criados por João Gilberto, embora ele tivesse sofrido forte influência de músicos e compositores como o também baiano Dorival Caymmi.

A única certeza sobre os seus primórdios está no fato de o ritmo ter surgido nos EUA. Assim como acontece no Brasil em relação ao samba, pois não há consenso sobre sua gênese. As "origens" mais aceitas são de que remontam da mistura de diversos gêneros musicais populares como gospel, folk, blues e principalmente as formas elétricas desenvolvidas entre as comunidades negras de Memphis, Nova Orleans e Texas. Ou seja, à base do boogie woogie tocado no piano e um jump blues, que se tornaram conhecidos como a fusão R&B. Entraram nessa mistura também elementos do country e do jazz.

Foram décadas de mutações e ramificações e uma delas foi o rock and roll. As raízes africanas de tudo isso estavam no século anterior, no distrito de Five Points, em Manhattan, onde teria ocorrido a primeira fusão pesadamente rítmica de danças africanas com a melodia de gêneros europeus, principalmente irlandesa. Sua marca seria formada pelos acompanhamentos e solos de guitarra base e solo.

As primeiras bandas traziam ainda contrabaixo elétrico e uma bateria, e os instrumentos de base, saxofone e piano – como nos casos dos pioneiros Jerry Lee Lewis e Fats Domino. Alguns estudiosos, porém, localizaram semelhanças com gravações country em ritmo mais acelerado e cadenciado da década de 1910 e blues dos anos de 1920. Louis Jordan, The Mills Brothers e The Ink Spots alcançaram algum sucesso nesse tipo de música.

Tocado por instrumentistas brancos, o western swing da década de 1930 também influenciou o blues e, diretamente, o rockabilly (rock mais caipira) e o rock and roll. Como pode ser ouvido, por exemplo, na canção *Jailhouse Rock*, gravada por Elvis Presley em 1957. Para os especialistas, a batida do rock foi formada, desde o início, essencialmente, pela combinação do blues e do country com contratempo acentuado – este, quase fornecido por uma caixa-clara, como observaram os historiadores P. Hurry, M. Phillips e M. Richards.

Nenhum ritmo americano alcançaria tão rápida popularidade em todo o mundo. Para quem não via mal algum, a adesão se dava pela irresistível forma e número de variantes dos movimentos de dança. Era bonito demais ver e vivenciar as acrobacias e malabarismos sincronizados do rock and roll entre moças e rapazes. Somava-se isso a parte da estratégia do mercado fonográfico, que o adotou como música jovem branca, para uma faixa de consumidor com elevado poder aquisitivo, quando o racismo ainda segregava de modo violento os negros, principalmente no sul do país.

Por tudo isso, não é possível precisar qual foi o primeiro disco de rock and roll lançado. Ou qual aquele que trouxe a composição pioneira essencialmente do gênero. Historiadores como Robert Palmer defendem como marco a faixa *Strange Things Happening Everyday*, da rechonchuda guitarrista e cantora negra Sister Rosetta Tharpe e seu coral masculino, lançada em 1944. Sim, uma mulher (negra) fundou o rock and roll, assim como Celly Campello faria o mesmo no Brasil.

Sister Rosetta, como era conhecida, foi uma cantora com pegada de blues e próxima dos futuros roqueiros, além de talentosa compositora e tocadora de música gospel das mais originais. De porte físico imenso, alta e com uns bons quilinhos a mais, suas habilidades para tocar com ritmo e cantar eram impressionantes. Ela não deixava ninguém ficar parado, ao misturar sua voz poderosa em letras religiosas e o pesado som da guitarra elétrica, que tocava com naturalidade e riqueza melódica contagiantes.

Por culpa do racismo, só depois Sister Rosetta foi reconhecida como a "Rainha do Rock" por ter revolucionado toda uma era musical. Depois, vieram outras composições relevantes do ponto de vista histórico, como *Rock Awhile*, de Goree Carter (1949); e *Rock The Joint*, de Jimmy Preston (1949), que seria regravada por Bill Haley e seus Cometas, em 1952. A lista incluiu ainda *Rocket 88*, de Ike Turner e *The Kings of Rhythm*, gravada na Sun Records, em março de 1951.

Até que aconteceu a explosão mundial, inclusive no Brasil, de *Rock Around the Clock*, gravada em 14 de maio de 1954 por Bill Haley e seus Cometas. O registro era, na verdade, o cover de um original lançado havia um mês pelo cantor ítalo-americano Sonny Dae & His Knights, composto por Max C. Freedman, um nova-iorquino de 63 anos, mais do triplo da idade da faixa etária a quem era dirigido o ritmo juvenil que ajudou a forjar.

A gravadora Essex Records apostava tão pouco na música que a colocou no lado B do 78 rpm que tinha como destaque *Thirteen Woman*, um tema popular do pós-guerra. A música do verso, no entanto, estava marcada por confluências históricas que talvez sejam a principal razão de seu sucesso. Era uma espécie de "jump-boogie" no original de Sonny Dae. A versão de Haley trazia, pelo menos, três outras canções em seu DNA.

O próprio cantor admitiu a "inspiração" explícita do blues de 1922 *My Daddy Rocks Me (With One Steady Roll)*, de Trixie Smith. Outra fonte, não assumida, teria sido o country-boogie *Move It On Over*, de Hank Williams, de 1947. A terceira presença direta teria sido o tema instrumental *Syncopated Clock*, de Leroy Anderson (1945), da qual *Rock Around the Clock* seria uma espécie de variação roqueira.

Composta em outubro de 1952, a canção foi oferecida a Haley pelo promotor e empresário James Myers. Mas não entusiasmou Dave Miller, produtor da Essex Records, então dono do passe do cantor e de seu grupo The Comets, que preferiu outra versão, de *Rocket 88*. Além disso, havia dois registros com o mesmo nome de *Rock Around the Clock* anteriores à gravação de Haley, interpretados por Hal Singer (1950) e Wally Mercer (1952).

A autoria total da música também é incerta. Uma das versões reafirma a parceria de Max C. Freedman e James Myers. De acordo com Myers, ele teria "completado" a canção iniciada por Freedman. Outra vertente sugeriu que Myers apenas assinou a música, na condição de editor e agente de Bill Haley, como era comum ocorrer na época. Soube-se depois que o destino previsto para a música era outro e se tornou um fracasso junto às rádios, para o mercado americano de discos, com apenas 75 mil cópias vendidas e teve menos repercussão que os 78 rpm anteriores de Haley, como *Crazy, Man, Crazy*.

Um ano depois, porém, com a inclusão na trilha de *Sementes de Violência*, a música explodiu em vendas não apenas nos EUA, mas em todo o mundo. E assim estabeleceu o rock and roll como movimento musical. A canção se tornou um dos maiores sucessos na história e introduziu o rock para um público global também.

Ainda em 1956, o rock and roll ganhou outra vitrine importante, com o filme *Ritmo Alucinante* (Rock, Rock, Rock), que trazia de novo Alan Freed no papel de si mesmo. Ele dizia ao público, ao falar de suas origens, que o "Rock and roll é um rio musical que tem absorvido riachos: rhythm and blues, jazz, ragtime, canções de cowboy, country e folk. Todos contribuíram para o big beat" que se tornou aquele gênero tão contagiante.

Até então, a música sempre fora categorizada por raça, nacionalidade, localização, estilo, instrumentação, técnicas vocais e até por religião. Graças à imensa popularidade de Elvis Presley nesse mesmo ano, o rock se tornou um fenômeno sem precedentes na indústria musical americana e, logo em seguida, rompeu fronteiras internacionais. Assim como no Brasil, onde a expressão "bossa nova" era usada desde 1930 para identificar o que havia de original e interessante na música, como no jeito de tocar, o termo "rock and roll" ganhou força de expressão no decorrer de décadas.

Havia um detalhe interessante para ajudar nesse empurrão que somente os americanos sabiam: o verbo roll sempre funcionou como uma metáfora medieval de "ter relações sexuais" e vinha sendo usado havia séculos por escritores na função de gírias e expressões ligadas a sexo. Como, por exemplo, "They had a roll in the hay" (Eles tinham um rolo no feno) ou "I rolled her in the clover" (Eu transei com ela no trevo) etc.

Os termos eram muitas vezes utilizados em conjunto (rocking-and-rolling) para descrever o movimento de um navio no mar, por exemplo, como na canção Rock and roll, das Irmãs Boswell, em 1934, que apareceu no filme *Transatlantic Merry-Go-Round'* (Carrossel Transatlântico), naquele mesmo ano, e na canção *Rockin 'rollin' Mama"*, de Buddy Jones, em 1939. O cantor country Tommy Scott se referia ao movimento de um trem na ferrovia em *Rockin and rollin*, de 1951.

Maurie Orodenker, colunista da revista musical *Billboard*, a partir de 1943, passou a usar o termo rock and roll para descrever gravações otimistas, como *Rock Me*, de Sister Rosetta Tharpe. Alguns historiadores também apontaram o hábito de usar "rocking-and-rolling" (balançando e rolando) por aqueles que trabalhavam nas ferrovias da Reconstruction South. Eles cantavam canções fazendo uma espécie de batida musical ao usar o martelo durante o serviço. Ao final de cada linha em uma canção, os homens balançavam seus martelos para baixo com o propósito de furar um buraco na rocha.

A expressão também funcionava como gíria dos negros para representar o ato de dançar ou fazer sexo e apareceu pela primeira vez em uma música gravada em 1922, *My Man Rocks Me (With a Steady Roll)*, de Trixie Smith. Em 1943, o espaço "Rock and Roll Inn", em Merchantville, New Jersey, foi estabelecido como um local para música ao vivo.

Em 12 de abril de 1950, uma das propagandas do filme *Não se Beija a Minha Noiva* (Wabash Avenue), do diretor Henry Koster, descrevia a estrela Betty Grable como "The first lady of rock and roll (a primeira dama do rock and roll)" e o longa-metragem como "the roaring street she rocked to fame (a rua barulhenta que ela balançou para a fama)".

O historiador Hank Bordowitz observou ainda que o termo vinha sendo usado constantemente em letras de R&B e foi repetido bastante em *Rock and Roll Blues*, gravada em 1949 por Erline "Rock and Roll" Harris. Até que o termo começou a chegar aos meios de comunicação e de entretenimento em 1951, quando o DJ Alan Freed começou a executar na rádio R&B para uma audiência multirracial na cidade de Cleveland (Ohio). E seria considerado, como foi dito, o primeiro a utilizar a expressão "rock and roll" para descrever a música.

Em julho de 1954, Elvis Presley gravou o hit regional *That's all Right*, na Sun Records.

Ao mesmo tempo, surgiu o termo derivado "rockabilly", usado no primeiro momento para definir o rock gravado por cantores brancos, como Elvis Presley, Carl Perkins, Jerry Lee Lewis, Johnny Cash, Buddy Holly e Roy Orbison – com bastante influência da música *country* (caipira).

Esses artistas rivalizariam com cantores populares negros de rock and roll, como Fats Domino, Chuck Berry e Little Richard, entre outros, que vieram da tradição do rhythm and blues negro, faziam músicas que atraiam plateias brancas e não eram classificados como "rockabilly". Desses, Berry teve um papel de maior relevância e chegou a ser chamado de "O pai do rock", com o clássico *Johnny Be Good* – reafirmado no filme *De Volta para o Futuro*, de Robert Zemeckis, de 1985.

Entre os brancos, os primeiros sucessos foram *Folsom Prison Blues*, de Johnny Cash; *Blue Suede Shoes*, de Carl Perkins e o hit que levou Elvis ao primeiro lugar nas paradas, *Heartbreak Hotel*. E todas as grandes gravadoras americanas foram atrás do filão – juntamente com suas filiais mundo afora, inclusive no Brasil. O pesquisador John Gilliland destacou que boa parte dos primeiros sucessos dos cantores brancos eram versões covers, adaptações ou letras reescritas parcialmente de canções do rhythm and blues ou do blues negro.

Pat Boone, em especial, gravou versões "higienizadas" de Fats Domino, Little Richard, The Flamingos e Ivory Joe Hunter. Mais tarde, à medida que essas músicas se tornaram populares, as dos artistas originais também foram tocadas no rádio. Como a gravação de Bill Haley de *Shake, Rattle and Roll*, que não era exatamente imitação direta, mas a transformação do conto humorístico e atrevido de amor adulto de uma composição de Big Joe Turner em um enérgico número de dança adolescente, como observou Rick Coleman, em sua biografia de Fats Domino.

C. L. Harrington citou a versão rock and roll de Elvis de *Hound Dog*, tirada principalmente da versão gravada pela banda pop Freddie Bell and the Bellboys. O resultado ficou bem diferente do blues *Shouter* que Big Mama Thornton havia gravado quatro anos antes.

Nos primeiros anos do rock, a partir de 1955, Bill Haley e seus Cometas também foram as vedetes do gênero no Brasil. Aquele 1956 seria o ano capital para a história do movimento no país. Assim que o rock and roll começou a dar sinais de que tinha um enorme potencial de vendas nos EUA, principalmente por ser dançante e desafiar os preceitos morais de uma sociedade tão conservadora, as gravadoras do Rio e de São Paulo começaram a procurar cantores que pudessem aproximar aquela música dançante dos brasileiros.

Tornou-se o que nos filmes de faroeste era chamado de a corrida do ouro. Ou a conquista do oeste. Uma busca que duraria três anos, até a Odeon se deparar com os irmãos Campello. Embora já em 1955 fosse possível comprar discos de rock importados de dez polegadas em 33 rpm no Brasil, como a trilha de *Sementes de Violência*, a opção recaiu sobre fazer versões em português e gravá-las nas vozes de seus mais promissores jovens artistas.

Mesmo que estes estivessem mais à vontade e até gostassem de cantar preferencialmente samba-canção. As primeiras experiências recaíram sobre Nora Ney, Cauby Peixoto e os realmente apaixonados pelo rock and roll Betinho e Bolão. Os dois primeiros, no entanto, não se empolgaram e não passaram de uma solitária experiência. Como isso aconteceu?

Desde que chegaram notícias da América de que o rock and roll estava se transformando no ritmo musical mais febril do país entre os jovens, em meados de 1955, um "olheiro" da Rádio Nacional estava nos EUA justamente na ocasião do lançamento de Sementes de Violência, já bastante comentado pela imprensa. Ele ficou impressionado com o novo ritmo da música de abertura, de Bill Haley, comprou uma cópia do 78 rpm da música e a trouxe na bagagem.

A direção da Nacional ficou meio assustada com o que ouviu. Era diferente demais para um país acostumado a sambas e boleros. Algumas semanas depois, a Metro Goldwyn Mayer distribuiu o filme e lançou a trilha sonora com o título traduzido para o português na capa, *Sementes da Violência* (sim, com "da" ao invés "de"). Mesmo assim, João de Barro, o Braguinha, diretor da Continental, achou melhor gravar *Rock Around the Clock* na voz nativa (em inglês) de Nora Ney.

Nora talvez nem tivesse a ideia da enorme responsabilidade de semear o rock and roll no país. Carioca de nascimento, conhecida por cantar samba-canção, ela tinha 33 anos, em 1955, e era chamada de uma das rainhas da "fossa" e da "dor de cotovelo", quando Braguinha lhe pediu para cantar em disco a música de Haley. Ajudou para a sua escolha o fato de ela dominar o inglês, pois começara sua carreira cantando músicas norte-americanas, como parte do Sinatra-Farney Fã Clube.

O desafio maior coube à orquestra da gravadora, que teve de "tirar" a música de ouvido, pois era algo que jamais tinham visto antes no Brasil. Com um balanço vocal digno do melhor rock and roll, Nora Ney gravou *Rock Around the Clock* no dia 24 de outubro de 1955. Sem dúvida, o convite teve a ver com ótima dicção e a sua pronúncia em inglês. Braguinha aprovou a gravação de imediato. O disco chegou às lojas em novembro, pelo selo Continental n° 17.217.

A música foi anunciada de um modo um tanto estranho nas rádios, porque o título impresso no rótulo do 78 rpm era em português, *Ao Balanço das Horas*, mas a música era cantada em inglês. Isso aconteceu para que o público pudesse identificá-la quando o filme entrasse em cartaz. Nunca se soube, porém, porque não fizeram uma versão em português da letra.

Portanto, alguns historiadores defendem que quem lançou o rock and roll no Brasil foi Nora Ney, antes que qualquer astro americano tivesse algum disco distribuído no país – a não ser na trilha sonora do filme. Na edição de 19 de novembro de 1955, a Revista do Rádio anunciou em uma nota a novidade, sem explicar direito do que se tratava: "A surpresa, outro dia, no programa César de Alencar (Rádio Nacional) foi Nora Ney cantando em inglês uma melodia que estava sendo lançada em um filme".

Na verdade, como foi visto, o filme só estrearia em dezembro. Em poucas semanas, a faixa chegou ao topo das paradas – que se estendeu até o começo do ano seguinte. Na semana após a nota, a mesma publicação listava a cantora como a primeira colocada na parada dos discos mais vendidos. A essa altura, o filme ainda estava em cartaz nos cinemas.

A novidade surgida com Nora Ney, porém, foi recebida como um modismo de dança de salão passageiro no primeiro momento. Quem conhecia a cantora estranhou a gravação. Não tinha nada a ver com tudo que havia lançado e alguns viram ali uma traição à essência da música brasileira. *A Revista do Rádio*, em uma de suas edições de novembro, destacou o oportunismo da Continental: a "melodia" gravada pela estrela tinha sido "registrada às pressas" em disco de 78 rpm, a partir da versão original de Bill Haley, da trilha sonora de *Sementes de Violência*.

No Brasil, afirmou a publicação, "onde a música tinha sido lançada por diversas emissoras de rádio na voz de Nora Ney e do próprio Bill Haley, afirmou a publicação, não parece ter transformado assim o espírito dos adolescentes". Sem dúvida. A estrela, que sempre cantou para o público adulto, como acontecia com todas as outras colegas, não conseguiu contagiar a garotada. E aquela se tornaria sua única experiência nesse segmento. Metralhada de críticas por todos os lados, Nora voltou para os braços de seus antigos fãs e nunca mais quis saber de rock.

Mesmo assim, a concorrência não ficou parada. No dia 28 de novembro, três semanas antes do lançamento do filme no país, Heleninha Silveira, cantora do cast da Odeon, gravou um disco com a versão em português da mesma música, feita por Júlio Nagib – aquele mesmo que não queria que Celly gravasse *Estúpido Cupido* –, com o nome de *Ronda das Horas*, com vocal dos Titulares do Ritmo e orquestra dirigida por Rubens Perez (Pocho). A letra era bem divertida:

Quando estou esperando meu bem
A aflição tão depressa me vem
O relógio então eu quero sempre
Sempre, sempre olhar
Não sei o que pensar

Eu conto um, dois, três, quatro, cinco, seis
Sete, oito, nove, para doze faltam três

Mas como vai custar
O tempo a passar
Será que vem ou não vem
Esta noite meu bem?
Ah, se pudesse o relógio mais depressa agora andar

E o meu coração de aflição
Tic-tac-tic-tac ele faz também

Mas como vai custar
O tempo a passar

Será que vem ou não vem
Esta noite meu bem?
Ah, se pudesse o relógio mais depressa agora andar

Se eu pudesse achar uma distração
Para melhorar o meu coração

Mas como vai custar
O tempo a passar
Será que vem ou não vem
Esta noite meu bem?
Ah, se pudesse o relógio mais depressa agora andar

Eu não sei dizer o que vou fazer
É bem bom amar sem ter que esperar

Mas como vai custar
O tempo a passar
Será que vem ou não vem
Esta noite meu bem?
Ah, se pudesse o relógio mais depressa agora andar

Eu conto um, dois, três, quatro, cinco, seis
Sete, oito, nove, para doze faltam três

Mas como vai custar
O tempo a passar
Será que vem ou não vem
Esta noite meu bem?
Ah, se pudesse o relógio mais depressa agora andar

  Não se sabe, infelizmente, quem faz os solos de guitarra e sax na gravação – mais provável que tenha sido Bolão, que não demoraria a gravar um dos primeiros discos totalmente de rock do país. Do outro lado, vinha o samba-canção *Solidão*, de Leide Olivé. O disco ainda chegou às lojas antes do Natal, pegou a onda de sucesso e polêmica do filme, mas raramente é citado por historiadores. Fato foi, porém, que se tratava do primeiro rock cantado em português aparecer em disco.
  No mesmo mês de dezembro, saiu outro registro de *Rock Around the Clock*, pela Columbia, só que instrumental, do acordeonista Frontera, mas não foi tão bem-sucedido. Em janeiro de 1956, a canção ganhou uma versão por Marisa Gata Mansa, cantada em inglês. Chamava a atenção a dificuldade de ela lidar com uma letra que exigia velocidade na inter-

pretação. Na divulgação, a gravadora fez questão de afirmar que se tratava do "novo ritmo do rock and roll" que havia tomado conta dos EUA e desembarcava no Brasil.

O rock daria uma pausa para novas tentativas de explorar o ritmo. E voltou quase dois anos depois, quando Cauby Peixoto, outra autoridade em samba-canção e o cantor mais popular do país, surpreendeu ao ser convencido a gravar Rock and Roll em Copacabana, do publicitário e compositor Miguel Gustavo – famoso por criar jingles inesquecíveis. O registro de Cauby seria apontado como o primeiro rock originalmente composto em português.

O disco foi lançado em 1957, pela RCA Victor. Cauby havia chegado recentemente dos EUA, onde flagrara in loco o furacão Elvis Presley e não pensou duas vezes para decidir pela sugestão da gravadora. A letra descreve a entrada do rock na cena carioca e no Brasil com uma incendiária levada rhythm and blues. Não se saiu mal, em meio a um arranjo de sopros, sem guitarra. Ele perguntava quando aquela "dança doida" ia chegar ao Brasil.

Cantada em ritmo acelerado, a letra exigia uma impressionante habilidade para ser conduzida e ele não desapontou:

Summer, summer, summer, summer and
Rock and roll, roll, roll, roll
Sol e sol, sol e sol, sol e
Rock and roll, rock and roll
Foi lá na porta do cinema, começou dançando Rock'n Roll
Era de dia, ninguém via, mas fazia o sinal do soul
Foi lá na porta do cinema, começou dançando Rock'n Roll

Sol, sol, sol, sol, sol e
Rock and roll, roll, roll
Sol, sol, sol, sol, sol e
Rock and roll, roll, roll

Revira o corpo, estica o braço, encolhe a perna e joga para o ar
Eu quero ver, qual é o primeiro que essa dança vai alucinar
E continua a garotada, na calçada a se desabafar
Eu vou cantando até agora, não parei nem para respirar

Eu quero ver, quero saber onde essa dança doida vai chegar
Revira o corpo, acerta a mão, estica o pé, agora vai dobrar
Até eu mesmo nessa dança não parei sem me recordar
E todo mundo, nesse mundo, nesse rock vai desencarnar

Revira o corpo, acerta a mão, estica o pé, a gente vai dobrar
Até eu mesmo nessa dança não parei sem me recordar

E todo mundo, nesse mundo, nesse rock vai desencarnar

Rock and roll, vou dançar
Rock and roll, vou vibrar

Rock and roll

Embora a carreira de Cauby no rock fosse bastante curta, sua adesão ao ritmo veio depois de ele se apresentar nos EUA cantando rock com o pseudônimo Ron Coby. Lá, gravou um LP com gêneros musicais diversos e participou do filme *Jambouree*, de 1957, ao lado de Fats Domino e Eddie Chrocane e outros nomes importantes da época. Só que vestido de toureiro espanhol e como intérprete da esquisita *Toureador*. Apresentado como canadense, misturava espanhol, português e espanhol.

Ainda em 1957, outro famoso cantor popular emplacou algo com oportunismo na primeira fase do rock brasileiro. Era o rei do samba-canção Agostinho dos Santos, que gravou *Até Logo, Jacaré*, um dispensável e sofrível cover em português para *See You Later, Aligator*, segundo sucesso de Bill Haley e seus Cometas. Nesse período, Moacyr Franco adotou o pseudônimo de Billy Fontana e gravou em português *Baby Rock*, pelo selo Sound, em que não tinha pudores para imaginar a entonação de Elvis Presley.

Um pouco antes, em março de 1957, o roqueiro Betinho & seu Conjunto apareceram no filme *Absolutamente Certo*, de Anselmo Duarte, com a música *Enrolando o Rock*, de Betinho e Heitor Carrilho, uma cópia sem constrangimento do estilo e dos arranjos de Bill Haley, com os solos de sax de Bolão (o mesmo que tocou na gravação de *Estúpido Cupido*) e guitarra do próprio Betinho e coro masculino. A única novidade era o acordeon de Renatinho, quase imperceptível.

Além disso, foi uma das primeiras gravações no país com guitarra elétrica, que ele dublava um solo quando aparecia cantando na tela – dublava por questões técnicas, porque ele sabia tocar bem. A letra era bem curta e se repetia exaustivamente em quase três minutos:

Quando a gente esquenta
E o calor aumenta
Rock and Roll avança,
A gente entra na dança

Quando o Rock enrola
Eu pulo feito bola
e fico que não posso parar

Por causa da letra em português e a guitarra evidente, a música se tornou um dos marcos do rock nacional. Muitos considerariam Betinho o pai do gênero no país, principalmente por causa de sua afinidade com o ritmo. Desde que viu *Ao Balanço das Horas*, o músico e compositor o adotou como estilo de vida e de comportamento do que viria a ser o roqueiro. Até que, em março de 1958, lançou o LP de dez polegadas *Betinho, Rock e Calypso*. Dois bateristas se revezavam nas faixas, Pirituba e Rafael. Navajas ocupou o contrabaixo e Salinas o piano.

No repertório, uma das primeiras versões em português de sucessos americanos, a balada-rock *Loucamente*, versão de Heitor Carillo de *Little Darling*, de Maurice Williams. O disco era bem-humorado e trazia ainda *Rock do Galinheiro, Matada, Matilda* e *Se Ela Vier*. Quase todas as oito faixas eram suas e de Heitor Carrilho. As músicas *Calypso Rock* e *Gabriel* fizeram parte da trilha sonora do filme brasileiro *Um Marido para Três Mulheres*.

O disco virou um documento histórico. "Betinho é o verdadeiro precursor do rock brasileiro", diz Sérgio Campello, quase sete décadas depois. "Além de unir qualidades como músico, compositor e cantor, ele também tinha um grande visual de roqueiro. Seu topete não ficava nada a dever ao de Little Richard", acrescentou.

Além de exímio violonista e guitarrista, Betinho foi o primeiro a ter duas guitarras Fender, que comprou nos EUA. Outro membro da banda que também tocava guitarra, Rubinho, usava uma Les Paul – como dito, ele teria importância capital na carreira de Celly Campello e ficaria famoso como membro do quinteto do programa *Jô Soares Onze e Meia*, no SBT.

Além de tudo isso, Betinho tinha pedigree de primeira linhagem na música brasileira. Nascido no Rio de Janeiro, em 1918, o violonista e guitarrista Alberto Borges de Barros era filho de ninguém menos que o baiano Josué de Barros, compositor, arranjador e maestro, além de descobridor de Carmen Miranda e do compositor Assis Valente. Josué passou o que sabia para seu herdeiro sanguíneo e musical.

Desde cedo, Betinho trabalhou com o pai como violonista. Em destaque a longa excursão que fizeram à Argentina. Depois, viveu alguns anos em Buenos Aires, no final dos anos de 1930, como músico de uma famosa orquestra de jazz e ficou consagrado como uma das maiores revelações do ritmo americano daquela época. De volta ao Brasil, em 1941, com apenas 23 anos, atuou em orquestras de baile, de rádio e de estúdio, no acompanhamento de gravações de disco, como as do maestro Zacarias e de Carlos Machado.

Na metade dos anos de 1940, em São Paulo, criou o grupo Betinho e seu Conjunto, formado por exímios músicos da noite paulistana e foi considerado o melhor da cidade – era hábil em tocar músicas dançantes instrumentais. Além dele, na guitarra e no vocal, reuniu Salinas (piano), Navarras (baixo), Renatinho (acordeon), Bolão (sopros) e os percussionistas Pirituba e Rafael. Rubinho só entraria na década seguinte, depois de passar pela banda de Bolão.

Entre 1953 e 1963, o grupo lançou 15 discos em 78 rotações, 4 álbuns e mais 2 coletâneas em 33 rpm (LPs), cujo repertório variado tinha baião, jazz, calypso e rock and roll com balanço e humor, que se tornaram marca registrada do grupo, como pode ser sentida na versão de *Matilda*, de Harry Thomas, vertida para o português por Júlio Nagib – em 1957, ganhou versão em rumba de Erlon Chaves.

Betinho se destacava tanto como autor de vários gêneros quanto instrumentista e cantor. Eram dele *Fel, Abandono Moral da História, Parta* (gravada por Ângela Maria),

O Vendedor de Laranjas (gravada por Agostinho dos Santos e Norma Avian) e outras. Além de *Enrolando o Rock*, fez sucesso com *Rock do Galinheiro*. Sua riqueza musical era tamanha que experimentou compor com êxito outros gêneros, como Baião é Sobremesa e o chorinho *Doce de Leite* – um trocadilho com *Doce de Coco*, a obra-prima de sucesso de Jacob do Bandolim.

Sua composição de maior sucesso, no entanto, que teria mais de vinte gravações diferentes, original de 1954, era chamada de fox, mas totalmente rock and roll, no ritmo compassado e na letra: *Neurastênico*. Era uma música à frente de seu tempo, carregada de humor e descompromissada com as regras de tudo que se fazia na época, principalmente na parte de composição e efeitos vocais, que ele criou como parte de seu canto:

Brrrr! Mas que nervoso estou
Brrrr! Sou neurastênico
Brrrr! Preciso me tratar
Senão eu vou pra Jacarepaguá

Brrrr! Tão amoroso sou
Brrrr! Quem já provou gostou
Brrrr! Preciso me cuidar
Senão eu vou pra Jacarepaguá
Eu sei que elas me querem
Mas é para casar
Eu digo que me esperem
Porque depois da festa, tá-rá tá-tá

Brrrr! Mas que nervoso estou
Brrrr! Sou neurastênico
Brrrr! Preciso me tratar
Senão eu vou pra Jacarepaguá

Eu sei que elas me querem
Mas é para casar
E eu digo que me esperem
Porque depois da festa, tá-rá tá-tá

Brrrr! Mas que nervoso estou
Brrrr! Sou neurastênico
Brrrr! Preciso me tratar
Senão eu vou pra Jacarepaguá

Brrrr! Tão amoroso sou
Brrrr! Quem já provou gostou
Brrrr! Preciso me cuidar
Senão eu vou pra Jacarepaguá

Senão eu vou pra Jacarepaguá
Senão eu vou pra Jacarepaguá

Em 1955, Betinho lançou outro fox claramente influenciado pela música negra americana, *Johnny Apaixonado*. Em seguida, *O Califa no Mando*, que compôs com o pai. Para a conceituada revista *Música*, da década de 1970, ele foi o primeiro músico brasileiro a assimilar o ritmo do rock. "*Enrolando Rock* tinha ritmo forte, bem-marcado", escreveu a publicação. Na época, seus trabalhos também foram bem recebidos pela crítica musical.

Radiolândia, de 24 de maio de 1958, trouxe uma nota na coluna "Discolândia", de Jair Amorim, na seção de cotação dos lançamentos do mês, "Discos na Bolsa": "*Betinho, Rock e Calypso* (Betinho, LP Copacabana, 10 polegadas) foi recebido como "um repositório das melhores "performances do conhecido guitarrista e intérprete, no gênero a que se dedicou, desde *Neurastênico!*. É um disco para a 'brotolândia', de boa leitura, alegre, festivo". Com sua voz de timbre especial, escreveu Amorim, "sua guitarra e seu conjunto (bem entrosado), Betinho realiza, no seu setor interpretativo, algo que merece a atenção dos apreciadores do gênero – Nota 8".

Em 1957, embora Sergio Campello não ligasse tanto para as músicas ou as atitudes de Elvis Presley quando já estava em São Paulo, sabia que o futuro rei do rock levava milhões ao delírio pela TV e em shows com seus requebros em músicas como *Tutti-Frutti* e *Hound Dog*. No Brasil, os ecos de uma pré-revolução sexual chegavam com dificuldade. Desde a ditadura do Estado Novo, entre 1937 e 1945, a sexualidade do brasileiro sofrera um retrocesso sem precedentes pela ação de moralistas principalmente vindos das igrejas, bem diferente do que aconteceu nas décadas anteriores, quando proliferaram incontáveis revistas sobre sexualidade, com desenhos e fotos eróticas.

Iniciativas isoladas que tinham a ver com liberdade sexual causavam pavor e reações implacáveis entre os conservadores. Como contra os clubes de nudismo, surgidos a partir dos anos de 1940, em praias paradisíacas do Sudeste e Sul do Brasil. O modelo fora trazido de países como Alemanha, Dinamarca e Suécia.

Entre os desbravadores desse movimento visto como atentados à moral e aos bons costumes estava a vedete capixaba Dora Vivacqua, a Luz del Fuego, famosa por dançar nua e com cobras de verdade. Ela criou seu clube de nudismo na Ilha do Sol, a quinze minutos de Paquetá, na Bahia de Guanabara, no Rio – mesmo lugar onde seria assassinada na década seguinte.

Na música, chique era ouvir ao vivo ou os discos da nova dama na MPB, Maysa Matarazzo, que surgiu por acaso, quando cantava em uma festa da high society paulistana. Maysa seria a rainha da fossa, com músicas cantadas para adultos, apesar da sua pouca idade e que a manteria longe da juventude que se interessava por rock, que chegava para ocupar um lugar que não tinha dono: os universos adolescente e juvenil.

Aquela seria a "música deles" e as gravadoras que cuidassem de prestar atenção nisso, para tirar proveito financeiro do negócio. Os moços e moças de classe média de várias capitais, em pouco tempo, adotaram como gênero musical e de comportamento o rock and roll. Isso aconteceu entre 1955 e 1957. "Era uma música vibrante, emocionante e sempre excitante, que criou controvérsias tão violentas como os sons que ela emite", observou o historiador Ricardo Cravo Albim.

A revista *Música* recordou que "até o ano de 1957, os ritmos mais executados no Brasil eram o bolero, o mambo, o samba-canção e o baião, tanto pela juventude quanto pela faixa de mais idade". O rádio tocava a fossa de Dolores Duran, um dos maiores nomes da época, Ângela Maria, Dalva de Oliveira, Marlene, Emilinha Borba, Sylvio Caldas, Tito Madi, Lana Bittencourt, Dóris Monteiro e outros.

Dos EUA, chegavam aos cinemas os "musicais açucarados", os filmes policiais da RKO, as grandes produções da Metro e os romances nas telas de Doris Day cantando *By The Light of Silver Moon*. "Tudo era mostrado de forma bem-comportada e dentro de um romantismo-padrão", observou Cravo Albim. De repente, prosseguiu a revista *Música*, os jornais começam a anunciar o surgimento entre os norte-americanos de um "ritmo endemoniado, de teatros praticamente destruídos por ocasião das apresentações que um tal de Elvis Presley fazia, cantor topetudo, usando enormes costeletas e um rebolado que chegava às raias do 'atentado' ao pudor".

Na verdade, continuou a publicação, o rock and roll nasceu com Elvis Presley, não o ritmo, mas a forma de ser, de comportamento. Tinha sentido. "O fator mais importante para a afirmação de um ritmo é sua dança, e a forma de dançar o rock fez com que o 'charleston', seu avô, mais parecesse uma valsa dolente. Era a libertação do corpo, dos movimentos e do espírito. Os passos eram acrobáticos e totalmente revolucionários – as meninas voavam por sobre as cabeças dos rapazes, escorregavam pelo chão, sob suas pernas".

Os concursos de dança eram tão frequentes e frequentados quanto os shows de música. Tudo isto, somado a uma nova forma de palavreado, roupas e modismos, fez o rock se tornar algo forte, irresistível e estabelecido. Os jovens viviam em harmonia com os mais velhos, prosseguiu *Música*, mas exultavam em ter, finalmente, "uma maneira própria de gravarem LP e participarem de um filme, viver, conviver e se divertir".

Não se podia confundir a mentalidade trazida pelo rock and roll com a violência. Ou seja, um movimento nascido por meio da música não podia ser agressivo. "A violência é trazida por aqueles que, ao se libertarem através de estímulos criados por uma música balançada e descontraída, libertam a violência que possuem dentro de si mesmos".

Na segunda metade da década de 1950, o comportamento da garotada urbana mudava de modo radical, principalmente na forma de vestir, com cabelos longos e desalinhados, jaquetas de couro como pregaram em seus filmes James Dean e Marlon Brando. Uma das marcas desse período era andar com chicletes na boca, em intermináveis mastigações que pareciam um jeito de desdenhar de tudo e de todos. Pelo menos acontecia desse modo principalmente nos EUA da vida real e no cinema também.

E os brasileiros tentavam copiar de todo modo essa forma de se comportar, pois a diversão mais acessível era o cinema e não a TV, uma vez que os aparelhos continuavam caríssimos. Pelas telas, a voluptuosa Marilyn Monroe se tornou símbolo da contestação sexual dos jovens americanos, assim como o emergente Elvis Presley, que estourou no filme *Heartbreak Hotel*.

Em *Ao Balanço das Horas*, uma sequência em que moças jovens dançavam com calças justas – mesmo dentro de um apartamento – que destacavam o bumbum e a cintura de "vespa" delas – desafiava as brasileiras a fazerem o mesmo. Afinal, mulheres vestindo calças era algo que afrontava a moral de todas as garotas "de família" que se davam ao respeito. Algumas ficaram tentadas, mas temiam ter de desafiar ou enfrentar a ira dos pais.

O cenário que se formou para Sérgio (21 anos) e Célia (15 anos) Campello no começo de 1958, quando foram chamados para gravar o primeiro disco, ainda não estava completo. Naquele ano, em paralelo a eles, o grupo Bolão & His Rockettes (qualquer semelhança com The Comets...) lançaria um disco em 78 rpm com as faixas *Bing Guitar* e *Short Shorts*, seguido do primeiro álbum inteiro de rock no Brasil, só que totalmente instrumental, para alimentar bailes dançantes.

Apesar de ignorado pelos historiadores, foi um sucesso absoluto de vendas e de crítica. *Era Rock Sensacional – Bolão e Seus Rockettes*, pela Columbia, em que o lendário saxofonista e seus companheiros interpretavam diferentes sucessos do rock norte-americano, com seu inconfundível saxofone, na linha de Bill Haley e todas com solo do líder do grupo – o mesmo que fizera parte do conjunto de Betinho e faria o solo de abertura de *Estúpido Cupido*, como foi dito.

O LP seria relançado em 1989 com outro título, *Viva a Brotolândia*, mesmo do primeiro disco de Elis Regina, de 1962. Trazia as faixas *Boo-Da-Ba, Buzz, Buzz, Buzz, The Swingin' Shepherd Blues, C'Amon, Kiss Me, Roc-A-Chlcka, Tarantela Rock, Mid-nighter, Dada Dinah, El Rancho Rock, Walkin' With Mr. Lee, Short, Shorts* e *Big Guitar* – esta, de autoria do jovem maestro, arranjador, pianista, compositor, poeta e cantor Erlon Chaves.

Embora tanto tempo depois algumas faixas mais pareçam jam sessions ao vivo de jazz (em estúdio) e não sejam adequadas para se dançar, o LP agradou tanto que a gravadora o lançou nos EUA, batizado como *Sensational Rock*, em janeiro de 1959. Bolão e seus músicos eram afinadíssimos porque tocavam quase todas as noites na capital paulista. Durante o dia, acompanhavam cantores nos estúdios de São Paulo.

Com o título de "Sucesso à Vista", Alberto Rego escreveu em sua coluna "Discos", no *Diário Carioca*, de 2 de junho de 1958, suas impressões sobre o 78 rpm que precedeu o LP: "Um disco de 78 rpm que deverá encontrar boa receptividade vem a ser lançado pela Columbia com Bolão e seus Rockettes executando o rock Bing Guitar e o provável sucesso Short Shorts, um rock total".

Radiolândia, de 18 de outubro, observou por meio do colunista Mauro Pires, que o LP do conjunto teve "receptividade das melhores!". E não era para causar admiração, uma vez que o músico e seus parceiros "constituem, sem favor, um dos mais queridos conjuntos dançantes de São Paulo especializados em ritmos modernos". A publicação observou ainda que a garotada e a rapaziada adoravam o conjunto do Bolão, "que é disputado para bailes de estudantes e de gente moça em geral". Pires lembrou que a sugestiva capa fora criada por Dirceu Côrte Real. Por fim, arrematou, disse que era "um grande microssulco para os aficionados do gênero!".

No dia 3 de dezembro, Quincas Borba observou na *Gazeta Esportiva* que aquele era um LP "merecedor da mesma classificação (de excelente), é o que nos apresenta Bolão, grande saxofonista, também ganhando a oportunidade de se revelar no instrumento em que há muito se consagrara, pelas mãos de Corte Real, dando 'show' com um álbum dançante de cadência contagiante e todo em ritmo de rock, gênero musical que sempre nos pareceu monótono, sem musicalidade, fato que o saxofonista paulista acaba de desmentir, realizando o melhor LP da música que consagrou Elvis Presley e seus derivados".

Mas com tais atrativos que, "mesmo os norte-americanos, não contam com um lançamento de tanta gostosura musical como este que estamos focalizando". Observou ainda que "a música aparece contagiante e esplendidamente dançante, capaz até de fazer andar um paralítico, em todas as doze faixas do álbum".

Por fim, arrematou: "Este é um lançamento que recomendamos não somente ao pessoal da linha 'transviada', do blusão-de-couro, da lambreta, 'blue-jeans' e Coca-Cola, mas também aos que gostam dos lançamentos cem por cento dançantes, do gênero pega-fogo-no-salão. Trata-se de mais um bem-feito 'long-play' de ótima cotação do selo da Columbia, e que recomendamos com o REI DE OUROS, de nossa clássica tabela de classificações".

Curiosa a descrição, que já mostrava o quanto o comportamento do jovem urbano estava influenciado pela cultura americana, como não se tinha visto até aquele momento, por meio do cinema e do rock – e dos dois juntos. Nesse momento, eram abertas lanchonetes com balcão americano e mesas com estofado como apareciam nos filmes, enquanto aumentava o consumo de Coca-Cola, ao mesmo tempo em que os hambúrgueres e cachorro-quente se popularizavam. Quem queria sobremesa ou algo mais leve, consumia sorvete colegial, milk-shake e, claro, banana-split de três bolas, com calda de chocolate e creme de chantili.

Os elogios ao disco de Bolão vieram até de uma publicação feminina. "Este disco é dirigido aos amantes desse ritmo buliçoso que ainda domina meio mundo. Os arranjos foram feitos por Erlon Chaves", escreveu o autor da coluna "Radioatividade", da revista *Jornal das Moças*, em 11 de dezembro de 1958. Em sua coluna no *O Jornal*, de 19 de outubro, o animador de auditório Chacrinha considerou o disco como "mais um sucesso no mundo do 'jazz' brasileiro" – foi quem mais chegou perto da melhor definição. Um LP "realmente sensacional, recomendado por Chacrinha".

Entre outubro e dezembro daquele 1958, o disco emplacou dois sucessos: *Dede Dinah* (Marcucci e De Angelis) e *Apache* (Sid Brass). *Gazeta Esportiva*, de 24 de setembro, na coluna "Discos", de Quincas Borba, destacou que "Bolão, o conhecido solista de saxofone de nosso mundo musical, está de parabéns pelo disco que acaba de realizar na Columbia, do ritmo da moda – o rock".

Continuou Borba: "Confessamos que não somos entusiastas dessa cadência, mas creiam, que este álbum do saxofonista de São Paulo nos impressionou profundamente, pela musicalidade, virtuosismo e bossa, demonstrados na interpretação de um gênero musical que, afinal de contas, não é nosso, e suas melhores interpretações e execuções devem pertencer, com muita lógica, aos músicos de onde o tal ritmo transviado procede".

Por fim, o crítico escreveu: "Acontece, porém, que Bolão, acompanhado de seus 'Rockettes', colocou a lógica por terra, realizando o feito de apresentar a cadência americana de que estamos tratando melhor do que qualquer conjunto ianque". Elogio melhor não se podia esperar.

A resenha da *Gazeta* também descrevia o quanto o rock e o cinema influenciavam o modo de vestir e se comportar dos jovens brasileiros: "O resultado, é esse que temos neste LP – *Rock Sensacional*, prensado pela marca das notas mágicas, registrando o merecido êxito na praça do todo o país, pela música dançante, gostosa e contagiante que oferece ao público bailarino e, principalmente, aos moços do blusão de couro e de seus respectivos 'dates'. Aqui deixamos um conselho: este LP tem propriedades que, apregoando, pois restitui a todos nós aquele sentido de juventude que nós precisamos desquitarmos do bulício necessário da vida".

Os confetes jogados ao disco continuaram até o começo do ano seguinte. Mauro Pires, colunista da *Radiolândia*, na edição de 21 de fevereiro de 1959, escreveu que "os fãs do 'rock and roll' já andam reclamando da ausência de Bolão e seus Rockettes, cujo primeiro LP teve um acolhimento espetacular. A Columbia precisa atender às garotas e aos rapazes que cultuam o gênero, mandando Bolão gravar mais 'rocks' originais e em arranjos. Como homenagem à garotada e à rapaziada, aqui está um tríplice retrato de Bolão".

Até então, porém, todos esses registros se mostraram incursões circunstanciais pelo universo do rock. Sem dúvida que Betinho e Bolão tinham trocado os gêneros musicais brasileiros "ultrapassados" pelo rock and roll e o levado às paradas de sucesso do Brasil. Mas ninguém ainda havia falado do emergir de uma nova geração, jovem e vibrante, com alegria e disposição para derrubar velhos valores. Esse papel coube a dois irmãos: Sérgio e Célia, que passariam a ser chamados de Tony e Celly Campello.

Quase um ano antes dos dois gravarem o primeiro disco, aquele mesmo Ramalho Neto que teve uma loja de discos em Taubaté, então produtor de discos da RCA Victor, resolveu gravar a adaptação de um sucesso do grupo vocal The Platters, *Meu Fingimento*, versão em português de Haroldo Costa para *The Great Pretender*, composta por Buck Ram.

Era fevereiro de 1957. O executivo chamou o veterano Carlos Gonzaga para cantá-la em disco e, a partir do sucesso em que se transformou, Gonzaga passou a cantar baladas-rock. Mas a primeira música com sua voz a explodir, de fato, seria outra rock-balada, melodiosa e romântica, gravada em 24 de janeiro de 1958.

A música se chamava *Diana*, de Paul Anka, cuja versão foi feita pelo quase desconhecido radialista Fred Jorge, já citado, que se tornaria, ao longo desta narrativa, um personagem de enorme relevância. A canção do jovem canadense havia se transformado, em 1957, em um fenômeno mundial, quando ele nem tinha completado ainda 16 anos de idade.

Talento precoce, Anka se inspirou na própria paixão não correspondida pela amiga Diana Ayoub, três anos mais velha que ele, quando tinha 15 anos de idade. Os dois se conheceram na igreja que frequentavam, em Ottawa. O problema era que ela não estava nem um pouco interessada naquele pirralho baixinho e grudento.

Como ela relembrou anos mais tarde, em uma entrevista: "Minha amiga disse que ele estava apaixonado por mim, e eu respondi: 'Não seja ridícula, ele é nosso amigo'". Mas Paul estava mesmo louco por Diana e, quando criou coragem para mostrar a ela sua nova canção para revelar seu segredo e tentar impressioná-la, travou e só conseguiu tocá-la no piano. Sentia-se encabulado demais para cantar os versos – mais que isso, fazer uma declaração de seu amor.

Anka, então, passou a cantá-la em festas, na esperança de que a letra chegasse a Diana. A extensa letra original, em tradução livre, começava assim:

Sou tão jovem, e você tão velha
Isso, meu bem, é só o que me dizem
Eu ignoro o que eles dizem
Por isso, para sempre eu rezarei
Como os pássaros nas árvores
Você e eu seremos livres
Oh, por favor fique comigo, Diana!

Diana começou a desconfiar que era verdade porque Paul não saía da casa dos Ayoub. Inventava pretextos para estar lá de manhã, de tarde e de noite. O pai da jovem começou a demonstrar cansaço com aquele rapazote intruso e persistente. Nada parecido à perturbação que a família teria de enfrentar a partir do ano seguinte, quando a canção se tornou sucesso mundial – e venderia impressionantes vinte 20 de discos em pouco tempo.

Quem era a moça que negara amor a Paul Anka? A imprensa correu para descobrir quem era a tal Diana da música quando isso aconteceu. No começo, ela até gostou da fama, de dar entrevistas. Mas sua vida virou um pesadelo em poucas semanas. "Havia repórteres esperando por mim na minha formatura do colegial", disse ela, décadas depois. E até afetou sua vida sentimental. "Os rapazes não me convidavam para sair porque no dia seguinte o retrato deles apareceria no jornal".

Certa vez, Sr. Ayoub encontrou uma escada abandonada abaixo da janela do quarto da filha. Ela era espionada e perseguida pela imprensa, constantemente importunada por repórteres em busca de detalhes pessoais seus ou de Paul, além de fotógrafos e fãs. Por fim, as luzes da ribalta escureceram, e ela foi capaz de levar uma vida normal.

Anka gravara *Diana* em Nova York e nunca mais voltou a morar em sua cidade natal. Mudou-se para Los Angeles e deixou *Diana* pra lá. Novos amores não lhe faltaram e não se sabe se chegaram a conversar a respeito da homenagem. Depois que o assédio pela imprensa sensacionalista passou, ela permaneceu em Ottawa, casou-se e formou família.

No Brasil, a versão de Carlos Gonzaga vendeu mais de 300 mil cópias e marcou o início efetivo do rock brasileiro. O resultado dificilmente seria tão contagiante se o cantor não tivesse feito um "dueto" com o sax de Bolão, ainda do conjunto de Betinho. Isso aconteceu porque os arranjadores fugiram do original americano, totalmente rock and roll, em ritmo acelerado e feito para dançar. Animado pelo êxito conseguido, o cantor passou a gravar versões que alcançaram bons índices de venda, como Only You, do The Platters, além de outro grande sucesso, Oh, Carol, de Neil Sedaka.

Até 1956, ele cantava guarânias e boleros e abraçou o rock com convicção aos 31 anos. O cantor vivia na capital paulista e tinha idade até para ser pai de Celly – a diferença entre eles era de 18 anos. Mesmo assim, seria reconhecido como precursor da "música para a juventude", segmento que ainda estava por ser descoberto pelas gravadoras com a explosão da cantora de Taubaté. As versões que Fred Jorge fez para ele das composições de Paul Anka e Neil Sedaka ocuparam as paradas de sucesso brasileiras entre 1956 e 1962.

José Gonzaga Ferreira era natural de Paraisópolis, interior de Minas Gerais. Desde criança, cantava na escola, contra a vontade dos pais. Aos 15 anos, tornou-se um "astro" entre seus colegas, pelas apresentações nas festas no colégio. Aos 17 anos, ingressou na PRJ-7, Rádio Clube de Pouso Alegre. Mudou-se para São Paulo e passou a cantar com o nome de José Gonzaga. Por dois anos, participou de programas de calouros em diversas emissoras. Até tirar o primeiro lugar na Bandeirantes e ser contratado para fazer parte de seu cast, em 1952, onde ficou por seis meses.

Após vencer nova competição de calouros, promovida pelos Conhaques Ipiranga, Gonzaga entrou para a Rádio Piratininga. Como não ganhava o suficiente para se manter, passou a dividir seu tempo como operário em uma fábrica de pratarias. Foi o compositor e cantor Capitão Furtado quem sugeriu que mudasse o nome para Carlos Gonzaga, uma vez que já existia outro José Gonzaga no meio musical, irmão do sanfoneiro Luiz Gonzaga.

Em 1955, Carlos Gonzaga gravou seu primeiro disco pela RCA Victor, em 78 rpm, com a guarânia Anahí, de Osvaldo Sosa Cordeiro, em versão para o português de José Fortuna. No verso, o tango Perdão de Nossa Senhora, de Teddy Vieira e Diogo Mulero, o Palmeira. Antes de aderir ao rock and roll, cantou em discos valsas, sambas e até a picante marchinha de Carnaval Tomara que Caia, de Diogo Mulero "Palmeira"/J. M. Alves, que fez um enorme sucesso na folia de 1956 e projetou seu nome.

A aproximação com a música americana aconteceu, como foi dito, com Meu Fingimento, que lhe rendeu um contrato na Rádio e TV Record. Com isso, sua popularidade disparou, reaquecida com o arrasa-quarteirão Diana. Na TV, Carlos Gonzaga aparecia nos programas Astros do Disco e Alegria dos Bairros. A estreia no cinema se deu quando cantou duas músicas no filme Dorinha no Soçaite (1958).

Ainda em 1958, outro grande sucesso seu foi a versão brasileira para a música tema do seriado de TV Bat Masterson, uma coqueluche entre as famílias que conseguiram comprar um caríssimo aparelho de TV. Com o apelido de "O Rei do Rock-Balada" e "O Príncipe da RCA", Gonzaga se tornou um dos cantores mais queridos do Brasil, na virada para década de 1960 – ele morreria em 25 de agosto de 2023, aos 99 anos, em São Paulo.

Na segunda metade da década de 1950, os cantores norte-americanos gozavam de enorme prestígio entre os jovens brasileiros por causa do cinema. Tanto que logo a maioria deles começaria a se apresentar no Brasil, a partir de 1958, trazidos pela TV Record. Entre eles, Bill Haley e seus Cometas, The Platters, Brenda Lee, Paul Anka, Neal Sedaka, Johnny Restivo, Bobby Ridell, Fabian e Frankie Avalon. Todos vinham bancados por patrocinadores e ainda faziam turnês em algumas capitais, principalmente Rio de Janeiro e São Paulo.

No Rio, aliás, o gênero ganhou destaque quando, em 1º de janeiro de 1957, Carlos Imperial inaugurou o *Clube do Rock*, um espaço para se ouvir música e dançar em Copacabana que se tornou ponto de convergência de um grupo de jovens que se apresentava em clubes, rádios e televisão. Era uma espécie de ponto de encontro de adoradores do gênero musical americano que organizava *jam sessions* e *rock sessions* – encontros para ouvir discos também.

Além da praga dos boleros que continuavam a colar como chiclete na cabeça dos ouvintes, naquele momento, vivia-se o auge da chamada música de boate, com um tipo de samba-canção pré-bossa nova, em uma espécie de temática de depressão amorosa, com compositores como Antônio Maria, Fernando Lobo, Ricardo Galeno, Dolores Duran, Lupicínio Rodrigues e, depois, Maysa, para só citar meia dúzia de um elenco de mais de cem nomes, alguns ótimos, outros péssimos, como escreveu Ricardo Cravo Albim.

Para o historiador, o ano de 1955 marcava o início de uma nova era para a música brasileira, com o povo cantando *A Voz do Morro*, de Zé Kéti, na interpretação do sambista Jorge Goulart, que mais tarde seria eleito "Rei do Rádio" pelos leitores da *Revista do Rádio*. "Até então, os bailes eram como sempre foram. Os casais se juntavam na pista e, juntinhos, deslizavam ao sabor do ritmo pela pista", contou Cravo-Albim.

Enquanto nos EUA era anunciada a criação da NASA para levar o homem ao espaço e Little Richard emplacava *Long Tall Sally* e *Tutti-Frutti*, simultaneamente, em 1958, no Rio, Toni Tornado aparecia em um programa de TV dublando sucessos do rock. Não tinha para ninguém a não ser Cauby Peixoto, eleito o cantor mais popular do país pela *Revista do Rádio*.

A publicação circulava toda semana e era a mais lida do país, seguida de perto por *Radiolândia*, da Editora RGE, de Roberto Marinho. Ambas eram supostamente voltadas a promover artistas de cinema, rádio e televisão, que ganhariam destaque no ápice da rádio, até o início dos anos de 1960. Mas não abriam mão de fofocas e intrigas, mesmo que, para isso, tivessem de inventar escândalos.

Essas revistas seriam importantes na carreira de Celly para o bem e para o mal. No caso da primeira, ela se tornaria alvo constante da temida coluna "Mexericos da Candinha", que tinha o maior índice de leitura da publicação – embora a colunista tivesse nome feminino, quem a fazia era um homem, o bem-articulado e influente jornalista Anselmo Domingos, que a escrevia desde a estreia do título nas bancas, em 1948, e mantinha sua audiência pelo lado perverso do jornalismo de entretenimento.

Talvez o rock tivesse tomado outro rumo no Brasil não fosse a longa turnê de Bill Haley pelo país, iniciada em maio de 1958, no ginásio do Maracanãzinho, no Rio. O artista e seu grupo receberam a fortuna de 6,5 milhões de cruzeiros, mais passagens, estadia e demais despesas para apresentações em 11 cidades da América do Sul. A empresa contratante foi a Continental Artists. Eles estavam no auge de popularidade e eram, de longe, os nomes mais conhecidos do gênero entre os brasileiros.

Desde 6 de março, a imprensa começou a divulgar a vinda de Bill Haley e muita gente duvidou que aconteceria, pois o roqueiro e seu músicos eram disputadíssimos para shows em todos os continentes. "Um dos artistas norte-americanos mais populares em todo mundo na atualidade é Bill Haley que, junto com os 'Comets', inicia esta semana uma série de apresentações nesta Capital, contratado pelas Emissoras Unidas. A Bill Haley e Elvis Presley se deve a divulgação do 'rock and roll', gênero musical tão apreciado da juventude dos mais diversos países", dizia um dos anúncios da Record, publicados nos jornais.

A coluna social "São Paulo 'Mary' Go-Round", de *O Estado de S. Paulo*, destacou o evento em 19 de abril e informou que os shows de Bill Haley deveriam estar em sua lista de 'Don't miss' (Não perca), um acontecimento para não se perder". O colunista não identificado deu detalhe da turnê: "Descobri ontem que é o próprio Don Ciccillo e o sr. Valdez que são os agentes para a temporada de Bill Haley em São Paulo" – disse, sobre os empresários que articularam com a Record a viagem do grupo ao Brasil, mas que fazia parte de uma turnê pelo continente, como foi dito.

E eles tiveram a "chegada triunfal" que se esperava. No domingo, 19 abril, o *Estado* noticiou o dia e horário em que o grupo desembarcaria no Aeroporto de Congonhas, bem como o hotel em que ficariam: "Chegam hoje, às 9 horas, em São Paulo, viajando por via aérea, Bill Haley e os seus 'Cometas', conjunto que se notabilizou cantando 'rock and roll'".

Os músicos norte-americanos, continuou o jornal, "hospedar-se-ão no Hotel Claridge (na Avenida 9 de Julho, no Anhangabaú, depois rebatizado de Cambridge Hotel) e sua estreia dar-se-á no dia 22, no Cine 'Paramount'. À chegada de Bill Haley deverão comparecer clubes de 'rock' de São Paulo. Nos espetáculos do conjunto, poderão entrar maiores de 18 anos".

O roteiro incluía o cantor e os músicos se apresentarem no programa *Shows Internacionais*, da TV Record, onde o vocalista foi entrevistado pelo jornalista Murilo Antunes Alves, considerado o primeiro repórter da TV brasileira. Nas imagens que restaram daquele evento, disponíveis na Internet, é possível ver que havia os primeiros fã-clubes de rock no país, como o "Be-Bop Moto Clube".

Os americanos foram recebidos como celebridades mundiais. "O inverno começa quente, o vibrante som de Bill Haley e seus Cometas chega ao Brasil", dizia o apresentador, enquanto se via uma multidão impressionante com faixas de boas-vindas na entrada do Aeroporto de Congonhas. Alguns casais faziam demonstrações de dança diante das câmeras, a pedido da reportagem da emissora. "Nosso repórter especial Murilo Alves estava lá em Congonhas, fala Murilo", chamava o apresentador.

Entrava o jornalista: "Em Congonhas, aguardava-se a chegada de Bill Haley and His Comets, reis do rock and roll. E a convite da Rádio e TV Record, cumprirão curta temporada, para deleite da juventude. Enquanto esperam seus ídolos, mesmo sob a chuva, jovens entregam-se ao ritmo *crazy*. Finalmente surge a aeronave trazendo a São Paulo o criador dessa maneira de tocar com vigor e saúde que de modo surpreendente contagiou a juventude do mundo inteiro, como semente de vibração juvenil".

Continuou o repórter: "Movimentam-se os microfones e as câmeras do canal 7 e da Rádio Record, registrando a recepção dos garotos de São Paulo aos componentes do vitorioso conjunto os Cometas de Haley, cujo nome lembra um fenômeno astronômico de fins do século passado (na verdade, de 1910). Repetindo os dísticos dos cartazes, os fãs paulistas do rock and roll oferecem suvenires a Bill Haley".

Em seguida, veio um corte na câmera e o repórter passou a falar da conversa com o astro: "Eu perguntei se esse cachinho que ele usa na testa tem algum significado especial e ele respondeu que sim, que é a sua marca registrada. (Falou como exemplo) Que o ator Clark Gable tem as orelhas grandes, Jimmy Turner tem o nariz como destaque. Então, mudaram de assunto. O cantor disse também que aquela era a sua primeira viagem à América do Sul, depois de uma turnê mundial no ano anterior".

Ao ser solicitado para que dissesse algo em português, o simpático e sorridente Bill Haley disse um "Muito obrigado e boa noite" – aprendidos ainda no avião. "No palco do (Teatro) Paramount, a iniciativa da TV Record se transformou em um êxito sem precedentes, com um show de rock cujo ritmo foi marcado por milhares de garotos e garotas acompanhando as exibições dos Cometas. Desfilam, um a um, os reis do rock, culminando, no final, com as interpretações do titular Bill Haley".

Até mesmo nos EUA, o rock and roll como produto da indústria musical era ainda o que se poderia chamar de "bebê", engatinhava naquele momento, e o cantor e seu conjunto eram, talvez, as maiores celebridades mundiais da música por causa dos sucessos meteóricos dos filmes *Sementes de Violência* e *Ao Balanço das Horas*, ambos, vale relembrar, com a canção estopim do estilo musical pelo planeta.

Eles fizeram oito apresentações em São Paulo, seis no Teatro Paramount, na avenida Brigadeiro Luís Antônio, e duas na boate Oásis, na Praça da República – na Avenida Ipiranga esquina com a Rua Sete de Abril –, entre os dias 20 a 27 de abril de 1958. Com ampla cobertura de *O Estado de S. Paulo*, cada apresentação tinha, na primeira parte, "a participação especial de Pagano Sobrinho, William Forneaut, 'The Crazys' e os oito casais sensacionais de bailarinos, escolhidos em uma seleção feita pela produção da turnê entre fãs paulistanos e exaustivamente ensaiados. Como apresentador, todas as noites, Blota Junior, um dos nomes mais conhecidos da TV brasileira".

Coube a ele anunciar, ao vivo, a transmissão de algumas das apresentações. Dessa turnê, aliás, surgiu a história fantasiosa de que Roberto Carlos, então com 17 anos, teria sido escalado para abrir os shows do grupo e excluído sem se saber por que motivo – talvez no esforço sem pé nem cabeça de alguns de seus biógrafos para inventarem uma biografia de roqueiro que ele nunca teve, como se verá adiante neste livro, segundo alguns entrevistados.

A censura ao rock and roll no Brasil por faixa etária, como foi visto, havia sido estabelecida um ano e meio antes da turnê de Bill Haley, por causa do filme *Ao Balanço das Horas*.

E os fã-clubes de rock apareceram em peso em Congonhas e dominaram o local, transformando-o em uma concorrida pista de dança. O fotógrafo do *Estadão*, Antônio Aguillar, registrou a agitação da moçada. Na escadinha do avião, com o microfone da Record na mão, apareceu de camisa xadrez o repórter Silvio Luiz, que depois se tornaria o famoso locutor esportivo. "Na pista de pouso, todos esperavam o maior grupo musical de rock do momento", dizia a legenda de uma das fotos.

O jornal observou que aquela era a "chance única para toda uma geração de presenciar um espetáculo completo de rock", que já naquele momento foi vinculado também como música "do demônio e outros adjetivos pejorativos, por representar rebeldia, insubordinação e desobediência".

O mês de julho seria marcado pela presença do futuro roqueiro Sérgio Murilo no filme *Alegria de Viver*, de Watson Macedo, o primeiro longa realizado exclusivamente para enfatizar o rock and roll no país, com historinhas de namoro intercaladas por números de dança – apesar de conter três números musicais com baião, samba e samba-canção, como contraponto daqueles que reagiam ao rock.

No cinema nacional, o ritmo tinha aparecido no ano anterior, em *Sherlock de Araque*, chanchada de Victor Lima, em que Carlos Imperial e Paulo Silvino (com o pseudônimo Dixon Savannah) cantavam *Calypso Rock* e *Let's Rock Together*. Em *Alegria de Viver*, não faltou um contagiante passeio de lambreta pela avenida Atlântica, no Rio de Janeiro, onde o filme foi realizado.

O diretor do clube, interpretado por John Herbert, diz para o garçom Carambola o que o chateava naquele momento: "Essa turma americanizada, que só pensa em rock. Nem um sambinha gostoso eles querem dançar". Até que a estrela e protagonista do filme, Eliana Macedo, sobrinha do diretor do filme, sobe em uma mesa e canta um rock em inglês. A turma se encontra mesmo para cantar e dançar no Rock Boy Club. O batismo para fazer parte do grupo é tomar um "Coca-rock" (Coca-Cola com uísque) em um gole só.

À medida que o filme avança, Eliana demonstra maior desenvoltura nos números de dança – com versões instrumentais. Enquanto isso, cada vez mais, o clube ganha fama de local de brigas. Em uma das cenas, a personagem de Eliana pergunta que tipo de música é aquela e a outra jovem, Silvia, responde: "É rock, você não sabe?" e a outra rebateu: "Já sei, e é bárbaro!". E as duas correm para ver de perto.

Nas danças, um tal Tony dá uma aula de rock, enquanto Eliana mostra impressionante habilidade no meio do salão. Na turma de rapazes está Johnny Guitar, carioquíssimo, mas que só falava em inglês. As jovens eram chamadas de brotos e diversão ganhou sinônimo de big-night.

Ainda nesse mês, João Gilberto lançou o 78 rpm com a faixa *Chega de Saudade*, marco inicial da bossa nova, enquanto Bolão & Seus Rockettes chegavam às paradas com *Short*. Os primeiros discos dos cantores americanos começaram a vender tão bem no Brasil que as editoras de partituras foram atrás. Era possível comprar nas lojas de instrumentos para tocar em casa ou entre amigos, por exemplo, as cifras de *Claudette*, sucesso de Roy Orbison, em cifras para acordeon, escritas por Mario Mascarenhas.

Nesse momento, começava a surgir no Rio de Janeiro um pequeno movimento, bem mais urbano e rebelde que aquele que Sérgio Campello e sua turma do conjunto Ritmos Ok deflagrariam em Taubaté. Nenhum sabia da existência do outro, pois estavam em cidades bem distantes. E ambos sonhavam em gravar rock em disco, por causa de Bill Haley – e depois Elvis Presley.

Era um grupo de jovens que se reunia no cruzamento das ruas Haddock Lobo e Matoso, em frente ao Cine Roxy, na Tijuca, para conversar sobre a "nova onda" do rock. O grupo era liderado por Erasmo Esteves, Sebastião "Tim" Maia e Jorge Bem. Eram amigos de outro adolescente, Roberto Carlos, que logo se apaixonaria pelo modo de cantar de João Gilberto e não tinha interesse nenhum por rock.

Erasmo, juntamente com Roberto, levariam bastante tempo para iniciar o movimento que seria denominado de jovem guarda. Era a famosa "Turma da Matoso", que passaria a segunda metade da década de 1950 fazendo serenatas de rock de madrugada – que terminavam com o violão tomado pela polícia, às vezes.

De resto, o grupo fazia pequenos furtos e alterações no letreiro do Cine Madrid, com traquinagens do tipo "Hoje em cartaz: Puta que Pariu" e esperavam o dia amanhecer para ver a reação dos passageiros dos bondes que liam abismados na fachada do cinema.

Com botas do Exército roubadas e blusões de couro costurados pelas mães, os rapazes circulavam com caras de bad boys no modelito James Dean e Marlon Brando. A aproximação de Erasmo com o rock – de fato, o único roqueiro do grupo – se deu quando ouviu *Rock Around The Clock*, na voz de Bill Haley, no momento em que vinha de uma festa, despertou nele "o capeta" e passou a colecionar recortes de revistas, letras de músicas e fotos dos roqueiros da época.

Tim Maia o ensinou o que seriam os três acordes básicos do rock ao violão: mi maior, ré e lá. Assim, explicou ele, tocava-se qualquer rock and roll!. Nessa época, a Turma da Matoso contava também com Wilson Simonal, Arlênio, Edson Trindade, Alcina "China" e Wellington. Com o passar dos anos, cada um tomaria um caminho diferente. Só Erasmo, que ganharia Carlos como segundo nome, continuaria fiel ao rock e agregaria Roberto ao ritmo – por exigência da Columbia.

Toda essa turma era um ano mais velha que a caçula dos Campello. Longe dali, na capital paulista, nomes mais novos como Rita Lee, nascida em 1947, estavam longe de ser despertados pelo ritmo – era, então, uma pirralha que dava bastante trabalho para os pais; e Raul Seixas, que todo mundo chamava de Raulzito, nascido em 1945 e que gostava de matar aulas no colégio em Salvador, enquanto sonhava em ser Elvis Presley e fundava um fã-clube em sua reverência.

Até lá, todos seriam ofuscados por uma adolescente de quinze anos de idade chamada Célia Campello, a partir daquele começo de 1958, quando, em Taubaté, algo estava prestes a acontecer que iria provocar uma revolução no mercado de discos e no comportamento dos jovens entre 15 e 25 anos de idade em todo país. Esse acontecimento começou a ganhar forma depois que seu irmão mais velho voltou para Taubaté. Mas não ficaria lá por muito tempo.

Em março de 1958, algo se dava em São Paulo que alteraria o destino dos irmãos Campello. E sem que Sérgio tivesse a menor ideia do que se passava. Era comum, na época, que cantores e bandas nacionais gravassem em inglês, como se fossem vozes americanas, pois as gravadoras tinham bons retornos com discos assim. Principalmente baladas românticas para bailes dançantes.

Desta maneira, não foi nada incomum Mário Gennari Filho compor e escrever duas canções em inglês, a balada-rock *Forgive Me* e a rumba-calipso *Handsome Boy* que, a princípio, seriam gravadas pela *crooner* oficial do conjunto, Celeste Novaes. Os diretores da Odeon aprovaram ambas, mas não gostaram do resultado da voz de Celeste. Disseram que preferiam investir em uma cantora nova, de voz jovial.

Celeste e Gennari Filho eram grandes amigos, mas ele teve de lhe explicar que sua voz não dava o resultado que esperavam os diretores e que tinham de ser cantadas por uma voz masculina. Por fim, afirmou que pensou em Sérgio Campello como um candidato perfeito para isso. A cantora se conformou e entrou como coautora das faixas porque tinha vivido nos EUA, falava e escrevia bem em inglês e vertera os versos de Gennari Filho para o outro idioma.

Por telefone, o músico e arranjador cego perguntou se o rapaz que tinha cantado em seu grupo poderia ir à capital o mais rápido possível, pois tinha uma boa proposta para ele. Limitou-se a dizer que conseguira um teste na gravadora Odeon. Não mentiu. Seu plano era usar o bom trânsito que tinha na companhia para experimentar aquele gênero de baladas românticas americanizadas e, ao mesmo tempo, promover duas composições suas.

Gennari Filho conseguiu um estúdio, mas não a promessa da Odeon de que o disco fosse lançado. Seria avaliado antes pela direção musical. Portanto, seria mesmo um teste sem qualquer compromisso. Quando Sérgio chegou, os playbacks (acompanhamentos) das duas músicas estavam prontos. Ele só tinha que encaixar a voz, o que deu certo, no caso de *Forgive Me*. Mas, quando tentou cantar o outro lado do disco e viu a tradução da letra, explicada a ele pela coautora, disse que tinha de ser uma mulher, no caso, a própria Celeste Novais, pois não pegaria bem, em um país machista, que um cantor se derramasse na letra por um "garoto boa pinta".

Ele não se esqueceria dos detalhes daquela tarde na casa do músico, em Santo Amaro. "Passamos as duas faixas. Uma servia para mim. A outra, achei que não tinha a ver comigo, a tonalidade não estava de acordo com a minha voz e o título e a letra, mesmo em inglês, não combinavam comigo. Como eu voltaria para Taubaté, onde morava e que era uma cidade cheia de preconceito, depois de cantar aquilo em disco? Além disso, essa não era a minha praia".

Insiste ele: o que iam dizer dele os amigos de Taubaté? "E eu observei que era para uma mulher cantar e não um homem. Depois de contar que Celeste não fora aprovada pela gravadora e me falar que precisava de uma voz bem jovem, lembrei imediatamente da minha irmã". Ele, então, arriscou: "Olha, Mário, essa não serve para mim, não, mas para minha irmã é perfeita, ela canta muito bem'. 'Você quem sabe, você conhece a sua irmã, fala sempre dela, chama ela para um teste, então pela o telefone, liga para ela'".

E Sérgio correu ao telefone e discou, nervosamente, o número da telefonista e pediu para chamar na casa dos seus pais. "Mamãe, Celinha está aí? Põe ela na linha rápido, diga que é urgente, vai, corre, chama ela, pelo amor de Deus..."

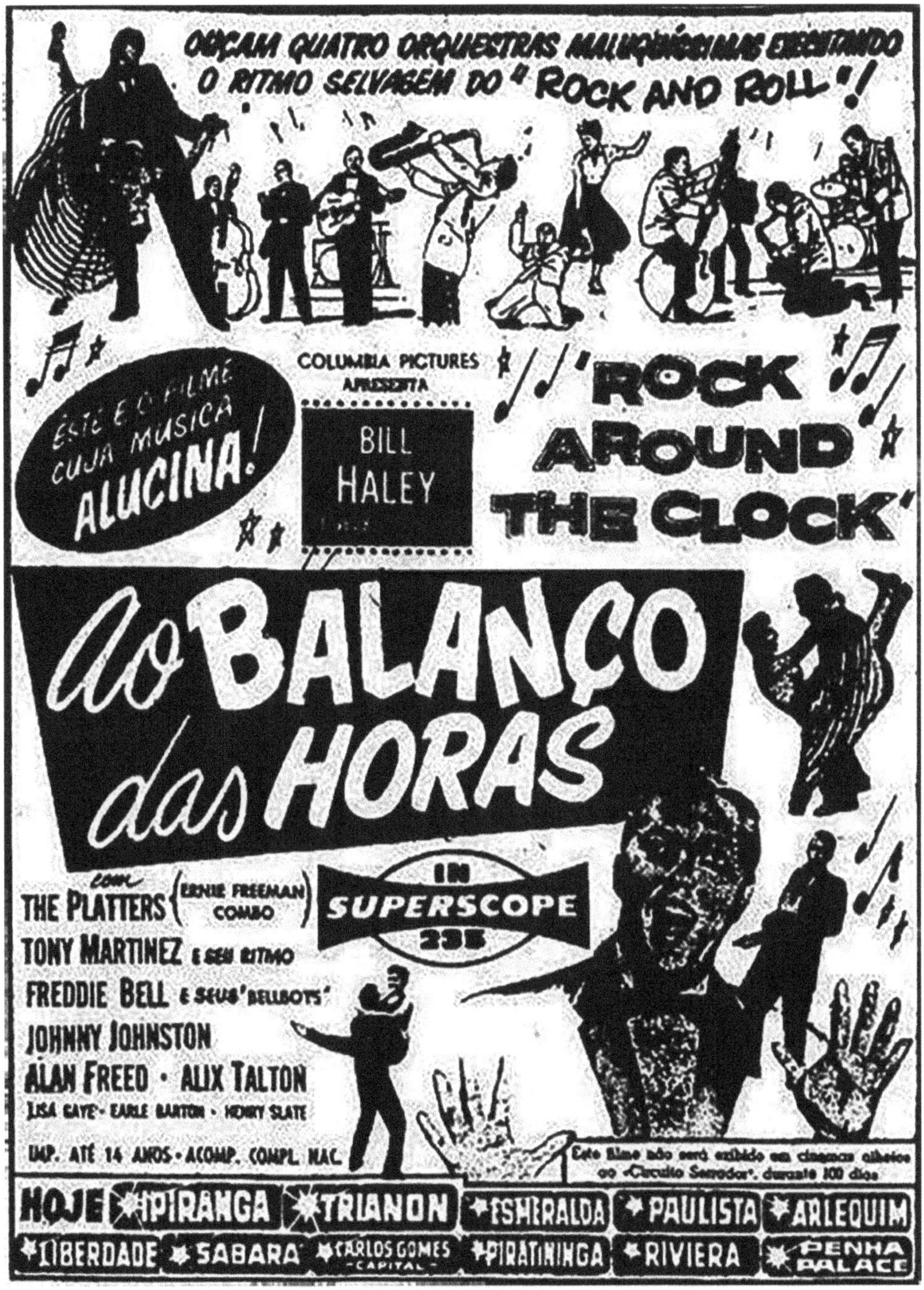

OUÇAM QUATRO ORQUESTRAS MALUQUÍSSIMAS EXECUTANDO
O RITMO SELVAGEM DO "ROCK AND ROLL"!
ÊSTE É O FILME CUJA MÚSICA ALUCINA!
COLUMBIA PICTURES APRESENTA
BILL HALEY
"ROCK AROUND THE CLOCK"
Ao BALANÇO das HORAS
com
THE PLATTERS (ERNIE FREEMAN COMBO)
TONY MARTINEZ E SEU RITMO
FREDDIE BELL E SEUS 'BELLBOYS'
JOHNNY JOHNSTON
ALAN FREED · ALIX TALTON
LISA GAYE · EARLE BARTON · HENRY SLATE
IN SUPERSCOPE 235
IMP. ATÉ 14 ANOS · ACOMP. COMPL. NAC.
Este filme não será exibido em cinemas alheios ao «Circuito Serrador», durante 100 dias
HOJE
IPIRANGA
TRIANON
ESMERALDA
PAULISTA
ARLEQUIM
LIBERDADE
SABARÁ
CARLOS GOMES -CAPITAL-
PIRATININGA
RIVIERA
PENHA PALACE

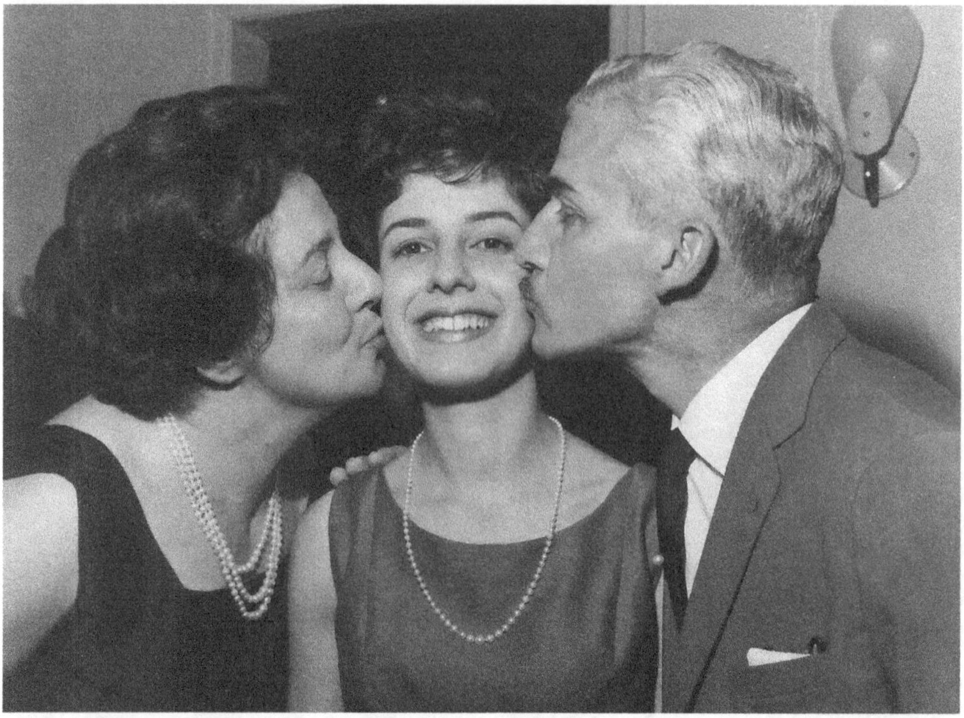

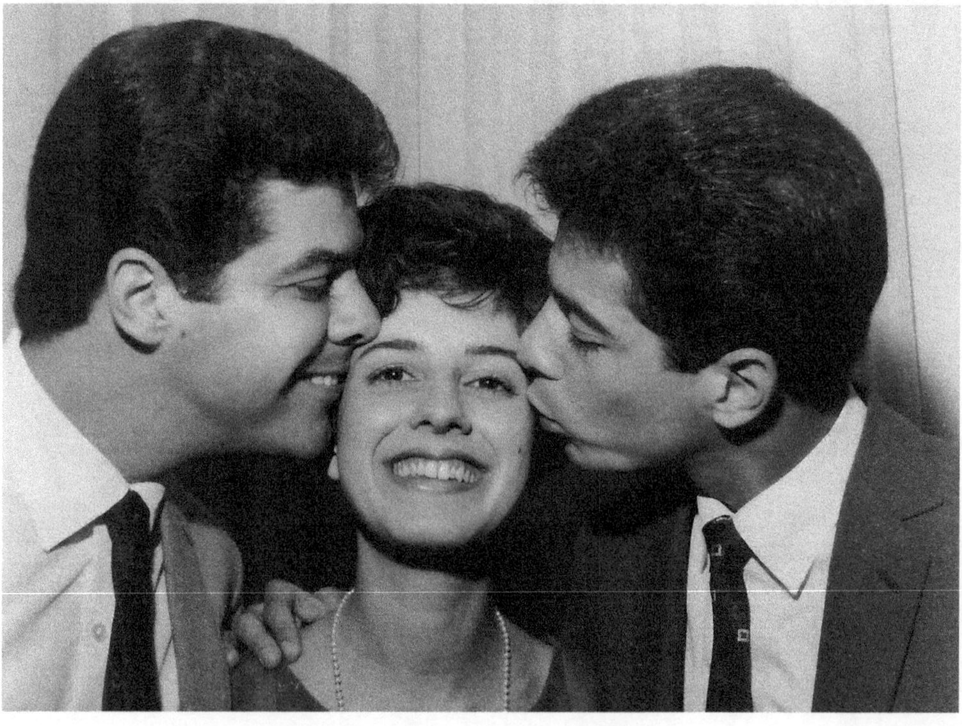

Capítulo 5
Sapato de Cinderela coube direitinho

O réveillon de 1957, como ocorria 20 vinte anos, foi celebrado pelas famílias de classe médias alta de Taubaté no TCC, como todos chamavam carinhosamente o Taubaté Country Clube. O evento teve a cobertura do jornal *A Tribuna*, de 4 de janeiro. De acordo com a reportagem, a entidade ofereceu a seus associados uma bonita festa de passagem de ano. "Seus salões engalanados receberam numerosa clientela elegante e alegre que, em um ambiente de amável cordialidade, brindou alegremente a entrada do ano novo".

A alta sociedade estava toda ali. "Quando o espoucar dos foguetes, o bimbalhar dos sinos, os silvos das sirenes anunciaram a hora prima ano novo, uma agitação febril tomou conta de todas as dependências do clube, sob a influência contagiante dos ritmos carnavalescos, dos confetes, das serpentinas disparadas em profusão. Animado, gentilmente foi assim o réveillon do TCC".

Para as crianças, a celebração aconteceu na tarde seguinte, a partir das 16 horas, no salão "grill room", com uma brincadeira infantil que proporcionou aos seus frequentadores mirins a oportunidade de comemorar festivamente o início do ano novo. "Cheia da espontânea alegria e encantos da juventude, obteve igual sucesso do réveillon, encerrando, assim, o TCC com chave de ouro as atividades de 1956".

A alegria continuou no domingo seguinte, dia 6, com o início dos bailes carnavalescos, animados pelo "consagrado conjunto" Ritmos Ok, segundo o jornal. "Estas brincadeiras organizadas quando da gestão do fabuloso diretor social sr. Armando Azzolini, já se tornaram conhecidas pela sua animação e são sempre aguardadas com entusiasmo pelos associados daquela entidade social recreativa de nossa cidade", acrescentou *A Tribuna*.

O mesmo jornal destacou que os "habitués" do TCC lamentaram a ausência de Sérgio Campello, "o querido *crooner* do conjunto Ritmos Ok nas atuações deste conjunto naquele clube". E explicou: "Consta que Sérgio Campello está temporariamente afastado ou se afastará definitivamente do conjunto, notícia que vem causando comentários, pois este destacado cantor taubateano, que possui incontáveis fãs e merecidamente desfruta de renome e prestígio, é parte integrante do sucesso que o conjunto Ritmos Ok vem conseguindo, destacando-se entre os melhores conjuntos do Vale do Paraíba".

Por insistência de seus admiradores, continuou *A Tribuna*, Sérgio deu uma canja no réveillon do TCC e interpretou algumas melodias acompanhado pela orquestra de Alberto Silva, "brindando com sua bonita voz os presentes". Esperavam os admiradores que ele voltasse a atuar no Ritmos Ok em breve. Na verdade, ele continuava a tocar sempre que possível, até que voltaria a morar em Taubaté em meados daquele ano que começava e passou a se dedicar integralmente ao conjunto por todo o segundo semestre e começo de 1958.

Tanto que o réveillon do TCC que recebeu 1958, por exemplo, teve o grupo como principal atração, com o rapaz à frente do microfone. Não foi diferente no Carnaval, quando o repertório acabava todo direcionado às marchinhas de Carnaval. Sérgio não lembra o que pediu em seus desejos para o ano novo, quando cantava para que todos se cumprimentassem na virada do relógio. Mas não fazia ideia de que sua vida daria uma guinada nos meses seguintes.

Ao mesmo tempo que o irmão tentava retomar sua vida no Ritmos Ok, Célia continuou sua rotina entre a escola, o programa dominical na Rádio Cacique e algumas participações nos shows do Ritmos Ok, sempre que o mais velho da casa chamava. Até que recebeu o telefonema do irmão com o convite para gravar um disco, em janeiro de 1958 na famosa e cobiçada Odeon.

O que nem ela nem o namorado Eduardo poderiam imaginar foi que, cinco meses depois do início do relacionamento, aparecesse uma oportunidade assim para uma menina de 15 anos de idade. Não era um convite qualquer, mas para assinar contrato com uma das maiores e mais tradicionais gravadoras do país, caso sua gravação da música de Mário Gennari Filho fosse aprovada pela direção.

Aquela era a primeira empresa a prensar discos no Brasil, só que começou com outro nome. A história da Odeon brasileira começou em 2 de agosto de 1902, quando a Casa Edison do Rio de Janeiro lançou o primeiro suplemento de discos gravados no Brasil, como representante comercial da multinacional Zon-O-Phone – que, apesar de ter durado apenas dois anos, foi a primeira gravadora de discos instalada em solo brasileiro.

Em 1904, a marca Odeon foi criada em Berlim e passou imediatamente a ser implementada também no Brasil. Para isso, comprou a Casa Edson e seu respeitável cast de músicos e cantores. Nas décadas seguintes, teve em seu catálogo grandes nomes da música brasileira, como Francisco Alves, Orlando Silva, Aracy de Almeida, Dorival Caymmi, Dalva de Oliveira e contratava naquele momento em que Célia era chamada para fazer um teste, o quase desconhecido baiano João Gilberto – que criaria a bossa nova.

Sérgio guardaria detalhes da ligação que fez para a irmã sobre a proposta de fazer um teste na gravadora: "Conversamos pelo telefone e eu fui sincero com ela, disse que não sabia ainda se o disco seria aprovado pela direção artística da Odeon. Portanto, funcionaria só como um teste. Mas tinha chances porque Mário Gennari Filho tinha respeito lá. E aquela era uma oportunidade de ouro, enfatizei que ela tinha de estar lá na manhã da segunda seguinte".

E que deixasse por sua conta conversar com os pais deles para pedir o consentimento quando chegasse à cidade à noite. Ele só precisava informar a Gennari Filho que ela tinha aceitado o convite. O rapaz apostou que sua resposta seria sim quando lhe telefonou. Seria algo que poderia abrir uma ampla porta para ela como cantora, pois acreditava que quisesse realmente isso e fosse apenas tímida.

Na verdade, Célia nunca pensou em ir além de Taubaté como cantora amadora. Ela não se cansaria de repetir que jamais tinha se imaginado conhecida em todo país, na América Latina e em Portugal como cantora a partir da gravação de discos e de apresentações em emissoras de rádio e TV de todo país. Mas não faltou apoio da família para que ela aproveitasse aquele momento e todos que viriam depois.

Na conversa, o irmão explicou que levaria um acetato (disco de 78 rpm) com o arranjo gravado para eles ensaiarem no fim de semana. Ao MIS, a cantora recordou o que aconteceu: "Ele lembrou de mim, não sei como, deve ter sido da gravadora, ligou lá para casa. E disse: 'Ô, Celinha, tem uma música que vai cair direitinho na sua voz...'. Bem, fiquei meio espantada porque aquilo para mim não era esperado. Nunca pensei em fazer esse tipo de negócio, de gravar um disco".

Algo que teve início no momento em que Célia e Sérgio começaram a ensaiar a música que ela gravaria na manhã do dia 31 de março de 1958. No fim de noite daquela sexta, dia 28, Sérgio chegou à sua cidade eufórico! Os dois irmãos teriam um disco gravado só deles, alardeou, diante dos pais, antes de explicar que a direção teria de aprovar. Um lado para cada um. Em seguida, antes de dormirem, Sérgio tocou os arranjos dos dois lados e explicou a Célia que a sua parte seria um rumba-calipso, uma espécie de rock meio dançante cadenciado.

No sábado, dia 29, os dois se puseram a ensaiar a música sob o playback. E o mesmo se repetiu no domingo ao longo de todo o dia – quando não compareceu ao programa de rádio, pois tinha ligado no dia anterior para pedir que a substituíssem por uma programação musical com discos. Os dois estavam bem nervosos. Ou ansiosos talvez fosse o melhor termo.

Célia descobriria a utilidade de ter cantado canções em inglês nas festinhas e nas canjas com o Ritmos Ok e nas aulas particulares de reforço que tomava com a professora Lucia. Além disso, trazia o que foi aprendido no colégio. Ficava atenta em casa porque ouvia bastante música americana e tinha a curiosidade de entender o que dizia. Para interpretar, não apenas memorizava os versos – não era fácil conseguir as letras naquela época –, como se esforçava em pronunciar corretamente.

Mesmo assim, teve certa insegurança quando começou a ensaiar com o irmão. "Eu não falo inglês, mas sempre tive facilidade de aprender a ler, sabia mais ou menos o que estava lendo e cantando", afirmou ao MIS. "Como a gente não tinha gravador para registrar a voz dela e ouvir como estava se saindo e a música era relativamente fácil, eu a toquei no toca-discos várias vezes para ela pegar", conta o irmão.

Os pais Nelson e Idea, que já sabiam da novidade pela filha, concordaram que ela, menor de idade, participasse da experiência. Não custava nada tentar, disse o pai. "No domingo, ensaiei com Celinha de novo pela manhã, dessa vez com ela ao piano. Às 8h da noite do domingo, nós dois, nossa mãe Idea e nosso pai entramos no ônibus da Pássaro Marrom para mudarmos nossas vidas".

Era o que o jovem músico e cantor acreditava e realmente aconteceria, mas não com tanta facilidade. Desde o primeiro dez polegadas de Bill Haley, Sérgio tinha apresentado o rock and roll à irmã e ela tinha adorado. A adolescente também se encantou pelas baladeiras românticas americanas que fariam enorme sucesso entre os brasileiros, nas vozes de Brenda Lee, Connie Francis e The Platters, entre outros.

Uma em especial chamava sua atenção. "Connie Francis era uma cantora com quem eu me identificava bastante, adorava as coisas que ela gravava, como *Who Sorry Now* (1957), que incorporei a meu repertório básico" – gravaria no seu primeiro long-play (LP), em uma interpretação arrasadora.

Ao jornal *Bondinho*, a futura cantora falou sobre o impacto que o chamado do irmão teve em sua vida e como, a partir dali, alterou por completo sua rotina: "Ele veio para São Paulo e ficou conhecendo Mário Genari Filho, isso em 1956, 1957, por aí. E eu vivia em Taubaté, sossegadinha, cantando em festinhas, com 15 anos, já namorava Eduardo, meu futuro marido. Então, veio uma ideia da gravação... Isso aconteceu quando começou a surgir o rock and roll nos EUA e aqui no Brasil".

Depois de lembrar das músicas que gravariam de Mário Genari Filho, Célia recordou que "meu irmão se encaixou no tom de uma delas e falou em mim que tinha recomendado que eu cantasse a outra". Com o aceite da caçula, Sérgio pediu a Gennari Filho a garantia de que não chamaria mais ninguém porque ela estaria segunda no estúdio, prontinha pra gravar. E o músico lhe disse para não se preocupar. Quer dizer, só daria oportunidade a outra cantora depois de Célia e que aparecesse com ela no estúdio no horário combinado, sem falta.

A adolescente torcia, sim, e apostava no futuro do irmão na música. Só dele, não no seu. Este não escondia seus sonhos e ambições de ser astro conhecido em todo Brasil. Célia amava cantar, mas repetiria por toda a vida que se dava por satisfeita com o que fazia na cidade, na rádio, entre os amigos e no TCC. Em outra entrevista, recordou o que Sérgio disse quando viu uma oportunidade para ela fazer um disco: "'Poxa! Eu podia chamar Celinha...' E, na mesma hora, ele veio me buscar".

Por essa versão dela, ainda ao telefone, ele teria dito: "Olha, Celinha, vem... Não é difícil, você aprende a gravar sem compromisso, quem sabe?". Sérgio tinha brincado com ela e dito que era bem-vinda ao mundo do rock and roll. Célia o olhou com ar espantado. "Como assim? Não é rock que vou gravar, é uma balada". E que ela não se preocupasse, se o disco saísse, estaria no cast da mais antiga, tradicional e respeitada gravadora do país e que todos lá cuidariam bem dela. Além de ele ficar a seu lado, pois também seria tratado como cantor.

As gravações dos irmãos Campello ocorreram no estúdio da RGE, que ficava no mesmo prédio da Rádio Bandeirantes, na Rua Paula Souza, 181, uma travessa entre o Anhangabaú e o Mercado Municipal, conhecida como a Zona Cerealista da cidade. Os registros ficaram sob os cuidados do técnico de som Stelio Carlini. Na segunda-feira, no estúdio da Odeon, com a letra totalmente decorada, Célia se sentou com Mário Gennari Filho e Celeste Novaes para passarem juntos a letra. "A ideia era dar a impressão de que era uma música cantada por uma estrangeira", observou Célia.

Pelo menos, no primeiro momento, e só depois de criar um mistério, a Odeon revelaria as identidades dos dois irmãos. Por um tempo, ninguém saberia de quem se tratava, portanto. A cantora veterana deu uma série de dicas de entonação e sotaque àquela menina bastante confiante, com jeito de gente grande. Uma série de ajustes foi feita ao longo de pelo menos uma dezena de registros da voz de Celly, que ouvia o arranjo com o qual tinha treinado com o irmão pelos dois enormes fones de ouvido – desproporcionais para seu tamanho de menina.

Em casa, Célia tinha decidido com Sérgio que não arriscaria nas improvisações que adorava fazer. Seria conservadora e, para ter mais segurança, não mediu esforços para copiar o estilo de Lana Bittencourt, uma de suas cantoras preferidas e que tinha gravado em inglês a rumba *Little Darlin'*, que a caçula dos Campello adorava. Ao menos faria uma voz impostada, mais adulta, aliás, porque era assim que as outras faziam. Celinha deveria cantar para adultos ou com a voz próxima disso. Com 15 anos, porém, os resquícios de adolescente ainda estavam presentes nela.

Ela sabia tudo da vida de suas cantoras preferidas, que acompanhava pelas páginas da *Revista do Rádio* e da *Radiolândia*. Lana tinha uma beleza madura que lembrava estrelas de Hollywood como Ava Gardner. Apesar de menos idade que a musa das telas, a brasileira possuía uma voz aveludada que entrava pelos tímpanos das pessoas e as faziam se sentir deitadas em um sofá de seda.

Nascida em 1931, Lana estreou com 23 anos, em 1954, na Rádio Tupi, do Rio de Janeiro. No mesmo ano, gravou o primeiro disco, pela Todamérica, com a faixa *Samba da Noite*, de Luís Fernando e Wilton Franco, e *Emoção*, de Emanuel Gitahy e Wilson Pereira, dois sambas considerados de primeira linha. Contratada pela Rádio Mayrink Veiga, ela excursionou por capitais e interior do Brasil com sucesso, porque a emissora alcançava vários estados em ondas curtas. Ao voltar, ganhou um programa semanal só seu na TV Paulista, Canal 5, de São Paulo.

Em 1955, Lana assinou contrato com a Columbia, onde gravou grande parte de seus discos no decorrer de uma década. O primeiro foi o fox *Juca*, de Haroldo Barbosa, e, em ritmo de bolero, a balada *Johnny Guitar*, de Victor Young, com versão de Júlio Nagib, do grande sucesso do filme homônimo. Depois de dois anos e vários discos, em 1957, fez sucesso com *Little Darlin'*, uma balada rock. Também no mesmo ano lançou um LP com o samba-canção *Se Todos Fossem Iguais a Você*, de Tom Jobim e Vinicius de Moraes, então pouquíssimos conhecidos.

Por conta do sucesso da sua dramática interpretação em inglês de *Little Darlin'*, bem diferente das originais em inglês, o produtor americano Nat Shapiro veio ao Brasil para convidá-la juntamente com Cauby Peixoto e Leny Everson a cantarem no depois lendário *The Ed Sullivan Show*, na Rede de TV CBS, apresentado desde 1948 e por onde passaram os maiores nomes da música americana e mundial até 1971, quando saiu do ar.

Célia, portanto, sentia-se mais confortável em buscar nela inspiração para superar sua insegurança. Na verdade, contou a cantora em outra entrevista, não foi nada fácil naquele dia. Pelo contrário, acabou tomada por uma onda de terror e insegurança, quando soube que todo o arranjo seria regravado com ela: "Cheguei a São Paulo e pela primeira vez enfrentei profissionalmente uma orquestra no estúdio da Odeon. Minhas pernas tremiam e depois mais nervosa ainda eu fiquei quando notei que, por eu ser ainda uma criança, havia uma falta de confiança do pessoal em mim".

Mas ela superou os olhares de questionamento antes de começar a cantar. "Aquilo foi, de qualquer modo, uma enorme experiência para mim. Aliás, nunca passou pelo meu pensamento ser cantora profissional e chegar mesmo a enfrentar uma orquestra de renome como era a da Odeon... Creio mesmo que aquela foi a maior experiência da minha carreira". E a mais difícil. Algo assim nunca mais voltaria a acontecer com ela nos quatro anos seguintes.

Desde cedo no estúdio, Mário Gennari Filho estava ansioso e curioso para conhecer a voz da irmã do amigo e conferir se ela realmente tinha a afinação que ele dizia. Recebeu-a com enorme carinho e atenção. Ouvia de Sérgio que a menina era "afinada até para chorar", segundo dizia-se na família Campello. Sem deixar que percebessem seu nervosismo, a menina tirou de letra a missão até o arranjador se dar por satisfeito e encantou a todos no estúdio com sua graciosidade de interpretar.

Célia, que entrava de última hora no outro lado do 78 rpm que era do irmão, passou com méritos no teste e só precisava impressionar os executivos da Odeon, que dariam a palavra final se o disco seria lançado ou não. "O tom encaixou direitinho", lembrou Célia. Ela sabia que se saíra bem e se animou. "De repente, enquanto a gente estava no estúdio cantando, eu via pelo vidro que chegava gente para nos acompanhar, com curiosidade e atenção, e uma dessas pessoas foi um rapaz que viria se tornar conhecido como locutor, em São Paulo, Hélio Ribeiro", recorda Sérgio.

Ao perceber aquela reação de curiosidade, o cantor achou que estava agradando, juntamente com a irmã. Tanto que alguém chamou o diretor geral da RGE para assistir a gravação: "Pouco depois, notei cinco ou seis pessoas dentro da técnica, que era espaçosa, cabia até umas oito. Para nós, vindos do interior, fazendo uma gravação que a gente nem sabia se seria aproveitada ou definitiva, foi algo que impressionou. Sei que fizemos bem, demos de tudo, o nosso melhor".

O entusiasmo foi geral. Ainda mais para uma pessoa em especial, segundo Sérgio: "Mário ficou satisfeito, disse que ia apresentar à Odeon e que a gravação seria completada pelos Os Titulares do Ritmo, que incluiriam os vocais. De modo que voltei para Taubaté com Célia e minha mãe e meu pai na terça-feira, isto é, um dia depois".

O grupo vocal e instrumental mineiro Titulares do Ritmo seria fundamental para Célia nos três primeiros anos de sua carreira como Celly Campello. Caberia a ele, como contratado da Odeon, fazer os vocais graves masculinos em todas as músicas dos artistas da gravadora que precisassem desse tipo de complemento. E a presença de seus componentes se tornaria uma constante na maioria das faixas que a jovem gravou.

Eles tinham duas carreiras em paralelo, com vários discos próprios gravados na década de 1950, inclusive três LPs, uma novidade recente que as gravadoras só proporcionavam às estrelas da casa ou com potencial para grandes vendas. Ao mesmo tempo em que davam suporte a discos de outros artistas da Odeon e de outras gravadoras, Os Titulares lançavam discos de sambas de sucessos com novas roupagens, como um coral afinadíssimo e talentoso que eram, em variações que só seus componentes sabiam fazer.

O que pouca gente sabia era que todo o sexteto fundado em 1945 reunia somente cantores cegos. Por causa disso, gostavam de brincar que no seu caminho rumo ao sucesso, "não viam ninguém". Eram eles: Francisco Nepomuceno de Oliveira, Geraldo Nepomuceno de Oliveira, Domingos Ângelo de Carvalho, João Cândido Brito, Joaquim Alves e Sóter Cordeiro. O cearense Francisco, o Chico, era o líder. Atuava como compositor, arranjador, violonista e pianista.

Seus componentes se conheceram em 1941, na escola para deficientes visuais Instituto São Rafael, em Belo Horizonte, onde cursavam o ginásio. Chamaram atenção ao entrar para o coral da escola. Ali, os garotos passaram a fazer harmonizações e vocalizações requintadas, diversas vezes de improviso – o que também adotariam nos estúdios, em seus discos ou de outros artistas.

A estreia do sexteto aconteceu na Rádio Inconfidência, de Belo Horizonte, quando interpretaram o samba *Como se Faz uma Cuíca*, de Pedro Caetano. Em 1948, os amigos se mudaram para São Paulo, onde estrearam com sucesso na Rádio Gazeta. Logo depois, atuaram na Rádio Bandeirantes. Em 1950, assinaram contrato com a Odeon e lançaram o primeiro disco, em 78 rpm, cujo lado A trazia o bolero *Lianto de Luna*, de J. Gutierrez e Roberto Corte Real. Do outro, o samba *Nega Distinta Taí*, de Chico, líder do grupo.

No mesmo ano, *Não Põe a Mão*, de Mutt, Arnô Canegal e Buci Moreira, tornou-se o primeiro sucesso do grupo. E vieram marchas, sambas e até baiões. Em 1952, Os Titulares do Ritmo foram para a RCA Victor, onde gravaram vários ritmos, inclusive boleros e foxes. *Que saudade, Menina*, baião de Castro Barbosa, foi outro sucesso. Dois anos depois, transferiram-se para a Copacabana, mas sem exclusividade. Tanto que, nesse mesmo ano, lançaram pela Columbia a marcha *Zig-zag*, de José Roy, Wilson Sales e Vladimir Melo, bastante tocada nas rádios.

Isso fez com que o conjunto vocal também ficasse conhecido por suas marchinhas nos carnavais ao longo da década. Sua afinação vocal era tão excepcional que o grupo seria considerado o maior conjunto vocal que o Brasil já teve – tanto que foi apelidado de "Os Fabulosos Titulares do Ritmo".

Com as gravações finalizadas, os dois irmãos foram informados que, se aprovadas, o rótulo do disco traria o nome do cantor de cada lado e "Acompanhamento de Mario Gennari Filho e seu Conjunto" como complemento. "Tinha sido combinado antes que o disco descreveria como autoria 'Mário Gennari Filho e seu Conjunto' em destaque e o cantor como convidado", conta Sérgio. "Algo do tipo 'Mario Gennari Filho apresenta Sérgio Campello'". Mas esse modelo seria mudado. O título em inglês viria traduzido logo abaixo, acompanhado do gênero musical. Ficaria assim: "Forgive Me – Perdoa-me, Rock Balada" e "*Handsome Boy* – Belo Rapaz, Rumba Calipso".

Célia disse depois que o ritmo de seu registro no disco nada tinha a ver com rumba calipso. Para ela, o resultado final foi rock, um gênero que, em 1958, "já tinha no Brasil intérpretes como Lana Bittencourt e Carlos Gonzaga", segundo ela. E acrescentou: "Uma era um calipso-rock e a outra, um rock-balada. Nesta última, Mário quis lançar Sérgio como um cantor jovem e boa pinta e seu teste ficou ótimo", ressaltou.

Dez dias depois que Gennari Filho ligou para Sérgio e o convidou para ir a São Paulo gravar, os dois voltaram a se falar por telefone. "Ele contou que as duas faixas tinham agradado tanto a direção da Odeon que na segunda-feira seguinte iria o pessoal da gravadora em uma caravana para conversar com a gente e assinar um contrato para lançar três discos de cada um. Em dez dias, nossa vida deu uma guinada inacreditável", recorda.

Todos na casa dos Campello custaram a acreditar que fosse verdade sobre a visita. Isso aconteceu no dia 7 de abril de 1958. "Sabíamos que tínhamos gravado bem e rapidamente os dois lados, havia dado tudo certo, mas não podíamos imaginar o quanto, no momento em que o pessoal da Odeon baixou na nossa casa", conta Sérgio. A visita deixaria a cidade boquiaberta, pois seria feita em estilo pomposo, por causa da chegada de seis carros em uma espécie de comboio presidencial.

O teste para o disco tinha mesmo encantado Oswaldo Gurzoni, diretor-presidente da Odeon, que achou sensacional a descoberta de dois cantores jovens e, além de tudo, irmãos, pois teria um enorme potencial de promoção do disco. O fato de terem sido criados no interior o fez apostar em certa pureza e naturalidade, dois pontos que poderiam ser explorados na divulgação. Seu faro apontou que, finalmente, depois de todos – referia-se às concorrentes – tentarem emplacar cantores para o público jovem nos últimos três anos, ele tinha conseguido encontrar algo nesse sentido.

Mais que isso, Célia era uma adolescente. Descobrir um astro jovem, para as gravadoras brasileiras, seria como ganhar a corrida para inventar o primeiro avião ou a primeira bomba atômica, disse ele, com certo exagero. O entusiasmo de Gurzoni foi tamanho que ele resolveu deixar de lado uma regra que jamais tinha sido quebrada no mercado de disco: ao invés de chamar Sérgio e Célia para irem a São Paulo discutir e assinar um contrato, com a presença dos pais, já que Célia era menor de idade, o executivo fez o contrário.

Gurzoni acionou o departamento de promoção, mandou reunir fotógrafos, jornalistas e colunistas de música e os donos das duas principais redes de lojas de discos de São Paulo e os convidou para irem todos de carro, em uma comitiva rumo a Taubaté. Eles precisavam saber de onde tinham saído aqueles dois talentos que a Odeon pretendia lançar para todo Brasil e sua família.

O diretor mandou que o departamento jurídico preparasse os contratos, pois queria voltar do interior com os mesmos assinados. E pediu a Sérgio que guardasse segredo de toda a família, pois queria fazer uma surpresa à sua irmã e a seus pais – o que ele fez parcialmente, sem dimensionar o que ocorreria. "Entramos em estúdio como artistas convidados do Mário Gennari Filho", conta Tony, "mas a situação se inverteu, a diretoria da gravadora ouviu o disco, achou que nós deveríamos ser lançados como artistas-solo não convidados do conjunto de Gennari Filho".

O compositor e o arranjador, portanto, foram colocados como coadjuvantes na edição final. Sérgio finalmente caminhava para realizar seu sonho de ser astro da música, pensava. Dali em diante, tudo seria mais fácil. Seria mesmo? "Eles viram a possibilidade de sermos promovidos como cantores jovens, de a gente se tornar a cara e o espelho dos adolescentes da época, que começavam a se rebelar e queriam ter voz, algo que simplesmente não existia no Brasil e que o mercado consumidor americano descobria com o rock. Parecíamos as pessoas certas, na hora certa. E foi isso que pensamos quando o pessoal da Odeon chegou".

Era tamanha a confiança de Sérgio de que ele teria uma oportunidade mais cedo ou mais tarde – mesmo depois de ter voltado para o interior –, que ele não pareceu surpreso, pois tinha sido avisado da visita da direção da gravadora à sua casa. "Eu já sabia que ia acontecer naquela viagem do pessoal da Odeon. Só contei a novidade para meu amigo Floriano", conta ele.

Como fora anunciando, antes do meio-dia da segunda-feira, pararam seis carros da Odeon na Praça Santa Terezinha, em frente à casa dos Campello. A comitiva era totalmente masculina. Todos estavam de terno e de gravata e alguns usavam óculos escuros. Os moradores que viram a cena pararam para observar, curiosos. O que teria acontecido na casa dos Campello? Quem eram aqueles homens em número tão grande e bem-vestidos?

Nelson estava em casa e foi atender a porta. Ele convidou os visitantes para que entrassem. Nelson recorda que o irmão alimentou a surpresa nos três últimos dias, ao dizer que viria para Taubaté somente Genari Filho para fazer uma visita e conhecer a família. Celinha ficou bastante assustada quando viu a fila de carros pretos parar diante de sua casa. "Meu Deus!", limitou ela a dizer, com a mão sobre a boca. "Sérgio, o que é isso?", perguntou, incrédula, de acordo com descrição do irmão.

Um a um, os forasteiros se apresentaram: Osvaldo Gurzoni, diretor-presidente da Odeon, que estava acompanhado do fotógrafo, do divulgador e do dono da loja de discos Casa Ang, uma das mais famosas da cidade, instalada, então, no começo da Avenida São João, no mesmo quarteirão da sede central dos Correios, em São Paulo, a algumas dezenas de metros da chamada região da Cinelândia – por abrigar vários cinemas.

Mario Gennari Filho fez questão de ir e teria levado o seu pai junto. Tanto que uma versão mais romantizada criada pelo próprio pai dos dois cantores seria publicada pela imprensa depois. Taubaté, disse ele, teria sido acordada com "um inferno de buzinas de automóveis", que só parou na porta dos Campello depois que o patriarca abriu a porta. O pai de Gennari Filho teria gritado: "Acorda, Nelson Campello. Que agora você vai ter a maior emoção da sua vida".

Na verdade, claro que, àquela hora, Nelson já estava de pé fazia tempo porque era o começo da tarde e ele tinha ido em casa para almoçar. Ele disse que contou oito automóveis na comitiva, de onde saíram o total de duas dezenas de pessoas desconhecidas, entre o pessoal da gravadora, convidados e jornalistas. Perguntou nervoso, como parte da encenação: "Emoção para o bem ou para o mal?". E Gurzoni tomou a frente e explicou: "Somos da Odeon, Nelson. Vimos aqui contratar seus filhos!".

A partir daquele momento, a casa ficou cheia, inclusive com a chegada, em pouco tempo, dos amigos do casal. "Houve uma verdadeira revolução na cidade", contou a *Revista do Rádio*. As emissoras de Taubaté não paravam de anunciar: "Neste momento, os filhos de

Nelson Campello estão sendo contratados para cantar em São Paulo". Uma indescritível alegria coletiva teria tomado conta dos moradores, como de fato aconteceu.

O pai contou que Célia se retirou a um canto para chorar "as lágrimas da alegria". A jovem lembrou daquele dia: "Cidade do interior, você já viu, né? Virou festa. Poxa! Me deu uma dor de cabeça danada... O dia inteiro foi um entra-e-sai de gente lá em casa, querendo saber o que tinha acontecido. E eu, aflita, só pensava na hora em que José Eduardo ia chegar do trabalho e eu tinha que contar tudo a ele. Mas, depois, foi como eu falei: dei uma choradinha e, por fim, ele acabou concordando que eu gravasse o disco".

Gennari Filho ouvia tudo e estava radiante. Não ficara chateado com a mudança em colocar seu nome em segunda posição no rótulo do disco. Sentia-se padrinho dos dois irmãos. "Ele seria o produtor dos nossos primeiros discos e foi nessa fase inicial que fiz meu cursinho de observador com ele para eu me tornar produtor anos depois na própria Odeon", recorda Sérgio – que, em poucos dias, seria rebatizado como Tony Campello.

Na assinatura do contrato, falou-se em escolher nomes artísticos para os dois irmãos, uma vez que foi dito que eles seriam apresentados como americanos. Nenhuma objeção foi feita por ele e nem pelos pais. Como o modelo padrão do contrato trazia espaço para preenchimento de como se chamariam os filhos de Nelson e Idea a qualquer momento, a linha ficou em branco. "Usamos nosso nome civil para completar o documento e quando gravamos nem fazíamos ideia de que seríamos de fato chamados de outra forma", observa Sérgio. "Ficou para vermos depois, interessava a eles que a gente assinasse o contrato naquele momento, tamanho o interesse que demonstravam ter por nós".

Na ida a Taubaté, a turma da Odeon levou 25 cópias em disco 78 rpm com o rotulo em branco, sem nada escrito que identificasse as duas faixas gravadas pelos irmãos Campello, o que demostrava ainda mais o desejo da gravadora de ter os dois o mais rápido possível. "Trouxeram um acetato para ouvirmos na radiola e ali foi feita a primeira reportagem com meus irmãos, que seria enviada a todos os jornais e revistas", recorda Nelson Filho. O texto foi produzido pelo departamento comercial da gravadora, pois não havia ainda assessoria de imprensa nesse meio.

Ele não se esqueceria do que lhe disse um dos fotógrafos, enquanto observava aquele alvoroço na casa dos Campello, com curiosidade: "Você vai ser famoso, garoto, porque é irmão de um cantor e de uma cantora que vão ficar famosos". Nelson ficou sem saber o que responder, pois não tinha qualquer tipo de vaidade em ser conhecido. Quem disse que ele queria mesmo a tal fama? Preferiu apenas dar um sorriso um tanto amarelo, segundo ele. Recorda também o que ouviu de um dos diretores: "'Veio toda a direção da Odeon, é a primeira vez', disseram para nós, 'na história da Odeon, que a empresa sai atrás de um artista em outra cidade para assinar contrato'".

Célia ficou desnorteada nas horas e dias seguintes à partida dos executivos da Odeon. "A decisão de fazer um contrato comigo foi de repente e minha cabeça não estava preparada para isso, quer dizer, de uma hora para outra, você grava, o teste funciona e a gravadora já quer fazer contrato e vai a Taubaté, o pessoal todo da gravadora, aquela parafernália toda. Mas, tudo bem, as coisas iam acontecendo e eu ia indo, estava entrando na deles e foi o que aconteceu, nós fizemos assim o contrato com a Odeon". Ela confirmou que naquele dia foi conversada a adoção de pseudônimos pelos dois irmãos e seu Nelson estabeleceu uma exigência, a única: "Meu pai fez questão que conservassem o nosso sobrenome Campello".

Começava para a jovem o que ela chamaria de "uma história que parece conto de fadas", porque nunca tinha pensado em ser cantora profissional. "O que eu tinha vontade era de estudar, fazer faculdade, casar e ter filhos, mas fiquei feliz com aquilo tudo e assinei o contrato para o primeiro disco" – na verdade, seu pai foi quem fez isso e ela teria de gravar mais dois depois daquele, só com sua voz. Mesmo assim, ficou assustada quando a caravana da Odeon deixou Taubaté, pelas responsabilidades que teria de assumir e que poderiam prejudicar seu namoro com Eduardo, sua maior preocupação.

Mas, também, sentiu-se um tanto entusiasmada. "O que aconteceria comigo foi em decorrência de meu irmão ter saído de Taubaté e ido para São Paulo. Ele ficou fazendo amizade com o pessoal da música e abriu as portas para mim", observou, mais uma vez. Mesmo assim, mal os carros viraram a esquina e a euforia tomou conta da casa. "Eu tenho um desses discos com o selo ainda em branco que eles, da Odeon, levaram para meus pais ouvirem. Tocávamos numa vitrolinha com pé de palito da Standart Electric, um conjugado de rádio com toca-discos que ficava no quarto dos fundos e ouvimos a gravação completa". Imagina, continua ele, "a alegria de todos. Quem ficou mais emocionado, porém, foi meu pai". A mãe, nem tanto. "Não foi só uma vez que ouvi minha mãe reclamando, antes daquele dia, preocupada com meu futuro", conta Sérgio.

Alguns dias depois e antes do disco ser prensado, os nomes de Célia e Sérgio foram mudados para Celly e Tony. As versões sobre como isso aconteceu seriam contadas de formas diferentes e contraditórias pelos irmãos, como se verá no próximo capítulo. "O que fez a Odeon? Convocou a gente na mesma semana para fazer o lançamento do disco nas rádios de São Paulo, distribuir para os programadores aqueles mais de 20 exemplares sem nada escrito nos rótulos. A gravadora realmente apostou na gente de imediato".

A garota apaixonada e romântica de Taubaté não tinha noção do que a esperava até mesmo em São Paulo, onde só ia passar as férias na casa dos avós ou dos tios. Era um mundo em transformação que dava sinais de ruptura, tanto na política – que levaria o país a uma terrível ditadura militar seis anos depois – e de comportamento. E o rock and roll se tornaria um bode expiatório nesse processo, como foi visto. E a perseguição continuava. No final de janeiro de 1958, por exemplo, a polícia prendeu um grupo de jovens na praia do Guarujá, em Santos, com maconha, lança-perfume, estimulantes e uísque, que seriam usados no Carnaval. Não havia qualquer relação do episódio com rock.

Mas a imprensa deu destaque ao que chamou de jovens "transviados" de classe média e alertou aos pais para o "perigo" do rock and roll como um dos males da modernidade que levavam seus filhos ao mau caminho. O interesse pelo rock, dizia parte dos grandes jornais, aumentava a possibilidade de infringirem a lei, por causa do seu discurso de desobediência à autoridade dos pais e do Estado. A televisão, por sua vez, dava um empurrão nessa "degeneração" dos jovens, diziam os moralistas, ao abrir espaço a esse tipo de música tão "perigoso".

Essa visão negativa e destrutiva do ritmo americano em nada combinava com Célia Campello, um exemplo irretocável de filha obediente de classe média, namorada apaixonada, moça prendada preparada para cozinhar, passar e ser mãe, com bons modos de se vestir e de se comportar. Não que fosse oprimida. Fora criada para ser daquela forma. "Éramos irmãos superprotetores, minha nossa senhora! Mas ela não dava trabalho para nós", conta Nelson Filho. "A vida na cidade para ela era tranquila e todos a viam como uma figura simples, comum, sem estrelismo, embora cantasse na rádio aos domingos. Não havia esse deslumbramento que tem hoje das celebridades, das redes sociais de todo mundo em busca da fama. Só quem não convivia com ela podia pensar que Celinha fosse alguém com esse perfil exibicionista. Nada a ver".

A futura Celly Campello, portanto, adolescente prendada, era a mais perfeita mocinha para se ter como nora, dir-se-ia depois de todos os cantos do país. Em parte por isso, Oswaldo Gurzoni concluiu que aquela menina de quinze anos tão certinha finalmente emplacaria seu plano de fazer música para jovens no Brasil e desfazer a imagem de que o ritmo americano que todos mais curtiam era feito para badernenos. O tempo mostraria que o encanto paternal que teve por ela desde a primeira vez que a viu no estúdio tinha como aval seu faro para descobrir sucessos.

Gurzoni, aliás, entraria para a história injustamente por ter desdenhado de João Gilberto ao ouvir pela primeira vez *Chega de Saudade*, poucos meses depois da gravação de estreia de Celly. Ele teria interrompido uma audição do disco, arremessando-o ao chão e exclamado: "Essa é a merda que o Rio nos manda!". Mas a frase também seria atribuída a Álvaro Ramos, gerente de vendas das Lojas Assumpção, então a maior cadeia de lojas de discos e eletrodomésticos do país. Ele teria também dito, ao ser indagado pelos divulgadores da Odeon sobre a voz de João: "Por que vocês gravam cantores resfriados?".

Gurzoni nunca teria reconhecida sua importância na descoberta de Celly Campello. Mas foi fundamental no processo. Ele pensou, inicialmente, em passar para ela gravar baladas rocks românticas dirigidas a meninas adolescentes e, no início da juventude, dos 13 aos 17 anos, que tinham enorme potencial de consumo, viviam intensamente as primeiras paixões e se refugiariam naquele tipo de canção romântica para desafogar suas alegrias e mágoas juvenis. Apaixonadas, ouviriam músicas com que se identificavam e que tinham de esperar tocar no rádio. Por que ninguém tinha pensado nisso antes, questionava-se o diretor, que se mostrou um visionário.

Vale lembrar que a Odeon estava a alguns meses de lançar a bossa nova de João Gilberto. Ou seja, a gravadora, em um curto espaço de quatro meses de 1958 começou a mudar para sempre a história da música no Brasil com duas novidades – rock and roll e bossa nova. Celly Campello e João Gilberto. João Gilberto e Celly Campello. Além, claro, de abrir um novo mercado para adolescentes e jovens com menos de vinte anos.

Na lógica certeira de Gurzoni, os "desviados" ou "transviados" do rock eram uma minoria de rapazes que extravasava seus hormônios adolescentes com quebra-quebra em cinemas. O Brasil era um país católico e conservador, como o americano, pacífico, e saberia aproveitar de modo saudável o rock se fosse bem conduzido por alguém como os artistas que escolheria para a gravadora, como os irmãos Campello. E assim decidiu que lançaria o disco de Sérgio e Célia. Ele, um rebelde nas ideias, mas preso à boa educação familiar, de uma índole tranquila de rapaz do interior.

No decorrer da semana em que o disco de 78 rpm com duas faixas foi gravado, com seu lançamento nas lojas definido para o mês seguinte, Sérgio estava à vontade diante do desafio de estrear e seguir carreira, dar entrevistas nas rádios e TVs, cantar ao vivo etc. Havia esperado a vida toda por isso. Aos 22 anos, tinha mais de uma década de prática como cantor mirim e juvenil, colecionava discos, estava antenado com as novidades que surgiam. Conhecia tudo, nos mínimos detalhes. Em casa, ansioso, enquanto ouvia as músicas novas, ele olhava cada disco que adquiria nos mínimos detalhes.

Em especial, os rótulos. Logo seu nome também estaria em um. "Eu pegava os de (Frank) Sinatra, com orquestra (sexteto) de Benny Goodman, onde se lia 'vocal by Frank Sinatra'. No nosso disco, seria 'By Sérgio Campello and Célia Campello'. E eu nunca achei que Sérgio combinava com meu sobrenome. Eu tinha mania de achar que nome precisa ter sonoridade. E eu estava em uma forma boa, por cantar em bailes. E Celinha, com formação vocal mais definida, a mulher sempre tem a voz mais definida que o homem, não é verdade?".

Mas, a incipiente carreira de Célia quase não decolou porque os programadores de rádio escolheram a canção do seu irmão para tocar. E não seria diferente no primeiro disco que ela gravou sozinha. Só que, mais uma vez, o irmão mais velho veio em sua direção, acompanhado por um cupido. Até que isso acontecesse, bastante águas turbulentas passaram sob a ponte que se erguera no caminho dos dois.

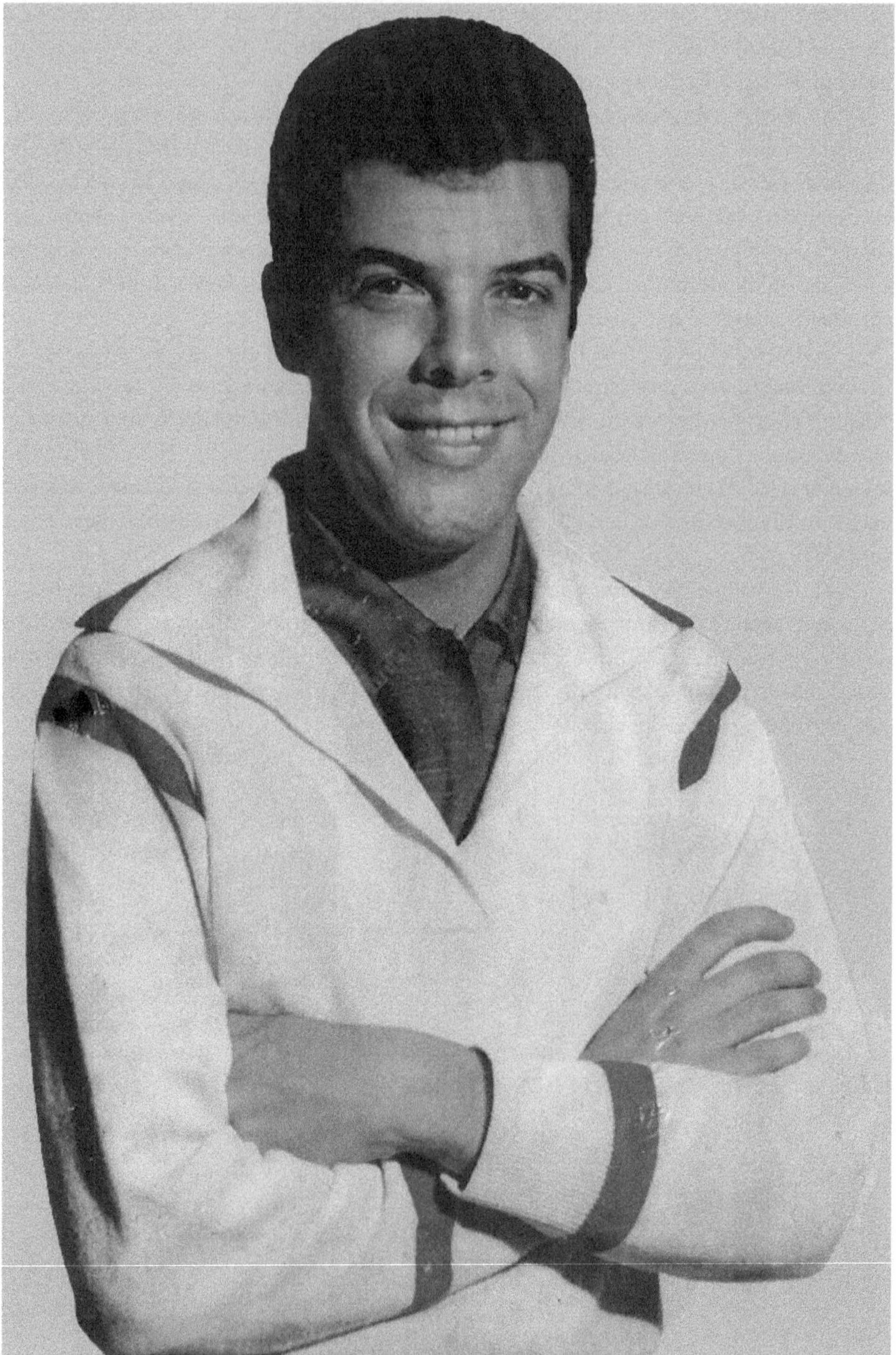

Capítulo 6
Um ano, três nomes e várias revoluções

Em 1958, o mercado fonográfico brasileiro girava em torno de quatro grandes gravadoras, todas multinacionais – RCA Victor, Odeon, Columbia e Philips – e apenas uma nacional de médio porte, a Copacabana. Funcionavam também alguns selos independentes que marcaram época, com o Festa. As majors, como se diria depois, tinham ampla dependência das matrizes americanas. Até mesmo a holandesa Phillips. Duas, em especial, RCA Victor e Odeon, apostavam mais no rock and roll e pressionavam suas filiais em todo o mundo a buscar artistas locais que aderissem ao ritmo.

A RCA Victor possuía Elvis Presley, Neil Sedaka, Johnny Restivo – um ídolo juvenil que virou fenômeno meteórico e o tempo cuidaria de fazer todos se esquecerem dele – e outros. A Odeon dependia da EMI/Capitol para ter Little Richard, Frankie Avalon e outros. A Odeon brasileira, portanto, empenhou-se desde o começo para transformar a dupla de irmãos de Taubaté em sucesso e, assim, atender à orientação da matriz. Seria mais complicado do que se imaginava, porém. Principalmente para Sérgio Campello.

Oswaldo Gurzoni estava encantado demais com a graciosidade daquela menina de 15 anos tão segura de si, voz afinadíssima, mas que não passava nenhum deslumbramento com a porta que a gravadora lhe abria para se tornar uma estrela. Célia era uma garota blasé – parecia indiferente à oportunidade que a Odeon lhe dava, meio desinteressada. Sérgio, por outro lado, também era bastante promissor para o diretor da gravadora. Boa pinta, ótima voz, divertidíssimo o tempo todo, conseguia fazer piada com qualquer coisa ou pessoa. Um rapaz por quem as meninas iam se apaixonar, sem dúvida.

Ao mesmo tempo, nunca tinha acontecido de dois cantores da mesma família dividirem o mesmo disco, um em cada lado. Isso por si só era interessante e curioso para a cobertura musical que a imprensa faria. Ficou combinado que os dois novos artistas seriam apresentados ao público pela primeira vez no programa *Disque Disco*, de Miguel Vaccaro Neto, na Rádio Panamericana, que ia ao ar da meia-noite às duas da manhã. Mesmo nesse horário, a atração tinha boa audiência, pelo hábito que criou junto aos jovens.

Um dia antes do evento para estreia dos irmãos Campello, o apresentador prometeu aos ouvintes conversar com dois jovens astros americanos que estavam no Brasil para lançar um disco. Na noite seguinte, durante uma hora, para segurar a audiência, ele anunciou a atração. E começou a conversar com Tony em inglês. "Isso acontecia porque os artistas americanos eram valorizados no Brasil, principalmente pelos jovens, que ainda não tinham artistas que interpretassem músicas para a sua faixa etária, principalmente o rock and roll e as baladas, bem populares em bailes, como as do grupo The Platters, que todos conheciam do cinema", recorda Sérgio, antes de virar Tony Campello.

Vaccaro Netto era conhecido também por escrever a coluna diária "Discos", na edição paulistana do jornal *Última Hora*. Ele se tornaria um nome icônico no rádio paulista, além de produtor musical, a partir da segunda metade da década de 1960. Gostava de dizer que foi ele quem descobriu Chico Buarque de Hollanda, quando tinha o selo musical Young Discos, ao realizar shows musicais em colégios com a presença do futuro cantor e compositor carioca, no começo daquela década.

Nascido em 7 de setembro de 1933, Vaccaro Neto estreou na Rádio América. Depois, destacou-se em coberturas de futebol como locutor. Mas se consagrou como disque-jóquei musical. "Meu programa era líder de audiência e mudava o comportamento da garotada, que frequentava a Rua Augusta fantástica", recordou depois. Parte da popularidade do radialista tinha a ver com a sua polêmica criatividade, que provocava comentários e agitação entre os jovens ouvintes, muitos deles faziam da Rua Augusta um trecho quase mítico na cidade. Ele funcionava como o porta-voz dos endinheirados que andavam com seus carrões em alta velocidade ali.

Daí o horário do programa ser tão tarde e ter audiência. O radialista tinha mostrado essa força quando transformou a morna procura por ingressos para os shows de Johnnie Ray, o ídolo de Sérgio Campello, em um enorme sucesso, apenas por criar expectativas para um sorteio de uma camisa vermelha do cantor. "Era uma época que o meio radiofônico tocava mais música e se falava menos", afirma Sérgio.

O radialista tinha sido escalado para ir a Taubaté com o pessoal da Odeon acompanhar a assinatura dos contratos de Sérgio e Célia, mas teve um contratempo e não pôde viajar. Mas teve a ideia de inventar que faria uma entrevista exclusiva e ao vivo com dois astros internacionais, a quem ele chamou de "Cantores Misteriosos", e cujas gravações somente ele possuía – o que não era verdade, tratava-se de um acetato igual ao que Gurzoni levou para a casa dos Campello quando lá esteve. Quando começou a entrevista com Sérgio e Célia, no entanto, nada saiu como tinha sido combinado ou imaginado.

Os convidados não sabiam falar inglês com a fluência que o apresentador esperava e Vaccaro Netto mandou para o espaço os planos da Odeon de vender os irmãos como gringos. "Lembro que falava algumas poucas coisas em inglês, até que uma hora não deu mais para enganar e revelamos que éramos de Taubaté", conta Sérgio. Ele fez isso, depois de tocar algumas vezes *Handsome Boy* e *Forgive Me*. Contou que o rapaz e a garota eram brasileiros e que aquelas eram suas primeiras gravações.

Estavam lançados, através do *Disque Disco*, os dois grandes pioneiros da música jovem no Brasil. Só que, até esse momento, garante Sérgio, não havia ainda os nomes Celly e Tony Campello. Tudo foi criado ali, no calor da hora e do improviso, embora ele mesmo contasse outra versão sobre a escolha do seu pseudônimo: Ismael Corrêa, um dos diretores da Odeon no Rio de Janeiro, teria escolhido os nomes definitivos com os quais os irmãos seriam conhecidos no Brasil inteiro.

Tony deu mais detalhes: "Como algumas cópias tinham ido para o Rio de Janeiro, Ismael viu a minha fotografia em Taubaté, tirada durante a assinatura do contrato e achou que eu tinha um topete e feições um pouco parecidas com o ator Tony Curtis, mais pelo topete, e resolveu sugerir meu nome como Tony Campello".

Sérgio não se empolgou, no primeiro momento: "Achei estranho, parecia nome de mafioso italiano. Por outro lado, Ismael era um bruxo, tinha uma visão, uma intuição tremenda e uma antena que depois vim a saber e a entender por que mudou meu nome". Aliás, nos anos de 1950, todos os rapazes também chamados Antônio passavam a ser apelidados de Tony, por causa de Tony Curtis, tamanho o sucesso que fazia no cinema.

Outra justificativa dada por alguns historiadores para o nome Tony Campello foi porque havia uma máxima no meio artístico de que funcionavam melhor nomes de artistas com até cinco sílabas e "To-ny-Cam-pe-llo" não fugiria à regra. "Eram mais sonoros", explica o próprio cantor.

Tudo, porém, aconteceu de outra forma, de acordo com Célia, que desmentiu ter estreado no programa Vaccaro Netto. Ela recordou que isso se deu na primeira apresentação dela e de Sérgio, no programa *Parada de Sucessos*, de Hélio de Alencar, na Nacional, patrocinado pelas Casas Assunção, que tinha uma das maiores audiências da capital. Isso aconteceu dois dias depois da assinatura do contrato e 48 horas antes dos dois irem ao *Disque Disco*.

Ela recordou ao MIS: "Viemos com meu pai. Fizemos o lançamento das duas faixas do 78 rpm na Rádio Nacional, onde depois seria construída a estação Santa Cecília do Metrô", contou ela. A atração ia ao ar por apenas uma hora, entre 11h e o meio-dia, considerado horário nobre no segmento de rádio, quando todos em casa se preparavam para o almoço e ouviam rádio.

Quando terminou a execução de *Handsome Boy*, Hélio de Alencar disse: "E agora vamos ouvir o outro lado dessa gravação". Enquanto tocava, a faixa ele perguntou: "Como é o seu nome, mocinha? Preciso dizer depois para os ouvintes". Sérgio teria improvisado, diante do silêncio da irmã. "Olhando pelo espelho, para o técnico, baixou em mim o nome Celly. Na verdade, vi como se tivesse projetado no espelho. Essa projeção fez com que dissesse Celly com dois L, um L e um Y". Assim, Célia virou Celly.

Essa versão do cantor ia em sentido contrário ao que se afirmou depois de que tudo não teria passado de "uma tramoia típica da época, um esquema foi montado para vender os irmãos como uma dupla americana", como escreveu um blogueiro não identificado na Internet. Ainda de acordo com essa interpretação, que nada tinha de verdade, o nome Celly foi escolhido pela própria Célia, por ser o nome de sua boneca predileta – só anos depois surgiu uma que ganhou seu nome por causa de sua fama como cantora, como se verá.

O sobrenome Campello teria continuado por exigência do pai dos dois artistas, como foi contado aqui. Celly disse que a gravadora soube aproveitar as sugestões de seu novo nome – e do irmão – e, portanto, passou a explorá-lo ao menos nas rádios. "Fomos lançados pela Odeon como dois cantores norte-americanos, como não sendo brasileiros. E no primeiro deles, mudamos de nome, eu de Célia passei para Celly e o Sérgio para Tony".

No depoimento ao MIS, ela deu mais detalhes e as primeiras reações a seu trabalho: "Quando o disco saiu, as pessoas acharam que éramos mesmo dois cantores estrangeiros. Talvez se ouvir o disco hoje as pessoas pensem que tem uma falha no meu inglês e tal, qualquer garotada pronuncia hoje direitinho, entende? Naquela época, não foi o meu caso. A pronúncia pode ter diferença, mas era uma novidade, ninguém cantava música em inglês e fomos lançados como cantores americanos e fizeram faixa na própria Rádio Nacional, onde eram anunciados os irmãos Campello, com toda aquela loucura para se projetar um artista".

Na TV, o novo nome artístico teve sua estreia no programa *Campeões do Disco*, da Tupi, ainda naquela semana inicial de divulgação, em abril de 1958. Ao *Bondinho*, a cantora acrescentou: "Mudamos de nome porque acharam que Célia não dava certo. (Nas semanas seguintes), a Odeon fez cartazes coloridos (para lojas de discos), como sendo nós dois cantores da juventude que interpretavam músicas americanas, aquela onda toda".

Célia confirma que, no primeiro momento, foi mostrada sua gravação como novidade de uma cantora nova americana que estava no Brasil. Como os discos ainda não tinham sido prensados, os irmãos tiveram sua identificação oficializada com os pseudônimos. No descritivo (release) do disco enviado à imprensa, a informação mudou completamente, pois os Campello tinham dito no ar, em português, que eram de Taubaté e ambos foram apresentados como cantores brasileiros da juventude, mas que interpretavam músicas americanas.

Por causa da força do departamento comercial e da tradição da gravadora junto às rádios, os dois lados começaram a ser executados, a partir da última semana de abril de 1958, em São Paulo. "Eu nunca tinha visto antes esse tipo de promoção com artistas de música", lembra o agora Tony Campello, que ficou feliz com o empenho da Odeon em promover ele e a irmã.

A primeira notícia a ser veiculada pela imprensa sobre os Campello apareceu no dia 16 de abril de 1958, na *Gazeta Esportiva*. Na coluna "Baralhando discos", o crítico Quincas Borba estampou uma foto dos dois com a direção da gravadora na casa da família em Taubaté e o título: "Tony e Celly Campello na Odeon". Na reportagem, Borba explicou que a gravadora abria com eles a linha de "teenagers" de seu catálogo e que tinham sido descobertos por Mário Gennari Filho. "A Odeon acaba de contratar duas autênticas revelações para essa classe de público".

E continuou: "Pelas qualidades que ostentam para uma carreira no disco, acabaram se integrando ao elenco da marca do templo". O jornalista destacou que o primeiro disco deveria estar nas lojas ainda naquela semana – atrasaria e isso só ocorreria no fim do mês. A foto reproduzida, contou ele, era "um flagrante tomado na própria residência dos dois jovens artistas em Taubaté, em que Oswaldo Gurzoni e Adail Lessa, respectivamente, diretor de vendas (na verdade, diretor-presidente da empresa) e chefe de divulgação da Odeon, posavam ao lado das duas novas aquisições da marca para a qual trabalham. Na foto, também aparecia Genari Filho, "todos com um sorriso de vitória".

A dupla foi apresentada aos leitores do *Diário da Noite*, de São Paulo , em 7 de maio, na seção "Gravação da Semana". O repórter – não identificado – informou que os dois irmãos tinham "registrado em disco" as músicas de Mário Genari Filho – sem citar a coautoria de Celeste Novais. No dia seguinte, o mesmo jornal, na coluna "Confete", destacou que Tony Campello e Celly Campello, as duas "revelações" da Odeon, tinham se apresentado no dia anterior no programa *Melhores*, da TV Record, e voltariam no sábado seguinte no *Campeões do Disco*, a partir da 20h30, na Tupi, "em grande estilo".

A edição daquele mês da *Revista do Disco* destacou: "Odeon: Afilhados de Mário Gennari Filho fazem sucesso". A publicação observou que a gravadora acompanhava "a nova era em que a mocidade tem sido a sensação do disco em todo o mundo" e revelou "dois valores para a fonografia nacional". Estes teriam sido descobertos por Gennari Filho e eram residentes em Taubaté. "Os irmãos Tony e Celly Campello, filhos de conceituada família daquela cidade, foram aprovados no primeiro teste de gravação e assinaram contrato com a marca do templo imediatamente".

Acrescentou ainda: "É curioso ressaltar que nunca tiveram sonhos de se projetarem além das reuniões familiares em que tomavam parte". Não era bem assim, pelo menos no caso de Tony, como foi visto. "Celly, de apenas 15 anos, toca piano, violão e estuda 'ballet', não pretendendo abandonar os estudos, embora se dedique de coração à carreira artística". O irmão, entretanto, "pretende fazer de sua carreira uma profissão e, apesar dos convites que recebeu para atuar nos três canais da televisão de São Paulo, prefere formar antes seu próprio repertório".

Fã incondicional da música norte-americana, Tony "interpreta com fidelidade os maiores sucessos da terra de Tio Sam, em sua língua original. Neste particular, salientamos a gravação que fez para a Odeon, em idioma inglês, deixando dúvidas quanto à sua nacionalidade". A revista conseguia interpretar o momento em que a gravadora inovava no mercado fonográfico: "Como veem, a Odeon no Brasil vem de ser a pioneira nas gravações com elementos ainda desconhecidos profissionalmente e da nova geração. Tony e Celly Campello, vocalistas de reais méritos, se destacarão brevemente como uma Laurie London, Tommy Sands, Gene Vincent etc.", acrescentou.

Tudo começou sem pressão sobre Celly, mesmo com o esforço da Odeon para chamar atenção dos programadores de rádio para a sua faixa etária. "O resultado foi excelente para mim porque fui lançada aos ouvidos do público sem sequer deixar de morar em Taubaté. As rádios tocavam minha gravação e a de Tony, mas, como você sabe, tem sempre um porém na carreira da gente e o meu porém quase que destruiu definitivamente a minha vida artística".

E qual teria sido? Ela respondeu: "O porém não partiu de mim... Foi originado pela própria Odeon. Nós procuramos dar o máximo da nossa interpretação e o disco, artisticamente, foi bem-feito e pensado, mas, na parte comercial, não sei se pela enchente de cantores do gênero na praça ou não sei por que o negócio é que resultou em um tremendo fracasso".

Ela acertou em sua avaliação somente na concorrência entre outros gêneros ou da quantidade de discos que chegava todos os meses ao mercado, pois no segmento de música jovem havia poucos concorrentes. Menos ainda no rock, ao qual ela e Tony foram atrelados desde o início, mesmo sem uma canção explícita do gênero no disco de estreia.

Celly recordou que "esse movimento (rock) surgiu, de fato, em 1958 (no Brasil), e fomos nós que ajudamos a lançá-lo. Já tinha Carlos Gonzaga, Lana Bettencourt, que chegou a gravar calipso-rock também, o pessoal (das gravadoras) estava começando a querer botar no mercado esse tipo de coisa, porque o jovem não tinha música pra cantar, eles cantavam músicas de Ângela Maria, já de pessoas assim, mais velhas. E músicas com letras para a juventude não emplacava bem. Quando se era jovem, cantava-se músicas de Ângela Maria, Cauby. Eu também cantava músicas mais pesadas, de fossa, quer dizer, não tinha uma coisa direcionada à pessoa mais jovem".

E o que aconteceu quando Tony e Celly começaram oficialmente pela Odeon foi que a garotada se viu representada por cantores de 15 anos, 16, como no caso dela. "Mas tinha pessoas de 60 anos, 70 anos, que cantavam também (em discos)". Referia-se a nomes como Vicente Celestino, por exemplo, que continuava a fazer sucesso. Ou Silvio Caldas e Carlos Galhardo, ambos com quase 30 anos de carreira naquele momento.

A revista *Radiolândia* de 24 de maio trouxe uma nota na coluna "Discolândia", de Jair Amorim, na parte de cotação dos lançamentos, que chamava de "Discos na Bolsa". Para ele, o 78 rpm com *Forgive me* e *Handsome Boy* era uma novidade que deveria agradar tanto os jovens no Rio de Janeiro quanto em São Paulo. "O 'selo do templo', aliás, está necessitado, atualmente, de um sucessozinho de 78 rotações. Domina o setor de LPs, mas anda meio fricativo na gravação 'standard'", comentou.

O exigente Amorim viu méritos nos novos artistas: "Os irmãos Campello cantam bem direitinho, embora a moça, na sua 'performance', esteja um tanto 'Lana Bittencourt'" – o que Celly admitiria depois, como foi visto. "Talvez porque o número seja também parecido com os que a cantora da Columbia vem gravando nestes últimos suplementos. O fato, apesar disso, é que ambos dão seus recados em boas condições. Quando o público do Rio atentar melhor para a coisa, sem dúvida que o disco irá para as 'paradas'". A nota que ele deu ao disco foi 7.

No dia seguinte, 25 de maio, o conceituado crítico musical Clariabalte Passos, do *Correio da Manhã*, do Rio, anunciou os dois irmãos com entusiasmo em sua coluna. Principalmente em relação ao mais velho: "Tony Campello, cantor paulista, recentemente contratos pela marca Odeon nacional, é autêntica novidade como intérprete do rock and roll. Já apareceu com o disco de estreia, em 78 rotações, cantando *Forgive Me* (Perdoe-me)".

Passos fez confusão, em seguida. Disse que o cantor gravou também no mesmo lado *Handsome Boy* e que Celly cantava do outro lado *Belo Rapaz*, título que era a tradução da segunda – e que o crítico chamou de rumba. Sobre a cantora, observou: "Não compreendemos o motivo pelo qual, sendo os autores e intérpretes nacionais, os títulos das músicas aparecem no rótulo em inglês, com a respectiva tradução em português entre parênteses".

Em 7 de junho, *Radiolândia* citou os dois na "Bolsa de valores do rádio e da TV", e trouxe a curiosa observação de que o rock and roll começava a perder sua força naquele momento no Brasil, o que reforçava a certeza de que a Odeon, desde o início, ligou os dois ao ritmo americano: "Tony e Celly Campello são novatos de bela voz, embora o 'rock' esteja passando da moda, além de não terem ainda nenhum desembaraço frente às câmeras, mas isto também acontece a multa gente boa, que tem mais 'cancha' do que estes dois".

A primeira nota sobre os Campello na badalada *Revista do Rádio* saiu somente em 28 de junho, na coluna "Discos". Com o título de "Tony e Celly", o colunista não identificado escreveu: "São dois jovens paulistas, descobertos por Mário Gennari Filho na cidade de Taubaté e que já assinaram contrato com a Odeon". Continuou a revista: "Apreciadores do gênero de música popular norte-americana, eles gravaram para o seu primeiro 78 rpm, na Odeon, *Handsome Boy* (Celly Campello) e *Forgive Me* (Tony Campello). A Odeon pretende tornar Tony e Celly figuras destacadas de seu elenco de cantores e lançar em breve uma nova série de gravações dos dois jovens paulistas".

Nesse mesmo dia, circulou *Radiolândia*, que falou da dupla novamente na coluna "Discolândia-São Paulo", com notícias da capital paulista, uma vez que a revista era carioca, Escreveu Mauro Reis: "Mário Gennari Filho, o musicista e compositor santamarense que gravava música sertaneja até que Anibal Conde, quando dirigia a Odeon, conseguiu 'cidadanizá-lo', aqui aparece entre Celly e Tony Campello, que 'descobriu' em Taubaté. Aparecem também na foto os pais e o irmão de Celly e Tony [Nelson Filho]. Tony gravou *Forgive Me* e Celly, *Handsome Boy*, composições norte-americanas de autoria de Mário Gennari Filho, com letra – em inglês – de Celeste Novais".

Continuou a revista, em relação a Gennari Filho e a Celeste: "Os brasileiros são 'incríveis', além de tocarem, com perfeição, qualquer tipo de música, compõem foxes, rocks etc., com gosto de absoluta genuinidade, ou seja, com sabor de Coca-Cola, boleros com cheiro de tequila, tangos que lembram um 'puchero' etc. Esperemos, todavia, que Celly, Celeste, Tony e Mário se lembrem de usar seus talentos e inspirações em prol da música brasileira".

Logo Tony e Celly começaram a ser noticiados em outras capitais brasileiras, à medida que os veículos de imprensa e as emissoras de rádio recebiam o disco para divulgação. Claro que o envio atrasava, às vezes. Tanto que, na coluna sucessos musicais, do *Jornal do dia*, de Porto Alegre, de 17 de julho, o crítico musical Cláudio Laitano Santos reclamou porque não tinha ainda recebido o disco para comentar: "Residentes em Taubaté e descobertos por Mário Gennari Filho, estes irmãos-talentos já estão fazendo sucesso. Não sabemos o que há com a Odeon de Porto Alegre. Não temos recebido nada para comentar. (Cotação: ?)".

Clariabalte Passos, do *Correio da Manhã*, voltou a comentar o disco de Tony e Celly em 13 de julho, na sua coluna "Discoteca". Tradicionalista, adepto do samba-canção e do choro, ele se esforçou para fazer afirmações em que reconhecia alguma qualidade naquela estreia. Depois de citar – corretamente, dessa vez – as músicas, os autores e os arranjos sob a responsabilidade do "acordeonista" Mário Gennari Filho, Passos fez sua avaliação: "Bem aceitável, na verdade, o *début* dessa dupla paulista. Um disco bem ao gosto dos fãs de ambos os gêneros – rock e rumba-calypso. Boa a sonora das gravações. Cotação: ACEITÁVEL".

A aposta da Odeon em uma cantora tão nova como Celly, de apenas 15 anos de idade, tinha precedente somente nos EUA, onde o rock havia se expandido bastante para o público jovem adolescente – finalmente tratado como consumidor importante – e se destacado com o surgimento de novos talentos, como os adolescentes Paul Anka – que era canadense de nascimento – e Neil Sedaka, que passaram a dominar uma fatia do mercado como cantores e compositores de estilo romântico – um fenômeno nunca visto no mercado daquele país até ali.

As gravadoras fizeram com que outros gêneros musicais aproveitassem a onda dançante do gênero e pegaram carona no rock, o que ocorreu no final daquela década. Logo ganharam a atenção daquela nova geração de consumidores, os novos compradores de discos. Dos grupos folclóricos vieram roqueiros como Jimmie Rodgers, The Wavers e Kingston Trio. Da música country que se fundiria com o rock e daria origem ao rockabilly faziam sucesso Sonny James e Eddie Arnold, entre outros. Até Hollywood contribuiu com seus jovens atores, como Tab Hunter, Sal Mineo e Tony Perkins, que se aventuravam a cantar.

Os genuínos rock'n'rollers Little Richard e Chuck Berry, por exemplo, mais adultos, passaram a ter "estranhas" companhias nas listas de discos mais vendidos – quase adolescentes e todos brancos. O gênero que melhor se saiu nesta salada musical foi o que era formado por grupos vocais masculinos que seguiam uma linha romântica de rock baladas. Destaques para os quase veteranos The Ink Spots e The Mills Brothers, que, desde a década anterior, gravavam discos com uma pegada mais de blues e tinham criado escola e influenciado novos grupos, mais moderninhos e roqueiros, como The Platters (que tinha uma garota entre os rapazes), The Coasters, The Five Satins, The Moonglows etc. A indústria fonográfica americana passou a criar grupos de jovens para não perder o fôlego que o rock demonstrou. E surgiram Dion & The Belmonts, The Mystics etc.

Taubaté foi ao delírio com o modesto disco da ilustre família musical da cidade. "Alguém disse para mim que nosso disco era tocado em tudo quanto era lugar (em Taubaté), até dentro da igreja porque o som do parquinho ao lado acabava entrando no local", lembra Tony. Longe dali, porém, no resto do Brasil, não foi bem assim. A máquina de divulgação da Odeon realmente trabalhou bastante para plantar notas em colunas e seções musicais de jornais e revistas de todo país. "Fomos bem lançados e apoiados pelas indústrias elétricas musicais do Brasil. Houve toda uma campanha construída para que fôssemos notados e em pelo menos em dez dias nos tornamos conhecidos. Em uma semana ou dez dias começou a dar resultado", afirma Tony.

Mas isso não durou tanto. Segundo ele, o trabalho de divulgação e promoção foi bem pensado, apesar do prazo curto, "apenas uma semana após a gente ter gravado um disco". Na verdade, não havia ainda o departamento de marketing nas gravadoras e a voz mais importante nas promoções era a do diretor de vendas, aquele que sabia farejar sucessos, supostamente.

No caso dos irmãos Campello, o departamento de arte chegou a fazer a toque de caixa o pôster de lançamento, com Celly de um lado e Tony do outro e os títulos das músicas no meio. Na capital, as imagens em tamanho natural foram espalhadas nas nove lojas da Discos Assunção, que vendia discos e rádios-vitrolas na capital. Só essa rede comprou mil discos e vendeu tudo em cerca de uma semana, em maio, quando o 78 rpm e o 33 rpm finalmente chegaram ao mercado. "Em um mês, passamos de dez mil, só em São Paulo", conta Tony.

Em poucos meses, o disco vendeu 38 mil cópias nos dois formatos, o que a gravadora considerou uma ótima marca, sobretudo para artistas iniciantes. À medida que as semanas passavam, porém, o caminho percorrido pela dupla sofreu um mudança: somente *Forgive Me* cresceu nas paradas, enquanto *Handsome Boy* logo foi esquecida pelos programadores, a partir de agosto. A Odeon concluiu que apenas Tony garantiu as vendas razoáveis até ali. "O sucesso maior aconteceu mesmo primeiro do lado dele", confirmou Celly.

Generosa, reconheceu a proteção do irmão o tempo todo desde aquele começo. "Depois, meu estouro foi maior que o dele, com *Estúpido Cupido*, e isso só aconteceu porque ele sempre cuidou mais da minha carreira do que da dele. Até hoje ele é assim", disse ela, décadas depois. Em outro depoimento, reforçou que, "daí em diante (agosto de 1958), a música de Tony apareceu mais que a minha". O irmão Nelson recorda que Celly reagiu de modo normal, sem chateação, ao fato das rádios só tocarem *Forgive Me*, como se a sua gravação não tivesse existido.

E ela manteve sua vida como antes do disco. Continuou a estudar e a levar a vida na mesma rotina de sempre como estudante. De casa, ela e os pais tentavam acompanhar pelo rádio o desenrolar do disco. De São Paulo, Celly ouvia os sinais das rádios Bandeirantes e Record, "mas que não tinham boa sonoridade", como ela observou. Nelson conta que tudo isso, por um tempo, foi marcado pela angústia por todos em casa, inclusive Tony, pois a receptividade de Celly ficou distante do que todos esperavam.

A Odeon não perdeu o entusiasmo com a repercussão abaixo das expectativas do primeiro disco dos dois irmãos. Para Gurzoni, o êxito de Tony cobriu e justificou o investimento. Valia a pena seguir adiante com ele e dar uma chance à sua irmã, que havia completado 16 anos em 18 de junho. E chegou a vez de Celly fazer a prova dos nove, como se dizia. Havia um contrato a ser cumprido e em setembro o irmão partiu para preparar com ela o segundo disco, dessa vez com sua voz nos dois lados.

Como combinado, cada irmão gravou seu disco individual. No seu, Tony interpretou as faixas *Louco Amor* (Crazy Love) e *My Special Angel* (cantada em inglês). A primeira faixa começava com vocal de Os Titulares do Ritmo logo na abertura. Cantada em português, foi um marco na história do rock nacional e se tornou o primeiro sucesso de fato do cantor. O grupo vocal fez toda a diferença, com contraponto ao longo da faixa.

Sem dúvida, aquela era uma autêntica balada de rock em que a guitarra de Rubinho do conjunto de Bolão marcava o ritmo do começo ao fim. "A faixa ficou bem diferente do original (americano), interessante, porque a contribuição dos Titulares deu um toque de personalidade à gravação, bem distante do original, mais para o country de Bob Helms. Conseguimos alcançar personalidade diferente e definida, ficou muito boa", avalia Tony.

Nesse momento, Os Titulares chamavam atenção também pela produtividade não apenas em fazer coro em discos de outros cantores em diversas gravadoras. Tinham tempo para fazer os seus próprios trabalhos, principalmente voltados para as festas natalinas, como a marcha *Pinheirinho Agreste* (O Tannebaum), de Ernst Anschutz, e o fox *Sinos de Belém*, ambos com versão do compositor Evaldo Rui e gravados em 1959. *Crazy Love* inaugurou a parceria dos Campello com o radialista Fred Jorge, já conhecido naquele momento pelas versões de *Diana* e *O Grande Fingidor*, sucessos de Paul Anka e The Platters, gravados em português por Carlos Gonzaga.

No lado A do seu primeiro disco solo, Celly gravou o fox em inglês *My Devotion*, de Otto Cesana, original da cantora Janice Harper, lançada pela Capitol nos EUA. Mais uma vez, ela foi ensaiada por Celeste Novais, por ser cantada em inglês. Só que o acompanhamento não coube a Mário Gennari Filho e seu conjunto. O arranjador passou a tarefa para Luiz Arruda Paes e sua Orquestra, porque precisava de um grupo maior de músicos e todos teriam de ser eruditos.

E o que viria no outro lado? Gennari Filho sabia que a Odeon queria transformar Celly em uma cantora de baladas de rock, mas parecia mais interessado em ver suas próprias composições registradas em disco acima de tudo. Tanto que, por saber que a garota gostava de imitar em casa as cantoras do rádio como Ângela Maria e Lana Bittencourt, ele a chamou para interpretar seu samba-canção *O Céu Mudou de Cor*, que fez em parceria com Ed Rossi. Celly não se opôs à gravação, contou depois. A gravação ocorreu em 24 de setembro de 1958.

Mas o gênero a confundiu bastante. "Quer dizer, esse samba-canção mostrava que eu não estava ainda no estilo certo, depois de ter gravado um calipso rock no primeiro disco. Isso tem a ver com o fato de que fui um pouco influenciada por Lana, que estava começando a cantar esse tipo de música, tinha gravado em inglês *Alone* e *Little Darling*. Eu gostava dela e isso também me marcou. Aí a gravadora me deu um samba-canção para eu gravar e do outro lado uma música cantada em inglês. Quer dizer, estava insistindo um pouquinho com outra balada também e que era estrangeira e se chamava *Devotion*".

A própria cantora não gostou do resultado da segunda faixa também. "A música é bonita, mas ficou assim, pesada, na minha voz. Se você ouvir o disco vai dizer: 'Não é Celly que está cantando'. Imagina, eu com 16 anos... a voz... Não sei o que que foi, se aconteceu algum problema na gravação, pois ficou um vozeirão, ou eu mesma ainda não estava certa na entonação de voz, sei lá".

Nenhuma das músicas, porém, fez sucesso, mais uma vez. "Bem, o disco não apareceu, tocou um pouquinho e tal". Tony comentou depois: "Então, ela que gostava de imitar Ângela Maria, foi gravar um samba-canção ("imagine eu, cantando samba-canção!"), e aí mesmo é que não aconteceu nada". Desde a primeira gravação, Celly sentiu o desafio de registrar músicas em disco, por causa das limitações técnicas. Todos os instrumentos eram gravados em um canal. Os acompanhamentos eram feitos por "músicos profissionais" de estúdio.

Segundo ela, "era tudo mais difícil, você fazia tudo junto, o conjunto e a gente, ao mesmo tempo. Quer dizer, se um músico errasse, tinha que repetir tudo. O violino desatinava, precisava repetir tudo outra vez. E eu cantava e cantava até a voz ficar rouca". Paciência, no entanto, não lhe faltava. "A gente começava a trabalhar no estúdio tipo às dez horas, onze horas da noite e ia até cinco horas da manhã, e eu cantando, cantando, quer dizer, por causa do violino, do baixo que erra, do sax que não entrava direito, quer dizer, você tinha que repetir tudo outra vez" – incontáveis vezes. Por outro lado, disse ela, era uma época que funcionava assim, quem cantava tinha de ser bom, se dependesse da técnica para editar, não daria certo.

Os dois discos chegaram às lojas em outubro. "O sucesso não aconteceu de novo com ela dessa vez cantando samba-canção. Nossa carreira subiu porque a gente já podia falar a mesma língua e começaram a dizer 'Tony e Celly, os dois caipiras de Taubaté'. Não que quisessem ridicularizar nada, mas para dar ênfase de que a gente veio do interior".

E o sucesso começou a aumentar para o filho mais velho de Nelson e Idea. Mais uma vez, ele se saiu melhor nas emissoras de rádio e nas vendas de discos, com o primeiro disco solo. "Trabalhamos os dois novos discos, que também saíram em 45 rotações, porque havia uma ideia de que essa seria a mídia que a garotada adotaria e que não deu certo", recorda Tony.

O primeiro disco de 45 rpm a sair nos EUA e no Brasil foi pela RCA Victor, multinacional que detinha os direitos do formato, enquanto a Columbia possuía a patente do LP de 33 rpm. Como já foi dito, o problema maior era que o consumidor precisava comprar uma vitrolinha exclusiva para tocar os 45 rpm, que só a RCA fabricava. Implicava, portanto, em ter dois aparelhos em casa, o que muita gente não podia se dar ao luxo porque os eletroeletrônicos eram caríssimos. Televisão, então, nem pensar. No começo da década de 1950, custava perto do valor de um automóvel.

A assinatura do contrato em Taubaté aconteceu porque, para a direção da Odeon, Celly e Tony Campello deveriam se tornar coqueluche entre os jovens, uma aposta inédita de nicho de uma gravadora no Brasil. E com poucos riscos de polemizar pela ligação de Tony com a tal rebeldia do rock. Ele insistia que poderiam dar certo somente com rock, porque imaginava que teria o mesmo resultado que nos EUA três anos antes, com Bill Haley.

Mais uma vez, porém, a música do irmão mais velho despontou nas rádios e as faixas da irmã, não. "Gravei *Pobre de Mim*, foi bem aceita e entrou nas paradas de sucesso", conta Tony. Por se destacar mais, ao longo do último quadrimestre de 1958, ele passou a ser tema de longos perfis e reportagens em jornais e revistas e não mais ao lado de Celly. Como fez em setembro a revista *Radiolândia*, que destacou as qualidades e as ambições do jovem, com exagero quanto a seus dons musicais.

Além de cantor, continuou a publicação, "Tony também é exímio pianista e violonista e estaria com vontade de aprender a tocar pistão". *Radiolândia* também apresentou alguns detalhes sobre sua relação com os estudos que não estavam corretos. "Aluno do curso clássico, em Taubaté, Tony teve que se transferir para um colégio da capital paulista (o que não aconteceu) para poder terminar o curso, pois sua presença tem sido solicitada em São Paulo, onde tem atuado em várias emissoras de rádio e televisão".

Sem contrato com nenhuma emissora, prosseguiu a reportagem, "ele prefere atuar como avulso, pois assim tem mais possibilidades de difundir sua música". Segundo o cantor, o que ganhava com a venda do primeiro disco solo e os cachês de programas de rádio e TV dava para ele viver bem. Verdade que com menos de oito meses de carreira ele recebeu vários prêmios no final do ano: "Melhor da Semana", "Campeão do Disco" e "Astro do Disco". "Suas gravações vendem muito bem", garantiu *Radiolândia*.

E a publicação foi ao ponto que mais interessava a seu público de maioria feminina: Tony "tem muitas namoradas e em recente temporada no Rio aumentou seu número de fãs, mas dizem que seu coração está em Taubaté e que a melodia *Louco Amor* é dedicada a certa moça de sua cidade natal".

Na edição de 6 de dezembro da *Revista do Rádio* ele apareceu sozinho em mais um perfil, o que confirmava seu sucesso maior que o da irmã. "Tony Campello: um norte-americano que nasceu em São Paulo", dizia o título. "Ouvindo Tony Campello numa gravação cantando em inglês ninguém seria capaz de dizer que se trata de um brasileiro. A pronúncia perfeita e todos os modismos empregados pelos cantores americanos são reproduzidos por Tony", dizia o texto.

A intenção da revista era revelar de uma vez por todas que o rapaz era mesmo brasileiro. "Ele não os imita, todavia, pois não é carbono de ninguém. Tony é rapaz de 21 anos (22, na verdade), nascido na cidade paulista de Taubaté (sic), foi descoberto pelo acordeonista Mário Genari Filho". Para Tony, ele se destacou mais pelo fato de morar em São Paulo e estar perto da imprensa e das emissoras de rádio e TV e a irmã não. "No primeiro ano, eu levei a melhor que Celly porque estava livre e desimpedido, ficava em São Paulo, trabalhando o disco, enquanto ela estudava em Taubaté, essa era a prioridade dela".

A Odeon, diz ele, apostou primeiro nele e acabou se esquecendo um pouco de Celly. Nesse momento, ela estava no quarto ano do ginásio. A jovem contaria nos dedos as vezes em que teve de sair da cidade para divulgar a música do primeiro disco. E essa demanda não demorou mais que três meses, até ela entrar no estúdio para fazer o primeiro disco sozinha. Por causa disso, Tony viveu algumas experiências inesquecíveis que a irmã teria adorado se tivesse ido junto, como conhecer de perto alguns dos maiores ídolos dela.

Disposição para fazer divulgação ele tinha de sobra. "Naquela época, havia mais oportunidade de fazer divulgação e fui a quatro apresentações na Rádio Nacional, do Rio. Vivia-se aquela euforia que a gente não percebia, da qualidade, da quantidade, da forma como as coisas eram feitas e quais os resultados, pois as gravadoras se mostravam bastante seletivas e o pessoal trabalhava duro na promoção. E eu apareci bem e me apresentei com Cauby e Ângela Maria. Eu fiz dois números no mesmo programa que eles", recorda o cantor. A atração era aos domingos, começava às 10h e ia até as 14h, sob o comando do ator Paulo Gracindo.

Em seis meses, Tony fez duas temporadas na Nacional. "Eu pegava o DC3 em Congonhas e levava 60 minutos para chegar ao Aeroporto Santos Dummont. Dali até a Praça Mauá eram cinco minutos de táxi. Acabei conhecendo um monte de artistas que sabia só de ouvir pela Nacional, que tinha um sinal de potência grande que cobria todo país". Tudo era bancado pela Odeon e ele ficava à disposição da produção do meio-dia a uma da tarde. Se fosse preciso dormir na cidade, hospedava-se no Hotel São Francisco, na Avenida Rio Branco, onde a gravadora tinha uma conta para seu elenco. "Nesse momento, sem dúvida, a empresa estava jogando as fichas em cima de mim".

Escreveu-se depois que no ano de 1958 Celly e Tony entraram na cena nacional e inauguraram a era das transformações que mudaria o Brasil, a ponto de fazê-lo menos caboclo e mais moderno. Não foi bem assim. Pelo menos em relação aos resultados das primeiras experiências discográficas. Ambos, sem dúvida, entraram no estúdio pela primeira vez em um momento especial da história brasileira, que ficaria conhecido depois como "Anos Dourados". E que ano foi aquele, sem dúvida.

A nova capital do país, no Planalto Central, em Goiás, a cidade-utopia que fora idealizada pelo Presidente Juscelino Kubitschek, o JK, uma das suas principais promessas de campanha, estava em plena construção. Seu plano era, aparentemente, impulsionar o crescimento do interior do Brasil. A cidade seria construída durante seus cinco anos de mandato e se chamaria Brasília.

Ao mesmo tempo, nascia o movimento musical da bossa nova, enquanto a indústria nacional fabricava o primeiro fusca. Nada seria mais inesquecível, porém, que o fato da Seleção Brasileira de futebol ter vencido sua primeira Copa do Mundo, na Suécia, depois de perder uma final por 2 a 1 para o Uruguai no Maracanã oito anos antes. O país foi tomado de uma alegria sem precedentes.

O time brasileiro entrou em campo na final realizada no dia 29 de junho, no Estádio Råsunda, na cidade de Solna, contra a anfitriã e venceu por 5 a 2. Em campo, jogadores que virariam lendas: Garrincha, Vavá, Didi, Nilton Santos e um garoto de 17 anos chamado Pelé – que se tornou o mais jovem atleta a disputar o torneio. Quando o capitão Bellini ergueu a taça Jules Rimet, exorcizou o derrotismo "vira-lata" de 1950 e provou ao mundo que o talento futebolístico brasileiro se equiparava, sim, ao de qualquer nação desenvolvida.

Tudo isso aconteceu ao som de uma marcha que virou o hino brasileiro por semanas, gravada por um grupo que era familiar para Celly: Os Titulares do Ritmo. Sim, os rapazes cegos que fizeram aqueles assobios na abertura e os vocais de *Handsome Boy*. Na verdade, aconteceram na ocasião duas gravações da mesma marcha: uma com a orquestra e coro da gravadora RGE, e a com Os Titulares do Ritmo, pela Copacabana, lançada em 78 rpm.

Pensada para funcionar como um hino daquele mundial ao menos no Brasil, a música tinha quatro autores: Wagner Maugeri, Lauro Müller, Maugeri Sobrinho, Victor Dagô e a letra simbolizava que a autoestima do Brasil estava nas estrelas, naqueles anos dourados de JK:

A taça do mundo é nossa
Com brasileiro não há quem possa
Êh eta esquadrão de ouro
É bom no samba, é bom no couro

A taça do mundo é nossa
Com brasileiro não há quem possa
Êh eta esquadrão de ouro
É bom no samba, é bom no couro

O brasileiro lá no estrangeiro

Mostrou o futebol como é que é
Ganhou a taça do mundo
Sambando com a bola no pé
Goool!
(bis)

Nesse mesmo ano, o boxeador Eder Jofre se tornou campeão brasileiro de peso-galo – o título mundial viria três anos depois. Ao lado de Althea Gibson, a tenista Maria Esther Bueno conquistou o torneio de duplas de Wimbledon, pouco depois de ganhar o Nacional da Itália. No mesmo ano, ela faturou mais dois torneios na Alemanha e oito nos EUA, além de catorze troféus de duplas. O mundo nunca tinha ouvido falar tanto no maior país da América Latina por meio dos esportes como naquele ano.

O grande nome de 1958, porém, era JK, que garantiu também colocar o Brasil na era tecnológica dos eletrodomésticos, com impulso da indústria nacional. Naquele momento, ele estava no terceiro ano de governo, com seu ambicioso Plano de Metas, que faria o Brasil se desenvolver "cinquenta anos em cinco". Seu propósito era "tirar o país da sina agroexportadora e transformá-lo em uma nação industrial, desenvolvida, moderna e altiva".

Um de seus pilares era atrair investimentos estrangeiros e fábricas de automóveis. A história mostraria que ele encarnou como ninguém o espírito de um país sonhador e cosmopolita. Mineiro de nascimento, formado em medicina, JK foi prefeito da capital, Belo Horizonte, e governador. Em 1955, apesar das turbulências políticas criadas pelo suicídio do Presidente Getúlio Vargas no ano anterior, conseguiu se eleger presidente do Brasil e governou sem romper uma única vez a ordem democrática, em meio a três tentativas de golpe, uma delas para impedir sua posse.

Com tanta euforia e avanços, JK foi apelidado de "presidente bossa nova", ajudado por seu estilo sorridente e boêmio, que buscava um país voltado para o futuro, de um Estado moderno, que conquistava a autoestima com o êxito também na música popular. Como consequência da política econômica voltada para o desenvolvimento, aconteceu uma expansão acelerada da economia, com destaque para a indústria automobilística, apesar da pressão inflacionária que ameaçava a estabilidade de seu governo.

Vários fatores ajudaram a marcar 1958 como um ano mágico, de superação e autoconfiança adquiridas por conquistas históricas nas artes, com o surgimento do Cinema Novo de Nelson Pereira dos Santos; a pintura e a escultura deram um salto com o neoconcretismo das obras de Lygia Clark e Hélio Oiticica; o teatro vibrava com as peças escandalosas de Nelson Rodrigues. Na música, porém, o bolero continuava a dominar o mercado e a influenciar diversos gêneros, com letras melodramáticas, que, disse-se depois, causavam terríveis úlceras estomacais nos críticos musicais de jornais e revistas.

Eles defendiam, em especial, um tipo de música mais nacional, como o samba-canção e o choro ou um meio termo como fazia a melancólica Maysa, que tinha a mesma idade de Sérgio Campello e lançou seu primeiro LP, em 1956, *Convite para Ouvir Maysa*, produzido por Roberto Corte Real, da RGE, mas cantava música de adulto, com uma pegada mais de fossa, de dor de cotovelo. Era, então, casada desde os 18 anos com o milionário paulista André Matarazzo. Logo começou a fazer sucesso com Ouça, Tarde Triste e Quando Vem a Saudade. Ao mesmo tempo, surgia Sylvinha Telles, com sua voz suave, perfeita para fazer dela uma das expoentes da bossa nova, a partir de 1959.

Esse era o mundo das elites carioca e paulistana que, em agosto de 1958, acolheria o 78 rpm de João Gilberto com a revolucionária interpretação de Chega de Saudade, a música que deu corpo, voz e tom à bossa nova, com a batida única que ele criou e seduziu o mundo pela sofisticação e bom gosto. Natural de Juazeiro, na Bahia, João estreou no Rio como componente do conjunto Garotos da Lua, para substituir Jonas Silva. Encontrou uma cidade efervescente na parte musical e acabou na vida noturna, concentrada em torno de boates com música ao vivo, que floresciam sobretudo em Copacabana, após a proibição dos cassinos, em 1946.

A música popular devia se modernizar e o samba-canção era um caminho em que acreditavam, como observou o biógrafo Zuza Homem de Mello: "Ao contrário do samba--batucada, que tem a dança em seu bojo, o samba-canção se desprendia da marcação rítmica para valorizar a melodia e o encadeamento harmônico". Segundo ele, nesse clima inédito na música popular brasileira, os nomes que mais chamavam a atenção, os mais identificados com essa inquietação, eram o do violonista Laurindo de Almeida, os de cantores como Dick Farney e Lúcio Alves e cantoras como Nora Ney (a mesma de Ao Balanço das Horas) e Doris Monteiro.

Despontavam Ismael Neto, do conjunto Os Cariocas, os arranjadores Moacir Santos e K-Ximbinho, os compositores José Maria de Abreu, Luís Bonfá, Tito Madi, Dolores Duran, Garoto, Valzinho, Antônio Maria e Billy Blanco. Pelo menos dois compositores já consagrados tinham um nítido parentesco com essa tendência que se desenhava: Ary Barroso e Dorival Caymmi. "Vivia-se ainda a fase incipiente dos LPs de dez polegadas, quando também surgiram os discos do Trio Surdina e da Turma da Gafieira, instrumentais cujos timbres se encaixavam nos sonhos daqueles jovens ansiosos, sobretudo dos mais ligados ao jazz".

Foi esse o ambiente, descreveu Zuza, que João encontrou no Rio quando integrou o Garotos da Lua, contratado da Rádio Tupi, PRG-3, e pela gravadora Todamérica, onde gravou dois discos de 78 rotações, com o bolero Quando Você Recordar e o samba Amar é Bom. Mas a parceria durou apenas alguns meses, até que, em 1958, depois de idas e vindas e uma longa temporada em Porto Alegre, João voltou ao Rio para deflagrar uma revolução musical chamada bossa nova, a partir de uma renovação do samba.

Nascida a partir da Zona Sul do Rio de Janeiro, a bossa nova passou a dar nome ao estilo de interpretação e acompanhamento rítmico dele surgido, que ficou conhecido como "batida diferente". O marco inicial foi, como visto, o samba Chega de Saudade, de Tom Jobim e Vinicius de Moraes, que foi lançado originalmente por Elizeth Cardoso no começo de 1958 e, pouco depois, em agosto, por João Gilberto, que tocou violão nas duas gravações. Tudo isso acontecia no momento em que a mesma gravadora Odeon promovia o primeiro disco de Tony e Celly, marco inicial do rock and roll no Brasil.

No ano seguinte, enquanto os irmãos Campello colocavam o rock nas paradas das rádios, João Gilberto, agora com o devastador LP Chega de Saudade, consolidava esse novo estilo de tocar que alterava as harmonias com a introdução de acordes não convencionais – como antes já realizavam violonistas e pianistas como Garoto, Vadico, Oscar Bellandi e Dorival Caymmi, entre outros – e uma sincopação do samba inovadora a partir de uma divisão única realizada sobre sambas tradicionais como *Rosa Morena* (Dorival Caymmi), *Morena Boca de Ouro* (Ary Barroso), *Aos Pés da Cruz* (Marino Pinto e Zé da Zilda) e *É Luxo Só* (Ary Barroso e Luís Peixoto).

Mas só o tempo daria o merecido reconhecimento à obra-prima do instrumentista e intérprete baiano. "Nesse disco, sente-se nitidamente a depuração do supérfluo apoiada pela economia nas orquestrações e na duração de cada faixa. O primeiro LP de João Gilberto, intitulado *Chega de Saudade*, teve o poder de mudar quase tudo que se julgava inabalável na música brasileira", observou seu biógrafo.

Com sua capacidade de síntese, continuou Zuza Homem de Mello, "como quem busca a essência de cada canção, João dá a suas interpretações uma fluidez rítmica e melódica que não se imaginava existir. Consegue uma contextura de universalidade que a partir daquele momento conquistaria os mais sensíveis ouvidos musicais no país e no exterior". A batida do seu violão fez com que um grupo de músicos, a maioria oriundos de classe média carioca e com formação universitária, ampliasse seus conceitos e transformassem suas experiências formais.

Quando a bossa nova dava seus primeiros passos, a jovem precoce de Taubaté era, literalmente, um broto no jardim da música popular brasileira. Nova em idade, com 15 anos, contra a tradição de impor um gosto para ouvintes maduros. Celly foi a primeira estrela voltada exclusivamente aos jovens com menos de 20 anos em quase seis décadas de indústria do disco e trinta anos de rádio até aquele momento. Ela simbolizaria a modernização e o início da indústria da música pop que influenciaria o nascimento dos movimentos da jovem guarda e do tropicalismo.

Ela era a antropofagia musical, que se dava por meio de versões em português de sucessos americanos, rearranjos de melodias e um estilo realmente cheio de bossa para interpretar que mostrou desde a primeira gravação. Nenhum roqueiro ou roqueira no Brasil jamais cantaria como ela.

Mas as críticas por essa "americanização da música" tanto contra a bossa nova quanto o rock não demoraram a surgir. No caso de Celly, ao saber que a jovem gravou novamente em inglês no seu primeiro disco solo, J. Pereira, o colunista musical do *Diário da Noite*, que tinha se simpatizado com ela, escreveu com ironia em 12 de setembro: "Celly Campello: Graça, juventude, colorido, emoção e sensibilidade a serviço do sucesso alienígena. Que bom se a nossa música popular pudesse contar com ela...".

Em Taubaté, a mocinha cantora estava com a cabeça em outro lugar. Nada de rádio. Sentia-se mais apaixonada que nunca por Eduardo. "Eu pensava que logo após fazer-me conhecida do público (com o primeiro disco), poderia abandonar a carreira musical, mas esqueci que já havia assinado um contrato com a gravadora e, por isso, teria que cumpri-lo", com mais dois discos. Ao ser perguntada se ela gravou o segundo disco contra sua vontade, Celly respondeu: "Contra a vontade não foi totalmente, mas que não tive jeito para enfrentar a vida artística, isso é verdade".

Enquanto ela e Tony estavam no estúdio gravando o primeiro disco individual cada um, o rock ganhava força no Brasil. No Rio de Janeiro, naquele setembro, os rapazes do grupo carioca Golden Boys – todos negros, em mais uma confirmação de que o rock no Brasil nasceu afro – lançaram pela Copacabana seu primeiro disco, um 78 rpm com um clássico do rock americano no lado A, cantado em inglês e em ritmo de rumba: *Wake-up, Little Suzy*. No lado B, vinha um calipso em português, *Meu Romance com Laura*, de Jairo Aguiar.

Três dos quatro componentes dos Golden Boys eram irmãos, com sobrenome Corrêa: Roberto, Ronaldo e Renato, mais o primo Valdir Anunciação. Com rostos de meninos, eles agradaram tanto que foram contratados por seis meses pela TV Tupi do Rio e participaram do filme *Cala Boca, Etelvina*, chanchada musical com Dercy Gonçalves, Eliana Macedo e Wilson Grey – eles cantaram o próprio sucesso *Meu Romance com Laura*. O grupo seria completamente ignorado por historiadores como pioneiros do rock nacional.

Enquanto isso, um garoto chamado Jair de Souza continuava seus estudos musicais – e não demoraria a mudar seu nome para Jerry Adriani. Ele entrou para o coral da Associação Cultural e Artística de São Caetano do Sul, na Grande São Paulo. Em outubro, Ronaldo Antonucci, que fundaria o grupo Vips anos depois, durante o movimento da jovem guarda, começou a se apresentar com repertório de Elvis Presley, sozinho, com o pseudônimo de Ronald Red, na Rádio Bandeirantes de São Paulo.

Nos últimos dois meses de 1958, Roberto Carlos participava do grupo Os Terríveis, de Carlos Imperial, além de continuar com suas apresentações solo imitando João Gilberto – sua paixão maior não era o rock, mas a bossa nova. Nesse momento, após o sucesso do filme *Absolutamente Certo*, em 1957, o rock voltou ao cinema com *Aguenta o Rojão*, com Betinho e Carlos Imperial no elenco. No gênero chanchada, o longa foi produzido, escrito e dirigido por Watson Macedo e era protagonizado pelo humorista Zé Trindade e sua companheira Annabella, que vivem as peripécias surgidas numa festa junina à moda da roça, com brigas e sopapos, uma vez que uma jovem é "roubada" (sequestrada) quando vai para o altar. O noivo fica falando sozinho e daí surge a rebelião dos convidados, as correrias e os números musicais. *Aguenta o Rojão* ficaria conhecido também porque teve Roberto Carlos em uma ponta, graças a seu padrinho Carlos Imperial.

Em outubro, o disco de Tony ficou entre os cinco mais vendidos em São Paulo. Para aproveitar a boa fase dos Golden Boys e a proximidade das vendas de Natal, a Copacabana lançou mais um 78 rpm do grupo, com dois clássicos natalinos. Foi um "estouro". Lares de todo país acabaram embalados por aquele coral irresistível de meninos negros. Até que o ano chegou ao fim e o impensável aconteceu, a partir do momento em que Tony ouviu *Stupid Cupid* na voz de Connie Francis pela primeira vez.

E o rock ganhou espaço ao longo de todo o ano de 1959, graças a Celly, no topo das paradas com *Estúpido Cupido*. As gravadoras, em polvorosa, corriam atrás de algo para competir com a Odeon pela mesada da garotada branca de classe média com posse para comprar discos. Algumas até já tinham suas apostas, como a Columbia que, em fevereiro, contratou Sérgio Murilo, com quem iria do céu ao inferno em poucos anos. Seu primeiro disco explodiu com *Marcianita*, um rock hispânico delicioso de dançar e de se ouvir, com sua voz suave e juvenil, de impressionante naturalidade e maciez, sem qualquer impostação.

Carioquíssimo do bairro do Catete, Sérgio era filho de Izaltina Moreira Rosa, que tinha como apelido Zazá, e de Paulo Almeida Rosa. Sua única irmã se chamava Angélica Maria Moreira Rosa Lerner. Angélica conta, em depoimento para este livro, que seu pai era bancário e os dois filhos nasceram na Casa de Saúde São Sebastião, no Catete,. "Moramos na Rua Santo Amaro durante um bom tempo". Desde pequeno, lembra ela, Sérgio sempre gostou de cantar e era fã de cantores do rádio, como Emilinha Borba e adorava os sambas e músicas românticas de Nelson Gonçalves, Orlando Silva, Carlos Galhardo, Marlene e Heleninha Costa".

Sua preferida era Emilinha. Depois começou a se interessar por tangos e música portuguesa. "Bem pequeno, ele cantava em clubes portugueses que tinha no Rio. Adorava Fernando José, que fez sucesso com *Seus Olhos Castanhos*, gostava de fados (*Mariana, Casa Portuguesa* etc.)". Essa relação com Portugal vinha do avô José de Almeida Rosa, pai do seu pai, que se mudou para o Brasil com 13 anos e, para matar a saudade, apreciava tocar e cantar fados dos mais melancólicos. "Sérgio gostava de cantar essas músicas, desde os seis anos ele fingia que estava com o microfone na mão, apresentando-se no rádio".

Em casa, o menino era bastante desinibido. Mas bastava passar da porta da rua e se transformava. Mesmo durante a vida artística nunca foi extrovertido, principalmente nos bastidores, o que lhe rendeu rótulos como metido e esnobe. "No palco, porém, ele se soltava, não tinha problema diante de uma plateia, dos microfones das rádios ou das câmeras de TV", diz Angélica. Os pais também estimulavam os filhos a se interessar por música. "Meu pai tocava piano e violão e minha mãe era uma entusiasta de meu irmão, acompanhou e deu muita força ao filho. Eles botaram a gente para aprender música. Sérgio tocava piano e violão, eu aprendi acordeão, só que a música não era o que queria para minha vida".

Sérgio Murilo foi um talento dos mais precoces, como Celly. Aos 8 anos, estreou no programa infantil de calouros *Trem da Alegria*, da Rádio Tamoio, apresentado pelo radialista e compositor Lamartine Babo – autor de clássicos como *No Rancho Fundo*, em parceria com Ary Barroso. Aos 11 anos, entrou para o programa *Curumins da Tamoio*, da mesma rádio. Angélica recorda que, nessa época, Ceny Marcondes, da Rádio MEC, gostou da voz de Sérgio e passou a chamá-lo para cantar músicas conhecidas. "Quem o levou para conhecer Marcondes foi um tio nosso, irmão da nossa mãe (mas que ele chamava de tia, por causa da grande diferença de idade), tipo temporão mais ou menos da nossa idade, tinha 13 anos. Chamava-se Carlos. Minha mãe não estava com tempo para levar meu irmão, que tanto implorava, e ele se ofereceu".

O tio Carlos Rosa vivia de mexer nos canais de rádio para ver onde tinha programas de calouros, com apresentação de amadores, para levar o "primo-sobrinho". Inscrevia Sérgio em várias competições nesse formato. Após ele cantar na Rádio MEC, foi nos programas de César de Alencar, Manuel Barcellos (os dois da Nacional), Siqueira Lima e Paulo

Gracindo, na Mayrink Veiga. "Ele se apresentava como relevação infantil, mas não ganhava nada de remuneração".

Voltou à Tamoio e participou do *Programa Vovô Odilon*, onde um grupo de crianças podia cantar, tocar, ler poemas etc., em apresentações de clubes pela cidade. Se havia oportunidade para se apresentar, lá estava Sérgio. Com dez anos, o menino participou da ópera infantil *Vamos Fazer Uma Ópera*, do maestro Eleazar de Carvalho, no Teatro Municipal – depois, foi apresentada em São Paulo. Eleazar gostou da voz e o contratou – com cachê.

Aos onze anos de idade, Sérgio ganhou um quadro no programa *Bazar Francês*, com cinco minutos de duração, em que se apresentava como cantor. Quando tinha 14 anos, adolescente, tornou-se apresentador infantil da TV Rio, com Sônia Muller, no programa *Gente Importante*, em que passou a receber cachê por cada edição. Depois, foi para a TV Continental, enquanto começou a fazer shows pela periferia do Rio de Janeiro.

Antes de gravar o primeiro disco, fez uma ponta como um entregador de flores em *A Grande Vedete*, filme de 1958, estrelado por Dercy Gonçalves, com direção de Watson Macedo. "Para conseguir esse papel, ele foi com a cara e a coragem, fazia isso quando ouvia falar de alguma coisa que estava próxima de ser realizada. Enfim, corria atrás em busca de oportunidade de seu sonho", conta a irmã.

Sérgio ganhou mais destaque em *Alegria de Viver*, marco do cinema que ajudaria a consolidar o rock no Brasil. "Fez bastante sucesso na época. Foi considerado um filme bem avançadinho e vinculou a imagem dele com o rock", observa Angélica. O longa foi dirigido por Watson Macedo e produzido por Osvaldo Massaini. O jovem cantor fez o personagem Jorginho. Foi ele, aliás, quem ajudou a tornar a protagonista e grande estrela da Atlântida, Eliana Macedo, uma dançarina de rock.

Mais que isso, fez com que a atriz deixasse todo mundo boquiaberto em suas performances. "Ele aprendeu a dançar rock vendo nos filmes, não fez curso algum. Treinava com a gente, com uma prima nossa, Marli, que era magrinha e jeitosa para dançar. Ela tinha cinco anos a mais que nós. Ela vibrava com ele". Nesse momento, a família morava no Edifício Vista Alegre, que ficava na Rua Santa Clara, 313, em Copacabana. Em um dos apartamentos, vivia a cantora Nora Ney e seu marido, o cantor Jorge Goulart. Outro inquilino famoso era o radialista Hélio Thys.

Os filhos de Nora e Goulart brincavam com Sérgio e Angélica. "Ela sabia que Sérgio, amigo das crianças dela, ia aos programas de rádio e TV para se apresentar, mas não era íntimos de nós, não se ofereceu para ajudar. Ele estava com 15 anos e ficou encantado quando soube que morava ao lado de uma de suas musas". Por causa disso, entusiasmou-se ainda mais com o ritmo, quando Nora gravou *Ao Balanço das Horas*. Desde pequeno, lembra a irmã, ele foi se "metendo no meio artístico, conhecia pessoas porque parava elas nos corredores, se apresentava e todos gostavam da voz dele".

Ainda em 1958, ao participar algumas vezes do programa de Paulo Gracindo, na Rádio Nacional, líder de audiência nas tardes de domingo, Sérgio conheceu o compositor Edson Borges de Abrantes, o "Passarinho", que se ofereceu para apresentá-lo à direção da Columbia, que o contratou e lançou seu primeiro disco ainda nesse ano. Era um 78 rpm com as faixas *Mudou Muito* (toada) e *Menino Triste* (samba-canção), ambos de Edson Borges – a primeira em parceria com Enrico Simonetti. "Eram canções bonitas, mas não fizeram sucesso", afirma Angélica.

A porta, porém, tinha sido aberta para ele. "Mesmo assim, meu irmão recebeu um monte de músicas da gravadora para escolher as dos próximos discos. Claro que a última palavra era do diretor artístico. Escolhiam o que achavam que combinavam e ele fazia sua seleção final". Nessa leva inicial estava *Marcianita*, a que ele mais gostou.

Enquanto Celly explodia com *Estúpido Cupido*, Sérgio lançou, em 1959, seu primeiro sucesso nacional, Marcianita, versão de Fernando César para a canção homônima dos chilenos Marcone e Alderete. No outro lado, vinha Se Eu Soubesse. As duas seriam incluídas no primeiro álbum de estúdio que viria ainda naquele ano. "Marcianita explodiu, ficou bem na história do rock nacional, como um marco que ajudou a consolidar o gênero no Brasil", destaca Angélica.

No momento em que a cantora parava o Brasil para ouvir *Estúpido Cupido*, a Columbia não teve qualquer cerimônia em incluir essa música no primeiro LP de Sérgio Murilo, no lado B. Era comum, aliás, que a concorrência gravasse de imediato qualquer música que estivesse no topo das paradas com seus próprios artistas. O arranjo, no entanto, era mais lento que o da cantora, além de ser um equívoco total na escolha dos instrumentos. Estranhamente, uma guitarra só surgia no final e o cantor parecia pouco à vontade para cantar uma letra feminina e que fora mudada para o masculino, de modo a combinar com ele. Não tocou de jeito nenhum nas rádios.

O ano de 1959 também seria marcado pela primeira de muitas grandes tragédias que aconteceriam na história do rock. A data de 3 de fevereiro seria definida posteriormente por Don McLean, em sua canção *American Pie*, como "The day the music died" (O dia em que a música morreu). O fato aconteceu no começo da madrugada, quando um avião monomotor caiu próximo à cidade de Clear Lake, Iowa. Morreram os roqueiros Buddy Holly, Ritchie Valens e J. P. "The Big Bopper" Richardson, assim como o piloto Roger Peterson.

Os jovens astros excursionavam juntos na turnê "The Winter Dance Party", que passaria por 24 cidades do centro-oeste em apenas três semanas, de 23 de janeiro a 15 de fevereiro de 1959. Tudo foi bastante improvisado. Tanto que os artistas se esqueceram de adequar as agendas de todos para que conseguissem se deslocar em um período que o inverno se mostrava mais rigoroso que o normal, como naquela noite da tragédia.

Se não bastasse a nevasca intensa, o ônibus que transportaria os músicos começou a apresentar problemas de deslocamento por causa da neve nas estradas, pois o sistema de aquecimento quebrou pouco depois do início da turnê. Tanto que o baterista de Holly, Carl Bunch, precisou ser internado em um hospital por causa de congelamento nos pés durante uma das viagens.

Enquanto ele se recuperava, Holly e Valens se revezavam na bateria quando o outro se apresentava. O The Surf Ballroom, em Clear Lake, Iowa, foi incluído no roteiro de última hora para 2 de fevereiro. Ao chegar ao local, Holly, cansado por causa dos problemas com o ônibus, disse a seus colegas de banda que, terminado o show, tentaria fretar um avião para alcançar a próxima parada da turnê, a cidade de Moorhead, em Minnesota.

J.P. Richardson, que contraíra gripe durante a turnê, pediu a Jennings que cedesse seu lugar no avião. O colega concordou e quando Holly ficou sabendo do trato, brincou: "Bom, espero que esse seu ônibus velho congele". Jennings, também em tom de brincadeira, respondeu: "E eu espero que seu avião velho caia" – o diálogo perseguiria Jennings por culpa pelo resto da vida.

Ritchie Valens, conhecido pela versão roqueira *La Bamba*, nunca tinha viajado de avião antes, pediu o lugar de Tommy Allsup, que respondeu que isso seria decidido em um jogo de cara ou coroa. Valens venceu. O avião decolou por volta de 0h55. Cinco minutos depois, despencou até atingir o solo a 270 quilômetros por hora, capotou e derrapou por mais 170 metros na paisagem congelada antes que a massa retorcida de ferragens batesse contra uma cerca de arame farpado nas cercanias da propriedade do fazendeiro Albert Juhl.

Os corpos de Holly e Valens caíram próximos ao avião, Richardson foi arremessado através da cerca para dentro da plantação de milho do vizinho de Juhl, Oscar Moffett. Peterson ficou preso à cabine. Enquanto a América chorava seus ídolos mortos, o rock se espalhava por todo o mundo.

No Rio de Janeiro, também no começo daquele ano, os irmãos Barros formaram o conjunto Renato & Seus Blue Caps, que se tornaria o mais duradouro grupo do rock brasileiro – antes, porém, atravessaria um longo período até alcançar o primeiro sucesso. Nesse momento, Tim Maia viajava para uma acidentada estadia de vários anos nos EUA, onde seria preso por porte de drogas, mas se formaria como músico e cantor, além de criar o grupo vocal The Ideals.

Ao longo de quatro anos, desde a estreia de *Sementes de Violência* e a gravação em inglês de *Ao Balanço das Horas* por Nora Ney, ambos em 1955, o rock and roll se impôs no Brasil mais pelas estrelas internacionais do que pelas brasileiras. Fã-clubes existiam, como se pôde ver na recepção a Bill Haley e seus Cometas no saguão e na parte externa do aeroporto de Congonhas, em São Paulo. No Rio, Carlos Imperial e sua turma tentavam abrir espaço nas gravadoras com o seu Clube do Rock, como foi visto.

Coube a Celly, porém, mostrar que o rock era viável no mercado cantado em português, mesmo que fosse em versões de sucessos americanos. E para o público jovem. Logo, aliás, ela, o irmão e outros roqueiros teriam de enfrentar críticas por só cantarem adaptações. "Começamos com versões e continuou sendo assim, feitas por Fred Jorge. Praticamente todos os sucessos meus foram deste rapaz. A maioria das músicas, se você pegar os meus LPs, tudo versão de Fred Jorge, tem alguma coisa original, eu cantava também em inglês, mas os maiores sucessos foram versões dele", recordou ela.

Com Celly, uma revolução musical teve início, formada por gente realmente jovem – no seu caso, ainda adolescente, que cantava para gente de sua idade. E a imprensa musical foi atrás. Público cativo essas publicações já tinham, eram os mesmos meninos e meninas que compravam revistas para ver seus ídolos adultos. De repente, no entanto, ficaram encantados quando viram uma menina da sua idade subir rapidamente nas paradas com uma música que grudava como chiclete debaixo das poltronas dos cinemas. Claro que ajudava nesse processo o poder de promoção e divulgação da Odeon, que tinha também ampla abertura em emissoras de rádio e TV.

A partir de 1959, com a febre de *Estúpido Cupido*, no cinema, as chanchadas da Atlântida e da Herbert Richers transformaram o rock em uma novidade que não podia ser tratada com repulsa, algo alienígena. Era a música da juventude e para a juventude. Começaram a pipocar programas dedicados ao gênero nas rádios, como *Ritmos para a Juventude*, com o radialista Antonio Aguillar, na outrora conservadora Rádio Nacional de São Paulo. No Rio, o destaque era *Clube do Rock*, que virou programa pela Rádio Tupi, com Carlos Imperial. Na TV, também no Rio, estreou *Alô, Brotos!*, com os cantores Sônia Delfino e Sérgio Murilo.

No dia 24 de maio de 1959, quando *Estúpido Cupido* se alastrava pelo país, o *Correio da Manhã*, do Rio, chamou a atenção para Celly Campello, "a jovem cantora paulista (de Taubaté) e do não menos famoso Tony Campello (ambos da gravadora Odeon)". O jornal observou que "a dupla está fazendo sucesso na capital bandeirante". Ela, "atendendo a um pedido do fotógrafo, posou ao lado de um belo buquê de margarida silvestre, demonstrando que também gosta de flores".

A maior surpresa, porém, aconteceu em São Paulo, por causa das primeiras semanas de sucesso de *Estúpido Cupido*. Ainda em abril, a TV Record convidou os irmãos Campello para terem seu próprio programa, o que eles aceitaram imediatamente. A direção da emissora acertou em cheio na aposta. No sábado, 1ª de maio de 1959, logo em seguida ao noticiário *O Repórter Esso*, estreou *Celly e Tony em HI-FI*, apresentado pelo badalado Randal Juliano.

O termo em inglês do título era como se chamava a nova tecnologia de aprimoramento da qualidade do som nos discos, vindo da expressão em inglês "High Fidelity", alta fidelidade. Recém-criada, buscava aproximar a reprodução do som gravado ao som real, o mais perfeito possível. A atração nasceu quinze dias antes de ir ao ar, depois que entre os que viram Celly no programa de Chacrinha estava o empresário Paulo Machado de Carvalho Filho, cujo pai era proprietário da Record.

Paulinho Machado, como era chamado, cuidava da programação e ligou na mesma hora para Oswaldo Gurzoni, na Odeon, e disse que estava maravilhado com a desenvoltura daquela menina diante das câmeras e perguntou o que ele achava de ela ter uma atração só sua o mais rápido possível. O presidente da gravadora revelou que ela tinha apenas 16 anos e sugeriu que ele chamasse também seu irmão Tony, que ia bem como cantor de rock.

O herdeiro da Record adorou a sugestão. "Maravilha, vamos contratar os dois, queremos fazer um programa musical para a garotada, vamos dar atenção a essa faixa de público tão deixada de lado pelas televisões e pelo rádio". E combinaram que na segunda-feira o departamento de divulgação da gravadora levaria os dois cantores e o pai para conversarem com ele sobre a atração. Diante da responsabilidade e da magnitude da proposta, Nelson e Idea foram juntos. De qualquer modo, teriam de assinar um termo de responsabilidade, por Celly ser menor de idade.

Meio receosa, a jovem foi convencida de que não teria problema nenhum ir uma vez por semana à capital fazer o programa. Estava preocupada, mais uma vez, na verdade, em como reagiria Eduardo, pois queria preservar o namoro a qualquer custo. A direção do programa foi dada a Nelson Duarte, conhecido como um profissional detalhista, que ensaiava diversas vezes a mesma cena na busca da perfeição. Para cuidar do som, o escolhido foi um garoto que teria um futuro marcante nos bastidores da música brasileira – Zuza Homem de Mello, então com 26 anos de idade.

Depois de alguns ensaios e da montagem de um palco mais simples possível, a Record exigiu que o nome da adolescente viesse na frente por causa de *Estúpido Cupido*. E assim *Celly e Tony Campello em HI-FI* foi ao ar. Tudo nessa época ainda era ao vivo, pois não havia o sistema de videoteipe para gravar e editar a programação. E teria plateia – formada por rapazes e moças de sua faixa etária, que tinham de chegar duas horas antes para retirar os ingressos na bilheteria.

A aceitação do público e da crítica foi imediata. "A cada dia, Fred Jorge bolava uma historinha e a gente entrava cantando. E tinha os convidados de sucesso também, que a própria emissora escalava", observou Celly. Logo após a estreia, a direção não gostou nem um pouco quando foi informada de que a garotada tinha destruído um bom número de cadeiras durante a transmissão. O problema se repetiu nas semanas seguintes, o que levou a emissora a pensar em tirar o público e fazer a atração em estúdio, sem plateia e com aplausos gravados.

Celly recordou ao MIS que "a maioria dos programas era assim, ao vivo, uma loucura, o auditório pulava, berrava, rasgava o estofado das cadeiras e a Record não ficou contente, não. Lembro que eles não estavam querendo fazer esse tipo de programa, diziam que não estava dando certo porque iam acabar com o teatro deles. Era o teatro da Rua da Consolação, que depois pegaria fogo". Por causa disso, a partir da quinta semana, mudaram a atração para estúdio. "Sem público, não tinha a depredação. Mas não ficava natural, parecia sério demais, não tinha o calor do auditório. A gente mesmo não estava gostando. Muito depois, voltamos para o teatro com plateia, tinha de ser daquele jeito".

Em dois meses, na verdade, ocorreu a primeira mudança para o estúdio. "Paulinho Machado de Carvalho pediu a meu pai para que concordássemos em mudar para um lugar fechado porque era tanta zorra que se fazia – cadeiras quebradas, gilete no estofado etc. – que algo tinha de ser feito", conta Tony.

Na nova fase, Randall Juliano pediu para ser substituído como apresentador e Reale Junior entrou no seu lugar. Este recordou, décadas depois, a *O Estado de S. Paulo*, que era repórter esportivo da TV Record em início de carreira, quando foi chamado ao teatro pela equipe A, liderada por Antonio Augusto Amaral de Carvalho, o Tuta, e por Nilton Travesso, e recebeu o convite para ser o apresentador do programa de Celly e Tony.

No primeiro momento, o jornalista hesitou, porque tinha planos para seguir carreira no jornalismo político e estava se preparando para isso. "Um convite dessa natureza, entretanto, não se podia recusar. Celly, aos 16 anos, já encantava enorme público com versões de Fred Jorge". Mas cedeu e passou a admirar a estrela. "Ela era uma moça de grande simpatia, mas séria e tímida, uma jovem paulista de classe média que transmitia a impressão de moça comprometida, apaixonada pelo noivo". E era. "Talvez eu tenha me identificado com Celly, pois tínhamos um mesmo projeto prioritário, o casamento, o que acabou acontecendo com alguns meses de intervalo", recordou.

Não seriam preservados documentos que pudessem permitir uma descrição mais precisa do programa. E nem imagens também. Reali Junior, porém, guardaria algumas informações do que acontecia no palco: "Celly era acompanhada por um trio (de músicos), no qual se destacava o cantor Solano Ribeiro, posteriormente um dos organizadores dos festivais da canção que tanto sucesso fizeram naquela década. Éramos todos jovens, no início da vida profissional. No palco, Tony Campello, sempre ao lado da irmã, completava a dupla que todo o país aplaudia".

Ele não se esquecia de outro detalhe: "Havia, durante os ensaios, na plateia vazia, um casal simpático, os pais de Celly e Tony". Pela primeira vez, contou ele, uma piscina que se elevava à altura do palco pôde ser utilizada, em um cenário de clube, hoje algo banal. Celly, Tony e os convidados chegavam no meio da tarde para o ensaio. O programa começava às 19h30. "Lembro-me de Nelson Duarte pedindo a Celly para rodar mais com seus vestidos encorpados dos anos de 1960 (a minissaia viria logo depois), mas ela não ousava correr o risco de mostrar alguns centímetros acima do joelho. Muitas vezes, dirigia o olhar para os pais na plateia, como se pedisse socorro, mas sua atitude, sem concessões, sempre recebia a aprovação deles, que não escondiam o grande orgulho pelos filhos".

O apresentador observou que Celly fez uma carreira meteórica, de sucesso, "mas deixou a lembrança de uma cantora-família, a imagem rara de alguém que decidiu sacrificar suas ambições artísticas ainda jovem para casar-se, ter filhos, constituir uma família, sonho de muitas outras mulheres de sua geração".

A emissora não teve dificuldade em conseguir um patrocinador de peso que, de acordo com a prática comum na época, exigiu que sua marca aparecesse no nome da atração. E foi desse modo que o refrigerante de laranja Crush, em agosto de 1959, tornou-se o único patrocinador e a atração passou a se chamar *Crush em HI-FI – com Celly e Tony Campello*. A combinação era perfeita para os fabricantes da bebida porque um dos drinks mais na moda naquele momento era o "HI-FI", uma mistura de refrigerante de laranja com Vodka.

Para parte dos historiadores, a atração seria considerada o propulsor definitivo do rock no Brasil. Tudo era espontâneo, de acordo com Celly. "Podia-se pensar que o público de auditório era conduzido para criar aquele agito, como acontecia com outros programas, para gritar uma certa hora e pular. Não, não. Com a gente era tudo assim na hora mesmo, puro, era próprio da pessoa que estava na plateia, que reagia na hora, de modo espontâneo, o que quisessem fazer, eles faziam".

Tudo isso era bom, de acordo com a cantora. E voltar a ser apresentado com plateia fez a diferença novamente. "Imagina, você cantando ali com o conjunto e, de repente, vai para o estúdio. Não podia dar certo. E eu era uma cantora que não dava para ficar ali, no estúdio, achava que tinha que ter aquele calor do público e lutei por isso".

O êxito de *Estúpido Cupido* foi tão impressionante em apenas poucas semanas que três gravações com vozes diferentes foram lançadas naquele ano. A começar pela própria Odeon, que decidiu anular a prática comum da concorrência – e dela própria – de lançar discos com outros artistas no momento em que alguma música fazia sucesso. E passou a missão para os chamados operários da voz de estúdios, os rapazes de Os Titulares do Ritmo.

Acompanhados da Orquestra Califórnia, o registro foi feito em 21 de maio, enquanto o disco de Celly ainda estava sendo distribuído, mas tocava loucamente nas rádios e programas de TV. E saiu no mês seguinte. Ao invés de rock, o arranjo mais parecia coral de Igreja ou de colégio. Um equívoco que até o grupo tratou de esquecer. O mesmo podia ser dito da gravação de Sérgio Murilo, como foi citado.

A outra gravação foi feita por Neide Fraga, com Kon-Tiki e Seu Conjunto e Coro. Não há precisão da data, mas aconteceu perto do fim do ano pela Continental. Primeiro, a faixa saiu em 78 rpm e foi incluída na coletânea *As Maiorais do Ano*, ainda em 1959. Os arranjos, instrumentos e coral masculino eram bem parecidos com a gravação de Celly, mas com uma voz doce e bonita da cantora. Sem dúvida, era um completo oportunismo para aproveitar o sucesso da concorrente.

Até então, Celly parecia se divertir bastante ao saber que estava em primeiro lugar nas paradas de sucesso na virada para o segundo semestre de 1959. Não podia sequer imaginar o que esperava por ela porque nenhum nome da história do disco no Brasil tinha vivido algo intenso próximo do que aconteceria com ela. E lhe veio a certeza de que seria esquecida tão logo a música parasse de ser tocada e que deveria focar nos estudos e no namoro com Eduardo.

Mas, e se viesse um segundo sucesso, que superasse *Estúpido Cupido?* "Impossível", disse ela ao irmão mais velho. Não, não era impossível.

estupido
cupido

celly
campello

ODEON
ALTA FIDELIDADE
MOFB-3110

Capítulo 7
Mas ela só tem 16 anos?

Ao começar o ano de 1959, não havia mais dúvidas para o mercado fonográfico de que o rock and roll chegara para ficar no Brasil e, mais importante, havia um segmento de consumidor que até então jamais tinham dado qualquer importância: o jovem com menos de 20 anos de idade. Basta lembrar que tudo isso seria redimensionado com a explosão mundial dos Beatles entre 1962 e 1965 e, no caso brasileiro, o surgimento da jovem guarda, a partir de 1965.

Nesse alvorecer do gênero, Celly Campello se tornou a rainha isolada do rock, enquanto a Columbia tentava colocar a seu lado como "rei" o talentoso e atormentado Sérgio Murilo, onze meses mais velho que a cantora e que somaria em breve dois hits incontestáveis com versões em português: *Marcianita* e *Broto Legal* – a segunda, também gravada simultaneamente por Celly, como será visto. Murilo se tornaria um grande astro masculino do rock nacional, ao lado de Tony, nos primeiros anos, em paralelo à carreira de Celly.

Em janeiro, a Copacabana reforçou seu interesse pelo rock ao contratar outra revelação que surgia, o roqueiro Ronnie Cord. A gravadora fora criada na década de 1940 para valorizar a música brasileira, em especial gêneros como samba, choro e samba-canção. Daí a surpresa ao experimentar o ritmo americano. A primeira gravação de Ronnie foi *Pretty Blue Eyes*, cantada em inglês, acompanhado por Betinho & Seu Conjunto. O cantor ainda demoraria um pouco para explodir, o que aconteceu quando parou de cantar em inglês – com clássicos como *Biquíni de Bolinha Amarelinha* e *Rua Augusta* (ele ainda volta com destaque neste livro).

Em meio à febre de *Estúpido Cupido*, Celly seria descrita depois repetidamente por jornais e revistas como a dona de uma "voz afinada e jeito de menina" que cativou a chamada "brotolândia" nacional, em um universo tido como pueril. Nas páginas de revistas de fofocas, ela se mostrava como era no seu dia a dia para quem quisesse saber, ao dar dezenas de entrevistas, quando enfatizava sua rotina familiar e quase inacreditável capacidade de administrar uma carreira de artista de maior sucesso no país e continuar a morar no interior de São Paulo.

Celly dizia, orgulhosa, que sua mãe costurava seus vestidos e que ela mesma se penteava e até a escolha de seu repertório era um trabalho meio artesanal, com o irmão. Nas turnês, que começariam no fim daquele ano, estava sempre acompanhada pelo pai ou pela mãe, além do irmão, Tony, ou, também, do mano Nelson Filho. Apaixonada por banana-split, milk-shake e Coca-Cola, até nos lanches a jovem estrela passava o jeitinho de menina que saía da adolescência.

Quem tinha mais idade e dançava nas festinhas com seu rock do cupido, circulava de lambreta pelas ruas e ia aos bailes ou às matines flertar. Se bebiam, preferiam tomar HI-FI, como chamavam Vodka com Crush – que tomou o lugar da laranja natural. Ou cuba libre, feita da mistura de Coca-Cola com rum. Aqueles eram modismos americanos sem futuro, diziam os puristas. Lixo vendido pelo cinema, diziam outros.

Com Celly, a brotolândia ganhou algo substancialmente novo, ou seja, pela primeira vez, tinha uma música que falava do seu cotidiano, de suas primeiras experiências amorosas, com desilusões e desejos, com uma linguagem própria do jovem. Tudo isso em meio aos anos de euforia do governo de Juscelino Kubitschek que, em apenas três anos e dez meses, a partir dos planos de Lucio Costa e Oscar Niemeyer, construiu Brasília, a Novacap (Nova Capital), que daria ao Brasil uma imagem de futuro a partir de janeiro de 1960, quando seria inaugurada.

O Brasil vivia uma revolução musical que historiadores não se interessaram em destacar. Bossa nova e rock and roll passariam a existir simultaneamente a partir de 1958 como duas correntes musicais modernas na música brasileira e, ao mesmo tempo, bastante polêmicas. A primeira, por adicionar elementos do jazz ao samba e levar suas composições a uma elite financeira ou intelectual ou ambas. A segunda, por sua influência no modo de vestir, pentear, comportar-se, dançar, beber e comer, além da música.

Em um país com 95% de católicos, o alvo da repressão ao rock tinha sentido moral e voltado às jovens, quando a virgindade era o bem maior das moças de família para obterem o casamento dos sonhos com algum rapaz de posses – a pílula anticoncepcional só chegaria ao Brasil em 1961. Onde já se viu mocinhas de família rebolarem daquele jeito, mostrarem suas roupas íntimas e tomarem a iniciativa de provocar os rapazes, chamando-os de brotos? Celly seria responsável por isso, sem perder a imagem de "nora dos sonhos" de todas as mães do país.

A bossa nova, observou Alberto Pavão, ao contar os primórdios do rock nacional, também se batia contra a temática de infelicidade das letras do samba-canção e suas "chorumelas" de gosto tão *dark*, tão *noir*. "Se o rock brasileiro inicial foi um movimento de adaptação, a bossa nova foi criação". Ou seja: o rock inicial era a versão brasileira da música de consumo americana, enquanto a bossa nova era a confecção da música brasileira com um sopro de novidade no ritmo.

E de exportação. "E o mesmo país de resto, que começava a despejar pelo mundo mais um ritmo endiabrado, mais um modismo cíclico dos marqueteiros das grandes gravadoras internacionais para o consumo imediato da juventude mundial: o rock and roll", escreveu Pavão. Ambos, por outro lado, estavam em um contexto de otimismo desenvolvimentista na economia como ainda não se tinha visto no país.

No primeiro semestre de 1959, não seria fácil para a Odeon transformar em sucesso uma menina de 16 anos de idade que cantava um tipo de música vista como pensada para ser mero entretenimento comercial, inferior a qualquer coisa que se fazia no mercado, segundo os críticos, que tinham se rendido ao bolero. A decisão de manter gravações em inglês nos primeiros discos foi uma segurança maior, uma vez que nesse idioma funcionavam bem, por causa do cinema, que lançavam vários desses sucessos.

As gravadoras tinham uma relação saudável com os colunistas e críticos musicais e as duas partes se respeitavam. Falava-se, sim, mal de um disco. Mas com fundamento bem elaborado e sem agressividade na maioria das vezes. Claro que tudo dependia das preferências de cada resenhista. Se não tivesse interesse, o disco ou o artista virava nota nas colunas de novidades musicais. Quando *Estúpido Cupido* foi lançado e se tornou um sucesso estelar, por exemplo, todo tipo de atenção da imprensa se voltou para Celly.

Inclusive opiniões bastante negativas e que seriam relevantes depois para ela decidir trocar a carreira pela vida de casada. Um dos primeiros manifestos nesse sentido foi feito pelo crítico J. P. (João Paulo dos Santos Gomes), do jornal *O Metropolitano*, de Santa Catarina: "Celly é uma das cantoras da nova geração que possui timbre de voz mais agravável e juvenil. Infelizmente, não sabemos mesmo se o brotinho de Taubaté continua cantando versões que podem ter um sucesso passageiro, mas que certamente iniciarão um ostracismo em poucos meses".

A crítica saiu quando Celly tinha lançado o disco seguinte ao seu megahit, que ainda tocava o tempo todo. "Assim foi em *Estúpido Cupido*, em versão de Fred Jorge, que já está desaparecendo e desta forma ela se apresenta em *Muito Jovem*, também em versão do mesmo Fred Jorge. Se apresentando melhor que no primeiro disco (terceiro, na verdade), e a própria versão é mais delicada que a anterior, Celly vem mostrar mais uma vez que se ingressar na música brasileira definitivamente, terá, e disso não temos a menor dúvida, grande sucesso".

Os leitores fãs da cantora reagiram, com cartas indignadas enviadas ao crítico, que não as publicou. Mas J. P. se defendeu uma semana depois: "O disco *Estúpido Cupido* alcançou uma vendagem extraordinária, mas não quer dizer que a música seja técnica ou artisticamente boa. Na música popular, como nas demais artes, o que é de nível elevado nem sempre alcança nível elevado".

No começo de segundo semestre de 1959, a TV se esforçava para se estabelecer como veículo de diversão doméstica, apesar do preço altíssimo de um aparelho dos mais simples. A Tupi (1950) e a Record (1953) eram as duas principais emissoras de São Paulo e havia uma terceira, de menor fôlego, a TV Paulista, que funcionava na esquina da Avenida Paulista com a Rua da Consolação, como foi dito. A primeira ficava no Sumaré e a segunda na Consolação.

Para Tony, o programa que passou a fazer com a irmã contribuiu ainda mais para aumentar seu sucesso e principalmente o de Celly, porque, a partir desse momento, tudo que ela gravasse nos três anos seguintes, seria apresentado na TV, uma forma de impulsionar seus discos – se o público gostasse, ligava para as emissoras de rádio e pedia que tocassem ou escrevia cartas. "A Record nos contratou para fazer o primeiro programa para a juventude e eu estava envolvido nessa agitação toda. Imagina duas pessoas que saíram do interior, com pouca idade, cair naquele caldeirão", recorda Tony.

Não foi fácil para eles lidarem com tantos compromissos nos meses seguintes à estreia do seu programa na TV, gravações de discos e os primeiros shows em outros estados que surgiram. "Tudo isso foi uma mudança grande do dia para a noite em nossas vidas. Paulinho Machado fechou com nosso pai um contrato que durou até Celly decidir parar com sua carreira, em 1962" – na verdade, era renovado a cada seis meses.

Um anúncio publicado em todos os grandes jornais da capital no decorrer de outubro de 1959 informava que *Crush em HI-FI* era líder de audiência em São Paulo nas noites de sábado. "Paulinho (Machado de Carvalho) sempre tinha contato conosco, recebia a gente na sala dele, falava da audiência, mostrava-se bastante atencioso, viramos um bom negócio para a emissora, claro", afirma Tony. O festejado programa era o primeiro de rock and roll da televisão paulista e seria considerado depois o precursor do *Jovem Guarda*, que consagraria Roberto e Erasmo Carlos, a partir de agosto de 1965.

A atração revelou diversos artistas e bandas ou ajudou a projetar outros. Entre os principais frequentadores de seu palco no começo da carreira estavam Ronnie Cord, Berry Winter (que depois virou Tomi Standei), Demetrius, Carlos Gonzaga, Agnaldo Rayol, Sérgio Murilo, Hamilton Di Giorgio, Nick Savoia, Regiane (sempre acompanhada pelo conjunto The Avalons), Wilson Miranda, Reinaldo Rayol (irmão de Agnaldo), entre outros. À exceção de Gonzaga, todos os outros eram bem jovens, com menos de vinte anos de idade e selecionados naturalmente pela ligação que tinham com o tal rock and roll em suas gravações. Para não atrapalhar a agenda de shows da dupla nos fins de semana, ainda em 1959, a Record mudou o horário para as terças-feiras, das 19h às 19h50.

A realidade no mundo artístico brasileiro era tão amadora e sem esquemas de produção e assessoria de imprensa que, para fazer o programa, Celly não apenas não mudou para São Paulo como ia e voltava de Taubaté de ônibus pela empresa Pássaro Marrom, como qualquer passageiro, depois de ser ovacionada no programa. Seu segurança era o pai ou a mãe, que conseguia manter afastado algum fã mais afoito – o que raramente acontecia. Aliás, não havia qualquer receio de importunação da parte dos artistas porque as abordagens costumavam ser educadas e respeitosas.

O impacto nesse jeito tão singelo de levar a vida não foi maior sobre Celly porque somente São Paulo via o programa, pois não havia sistema de transmissão por satélite para todo país. Mas ela era conhecida nacionalmente pelas rádios, jornais, revistas e dos primeiros shows que começou a fazer. A partir de outubro, ela e Tony passaram a cruzar o país no DC-3 da Real Aerovias, da Vasp ou da Panair. "Éramos eu, Celly e meu violão", conta Tony. Tudo na maior correria em cinemas sem palco ou lugares improvisados. Só no ano seguinte se apresentariam em ginásios, clubes e estádios.

Os irmãos mal tinham tempo para ir ao hotel e seguiam para ensaiar no cinema, uma vez que a maioria das cidades de pequeno e médio porte não tinha teatro. Ou para algum clube, à medida que sua popularidade aumentava. Eram acompanhados na apresentação quase sempre de um grupo ou pequena orquestra porque não havia conjuntos de rock que pudessem contratar. "Às vezes, a gente se virava com meu violão, apenas. Raramente nos apresentavam um conjunto que soubesse tocar rock ou tinha alguma afinidade", afirma Tony. Todo lugar aonde chegavam os irmãos precisavam de segurança porque muitos jovens queriam abraçá-los, tocá-los, pedir autógrafos. E Tony protegia a irmã a todo custo.

Na vida pessoal, Celly vivia mais feliz que nunca. Ela e Eduardo estavam juntos havia mais de um ano. "Começamos o namoro em janeiro de 1958 e em julho ela gravou o disco com Tony. No primeiro momento, não afetou o namoro", diz ele. "Nós continuamos a relação porque, no início, quem estourou foi Tony. O nome dela não apareceu tanto, nem mesmo a ponto de atrapalhar a gente. Celinha ia pouco a São Paulo". Até vir o primeiro sucesso no começo do ano seguinte. "Quando ela estourou com *Estúpido Cupido*, tudo começou a ficar complicado para nós".

Entre sexta e domingo, Celly viajava e durante a semana tinha de estudar e fazer o programa da Record. Tudo isso passou a prejudicar o namoro com Eduardo. E ficou insustentável para ele, que decidiu terminar. Só precisava encontrar o momento para fazer isso. "Naquela época, os cantores de rock tiravam férias em dezembro, janeiro e fevereiro, porque entravam os cantores de Carnaval e nós podemos ter sossego para conversar na folia de 1960", lembra o então namorado. Ele se preparou para a dolorosa decisão e Celly percebeu que algo estranho estava para acontecer entre os dois.

A conversa ocorreu no sábado de Carnaval, no primeiro dos bailes de momo no TCC. Eduardo chegou carrancudo, de poucos amigos, sem sorrir, em meio à grande festa dos associados. Ele conta que procurou um canto que lhe desse um pouco de privacidade para fazer o que pretendia. Segundo Eduardo, a conversa foi assim: "Olha, meu bem, vamos parar por aqui, não vai dar certo, eu não sou do meio artístico e hoje você é sucesso em todo Brasil. Não dá, não vai dar certo a nossa relação".

Assustada, Celly argumentou: "Calma Eduardo, o sucesso é passageiro, tudo isso logo vai passar e poderemos nos casar". Ele insistiu: "Mas eu não sei até quando vai durar, você não é dona de si hoje, tem contratos a cumprir, compromissos que assinou". Ela rebateu: "Mas, Eduardo, não é isso que eu quero para minha vida, quero me casar com você e ter filhos". Ele voltou a repetir: "Mas você não é mais dona de si, não tem mais tempo para estudar, para nada, é um show atrás do outro, só entrevistas. É melhor pararmos por aqui".

Sem perder o controle, Celly tentou se mostrar serena e confiante, propôs um acordo, depois de dizer que ele precisava confiar nela. "Vamos continuar como estamos e você vai ver que tudo dará certo, vou te respeitar como fiz até aqui, pode confiar em mim". Eduardo, por fim, concordou porque gostava dela e queria se casar. "Continuamos e deu no que deu. Acho que Celly marcou também como uma cantora que não era aquilo que se pensava, era uma pessoa de família, como sempre insistia em dizer".

Depois, ao MIS, ela recordou a artimanha que usou para dobrar o namorado, sem a dramaticidade que ele disse ter acontecido: "E eu não tive tantas dúvidas: estava apaixonada e queria mesmo me casar com ele. Mas também queria cantar. Então, dei uma choradinha e ele deixou". Os Campello continuaram a apoiar o namoro dos dois. Eduardo era o genro que todos os sogros sonhavam: sério e trabalhador. "Fui recebido bem na família", conta.

Entre os amigos dela também o acolhimento foi natural e imediato. "Não tinham preconceito pela diferença de idade entre nós – que não era tanta, visto de hoje, de seis anos –, porque todo mundo se conhecia. Logo, todos sabiam quem era Célia e quem era Chacon, o Eduardo, o casal de namorados", afirma. Ele tinha orgulho da companheira como artista, impressionava-se como ela fez sucesso tão rápido, em algumas semanas após o lançamento de *Estúpido Cupido* e não parou mais. "Nunca tive problema em lidar com a fama dela. Foi realmente uma transformação no mundo artístico quando ela passou a liderar as paradas".

Eduardo afirma, com orgulho: "Eu costumo dizer que houve uma era antes e depois de Pelé no meio esportivo. E no meio artístico também, antes do rock e depois do rock. Antes e depois de Celly Campello. O pessoal do rock era uma rapaziada classe B alta, diferente dos cantores e artistas, que eu não conhecia e não posso julgá-los. Mas se comentava que o rock era uma coisa de classe média".

Os dois não tinham problemas de assédio quando saíam ou estavam juntos em Taubaté. Eduardo lembra: "No TCC, não acontecia isso porque todo mundo se conhecia. Celly praticamente viveu dentro daquele lugar, ela foi a primeira a saltar do trampolim, a inaugurar a piscina, ela vivia ali, não tinha esse problema de ficar cercada por fãs. Mas quando saía desse círculo, para ir ao cinema, por exemplo, a gente tinha de entrar e sair com a luz apagada. Quando íamos de férias para Ubatuba era tudo sossegado porque também era uma espécie de reduto taubateano, ficávamos entre gente conhecida. Pelo menos no começo, claro".

O futuro marido garante, mais de seis décadas depois, que jamais atrapalhou Celly em sua trajetória de cantora. "Desde o começo, nunca interferi na carreira dela, nunca apareci em programa nenhum de rádio ou TV. Chegava sexta-feira, ela tinha de ir a São Paulo para se apresentar na TV; sábado tinha show; domingo chegava tarde da noite e na segunda ia para a aula". Os dois se falavam, na maior parte das vezes, por telefone. "De onde estivesse, ela ligava para meu serviço. 'Está tudo bem? Olha, amanhã tenho que viajar'. E eu entendia e dizia que tudo bem".

Nesse momento, Celly começou a ficar amiga da namorada de seu irmão Nelson – com quem ele se casaria depois. Era Maria Helena, as duas tinham convivido nos corredores do colégio. "Eu estava interna e a madre superiora informou que uma cantora de Taubaté ia se apresentar pra gente, cantaria duas músicas e que nós não poderíamos pedir bis. Esse show custaria um cruzeiro, que eu não tinha, mas uma amiga, Vanda, me emprestou. É lógico que no final pedimos bis. E os comentários eram: 'Nossa, como ela é baixinha, como ela é bonitinha...'".

Maria Helena nunca podia imaginar que um dia ela seria sua cunhada. "Mas eu não sabia quem era Celly Campello. Nasci na fazenda, fui criada na roça e tudo isso era uma grande novidade para mim". Um dia, a escola fechou e as alunas tiveram de estudar em colégio convencional. "Fomos morar em uma casa alugada ao lado onde era nossa escola e conheci Nelsinho, em uma dessas brincadeiras dançantes no colégio que a gente fazia com a finalidade de arrecadar dinheiro para a formatura".

Quando terminou, suas primas vieram comentar: "Lena, você dançou com Nelsinho Campello". E ela perguntou: "Mas, quem é Nelsinho Campello?" E uma respondeu: "Aquele que estava de blusa assim, assim". E ela, na sua ingenuidade: "Não sei quem é...". E refletiu décadas depois: "Mas eu tinha dançado com uma pessoa que havia mexido comigo". Outra colega explicou o que acontecia. "E ficou aquilo: 'Quem é Nelsinho Campello?' E alguém me contou que era o irmão de Tony e Celly Campello, os cantores. E foi aí que juntei as coisas. Mas quando se tem 14 para 15 anos, a gente fica meio naquele plano de borboleta, né? Começamos a namorar, conheci Celly, nos casamos e ela, como cunhada, virou uma grande amiga, uma irmã, grandes confidentes, gostava de se abrir comigo".

Com o sucesso de *Estúpido Cupido*, criou-se uma enorme expectativa quanto ao próximo trabalho de Celly. A Odeon esperava ao menos empatar em sucesso com um dos dois lados. O receio era o de sempre para qualquer artista e gravadora: de que sua carreira morresse no primeiro êxito e a artista ficasse conhecida como "a-cantora-de-um-hit-só". Acontecia isso realmente na maioria das vezes. Ou que o sucesso jamais se repetisse como o maior de todos.

A Odeon, então, diante das críticas de colocar Celly para cantar em inglês, resolveu explorar ainda mais o jeito adolescente da estrela e lançou, em julho de 1959, o quarto disco de sua carreira, com duas versões de Fred Jorge para dois hits americanos: *Túnel do Amor* e *Muito Jovem*. Não tinha como dar errado, uma vez que toda atenção da mídia e dos programadores estava voltada para ela.

Na primeira, Celly praticamente fazia um dueto com Os Titulares do Ritmo, tamanha a participação do grupo no coro que fazia contraponto com o refrão, tantas vezes repetido, além de improvisações deliciosas. No original, a música tinha um título grande e bastante adulto, *Have Lips Will Kiss In The Tunnel Of Love* (algo como "tenha lábios, vamos beijar no túnel do amor"), da autoria de Patty Fisher e Bob Roberts, e foi gravada originalmente por Doris Day, a namoradinha da América, para a comédia romântica *Túnel do Amor* (1958).

Fred Jorge nem precisou dar uma apimentada (uma de suas especialidades) no namoro que a letra narrava, em que a protagonista confessava seus desejos – um tanto contidos, claro – que só realizaria naquele lugar tão especial dos parques de diversões. As garotas adoraram:

Lá no túnel, lá no túnel, lá no túnel
Lá no túnel, lá no túnel, lá no túnel

Só tu lá no túnel do amor
Meu amor, só tu podes me beijar
Só tu, lá no túnel do amor
Quero te abraçar

*Quando o trem passar
Só tu lá no túnel do amor
Meu coração quer viajar
No trem dos sonhos teus*

*E sempre, sempre te prender
Bem nos braços meus
Meu amor, só tu podes me beijar
Só tu lá no túnel do amor*

*Lá no túnel, lá no túnel, lá no túnel
Lá no túnel, lá no túnel, lá no túnel*

*Só tu lá no túnel do amor
Lá no túnel, lá no túnel, lá no túnel
Lá no túnel, lá no túnel, lá no túnel
Só tu lá no túnel do amor*

*Meu coração quer viajar
No trem dos sonhos teus
E sempre, sempre te prender
Bem nos braços meus
Quero te abraçar*

*Quando o trem passar
Só tu lá no túnel do amor
Lá no túnel do amor*

A letra em português de Fred Jorge para *Muito Jovem*, a partir do original em inglês *Just Young*, de Lya S. Roberts, pedia a participação de um coro nos refrões, que podia ser formado por homens e mulheres. Mas Gennari Filho optou, mais uma vez, somente pelos timbres fortes dos rapazes de Os Titulares do Ritmo:

*Vai falar, deixa falar
Vai falar, deixa falar.*

*Quando vamos juntos caminhando
De repente um beijo nós trocamos
Eu sei, a turma vai falar.*

*Vai falar, deixa falar
Vai falar, deixa falar.*

Que eu sou muito broto pra beijar
Que eu não tenho idade para amar
Eu sei a turma vai falar.
A flor é mais bela quando ainda é botão

Meu bem, flor do meu coração.
Somos jovens e a felicidade
Não pediu pra ver a nossa idade
Eu sei que a turma vai falar.

Vai falar, deixa falar
Vai falar, deixa falar.

Eu sei, a turma vai falar.
A flor é mais bela quando ainda é botão
Meu bem, flor do meu coração

Somos jovens e a felicidade
Não pediu pra ver a nossa idade
Eu sei que a turma vai falar.

Vai falar, deixa falar
Vai falar, deixa falar.
Vai falar, deixa falar
Vai falar, deixa falar...

Enquanto o novo disco chegava às lojas e os dois lados eram bastante tocados nas rádios, todo mundo ainda queria saber quem era a mocinha que interpretava *Estúpido Cupido*, mesmo depois de meses no topo das paradas. O tradicional jornal carioca *Correio da Manhã* foi matar a curiosidade de seus leitores sobre a menina que cantava aquela música engraçadinha e lhe dedicou um perfil na edição de 26 de julho.

A reportagem adorou-a. "Das mais simpáticas e auspiciosas a presença da jovem cantora recentemente lançada pela Odeon, a estreante Celly Campello", por meio do ""extended-play" (EP) de sete polegadas (7"), em 45 rotações", intitulado *Estúpido Cupido*, em que era acompanhada por Mário Gennari Filho e seu conjunto (na verdade, o músico era somente o produtor do disco)".

Como o compacto seguinte tinha acabado de ser lançado pela gravadora, o jornal citou as faixas e seus autores. "Vale a pena ouvir esta cantora paulista, um dos novos e positivos valores da nova geração da fonografia brasileira". O jornalista que escreveu o perfil comentou ainda: "Possuidora de voz agradabilíssima, Celly faz jus aos encómios da crítica, interpretando com categoria todas as melodias reunidas neste disco".

Para o jornal, Celly "não é artificial, nem imita ninguém. Ela é dona de marcante personalidade no gênero que abraçou. Aliás, considerando os seus admiráveis atributos vocais e interpretativos, nos é possível afirmar que estamos diante de uma futura grande estrela! Possui, desta forma, todos os requisitos: para um de finitivo encontro com a fama, beleza física, elegância. bonita voz, eficiente dicção e personalidade".

Sobre o disco, "as gravações oferecem ótimo nível de emissão sonora; os arranjos, embora singelos, contribuem para maior agrado junto aos discófilos. Digno de menção, sem dúvida, o comportamento do pequeno grupo instrumental liderado pelo acordeonista Mário Gennari Filho, encarregado dos acompanhamentos. É justo que ressaltemos, a ensejo do nosso julgamento, decisão acertada da Odeon' em renovar sempre o seu "cast' artístico. onde já despontavam três indiscutíveis-valores – quais sejam JOÃO GILBERTO, ANÍSIO SILVA e, agora, CELLY CAMPELLO, surpreendente revelação fonográfica da atual temporada nacional. Cotação Excelente. – C. P.".

Celly e João Gilberto dividiam todas as atenções junto à crítica. "No começo, porque a bossa nova veio praticamente em paralelo com o nosso movimento, a gente era criticado porque eles (participantes da bossa nova) não aceitavam isso o que fazíamos, achavam que eles faziam música e o rock não era música, entendeu?", observou Celly, ao MIS. "E tinha uma certa resistência. Mas, no fim cada um foi fazer o seu lucro, seu movimento, quer dizer, realmente foi o que aconteceu naquela época. Mas, repito, eles não achavam legal não o movimento de rock, mas tudo bem, seguimos em frente".

Em agosto, enquanto *Túnel do Amor* e *Tão Jovem* subiam para o topo das paradas das rádios de São Paulo e outros estados, saiu o disco mais juvenil da cantora, e ambas as faixas fariam bastante sucesso: *Lacinhos Cor-de-Rosa* e *Tammy*. A primeira, do original *Pink Shoe Laces*, de Mickie Grant, trazia uma letra adolescente, de uma menina que estava descobrindo o amor e tentava encantar um rapaz mais velho com atitude de menina que não sabia como impressionar. E ajudaria a consolidar em Celly Campello uma personagem nessa faixa etária, ícone adolescente de um tempo de pureza e ingenuidade.

A letra tinha nada menos que nove estrofes e caiu no gosto das meninas que começavam a sonhar com seu príncipe encantado:

Tenho um amor puro e verdadeiro
É playboy é bom companheiro
Brotinho enxuto, um amor
Mas não me liga, que horror!

Um sapatinho eu vou
Com um laço cor-de-rosa enfeitar
E perto dele eu vou
Andar devagarinho e o broto conquistar

Ele usa lambreta e é tão veloz

Se passa na corrida eu perco a voz
E fico desejando, oh meu Deus
Que ele caia bem nos braços meus

Um sapatinho eu vou
Com um laço cor-de-rosa enfeitar
E perto dele eu vou
Andar devagarinho e o broto conquistar

Quando ele dança rock é uma sensação
Faz rápido dançar o meu coração
Seu beijo deve ter a delícia do amor
E ele não me beija, que horror!

Um sapatinho eu vou
Com um laço cor-de-rosa enfeitar
E perto dele eu vou
Andar devagarinho e o broto conquistar

Um dia resolvi e ao broto fui falar
E o que ele me disse deu vontade de chorar:
"Lacinhos cor-de-rosa ficam bem só na cabeça"
"Se quiser me conquistar você cresça e apareça"

Um sapatinho eu vou
Com um laço cor-de-rosa enfeitar
E perto dele eu vou
Andar devagarinho e o broto conquistar

Tammy, de Jay Livingston e Ray Evans, era cantada pela atriz Debbie Reynolds no filme *Tammy and the Bachelor*, comédia romântica de 1957, dirigida por Joseph Pevney e que levou o título em português de *A Flor do Pântano*. Mas, no Brasil, estreou em disco no começo de 1959, pela voz de Lana Bittencourt. Celly também a cantou na língua original, acompanhada de Os Titulares do Ritmo. E sua gravação tocou bastante nas rádios, como uma das mais belas baladas do ano, presença obrigatória nos bailinhos na hora dos casais dançarem coladinhos. Tanto que, em 12 de outubro de 1959, chegou ao segundo lugar nas paradas da Rádio Cultura, de São Paulo, atrás apenas de *Manhã de Carnaval*, com João Gilberto.

Assim como o de *Estúpido Cupido*, os discos de julho e agosto tiveram edições em 78 rpm, 33 rpm e 45 rpm – mesmo com as baixas vendagens desse formato. Todas as versões foram de Fred Jorge, claro, com letras adolescentes – ele seguiu à risca a orientação da gravadora para ajudar a consolidar Celly como cantora das meninas de 13 a 17 anos. Como boa parte dos consumidores brasileiros só tinha aparelhos de 78 rpm em casa, a esmagadora maioria das vendas veio daí, seguida do crescente compacto de 33 rpm, fabricado em vinil.

Ainda em agosto, saiu outro single de Celly, que misturava faixas dos dois discos recentes: *Lacinhos Cor-de-Rosa* e *Tammy*. Como tudo dela vendia bastante, saiu junto um "compacto duplo" de 45 rpm com *Estúpido Cupido* e a inédita *The Secret*, de um lado, e *Túnel do Amor* e *Muito Jovem* do outro. A balada *The Secret*, de Joc Lis-bin e I. J. Roth, era cantada em inglês e fizera sucesso no ano anterior, na voz do popularíssimo Gordon MacRae, acompanhado do coro e da orquestra de Van Alexander Though.

Uma nota de 5 de agosto da *Revista do Rádio* destacou que não restava dúvidas de que Celly e Tony Campello eram "os mais jovens representantes da nova geração no cenário artístico brasileiro". Os dois cantores da Odeon, continuou a publicação, estavam com dois discos novos na praça que prometiam reafirmar ainda mais ambos. "Celly comparece com *Muito Jovem* e *Túnel do Amor* e Tony, com *Pobre de Mim* (Poor Little Foll) e *Tenha Pena* (Pity Pity)". A primeira de Tony terminaria 1959 como uma das mais tocadas em todo país, o que se prolongaria nos primeiros meses do ano seguinte. Não havia nada parecido na história da música no país: dois artistas fazendo tanto sucesso separadamente na mesma família.

Em 1959, o rock and roll era o ritmo dominante em todo o mundo. Celly Campello embalava a rapaziada da brilhantina no cabelo Gumex e da lambreta com os sucessos *Estúpido Cupido, Muito Jovem, Tammy* e *Lacinho Cor-de-Rosa* – a última, em 28 de novembro, assumiria o primeiro lugar nas paradas em São Paulo. E segundo lugar no Rio de Janeiro. Ainda que bem distante da imagem de rebeldia grudada ao estilo musical desde o vandalismo dos cinemas nas exibições de *Sementes de Violência*, quatro anos antes, Celly faria mais pelo rock nacional com sua doçura e jovialidade do que os futuros galãs da jovem guarda.

Sempre orientada e pajeada pelo irmão cantor e roqueiro de primeira hora Tony Campello, a menina prodígio de Taubaté gravaria versões em português dos melhores rocks açucarados feitos em inglês. Era impossível resistir a sua voz cheia de bossa e estilo, sem empostação e que parecia convidar as pessoas para dançar e se divertir o tempo todo. Ou dançar agarradinhos, no caso das baladas que gostava de cantar em inglês. Até os mais sisudos dos críticos se rendiam ao seu charme e, sobretudo, talento.

Embora poucas famílias pudessem comprar um aparelho de TV no fim daquela década, sua programação tinha grande impacto nos meios de comunicação impressos, por ser dirigida a uma elite – classes A e B – que também consumia jornais e revistas. E havia a figura do televizinho, que ia filar a programação na casa de quem possuía, principalmente à noite, o horário nobre.

Desde a década de 1940 e, em especial, após a morte do maior astro da música brasileira, Francisco Alves em um acidente de carro, em 1952, os mais famosos ídolos do rádio eram mulheres, em sua maioria – mesmo com veteranos como Orlando Silva, Silvio Caldas e Carlos Galhardo, entre outros, em atividade.

Mas elas se renovavam mais desde Carmen e Aurora Miranda, Aracy de Almeida, Marilia Batista, as Irmãs Pagãs, as irmãs Linda e Dircinha Batista e outras nos anos de 1930.

Da segunda geração, surgida no final da década de 1940, as maiores eram Emilinha Borba, que se tornara a favorita da Marinha, uma espécie de madrinha; e Marlene, a preferida da Aeronáutica. Corriam por fora Ângela Maria, Maysa, Dolores Duran, Elizeth Cardoso, Helena de Lima e outras que, como escreveu Alberto Pavão, ditavam moda e vendiam produtos – não apenas discos.

No segundo semestre de 1959, a graciosa Celly caminhava para se tornar o verdadeiro ícone da juventude brasileira da próxima década e seria comparada a Doris Day, Connie Francis e Brenda Lee, entre outras estrelas internacionais. Mas faltava fechar aquele ano glorioso para Celly e a Odeon com a possibilidade de seus fãs pedirem de presente de Natal um long-play (LP) de doze polegadas, em velocidade de 33 rpm, com doze músicas, seis de cada lado.

Seria o primeiro disco dela nesse formato, o que significava entrar para o topo daqueles que tinham prestígio nas maiores gravadoras. Não era qualquer artista que podia lançar LP porque a indústria ainda não tinha estrutura para larga produção, as vendas eram baixas e um número pequeno de ouvintes tinha um aparelho naquela velocidade. Mesmo assim, os chamados long-playings de Alta-Fidelidade (HI-FI) se tornaram a grande sensação do mercado, a partir de 1957, juntamente com os compacto de 33 rpm, naquele 1959, porque eram comprados por formadores de opinião.

Em São Paulo, quem quisesse comprar discos podia ir à rede de lojas Eletrodisco, que tinha grande variedade de títulos. No centro, suas lojas ficavam na Rua 7 de abril, 216 e na Rua São Bento, 103. Nesses endereços chegou, na primeira semana de setembro, o inesperado LP de estreia de Celly. O título não podia ser outro que não *Estúpido Cupido*, com o subtítulo *Come Rock With Me*. A ideia da Odeon era, assim, vinculá-la definitivamente ao rock and roll, mesmo que ela tivesse aquele jeito tão menina-moça de família recatada fora do palco e levemente solta sobre o mesmo com um microfone na mão. A data escolhida foi para que a gravadora tivesse tempo de prensá-lo e distribuí-lo em todo país no decorrer dos dois meses seguintes, para as vendas natalinas.

Quase todas as faixas tinham arranjo e acompanhamento de Mário Gennari Filho e seu conjunto, músicos convidados e, claro, os inseparáveis vocais de Os Titulares do Ritmo. *Estúpido Cupido*, como foi visto, misturava músicas roqueiras dos conjuntos de Betinho e Bolão. As músicas inéditas foram gravadas, mais uma vez, no estúdio da RGE, em São Paulo. Somadas aquelas que tinham saído antes em 78 rpm, compacto duplo e simples de 33 rpm e compacto simples de 45 rpm, das doze faixas, cinco eram versões de músicas americanas, cinco cantadas em inglês (*Handsome Boy, Tammy, Who's Sorry Now?, Melodia d'Amour* e *The Secret*) e cinco foram gravadas especialmente para o disco.

Desse último grupo, fechava o lado A a belíssima *Who's Sorry Now?*, de Ted Snyder, Bert Karmer e Harry Ruby. que Celly cantou em inglês e foi a música que lançara para o sucesso a cantora americana Connie Francis, a mesma de *Estúpido Cupido*, uma das vozes que ela mais passou a admirar. A brasileira consideraria *Who's Sorry Now?* a sua preferida de toda carreira e a que mais curtia cantar em seus shows e no programa de TV. "Gostava tanto que incorporei a meu repertório básico", lembrou ela. Na verdade, a canção era um clássico instrumental dançante dos anos de 1920, gravado pela Green Brothers Novelty Orchestra.

O outro lado começava com *Broto Já Sabe Chorar* (Heartaches at Sweet Sixteen), de Irving Reid, Ira Kosloff e Tony Springer, outra versão de Fred Jorge, dessa vez do sucesso de Kathy Linden. *Fale-me com Carinho* (Vis moi quelgue chose gentile), de Paul Misraki e André Hornez, era francesa. No original, foi lançada por ninguém menos que o símbolo sexual do cinema Brigitte Bardot. Essa foi a única versão do disco não feita por Fred Jorge, mas por um compositor que assinava Espírito Santo.

Ainda na lista de inéditas estava a oportunista *Querido Cupido*, composta pelo onipresente Fred Jorge, em parceria com o cantor paulista Arquimedes Messina. Pretendia, claro, pegar carona no maior sucesso de Celly até ali como uma continuação, mas não deu certo, pois foi uma das três a não fazer sucesso. A letra praticamente repetia o sentido da original:

Seu cupido vou contar
o que o senhor me fez,
sua flecha é de amargar
e feriu-me outra vez.

Seu cupido tenha dó,
se o amor é bom assim
vem depressa seu cupido,
não fuja de mim.

Eu provei o amor, gostei
o que vou fazer!
Seu cupido é estupidez
fugir de sua flecha outra vez.

Seu cupido vou contar..

A faixa seguinte, depois de *Tammy*, inédita, também era francesa, *Melodia d'Amour*, composição de Henri Salvador e Marc Lanjean que ficara bastante conhecida no Brasil cantada em inglês em 1957 pelo quarteto vocal Ames Brothers. Celly a interpretou na tradução para o inglês. Parecia mais um mambo e destoava completamente de todo o disco, com expressiva participação de Os Titulares do Ritmo. Na verdade, ela fez um dueto com o conjunto, cheio de variações vocais, com direito a coro de assobios em alguns momentos.

Entre as canções já lançadas naquele ano tão iluminado para Celly, além de *Estupido Cupido*, todas as demais tocavam nas rádios e no seu programa de TV– *Handsome Boy, Lacinhos Cor-de-Rosa, Túnel do Amor, The Secret, Muito Jovem* e *Tammy* – as duas últimas continuavam a ser bastante pedidas pelos ouvintes de São Paulo e do Rio de Janeiro nos meses de agosto e setembro e virariam o ano nas paradas das rádios de vários estados. "De todas, somente *The Secret*, *Querido Cupido* e *Fale-me com Carinho* foram engolidas (ignoradas), o resto foi de arrasar", recorda Tony. "*Melodia d'Amour* tocou muito em televisão, mas não me lembro de tê-la ouvido em rádio".

Coube a Fred Jorge escrever o texto de apresentação do LP, publicado na contracapa. Para enfatizar o que dizia, ele recorreu a letras maiúsculas em algumas passagens:

Ela já recebeu uma infinidade de slogans: A RAINHA DO DISCO, PRINCESINHA DO PLANALTO, RAINHA DE TAUBATÉ, BROTINHO ADORÁVEL, CAMPEÃ DO DISCO. Mas é apenas Celly Campello.

Nem todos os adjetivos do dicionário falam mais do que esse nome, continuou ele, para enfatizar um fenômeno musical que nos primeiros dias de janeiro era uma quase total desconhecida. É um passaporte ao sucesso. É a mais completa revelação da atualidade... Na verdade, Celly – com seus adoráveis 17 anos de idade – venceu naturalmente, sem esforço, sem lutas, sem campanhas...

Fred Jorge lembrou que ela alcançou o sucesso com a mesma naturalidade que o sol atinge o dia e o luar a noite. Ele destacou, em especial, a personalidade dela – termo que usou duas vezes no texto – e a independência que a jovem queria estabelecer para si:

Tudo em sua interpretação é delicado, envolvente e delicioso... Cantando, sente o ritmo com tanta perfeição que emociona. Sua voz de 'broto' sabe transmitir o que canta. Sua personalidade sabe impregnar tudo que realiza artisticamente.

Por isso, o sucesso para Celly era uma consequência natural, lógica, tão normal como a eterna lei de causa e efeito, continuou ele:

Tem que ser, porque a garota adorável é: a voz... a personalidade... o broto... a beleza... a juventude transformada em música... a cristalização dos ideais artísticos desta época... a interpretação inconfundível, nascida de sua própria personalidade... A graça e a simpatia... É apenas Celly Campello valorizando cada palavra que canta, dando cores novas às frases musicais, transmitindo ritmo e alegria".

O compositor encontrou adjetivos específicos para destacá-la em cada uma das faixas do disco:

Consagrada em Estúpido Cupido, confidente em The Secret, romântica em Muito Jovem, maliciosa em Túnel do Amor, debutante em Handsome Boy, brilhantíssima em Who's Sorry Now, zangadinha em Broto Já Sabe Chorar, suplica em Fala-Me de Carinho, criadora em Querido Cupido ("laces"), ingênua em Lacinhos Cor-de-Rosa, terna em Tammy, irrequieta em Melodie D'amour. Tudo isso é Celly! Em suma, é o sucesso, a consagração. É o que penso dessa garota prodigiosa.

Por fim, Fred Jorge chamou atenção para os arranjos e o zelo da Odeon em dar uma estrutura para que ela gravasse o melhor disco possível:

E o grande acordeonista que é Mario Gennari Filho marca bem a sua presença neste disco, cria a atmosfera adequada às movimentadas interpretações de Celly apoiado por seu excelente conjunto.

E acrescentou um PS a todos os fãs da cantora:

É também a opinião de toda esta geração de brotos.

A capa do disco, com o tempo, pareceria bastante comportada, graças ao furor da emancipação das mulheres nos anos seguintes. Mas, na época, deu o que falar. Mais que isso, escandalizou pais e mães de família, religiosos e educadores porque ela decidiu posar para a foto de calça comprida, algo condenável em moças de boas famílias. Estas deviam usar vestidos comportados, sem deixar aparecer os joelhos. No máximo, as garotas podiam usar no lar pijama com calças. Fora de casa, apenas em piquenique, graças aos filmes de Doris Day, uma vez que elas tinham de se sentar no chão ou se ajoelhar para servir o lanche da família.

A sugestão da roupa foi do setor de arte da gravadora, segundo Tony, sem intenção de provocar ou de imaginar a repercussão que teria. Ou imaginou e deu um sentido de polemizar? De qualquer modo, Celly só aceitou aparecer de calça se fosse sentada. "Já estou abrindo uma concessão de usar calça comprida e não vou além disso. Só sentada e ponto final", teria dito ela, segundo o irmão. Sim, a emblemática capa, tão comum e inocente para quem vive no século 21, provocou comentários e até reprovação dos conservadores.

Tony conta que a irmã só teve consciência da importância daquela ousadia para emancipação feminina das brasileiras anos depois. Para se ter uma ideia da opressão contra as mulheres ainda dominante no Brasil nos anos de 1950 e 1960, elas teriam de esperar até 1962 pela entrada em vigor do *Estatuto da Mulher Casada* para terem o direito de trabalhar sem precisar de autorização do pai (solteiras) ou do marido (casadas).

A lei nº 4.121, de 27 de agosto daquele ano, seria fundamental para a libertação da mulher, pois alterou dez artigos do *Código Civil* vigente a favor da igualdade entre os sexos. Em especial, o 6º, que atestou por séculos a incapacidade feminina para alguns atos. Além de liberdade para se tornar economicamente ativa, sem precisar da autorização de um homem, ela adquiriu o direito sobre os filhos com compartilhamento do pátrio poder e requisitar a guarda em caso de desquite, a prática de separação que existia na época – o divórcio só viraria lei em 1977.

O *Código Civil* de 1916 definia a mulher casada como incapaz de realizar certos atos e previa que ela necessitava da autorização do seu marido para exercer diversas atividades, inclusive a de ter uma profissão ou receber uma herança. A opressão chegava a tal ponto que somente quatro anos antes um estudo científico da dupla americana de pesquisadores

Master & Johnson havia chocado o mundo com a afirmação de que as mulheres tinham orgasmo e poderiam atingi-lo sozinhas, por meio da masturbação.

Como as revistas eram editadas com um mês de antecedência, *Radiolândia* deu destaque ao primeiro LP de Celly em uma nota na coluna "Discolândia – São Paulo", de Mauro Perez, na edição de 10 de outubro de 1959. "Tendo iniciado sua invejável carreira fonográfica com o pé direito – um pé deste tamanhozinho – a estrelinha taubateana Celi (sic) Campello, descoberta e lançada pelo acordeonista Mário Gennari Filho, teve seu maior êxito – até agora – em *Estúpido Cupido*. Nada mais justo, portanto, que a Odeon desse esse nome ao LP da estrelinha, lançado em princípios de setembro".

Para o crítico, "tudo em Celly é encanto, suavidade, simpatia! E tudo isso é tão natural, tão espontâneo, que transparece na fotografia que ilustra a capa do citado microssulco". Na contracapa, destacou Perez, encontrava-se "uma listinha de 'slogans' que já inventaram para o delicado brotinho. Mas a menina não precisa de 'slogans' – coisa, aliás, meio fora de moda –, pois seu nome é suficientemente sugestivo, além de vitorioso em todo o Brasil. Todo o Brasil, por enquanto, pois causa até admiração o fato de nenhum empresário estrangeiro ainda ter focalizado Celly".

No LP, "que recomendo não apenas aos admiradores de Celly Campello, mas a todos os discófilos de bom gosto, a adorável cantora é acompanhada por Mário Gennari Filho e seu apreciado conjunto".

A música brasileira passava por uma revolução que mudaria sua história para sempre, naquele ano, com a bossa nova e o rock and roll à frente, como foi dito. Por fora, com Anísio Silva à frente, porém, ganhava espaço um híbrido de bolero e canção romântica com um jeito mais exagerado e melodramático de expressar emoções e que seria rotulado com termos pejorativos como cafona e brega uma década depois. E Anísio, ao se tornar um dos pais do brega nacional, gravou também pela Odeon.

O artista – que estava longe de parecer um galã convencional do cinema – explodiu com *Quero Beijar-te as Mãos*, a música mais tocada do ano, juntamente com *Estúpido Cupido*. Com isso, ele abriu caminho para seguidores como Miltinho, Altemar Dutra, Waldick Soriano, Lindomar Castilho, Agnaldo Timóteo e Odair José, entre outros que surgiram na segunda metade da década de 1960.

Os sucessos de *Estúpido Cupido* e *Quero Beijar-te as Mãos* foram tão extraordinários que a revista Radiolândia transformou as letras de ambas em histórias em quadrinhos, o que não tinha feito até então com nenhuma outra música. Para mapear o surgimento desses novos gêneros entre 1958 e 1959 – historiadores de música popular costumam citar somente a bossa nova –, o *Correio da Manhã*, em 13 de setembro de 1959, publicou a reportagem "Valores novos enriquecem a fonografia brasileira", assinada pelo crítico e jornalista musical Claribalte Passos.

A matéria, na verdade, era apenas um pretexto para ele rasgar elogios a Celly por causa do seu primeiro LP: "Estamos praticamente no final da temporada fonográfica e nada mais grato à crítica especializada do que assinalar a excepcional contribuição emprestada à música brasileira pelos novos valores da atual geração artística", começava ele. Neste particular, sem dúvida, continuou, "o ano prestes a findar tem sido pródigo em surpresas. Seiva nova da melhor e mais vigorosa fonte, injetada no coração do mundo musical, produziu resultados auspiciosos no âmbito da radiofonia e do disco".

O que mais agrada em tudo, "isto é, verificarmos em todos os elementos dos ambos os sexos admiráveis requisitos interpelativos e um indiscutível bom gosto na seleção do repertório". E, por esta mesma circunstância, afirmou, "granjearam de imediato a simpatia do público e conquistaram igualmente sucesso comercial dos mais expressivos". O primeiro nome que ele citou foi de uma jovem de 17 anos: "Dentre os 'valores novos em apreço, apraz-nos destacar com satisfação a figura da jovem cantora paulista CELLY CAMPELLO, natural da cidade de Taubaté (sic), Estado de São Paulo".

Passos continuou, entusiasmado: (Ela) "surgiu inesperadamente, qual um verdadeiro tufão e, em poucos meses, obteve ascensão meteórica. Impôs-se através de um estilo todo seu, da personalidade, de dicção perfeita, da sinceridade inconfundível de suas criações artísticas quer em disco, rádio ou televisão. Venceu sem a ajuda dos 'fã-clubes' habituais, da propaganda dirigida, ou do mero comercialismo tão comum ao nosso ambiente musical de agora". Celly, disse Passos, demonstrou, "apesar da sua espontânea e permanente modéstia, constituir um símbolo entre as raras criaturas cujo destino é o de haver nascido realmente ARTISTA".

Ele era bastante criterioso e exigente em suas resenhas, críticas e comentários, mas não disfarçava que se sentia mesmo encantado pela cantora. E os elogios continuaram: "E, nesta condição, ungida também do privilégio de fascinar as multidões tais atributos nós os mencionamos aqui mesmo, num comentário datado de 26-7-59, sob o título de 'Surpreendente revelação' e no qual apreciamos o seu disco 'extended-play (compacto duplo) de 45 rpm. Então, já havíamos observado sua grande musicalidade, ritmo, apurada sensibilidade artística nas criações *Estúpido Cupido* (a gravação que a consagrou definitivamente), *The Secret*, *Túnel do Amor* e, finalmente, *Muito Jovem*".

Este "pequeno disco", entretanto, prosseguiu o crítico, "foi suficiente para revolucionar os centros radiofônicos e fonográficos do Rio do Janeiro e de São Paulo". Por fim, chegou à sua análise do LP: "Nada mais justo, pois, do que o recente lançamento do seu primeiro long-play de doze polegadas e que apreciamos hoje. Trata-se de *Estúpido Cupido*, de 33 rpm, exemplar de alta fidelidade, da marca nacional Odeon e subordinado ao título geral em ambas as faces de 'Come rock with me'. Apresenta-se a novíssima artista CELLY CAMPELLO acompanhada pelo acordeonista Mário Gennari Filho e seu Conjunto".

Primeiro, Passos listou todas as faixas, o título original e seus autores. Depois, escreveu: "Temos a destacar de início a concepção artística e a feição gráfica perfeitamente integradas dentro do espírito entusiasta e irrequieto da mocidade dos nossos dias, apresentando na capa uma pose bastante expressiva e espontânea da intérprete CELLY CAMPELLO". A ressalva que ele fez tinha a ver com a apresentação do disco: "Salientamos, no entanto, que o título do LP deveria ter sido mais bem escolhido e não ter a fábrica repetido o do 'extended-play' (EP), o que certamente ocorreu por circunstância de ordem comercial".

Todavia, escreveu ele, esse detalhe em nada desmerecia o disco. "Pelo que nos foi dado constatar de sua audição, a cantora oferece atuação soberba e mantém-se dentro de suas características. Gravou, na realidade, um concerto para a mocidade! E nele fala das ânsias românticas, da despreocupação própria da idade, da influência rítmica da música popular moderna de além-fronteira e, em última análise, de diferentes estados d'alma da juventude. Assim, convence e encanta a todos. Um disco, enfim, capaz de tornar orgulhosa a nossa fonografia e que justifica fama e popularidade merecidas de CELLY CAMPELLO".

Com o tempo, o primeiro LP de Celly seria reconhecido como um marco na carreira da cantora, na história do rock and roll brasileiro e pelo seu pioneirismo em ser totalmente voltado para a faixa juvenil. Havia no álbum um zelo de fazer soar quase como uma obra conceitual, amarrada pelas versões com jeito adolescente que Fred Jorge fez para uma garota de 17 anos cantar e se identificar.

Em seu conjunto, por outro lado, havia no LP sem dúvida um cuidado moralista de não ousar demais para não ferir susceptibilidades conservadoras. Mesmo assim, o versionista não perdeu a chance de colocar certo atrevimento nas abordagens exploradas por uma garota adolescente em fase de começar a namorar.

Uma outra curiosidade era que, em todas as faixas, havia algum improviso tonal de Celly, um jeito levemente sapeca ou mesmo brincalhão de cantar, com alguma provocação, como se via em O Túnel do Amor, principalmente. De certo modo, ela remetia ao jeito despojado, relaxado e leve que Carmen Miranda imprimia a seus sambas e marchas, só que, neste caso, voltado para o público adulto, que percebia duplo sentido em vários sambas, como Uva de Caminhão, Camisa Listada e E o Mundo Não se Acabou, todas compostas por Assis Valente, levemente modificadas pela cantora portuguesa naturalizada brasileira.

Celly não modificava o conteúdo das letras, mas parecia brincar quando cantava, com alguma ousadia, bossa e peraltice. Por ser um disco inteiramente de rock, pode e deve ser considerado uma das três obras inaugurais do gênero no Brasil, ao lado dos LPs de Betinho e Bolão, lançados no ano anterior. Ao MIS, ela lembrou: "E começaram a tocar o disco, algumas músicas apareceram bastante, tinha Tammy, que eu cantava em inglês também. E teve Lacinhos Cor-de-Rosa. Nossa, essa também foi bem tocada, foi a mais tocada depois de Estúpido Cupido, era bem infantil mesmo. Depois, lançaram em compacto de 45 rotações".

O LP fez com que Celly ganhasse destaque na edição de 5 de setembro da Revista do Rádio, com a manchete de capa "Ainda não tem namorado!!! – Cupido não pode flechar Celly". Aquela era a primeira vez que a publicação tratava de sua intimidade amorosa, algo a que se dedicaria com obsessão, a ponto de transformar sua vida e a de Eduardo em um inferno, pelas intrigas e fofocas que criaria no decorrer de três anos.

Suas falas para a revista eram completamente inventadas, garante Eduardo. Ele conta que tudo era combinado com ela e o com pai, com a justificativa de que era importante mantê-la em evidência, uma vez que se tratava da publicação de celebridades mais lida em seu segmento no país. "Celly, menina-moça e namorada do Brasil, acha que ainda é cedo para amar. Mas, a verdade é que muitos brotos de boa apresentação já se apaixonaram por ela", começava o repórter Waldemir Paiva.

Ele lembrou que, depois de concluir no ano anterior o curso clássico, Celly resolveu abandonar os estudos. "Bem explicado: não fará exame vestibular para a Faculdade de Direito, conforme pretendia (antes tinha dito letras). Dedicar-se-á ao aprendizado do inglês e francês. Quer falar correntemente os dois idiomas. E, como fizéssemos uma pergunta, ela falou com aquele seu jeitinho de menina mimosa: 'Sim, meu sonho era viajar aos EUA. Para isso, estou aprendendo o inglês. Contudo, creio que antes farei uma temporada em Portugal".

Ela contou que era uma "proposta tentadora" aquela feita pelos portugueses assim que *Estúpido Cupido* começou a ser tocada em seu país, no meio do ano. "Poderei ganhar dinheiro e passear pela Europa", afirmou. Celly teria seis compactos lançados naquele país ao longo de sua carreira, depois reunidos em um LP – e receberia outros convites para cantar em Lisboa. Questionada sobre o que fazia com o que ganhava como cantora, ela respondeu: "Todo o dinheiro que mereci por viagens, contratos em rádios, TV, discos e o resto foi depositado em um banco. Não gastei um tostão sequer. Papai dá-me tudo o que preciso, continuo a depender dele, tal como se não fosse artista".

Poderia explicar melhor tudo isso?, perguntou o repórter. A artista respondeu: "Muito simples: papai julgou melhor guardar todo o meu dinheiro em um banco. No futuro, saberemos o que fazer. Deixemos que eu atinja a maioridade". E quanto já juntou no banco?, quis saber o entrevistador. "Isso eu não sei certamente. Mas, mesmo que soubesse não revelaria. É segredo meu!".

A reportagem citou a cantora como uma das artistas que mais ganhavam dinheiro no mercado musical brasileiro: "Celly Campello, que é broto, canta bem, é bonita e tem dinheiro, preferiu fugir do assunto financeiro (ela paga Imposto de Renda)". Sua vida pessoal não podia ficar de fora, claro. "E fomos direto ao assunto que mais interessava ao repórter: É verdade quer você vai ficar noiva?". Ela teria desmentido: "Eu, noiva? Por enquanto não há nada disso". E ante a insistência do jornalista, explicou que "ainda era jovem para amar".

De verdade?, insistiu ele, como se soubesse de algo. "A maneira como se referia a um possível amor bem que nos deixou acreditando que ele existe, mesmo. Mas... Celly, que é mesmo uma menina mimosa, não quis estender-se em assuntos sentimentais". A revista julgou por bem deixá-la dizer o que pretendia sobre o assunto. E mudou a pauta. "Quando viajo, faço duas exigências: tenho de levar mamãe como acompanhante e só assino contrato para cantar com o meu irmão, Tony".

Ela confirmou que não podia cantar em boates, ainda – não tinha completado 18 anos, quando a entrevista aconteceu. "Ainda sou menor. Nos clubes, canto antes das danças serem iniciadas. Nas boates, não entro nem para cantar", afirmou, enfática. Celly não quis prosseguir em suas declarações, disse o repórter. "Tinha de seguir para Taubaté, sua bela cidade. Dizem que, um dia, Celly tão mimosa, será a mais bela noiva daquela cidade. Apesar das negativas da cantora, parece que esse dia está bem perto".

REVISTA DO RÁDIO

EM COMBINAÇÃO COM A
"DISCOTÉCA DO CHACRINHA"

apresenta

OS MELHORES DO DISCO

em 1960

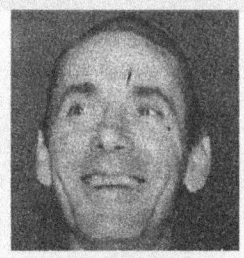

Uma equipe de observadores da REVISTA DO RÁDIO, especialmente designada pela nossa direção, selecionou os nomes, melodias e emprêsas que mais de destacaram no mundo das gravações, durante êste 1960. Graças a êsse trabalho, pode, agora, a REVISTA DO RÁDIO, apontar os "Melhores do Disco" no ano que se finda, e que são os seguintes:-

Cantor – **NELSON GONÇALVES** (RCA Victor)
Cantora – **CELLY CAMPELLO** (Odeon)
Cantor estrangeiro – **ELIS PRESLEY** (RCA Victor)
Cantora estrangeira – **DÓRIS DAY** (Columbia)
Cantor revelação – **MILTINHO** (RGE)
Disco "78" – **"SERENATA SUBURBANA"**
 (Dalva de Andrade, Odeon)
"LP" nacional – **"ALGUÉM ME DISSE"**
 (Anísio Silva, Odeon)
"LP" estrangeiro – **"S Concert"** (Orquestra de
 Ray Conniff, Columbia)
Conjunto vocal – **"OS CARIOCAS"** (Continental)
Conjunto orquestral – **"MILIONÁRIOS DO RITMO"**
 (de Djalma Ferreira, Drink)
Compositor – **LUÍS ANTÔNIO** (Continental)
Gravadora – **ODEON**
Instrumentista – **POLLY** (Chantecler)
Conjunto vocal – **"OS CARIOCAS"** (Continental)
Orquestra – **"SIMONETTI"** (RGE)

● A REVISTA DO RÁDIO vai oferecer aos "Melhores do Disco", artísticos pergaminhos. A entrega dêsse prêmio acontecerá no programa "Discoteca do Chacrinha, na TV-Tupi

Celly Campello, Nélson Gonçalves, Sônia Delvino, Miltinho, Dóris Day, Elvis Presley, Dalva de Andrade, Anísio Silva, Melhores do Disco" que serão premiados pela REVISTA DO RÁDIO.

Regiane

Golden Boys

Francisco Alves

Emilinha Borba

Brenda Lee

Celly Campello

Capítulo 8
Um mundo de versões

Dois meses depois que o primeiro LP de Celly saiu no Brasil, a filial da Odeon de Buenos Aires lançou o mesmo disco, com todas as faixas cantadas em português e só com duas alterações: a capa original que era rosa saiu na cor verde claro, e o texto da contracapa era o mesmo, porém traduzido para castelhano, assinado por Fred Jorge. O compositor e versionista, aliás, logo se tornaria um amigo próximo e querido dos dois irmãos Campello. "Assim que fez a versão de *Estúpido Cupido*, como tinha morado nos EUA, Fred passou a me dar orientação sobre cantar bem com entonação e sotaque", observou Celly.

Ao contrário do que se pensaria décadas depois, a onda de versões de músicas estrangeiras no Brasil não começou com a turma do rock e nem terminou com ela. Versionistas como Fred Jorge e Rossini Pinto, responsáveis pelo que cantavam em português Celly Campello, Golden Boys e The Fevers, entre outros, nos anos de 1960, principalmente, deram continuidade a uma prática que já existia desde os primórdios do disco e do rádio no país, nos anos de 1920 e 1930.

Francisco Alves e Emilinha Borba, por exemplo, gravaram versões de Nilo Sérgio, Evaldo Ruy e Haroldo Barbosa – responsável pela discoteca da Rádio Nacional, onde recebia em primeira mão os lançamentos internacionais, fazia as versões e distribuía aos cantores mais famosos. A quantidade de músicas estrangeiras vertidas para o português levou Tom Jobim a protestar em 1956 com *Samba Não é Brinquedo*, que diz: "Se Noel estivesse aqui/ acabava com a versão...".

Não foram poucas também as apropriações foras da lei de sucessos estrangeiros feitas por supostos autores nascidos no país. Entre as marchas de sucesso do Carnaval, algumas não passavam de furtos por "compositores brasileiros" de músicas estrangeiras, descobriu-se depois. Como *Está Chegando a Hora*, que seria de Cortes/Henricão/Rubens Campos, tirada da mexicana *Cielito Lindo*, de Quirino Mendoza, assim como *Babalu*, maior sucesso de Ângela Maria, famoso tema cubano de Margarida Lecuona.

Na eleição para as duas maiores revelações da música no rádio de 1959, realizada durante semanas a partir de 12 de setembro, pela *Revista do Rádio*, Tony passou a liderar entre os homens e Celly entre as mulheres. João Gilberto aparece em sexto lugar. Uma semana depois, Tony perdeu a liderança para um certo Hugo Brando. Mas reassumiu a liderança em 25 de outubro.

Enquanto a votação seguia acirrada, com reviravoltas semanais, as fofocas sobre a jovem cantora não demoraram a aparecer na temida coluna "Mexericos da Candinha" – feita por um homem, o jornalista Anselmo Domingos, como foi visto –, em 19 de setembro: "Sei de um cantor, carioca, que está colecionando fotos de Celly Campello. Qualquer dia ele se declara ao broto paulista".

Uma semana depois, *Correio da Manhã* trouxe para o leitor carioca a curiosidade do êxito dos dois irmãos Campello que faziam sucesso sem ser dupla. O jornal ressaltou, porém, que a caçula se saía melhor naquele momento, apesar do mais velho cantar melhor, segundo o diário. "Dos irmãos Campello (Celly e Tony) é Celly quem realmente está fazendo mais sucesso. Todavia, seu irmão Tony tem melhor timbre de voz. No seu recente LP (*Estúpido Cupido*) para a Odeon, por exemplo, Celly preocupa-se em imitar os criadores das composições por ela cantadas. Aquela faixa da Teresa Drewer, então, está de amargar".

Em paralelo, continuou o conceituado *Correio da Manhã*, um dos desafios das gravadoras era combater o preconceito contra o rock. No começo de 1959, a Musidisc lançou o LP de doze polegadas *Rock and Roll in HI-FI*, com a banda The Atomics, todo instrumental. A capa era do artista gráfico Joselito Mattos, bastante sugestiva, com quatro situações de dança dos modelos Birunga e Terezinha.

Na apresentação, o crítico Sebastião Fonseca destacou os ataques ao ritmo americano: "Muito se tem falado e escrito sobre o 'rock and roll'. Até no noticiário policial surgiu ele, em vários países, inclusive o Brasil, acusado de ser o instigador de estrepolias condenáveis, levando a juventude a excessos que o *Código Penal* prevê e a moral anatematiza. Nada mais errôneo, porém". Para Fonseca, "o que tem havido é apenas uma espécie de reação em cadeia, ditada pelo simples espírito de imitação, habilmente aproveitada pela propaganda sensacionalista que transformou ou pretendeu transformar uma pequena e inocente explosão coreográfica de alguns teenagers em um vírus terrivelmente contagioso e cuja ação deletéria ninguém pode resistir".

Mas o "rock and roll", ressaltou, não era nada disso. "Parente distante do 'boogie-woogie', que nunca andou quebrando cadeiras ou rasgando cartazes de cinemas, o 'rock and roll' é um ritmo vertiginoso, um tanto amalucado mesmo, que exprime e condensa, como nenhum outro, a alegria da vida, a exuberância natural e sadia da mocidade moderna". Referia-se, principalmente, por ser contagiante como dança e coreografia de casais.

A música popular, a música dançante, em todo o mundo, mesmo depois do advento do jazz, explicou o crítico, "tinha sido demasiada certa, demasiada perfeita, com a orquestra tocando a nota exata no momento preciso, o que torna essa música padronizada e pouco pessoal". Para ele, "o rock and roll veio subverter totalmente esse conceito de música popular, com o seu ritmo diferente, personalíssimo, que é assim como urna espécie de protesto contra a perfeição musical".

Não queria isso dizer que fosse cacofoniar, "que seja um caos sonoro, balbúrdia, confusão. É música também, tão música como a outra, mas de sabor próprio, inteiramente novo, que permite aos dançarinos uma variedade imensa de floreios, uma liberdade de movimentos jamais alcançada em outros ritmos". Esse era o segredo da "tremenda" popularidade e do êxito fulminante do "rock and roll", onde quer que tenha surgido, escreveu Fonseca.

Para ele, "essa a razão por que quem o escuta, jovem ou não, sente-se logo atingido pelo seu impacto arrebatador, que começa por um delicioso formigamento em todo o corpo e acaba, no meio da sala, em saracoteios esfuziantes, difíceis de controlar". As faixas apresentadas naquele disco eram, portanto, o que de mais típico existia em matéria de "rock and roll". E acrescentou: "Aqui está ela, essa avalanche sonora de ritmo alucinante, pronta a envolver em seu fascínio quantos a escutem e a fazê-los sentir, em toda a sua plenitude, esse bem supremo que, apesar de tudo, nunca se apaga totalmente no homem: a alegria de viver!"

Como escreveu a *Revista do Rádio*, "Celly Campello é a nova sensação dos brotos!", ao falar de mais um êxito da artista, na primeira semana de outubro, ao mesmo tempo em que ela assinou o contrato de renovação com a Record, depois do êxito de audiência e do desejo da emissora em dar continuidade ao programa *Crush em HI-FI*. Um perfil extenso seu saiu na mesma publicação, finalmente, em 24 de outubro, depois de incontáveis pedidos dos fãs na seção de cartas.

Era, portanto, a primeira vez que os leitores da revista sabiam sobre a vida da jovem estrela. "O brotinho Celly Campello é suave como as próprias músicas que interpreta. Famosa aos 16 anos, decidiu não interromper os seus estudos, lá na cidade em que reside, Taubaté". A gravação de *Estúpido Cupido*, continuou a publicação, "que lhe rendeu, até o momento, aproximadamente, algumas centenas de milhares de cruzeiros, projetou como cantora a menina-moça Celly Campello, que é apontada como a grande revelação do ano".

Disse a reportagem que ela tinha várias propostas para atuar em rádio e televisão no Rio e em São Paulo, mas ainda não tinha se decidido, "pois, em que pese o carinho que dedica à carreira artística", Celly não queria abandonar os estudos. Por enquanto, continuava a aparecer em três programas em São Paulo (*Crush em HI-FI* e *Astros do Disco*, na TV Record; e *Campeões do Disco*, na TV Tupi) e em rápidas temporadas no Rio. "Aluna aplicada, cursa o 3º ano clássico no Colégio Estadual e na Escola Normal Monteiro Lobato, além de estudar inglês, piano e balé".

Em sua carreira, contou a revista, Celly tinha ganhado treze medalhas em quatro importantes competições esportivas estaduais de natação. "Ela aprecia e pratica a natação e vôlei. Para ver, somente como plateia, gosta de futebol feminino. Adora leitura, dá preferência aos romances de amor e poesias. Como escritor, admira José de Alencar e, poesia, Jotagê de Araújo Jorge. Em rádio, gosta principalmente dos programas musicais".

A cantora, mais uma vez, elogiou o irmão: "Considero Tony um excelente cantor, com largo futuro pela frente. Falta-lhe somente um impulso, como eu tive". Até o chamou pelo diminutivo do nome artístico que adotara havia pouco tempo. "Toninho é atencioso e se interessa pela minha carreira" – soava estranho ela chamar o irmão assim, pois até o ano passado seu verdadeiro nome era Sérgio.

Dos fãs, Celly disse: "São adoráveis, um incentivo do qual já não posso prescindir. Por eles é que procuro melhorar mais. dia a dia". A artista apontou o compositor Fred Jorge –

de quem gravara recentemente as versões de *Túnel do Amor* e *Muito Jovem*, como o seu maior incentivador e "responsável pelo sucesso que o brotinho tem obtido". O sonho que ela queria ver realizado era atuar no cinema nacional.

A *Revista do Rádio* não podia deixar de perguntar sobre namoro, tema constante da coluna de fofoca "Mexericos da Candinha". Celly disse que, para ela, era sublime amar alguém, principalmente quando se era correspondida. "Indagada se estava amando alguém, a cantora limitou-se a sorrir, convidando-nos a mudar de assunto. Apesar da ausência da resposta, diz que o coração do broto já foi tomado de assalto por alguém que é correspondido seriamente".

O fato de Celly e Tony serem irmãos, fazerem sucesso ao mesmo tempo individualmente, terem vindos do interior e cantarem "música americana" atiçou ainda mais a curiosidade da imprensa. No perfil que publicou dos dois, a *Revista do Rádio* optou por colocá-los como dois filhos de boa família exemplares e comportados. "Tony adora passear de lambreta, mas não é da juventude transviada, não...", dizia a legenda da reportagem "Sensação dos brotos flechado por cupido", de 5 de setembro. "Os brotos suspiram quando ele canta, mas a grande revelação paulista já deu seu coração àquela que é sua fã número 1".

Naquele final de 1959, Celly concluiu o curso clássico. Podia fazer vestibular, se quisesse. Não foi fácil para ela chegar até ali. Em um período de tantos compromissos profissionais, quando tinha provas, não aceitava os shows e os convites que lhe apareciam. Agora, podia se dedicar um pouco mais à carreira e a faculdade poderia esperar um pouco.

Até dezembro, aconteceria o impensável: uma menina baixinha de 1,60 metro e apenas 17 anos colocou três músicas nos primeiros lugares das rádios de todo país, nessa ordem: *Estúpido Cupido, Túnel do Amor* e *Lacinhos Cor-de-Rosa*. E todas se estenderiam na programação ao longo de todo o ano de 1960. Enquanto os fãs pediam mais e mais reportagens sobre ela nas revistas *O Cruzeiro, Manchete, Revista do Rádio* e *Radiolândia*, entre outras, e eram atendidos, ela ganhou um especial na Record, no dia 10 de outubro, no *Programa da Juventude*, em que se apresentou acompanhada do conjunto Ritmos Ok e vários convidados. Além do irmão, The Avalons, Regiane, The Jester Tigers, The Scarlets e outros.

A vinda da cantora adolescente americana Brenda Lee em 1º de setembro de 1959 foi importante para promover o rock no Brasil. Ela chegou acompanhada de seu empresário Dub Allbritten (também autor de seu grande sucesso *I'm Sorry*, em parceria com Ronnie Self). E importante para Celly, pois o encontro das duas e com Tony teve ampla cobertura da imprensa e repercussão de diversas formas. O mais incrível era que se a cantora brasileira parecia jovem demais com 17 anos, Brenda era dois anos mais nova que ela. E ainda ia fazer 15 anos em dezembro.

Seu nome de batismo era Brenda Mae Tarpley e ela nasceu em Atlanta, Geórgia. Quando tinha onze anos de idade, a Decca Records assinou com sua mãe um contrato para Brenda gravar *Jambalaya*, em setembro de 1956 acompanhada do conjunto The Casuals. A música, porém, não explodiu no primeiro momento e ela fez mais sucesso com *Dynamite*, lançada em 27 de maio de 1957, que teve repercussão local e deu a Brenda o apelido de "Miss Dynamite".

Somente em fevereiro de 1959, a Companhia Brasileira de Discos lançou *Jambalaya* no mercado brasileiro. Em abril, a música havia se tornado um sucesso, mas ninguém sabia o quanto aquela cantora era jovem. Miguel Vaccaro Netto, da Rádio Panamericana, o mesmo que teria protagonizado a mudança nos nomes para Tony e Celly Campello, e dirigia a coluna diária "Discos" no *Última Hora*, disse que tinha lido na Metronome, revista de jazz americana, que Brenda Lee não existia e passou a propagar essa informação a seus ouvintes. Como assim, se ele aparecida direto em programas da TV americana?

Na coluna de 2 abril de 1959, ele afirmou que a gravação da Decca de *Jambalaya* fora feita por Louis Armstrong, com sua voz sendo alterada para soar como a de uma jovem, em um truque de estúdio. Embora fosse um absurdo, pois não havia tecnologia para isso, muita gente acreditou. Tudo começou como se fosse uma brincadeira que o radialista repetiu no ar e virou algo descabido: tocou o disco em rotação alterada de 45 rpm para 33 rpm, o que deixou a voz de Brenda Lee distorcida e masculinizada e passou a soar como a de Armstrong, segundo ele.

Afirmou o radialista que, "assim, de forma bem-bolada, a 'aparição' da menininha de 9 anos, que, na verdade, nunca existiu, foi inventada. Esses americanos são capazes de fazer o Capeta gravar, contanto que vendam discos". A partir daí, Vaccaro Neto, ao invés de desmentir, passou a delirar e a difundir a dúvida sobre a real existência de Brenda. Para se ter uma ideia da loucura, ele voltou ao tema na coluna do dia 6, e disse que a revista americana continuava a bater na tecla de que Brenda Lee era uma farsa. "Diz que *Jambalaya* já tinha sido gravada antes pelo autor Hank Williams".

Tudo isso era tratado com chamada na primeira página e matéria de página inteira. Em 5 de abril, o título de sua coluna anunciava "Brenda Lee, garota-fantasma!". No texto, ele atacou Walter Silva, o Pica-Pau, disc-jockey da Rádio Bandeirantes, que o tinha desafiado a provar que Brenda Lee era "fantasma" de estúdio realmente. Vaccaro Neto insultou o colega o quanto pode, chamando-o de "menino de calças-compridas", "mero divulgador de gravadora" que se tornou disc-jockey sem talento e escreveu que aqueles que tinham o nome de Silva deveriam se envergonhar de ter entre eles esse tal "walter", com inicial minúscula.

Essa invencionice acabou por ajudar a vender os discos de Brenda Lee no Brasil. Por mais absurda que fosse a história, o assunto só foi encerrado quando a artista desembarcou no Rio de Janeiro para ser recebida pelo próprio presidente Juscelino Kubitschek em seu escritório no Palácio do Catete. Na capital do país, a cantora cumpriu uma agenda extensa, mas não pôde se apresentar na boate Fred's porque tinha apenas 15 anos de idade. Mas foi aos programas de Paulo Gracindo e César de Alencar, na Rádio Nacional, e em alguns programas de auditório nas TVs Tupi e Rio.

Em São Paulo, contratada pela Record, Brenda Lee cantou no primeiro grande evento de rock do país, patrocinado pela emissora, a *Quinzena do Rock and Roll*, ao longo das duas últimas semanas de setembro. O festival, na verdade, foi uma grande jogada de Vaccaro Neto para promover sua pequena gravadora, a Young, formada por cantores brasileiros, mas que só cantavam em inglês. Eles dividiram o palco com as atrações internacionais de peso como Johnny Restivo, Brenda Lee e Frankie Lymon, que encerraram a programação.

A turma de músicos da Young que se apresentou com Brenda Lee no festival era formada por Paulinho, Dudu, Daniel e Bob Win (todos do grupo The Avalons) e Prini Lorez. Solano Ribeiro, do The Avalons, que viria a ser um dos mais importantes produtores do país, começou a se destacar pela Young. A pequena gravadora paulistana se beneficiava da impressionante quantidade de músicos e candidatos a cantores que surgiu depois de *Estúpido Cupido*. "Bastaram dois ou três programas para termos nos corredores da Panamericana um desfile de jovens, rapazes e garotas, candidatando-se para os testes", contou Vaccaro Neto. Vários deles também tentaram abrir espaço em outras emissoras de rádio.

Um dos primeiros candidatos foi o grupo The Avalons, que cantou *Bye Love*, dos Everly Brothers, em um programa da antiga TV Paulista, produzido por David Conde. Foram localizados e contratados por Vaccaro Neto. Hamilton Di Giorgio se apresentou com um dos sucessos de Buddy Holly, *Peggy Sue*, no programa de Domingos Paulo Mamone, o Minguinho, na Rádio São Paulo. The Avalons tinha em sua formação os irmãos Dudu (guitarra) e Paulinho (bateria) com Daniel (contrabaixo), Solano e Passarinho (Nilton) nos vocais. Após as primeiras sessões de gravações, o asiático Bob entrou para os vocais do grupo, além do trompetista Masao. Solano Ribeiro deixaria o grupo para se tornar publicitário e idealizador dos festivais de música da TV Record na segunda metade da década de 1960.

O primeiro disco (de 78 rpm) da Young foi *Valentina* (My Valentina), do The Avalons. O disco trazia composições próprias: *All The Time* (Solano Ribeiro), *China Rock* e *Here Come The Avalons* (Dudu). Com a contratação de Hamilton Di Giorgio, Vaccaro Neto passou a contar com um intérprete que podia cobrir as bases criadas pelos "teen idols" tipo Bobby Rydell, bem como podia ser romântico e "soulful" como Sam Cooke. E, além de tudo isso, possuía o dom de compor como poucos. A maior preocupação do produtor era descartar imitadores de grandes artistas, o que nem sempre conseguia.

A Young nasceu de dois apaixonados por rock, o polêmico Vaccaro Neto e Enrique Lebendiger, presidente e fundador da Editora Musical Fermata do Brasil. Graças às suas conexões internacionais, o editor adquiriu os direitos de distribuição para o Brasil e Argentina de boa parte das músicas importantes do rock lançadas nos EUA a partir de 1955 até os primeiros anos da década de 1960. A maioria, porém, pertencia a selos independentes que nasciam a cada dez minutos nos EUA, como se dizia na época. E ninguém os lançava no Brasil. Até que Lebendiger teve a ideia de gravar seu catálogo com artistas brasileiros, porém somente com interpretações em inglês.

A ideia parecia interessante porque discos em outro idioma vendiam mais, principalmente de rock, até Celly surgir, claro. Mas seus organizadores não deram importância ao fato de que o público aprendera a gostar de versões, graças a Carlos Gonzaga, Sérgio Murilo, Tony e Celly, entre outros. Os dois sócios consideraram que daria certo porque Vaccaro Neto tinha enorme audiência entre os jovens, com seu programa e a coluna sobre música no *Última Hora*. Também dava consultoria às gravadoras nos lançamentos de discos internacionais, escrevia contracapas de LPs etc. Por isso, convidou-o para ser diretor artístico e produtor fonográfico da pequena gravadora, além de sócio.

Coube a ele fazer o layout do selo Young, onde colocou vermelho e branco para se destacar entre as etiquetas em preto e sombrias das outras gravadoras. Nessa operação, ajudou-o o conhecido cartunista Otavio Novaes, colega de redação, que deu vida e animação às capas dos discos da Young. Na rádio, sua especialidade era apresentar os grandes sucessos internacionais importados, inéditos por aqui, e brasileiros também. Ao mesmo tempo, poderia funcionar na busca de novos talentos ligados ao rock que estavam à procura de uma oportunidade.

Os primeiros contratados foram Regiane, Hamilton Di Giorgio, Demétrius e Dori "Edson" Angiolella – que ficaria conhecido como Dori Edson alguns anos depois – e Marcos Roberto, cuja sequência de trabalhos ultrapassou as fronteiras brasileiras, tornando-se conhecido em toda a América Latina, principalmente por seu hit *A Última Carta*. Vaccaro Netto apostou tanto que lançou, ao mesmo tempo, um disco do grupo e um de dois dos membros, Dori e Marcos, com uma faixa de cada um. O primeiro cantou a tradicional música irlandesa *Danny Boy*, em ritmo de rock and roll, enquanto Marcos Roberto interpretava uma versão para a balada da peça clássica *Liebstraum #3*, de Franz Liszt, sob o título *I Love You, I Do*.

Dentre os grupos selecionados no primeiro momento pela dupla de produtores apareciam The Roeu, formado por José "Zezinho" Gagliardi Jr., futuro Galli Jr. e, depois, Prini Lorez (vocais); Lídio "Nenê" Benvenutti (bateria); Romeu Benvenutti (guitarra e baixo); e Zé Carlos (segunda guitarra). E o grupo The Avalons, considerado o melhor do catálogo e pioneiro das músicas instrumentais de rock no país. O exímio guitarrista Gato também foi contratado.

Regiane, em especial, surgia como uma concorrente de Celly. Pelo menos deveria ser. Regina Célia Bellochi era um ano mais velha que a colega e começou precocemente na música. Ainda adolescente, tocava piano de ouvido, fazia balé. Ela morava com os pais e o irmão mais velho Roberto entre os bairros da Aclimação e do Cambuci, na Capital. A paixão por música, contou ela, vinha desde os 12 anos, quando estudava no Colégio Sagrada Família. Foi lá que achou que não poderia cantar, porque destoava nos cânticos com voz grave e forte. E passou a ficar calada nas horas do coral.

Até que viu na TV Inezita Barroso cantando folclore e concluiu que daria para ser intérprete também. Antes, cuidou de aprender violão, que tinha virado moda entre os jovens de classe média por causa da bossa nova. Procurou a pessoa certa para lhe ensinar, o professor Teotônio Pavão, pai da futura cantora Meire Pavão e de Albert Pavão. Além das aulas, adorava as reuniões musicais na casa do mestre, onde cantava sem qualquer inibição e era aplaudida sempre.

A jovem foi descoberta no estúdio da TV Record por Blota Junior. Ele sugeriu a Vaccaro Neto que a levasse para gravar na Young. Logo foi empresariada pelo próprio produtor e teve seu nome mudado para Regiane, pois havia outra jovem, de nome Regina Celia, que se destacava no rádio como cantora. Ainda em 1959, Regiane gravou seus primeiros discos, dois 78 rpm. Primeiro, com as faixas *Falling* e *To Know Him Is Love Him*. Logo depois, saíram as faixas *Frankie* – que Celly tinha gravado – e *Tum-ba-love*, também lançados em compacto simples de 45 rpm.

Com o empenho de seu empresário, Regiane começou a aparecer em programas de rádio e televisão e a estrelar shows que abriam as atrações internacionais no Teatro Record, ao lado de seus colegas da gravadora. "Eu já tinha 17 anos nessa época. Miguel nos explicou sobre o movimento à procura de jovens talentos e nos convidou a ir ao seu programa *Disque-Disco*, na Rádio Panamericana".

De violão em punho, no dia seguinte, prosseguiu ela, "fomos eu e minha mãe, e acabei fazendo o programa todo, cantei vários gêneros musicais. Miguel, por eu ser Regina Célia, lançou um concurso solicitando opiniões para escolha de um nome artístico para a "Cantora Misteriosa", e isso foi por um tempo até que me batizaram de Regiane". E logo conheceu o pessoal da Young, sempre com a mãe ou o pai a seu lado. "Fiz apresentações em TV e comecei a ser bem assediada (e isso me assustou)".

Ela contou que na Young viraram uma família. "Posteriormente, eu e todos os colegas gravamos (nossos discos) em um dia só. Mil horas de gravação no Estúdio da Continental, onde nos divertimos. Eu, o disco *The Beautiful Teenager*, com as 4 músicas, a saber: *O Dio Mio*, *Broken Hearted Melody*, *Willie Boy* e *I'm Yours*, estas com violinos (Maestro Slon Spalla do Teatro Municipal), Edgard na guitarra, Bolão no sax; gostei bastante do resultado".

Com *I'm Yours*, Regiane ganhou o *Troféu Chico Viola*, da TV Record, como Revelação do Ano e ainda um contrato com a emissora, onde teve um programa musical, *Ele e Ela*, com Walter Santos, além de outras honrarias de revistas, que a destacaram como de grande talento. Ela conheceu Didi, com quem se casou, em 1963. "Ciumeira geral da irmandade", recordou.

Regiane representou o Brasil em um festival na cidade uruguaia de Punta Del Este e cantou em todos os programas da Record, como *Astros do Disco*, *Show 713* (canal 7 com o a TV RIO, canal 13), onde interpretou, por várias vezes, músicas da Judy Garland, a pedidos de Paulinho Machado de Carvalho, dono da emissora. Apresentou-se ainda no programa *Phebo Faz Degrau Para o Sucesso* e perdeu as contas das vezes que cantou no programa de Celly e Tony.

O rock se diversificava e rendia novos subgêneros, como o conhecido por *doo wop*. E foi da cidade de Rio Claro, interior paulista, que vieram para a gravadora quatro rapazes seguidores do novo ritmo, reunidos no The Youngs, com José Carlos à frente. O grupo não demorou para gravar *The Ten Commandments of Love – The Youngs Come to Paradise*.

Com experiências assim, Vaccaro Neto acreditava que todas as correntes e tendências musicais de vanguarda estavam cobertas pela gravadora e que o fato de todos só cantarem em inglês não era um obstáculo para obter mais alcance. Para fazer o negócio dar certo, além de boa distribuição, ele dizia que os discos precisavam ser tocados pelas rádios e a gravadora conseguir um palco para testar a reação do público, preferencialmente com transmissão por rádio ou TV.

A Record, cujo grupo era dono da Rádio Panamericana, havia inaugurado pouco tempo antes seu Teatro Record, na Rua da Consolação, a dois quarteirões da Avenida Paulista. Até então, as atrações internacionais que a emissora trazia e os programas especiais eram transmitidos do Teatro Paramount, no começo da Avenida Brigadeiro Luis Antonio, a cem metros da Praça da Sé, centro de São Paulo. Vaccaro viabilizou a transmissão de seu *Disque Disco*, às quintas-feiras, diretamente do Teatro Record.

Bastaram dois programas para que a atração se tornasse uma febre entre jovens paulistanos. A maioria dos ouvintes frequentava a Rua Augusta, então passarela das paqueras e dos desfiles de novas tendências ou de ostentação por quem tinha dinheiro ou fingia que tinha. Eram vistas lá as alunas do Colégio Des Oiseaux, os estudantes do MacKenzie e os moradores dos Jardins. A localização do teatro, a três ruas da Augusta, mostrou-se perfeita.

E assim, os jovens podiam ver de perto os artistas da Young que despontavam no rock nacional. A euforia que *Disque Disco* provocava às quintas e o *Crush em HI-FI*, de Celly e Tony, às terças, dariam segurança à direção da Record para, cinco anos depois, criar o programa *Jovem Guarda*.

Por causa da impossibilidade de transmissão simultânea dessas atrações para outros estados, o que acontecia em São Paulo era desconhecido em outras capitais. Celly era uma grata exceção, por causa de seus discos. Os registros da Young logo viraram objeto de culto dos fãs de rock mais segmentados e puristas, que torciam o nariz para os irmãos Campello. O ritmo, para eles, só valia se cantado em inglês. O selo paulistano, portanto, tinha sua simpatia. Duas lojas especializadas em importados vendiam discos da Young: Eletroarte, de Antonio Paladino, na Rua Augusta, e a loja de Luis Vassalo, na Avenida Ipiranga.

Brenda Lee também foi ao programa de Vaccaro Neto, o homem que havia negado sua existência. Ela se apresentaria ao vivo no auditório da Rádio Panamericana, na Rua Riachuelo – às quintas, quando o radialista mostrava em seu *Disque Disco* jovens talentos do rock, a maioria da sua gravadora. Regiane foi encarregada de recepcionar Brenda e lhe entregar um arranjo de flores e um ursinho de pelúcia Teddy Bear, ofertado por Vaccaro Neto.

Ao invés de ser perguntada, bem-humorada, ela questionou a Vaccaro Netto: "So, now you believe me?" ("E então, acredita em mim agora?"). Em seguida, a convidada respondeu às perguntas enviadas por ouvintes, escutou algumas canções apresentadas ao vivo por parte da turma da Young que iria participar da primeira parte de seu show e disse estar encantada com a simpatia e o talento daqueles jovens brasileiros.

Antes de começar a cantar, a americana foi apresentada aos irmãos Campello. "Nosso encontro foi especial, quando Brenda esteve no Brasil. Fui ao show e tive contato com ela nos bastidores", recordou Celly. A imprensa contou que a "menina-atômica", como também era chamada, insistiu para que a brasileira fosse cantar nos EUA, pois estava impressionada com seu talento e carisma. Mas Celly explicou que, devido aos seus estudos, não poderia se ausentar do país. Prometeu que nas próximas férias irá visitá-la. Nunca faria isso.

Outro acontecimento para Celly naquele ano foi seu encontro com Neil Sedaka, no final de novembro, em uma festa da TV Tupi, na qual simularam diante dos fotógrafos uma dancinha breve de rock and roll e troca de sorrisos. Em uma das fotos reproduzidas pelo jornal *A Gazeta*, um Sedaka com olhar que parecia um tanto apaixonado posava com o rosto colado no da cantora. Em outra, com uma taça de champagne, beijava-a no rosto com os olhos fechados, enquanto ela sorria para os fotógrafos.

Aquele era, sem dúvida, um golpe de marketing dos mais geniais para os padrões da época. Ao saber que sua música *Estúpido Cupido* ocupava o primeiro lugar no Brasil, Sedaka aceitou o convide da gravadora RCA Victor que queria lançá-lo como cantor e, com parte dessa estratégia, promover o contato entre ele e a cantora que projetara seu nome, o que aconteceu na festa organizada na casa de um dos diretores da TV Tupi, Dermeval Costalima. O detalhe, claro, era que Celly fazia parte da concorrente Odeon.

Sedaka, oficialmente, veio ao Brasil para algumas apresentações em São Paulo e no Rio de Janeiro. Aquela era a primeira de quatro vindas que faria ao país até 1963 e daria um bom empurrão para consolidar o rock no Brasil, embora os historiadores e biógrafos não costumem dar o merecido destaque às suas turnês brasileiras. Com apenas 20 anos de idade, ele também estava curioso para conhecer o responsável pelo cantor de sua *Oh, Carol*, que chegou ao primeiro lugar nas paradas em 1958, cantada por Carlos Gonzaga.

Até mesmo em seu país ele era pouco conhecido como intérprete e mais na função de compositor. Ao microfone, fez apresentações com despojamento nas duas maiores cidades brasileiras. No Aeroporto de Congonhas, Sedaka foi recebido pelos jovens como se fosse o rei do rock americano. Ficou bastante surpreso, porque, de repente, transformou-se em um ídolo adolescente pela primeira vez em sua vida, pois era conhecido como compositor.

O empurrão da RCA Victor foi importante nesse sentido. Em um anúncio publicado nos principais jornais paulistanos, a gravadora convocou os fãs do artista para irem recepcioná-lo no desembarque, em Congonhas. E colocou uma linha de três ônibus exclusiva com saída às 13 horas de lojas de discos importantes da capital: Discos Cássio Muniz (Avenida Rio Branco, 1457), Musical Lyra (Rua Augusta, 2796) e Eletroarte (Rua Augusta, 2254). Também saiu uma caravana da União Cultural Brasil-EUA, na Rua Santo Antonio, 487, no Bexiga, com mais quatro ônibus.

Mais de 500 pessoas compareceram ao salão de desembarque de Congonhas. O avião estava previsto para pousar às 14h30. Embora Sedaka fosse artista exclusivo da RCA, a Odeon não se opôs ao encontro com Celly e Tony. Gurzoni ainda escalou Fred Jorge para mediar o papo como tradutor. Tudo foi preparado para que a imprensa estivesse presente e o fotógrafo da gravadora registrasse todos os detalhes.

A cantora não o acompanhou ao Rio de Janeiro, onde ele foi ciceroneado o tempo todo por Sérgio Murilo e recebeu amplo destaque na *Revista do Rádio*, que sempre lembrava ser ele o autor de *Estúpido Cupido*. Assim como em São Paulo, Sedaka precisou de escolta policial e teve-se a necessidade de colocar cordão de isolamento nos locais que ele visitou.

Descrito como simpático e comunicativo, Sedaka visitou outras rádios, todos os canais de TV e até cantou por três noites na Boate Fred's – a mesma que tinha barrado Brenda Lee por ser menor de idade –, com casa lotada em todas as apresentações. O artista esteve no programa de Hélio Ricardo, na Rádio Mauá, que tinha bastante audiência nas manhãs. Ele foi recebido por Paulo Nunes Vieira, diretor da emissora.

Ainda no Rio, Sedaka participou do programa *Hoje é Dia de Rock*, na Mayrink Veiga. Nos dois lugares, foram registrados vários "desmaios femininos" por causa de sua presença.

Na TV Tupi, foi ao *Noite de Gala*, apresentado por Norma Blum – a mesma que se tornaria importante atriz de novela da Globo nas décadas de 1970 e 1980. Anos depois, ele declararia que, tirando a gravação de Connie Francis, a que mais vendeu foi a da brasileira Celly Campello e tinha o maior orgulho disso.

A indústria do disco não realizava estudos nem divulgava dados sobre quem mais vendia discos a cada ano, mas é possível afirmar que em 1959 ninguém teve discos mais comprados que a jovem criada em Taubaté, seguida de Anisio Silva. "Tudo que eu gravava, acontecia. E fiquei com mais cartaz que Tony (risos). Mas ele não ficou com inveja, não. Ao contrário, começou a cuidar de mim cada vez mais – e acho que se não fosse ele, eu não teria dado um passo sozinha".

Nada parecia fácil para ela. "Eu era a menina de 15 anos, do interior, que cantava músicas falando de namorado, da escola e dos estudos, de mamãe, do irmão, das festinhas, em suma, de tudo aquilo que fazia parte do dia a dia da minha geração. Aquelas letras eram a minha vida de verdade, as minhas emoções, o meu romantismo. E a juventude, que antes não tinha músicas (americanas) em português para curtir, começou a vibrar com elas", observou Celly, ao MIS.

Sem querer, ela virou a trilha sonora de seus amigos e de todas as garotas e garotos de Taubaté, de São Paulo e do Brasil. Daqueles que tinham de namorar em varandas iluminadas, de mãos dadas e sem excessos além de aconchegantes abraços e alguns beijos discretos, pois de dentro da casa olhos vigiavam tudo. Não raro, o silêncio só era quebrado pelo burburinho que vinha da praça, o ponto de encontro de flerte e de paqueras na maioria das cidades do interior do Brasil.

O roteiro incluía também a sorveteria da moda em Taubaté, a São Rafael, que estava sempre cheia e com lambretas aos montes estacionadas em frente. O passo seguinte era ver um filme juntos e, mais adiante, marcar encontro no bailinho no clube. Os olhos interessados ou apaixonados comandavam tudo. Pelo jeito que os dois se olhavam nas domingueiras dançantes da tarde, ao som do Ritmos Ok, agora sem Tony, logo mais alguém viria tirar o outro para dançar. A regra era que o rapaz fizesse isso. O máximo de êxtase e excitação acontecia quando aqueles corações adolescentes batiam aceleradamente.

Na vida pessoal, o sucesso começou a assustar Celly, como ela relatou ao MIS: "Retomar a rotina em Taubaté depois do sucesso de *Estúpido Cupido* me levou a perceber que a minha carreira começava a me preocupar, o negócio agora era para valer e foi aquela loucura de viagens, compromissos, tendo que fazer tudo morando no interior. Além disso, comecei a fazer um programa na Record, todas as semanas eu tinha de estar na televisão porque era ao vivo".

A emissora não lhe oferecia qualquer conforto para fazer o programa, o que seria algo impensável décadas depois. "Eu vinha de ônibus, pela Pássaro Marrom. Papai tinha carro, mas havia o serviço dele e não podia me trazer sempre. Como eu já era conhecida, no dia certo, o motorista sabia que em determinado horário eu tomava o ônibus e ele me ajudava nesse sentido. Para minha sorte, eu morava na praça onde tinha a parada de embarque. Tomava o ônibus em frente à nossa casa".

Celly recordou que era tudo mais difícil naquela época. "Toda semana, eu vinha com mamãe ou papai, a gente encontrava Tony, que morava em São Paulo, e íamos fazer o programa. Não estou lembrada do dia exato que era apresentado, porque chegou a ser no domingo, no sábado, no meio da semana, na terça, de acordo com o contrato que a gente fazia de renovação, cuja duração era de seis meses mais ou menos".

Desde a batalha para Celly gravar *Estúpido Cupido*, Tony passou a cuidar de seus discos. "Passei a me preocupar mais com o repertório que ela ia gravar e fui deixando de lado um pouco eu. Quando ela estourou com *Estúpido Cupido* tanto eu quanto a Odeon nos sentimos na obrigação de dar continuidade aquilo".

A música atingiu o topo em todas as regiões do país ao longo de todo o ano e difundiu definitivamente o rock no Brasil, afirma Tony. "Ainda que fosse apenas uma imitação do que faziam nos EUA, como diziam aqueles que queriam nos detratar pela imprensa, que odiavam o rock". Empolgado, Nelson Campello passou a guardar os índices de vendas e recibos que vinham da Odeon referentes aos dois filhos. E informava a eles o que acontecia.

Em 28 de novembro de 1959, *Radiolândia* publicou uma reportagem sobre a "Invasão paulista" no meio musical do Rio de Janeiro: "Basta uma rápida corrida pelas estações de rádio e TV cariocas para se ver o grande número de cartazes da Paulicéia que estão atualmente brilhando no Rio. Ronald Golias, juntamente com Manoel de Nóbrega e seu filho, estão agradando em cheio nos canais 13 e 9. Agostinho dos Santos, Morgana, Celly Campello, Maysa etc., indiscutivelmente, são estrelas comentadas em rádio e TV. Todos fizeram seu prestígio junto ao público bandeirante e, depois, mercê de um bom trabalho publicitário, vieram fazer a praça carioca".

Como "acertaram em cheio com seus discos de sucesso, semanalmente os cantores estavam no vai-e-vem Rio-São Paulo, ao mesmo tempo em que aumentavam seu "cartaz" no Brasil inteiro e, consequentemente, davam "mais força no faturamento... Assim, podemos dizer que eles invadiram o Rio triunfalmente", escreveu o diário.

O destaque maior era Celly Campello que podia "ser apontada" como uma das grandes revelações do ano – título que ninguém tiraria dela em alguns dos mais importantes troféus. "Aparecendo com a gravação de *Estúpido Cupido*, Celly imediatamente tornou-se atração não só para os discófilos como também para os fãs de rádio e da televisão. Quase todas as semanas (nos intervalos de sua atividade na Rádio e TV Record) ela está no Rio, fazendo sucesso e consagrando mais o seu nome".

Morgana era uma das novas cantoras paulistas que mais agradavam os cariocas. "Loura e bonita, consegue êxito pela voz e interpretação. Como os paulistas, os cariocas gostam bem dela", observou a publicação. Agostinho dos Santos, entre os cantores, era um dos paulistas mais populares no Rio, cidade que visitava constantemente, talvez, mais do que São Paulo. "As gravações de Agostinho tanto agradam aos cariocas que quase sempre 'moram' nas paradas de sucessos. No Rio, até como ator ele já apareceu, interpretando um papel importante, aliás, no *Câmera UM*, programa de Jaci Campos".

Em 5 de dezembro de 1959, saiu mais um longo perfil de Celly na *Revista do Rádio*, o maior até ali e que simbolizava um atestado de sua importância no cenário musical, pois a publicação era bem exigente nesse sentido. Com o título "Cupido flechou mesmo Celly Campello?", uma das legendas dizia algo que não era verdade: "Milionária em rádio e disco aos 17 anos!". "Da conversa com a encantadora e tímida Celly Campello saiu essa revelação: 'Ao contrário do que todos dizem na imprensa, eu não nasci em Taubaté. Digamos que, ocasionalmente, nasci na capital paulista. Mas fez-se artista em Taubaté'".

A cantora lembrou suas experiências nas emissoras de rádio da cidade desde pequena. E afirmou com coragem: "Confesso que durante algum tempo não gostava de cantar. Meu fraco era a natação. Agora, tenho de cantar, principalmente as músicas americanas, porque elas são de agrado para os brotos. Vez por outra, dou minhas braçadas na piscina. Porém, o mais importante para mim são os estudos", observou a aplicada normalista.

Ao falar sobre sua vida de estudante, Celly salientou que estava na terceira série do curso clássico, no Colégio Estadual de Taubaté. E contou "com um certo brilho nos olhos" sobre o fato de ser famosa: "Não pensem que sou uma aluna cheia de regalias. Alguns dos meus professores nem dão bola para o assunto de me terem como aluna, querem mesmo que eu 'cante' as lições, caso contrário irei para a reprovação! No recente desfile escolar de 7 de setembro, eu seria suspensa se não tivesse comparecido".

Ouvido pela revista, seu pai observou que a filha caçula lhe tinha dado as maiores alegrias. "Perfeitamente acessível a todos os conselhos que recebe, possui bom senso e já resolve sozinha muitos dos seus problemas", afirmou Nelson Campello. Para desencanto de muita gente, disse a publicação, Celly "pensou para nos dizer friamente: 'Entrei no rádio sem querer. Fiz sucesso sem querer. Com a mesma falta de interesse com que me tornei artista, poderei afastar-me definitivamente do microfone".

Ninguém acreditou nisso. Os leitores acharam que era excesso de modéstia, jogada de marketing da Odeon, ou algum esnobismo de sua parte. "Meu irmão Tony ficará representando a família no ambiente artístico". Ela contou que as cartas dos fãs eram respondidas com a ajuda do pai. "Muitas vezes, ficamos até pela madrugada nesse labor", observou a cantora. Ao final, não escondeu que, ao contrário do que publicaram, já encontrara seu príncipe encantado e ele era de Taubaté. "Que felizardo", comentou a reportagem.

O papel de namorado não era fácil para Eduardo Chacon. Ele começou a ser alvo de fofocas na coluna "Mexericos da Candinha", da *Revista do Rádio*, a mais temida fofoqueira da imprensa artística do país, em 21 de novembro daquele ano. Segundo a colunista, o "amor" de Celly estava morrendo de ciúmes, mas os dois não falavam em casamento porque não completaram ainda 20 anos de idade, o que não era verdade, pois ele tinha cinco a mais que ela, 22 anos, portanto. Ele se via obrigado a aguentar as invencionices e intrigas da misteriosa jornalista também.

Na edição seguinte, a colunista escreveu: "De São Paulo, novidades para vocês. Para começo de história, posso garantir-lhes que Celly Campello está mesmo enamorada. O eleito do seu coraçãozinho chama-se Duílio". Candinha não gostava de Celly, achava-a antipática. No decorrer de sua breve carreira, fez algumas notas bem maldosas contra a cantora.

Em 19 de dezembro de 1959, por exemplo, ela escreveu: "Embora os fãs a conheçam como a Rainha do Rock no Brasil, elegendo-a como ídolo da juventude, o broto Celly

Campello não sabia dançar o ritmo trepidante da época. Arranjou, então, um professor que é mestre no assunto: Itamar Borges. Em três lições, Celly tirou diploma. Vocês poderão agora convidá-la para um rock".

Anselmo Domingos, o nome por trás de Candinha, construiu a fama de sua personagem batendo em quem se destacava mais. Celly era a bola da vez. Em uma nota de dezembro, ela alfinetou, sem se dar conta que poderia incomodar o namorado da cantora: "Celly Campello impressionou-se grandemente com o filho do Paulo Gracindo, e vice-versa. O pai disse que faz todo o gosto no casamento... Por outro lado, o Sr. Nelson Campello (pai da moça) disse que ficaria felicíssimo se sua filha se unisse ao rapaz pelos laços do matrimônio. Vai daí, Celly está pensando atualmente em vir mais vezes ao Rio". Não era verdade a aprovação do pai.

O sucesso puxava Celly de todo modo. A liderança na TV no horário noturno aos sábados – antes de passar para as terças – se mantinha em crescimento e a temporada se shows de duas semanas que fez no *Programa da Juventude*, com outros artistas no Teatro Record, sempre às 18h30, na segunda quinzena de novembro, mereceu uma nova reportagem do *Correio Paulistano*: "O *Programa da Juventude*, com apresentação de Randall Juliano e estrelado por Celly Campello (e o Ritmos Ok) e que conta, ainda, com a presença de The Avalons, Scarletts, Jester Tigers e Regiane, bate recordes de bilheteria no Teatro, como ainda ontem que foi tomado pelos 'teenagers'".

Em 31 do mesmo mês, o jornal voltou a destacar o evento, que definiu como "show--rock-balada" animado por Randal Juliano. Naquele dia, a Record o transmitiria ao vivo, a partir das 19h10. No começo de dezembro, Celly comprou um carro, que a imprensa apelidou de Cupido. Seu salário era um dos maiores da TV, recebia por mês 60 mil cruzeiros, que eram administrados por seu pai.

A isso veio somar o fato de os Campello terem progredido bastante financeira e socialmente no decorrer da década de 1950. Nelson deu duro nesse sentido desde que chegou a Taubaté, em 1940. Em 1959, acumulava dois empregos importantes como diretor geral do Sesc e da Escola do Senac, ocupava ainda o cargo de diretor de natação do TCC e terminaria os anos de 1950 como vereador mais votado na cidade. Taubaté, aliás, mantinha ainda a aura dos tempos da riqueza do café, com suas famílias tradicionais.

Embora os filhos de Nelson e Idea tivessem crescido no interior, conheciam bastante São Paulo porque todos os anos iam passar férias na casa dos avós e dos tios, como foi dito. Isso fez com que tivessem menos de interioranos como se podia imaginar, apesar de Tony afirmar por toda a vida o contrário. Talvez isso fosse mais forte em Celly, que jamais deixaria se levar pelo deslumbramento da busca incessante pela fama. Ou seria algo próprio da sua personalidade?

Seu comportamento nos quatro anos seguintes ao disco que dividiu com Tony em 1958 ainda adolescente deixaria essa dúvida. Sua reação diante do sucesso seria única em toda a história da música popular brasileira e do mercado fonográfico. E o ambiente familiar criado pelos pais e três filhos também foi importante nesse sentido. Eles residiam em uma casa moderna com todo o conforto possível de classe média, com um moderno aparelho de som e TV, quando o sinal começou a chegar na cidade, a partir de 1955, além de eletrodomésticos como geladeira e batedeira.

O ambiente musical era constante e a família costumava dar festas ali, com a preocupação de mostrar "toda a elegância e o maior conforto que se possa imaginar entre as pessoas educadas, cultas que sabem receber e se fazem bem apresentar em todos os lugares", como observa a amiga Isabel Mazella, uma das frequentadoras desses eventos. Esse cenário tão familiar e de certo modo aristocrático, Celly acabou por levar para as suas apresentações e aparições públicas em TV e shows. Predominava nesses momentos uma mistura entre timidez e recato. O mesmo cuidado ela tinha quando tirava fotos, que pedia para ver antes de serem publicadas.

Mesmo com um ano tão intenso, em meio às aulas do colégio, gravações de discos, shows, entrevistas e programa de TV, Celly ainda encontrou tempo para fazer uma ponta no filme do então mais famoso filho de Taubaté, o humorista, roteirista e diretor de cinema Amâncio Mazzaropi. Ela apresentou com Tony um número musical no longa *Jeca Tatu*, que estreou ainda naquele ano, duas semanas antes do Natal, para pegar as férias escolares.

Era a inédita canção *Tempo para Amar*, de Fred Jorge e Mário Genari Filho. O filme foi escrito e dirigido por Milton Amaral, e estrelado por Mazzaropi. A curiosidade estava na passagem em que Tony tinha uma crise de ciúme da irmã e começava a lhe dar bronca cantando a música. Quando ele se aproxima, Celly aparentemente paquera um rapaz que não é outro senão seu irmão Nelsinho, que fora levá-la para as filmagens e deveria trazê-la de volta.

Como o ator escalado para a cena faltou, Amaral convidou Nelson, que deveria acompanhar sentado em um banco a discussão musical dos irmãos, enquanto fumava um cigarro. No final os dois caem na piscina. *Tempo para Amar* jamais seria lançada em disco. Isso pode ser explicado pelo fato de ser quase uma *gag* (situação de humor) para marcar a participação dos (três) irmãos Campello na comédia de Mazzaropi:

Tony: *Hoje, você vai ver*
Que eu não sou bobo
Vou lhe ensinar
Broto, como você
Não tem tempo para namorar

Celly: *Meu irmão, vou lhe contar*
Que dei meu coração
É tão bom saber amar
E ter com quem sonhar

Tony: *Hoje, você tem que*
Esse amor tolo
Logo terminar

Celly: *Nunca!*

Tony: *Vai sim! É o fim!*

Celly: *Não vou!*

Tony: *É o fim!*

Celly: *Tenho tempo para amar!*

Tony: *Hoje, você vai ver*
Que eu não sou bobo
Vou lhe ensinar
Broto, como você
Não tem tempo para namorar

Celly: *Meu irmão, vou lhe contar*
Que dei meu coração
É tão bom saber amar
E ter com quem sonhar

Celly: *Nunca!*
Tony: *Vai sim! É o fim!*

Celly: *Não vou!*
Tony: *É o fim!*

Celly: *Tenho tempo para amar!*

    O único irmão a não seguir carreira musical se divertia com essas viagens. Nelson Filho conta que chegava mudo e saia calado dos eventos em que tinha de acompanhar a irmã e não media esforços para passar desapercebido: "Eu, com 21, 22 anos, conheci os bastidores das TVs, ficava encantado com aquilo tudo, enquanto Celly se apresentava. Apesar de Tony ir a todas as apresentações, meus pais tinham confiança em mim e me pediam para acompanhá-los quando não podiam ir".

    Às vezes, o inesperado podia acontecer, claro. Nelsinho não se esqueceria das gravações do filme de Mazzaropi, por exemplo, realizadas na fazenda do arquiteto e urbanista Cicero Prado, onde ficava a sua residência, em Gurutuba, perto da fábrica de papel de sua propriedade. O que ele não podia imaginar era participar por três minutos do filme e se ver imortalizado nas telas. "Fui artista por alguns segundos (risos). Pediram para que eu me sentasse, puxasse um cigarro e ficasse fumando como namorado de Celly. Eu não fumava, mas insistiram e eu fiz. Eu já tinha a carta para dirigir e fomos em um Ford inglês branquinho de turbo Taunus, um sedan branco de porte grande que o pessoal chamava de Cupido. 'Olha o Cupido de Celly passando', diziam".

Naquela época, "o rádio dava as cartas, a gente ficava em casa torcendo, vibrava quando ela avançava com uma música nas paradas", conta ele. "Minha mãe, Dona Idea, se acostumou com a ideia da filha cantora, tinha orgulho. Mas meu pai tinha um entusiasmo vibrante em relação à carreira dos filhos", acrescenta. A cantora, por outro lado, estava completamente desnorteada com o rumo que sua vida tinha tomado. Se em janeiro de 1959 ela achava que sua experiência com música e discos estava encerrada, onze meses depois, o Brasil inteiro sabia seu nome e quem ela era.

Aonde o rádio chegasse, alguém conhecia e sabia ao menos o refrão de abertura de *Estúpido Cupido*. E o reconhecimento de alguns críticos se faria notar nos muitos prêmios que ela ganhou ainda naquele ano. O primeiro foi o *Troféu Euterpe* (que simboliza a Deusa da Música), estatueta de bronze feita pela artista plástica Simone Peçanha e que representava o prêmio Cidade de São Sebastião do Rio de Janeiro para os melhores de cada ano, criado pelo crítico Claribalte Passos, através da sua coluna "Discoteca", publicada no *Correio da Manhã*.

Os ganhadores também levavam uma medalha e um diploma assinado pelo prefeito do Distrito Federal e pelo secretário-geral de Educação e Cultura. A premiação fora criada no ano anterior, pelo decreto do secretário-geral de Educação e Cultura Luiz Gonzaga da Canta Filho, destinado a reconhecer os "Melhores do Disco Nacional" selecionados pelo *Correio da Manhã*.

A entrega faria parte da festa do calendário anual das comemorações da data de fundação da Cidade do Rio de Janeiro. "Jamais pouparemos esforços no sentido de manter a escolha anual do *Correio da Manhã* acima das paixões e dúvidas", prometia o crítico. Como melhor cantora popular, foi escolhida Dalva de Andrade. O troféu de cantor popular foi para o veterano Orlando Silva, que lutava havia duas décadas contra as drogas e tentara várias vezes retomar a carreira, porém com uma voz que não tinha a suavidade de antes.

João Gilberto foi o cantor revelação. Passos justificou: "Este rapaz trouxe realmente uma inovação em 1959 no domínio da música popular brasileira, mostrou-nos o samba de roupa nova, quer no sentido do ritmo, quer sob o plano da interpretação moderna e diferente. Uma revelação, sem dúvida, das mais gratas para a crítica especializada e o público fonográfico nacional". O seu disco *Chega de Saudade* era, segundo ele, um "depoimento insuspeito dos seus méritos artísticos".

A revelação como cantora foi Celly Campello, que Passos, seu declarado fã, justificou com prazer: "Legítima expressão da nossa juventude artística e possuindo linda voz, timbre de atraente colorido, Celly Campello cortou o firmamento de nossa fonografia em 1959, como verdadeiro meteoro. Modesta, cingida e situação de provinciana, obteve imediata consagração popular em todo o país, uma revelação de cantora surpreendente!".

Até o começo do ano seguinte, ela receberia diversos prêmios pelos sucessos obtidos no ano anterior, especialmente pela vendagem do disco com *Estúpido Cupido*. *Última Hora*, de 18 de dezembro, informou que "Celly Campello, a maior atração com que conta o rádio e a televisão de São Paulo para programas dedicados à juventude, acaba de ganhar, no Rio de Janeiro, dois troféus assim denominados *Troféu Cidade de São Sebastião do Rio de Janeiro* e *Chico Viola*".

Durante alguns dias, o *Correio da Manhã* repercutiu a entrega do *Troféu Euterpe* junto aos vencedores. "Ultrapassou a expectativa a repercussão no seio do mundo fonográfico", escreveu Passos. Ele reforçou, mais uma vez, que os artistas selecionados estavam entre os "Melhores do Disco Nacional de 1959". Entre os que falaram sobre a premiação, Celly disse: "Recebi emocionada a norteia de me ter sido outorgado o *Prêmio Cidade de São Sebastião do Rio de Janeiro*. Nunca esperei merecer tal honraria. Agradeço de todo o coração".

Celly também foi destaque como revelação do ano segunda edição do *Troféu Chico Viola* – em homenagem a Francisco Alves, então considerado o maior cantor brasileiro do século 20 –, dado pela Record para os melhores da TV. A premiação era organizada pela Associação dos Funcionários das Emissoras Unidas (AFEU) e entregue a partir de 1958.

O programa *Astros do Disco*, da mesma emissora, era o termômetro dos artistas mais vendidos na semana e dali se tirava os campeões do ano pela média. Para a emissora, ganhava "o melhor do melhor" em todos os gêneros musicais. Por causa do seu programa e da presença nas paradas, receberam a estatueta Celly e Tony.

Quando o ano chegou ao fim, *Diário da Noite* publicou sua lista dos melhores de 1959, feita pelo crítico J. Pereira. Os veteranos lideraram o ranking e Celly ficou de fora porque o crítico implicava por ela gravar versões ou cantar em inglês. Pela segunda vez consecutiva, "a Magnífica" Elizeth Cardoso acabou apontada como a melhor cantora do ano. Nelson Gonçalves foi campeão novamente como o cantor mais popular.

A melhor gravadora ficou com a Copacabana, que conseguiu nove sucessos no topo das paradas, apesar da Odeon ter deflagrado três movimentos: bossa nova (João Gilberto), rock and roll (Celly Campello) e música popular (Anísio Silva). O troféu de melhor cantor ficou com Agostinho dos Santos, o de revelação masculina Wilson Miranda e revelação feminina para a quase desconhecida Mariza, que lançou pela Chantecler o LP de estreia *A Suave Mariza*.

Antes de o ano acabar, "um programa dedicado à juventude sadia e feliz", apresentado diariamente pela Rádio Nacional de São Paulo, organizou no Salão do Clube Atlético Silvicultura, no Horto Florestal, o *Festival de Todos os Ritmos* para entrega do troféu "Ritmos para a Juventude" aos destaques do rádio e da televisão de São Paulo e do Rio. Mais de 2.500 pessoas compareceram, além dos astros e estrelas escolhidos. O diretor da Nacional, Antonio Aguillar, responsável pelo espetáculo, ao abrir a programação, passou o microfone ao disque-jóquei Renzo de Almeida Passos para apresenta o show "cercado de pleno êxito".

Celly Campello ganhou o troféu principal da mais popular cantora de rock. Ronnie Cord (Copacabana) levou como o mais popular cantor de "rock". A categoria "Brotinho do Rock" foi para Cidinha (Mocambo), pelo sucesso *24 Mil Desejos*. Maria Regina (RCA

Victor) foi eleita a menor cantora do mundo. Hamilton Di Giorgio (Chantecler) recebeu o troféu de compositor e cantor da música popular internacional. Baby Santiago foi escolhido como melhor compositor, por *Rock do Sacy* e *Adivinhão*.

Arquimedes Messina (RCA Victor) ficou com as categorias de melhor radioator e melhor cantor; Leila Silva (Chantecler), melhor cantora de televisão; Miltinho (RGE), melhor cantor da música popular brasileira. Sérgio Murilo (Columbia) foi a revelação da juventude internacional; Franquito (Copacabana), revelação da música e do cinema; The Jordan's (conjunto instrumental)/conjunto de rock revelação; e Jet Black's (instrumental), melhor conjunto de rock and roll.

A lista dos demais artistas acabaria por formar um painel do quanto o gênero estava em expansão no país a partir daquele ano que terminava, quais os nomes mais importantes e a quantidade de gravadoras que apostavam em música para jovens após *Estúpido Cupido*. Alguns seguiam as baladas românticas e se destacaram pela pouca idade, como Agnaldo Rayol (Copacabana), por *Não Pode Ser*.

Os demais eram Carlos Gonzaga (RCA Victor), com *O Twist*; Silvana (Copacabana), por *Amor, Fonte da Vida*; Wilson Miranda (Chantecler), revelação da TV; Bobby de Carlo (Odeon), por *Hey Lelli*; Tony Campello (Odeon), por *Querida Suzy*; Creuza Cunha (Copacabana), de *Lembrança*; Carlos Nobre (RCA Victor), com *Amor em Serenata*; Nerino Silva (Chantecler), com *Minha Sogra*; Carlos Ely (RMA Camdem), com *Cinderela*; Sergio Reis (Chantecler), por *Será*; George Freedman (RGE), com *Adivinhão*; Martha Mendonça (Chantecler), com *Tu Sabes*; Renato Guimarães (Chantecler), com *Poema*; Roberto Vidal (RCA Victor), com *Maria Helena*; Fernando Costa (Columbia), com *Amor em Chá-chá-chá*; e Mario Augusto (Copacabana), por *Amor de Teresinha*.

Quando vieram o Natal de 1959 e o Réveillon de 1960, com apenas 17 anos, Celly estava feliz, sim, porém dividida. Tudo fora intenso demais nos últimos dez meses e administrar tanta coisa com tão pouca idade a fez se cansar bastante, mesmo com apoio do pai e do irmão mais velho. Viajou por vários estados, fez temporadas de shows em São Paulo, apresentou com o irmão um programa semanal na TV, foi ao Rio dar entrevistas, atendeu jornalistas do Brasil inteiro, ficava até de madrugada ditando respostas de cartas de fãs para o pai, além de gravar discos e um LP. E ainda concluiu o ensino médio.

Tudo isso teria sido mais fácil se ela não tivesse de se deslocar de ônibus entre São Paulo e Taubaté o tempo todo, em duas horas e meia de viagem. Sua preocupação maior, no entanto, era administrar o namoro com Eduardo, alvo constante de fofocas e intrigas da *Revista do Rádio*. Tudo tinha sido intenso e exaustivo demais. Ela esperava que 1960 fosse um pouco mais tranquilo e que tudo aquilo que aconteceu no ano anterior fosse menor e menos intenso.

Mas o que aconteceria a ela no novo ano seria como se o anterior não tivesse acabado ou se prolongasse por mais doze meses. Enquanto o Brasil ganhava uma nova capital e um novo Presidente da República, a mocinha de Taubaté seduzida pelo estúpido cupido convidava a todos a tomar um banho de lua e as meninas a prestarem atenção no broto legal, que poderia cruzar seu caminho a qualquer momento. Celly era a dona da festa. Onipresente em todo país. E um capítulo à parte na história da música brasileira começava a ser ditado por ela.

Em abril de 1960, chegava às farmácias de vários países do ocidente uma tal pílula anticoncepcional, que iria bem mais longe do que atender à demanda das mulheres casadas que não queriam ter filhos. Primeiro, causou pânico entre religiosos e moralistas, que tentaram, em vão, impedir que fosse vendida no Brasil. Longe daquela histeria, as jovens solteiras descobririam que, com aquele pequeno comprimido, podiam ter uma liberdade que as centenas de gerações anteriores a elas jamais teriam a oportunidade de experimentar – a sexual.

A pílula seria responsável, indiretamente, por boa parte da revolução sexual e pelo feminismo dos anos de 1960. Somente no ano seguinte, o medicamento passaria a ser vendido nas farmácias brasileiras, mediante receita médica e sob protestos em geral. Não foram poucas as garotas expulsas de casa ou enviadas a conventos em forma de prisão, de modo que não pudessem sujar a honra de suas famílias.

Antes disso, ainda em 1960, na euforia de um país cheio de otimismo e esperança por causa de JK, o peso galo Éder Jofre venceu o mexicano Eloy Sanches e conquistou o título mundial de boxe em sua categoria. Sim, aquele foi o ano de quatro acontecimentos extraordinários no Brasil: a inauguração de Brasília, a eleição presidencial de Jânio Quadros – que tomaria posse em janeiro seguinte –, o título de Jofre e o reinado absoluto de Celly Campello, que alguns considerariam mais intenso do que nos dez meses anteriores em que Estúpido Cupido se manteve no topo das paradas.

O tempo mostraria que não havia exagero nessa afirmação. Ela cantaria, provocaria os rapazes, instigaria as meninas a conquistarem algum broto legal e ditaria moda no decorrer de 1960. O que ela difundia como algo a ser copiado era única e quase inimitável. O broto feminino brasileiro passou a usar, como ela fazia, o cabelo esticado e amarrado com uma fita ou elástico, o famoso rabo de cavalo perpetuado pela cantora teen americana Brenda Lee.

O broto masculino descolado copiava Tony, tinha de desfilar com brilhantina e topete no cabelo como James Dean, calça jeans atochada e blusão de couro igualzinho ao de Marlon Brando em O Selvagem, vestimenta que simbolizava a imagem de um rebelde um tanto sem causa entre aqueles de classe média. Mas valia recorrer também terno ao de casimira Kowarick, camisa "volta ao mundo" e mocassim, porque as garotas também adoravam vê-lo vestido assim.

A moda feminina era marcada pelas linhas saco e trapézio, tinha destaques nos bailes juvenis, onde as jovens damas com luvas exibiam suas saias em tafetá e blusa de organza. Celly se tornaria ao longo daquele ano uma referência fundamental para que as meninas usassem vestidos apertados e discretos no busto, apertado na cintura para valorizá-la, e saia rodadas recheadas de uma quantidade incontável de anáguas.

Ao MIS, ela contou que viajava para os shows em todo Brasil com duas malas grandes. Em uma, levava apenas anáguas, em bom número, que colocava pacientemente uma sobre a outra, para dar aquele efeito de volume e enchimento que se via nas fotos e nos filmes que participava.

Quando passou a se apresentar em público para cantar *Estupido Cupido*, ela estabeleceu, de imediato, seu estilo. Usou aquele vestidinho rodado e florido, sapatinho de salto fino, um cinto largo, um colanzinho por baixo de uma blusinha. Tudo no diminutivo, como ela mesma descreveu, por causa do seu tamanho mignon de 1,60 metro. "Vestia uma roupa simples, mas era o que se usava para cantar, tinha duas, três quatro anáguas por baixo, para dar volume", amenizou a história da mala só com as peças.

E o cabelo? "Adotei uma marca mais ou menos que registrada das meninas da época, não era rabo de cavalo. Nunca usei assim, sempre preferi mais cheinho, chamado de gatinho. Procurava armar, mas sem *Bombril* por baixo, tudo certinho, duro". Esforçava-se para ser discreta, mesmo no palco. "Era bem armado para dar aquela fisionomia dura, sabe, muito certinho, né?".

Com o tempo, viria o reconhecimento da crítica e de historiadores pelo seu papel pioneiro de estrela juvenil. "Celly absorveu em torno de sua fulgurante passagem pela MPB uma certa magia, uma certa mística que sempre me intrigou", escreveu Ricardo Cravo Albin. O crítico e historiador observou ainda: que "quando ela surgiu, em 1958, eu logo me apaixonei por ela".

Continua ele: "O que mais me chamou a atenção foi sua cinturinha de vespa, realçada pelos vestidos tentadores, saias bem plissadas e redondas, que deixavam entrever pernas perfeitas, em oposição aos justíssimos bustiês, emoldurando um colo faiscante, que – ao menos pra mim – era igualzinho ao de Brigitte Bardot. Celly era, com efeito, uma gracinha. E, além do mais, cantava bem, em que perpassava uma certa empostação de criança, como em Teresa Brewer ou Rita Pavone".

Embora a cantora de 18 anos tivesse comprado seu carro, não ia para São Paulo ao volante. "Quem podia ter um, os carros deviam ser importados e os mais arrojados possíveis. Como os das marcas Belair, Cadillac, Studebaker, Oldsmobile. Sim, eram quase sempre dirigidos pelo papai, o chefe da família que tinha votado no presidente bossa-nova, JK, mas que os filhos usavam de vez em quando para impressionar as meninas", recordou Celly.

No começo de 1960, tanto no Rio quanto em São Paulo, quem era de classe média descolada e não aderiu ao rock and roll necessariamente tinha de ouvir na vitrola o LP *Chega de Saudade*, com João Gilberto, lançado no ano anterior e que começava a fazer sucesso nos EUA, para orgulho nacional, o que deu uma turbinada no disco. Afinal, se os gringos gostavam, o brasileiro tinha de curtir também. Os mais atirados compravam um violão, tomavam aula e tentavam cantar para seduzir as mocinhas.

Nesse novo Brasil que se estabelecia no final de governo JK, sem imaginar a crise política que Jânio Quadros causaria no ano seguinte, oito meses depois de tomar posse, a vida para Celly e Tony seria intensa no decorrer daqueles doze meses de 1960. Difícil imaginar como ficou a cabeça de uma garota da sua idade, criada no interior e cuja viagem mais longa até gravar o primeiro disco tinha sido para visitar os avós e os tios paternos e maternos na capital e que, de uma hora para outra, passou a percorrer o país com o irmão, para cumprir uma agenda de shows quase todos os dias da semana, exceto quando tinha a transmissão do programa *Crush em HI-FI*, às terças.

A dupla cruzava o país de avião, quando conheceu quase todas as capitais estaduais. Estima-se que foram de 150 a 200 apresentações entre 1959 e 1960, com paradas a cada semana em São Paulo para gravar discos – entre 78 rpm, compacto de 33 rpm e LPs. E não foram poucos. Em um dos momentos mais intensos, entre agosto e setembro de 1960, os irmãos fizeram 25 shows pelas capitais do Nordeste, a partir de Salvador. Uma dessas apresentações foi beneficente.

Por causa da instabilidade nos voos, os aviões davam medo a qualquer passageiro com bom senso. "Pegamos um Constelation de Manaus com seis turboélices. Era mais festa quando a gente saía do avião inteiros e o público nos esperava com um entusiasmo impressionante. Na capital do Amazonas, a gente saiu do show em um carro da polícia e fomos fazer uma apresentação em frente ao Teatro Municipal e não tinha aquele esquema de segurança que a gente veria depois, nas décadas seguintes. Tinha tanta gente que não conseguíamos sair, até que apareceu uma viatura", lembrou Celly..

O Brasil ingênuo de Celly Campello, pré-ditadura militar, seria embalado com seu rock juvenil e romântico, tinha uma moral rigorosa. As mocinhas "de família" deveriam se casar virgem, namorar do portão para dentro de casa, enquanto a Igreja Católica – e as evangélicas também – cuidava com rigor de fiscalizar isso. Mas os tempos começavam a mudar e essas regras ganhavam furos como uma canoa no meio do lago, por meio de revistas semanais de informação que anunciavam nos EUA a invenção da pílula anticoncepcional.

No Brasil contra a moral e os bons costumes, surgiam publicações com vendas escondidas que defendiam a implantação de clubes de nudismo ou traziam os quadrinhos pornográficos do misterioso desenhista Carlos Zéfiro, único manual de orientação sexual para adolescentes e jovens do sexo masculino. Enquanto isso, Nelson Rodrigues arrebatava leitores e leitoras para as páginas dos jornais com suas historinhas pecadoras e deliciosas de adultério na série "A vida Como Ela é...", no *Última Hora*.

Tudo, porém, precisava ficar bastante claro entre os sexos. Os homens usavam terno e gravata escuros. As mulheres, tailleurs, vestidos e saias. Os meninos tinham de sair com roupas que "dão ênfase à masculinidade" – o mesmo valia para os cabelos, curtos, estilo militar ou com um topete na frente e o resto raspado. Era cada macaco no seu galho. Cada sexo tinha papéis e direitos distintos, com ampla vantagem para o primeiro grupo, em um sociedade com o machismo arraigado de quase cinco séculos.

Elas não podiam fumar em público sem causar escândalo, mas tinham direito de reclamar da carestia, pois a cozinha era seu território sagrado e fazer compras uma de suas obrigações conjugais – assim como administrar o orçamento doméstico, além de cuidar dos filhos, lavar, passar e aguentar regras econômicas impostas pelos maridos, muitas vezes, na base do "quem manda aqui sou eu".

Se algo desandasse, sua reputação de dona de casa exemplar estava em jogo e a mulher poderia ser julgada pelo marido e pela família dele e vizinhos. No começo de 1960, um certo Movimento de Arregimentação Feminina – não confundir com feminista – publicou um anúncio no *Diário Popular*, de São Paulo, para convocar as donas de casa a continuarem com o boicote da carne, ao mesmo tempo em que ensinava o bê-á-bá da economia: "Abundância é sinônimo de barateamento de preço" – e isso viria do boicote, explicava a entidade.

Para se casar, os maridos queriam não exatamente a esposa, mas a mãe perfeita para os filhos, a famosa "patroa". Para "rosetar", defendiam a liberdade para buscar as outras – amantes, prostitutas etc. "Se tivessem sorte, poderiam trombar com uma que pelo menos lembrasse Virgínia Lane, Mara Rúbia e Rose Rondelli, vedetes famosas que o rei da noite Walter Pinto transformara em tesão nacional", observou a jornalista Márcia Priolli, ao relembrar a caretice da época.

Longe dos palcos, a atriz capixaba Luz del Fuego, famosa por se apresentar enrolada em cobras jiboias vivas, fundou um clube de nudismo em Paquetá, com a justificativa de que "o ser humano precisa ver o sexo oposto". Foi nesse período que o termo "suruba" surgiu, de acordo com Stanislaw Ponte Preta. Clubes de homens não podiam ser frequentado por "mandrakes" – o termo usado para dizer gays, em referência ao mágico dos quadrinhos, Mandrake, de Lee Falk, por fazer as coisas "desaparecerem".

Quem era bem-comportado ia à boate Oásis, em São Paulo, e à do Copacabana Palace, no Rio. E subia mais alguns pontos na escala se chegasse em carro próprio, ainda que fosse numa apertada Romi-Isetta, primeiro carro produzido no Brasil, um ano antes do DKW-Vemag. Os velhos Ford ainda reinavam, porém, no estacionamento em frente à praia de Copacabana, "a Pérola do Atlântico".

A sobriedade da moda pautava também os jornais e revistas, que usavam linguagem extremamente formal e rebuscada. "Não era só a forma que exibia a rigidez dos costumes, os assuntos, os editoriais e, principalmente, os conselhos femininos ostentavam a camisa de força da sociedade", escreveu Márcia Priolli.

James Dean, Marilyn Monroe e Brigite Bardot eram no Brasil apenas sementes das mudanças que seriam desencadeadas nos anos de 1960, com a chegada da pílula anticoncepcional. Moças "decentes" não viam filmes de Bardot, "para não virar a cabeça" e sair transando com todo mundo. Quem tinha TV, amava os seriados de *Zorro*, *I Love Lucy* e sua versão brasileira *Alô, Doçura*. Ou viam com os pais *O Céu é o Limite*, programa de perguntas e respostas que poderia deixar alguém milionário, apresentado por Aurélio Campos, depois substituído por Jota Silvestre, ou a *TV de Vanguarda*, com o melhor do teatro mundial adaptado para a telinha.

Antes, às 19h45, o homem da casa assistia as notícias do dia pelo *Repórter Esso*. Outras opções eram *Imagens do Dia*, *Mappin Movietone* e *Última Edição*. "Não eram nenhum Fantástico em termos de show de imagens, mas noticiavam um Brasil mais ingênuo, mais simples e, talvez, mais feliz", escreveu Márcia Priolli. Homero Silva e Márcia Real antecederam o casal Aírton e Lolita Rodrigues na apresentação do *Clube dos Artistas*, na Tupi, que ficou quase 30 anos no ar, até a morte do primeiro. *Circo do Arrelia* encantava os domingos das crianças pela TV Record.

No decorrer da década que terminava, as adolescentes, jovens e adultas viviam a coqueluche das fotonovelas de amor. O gênero tinha sido trazido da Itália do imigrante ítalo-americano Victor Civita, dono da Editora Abril, que apostou alto na fantasia do amor idealizado pelas mocinhas e não se arrependeu, ao lançar, em 1952, a revista *Capricho*, com fotonovelas importadas da Itália e que se tornou, em 1957, a publicação do gênero de maior tiragem da América Latina, com 500 mil exemplares por edição.

Claro que logo apareceram as similares, como *Ilusão*, também da Abril, e *Grande Hotel*, da carioca Vecchi, fundada em 1946, mas que antes trazia histórias em quadrinhos de amor. Se as crianças curtiam os quadrinhos de *O Pato Donald*, *Mickey*, *Luluzinha*, *Bolinha*, *Brasinha*, *Gasparzinho* e *Pernalonga*, os adolescentes preferiam os super-heróis que lhes inspiravam macheza, como O Fantasma, Mandrake, Superman, Zorro, Roy Rogers e Batman.

Havia regras de conduta em todos os cantos, em um esforço para colocar o Brasil no chamado mundo civilizado. A classe média obedecia cegamente e recorria, por exemplo, a José Tavares de Miranda, que dava dicas sociais e de etiqueta na *Folha da Manhã*. Marcelino de Carvalho fazia o mesmo pela televisão, enquanto na revista *Manchete*, Ibrahim Sued distribuía notas aos mais elegantes do "soçaite" brasileiro.

Os sobrenomes Matarazzo, Crespi e Pignatari, lembrou Márcia Priori, já eram "habitués" das colunas sociais paulistanas, publicadas no *Estado de S. Paulo*, *Folha da Manhã*, *Diário de S. Paulo* e *Correio Paulistano*. A transformação para um Brasil cosmopolita apenas se anunciava: todos os meses, no período menstrual, quando os "brotinhos" começavam a substituir as toalhinhas higiênicas pelo absorvente Modess, ainda em tamanhos exagerados e desconfortáveis, mas um avanço trazido pela Johnson & Johnson.

Para paquerar nas praças públicas e salas de espera dos cinemas ou nas lanchonetes modelo americano, as garotas usavam batom da marca Tangee, "que jamais revela o segredo de um beijo" – ou seja, não saiam com facilidade dos lábios. Vestiam, as mais ousadas, calças compridas de helanca, blusinhas de Ban Lon e sapatilhas da Clark.

Ainda segundo a pesquisadora, nas festinhas de sábado à noite, chiques eram os vestidos de tafetá marinho ou gorgorão, com poá branco e bem decotado. Enquanto ouviam Ray Conniff na vitrola, elas sonhavam em encontrar um "tipão" de preferência bem rico, pois eram criadas para isso – casar-se, ter filhos e uma vida confortável.

Para as mulheres casadas, os jornais e revistas como *A Cigarra*, *Joia* e *Manequim* exibiam anúncios com ofertas de produtos para o lar moderno, produtos de higiene e beleza ou medicamentos para "aqueles dias" de cólicas. Nas lojas das grandes e médias cidades, as promessas modernas de JK aparecem em móveis "leves e funcionais" – mais baratos por causa dos compensados, uma novidade tecnológica revolucionária, embora de pouca durabilidade, quase sempre –, enquanto nas cozinhas só se usava eletrodomésticos Arno, "agora com peças inquebráveis", panelas de pressão Rochedo e todo tipo de fogões, acompanhados por receitas e mais receitas de Helena Sangirardi e Dona Benta.

Quem costurava tinha como opção as máquinas Singer, consideradas imbatíveis para acabamento perfeito. Nas páginas de *O Cruzeiro*, Maria Tereza Penna, irmã do cartunista e costureiro Alceu Penna, assinava a coluna "De Mulher para Mulher", em que condenava as que abandonavam o lar porque o marido tinha "romance fora de casa". Para ela, a virgindade era um bem sagrado para as jovens. Tanto que recomendava que "cinema não é ponto ideal para namorados" e "carro também é pernicioso".

Solteira convicta até o fim da vida, "essa paladina da moral" que era Tereza Penna, como a definiu Márcia Prioli, dividia as páginas da revista semanal de maior circulação do país – a tiragem média era de 500 mil exemplares – com a coluna de quadrinhos e cartuns que o irmão fazia de libertação feminina, "As Garotas do Alceu".

Na mesma publicação saía o irreverente "O Amigo da Onça", descrito como um verdadeiro espírito de porco, mau-caráter e sem escrúpulos, retratado por Péricles do Amaral, e as sacadas geniais sobre política e comportamento de Emmanuel Vão Gogo, pseudônimo de Millôr Fernandes, na coluna "Pif-Paf".

A ênfase do rádio era a música, que intercalava a programação com patrocinadores que vendiam produtos de nomes esquisitos, como Brocel ("uma espantosa descoberta que suprime rugas") e Dynamogenol ("Tônico dos velhos, moços e crianças").

A cultura brasileira também vivia bons momentos no teatro e no cinema, mesmo depois do fim do sonho da companhia de filmes Vera Cruz, que tentou produzir obras no nível de Hollywood. As chanchadas da Atlântida e da Produções Herbert Richers faziam o maior sucesso, com mistura de humor levemente picante e números musicais, uma fórmula da qual Celly e Tony se beneficiariam graças ao taubateano Amâncio Mazzaropi.

Nas produções internacionais que passavam nos cinemas, as garotas amavam Marlon Brando e Rock Hudson, que elas achavam modelos perfeitos de machos héteros, principalmente o segundo. Nos palcos, marcou época a versão de *Otelo*, com Paulo Autran e Tônia Carrero, no Teatro Dulcina, enquanto Procópio Ferreira apresentava *Esta Noite Choveu Prata*, de Pedro Bloch, no Teatro Natal.

Em 1960, não eram Celly e Tony que os clubes mais chiques da sociedade paulistana requisitavam para shows, mas João Gilberto. Ele se apresentou em maio, no elegante Club Athletico Paulistano; em setembro, na exclusiva Sociedade Harmonia de Tênis, o Esporte Clube Pinheiros, sucessor do Germânia. Ainda pelo roteiro de seu biógrafo Zuza Homem de Mello, em junho, também viajou a São Paulo para atuar no espetáculo coletivo "A bossa nova", no auditório da Universidade Mackenzie. "Afinal, fora em São Paulo que seu *Chega de Saudade* havia sido tocado, com insistência incomum, pelo disc-jockey mais aberto à modernidade, Walter Silva, o Pica-Pau".

Após um merecido descanso entre o Natal e a primeira quinzena de janeiro de 1960, Celly e Tony finalmente ganharam sua primeira capa da *Revista do Rádio*, na edição 540, de 23 de janeiro: "Aqui estão Tony Campello e Celly, as duas grandes revelações do momento!", dizia a chamada de capa. Quase dois anos antes, eles tinham lançado o primeiro disco e havia um ano ela explodira com *Estúpido Cupido*, que continuava a ser tocada em todo país.

Em uma das fotos da reportagem, a cantora posava em frente à casa da família, na Praça Santa Terezinha, com sua varanda em forma de arco e uma grade à meia altura formando o portão, além de um muro com um metro e meio. Em outra foto, ela aparecia no colégio, na sala de aula, com expressão de tímida e sem jeito, pouco à vontade, cercada de colegas. Era a única que não sorria na foto.

A matéria estava cheia de inverdades. Disse que os dois irmãos foram descobertos por Mário Gennari Filho em Taubaté, onde o músico também teria nascido e os conheceu em uma das muitas vezes que voltou à cidade. Ele teria notado os dois irmãos em uma festa familiar e se ofereceu para ser o padrinho artístico dos dois – nada nesse trecho é verdadeiro. "Celly ainda adora bonecas", dizia uma das legendas da foto tirada no seu quarto. "A reportagem fotográfica da *Revista do Rádio* foi à sua casa, em Taubaté, e fotografou o quarto de dormir da nova grande estrelinha do rádio e da TV".

A publicação acertou ao dizer que quem primeiro se projetou foi Tony, "que logo se tornou ídolo dos brotos paulistas". Mas errou sua idade, ele não tinha 21 anos, estava a menos de um mês de completar 24. "Suas gravações fizeram grande sucesso e ele decidiu que não assinaria contrato com nenhuma emissora, seja de rádio ou de televisão".

O rapaz preferia atuar como "freelancer" em emissoras de rádio e TV no Rio e de São Paulo. "Já Celly, que tem apenas 16 anos (17 anos, na verdade), tornou-se conhecida um pouco mais tarde que o mano, graças, principalmente, à gravação de *Estúpido Cupido*".

Celly, "tendo recebido uma vantajosa proposta da Rádio e TV Record, assinou contrato com as Emissoras Unidas, onde tem um programa dos mais ouvidos no fim de semana e ao qual comparece toda a brotolândia paulistana". Outra inverdade dizia que Tony fazia o curso clássico de um colégio de Taubaté, mas, devido aos compromissos artísticos, transferiu-se para um colégio da capital paulista – ele tinha concluído o ginásio quatro anos antes e não quis fazer faculdade.

Enquanto isso, Celly continuava os seus estudos no 3° ano clássico da Escola Normal Monteiro Lobato, de Taubaté – a conclusão tinha ocorrido no mês anterior, em dezembro. Além de cantar, "ela toca piano bem e dança ballet maravilhosamente, sendo uma das primeiras bailarinas clássicas de Taubaté" – tudo aqui era exagerado.

Segundo a revista, falava-se na cidade de um namorado que Celly teria, "mas a família da cantora não gosta que se toque neste assunto, por achar que ela é ainda jovem e não fez sua escolha definitiva". Tony tinha uma namorada "firme" em São Paulo, descrita como "uma jovem loura, que usa o penteado 'rabo de cavalo', tem um tipo assim parecido com Brigitte Bardot e se chama Terezinha". Era verdade, tratava-se da atriz Terezinha Sodré, com quem se casaria e teria o primeiro filho.

Durante a estada em São Paulo de Brenda Lee, lembrou a *Revista do Rádio*, Celly fez amizade com a cantora americana. "Brenda entusiasmou-se com o modo de Celly cantar e sugeriu ao seu empresário levá-la aos EUA. Este, que é também padrasto de Brenda, concordou com o pedido, pois ele também estava interessado na cantora paulista desde que a ouvira atuar. Assim, é bem provável que neste ano de 1960, Celly deixe o Brasil para uma temporada na América. Mas será uma temporada rápida, porque ela não pretende abandonar seus estudos".

No momento em que a reportagem era feita, os irmãos estavam em Pindamonhangaba, onde participaram das filmagens de *Jeca Tatu*, já citado. Naquela mesma edição, havia mais dois textos ligados à cantora. O primeiro afirmava que de Salvador veio a notícia do correspondente Machado Gomes de que *Estúpido Cupido* ficou entre os dez discos mais vendidos na capital baiana em 1959. O outro era seu nome na lista eleição que a publicação fez dos melhores do Rádio e da TV na capital paulista.

A própria publicação era responsável pelo prêmio. "Os observadores da *Revista do Rádio*, em São Pauto, após intensa pesquisa, escolheram os artistas que mereciam o título de 'Melhores do Rádio' e 'Melhores da Televisão' naquele Estado". Na primeira categoria foram escolhidos vinte nomes que mostravam o conservadorismo da publicação. Como cantor, por exemplo, venceu Roberto Luna. E como cantora, Inezita Barroso. Nos melhores da TV, o cantor escolhido foi Agnaldo Rayol e a cantora, Maysa. Celly ficou com o de revelação do ano.

Uma semana depois de *Revista do Rádio* trazer aquele perfil dos irmãos Campello, Celly ganhou destaque na mesma publicação, na edição de 31 de janeiro de 1960, ao lado de Tony, mais uma vez. Para não fugir à regra, a reportagem carregava, às vezes, na imaginação, como dizer que desde pequenos os dois gostavam dos músicas que vinham dos EUA. "Os irmãos Campello (Tony e Celly) residem em Taubaté. Desde cedo, entusiasmados pela música americana, fizeram sucesso em festinhas de família. E estava reservado para ambos um lugar de destaque entre os valores da nova geração", acrescentou.

Tony, chamado pelos amigos de "americano de Taubaté", disse de coração aberto: "Minha maior alegria é ver o sucesso de minha irmã. Eu sou um irmão 'coruja'". E o que ela dizia do irmão?, quis saber a revista. "Celly pensa em mim, eu penso nela. Mas, os triunfos que conseguimos estão dedicados aos nossos pais. O 'velho' trabalha de rádio ligado, sempre procurando nos 'ouvir cantar...'".

Os pais tinham preferências entre eles? "Lá em casa, a 'torcida' está bem dividida. Papai é fã incondicional de Celly. Mamãe mostra a sua preferência por mim. No final, os dois se juntam para nos incentivar". *Revista do Rádio* observou que, como se via, existia amizade forte entre os irmãos Campello. "Celly e Tony ajudam-se mutuamente. E. assim, enquanto ela aparece nas paradas de sucesso com *Estúpido Cupido*, ele prepara o seu primeiro LP, com músicas nacionais e americanas, na etiqueta Odeon".

O disco incluiria *Pity-Pity e Poor Little Foll*, ambas com versões de Fred Jorge e que ganhariam títulos em português, respectivamente: *Tenha Pena e Pobre de Mim*, que se tornaria um de seus grandes sucessos. O disco incluiria ainda a faixa *Forgive Me*. Tony explicou por que gravava versões de músicas em inglês: "Com elas, tenho já 50 por cento de êxito garantido. Não procuro o fácil sucesso. Sei que quem facilmente vence, sem prazer triunfa. Todavia, tenho, obrigações de vender discos. Esse é o meu início. No futuro, passarei a me dedicar mais à música popular brasileira".

De olho no mercado, o cantor observou que o ritmo de Elvis Presley começara havia pouco mais de dois anos. "Agora, está ocorrendo a depuração. Os outros desaparecerão. Apesar da decadência, o 'ritmo louco' continuará". O tal "ritmo louco" era o rock and roll, claro. Questionado pela publicação, ele concordou em falar sobre os seus "problemas" artísticos, sem explicar exatamente quais eram.

Até o papo chegar ao final: "Procuramos encerrar a entrevista dentro de um assunto diferente e para o qual existiam perguntas de muitas fãs: 'Como está a vida sentimental de Tony Campello?' O cantor não queria tocar nesse assunto. Sorriu diante da insistência. Depois revelou: 'Sim, tenho aqui em São Paulo um broto que me ama e ela é correspondida...'".

Aquele verão de 1960 seria decisivo para o futuro de Celly e Eduardo. Embora o ano tenha começado agitado, com compromissos como o programa semanal na Record, a proximidade do Carnaval dava certo descanso aos cantores e grupos que se dedicavam a outros gêneros. As rádios, por exemplo, só tocavam marchinhas e sambas.

E foi na folia daquele ano que, em um local reservado, o casal teve a conversa definitiva já contada sobre o futuro dos dois juntos. Ele sugeriu terminar a relação ali e ela lhe pediu paciência, pois prometeu que abandonaria a carreira para se casar com ele a médio prazo. Sua paciência estava no limite com os inúmeros compromissos com shows e ele concordou esperar mais um ano até marcarem o casamento.

A pressão sobre Celly e Eduardo vinha também principalmente da *Revista do Rádio*. Além de boatos que a fofoqueira Candinha espalhava em sua coluna sobre supostos namoros da jovem estrela, algumas reportagens de destaque forçavam a barra para além disso. Essas intrigas atravessariam todo aquele ano. "Todas as fãs desejam isso: o casamento de Celly com Agnaldo", dizia a reportagem de capa da edição de 19 de novembro de 1960.

Bom, reportagem não era o termo correto, pois tudo não passava de invencionice da revista. "Quando dissemos a Celly e a Agnaldo (Rayol) que chegavam à nossa redação cartas e mais cartas dos fãs perguntando quando seria o casamento desses novos e autênticos ídolos do público, um e outro sorriram. Acharam graça, como se tudo não passasse de uma ideia absurda. Agnaldo, porém, foi ficando sério, até que, num coçar de queixo. encontrou a resposta – 'Tudo isso é porque Celly é uma encantadora moça, artista que se fez a verdadeira namorada do Brasil'".

Agnaldo se dirigiu até Taubaté, gentilmente, para participar daquela matéria. E pelo prazer de rever Celly, Tony e seus amigos daquela cidade. "Quisemos saber, assim, se ele não gostaria de casar-se com a estrelinha... 'Por que não? Celly é bonita, meiga e encantadora. Mas, acontece que já existe alguém no meu coração', respondeu ele. Risos amplos, a reposta de Celly: 'Idem, idem, da mesma forma acontece comigo'. O repórter fez um muxoxo de tristeza, como quem perde uma reportagem sensacional".

Por toda a vida, Celly procurou assumir as responsabilidades sobre os problemas que sua carreira trazia ao namoro com Eduardo. E reforçou seu empenho em administrar a relação em meio à turbulência de ser um fenômeno musical só comparável ao que aconteceu com Orlando Silva entre 1936 e 1942, com a diferença de que se vendia bem menos discos naquela época.

Ao MIS, ela recordou que "Eduardo não encarou bem não (risos), porque você pode imaginar uma vida de interior em 1960, eu uma adolescente, ele já tinha 23 anos na época, já era um rapaz de pensamento 'namorar e se a coisa ficasse séria, casar'. De repente, chego para ele e falo que fui contratada, fiz um teste na gravadora Odeon em São Paulo, e que eu ia ser levada para lá e me tornar profissional. Ele não gostou e fiquei chateada porque achava que podia dar certo (conciliar as coisas) ao mesmo tempo, se a gente se tivesse um pouco paciência". Para ela, o sucesso seria pequeno e nada duradouro. Até que veio *Estúpido Cupido* e todos os outros hits. O ano de 1959 tinha terminado e não parecia que fosse se acalmar em 1960.

O casal, então, passou a viver sob tensão e angústia, com seguidas promessas de Celly de que logo ficariam noivos e brigas que ela conseguia contornar. "Jamais imaginei que minha carreira poderia tomar aquele rumo, pensava que fosse uma coisa de momento, uma música gravada, um simples teste, um sucesso e ficaria naquilo", disse depois.

Não ficou. Ao contrário, aumentou. "Celinha tinha, vamos dizer, uma loucura por Eduardo, e isso fazia com que ela falasse em abandonar tudo o tempo todo para se casar com ele. Papai e mamãe não se conformavam com aquela situação", conta Nelson Filho. O irmão revela que cada viagem para show se tornou um tormento para Celly. Ficava inquieta, insegura, queria voltar logo, temia que Eduardo a trocasse por outra namorada. "Ela e Tony faziam os shows, havia oportunidade de conhecerem melhor a cidade depois das apresentações, mas ela programava tudo para voltar imediatamente".

Segundo ele, a irmã dizia: "Olha, terminou o show, quero pegar o primeiro transporte, o primeiro avião, quero voltar logo pra Taubaté". Para o irmão do meio, ela fazia isso porque queria ver o namorado, somente por isso. "Era uma coisa interessante, ela podia curtir cada lugar, ficar mais dias. Mas, não, embarcava no próximo voo para ver logo o namorado".

Em algumas oportunidades, quando estava em férias, Eduardo a acompanhou em viagens. E ela parecia tentar ganhar tempo para manter o namoro. Como em abril daquele ano de 1960, como informou Candinha, na *Revista do Rádio*: "Celly Campello, que esteve no Rio, confessou para uma pessoa minha amiga, que vai ficar noiva este ano. O felizardo é um moço de Taubaté. Ele acompanhou Celly na sua viagem ao Rio".

Nelson Filho falaria com orgulho da capacidade da irmã de tentar conduzir a própria vida do seu jeito, com paciência e determinação, como tinham ensinado seus pais. Para Nelson Filho, "ela sempre foi meiga e nunca mudou o jeito dela por causa da fama, gênio simples e vamos dizer que ela só se deu conta da importância que teve tempos depois, quando veio a novela *Estúpido Cupido*".

O ritmo intenso de shows de Celly e Tony continuou ao longo de todo o segundo semestre de 1960. Outra companhia aérea que passaram a usar foi a TAC-Cruzeiro do Sul e seus confortáveis aviões Convair. Uma das cidades que eles se apresentaram no interior de São Paulo foi Lins, onde um adolescente chamado Mário Prata presenciou Celly no palco, quinze anos antes de reencontrá-la na participação que fez em dois capítulos de sua novela *Estúpido Cupido* (1976).

Para este livro, ele observa: "Ela tinha um pique, uma eletricidade incríveis no palco. Fora, era uma menina com jeito juvenil comportadíssima, talvez tenha sido a primeira namoradinha do Brasil. Era a moça com a qual toda mãe sonhava que o filho se casasse".

Em uma dessas viagens, seu Nelson mandou de Recife um postal para o filho do meio, datado de 19 de setembro de 1960. De lá, seguiriam para apresentação em Natal: "Nelsinho, querido filho: fizemos ótima viagem, mas, saindo às 16h45, só chegamos aqui às 22h15. É longe toda vida, neste Brasil imenso. A apresentação de ontem na TV Jornal do Comércio foi um êxito colossal. Sairemos hoje por avião da Loyd Aéreo para Natal (Rádio Nordeste) às 16 horas. Abraços da mamãe, Célia, Sérgio e um abraço especial deste seu pai e amigo Nelson".

Na edição de 5 de novembro de 1960, *Revista do Rádio* exagerou nos números de uma única apresentação: "Celly e Tony Campello voltaram emocionados da temporada pelo Norte e Nordeste do país. Em Belém, foram aclamados por uma multidão calculada em 200 mil pessoas". Nelsinho também continuava a acompanhar os irmãos, quando o pai não podia ir. "Era uma glória para mim, com 21 anos, conhecer os bastidores dos shows, das rádios e da TV. Era bacana, a gente viajava de avião".

Em Florianópolis, os Campello se apresentaram no dia 12 de novembro, no Lira Tênis Clube, o mais luxuoso clube da cidade. "A dupla mais disputada no cenário musical brasileiro, Tony e Celly Campello, pela primeira vez em Florianópolis, no Lira TC, no próximo sábado, às 23h", anunciou três dias antes, o jornal *O Estado*.

O diário colocou Celly como atração maior que o irmão: "Sob intensa expectativa do público no dia 12, em duas audições – Rádio Guarujá e Lira Tênis Clube – sua apresentação nesta capital, juntamente com Tony Campello, virá de encontro, não só aos desejos de seus fãs (que não são poucos em nossa metrópole), como também daqueles que já se acostumaram a ouvi-la através de emissoras e lançamentos fonográficos".

No palco auditório da Rádio Guarujá, "em meio à interpretação de seus êxitos musicais", continuou o jornal, "Celly Campello receberá uma homenagem simpática dos filhos dos Rotarianos do Estreito, a qual será extensiva a Tony Campello, por serem filhos de conhecido militante do Rotary Club de São Paulo – Centro. Grande tem sido a procura de ingressos para o 'show' dos irmãos Campello na 'mais popular', fato que, na verdade, não chega a surpreender, já que se trata de nomes altamente divulgados em todo país".

A apresentação feita pelo mesmo jornal no dia do show foi entusiasmada. Abaixo de sua foto, lia-se: "Esta é Celly Campello, sucesso absoluto no rádio, discos e TV!". O diário fez uma breve descrição dela, desde o primeiro disco que a dupla gravou. Nesse momento, a artista começava a fazer sucesso também com *Broto Legal*, "seu mais recente 'best-seller', já figurando nas paradas de sucessos de todo o Brasil".

Para o diário, Celly Campello era uma das maiores revelações já surgidas no ambiente artístico nacional. "Tem personalidade, é espontânea, sua voz de broto sabe transmitir o que canta". A apresentação no auditório da Rádio Guarujá também teve cobrança. "Centenas de pessoas já adquiriram ingressos para ver de perto a cantora que está polarizando as atenções dos brasileiros, hoje, no palco auditório da Rádio Guarujá. às 20 horas. Trata-se da já famosa Celly Campello, que hoje estará entre nós, para abrilhantar a *soirée* de logo mais no Lira Tênis Clube".

A performance de Celly no palco do auditório da Pioneira teve o "alto" patrocínio da Loteria do Estado de Santa Catarina. A cobertura do espetáculo no Lira Tenis Clube também foi positiva. "Celly e Tony Campello: sucesso absoluto em Florianópolis", escreveu *O Estado*. "Grandes cartazes da nova geração de cantores brasileiros, Celly e Tony Campello atuaram ao microfone da Rádio Guarujá diretamente de seu palco auditório. Pela primeira vez, o público florianopolitano teve ensejo de assistir e aplaudir a famosa dupla que possui, aliás, enorme legião de fãs na metrópole catarinense".

Segundo o jornal, a prova disso, foi que o auditório da Pioneira – o maior da capital –

se tornou pequeno para acomodar todos aqueles desejosos de estarem presentes ao grande "show de Celly e Tony Campello". Acrescentou o diário ainda: "Os dois, escusado será dizer, conquistaram totalmente a plateia, não só pela simpatia que irradiam, quanto também interpretando melodias já plenamente consagradas nas chamadas 'paradas de sucessos'".

Em meio a sua apresentação na Rádio Guarda, Celly e Tony foram homenageados pelo Rotary Club do Estreito, por causa da ligação de Nelson Campello com a fundação da unidade em Taubaté – ele, aliás, estava presente no evento, como o terceiro a ser reverenciado, além dos filhos. "Os dois 'astros' da Odeon foram entusiasticamente aplaudidos, ratificando destarte suas qualidades reveladas em apresentações no rádio, disco e TV".

O jornal informou que Tony e Celly, no domingo, viajaram por avião de carreira Convair da TAC-Cruzeiro do Sul para a cidade de Curitiba, a fim de cumprir contrato de uma apresentação lá. "Os sucessos seguidos de Celly Campello de *Estúpido Cupido* fizeram com que ela fosse obrigada a viajar por todo o país. Diariamente chegam-lhe centenas de cartas e dezenas de convites para novas excursões".

Seu Nelson tentava conciliar as agendas, de acordo com a localização e proximidade das cidades, de modo a não sobrecarregar os filhos. Todos os contratos eram feitos por ele, que se desdobrava entre os cargos no Sesc e no Senac e a carreira familiar dos filhos. Tony lembra que "ele programou as várias (apresentações) que fizemos em Minas Gerais, Santa Catarina, Paraná, Rio Grande do Sul etc. Nossa viagem pelo Nordeste foi organizada por carta, telefone e telegrama, tudo combinado com antecedência. Éramos eu, Celly e um violão. Nem guitarra eu tinha. Quando voltamos das capitais nordestinas, no começo de outubro, fui para Taubaté votar em Jânio Quadros".

Nelson Filho acredita que entre o início do segundo semestre de 1960 e o final do ano seguinte, os dois irmãos tenham visitado todos os estados brasileiros, com apresentações nas capitais e cidades maiores. No interior de São Paulo, foram mais de 300 apresentações em 18 meses. Em várias cidades faziam dois shows por dia – matinê e baile das 22 horas – em localidades diferentes, porém próximas. "Lembro que eles e meus pais viajavam, eu ficava sozinho em casa, já tinha idade suficiente para ficar sozinho, claro, mas a gente se sentia sempre preocupado porque embarcavam em aviões desses DC3, DC10, de dois motores, que deixavam a gente aflito".

O filho do meio ficava mais tranquilo quando os pais e irmãos iam nos aviões maiores, de grande porte, como os Constelation, da Panair do Brasil, de quadrimotores, usados em percursos mais longos, como para Manaus. Os atrasos no embarque ou durante os voos eram constantes e traziam temor. "A gente recebia a informação para ir esperar eles no aeroporto certo, então aconteciam aquela demora, aquele atraso, aquilo me matava de temor. Para piorar, naquela época, os atrasos eram maiores".

Quando os pais não iam e mandavam o filho do meio no lugar, Nelson observava de perto tudo que acontecia. Até mesmo preconceito contra os irmãos. "Naquela época, ainda existia a ideia de quando ela iniciou de que o artista era uma pessoa boêmia, quer dizer, vivia na boemia, e quando ela entrou para esse mundo da música, como tinha sua personalidade, fez com que fosse respeitada. A presença dos pais junto também ajudava. Assim, Celly mudou este conceito".

As lojas não paravam de pedir seus discos de 1959 assim que virou o ano. No final de janeiro de 1960, ela recebeu novo convite para se apresentar em Portugal, mas teve de recusar porque precisava terminar as gravações de seu segundo LP, *Broto Certinho*, em fevereiro, que chegaria às lojas em maio. Depois, teria de trabalhar na divulgação. Mas pediu que adiassem para o segundo semestre. O álbum chegou às lojas no prazo estabelecido, sem atraso.

Uma curiosidade no registro do disco tinha a ver com a revolução tecnológica que acontecia enquanto Celly dava passos largos no mundo da música. Seus LPs foram lançados em Alta Fidelidade (High Fidelity – HI-FI), ao mesmo tempo em que os canais de TV começavam a usar o videoteipe para gravar, editar e enviar copias dos programas para outros estados, de modo que uma mesma atração fosse vista nos estados onde havia canais de TV com diferença de dois ou três dias.

As rádios também evoluíam com a qualidade de som. Em São Paulo, por exemplo, no mês de fevereiro de 1960, foi inaugurado o moderno estúdio de gravação Eldorado, no prédio do jornal *O Estado de S. Paulo*, na Rua Major Quedinho, centro da cidade. Com *Broto Certinho*, Celly se tornou uma das primeiras cantoras a usar o equipamento da Eldorado.

A faixa que dava nome ao disco trazia o termo broto no título, *Broto Certinho*. O sentido conservador da escolha reforçava a ideia de Gurzoni de enfatizar a imagem de menina-moça de boa família de classe média que vinha construindo de Celly, com 18 anos naquele momento. O repertório trazia seis novas versões de Fred Jorge, três cantadas em inglês e a composição nacional *Os Mandamentos do Broto*, a segunda aventura autoral de Fred Jorge para um disco de Celly, em parceria com Mário Gennari Filho outra vez.

As novas versões eram *Broto Certinho*, de Howard Greenfield, e que teve letra de Fred Jorge bem no espírito do público de Celly, novamente. A faixa 2 se chamava *Billy* (I Always Dream of Bill), que se tornou uma pérola do rock balada, com solo de guitarra de Rubinho e sax de Bolão, mais uma vez, além dos vocais indispensáveis dos incansáveis Os Titulares do Ritmo, que marcaram toda a gravação.

Fez um tremendo sucesso, embora fosse pouco lembrada como relevante em sua carreira e esquecida nas antologias que fizerem dela nas décadas seguintes. Era uma canção antiga, que chegara a ser cantada pela atriz Betty Grable em um filme de 1950, *A Noiva Que Não Beija* (Wabash Avenue), e que em 1958 fora regravada pela americana Kathy Linden.

Querida Mamãe (Dear Mom and Dad) fora composta por Slay Jr. e Crewe, dupla americana especializada em alimentar com hits juvenis o repertório do grupo vocal Four Seasons. A música, balada de sucesso de Kelly Hart, trazia uma letra em versão cheia de malícia, uma das marcas de Fred Jorge, mas que passou desapercebida. Fazia trocadilho com virgindade e terminava com insinuação de desejo: "Sonhar, sonhar, com seu amor/Com todo ardor". A letra completa dizia:

Mamãe, mamãe
Procure sentar, senão vai cair, durinha no chão
Meu coração eu já perdi
A filha que escreve, agora se atreve
A confessar, que encontrou um amor

Ele é perfeito, tipo alinhado
Rapaz direito, sempre ao meu lado
Agora eu tenho mais o que fazer
Além de estudar, hum... posso sonhar

Mamãe, mamãe...
A filha que escreve, um beijo lhe manda
E vai dormir
E quer também, a bênção pedir
E logo dormir
Sonhar, sonhar, com seu amor
Com todo ardor, Mamãe, mamãe

Agora eu tenho mais o que fazer
Além de estudar, hum... posso sonhar

Mamãe, mamãe...
A filha que escreve, um beijo lhe manda
E vai dormir...
E quer também, a bênção pedir
E logo dormir
Sonhar, sonhar, com seu amor
Com todo ardor
Mamãe, mamãe

    A fraca letra de *Grande Amor* (Instant Love), composição de Fred Spielman e Milton Drake, um tanto traduzida ao pé da letra, era a versão de uma gravação de Doris Day. Mas agradou, com destaque para os diálogos de Celly com os rapazes de Os Titulares do Ritmo. Eram do mesmo autor de *Querida Mamãe* as faixas *Sherry* e *Big Girls Don't Cry*. O sucesso Frankie, que tocaria bastante nas rádios, era uma balada da dupla Greenfield & Sedaka, outro sucesso de Connie Francis e que, no Brasil, havia sido gravada em inglês pela cantora Regiane, no selo Young, no final de 1959.
    Para Mim e Você foi o título em português da tradicional *For Me and My Girl*, que deu nome a um filme musical de 1942, que teve participação de Gene Kelly e Judy Garland – coube a ela cantar a música no cinema. Outra versão perfeita para Celly cantar de modo

bem-humorado estava no disco, *Não Tenho Namorado*, com ela no papel, mais uma vez, de uma adolescente em busca de um príncipe encantado. Não atingiu o sucesso esperado com a cantora de rock and roll americana Jo Ann Campbell. Na gravação da brasileira, porém, funcionou bem – ela fez nessa faixa seu primeiro dueto com Tony Campello, que participou nos diálogos.

Mas a explosão do disco seria a faixa 1 do lado B, *Banho de Lua*. Aquela seria a mais tocada do país no ano – e olha que ela gravaria naquele 1960 ainda *Broto Legal* simultaneamente com Sérgio Murilo e que se tornaria o maior êxito do cantor. A letra de *Banho de Lua* era longa:

Fui à praia me bronzear
Me queimei, escureci
Mamãe bronqueou, nada de sol
Hoje só quero... a luz do luar!

Tomo um banho de lua
Fico branca como a neve
Se o luar é meu amigo
Censurar ninguém se atreve

É tão bom sonhar contigo
Ó luar tão cândido

Sob um banho de lua
Numa noite de esplendor
Sinto a força da magia
Da magia do amor

É tão bom sonhar contigo
Ó luar tão cândido

Tim, tim, tim, raio de lua
Tim, tim, tim, baixando vem ao mundo
Ó lua, a cândida lua vem
Tomo um banho de lua

Fico branca como a neve
Se o luar é meu amigo
Censurar ninguém se atreve
É tão bom sonhar contigo

Ó luar tão cândido
Tim, tim, tim, raio de lua
Tim, tim, tim, baixando vem ao mundo
Ó lua, a cândida lua vem

Sob um banho de lua
Numa noite de esplendor
Sinto a força da magia
Da magia do amor

É tão bom sonhar contigo
Ó luar tão cândido
É tão bom sonhar contigo
Ó luar tão cândido

É tão bom sonhar contigo
Ó luar tão cândido...

O primeiro detalhe a ser observado foi que *Banho de Lua* não provocou qualquer polêmica por causa de sua letra cheia de malícias e até erotismo e sensualidade porque esses eram temas distantes da imagem pública da recatada Celly. Qualquer interpretação nesse sentido seria considerado maldade, pois não fazia parte de sua aparente inocência juvenil. Mas havia, sim, enquanto ela pareceu se divertir ao cantá-la, os moralistas investiram contra a música. Entre eles, o apresentador de TV Flávio Cavalcanti, como se verá adiante.

O jeito de menina pura e de pouca idade da personagem da letra que se impôs pela reputação de garota de família da cantora que era Celly disfarçava algumas ousadias, como falar de desejos e observações da jovem que cantava e até falava da magia do amor. Essa suposta inexperiência amorosa e sexual ajudou bastante a disfarçar a enorme carga erótica que Fred Jorge imprimiu na sua adaptação de *Banho de Lua*.

Tudo era dito com clareza, mas a mentalidade de 1960 pareceu não compreender ou ver a "maldade" por trás da letra. A narrativa contava a historinha de uma garota sapeca que passou o dia inteiro na praia e se queimou bastante. Expor o corpo publicamente não era algo que uma moça de família deveria fazer. A mãe, claro, bronqueou.

Mesmo com a repressão materna, ela deu continuidade às suas fantasias e desejos à noite, completamente nua e em uma insinuante relação erótica com o luar, com uma sugestiva masturbação. Ficar nua em casa, disse ela, sob o luar, era algo que ninguém se atreveria. O detalhe era que o luar representava o amante que ela sonhava e desejava e não apenas um rapaz que ela quisesse namorar. Sua intenção era que o tal luar tocasse sua pele e lhe desse a satisfação desejada.

Com o tempo, *Banho de Lua* representaria uma clara manifestação feminista totalmente rock and roll de Celly, que deu toques deliciosos de peraltice, com entonações no final de cada verso cheio de boça e provocação. Naqueles anos de pré-revolução sexual e pílula anticoncepcional, a mocinha do *Banho de Lua* queria fazer o que bem entendesse com seu corpo, inclusive tirar a roupa, mesmo que ninguém pudesse ver.

Era a busca por liberdade, por um prazer só seu, de toques e sensações. Enfim, seria audácia ou algo completamente sem sentido imaginar que o *Banho de Lua* de uma apimentada Celly trouxesse algo tão sexualmente explosivo. Curioso era que a versão original tinha uma receitinha de beleza absurda para as mulheres italianas, por causa de seu inquestionável teor de racismo.

A música original fazia uma sugestão para as garotas que quisessem ficar mais belas, atraentes e "cândidas" (com pele pálida de tanta brancura). Que seguissem o caminho da garota-personagem da letra: nada de banho de sol, que manchava e deixava a pele morena. O legal era subir no telhado, ficar de Biquíni ou pelada e tomar banho com os raios da lua. Só assim a pele ficava mais leitosa.

A letra dizia que enquanto as outras se queimavam de sol, ficavam vermelhas, roxas e manchadas, havia uma jovem bem esperta que buscava toda noite os raios de lua para ficar com tonalidade de leite, pálida e mais bonita, portanto. Melhor ainda se fosse lua cheia. "Deixa a tua pela mais branca e te faz mulher mais bela", era a regra da beleza ariana.

A cantora italiana Mina gravou *Tintarella di Luna* – literalmente, "Bronzeada de Lua" ou "Bronzeada pela Lua" – em um compacto de 1959, junto com a faixa *Mai* (Nunca). A letra foi escrita por Franco Migliacci e a melodia ficou por conta de Bruno De Filippi, com arranjos de Tony De Vita.

Mina, que tem nacionalidade suíça, começou sua carreira em 1958, aos 18 anos – era dois anos mais velha que Celly, portanto. "Meio ao estilo de um 'hino dos supremacistas brancos' ou no mínimo um 'consolo às meninas branquelas', em uma cultura que valoriza as peles bronzeadas 'sexy' (tanto lá como aqui), Mina faz ainda um trocadilho com os dois sentidos de cândida, que são 'branca', 'alva', e 'pura', 'imaculada'", observou o tradutor brasileiro Erick Fishuk.

De acordo com sua pesquisa sobre a música, na época, outras bandas executavam *Tintarella di Luna* em seus shows, mas, ao ouvir pela primeira vez, Mina se apaixonou pela canção e pediu autorização para gravá-la. Disse que parecia ter sido feita especialmente para ela. A faixa termina com sua marca registrada, o "tin tin" que acrescentou e que deveriam ser os "raios de Lua" batendo no corpo da moça e que Celly aproveitou na sua interpretação.

A canção também foi traduzida em francês como "Un petit clair de lune". Na tradução literal de Erick Fishuk ficou assim:

Bronzeadas, bem manchadas,
Peles vermelhas, meio roxas
São as meninas que tomam Sol,
Mas uma delas
Toma banho de Lua.

Bronzeada pela Lua,
Bronzeada cor-de-leite
Toda noite no telhado,
No telhado como os gatos.
E se a Lua está cheia,
Você se torna cândida.

Bronzeada pela Lua,
Bronzeada cor de leite
Que deixa sua pele branca
E te faz a mais bela mulher.
E se a Lua está cheia,
Você se torna cândida.

Tim, tim, tim,
Raios de Lua,
Tim, tim, tim,
Beijam você.
Ninguém no mundo é cândida como você.

Mais uma vez, coube a Tony descobrir que seria uma boa ideia a irmã gravar *Banho de Lua*. "Quem me deu o disco para levar a Fred para fazer a versão foi o gerente de repertório da Ricorde Editora, que tinha escritório na Alameda Barão de Limeira, quase esquina com a Avenida Duque de Caxias. Fiquei bastante entusiasmado, Fred colocou a letra, gravamos e a faixa ficou guardada por um tempo. A gente sabia que seria um estouro e concluímos: 'Não vamos soltar um disco em cima do outro porque pode atrapalhar nas rádios e nas lojas'".

Só que Celly, observou ele, começou a emendar um sucesso atrás do outro, dos dois lados de cada disco e resolveram lançá-la. No estúdio, ela nunca tinha se mostrado tão desinibida, tão à vontade e cheia de ginga como naquela gravação. O "tin-tin-tin" que ela cantava no final, com a língua estendida entre as arcadas superior e inferior, dava uma graciosidade impressionante à sua interpretação.

Tony recorda: "Quem faz a introdução e solo é Oliveira, um músico de estúdio extraordinário. O sax era importante na hora do solo e ele mandou bem. Às vezes, na introdução, como em *Estúpido Cupido* – tocado por Bolão –, o instrumento era indispensável, mas a participação mais importante ficava mesmo no solo".

Os músicos, completa ele, eram arregimentados, de acordo com as necessidades de cada arranjo. Como os produtores, arranjadores e diretores conheciam bastante o mercado, logo vinha a pergunta: quem pode fazer melhor esse sax aqui? E apareciam sugestões, faziam-se testes a partir dos nomes mais recomendados e que estavam disponíveis, claro.

Em uma entrevista duas décadas depois, Fred Jorge comentou: "*Banho de Lua* foi o estouro da época. O pessoal costumava pichar na imprensa porque era versão de música estrangeira. Mas eu trouxe para cá o que estava acontecendo lá fora. Acalmei a 'juventude transviada' com meus modos, minhas letras. A gente não tinha mesmo muita opção, porque o público queria ouvir versões. E tudo aquilo era leve, ingênuo, romântico, bom".

Sobre a cantora, Fred recordou que "Celly, o *Broto Certinho*, era a mocinha comportada das saias franzidas e cabelos curtos que as outras mocinhas imitavam, com suas saias franzidas e cabelos curtos". Não escapava um programa de rádio que não tocasse um disco seu, disse ele. "Não havia uma festinha no mais distante canto do Brasil em que não se dançasse uma música sua. Não havia quem não cantarolasse suas letras. E por quatro anos ela foi um sucesso incomparável".

A própria cantora, em depoimento ao MIS, observou: "*Banho de Lua* foi bem marcante, né? Acho que todas as ideias para compor o repertório foram de Tony, junto com Fred Jorge, né? As versões eram de Fred e a escolha das músicas ficava com Tony. Foram todas escolhas deles, alguma outra depois que a própria gravadora que nos mostrava, né? Era o que interessava a ela gravar".

Celly impressionava pelo profissionalismo quando entrava no estúdio para gravar. Tinha ensaiado a música com Tony em casa ou no seu apartamento, quase sempre, por horas e dias, se tivessem tempo. Chegava pronta e confiante para gravar de primeira, como gostava de dizer. "Comigo, era fácil. Tony e o pessoal que gravava com a gente ficava espantado porque eu não tinha problemas. E olha que gravar ao vivo não era fácil", repetiu várias vezes.

Sim, porque não havia canais que permitissem registrar voz e instrumentos em separado para serem juntados (mixados) depois – a não ser que se tocasse o arranjo gravado dentro do estúdio e o cantor ou cantora colocasse a voz para que o microfone captasse ambos no único canal disponível. "Chegar lá e ter de cantar junto, sem ninguém errar, era complicado. Uma vez, o sax que errava e eu tinha de cantar tudo outra vez. Daqui a pouco, o pianista desandava e eu cantava novamente, do começo".

Como era tudo junto, ocorria um desgaste natural de relacionamento entre todos, lembrou ela. "Por isso, a gente começava a gravar às 10 horas da noite e saía quase às cinco horas da manhã. Porque, para mim, não tinha problema, não tinha problema. Comigo, na primeira, no máximo duas ou três e estava bom. Eles, o pessoal da técnica, produtor artístico, diretor, dizia: 'Olha, Celly, canta assim que está ótimo, você está ótima. Mas toda hora era um que errava (risos)".

Esse ritual podia durar horas, com paradas para ajustes, novos ensaios etc. "Quando estava no finalzinho, eu pensava: 'agora vai'. Não ia. Alguém errava e começava tudo do zero, um sufoco. Dava um cansaço mesmo na gente. Tornava tudo difícil". Mesmo assim, ela procurava deixar a impressão de diversão e descontração, fugia da impressão de impaciência, sem pressionar ninguém.

Adorava, por exemplo, dar um gritinho no fim de cada frase de algumas músicas, como em *Banho de Lua*, segundo observou o produtor Alberto Pavão, durante o registro de Celly no MIS. Ele respondeu: "Acho que aquilo foi coisa minha, né? Porque no original ela dá sim uma elevação no finalzinho uma elevação da sílaba, mas pouco. Esse exagero foi por minha conta. Porque não conhecia (até aquele momento) a interpretação original (de Mina)".

A desenvoltura e o prazer que Celly demonstrava nessa música eram extraordinários e, mais de seis décadas depois, fica difícil imaginar que ela não tivesse prazer em cantar, uma vez que vivia atormentada entre o sucesso crescente e salvar seu namoro com Eduardo.

Enquanto isso, fechava a lista de versões do LP a faixa *Grande Amor*. As três músicas cantadas em inglês eram a balada *To Know Him Is to Love Him*, de Phil Spector, um dos hit-parade americanos de 1958, com o trio Teddy Bears. *Over the Rainbow* era a conhecidíssima canção escrita por Harold Arlen para o filme *O Mágico de Oz* e fora gravada por Judy Garland, em 1939. Celly está impecável nessa gravação, pronúncia cuidadosa, clara e emocionante. Tanto que ganhou um compacto em 33 rpm com uma foto sua na capa.

Fechava a lista *Broken Hearted Melody*, uma canção que não chegou a ser um grande sucesso na voz da cantora de jazz Sarah Vaughan, em 1959. Como curiosidade, tanto *To Know Him Is to Love Him* quanto *Broken Hearted Melody* foram também gravadas pela cantora Regiane para a Young. Na segunda, Celly e Regiane utilizaram arranjos parecidos com o da gravação de Sarah Vaughan.

O texto da contracapa, sem assinatura – mas era de Fred Jorge -, destacava que a maneira de cantar de Celly a cada dia estava mais identificada com aquele tipo de pureza dos desenhos infantis: "A espontaneidade de boneca viva que Celly possui recupera em cada jovem a ideia de um mundo só de bonecas e músicas. Ela é a coqueluche da nova geração. Seus jovens fãs, quando a encontram à saída de alguma audição, parecem invadidos pelo sentimento de projeção. Celly Campello é a Branca de Neve que sabe cantar com um talento todo seu, que sabe sorrir com um jeito todo seu, que cumpre toda a receita para ser um *Broto Certinho*".

Havia um exagero ao tentar vincular Celly às meninas de 12 e 13 anos de idade, que ainda brincavam de casinha de bonecas, pois a cantora faria 18 anos em junho. O texto da contracapa dizia que ela parecia "possuída de uma alegria de verdadeira menina, canta como nunca porque cada manhã de criança é mais bonita que a outra. A boneca que anda tem um coração que bate, um ritmo que pulsa. Traz para vocês doze presentes de seu mundo encantado".

De acordo ainda com a apresentação, aquelas eram músicas que agradariam a todos porque "o bonito não tem idade e o *Broto Certinho* está mais bonito do que nunca". Assinavam a produção Júlio Nagib e Odeon Gravado e os registros de voz e arranjos foram feitos nos estúdios Eldorado, em fevereiro de 1960. Gennari Filho e seu Conjunto e Coro acompanharam Celly na maioria das faixas, exceto em *Broto Certinho*, *Billy* e *Broken Hearted Melody*, que couberam a Luiz Arruda Paes, sua Orquestra e Coro. O layout da capa foi feito por César G. Villela, a partir de fotografia de Francisco Pereira.

A gravadora fez, em março, como prévia do LP, o compacto duplo de 33 rpm e 45 rpm com as faixas *Querida Mamãe*, *Grande Amor*, *Banho de Lua* e *Frankie*. Eram as que se acreditava ter potencial para render um pouco mais nas paradas, de onde ela parecia não sair tão cedo. Tony destacou depois: "De dentro desses LPs eles tiravam o que poderia funcionar em 45 rpm e 33m rpm que pudesse tocar em rádio".

Odeon apostava em um rock juvenil para fazer mais sucesso que *Estúpido Cupido* – e muitos diriam que isso realmente aconteceu: *Banho de Lua* teria superado em vendas o primeiro hit de Celly. Em uma semana, a música entrou em segundo lugar nas paradas em São Paulo na *Revista do Rádio*, como informou a edição de 28 de maio de 1960. Na seguinte, foi direto para o quarto lugar no Rio. Mais 15 dias se passaram e chegou ao primeiro lugar nos dois estados, onde ficaria por dois meses e entre as dez mais tocadas ao longo daquele ano.

Em maio, aliás, embora fosse difícil dar conta de todos os convites que recebia, Celly concordou com um que foi bastante noticiado: ela se tornou paraninfa da formatura da Turma de Cadetes da Polícia Militar de São Paulo daquele ano. *Diário da Noite*, de 16 de maio de 1960, noticiou que a Escola de Oficiais da Força Pública do Estado de São Paulo, que ficava no Barro Branco, convidara a estrela para ser a madrinha de seus alunos que concluiriam o curso.

Por esse motivo, seria realizada na noite daquele dia, no Teatro Record, na Rua da Consolação, uma homenagem a ela. "É a escolha da graça e da leveza da bonita mocinha que encanta nossos alunos e toda a juventude brasileira com suas canções e seu ar brejeiro", justificou o comando da Força Pública. O jornal publicou uma foto em que aparecia o Coronel Claudovino de Souza, com traje "de branco", e o Capitão Ronaldo Silva "de azul ferrete", prontos para participar do evento.

Antes que o mês terminasse, Celly se tornou a mais solicitada no programa *Telefone Pedindo Bis*, apresentado por Enzo de Almeida Passos na Rádio Bandeirantes de São Paulo, por causa de *Banho de Lua*. Curioso que poucas famílias de classe média tinham aparelho em casa – pelo preço e dificuldade de comprar uma linha –, o que mostrava a elitização do programa.

Quando as rádios receberam o disco, perceberam que aquela seria a música que rivalizaria em popularidade com *Estúpido Cupido*. E acertaram. A máquina de fazer dinheiro em que se transformou a avalanche de versões de sucessos internacionais que Celly gravou no ano anterior e naquele fez com que a Odeon estabelecesse uma manobra para segurar e escalonar o lançamento das gravações originais no mercado brasileiro. Primeiro, ela. Depois, as estrangeiras.

As gravadoras seguravam propositadamente essas adaptações até tirar tudo que podia em português – ou fazia isso mesmo se não desse certo, como *Estúpido Cupido*, que não teve a sua versão original tocada nas rádios, mesmo com o disco da Odeon de Connie Francis nas lojas brasileiras, como foi visto. No caso daquelas músicas que saíam direto em português, essas davam a impressão ao ouvinte médio de que as gravações brasileiras, por terem vindo "primeiro", eram as originais e as estrangeiras versões. "Muita gente mais desligada até hoje não sabe que eram versões", comentou Celly. "Mas eu pensei que fosse sua", diziam a ela.

Banho de Lua ganhou também uma edição em compacto simples. No outro lado vinha a balada *Billy* que, embora tenha feito bastante sucesso, não foi um dos acertos de Fred Jorge, pois notava-se uma dificuldade da cantora em interpretar versos que pareciam literais e longos demais em sua tradução, apesar de ele dizer que apenas fazia adaptações ou aproveitava o tema sem qualquer fidelidade ao original. A começar pelo título. Afinal, quem no Brasil se chamava Billy?

Não tinha importância. Celly brilhava como nunca. O ano estava apenas começando e ela passou a ser chamada pela imprensa de a Rainha do Rock. Fazia por merecer, em meio à tortuosa relação de amor entre a música e Eduardo Chacon.

ODEON
MOFB 3162
ALTA FIDELIDADE
brôto certinho
CELLY CAMPELLO

Capítulo 9
Celly, o broto legal

Tony Campello conta que a irmã adorava gravar com Os Titulares do Ritmo e logo passou a exigir a presença deles sempre que necessário. "Eles sabiam dar um acabamento perfeito às gravações, entravam na hora certa, sem excessos e faziam contraponto ideal para sua voz feminina afinada e despojada", observa.

Os cantores só não acompanharam Celly quando ela gravou no final daquele ano, para outro LP, as faixas *Vi Mamãe Beijar Papai Noel* e *Jingle Bell Rock*, porque foram as únicas que ela registrou nos estúdios da Odeon do Rio de Janeiro, em 17 de novembro de 1960, quando o coro foi do conjunto Os Cariocas, que na época tinha cinco componentes. "Ambas se tornaram também as únicas que não acompanhei porque estava me apresentando em São Paulo", diz Tony.

Celly tinha ido ao Rio se apresentar em uma emissora de TV e a Odeon aproveitou para gravar as duas faixas para conseguir cumprir o cronograma do próximo disco. "Quando a gente ia ao Rio, fazia aquele roteiro de dois ou três dias, o pessoal da gravadora levava a gente para todas as emissoras de rádio da capital", recorda Tony.

O segundo disco de Celly superou todas as expectativas mais otimistas e vendeu mais que o primeiro. Passou de 120 mil cópias em apenas um mês e passou em vendagem os LPs dos fenômenos internacionais Ray Conniff e Elvis Presley (com a antologia *Golden Records*), dois dos maiores vendedores do mundo. Até o fim do ano, chegaria a espetaculares 500 mil unidades vendidas, principalmente por causa do impensável êxito de *Banho de Lua*, que tocou o ano inteiro.

O compacto *Banho de Lua-Billy* foi o 78 rotações mais vendido em 1960, de acordo com *Revista do Rádio*. Não tinha para ninguém. Celly, para a Odeon, tinha ainda um potencial enorme a ser explorado e aquele disco mostrava isso. Ela caminhava para ser a primeira estrela jovem do país transformada em ídolo pela TV. E passou a ter sua imagem explorada em outros segmentos.

Naquele 1960, por exemplo, foram lançados vários produtos que faziam alusão a seu nome e a tudo o que ela representava para os "brotos" de então. Por causa de *Banho de Lua*, a fabricante Troll lançou a boneca Celly, vendida "nas melhores lojas de brinquedos" do país, conforme anúncio na época. Não houve qualquer contato da empresa para obter a permissão da cantora ou de seu pai empresário. Nem sempre isso acontecia por má fé, mas por desinformação. As coisas eram supostamente consentidas, simplesmente.

Do disco, recorda Tony, três faixas fizeram bastante sucesso e dominaram a programação das rádios: *Billy*, *Não tenho Namorado* e *Banho de Lua*. No seu programa na TV, Celly adorava cantar *Frankie*. "Essas foram as que mais funcionaram", diz ele. "O que puxava o LP eram os singles lançados antes e que faziam sucesso. O resto era compor a cota da doze faixas necessárias", acrescenta.

O título do disco foi ele quem deu. "Comercialmente, esse detalhe puxava compradores, mas ela estava em um momento tão bom que isso não precisava. *Broto Certinho* porque era a cara dela, não por causa da música em si". Para o irmão, o sucesso de *Banho de Lua* foi tão impressionante que ninguém poderia imaginar. "Sem dúvida, aconteceu como uma surpresa para consolidar a carreira de Celly. Hoje se enxerga que a letra original era um tanto preconceituosa, mas, na época, não era relevante, a gente não dava importância, as coisas eram agradáveis, ingênuas", observa.

Provavelmente, continua Tony, é possível que os autores originais nem tivessem a intenção de fazer uma letra racista e que isso não tenha tido nenhuma importância para os italianos. Segundo ele, Fred Jorge, quando fazia as versões para Celly, sempre via a imagem e semelhança dela ao dar voz à personagem, de modo a fazer uma adequação ao seu perfil. "Ele conhecia o espírito americano, no caso das músicas em inglês. Ele sabia que muita coisa funcionava lá e não aqui".

Ao resenhar o segundo disco décadas depois, o crítico Fagner Morais observou que os primórdios do rock tinham muita inocência. Pelo menos no Brasil. E esse LP de Celly era o retrato dessa singularidade. "A faixa de abertura do LP de estúdio de Celly Campello fala sobre como a moça inocente precisa escolher bem o namorado e futuro marido, então o *Broto Certinho* tinha que ser bonito e ser uma pessoa sem segundas intenções – pelo menos na frente dos pais da moça".

E a sequência mostrava como *Billy* era esse rapaz ideal que a personagem da música desejava, até sonhar com ele. "Claro que cantar em inglês era praxe, e *To Know Him Is To Love Him* era a primeira de três canções do tipo no álbum". O crítico explicou que, diferentemente das outras, era uma balada mais pesada na letra e nos arranjos, feita para dançar mais coladinho nos bailes. *Querida Mamãe* seria aquele tipo de música que os adultos da época poderiam ter ficado com os cabelos em pé, já que tinha uma letra um tanto desafiadora para os padrões da época.

A segunda parte do LP abria, escreveu ele, com *Banho de Lua*. "E é quase perfeita. De letra grudenta, o arranjo funciona bem para manter o ouvinte atento e querendo dançá-la em qualquer lugar – ainda tem um solo de... saxofone". *Os Mandamentos do Broto* era uma espécie de manual de instrução para ter qualquer relacionamento na época. "É bem inocente e ainda pede para quem ouvir focar nos estudos, uma maneira de também agradar aos pais".

O disco buscava, na sua opinião, esse equilíbrio entre agradar pais e filhos. Assim, depois do manual de instruções veio *Para Mim e Você*, faixa que falava das sensações de ter a pessoa amada ao lado. Sobre *Não Tenho Namorado*, que tratava da importância de não ir farrear para focar nos estudos, o crítico destacou: "Os diálogos na música são sensacionais – ao mesmo tempo em que também é um lamento por ficar de fora dos bailes". E *Grande Amor* finalizava o álbum com uma canção bem romântica, "o jeito que a época pedia". Para Morais, o disco colocou Celly Campello como uma protagonista do rock brasileiro feito nos anos de 1960".

A cantora diria depois que nada ganhou de royalties por cada unidade vendida desse e dos outros discos, o que, se tivesse acontecido, a teria deixado milionária – segundo Tony, o único bem que ela conseguiu adquirir no auge da carreira foi um apartamento de quarto e sala na Rua Amaral Gurgel, perto do Largo do Arouche, centro de São Paulo, onde ele moraria por um tempo depois de casado e ela venderia para concluir a construção da casa da família, em Campinas.

Todos pareciam ganhar dinheiro. Menos ela. "Não tinha essa de rios de dinheiro que se dizia na época, não. Eles sequer viajavam com conjunto, quase sempre eram ela e Tony com o violão", recorda Eduardo. Segundo ele, "havia cachê para os dois nos shows pelo Brasil, claro, mas eram valores irrisórios, ínfimos ao que se arrecadava com as bilheterias. "Tanto que não melhorou a vida da família. O que deu foi para comprar um apartamentinho de quarto e sala, logo no início da carreira".

Para os fãs de Celly que não podiam comprar um LP e sequer tinham aparelho em casa para tocá-lo – e era um número expressivo –, os discos de 78 rpm saíam praticamente todos os meses, com duas faixas cada. Em junho, foi para as lojas um com *Frankie* e *Não Tenho Namorado*.

Na edição de 4 de junho de 1960, *Revista do Rádio* divulgou o seu concurso anual da Rainha da TV. Celly estreou em sétimo lugar, o que era um feito extraordinário para uma jovem de 17 anos, em meio a profissionais com anos e até décadas de carreira no meio musical. Por meses, toda semana, ela ficou entre o primeiro e o segundo lugares, até que os fã-clubes das veteranas entraram em ação e inundaram a redação da revista com cupons e a tiraram do páreo.

Ao final, venceu Hebe Camargo, que também brilhava toda semana com um programa ao vivo na TV Continental. Em segundo lugar ficou Ângela Maria, seguida de Emilinha Borba, Isaurinha Garcia, Maysa, Marlene e Celly, que tinha apenas pouco mais de um ano de carreira, a contar do primeiro sucesso, *Estúpido Cupido*.

O que a cantora e a gravadora não esperavam foi a polêmica causada pelo apresentador da TV Tupi Flávio Cavalcanti, em seu programa *Noite de Gala*, em sua reação contra *Banho de Lua*, como noticiou, no dia 11 de junho, Borelli Filho, na reportagem para *Revista do Rádio*. "Flávio Cavalcanti (...) fez um gesto, dando a entender que discotecários e programadores de emissoras estavam levando dinheiro para a divulgação maciça de certas gravações. Citou, taxativamente, *Banho de Lua*, gravado por Celly Campello. O fato imediatamente causou espécie".

Na semana seguinte, no mesmo programa, ele voltou à carga. "Flávio revelou que a Rádio Jornal do Brasil aderira à sua campanha, deixando de transmitir aquela gravação (*Banho de Lua*). Ao mesmo tempo, diversos discotecários e programadores reclamavam contra as insinuações de Flávio". O mais famoso de todos, Jair de Taumaturgo, produtor do *Peça Bis pelo Telefone*, da Rádio Mayrink Veiga e um dos campeões de audiências, considerou as palavras de Flávio inteiramente infelizes. Ou, pelo menos, fora da moralidade".

Taumaturgo garantiu que seu programa (e tantos outros que apresentava na Mayrink) obedecia rigorosamente às exigências dos ouvintes ("que se manifestam à emissora através do telefone") e o público tem pedido, constantemente, o mesmo *Banho de Lua*. O radialista argumentou ainda que desafiava Flávio Cavalcanti a provar que o seu programa era "subornado" para fazer aquela divulgação. "O que acontece, frisou, é que o público exige novos ídolos e caminha para outros gostos musicais, enfim. E o rádio tem que seguir o mercado a que se destina".

A revista procurou o polêmico apresentador, que garantiu ser "sua campanha contra *Banho de Lua*" movida sem qualquer motivação pessoal". Ele "disse não conhecer Celly Campello pessoalmente. Nem ele nem ao autor da versão (Fred Jorge). Entendia que a música era 'fria, horrível, burrinha e de impressionante mau gosto'. Flávio não deixou claro sua implicância, se tinha a ver com a proposta da personagem de se despir no fundo de casa, sob o telhado".

O apresentador achava injustiça, salientou, que "melodias daquele quilate conseguissem passar para trás as boas músicas do nosso cancioneiro popular". Por fim, comentou: "Acho um verdadeiro crime a proliferação dessas versões de péssimo gosto, vendo-se claro e evidente o desejo desenfreado do lucro". Na Rádio Jornal do Brasil, disse a revista, apurou-se que não houve qualquer proibição contra a música.

O programador Luís Cláudio Faroldi e seus companheiros de emissora concordaram que a música "é ruim" e, por isso, decidiram não a programar mais. "E a situação ficou assim: Flávio Cavalcanti acha que Celly Campello pode escolher coisas melhores para gravar. E se consegui-lo, ele será o primeiro a apresentá-la no seu *Noite de Gala*".

A polêmica deixou Celly arrasada. Ela não conseguia ver na letra nada além de uma brincadeira juvenil de uma menina. Se não bastasse, a "Mexericos da Candinha" de 18 de junho de 1960 deu uma nota em que afirmou: "Por causa do rock *Banho de Lua*, Celly Campello e Elza Soares não mais se cumprimentam. É que Elzinha gravou a mesma música... Celly não gostou".

A nota saiu na Revista do Rádio no mesmo dia que a cantora completou 18 anos de idade. A publicação não dava trégua para ela, com sensacionalismo insistente sobre sua vida pessoal. Mesmo com tantas fofocas, ela não deixava de atender a publicação, quando procurada por seus repórteres. O mesmo acontecia com o irmão e seu pai.

Em julho, foi divulgada a lista dos LPs mais vendidos pela Odeon no primeiro semestre de 1960. Em primeiro lugar, vinha Anísio Silva, com o mega hit do ano anterior, *Quero Beijar-te as Mãos*, em segundo, a coletânea *Meu Perfil*, de Nelson Gonçalves. E em terceiro, *Broto Certinho*, de Celly Campello. No segundo semestre, a situação se inverteria e ela assumiria a primeira colocação.

Com duas músicas que traziam o termo "broto" – *Broto Certinho* e *Broto Legal*, ela ajudou a espalhá-lo ainda mais por todo país como uma gíria para identificar moças e rapazes com menos de vinte anos que tinham aspecto juvenil e virginal, porém pronta ou pronto para paqueras e namoros leves. Por causa disso, alguns historiadores tentaram, sem sucesso, denominar a fase inicial do rock brasileiro de Movimento Brotolândia.

A cantora, claro, não saía do noticiário. Em 9 de julho, *Revista do Rádio* anunciou no título de uma reportagem: "Celly Campello não vai aos EUA". Ela seria levada por Brenda Lee, que a convidou no ano anterior. "As estrelinhas ficaram incontinente grandes amigas. E de tal forma que Brenda garantiu a Celly que faria tudo para levá-la aos EUA, onde, certamente, conseguiria o mesmo êxito obtido aqui".

A promessa, continuou a revista, "foi selada com a foto que aí está. Mas Celly, embora a possibilidade de se tornar mundialmente conhecida com a sua nova amiguinha, prefere mesmo ficar no Brasil – na sua doce cidade de Taubaté". A informação terminava ali, sem insinuar que ela fazia isso por causa do namorado.

Por Celly ter terminado o ginásio e se formado em dezembro de 1959, no começo, eles iam a eventos mais modestos, como o que aconteceu em 19 de setembro de 1959, no Clube Ipê, quando foi escolhida a Rainha e a Princesa Ipê. O show começou às 22 horas, com acompanhamento do Ritmos Ok.

Depois, a dupla começou a ser atração principal, para plateias maiores, como no Yara Club, em Marília, interior paulista, em 30 de março de 1960. No dia seguinte, *Correio de Marília* noticiou: "Absoluto sucesso de Tony e Celly Campello! Durante o transcorrer do dia de ontem, a cidade de Marília esteve em festa. Uma verdadeira multidão, em sua maior parte constituída de estudantes, recepcionou os dois ídolos da juventude, de uma forma nunca dantes vista em nossa cidade".

Uma longa fila de automóveis os acompanhou pelas ruas da cidade, onde foram aplaudidos pela população. "À noite, as amplas dependências do Yara Clube foram tomadas de assalto pelos fãs sequiosos de verem os dois cartazes. As arquibancadas e cadeiras estiveram completamente lotadas, com o povo aplaudindo entusiasticamente Celly & Tony. Também o Tennis Clube esteve com seus salões tomados, onde se sucedeu mais um espetacular show da dupla".

Na plateia, naquele dia, estava Vera Cordeiro Manoel. No texto que ela escreveu para o blog *Brazilian Rock 1957-1964*, publicado em novembro de 2013, ela contou que acabara de completar 15 anos naquele início de 1960, quando soube que Celly iria se apresentar em Marília. "Minha irmã e eu começamos a pedir a nossos pais para irmos ao show e é claro que começamos pela nossa mãe. Já nos imaginávamos ao som de *Banho de Lua*, *Lacinhos Cor-de-Rosa* e *Estúpido Cupido*".

Na realidade, continuou ela, "Celly devia ter pouco mais que nossa idade e passava a ideia de menina boazinha. Por isso, nosso pai permitiu que comprássemos os ingressos. Assim, no dia 30 de março de 1960, lá estávamos nós no Yara Clube, na sede da Avenida Vicente Ferreira".

Vera foi imaginando dançar e cantar com a cantora que tanto admirava. "Mas isso ficou só no pensamento, porque na quadra do ginásio de esportes estavam os lugares mais caros, bem em frente ao palco, eram cadeiras e mais cadeiras e nós, junto com nossas amigas, estávamos sentadas à esquerda do palco montado na quadra, ali na arquibancada de cimento. Assistíamos felizes, sentadinhas como convinha às boas moças de família e do Colégio Sagrado Coração de Jesus".

Ela olhava extasiada aquela garota de vestido "tão comportado quanto os nossos, saia até os joelhos, cantando: 'Hei, hei, é o fim, oooh cupido...'. Ela cantava dançando com os braços num vai e vem, virando os pulsos e estalando os dedos em movimentos que faziam brilhar as pulseirinhas douradas que usava e que dançavam com ela".

Essa foi a memória que reteve, observou. Alguns detalhes chamaram atenção décadas depois: "Ela não era ousada como um Elvis Presley, também podia não ser um Neil Sedaka, mas era nossa, era demais, embora apenas uma menina de cabelos curtos e voz meiga que cantava e encantava, a mim e a toda uma plateia bem-comportada".

Na fria noite de 5 de junho, os Campello cantaram para duas mil pessoas no Cine Castelo, em Porto Alegre. E cada vez mais pessoas apareciam para vê-los, enquanto, no dia 16 de julho, *Banho de Lua* ocupava o primeiro lugar no Rio e o terceiro em São Paulo, depois de dois meses no número 1 da lista de *Radiolândia*. Na semana seguinte, o LP *Broto Certinho* foi o mais vendido na capital carioca, seguido de Anísio Silva (*Alguém me Disse*) e Juca Chaves (*As Duas Faces de Juca Chaves*).

No editorial de 23 de julho, o editor Anselmo Domingues, da *Revista do Rádio*, aquele mesmo que usava o pseudônimo "Candinha", a maior fofoqueira do Brasil, escreveu: "Antigamente, o prestígio do cantor media-se pelas suas atuações no rádio, mormente nos programas de público presente. Hoje, pesa-se o valor pelo disco. Em outras palavras: o cantor sobe conforme suas gravações vendem. É o caso de Nélson Gonçalves e Anísio Silva, recordistas atuais de popularidade – e logicamente de valorização. Há, ainda, o exemplo de Celly Campello. Poucas pessoas a conhecem, pessoalmente. Mas milhares compram seus discos".

Domingues lembrou que foi assim que aconteceu com Maysa alguns anos antes – um sucesso em cada gravação que fazia. Afora outros nomes. "Não se trata de qualquer fenômeno. Já nos EUA esse mesmo fato sucede. O que faz o cantor é o disco. Só que no Brasil as coisas começaram diferentes. O auditório é quem elevava o artista. Passada essa fase, um tanto ou quanto anormal, o que se vê no momento é o disco prevalecendo, fazendo nome, projetando para a fama".

O editor lembrou do caso do luso Francisco José, que só teve reconhecimento e se popularizou quando deu de fazer sucesso – ele que já estava no Brasil havia bastante tempo, quase desconhecido, mesmo ganhando a vida como cantor da noite, observou. "E os exemplos contrários podem também ser encontrados. Temos cantores de extensa simpatia, donos de plateias imensas... mas que não vendem discos. Estarão caindo? O público sabe e diga-se, no entanto, que ainda se vende pouco disco, entre nós" .

Embora as grandes tiragens de discos de alguns fenômenos populares como Nélson Gonçalves e Anísio Silva, naquele momento, estava o Brasil longe de atingir um mercado que ele chamou de lógico: "Um país como este, de extensão tão grande, deveria e poderia ter cifras de vendagem mais altas. Estão melhorando as receitas das fábricas, é verdade, porque elas estão fazendo o que não faziam, propaganda de seus produtos, os discos".

Mas havia ainda que alcançar, segundo Domingues. "Na América do Norte, uma gravação de êxito atinge milhões de vendas. Há pouco, festejou-se no Brasil o fato de um cantor ter conseguido vender um milhão de discos. Mas, o que já está mais do que provado é o que de início começamos a dizer: hoje é o disco que faz o cantor – não é mais o auditório".

Enquanto isso, um depoimento curioso sobre Celly quebrou a rotina da mesmice sobre ela nas páginas da *Revista do Rádio*. Por causa dos comentários sobre as semelhanças com uma cantora bem mais experiente, na edição de 13 de agosto, Célia Vilela fez uma série de observações interessantes que se Celly tivesse levado a sério em uma carreira longa poderia tê-la ajudado bastante. A intenção da publicação, claro, era criar um clima de rivalidade entre as duas.

Mas não aconteceu assim. Em dois momentos, Celly foi chamada de "brejeira", o que, naquela época, tinha certa conotação sensual, algo que o departamento de promoção da Odeon se esforçava para afastar dela e que estava vinculado às cantoras de rock. Célia disse, inicialmente, que achava a jovem cantora "muito engraçadinha, brejeira e graciosa. Em suas interpretações, transparece ritmo adaptado a uma voz juvenil que agrada à mocidade".

Depois, tentou tirar um pouco da sua originalidade: "Nos EUA, há diversos cantores assim, que se tornam verdadeiros ídolos. Sou de opinião que ela deveria se cuidar para que, mais tarde, com a mesma propriedade, possa interpretar ritmos diferentes, pois o rock and roll é uma coisa tão passageira como o foi, tempos atrás, o charleston", aconselhou. Claro que não fazia ideia de que estava errada.

Das melodias de Celly, até aquele momento, a que mais sua xará agradou foi *Estúpido Cupido*. E fez um elogio sem rodeios ao seu talento: "Creio que o que me impressionou foi o jeitinho brejeiro que ela impôs à música. Tenho a impressão de que os 'rocks' de Celly, interpretados por outros artistas, perderiam mais da metade de sua originalidade".

O sucesso do momento, porém, não lhe agradava. "*Banho de Lua* eu não aguento! Não o suporto, mesmo! A letra é fraquíssima, embora a melodia não seja das piores. Fui informada de que este disco vendeu mais do que *Estúpido Cupido*, mas, sinceramente, não vejo nada de bom. *Banho de Lua*: é uma 'coisa'!"

Em seguida, Célia entrou no tema que *Revista do Rádio* queria polemizar: "Já quiseram associar meu estilo ao de Celly, mas eu não acho que exista qualquer semelhança interpretativa entre nós duas. De mais a mais, antes de Celly surgir cantando rock and roll eu já tinha gravado discos com músicas no 'ritmo alucinante'".

Célia contou que assim que regressou dos EUA da primeira vez, em 1956 (integrava o elenco da companhia de teatro de Carlos Machado) trouxe na bagagem o primeiro disco gravado por Elvis Presley e foi uma das primeiras artistas, no Brasil, a cantar esse gênero. "De certo modo, hoje me arrependo de não ter insistido, pois, se o tivesse feito, teria sido, certamente, uma espécie de 'pioneira'. Mas, se não aconteceu foi porque não tinha mesmo de acontecer e eu fico feliz por ter Celly obtido este sucesso, pois não é com todo mundo que sucede isso".

Ela não deixou claro, mas, apesar de ter cantado rock, não gravou discos do gênero. "A meu ver, Celly está certíssima em procurar escolher as músicas mais vendáveis, mais comerciais, ou sejam, aquelas que reúnem maiores possibilidades de agradar ao público. Ninguém pode criticá-la nesse ponto". Fez uma recomendação, porém: "Todavia, isso não implica em que haja um certo critério na seleção das músicas que compõe o repertório da cantora".

Por fim, Célia sugeriu: "Eu a aconselharia a selecionar um pouco mais suas músicas, para não saturar o mercado, que já é seu. Celly é bonitinha e possui aquilo que se chama de 'it' (termo bastante usado na época para definir charme, elegância, modernidade, brilho próprio e estilo). Eu adoraria poder conhecê-la pessoalmente".

Esperava que isso acontecesse: "Acredito mesmo que, de minha parte, seríamos grandes amigas. Gostaria de ver Celly cantando estas músicas bossa-nova. Quanto ao bolero ou ao samba-canção, nada posso afirmar, pois não conheço a capacidade artística dessa menina. Até hoje só a vi cantando rock and roll. Entretanto, acho que ela se daria bem com a bossa nova".

Um ponto levantado por Célia começava a incomodar aqueles que acompanhavam a área musical: o excesso cometido pela Odeon para ligar sua postura à de uma adolescente jovem demais, entre 13 e 15 anos, quando ela tinha completado 18 anos. "Ela tem a elegância da menina-moça. Gosta dos vestidinhos rodados, bem próprios para sua idade", disse Célia.

A colega recomendou: "Um conselho a Celly: acho que ela não deveria forçar por parecer demasiadamente menina, pois isso pode prejudicá-la. Eu digo isso porque me contaram que Celly compareceu a uma cerimônia de entrega de prêmios no Teatro Municipal vestida de maneira 'suburbana'; seu traje, embora gracioso, era mais próprio para uma matinê do que para a noite". O Brasil inteiro estava de olho nela. Em cada passo.

Inclusive as colegas concorrentes, como se via nessas observações. Por fim, Célia sugeriu a Celly aproveitar aquele bom momento para consolidar uma carreira da qual poderia tirar dividendos profissionais e financeiros por toda a vida. "Acho que Celly deve gravar ao máximo para fazer muitos sucessos. E peço a Deus que venda cada vez mais discos, pois ela o merece. Celly pode crer que tem em mim uma grande admiradora. Sou, também, fã ardorosa de Tony. A família Campello, portanto, pode estar certa de que tem cartaz comigo".

Se não fazia tanto sucesso como a irmã, Tony havia conseguido um de seus grandes êxitos no ano anterior, *Pobre de Mim*. Seu bom humor e talento para improvisar situações engraçadas e criar trocadilhos fariam dele alguém querido dos fãs e da imprensa. "Essa reportagem nasceu por um acaso. Tínhamos de entrevistar Celly Campello em Taubaté e Tony acompanhou-nos de São Paulo, até a residência dos seus pais. Já na estrada, o cantor dava demonstrações do seu bom humor, contando seguidas anedotas", escreveu *Revista do Rádio*, na abertura do perfil dele que publicou em 13 de setembro de 1960.

Mas, em Taubaté, revelou-se mesmo um rival do humorista Ronald Golias. Fez as diferentes imitações e disse sorrindo: "Se eu não tivesse oportunidade como cantor, teria tentado o rádio como comediante". Essa faceta, contou ele, vinha desde criança. "Para mostrar as suas qualidades de 'comediante', o cantor imitou Golias (inclusive destacando os cacoetes, e os 'miniminis niniminis'), mostrou como canta Roberto Luzia (despenteando os cabelos) e fez uma pose de Ronaldo, o que se tornou tristemente conhecido pelo 'crime Aida Curi'".

Referia-se a um dos acusados de matar uma adolescente, no Rio, ao jogá-la de um prédio ou forçá-la a pular para não ser estuprada, em um dos crimes mais famosos do país. Tony fez questão de ressaltar que fazer humorismo era mais fácil do que cantar. "Qual o artista mais completo que você conhece? Sammy Davis Jr", disse ele, sobre o multitalentoso artista americano.

E não parou aí. "Depois dessa citação, Tony quis finalizar as 'demonstrações'. E para aquele pequeno público presente (seus pais e irmãos, Agnaldo Rayol e nós), fez tudo o que Sammy Davis Jr. apresentou no Rio e em São Paulo. Foi verdadeiramente divertido. Tony não esqueceu um só detalhe, tendo inclusive o cuidado de colocar o pano preto em um olho, tal como faz o cantor americano". Segundo a revista, "o pitoresco" foi que entre os "espectadores", quem mais se divertiu foi Celly Campello. "Ria à bandeiras despregadas com as estrepolias do seu irmão querido".

Em 20 de agosto, Celly apareceu na badalada *O Cruzeiro*, a principal revista semanal brasileira, de um modo curioso que se se repetiria todas as semanas nos quatro meses seguintes: no anúncio dos Óculos Copacabana, ao lado do goleiro Gilmar, campeão mundial de 1958: "A graciosa cantora moderna também protege seus olhos e se torna ainda mais elegante com o óculos para sol Copacabana-Luxo". O objeto podia ser comprado pelo reembolso postal no Foto Léo, que ficava no Edifício Martinelli, na Avenida São João nº 25, Centro de São Paulo.

Na mesma revista, apareceu um anúncio pago da Odeon sobre os dois irmãos. Uma foto de Celly em destaque trazia a legenda: "Você... e a juventude que canta!". E prosseguia: "Celly é mais que um broto certinho. E mais que uma linda voz cheia de ritmo e vibração. Celly é a própria juventude que canta. É a própria juventude que se afirma através de uma forma musical que é tão sua... somente sua. Reúna-se a Celly Campello, Tony Campello, Cliff Richards, Sérgio Ricardo e outros. Através dos discos Odeon - as melhores emoções em 'alta fidelidade'".

A propaganda trazia ainda chamadas para os dois LPs da estrela, lançados nos últimos seis meses: "*Estúpido Cupido*; uma coleção de joias em ritmo de 'rock', que a linda voz de Celly faz desfilar diante da sua sensibilidade e da sua capacidade de vibrar". Sob a capa de *Broto Certinho*, vinha a legenda: "Celly é mais que urna linda voz. É a própria juventude que canta. É o próprio vigor e entusiasmo de urna geração que se expressa em ritmo de 'rock'".

Se havia uma certeza para a Odeon no meio de 1960 era que Celly fazia naqueles primeiros meses mais sucesso que no anterior, mesmo com o fenômeno *Estúpido Cupido*. Deveria, portanto, continuar o lançamento de novos discos e até o segundo LP do ano, um fato raro no mercado fonográfico brasileiro – o comum, quando isso acontecia, era mandar para as lojas um disco inédito e uma coletânea por ano, quase sempre composta das faixas tiradas dos caducos discos de 78 rpm, que estavam com os dias contados – deixariam de ser fabricados no Brasil em 1964.

E a gravadora tinha nas mãos outra bomba atômica, para usar um termo em moda na época: *Broto Legal*, versão de Renato Corte Real - irmão do diretor artístico da gravadora Columbia, Roberto Corte Real – de *I'm in Love*, sucesso de Arlena Fontana. Na verdade, tratava-se da adaptação para o inglês do rock alemão *So-o-O Eine Nacht* (H. Earnhart-Bradtke), gravado no Brasil inicialmente pela cantora Caterina Valente.

Do outro lado do disco de Celly viria a também inédita *Mal me Quer*, versão de Fred Jorge de *Please Don't Eat the Daisies*, de H. Earnhart, gravada pela superstar do cinema e da TV americanos Doris Day. Essa canção, aliás, deu nome a um filme da estrela com o astro feioso David Niven, em 1960, uma comédia romântica que no Brasil foi intitulada *Já Fomos Tão Felizes*. O curioso da gravação foi que Celly cantou com um coral de meninas que nunca foi identificado, mas deixou o resultado bem sonoro e interessante – e a ajudou a ser bastante executada.

Embora *Broto Legal* ficasse mais famosa com o tempo na voz de Sérgio Murilo por causa da novela *Estúpido Cupido*, de 1976, Celly a gravou primeiro e também fez sucesso antes do colega. Ela entrou em estúdio no dia 2 de setembro e foi acompanhada pelo maestro Francisco Morais e Seu Conjunto. Não há registro da data exata da gravação de Sérgio, mas sua faixa começou a aparecer no topo das paradas das rádios do Rio e de São Paulo somente a partir de dezembro de 1960.

Ambos, portanto, cantaram a mesma transposição para o português, só que Celly interpretava a versão feminina com sua pitada de malícia um tanto quanto inocente, que levou seu público a gostar mais da sua interpretação.

A letra falava de um universo pouco conhecido das adolescentes que começavam a se interessar por rapazes e a namorar. Se a regra para garotas de família era a passividade total, à espera dos galanteios e investidas masculinos, Celly inverteu os papeis e sua personagem não só foi atrás do escolhido como conduzia a dança entre os dois – "puxei o broto pra cá, virei o broto pra lá".

Ela mudou, assim, para o ponto de vista da mulher, embora broto servisse para ambos os sexos. Mas, na sua voz, soava feminista, pela audácia contra o moralismo de abordar o rapaz na paquera. Estava tudo claro na letra:

Oh que broto legal
Garoto fenomenal
Fez um sucesso total
E abafou no festival

Eu logo que entrei
O broto focalizei
Ele olhou eu pisquei
E pra dançar logo tirei

O broto então se revelou
Mostrou ser maioral
A turma toda até parou
E o Rock in Roll nós dois demos um show

Puxei o broto pra cá
Virei o broto pra lá
A turma toda gritou
Rock in Roll
E o rock continuou

Oh que broto legal
Garoto fenomenal
Fez um sucesso total
E abafou no festival

O broto então se revelou
Mostrou ser maioral
A turma toda até parou
E o Rock in Roll nós dois demos um show

Puxei o broto pra cá
Virei o broto pra lá
A turma toda gritou
Rock in Roll
E o rock terminou
E o rock terminou
E o rock terminou

    Nunca havia existido na música brasileira uma voz masculina tão jovial e cheia de doçura como a de Sérgio Murilo. Talvez só comparável à voz macia e descontraída de Mário Reis, surgida no final dos anos 1920. Murilo trazia uma modernidade nunca vista, sem qualquer impostação, improvisação ou entonação grave. O modo natural e afinado era impressionante, como se ele fosse um meio termo entre João Gilberto e um cantor mais clássico de vozeirão como Orlando Silva ou Nelson Gonçalves, sem qualquer comparação além disso.

    O jovem tinha uma voz quase feminina, ajudada pelas modernas tecnologias de gravação que não paravam de surgir, como a alta qualidade do HI-FI, com maior poder de captação do canto e dos instrumentos. E se tornaria um modelo a ser copiado pela maioria das vozes masculinas que fariam parte do movimento da jovem guarda, inclusive Roberto Carlos, alguns anos depois.

A Columbia viu nele, no primeiro momento, uma opção de concorrente masculino de Celly, pois seu primeiro disco saiu meses depois de *Estúpido Cupido* estourar, no ano anterior. Naquele 1960, o casal dividiu as atenções da imprensa e dos programadores, além dos fãs. Só que com ampla vantagem para a mocinha em número de sucessos e vendas de discos. Sua consagração veio em 1960, com *Broto Legal*.

Uma longa reportagem da revista *Radiolândia* naquele ano deu a ele tratamento de ídolo da juventude que curtia rock, ao lado de Celly – a imprensa se dividia entre rivalizá-los e tentar fazer dos dois um casal de namorados, como insistia incansavelmente a *Revista do Rádio*.

Como o cinema era fundamental para projetar ainda mais os cantores, depois de *Fome de Viver*, ele apareceu em *Matemática Zero, Amor Dez*, de Carlos Augusto Hugo Christensen, onde cantava *Rock de Morte*, de Nadir Peres e Lyrio Panicali.

Ainda em 1960, o cantor lançou seu segundo LP, *Novamente Sérgio Murilo*, dessa vez com acompanhamento da Orquestra e Conjunto Bob Rose. Além de *Broto Legal*, trazia somente versões de sucessos americanos de nomes como Paul Anka, Neil Sedaka e Howard Greenfield. Tanto êxito o fez ganhar seu próprio programa, *Alô, Brotos!*, com Sônia Delfino, na TV Tupi, onde recepcionava jovens promessas como Wilson Simonal, Jorge Ben, Roberto Carlos e Wanderléa.

Os jovens ocupavam cada vez mais espaço no mercado musical, principalmente como consumidores de discos. As gravadoras estavam eufóricas. "'Os brotos' estão tomando conta da Columbia em 45 rpm. Sérgio Murilo lançou *Broto Legal*. Livio Romana e Roberto Carlos estão com dois ou três lançamentos. Sucessos, todos", publicou a empresa em nota no *Diário da Noite*, em 10 de dezembro de 1960.

E foi nessa guerra acirrada que aconteceu o fenômeno simultâneo de *Broto Legal* com Celly e Sérgio Murilo. Criou tanta confusão que ninguém sabia quem tinha saído primeiro. Tony conta que "Celly gravou *Broto Legal* na mesma época que Sérgio Murilo, na Columbia. Tocou tanto de um como do outro ao mesmo tempo nas rádios e nos programas de TV, com versões masculina e feminina. Celly levava alguma vantagem porque tudo que fazia funcionava, o nosso programa de televisão ajudava a aumentar as vendas e os pedidos nas rádios".

No caso desse disco, afirma o irmão, o repertório era "bem-feito e resolvido e tudo tinha de passar pelo meu crivo. Eu fazia tudo desde *Estúpido Cupido*, Jorge Nagib disse que não tomaria conta de mais nada de Celly e eu disse para mim mesmo: 'ótimo'. Mas fazia tudo sempre de acordo com Mario Gennari Filho", que era o maestro e arranjador.

Como *Estúpido Cupido* fez sucesso, "ganhei um crédito para escolher tudo que ela gravaria a partir daí. Eu ia atrás, frequentava editoras musicais em busca de novidades. Algumas coisas interessantes eram lançadas e eu ia atrás. Eu também tinha a mania de ficar de olho nas lojas. Enfim, eu me servia das editoras, recebia os discos e escolhia. Por outro lado, para gravar versões, tinha de ter autorização de editoras e muitas coisas legais Celly deixou de gravar porque não havia representação no Brasil desse material".

Só raramente as gravadoras pediam autorização fora do Brasil. "Era preciso que se interessassem bastante por uma música e só então faziam contato com outras companhias lá fora. As empresas sempre se portaram para fazer tudo certinho, mesmo quando a música era de domínio público". Tony diz que Fred Jorge o auxiliava bastante para descobrir músicas adequadas ao repertório da irmã. "Éramos bons amigos. Ele sempre dizia: 'Olha, tem uma música boa para Celly'. Nos três primeiros discos, Genari Filho contribuiu também com músicas indicadas por ele".

Ainda em setembro, Celly gravou dez músicas adicionais para formar seu terceiro LP, que estava previsto para chegar às lojas em novembro, para as vendas de Natal. Teria doze faixas, como era praxe. A primeira do lado A seria *Bem me Quer*, com boa execução nas rádios naquele momento, juntamente com *Broto Legal*. A segunda faixa chamava-se *Eternamente* (Forever), sucesso na voz do ítalo-americano Joe Damiano naquele mesmo ano e que foi gravado primeiramente por Celly e depois sucessivamente pelo conjunto vocal The Snakes (com Erasmo Carlos) e por Roberto Carlos no LP de 1961, *Louco por Você* – em ambos com versões diferentes daquela cantada por Celly.

Em seguida, vinha a primeira das duas músicas compostas no Brasil, *Minha Joia*, de autoria de Mário Gennari Filho. Depois da quarta, *Broto Legal*, apareceria a adaptação de Fred Jorge *Broto Já Sabe Esquecer*, um tema do compositor clássico Liszt, com letra composta por ele – a pedido da gravadora, para explorar o termo broto, mais uma vez. Ele também versou *Esta Noite*, de *Tonight is The Night*, de Sidney Welch e Michael Merio.

O Amor Vai Passar também fora composta por um brasileiro, o cantor Sidney Morais, que até bem pouco tempo integrava o conhecido Conjunto Farroupilha, de Porto Alegre. *Sempre* era outra canção do mesmo disco de nome original *Forever*, de Buddy Killen, músico de Nashville que chegou a fazer bastante sucesso no sul dos EUA com o grupo The Little Dippers – formado pelas conhecidas Anita Kerr Singers, que tinham contrato com a Decca americana e não podiam gravar por outro selo, a não ser mudando de nome – o que fizeram.

Outra adaptação de música clássica com letra original de Fred Jorge foi *Só para Elisa*, da melodia de *Pour Elise*, de Beethoven. *Eu, Você e o Luar* era uma versão em português de uma canção do conhecido Johnny Mercer intitulada *Rocky Mountain Moon* e que fora gravada em junho de 1960 em um LP que juntava Bing Crosby e Louis Armstrong.

Uma faixa que Celly cantou em inglês foi a conhecida e belíssima *Unchained Melody* – que décadas depois seria tema do filme *Ghost – Do Outro Lado da Vida* (1990), na gravação dos Righteous Brothers. Além da beleza e afinação da voz dela nessa canção tão difícil, o arranjo chamava atenção por ter um ritmo de valsa dançante, executado por uma orquestra. Por anos, seria tocada em bailes de debutantes e de formatura. A versão original fora lançada pelo cantor americano Al Hibbler, em 1955, e logo depois fez sucesso na voz de Roy Hamilton.

Fechava o disco *Jingle Bell Rock*. original do cantor country Bobby Helms, de 1957, e que tinha tido até ali mais de 100 gravações de outros nomes no mundo todo. Mais uma vez, assinavam como produtores Júlio Nagib e Odeon Gravadora, com acompanhamentos de Mário Gennari Filho e seu Conjunto (faixas 1, 3, 5, 8, 10 e 12) e Francisco Moraes e sua

Orquestra (faixas 2, 4, 6, 7, 9 e 11). A capa foi criada, mais uma vez, por César G. Villela, a partir da fotografia de Nagib Allit.

Nas lojas, a imagem chamava atenção porque, mesmo com a expressão facial de mulher e um corte de cabelo que reafirmava isso, a Odeon teimava em fazer Celly parecer adolescente, ao colocá-la segurando a boneca com seu nome que foi fabricada pela Trol. E, claro, o título de gosto duvidoso *A Bonequinha que Canta*. "Não teve acordo comercial da empresa com a gravadora para fazer merchandising no disco", afirma Tony.

Como foi dito, a fabricante jamais pagaria uma centavo pelo uso do nome e da imagem da cantora. "Havia a composição com esse título e uma vez que existia a boneca, ela usou. A gente não pensava nessa coisa de merchandising, não havia essa relação comercial com tudo, era um outro mundo. As coisas funcionavam assim. Tanto que ela nunca se queixou de que foi explorada para vender a boneca".

No texto oficial de apresentação do terceiro disco de 12 polegadas de Celly, na contracapa, Fred Jorge escreveu: "Celly sobe verticalmente. Volta neste LP com todo o seu talento e sem prejuízo do seu espontâneo 'jeito de ser criança'. Depois de um *Banho de Lua* nos escores musicais de quase todas as paradas brasileiras, oferece esta joia, este brinquedo da *Boneca que Canta*". Afinada, alegre e cheia de recursos novos, continuou ele, Celly não deixava dúvidas de que era "a líder absoluta do estilo que criou", acrescentou.

Continuou Fred: "Razão de sobra tinha Antônio (Tom) Carlos Jobim (para afirmar que Celly) 'é uma moça que sabe usar com grande tarimba seu afinado aparelho vocal'". Para Fred, "ela tem aquela coisa na voz", E para o público e a portadora daquela mística (que Tom chamava de "aquela coisa") que a tornava a cantora "que a gente não deixa de ouvir". Disse ele que em certas músicas do LP, Celly atingia "a média excepcional".

O apresentador recomendava ao comprador do disco para que não deixasse de ouvir com atenção *Broto Legal*, *O Meu Amor Vai Passar* e *Broto Já Sabe Esquecer*. "Celly (A Boneca) Campello está fabulosa. A ambientação do disco é o que escolheríamos para as nossas melhores horas". Dos 8 aos 80, "todos temos algo a ver com a arte de *A Bonequinha que Canta*". No P.S., a Odeon observou: "A grande fábrica Trol prestigia este disco com o lançamento da graciosa boneca 'Celly Campello', a qual também aparece na capa. Esta boneca está à venda nas melhores lojas de brinquedos".

Tony conta que as vendas do terceiro disco foram puxadas por Broto Legal. Outro destaque ficou com a bem-tocada Jingle Bell Rock, que virou hit no Natal daquele ano.

Em dezembro, começou a ser exibido nos cinemas das capitais o novo filme de Mazzaropi, que contou com mais uma participação de Celly e Tony. Era a segunda vez que isso acontecia. O filme se chamava *Zé do Periquito*, que se tornaria um dos grandes sucessos do comediante. O convite mostrava que Mazzaropi realmente estava de olho no público jovem e deu outra contribuição importante para consolidar o rock junto a essa faixa etária.

Além das hilariantes confusões do humorista, sua companheira de cena Geny Prado e os convidados especiais Hebe Camargo e Agnaldo Rayol, a história era intercalada com números musicais – uma velha fórmula seguida à risca por centenas de chanchadas desde a década de 1930. Entre os números, um com Celly e Tony Campello, George Freedman,

Paulo Molin e Carlão, que cantavam juntos o rock *Gostoso Mesmo é Namorar*, de Heitor Carillo, gravado na Praia de São Vicente, em um dia ensolarado.

Era uma cena claramente inspirada nos famosos filmes de praia estrelados pelos cantores jovens norte-americanos Frankie Avalon, Annette Funicello e Fabian, além dos de Elvis Presley, claro. Tony tinha 24 anos e Celly 18 anos, mas a letra fazia parecer que todos ali eram adolescentes de 14 anos:

Tony:
Para que serve o verde do mar
E este sol que vive a brilhar
Tem um amor pra gente amar
Gostoso... gostoso mesmo é namorar

Celly:
Todo peixinho tem o seu par
Tem seu brotinho para beijar
Tudo na vida vive a provar
Gostoso... gostoso mesmo é namorar

Paulo Molin:
Um encontro, um olhar, um doce sorriso
A luz do luar
Mas nada é preciso
E o amor vem todinho e vem para ficar
Gostoso... gostoso mesmo é namorar

Tony:
Se você for do tipo legal
Garoto enxuto sensacional
Não perca tempo, aprenda a amar
Gostoso... gostoso mesmo é namorar

Fredman:
Se você for do tipo calado
Ou for do tipo envergonhado
O amor fará seu mal acabar
Gostoso... gostoso mesmo é namorar

Carlão:
Se você for do tipo nervoso
Mas um remédio delicioso:

amar amar até estourar
Gostoso... gostoso mesmo é namorar

Celly e Paulo Molin
Um encontro, um olhar
Um doce sorriso
Mas nada é preciso
O amor vem todinho e vem para ficar
Gostoso... gostoso mesmo é namorar

Celly:
Todo peixinho tem o seu par
Tem seu brotinho para beijar
Tudo na vida vive a provar
Gostoso... gostoso mesmo é namorar

Esquecido nas décadas seguintes, o cantor compositor e versionista George Freedman era alemão de nascimento e veio ao mundo em 1940. Ele se mudou com a família para o Brasil ainda criança. Sua estreia como cantor aconteceu em 1959, com *Hey Little Baby* e *Leninha*, que saíram no mesmo disco. Bem-articulado, fez apresentações constantes na TV Tupi, de São Paulo, e só em 1960 conseguiu seu primeiro sucesso, *Olhos Cor do Céu*, versão de *Pretty Blue Eyes*, que rendeu o convite de Mazzaropi para participar de seu filme.

Freedman ficaria conhecido mesmo pelas divertidas *Adivinhão* e *Bata Baby*, ambas do compositor paulistano negro Baby Santiago e lançadas somente em 1961. As músicas saíram pela pequena gravadora paulistana Califórnia. No ano seguinte, foi para a RGE, onde gravou o LP *Multiplication*, que tinha o sucesso *O Jato*, versão de *The Jet*, de Chubby Checker, o rei do twist. Sua especialidade era rock, a maioria versões de hits estrangeiros.

Se não bastasse tantos compactos e três LPs de Celly no catálogo, a Odeon lançou no começo de dezembro um compacto nos três formatos – 33, 45 e 78 rpm – para aproveitar o Natal, com *Vi Mamãe Beijar Papai Noel* (Tommie Connor). Seis anos antes, a mesma música tinha sido gravada por Zaira Cruz, na versão de Lourival Faiçal, com acompanhamento Orquestra e Coro da Continental. O tema tinha sido lançado nos EUA em 1952 pelo garoto de 13 anos Jimmy Boye e chegou ao primeiro lugar do hit parade. A gravação fora uma ideia da Igreja Católica de Boston, terra do menino Jimmy. Do outro lado do disco de Celly vinha *Jingle Bell Rock*.

Em novembro de 1960, as rádios e o público podiam escolher qual gravação tocar ou que disco comprar de *Broto Legal*, o que só acirrou a competição entre Celly e Sérgio Murilo – na verdade, entre as gravadoras, pois os dois se davam muito bem. Murilo rivalizava com a cantora principalmente no Rio de Janeiro, onde morava e tinha um programa de TV.

Quem só tinha aparelho de 33 rpm e queria os dois maiores sucessos de Celly, podia comprar nas lojas o compacto lançado no fim do ano com *Estúpido Cupido* e *Banho de Lua*.

Nas casas, por meio do rádio e da TV, os dois irmãos apareciam juntos também como garotos-propaganda da megacampanha publicitária do achocolatado Toddy, exibida durante todo aquele ano. No refrão, eles cantavam:

Tome Toddy
Toddy vidro
Tome Toddy
Toddy vidro

A gravação aconteceu por convite do publicitário Miguel Gustavo, um compositor de enorme talento não só de jingles. Ele era autor de *Rock and Roll em Copacabana, Café Society* (gravado por Jorge Veiga, em 1955); *Fanzoca de Rádio* (sucesso do Carnaval de 1957); da marcha *Pra Frente Brasil* (para a Copa do Mundo de 1970); de *Brigitte Bardot* (chá-chá-chá de 1959) e *Ibrahim Piu-Piu* (marcha de 1955).

Gustavo se tornou amigo dos dois irmãos e estava no auge como autor das músicas para as campanhas políticas de Juscelino Kubitschek, João Goulart e outros que se tornaram trilhas sonoras dos anos de ouro em que Celly reinou. O jingle fez tanto sucesso que os dois se viram diante de algo totalmente inusitado. "Tudo o que fazíamos, principalmente Celly, se tornava sucesso", conta Tony. "Se eu fosse mais esperta, teria me transformado na Xuxa dos anos de 1960", disse ela, em 1994, com humor.

Tony recorda sobre os pedidos para que cantassem a musiquinha do Toddy: "Eu cantava junto com ela o jingle e a primeira parte ela fazia sozinha. E depois invertia. Era tocado em rádio e em televisão – com os bonequinhos da marca Toddy em movimento. Gravamos isso no estúdio da RGE, na Rua Paula Souza, na região cerealista de São Paulo" – o mesmo onde os dois fizeram seus primeiros discos.

A campanha da Toddy era conhecida em todo Brasil. "Me lembro da primeira vez que esse pedido aconteceu. Fomos a uma cidade no interior de Minas Gerais, Governador Valadares, e nos apresentávamos no auditório do cinema, quando um fã nosso se levantou e falou bem alto para cantarmos a música da marca Toddy. O público aplaudiu e cantamos todos juntos. Fizemos isso outras vezes, em outras cidades".

Quem também apostou nela para vender seus produtos foi a fabricante de chocolate Lacta, que colocou no mercado a barra de chocolate de 200 gramas "Cupido", em "homenagem" à cantora paulista e, portanto, sem nada pagar pelo uso de sua imagem nas embalagens. Ou mesmo por usar o nome da música. O produto trazia a estampa da cantora e cupidos na embalagem, nos sabores morango e limão – e seria vendido por anos.

No decorrer de 1960, ficou provado que Celly não era um fenômeno passageiro, aquele tipo de cantora de um sucesso só que desapareceria tão rápido quanto surgiu. O "brotinho" de Taubaté, como a cidade orgulhosamente a chamava, tornou-se a primeira estrela do rock nacional e consagrou definitivamente o gênero no Brasil. Onde fosse possível, Celly estava presente, mesmo que não fizesse um único movimento nesse sentido.

Tanto para publicidade quanto shows quanto formaturas e debutantes. Os interessados procuravam a Odeon, que encaminhava a demanda para o pai. Difícil, porém, era mapear as coletâneas em discos que traziam músicas suas. No final de 1960, por exemplo, ela estava presente no LP Os Campeões do Sucesso, com *Estúpido Cupido* e *Banho de Lua*. Tony participava com *Pobre de Mim*.

Em São Paulo, seu programa com o irmão era líder de audiência no horário e ela era chamada para cantar em outros, como *Chacrinha*, *Phebo Faz Degrau Para o Sucesso*, *Almoço com as Estrelas*, *Hoje é Dia de Rock*, *Astros do Disco*, *Show 713* e *Grande Show União*. O *Show 713* era uma grande revista, com vedetes, luxo, risos e música. O nome tinha a ver com o fato de que passava no canal 7 de São Paulo (Record) e no canal 13 (TV Rio) do Rio de Janeiro.

Nessa época, a Record possuía um dos melhores casts de estrelas, como Celly e Tony Campello, Regiane, Nair Bello, Jô Soares, Carlos Miranda (do seriado *Vigilante Rodoviário*), Cidinha Campos, Ayres Campos (do seriado *Capitão 7*), Wilma Bentivegna, Alda Perdigão, Cinderela, Renata Fronzi, César de Alencar, Zeloni, Sonia Ribeiro, Ricardo Côrte Real, Ronald Golias, Manuel da Nóbrega, Márcia de Windsor, Carmen Verônica, Silveira Sampaio, Triz Bruzzi, Zélia Hoffinan, entre outros. Era a época áurea da TV Record e do rock and roll em São Paulo.

No decorrer de 1960, Celly não apenas consolidou sua carreira como cantora. Ela estabeleceu um padrão de vestuário – principalmente com seus vestidos rodados – que a transformaram em referência de moda e elegância de seu tempo, sem que ninguém soubesse que suas roupas continuavam a ser feitas pela mãe. as revistas femininas não se cansavam de citá-la como exemplo de elegância e bom gosto.

Na coluna "Elegância das Estrelas", por exemplo, ela foi apresentada como uma referência para adolescentes e jovens garotas bem-comportadas e de "boas famílias". "Celly Campello oferece às leitoras da *Revista do Rádio* um delicioso modelo próprio para as mocinhas. Vejam que encantador! O vestido é simples e rodado. Curto, como observam".

A descrição continuou: "Tem decote discreto e uma espécie de franja quase à bainha da saia. O tecido é quadriculado em preto e branco, Celly preferiu estes bonitos complementos, com a bolsa no estilo moderníssimo, feito pasta. Sapatos no mesmo tom – e tudo em creme. Luvas brancas. Quem não ficará encantadora com um modelo assim?".

Candinha não deixava a roqueira em paz na *Revista do Rádio*. Em 10 de setembro, ela perguntou: "Sabem como Celly chama seu namorado? De Petroleiro. Ele trabalha na Petrobras. Por falar em Celly, posso garantir a vocês que seu irmão Nelson (mais novo que Tony), é todo apaixonado por Selma, irmã de Agnaldo Rayol".

Sessenta e dois anos depois, Nelson Filho diz não se lembrar nem mesmo se conheceu a irmã do cantor, que se tornara um dos melhores amigos de sua irmã. "Tudo isso não passava de invenção, de fofoca dessa famosa fofoqueira para vender revista", observa. "Ela não perdoava ninguém. Por isso, ficou tão famoso.

Depois de quatro semanas entre as cinco mais tocadas, em setembro de 1960 *Não Tenho Namorado* chegou a terceiro lugar em São Paulo. No Rio, estreou em nono lugar na segunda semana daquele mês. Em várias capitais, *Broto Legal* chegava ao primeiro lugar ao mesmo tempo, como em Salvador, Recife, Curitiba e Florianópolis. Mas ainda se ouvia, a pedido dos ouvintes, *Estúpido Cupido* e, principalmente, *Banho de Lua*.

Na edição de 24 de setembro de 1960, *Revista do Rádio* iniciou uma série de quatro reportagens sobre Celly. Para realizar a missão, uma equipe da publicação passou um dia em Taubaté, na residência dos Campello. "Convivemos com aquela família simpática e tivemos a oportunidade de ouvir os três irmãos (Tony, Nelson e Celly) formarem um excelente trio vocal. Naquele dia, o 'velho' Campello virou-se para Dona Idea e perguntou, sorrindo: 'Não acha que eu estava certo? Os três cantam mesmo melhor do que eu. Agradara-lhe mais, não é?'".

Na primeira matéria, foi contada a história de como o casal Campello se conheceu, em São Paulo, o casamento, a mudança para Taubaté, o nascimento de cada filho e sua infância. No epílogo da primeira parte, a revista escreveu: "Este é o começo da história de Celly Campello, a moça bonita que, dizem todos, será a substituta de Emilinha Borba no Campeonato Nacional de Simpatia. Celly, a garota que tem 60 milhões de namorados (o Brasil inteiro) terá o seu relato continuado na próxima edição".

Em 1º de outubro, foi publicada a segunda parte, com o título "Celly caiu em pleno palco", com uma série de curiosidades sobre os primeiros tempos de infância, a importância da natação e do balé em sua vida, as competições vitoriosas de nado pelo time do Taubaté Country Club e as apresentações quando menina nas rádios da cidade.

Na semana seguinte, em 8 de outubro, a revista revelou que a imposição de Tony Campello fez para que os dirigentes da Odeon permitissem que Celly gravasse *Estúpido Cupido*. "Será um 'estouro', garanto", teria dito ele, à direção da empresa. "Muita gente na Odeon sorriu às custas de Tony quando ele deu essa ideia. Achavam que Celly não poderia gravar, de maneira nenhuma, *Estúpido Cupido*. Mas, de tanto pedir (e implorar?), Tony conseguiu o seu intento, sem que nenhuma pessoa da família soubesse o que ele estava fazendo (esse fato chegou ao nosso conhecimento, por pessoa de confiança da gravadora)".

O resultado da gravação de *Estúpido Cupido* não era preciso ser ressaltado, disse a revista, pois todos sabiam. "Com a música, Celly Campello ficou conhecida em todo o país. Mas não modificou a sua vida tranquila de Taubaté. Estava concluindo o curso clássico no Colégio Estadual Monteiro Lobato, e prosseguiu nos estudos (na verdade, finalizados em 1959). Não se tornou vaidosa, como aquela travessura infantil parecia indicar. Pelo contrário, é hoje uma das moças mais simples da cidade onde habita. Namora um rapaz de Taubaté, faz planos de casamento e isso é tudo para ela".

Os outros sucessos da cantora (*Lacinhos Cor-de-Rosa*, *Túnel do Amor* e *Banho de Lua*) fizeram com que ela "fosse obrigada" a viajar por todo o país. "A verdade é que, hoje, Celly Campello sente a responsabilidade que tem como ídolo da juventude. Talvez, devido a isso, tenha medo das grandes manifestações públicas. Gosta de levar vida quietinha, como antigamente, E o povo de Taubaté sabe dar-lhe o carinho que ela merece, possível até, que um inimigo de Celly, se aparecer em Taubaté, não saia vivo da cidade...".

A legenda de uma das fotos da reportagem dizia: "Celly é todo um poema de menina-moça, Adora cantar para os papais, em casa, acompanhando-se ao piano. Vai à igreja de sua querida Taubaté (ali acontecerá o seu casamento) e adora bons perfumes (e espelho) como todas as moças na sua idade, é claro".

Em 12 de novembro de 1960, foi a vez de Tony ganhar mais um perfil bem-humorado da *Revista do Rádio*, com o título "Celly não irá acabar comigo". O texto começava assim: "Tony Campello tem mocidade, talento e entusiasmo. E garante que o sucesso de sua irmã não o atrapalhará artisticamente. Pelo contrário, só lhe servirá de incentivo".

A publicação lembrou que na reportagem sobre a cantora, mostrou a dedicação dele pela irmã. "Entretanto, comenta-se, que depois do sucesso do broto certinho, Tony começou a perder prestígio – para a sua própria irmã. E ele nos deu a explicação: 'Dizem que com o sucesso de Celly, o maior prejudicado fui eu. É uma inverdade. Celly ganhou o seu público e eu continuei da mesma forma. Afinal de contas, somos irmãos. Mesmo que isso houvesse acontecido, eu estaria feliz'".

A revista insistiu no tema: quis saber se ele aceitava a opinião de que a cantora acabaria com o seu prestígio de cantor. Ele respondeu: "Só posso aceitar isso como um gracejo de amigos. Os que seguem a nossa carreira verificarão o seguinte: inicialmente, tive maior sorte nas gravações. Depois, coube a Celly ultrapassar-me. No momento, tenho um disco nas paradas de sucesso e estamos sempre um a torcer pelo outro. Não existe espírito de concorrência entre nós dois. Nem poderia existir".

E se não fossem irmãos, ele acreditava que existiria a afinidade que os ligava. "Mesmo assim, sendo ela cantora e eu cantor, o público encontraria lugar para nós dois em sua predileção". A publicação observou que escreveu várias vezes que Celly e Tony Campello eram "impressionantemente" unidos! "Um seria capaz de abandonar a carreira em proveito do outro. E é o próprio Nelson Campello, pai dos cantores, quem nos dá a opinião".

Para o pai, 'Celly tem o seu talento reconhecido pelo público. Tony não fica atrás. Estou até acostumado a ouvir pessoas dizerem que Tony canta melhor do que Celly. O meu contentamento está no fato de que não encontro diferença no valor deles. Era impossível obterem a mesma popularidade. mas essa popularidade varia. Às vezes, está melhor para Tony; outras vezes, para Celly".

Tony e Celly, que escutavam as palavras do pai, tiveram uma alegre discussão: "A maior é você, Celly!", gritou Tony. "Você é que é o maior!", replicou Celly, no mesmo tom. Foi quando o outro irmão, Nelsinho, entrou na "briga". E brincou: "O maior sou eu! Não canto, não tenho vida artística e vez por outra os jornais falam em mim...".

Houve sorrisos de toda a família e Tony saiu-se com essa: "Celly pode acabar comigo de outra forma. Tem a mania de acordar-me cedo. Isso é um verdadeiro crime contra a minha saúde...". E pôs um ponto final na entrevista: "Preciso ter cuidado com a concorrência de outros cantores. Celly não poderá prejudicar-me profissionalmente. Pelo contrário, o seu sucesso, cada vez maior, será um incentivo para mim".

Especialmente para o repórter, os dois fizeram um "duelo", durante a conversa. Queriam uma opinião imparcial sobre o que o jornalista acabara de ouvir. "Lógico que, diante dos dois, julgamos não haver diferença. Mas, aqui para nós, leitores, o broto certinho. mereceu nossa mais demorada atenção. P. S.: Desculpe, Tony".

A verdade era que Celly, naquele momento, sentia a responsabilidade que tinha como ídolo da juventude em todo país. Talvez devido a isso ela tivesse medo das grandes manifestações públicas de elogios a seu talento. "Gosta de levar vida quietinha, como antigamente". A equipe de observadores da *Revista do Rádio*, especialmente designada pela direção, escolheu os *Melhores do Disco* de 1960. Se no ano anterior Celly levou em categorias de iniciante e de revelação, naquele apareceu no meio de gente grande e à frente de todos:

A lista relacionava: "Cantor Nelson Gonçalves (RCA Victor), Cantora – Celly Campello (Odeon), Cantor estrangeiro – Elvis Presley (RCA Victor), Cantora estrangeira Doris Day (Columbia), Cantor revelação Miltinho (RGE) e Cantora revelação Sônia Delfino (Philips)". O melhor LP nacional ficou com *Alguém me Disse*, de Anísio Silva (Odeon), injustamente esquecido como pai do que se chamaria depois "música brega".

A entrega do troféu ocorreu no programa *Discoteca do Chacrinha*, na TV Tupi, canal 6. Cada um levou para casa uma medalha de prata. Celly tinha recebido uma da mesma revista como melhor cantora de setembro, pela interpretação de *Broto Legal*. Era só o começo da consagração, pois ganhou os mais importantes prêmios da música popular brasileira e desbancou veteranas com mais de 20 ou 30 anos de carreira, chamadas de rainhas do rádio.

A relação incluía o *Troféu Chico Viola*, oferecido pela AFEU-Rádio Record aos melhores do disco; *Troféu Roquete Pinto*, patrocinado pela Rádio e TV Record aos melhores do rádio e da televisão; *Troféu Cacique* como a maior revelação do rádio e da TV, segundo o *Jornal do Lar*; Troféu Boneco, do programa *Campeões do Disco*, patrocinado pela rede de lojas Assunção ao maior sucesso do ano, *Estúpido Cupido*; *Troféu Mulard* aos melhores do ano; *Troféu Euterpe*, do jornal *Correio da Manhã*: *Disco de Ouro*, da revista *Radiolândia* e do jornal *O Globo*; e *Troféu Tupiniquim*, oferecido a Celly como a maior revelação do ano de 1959.

O *Chico Viola* foi entregue na noite de 14 de janeiro de 1961 e teve cobertura do *Última Hora*, publicada no dia seguinte. Na seleção dos melhores do ano anterior, dos dez maiores, a Odeon arrebatou os nove primeiros lugares com as músicas mais executadas e vendidas do ano. Celly aparecia em primeiro lugar com *Banho de Lua*, seguida de Anísio Silva (*Alguém me Disse*), Carlos Augusto (*Negue*), Elza Soares (*Se Acaso Você Chegasse*), Pery Ribeiro (*Lamento da Lavadeira*), Isaura Garcia (*Ninho do Nonô*), João Gilberto (*O Amor, o Sorriso e a Flor*), José Vasconcelos (*Eu sou o Espetáculo*).

Em seguida, apareciam o guitarrista Poly (*Noite Cheia de Estrelas*), Luiz Bordon (*Me Dá um Dinheiro Aí*) e José Orlando (*Somente Tu*), todos da Chantecler. Entre sambas, boleros e bossa nova, Celly foi a única artista ligada ao rock and roll entre os vinte primeiros colocados – por falta de uma categoria específica para roqueiros, o que era lamentado pelas gravadoras. Os prêmios dela foram entregues no programa *Astros do Rock*, exibido às 21 horas, no Teatro Record, na Rua da Consolação, 1992.

Só bem depois, a cantora formou opinião sobre o que acontecia com ela, em meio àquela enxurrada de troféus e medalhas. "A juventude daquela época estava acostumada com cantores que interpretavam músicas mais adultas, como Ângela Maria. Até as letras eram mais adultas. O mesmo acontecia com os cantores, como Orlando Silva, Nelson Gonçalves e outros. Então, não tinha assim uma música específica para a juventude", disse, em depoimento ao MIS.

Era um padrão que parecia imutável. "Aí, quando eu apareci, surgiu aquilo nos EUA, o rock cantado por cantores jovens, né? Brenda Lee e Connie Francis lá e eu aqui. Mas acredito que não fui influenciada por elas e pelas outras porque eu já tinha um estilo, minha voz era minha. Quando apareci cantando esse tipo de música com letra jovem, a garotada vibrou, foi um negócio a repercussão que teve, uma loucura". Era tão incrível, afirmou ela, "que a garotadinha de 3 ou 4 anos que nem falar direito sabia, já cantava minhas músicas".

A própria Celly parecia acreditar na pureza das letras que cantava, fruto da perspicácia de Fred Jorge ao fazer as versões, e que sintonizava com seu público, filhos de classe média católica, que frequentavam a igreja toda semana e preservavam a virgindade até o casamento. "Hoje, já não se faz mais esse tipo de letra que foi feito na minha época porque tem um outro tipo de letra", observou ela, ao MIS.

Ela destacou que Fred Jorge se preocupava bastante com o público-alvo do que ela deveria cantar. "Ele era bem sutil, passava para o português, bem para jovem, principalmente para ser cantada por uma menina de 15 anos como eu, criada no interior. "Tanto que, às vezes, ele nem dava uma versão de acordo com a letra original, fazia uma adaptação. Não havia duplo sentido na letra da música. E o que dizer de *Túnel do Amor* e *Broto Legal?*".

O tsunami *Banho de Lua*, certamente, foi uma exceção, com sua explícita relação com nudez e sedução? "Fred fazia letras de forma delicada, da namoradinha esperando o namorado. Tanto que minhas músicas tinham nomes de rapazes, como Billy, Frankie, e eu era aquela garota bem jovem, bem romântica". E dentro do padrão moral exigido, mais conhecida como "moça de família".

O ano de 1960 terminaria com a expectativa da posse do ultraconservador e temperamental Jânio Quadros, que tinha sido governador de São Paulo e prefeito da capital e fora eleito Presidente da República em outubro. No dia 1º de janeiro de 1961, começaria uma nova década, a dos anos de 1960, quando a música e a cultura pop tomariam conta dos jovens de todo o mundo, em uma revolução sonora, de comportamentos, atitudes, de luta contra a guerra, o racismo e o machismo e por outros direitos civis.

Para muitos, nos dois últimos anos, Celly Campello tinha ido longe demais, feito sucesso demais, brilhado demais. A glória costumava ser efêmera para a maioria que se aventurava no mundo da música e era provável que sua carreira começaria a declinar em 1961. Quem pensou isso, veria o quanto estava enganado.

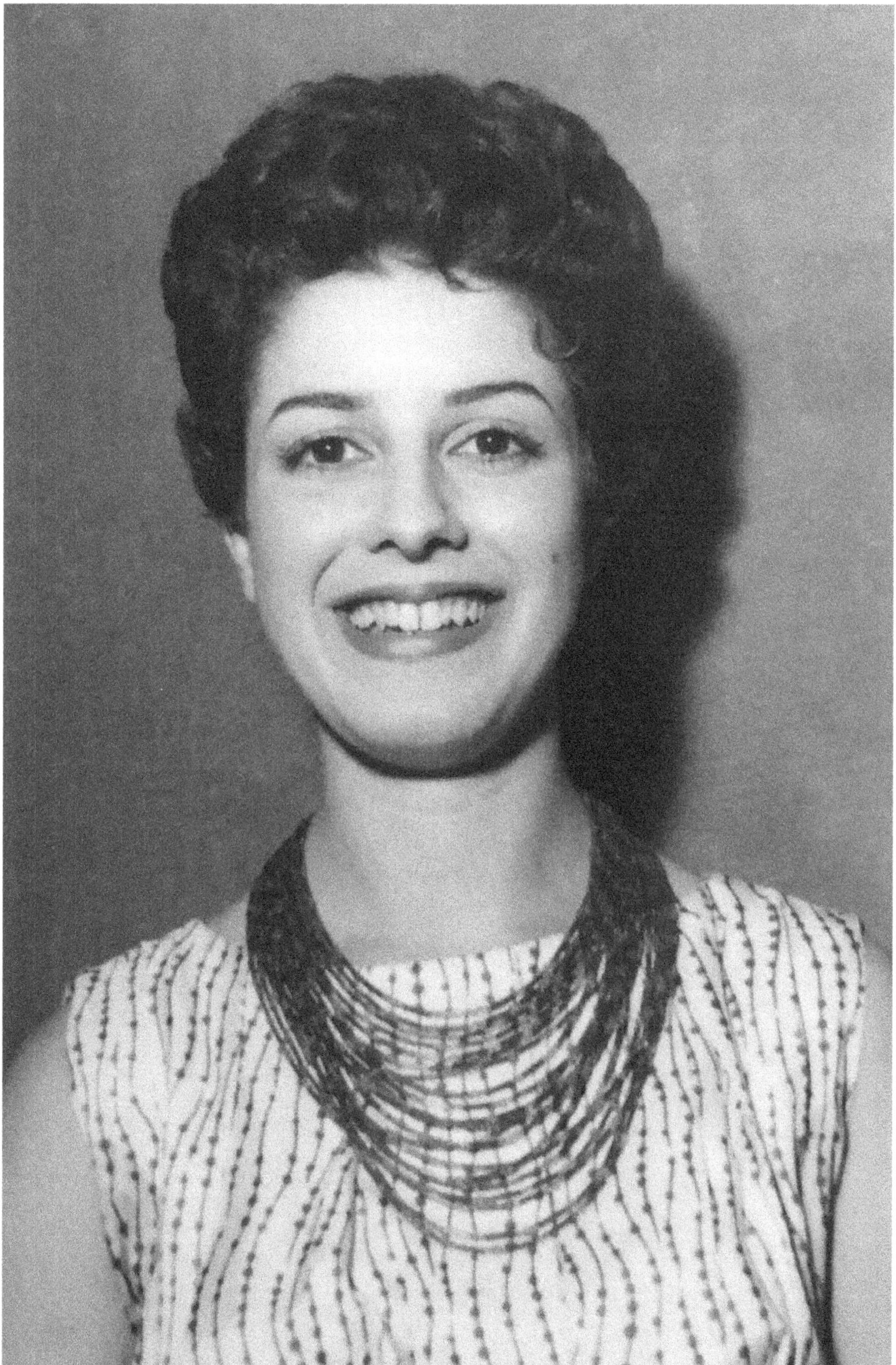

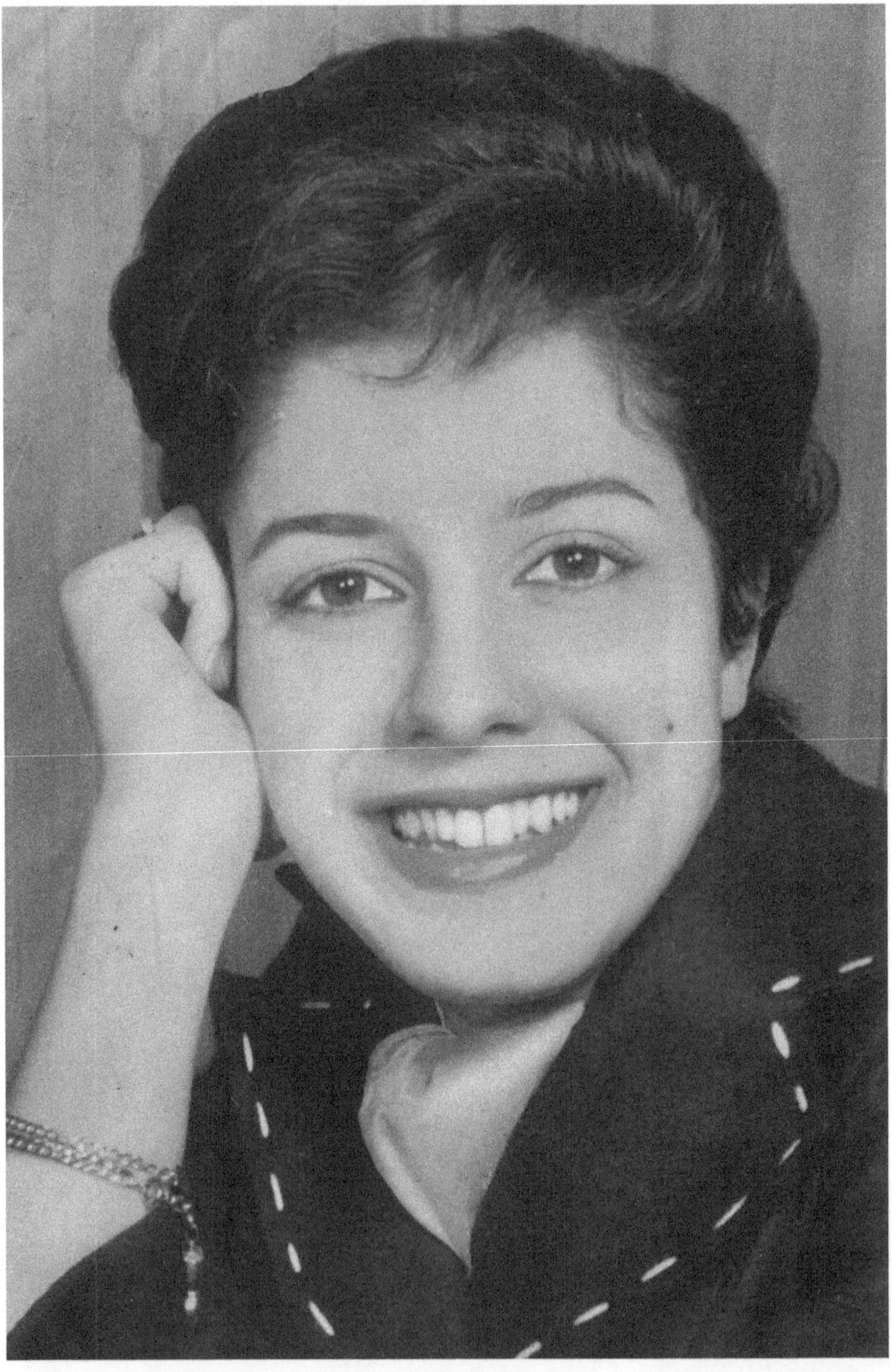

Capítulo 10
Um ano para despedidas

As surpresas se sucediam para Celly Campello por causa de sua popularidade, vinda de tantos sucessos seguidos. Em seu programa com Tony na TV Record, *Crush em HI-FI*, de 21 de janeiro de 1961, por exemplo, os dois receberam um grupo de oficiais militares da base norte-americana de foguetes teleguiados, localizada na Ilha Assention, na região do então território brasileiro de Fernando de Noronha, mantida pelos EUA em parceria com o Ministério da Defesa brasileiro.

Eram 400 rapazes que prestavam serviço militar na base onde se fazia testes com foguetes, por causa de sua localização estratégica do globo terrestre. No local, para divertir os militares, havia uma emissora cuja programação era alimentada por eles mesmos. Chamava-se Rádio ZDA, que também pedia aos soldados que iam em terra, em Recife, comprar mantimentos para que trouxessem discos novos de astros americanos.

Como na ilha era possível captar emissoras brasileiras e eles adoravam rock, descobriram que tocavam uma tal Celly Campello, que ora cantava em inglês ora em português. Logo descobriram sua formosura nas capas de discos e revistas que traziam de Recife. Não só compraram seus discos como incluíram *Banho de Lua* na programação.

Alguém, então, teve a ideia de fazer um concurso para escolher a cantora mais popular na base. As concorrentes eram todas americanas de peso: Doris Day, Connie Francis, Peggy Lee e Brenda Lee. Não demorou e tiveram de incluir o nome de Celly, a pedidos de vários soldados, e ela ficou em primeiro lugar na votação por cédula. Com a ajuda de um intérprete, um grupo viajou a São Paulo somente para lhe entregar um troféu de campeã.

Os representantes da base deram a ela também o certificado com as inscrições: "Para Celly Campello, que nos colocou em órbita". A cantora levou o primeiro lugar com a música *Banho de Lua*. A estatueta tinha sido forjada na própria base, em forma de foguete, na cor dourada. Ela guardaria a peça com orgulho por toda a vida. Os jovens chegaram até ela depois de entrar em contato com a produção da Record e explicar que gostariam de lhe entregar pessoalmente o troféu, se possível no seu programa, como uma solenidade e um gesto de amizade entre EUA e Brasil.

A produção do programa, claro, adorou a proposta e os chamaram para fazer isso ao vivo, no palco. A imprensa dedicou ampla cobertura àquela curiosidade, informada pelo departamento de divulgação da Record. "Naquele tempo, davam muitos troféus aos artistas e um que só eu tenho é o da base militar na Ilha de Assention, uma enorme felicidade que guardo até hoje", recordou a cantora, orgulhosa. "Isso para mim foi o máximo do máximo, imagina, ganhei das grandes estrelas americanas no voto popular".

Na vida pessoal, Celly seguiu decidida com seu propósito de se casar. Somente no dia 11 de fevereiro de 1961, a imprensa informou que ela havia, 40 dias antes, em 1º de janeiro, ficado noiva em uma cerimônia familiar, e informou até o nome completo de Eduardo. "O fato aconteceu em Taubaté, onde os familiares da cantora procuraram, de todas as maneiras esconder a notícia da imprensa", escreveu *Revista do Rádio*. Apenas quando Celly foi ao Rio para receber da publicação a medalha de Melhor Cantora (em disco) do Ano, seu pai, que a acompanhava, contou a verdade.

Nelson Campello teria dito: "Celly ficou noiva, oficialmente. Está de casamento marcado para este ano. É possível até que venha a abandonar a vida artística". A revista afirmou que o noivo era o "sr. Eduardo Chacon, residente em Taubaté e alto funcionário da Petrobras". Revelou ainda que ele conheceu Celly ainda quando ela não havia se tornado cantora profissional. "Viveram sempre um romance digno de registro. Ele não queria, de maneira nenhuma, que ela se tornasse famosa! Todavia, isso aconteceu. E ele resolveu abreviar o noivado que seria para o final deste ano. Vai casar e espera que ela deixe o rádio", acrescentou.

A última informação significava que Eduardo tinha dado um ultimato a Celly – e criaria uma enorme antipatia contra ele por toda a vida. Queria dizer que ou se casavam em 1961 e ela largava a então mais bem-sucedida carreira da música brasileira naquele momento ou a relação estaria terminada. No dia 13 de maio, a coluna "Mexericos da Candinha" alfinetou Eduardo: "Por causa de uma reportagem da *Revista do Rádio*, (Eduardo) deu última forma nos seus desejos de retirar a menina de todos os compromissos artísticos". E retrucou que Celly se casaria ainda naquele ano, mas "continuará trabalhando no rádio".

Mesmo com a pressão do agora noivo, ela continuava de bem com o sucesso, como a mesma publicação destacou, na edição de 3 de junho: "Muito interessante a nova gravação de Celly Campello, *Trem do Amor*. A sua gravadora deu um 'toque' nos microfones e a estrelinha paulista parece, no disco, cantar em dupla com a própria Celly Campello". Na verdade, tratava-se de um truque de edição, com vozes sobrepostas com aparelhagem de som, captadas pelo mesmo microfone.

O mês de abril começou com uma manchete da *Revista do Rádio*, que parecia uma pegadinha de 1º de abril, Dia da Mentira, e data em que a publicação circulou: "Celly Campello vai parar de cantar". O tempo mostraria que era verdade: "O broto de maior cartaz de São Paulo, Celly Campello, está se preparando para deixar o rádio e a TV. E aqui estão as explicações que ela nos deu, a propósito: 'Vou aproveitar bastante este ano de 1961, pois o meu casamento acontecerá no ano que vem. Depois de casada, não pretendo mais enfrentar o microfone ou as câmeras de televisão e, sim, dedicar-me exclusivamente à vida do lar. Não encaro a vida artística como uma coisa definitiva".

Ela contou que sua atividade de cantora "começou como uma distração e acabou sendo uma profissão, mas apenas passageira". A pedido da reportagem, Celly concordou em falar alguma coisa sobre o seu noivado: 'Meu noivo chama-se Eduardo Chacon, é neto de espanhóis e de italianos, mas sempre viveu em Taubaté. É contador da Petrobras, em Tremembé, que é uma cidade próxima. Já nos conhecíamos há mais de 3 anos, antes mesmo de eu começar a cantar'".

Em seguida, fez uma revelação, mantida em sigilo nos últimos três meses: "O noivado oficial, foi lá, em Taubaté, no dia 31 de dezembro". A cantora contou que Eduardo sempre frequentou o clube (TCC) aonde ela ia sempre e cantava. Até que um dia, durante uma festa, foram apresentados por amigos comuns (não foi bem assim, como já descrito). "Depois do casamento, pretendemos morar em Taubaté, numa casa própria que vamos construir".

Celly, prosseguiu a revista, continuou a falar sobre o noivo e, "pela sua maneira de dizer se sente que ela gosta mesmo do rapaz". Eduardo, segundo ela, "não faz qualquer exigência para que eu abandone as atividades artísticas e acha que até o casamento devo continuar cantando. Concordamos, entretanto, que depois do enlace, eu pararia para cuidar do lar e dos filhos". Havia uma contradição nessa afirmação: ele não se opunha até os dois se casarem.

Ao ser perguntada sobre quantos filhos eles pretendiam ter, respondeu: "Tantos quantos vierem, mas pelo menos dois rapazes e uma menina". Para Celly, não havia mais como ter dúvidas sobre ela deixar a música porque estava apaixonada. Estava tudo decidido, portanto. Pareceu convicta quando afirmou: "Eduardo tem 24 anos e eu estou com 18 e só quero trabalhar mais um ano, pois já me sinto cansada das atividades artísticas. Recentemente, tive que tirar férias, pois no ano passado viajei demais e estava emagrecendo. Agora, só estou fazendo meu programa fixo na TV Record, que é às terças-feiras, às 19h30".

A cantora contou que no mês seguinte, maio, pretendia finalmente ir a Portugal, onde se apresentaria no Casino de Estoril, em companhia de Tony. Era a terceira vez que anunciava a viagem. Pretendia ficar quinze dias e voltaria ao Brasil e logo partiria pela América Latina – Argentina, Uruguai, Chile, Peru, Venezuela etc. "Será uma grande excursão artística, a última que faremos, Tony e eu. Depois desta despedida, caberá a Tony toda a atividade artística da família", disse, para não deixar dúvidas sobre parar.

Celly afirmou que tinha "bastante" dinheiro, que ganhou em rádio, TV, discos e excursões pelo país – não fazia ideia de que a soma seria ínfima em relação ao que ganhariam astros da música a partir dos anos de 1980. "Com ele, pretendo comprar um apartamento em São Paulo e outro no Rio de Janeiro. Assim é que o ano de 1961 será mesmo o da minha despedida do rádio e da televisão".

Em uma das legendas, a publicação escreveu: "Todos a consideram a nova namorada do Brasil. Celly Campello, porém, trocará tudo (fama e até fortuna) pelas delicias do casamento". Na prática, com declarações assim, ela acalmava o noivo e ganhava mais um ano de sobrevida artística. À *Revista do Rock*, reafirmou a dificuldade em manter o relacionamento com tantos compromissos. "Hoje, o meu tempo tem sido curto até para namorar. Quando consigo um fim de semana aqui em casa é uma satisfação enorme. Eu acho que nasci mesmo para ser dona de casa!".

Desde o final do ano anterior, a imprensa passou a chamá-la de "Namoradinha do Brasil". E Eduardo terminaria o ano de 1961 como, provavelmente, o rapaz mais odiado do país, por ter se apropriado do coração dela, o que representava, em especial, o risco de tirar a estrela dos fãs, uma vez que em todas as oportunidades que tinha no rádio, na TV, nos jornais ou nas colunas de fofoca, no segundo semestre de 1961, Celly passou a insistir que queria se casar e repetia sempre o nome do noivo.

Por um tempo, havia quem acreditasse que tudo não passava de uma estratégia do departamento de promoção da Odeon para lucrar com a imagem idealizada da moça que deveria colocar o casamento e a família acima de tudo. Mas, como seria possível fazer algo assim no auge do sucesso? "Os fãs, que não se conformavam, achavam que Eduardo impedia, mas foi uma vontade própria, sem interferência dele", repetiu Celly depois.

Na família, sua decisão causou mal-estar em todos. "Pode-se dizer que eu senti, mamãe sentiu, mas papai sentiu mais, só que ele nunca manifestou de forma tão efusiva, porque não queria desagradá-la, não quis transparecer!", recorda Nelson Filho. Mas, no íntimo, o pai sentiu a decisão dela porque viveu momentos gostosos, segundo o filho. "A família em si curtiu bastante o sucesso dela, eu vibrava com aquilo. Papai temia que ela dissesse: 'Não, pai, você não gostou, ficou triste...', disse ela perto do casamento. Mas ele queria a felicidade da filha".

Aquele ano manteria Celly no topo do mercado de discos em vendas e uma sensação única ao se aproximar de 50 prêmios conquistados desde 1959, inclusive os mais importantes da música brasileira. Seriam mais doze meses exaustivos para ela, com o programa semanal ao vivo na Record, *Crush em Hi-fFi*, shows em vários estados e as gravações de mais dois LPs e duas dezenas de 78 rpm e compactos de 33 rpm e 45 rpm. Além de tudo isso, apareceu em incontáveis entrevistas em emissoras de TV e rádios, revistas e jornais.

Passada a euforia do Carnaval, era comum que as gravadoras esperassem até depois da semana santa para voltar com seus lançamentos de MPB, bossa nova e rock and roll – termo que continuava a denominar o gênero no país e não simplesmente a simplificação para "rock". Ainda em fevereiro, a Odeon começou a distribuir os primeiros 78 rpm e compactos de 33 rpm do ano da cantora, cujas faixas tocariam bastante a partir daquele mês nas rádios e manteria as vendas de seus discos em alta: *Gosto de Você meu Bem* (I Love You, Baby) e *Hey Mama*, um mega sucesso no ano todo.

As duas músicas tinham sido lançadas em compacto no final do ano anterior e a gravadora tinha decidido que fariam parte do quarto LP da cantora que iria para as lojas em maio. Seu conteúdo era diferente de todos os anteriores, como informava o título: *A Graça de Celly e as músicas de Paul Anka*. "Esse eu escolhi todo o reportório", conta Tony. Ele lembra que o ótimo resultado de *Hey Mama* o levou a propor um disco só com composições de Anka.

A Odeon, Celly e Fred Jorge concordaram. "Eu fui pesquisar as coisas dele e descobri que tinha músicas suas gravadas no Brasil por Carlos Gonzaga, como *Disse que me Ama* e outras, além, claro, de *Diana*. Gravamos as demais faixas em abril e o LP foi bem em vendas". O disco foi realizado em um estúdio que ficava no 11º andar de um prédio da Praça Roosevelt, na Consolação.

Paul Anka era, naquele momento, o mais celebrado jovem compositor americano, com apenas 20 anos de idade e consagrado, inclusive no Brasil, por *Diana*, gravado por Carlos Gonzaga dois anos antes, como foi visto. *Hey Mama* e *Gosto de Você meu Bem*, respectivamente, tinham versões de Romeo Nunes e Fred Jorge. as duas seriam das mais executadas nas rádios.

O versionista preferido de Celly também cuidou da maioria das demais canções: *Não me Deixe* (Don't ever leave me), *Meu Amor* (I love you), *Isso é Amor* (That's love), *Trem do Amor* (Train of love), *Garota Solitária* (Lonely Girl), *Isto É Adeus* (So it's goodbye), *Diga, Querido* (Talk to me baby) e *Teddy*. As faixas 6, *Diz que me Amas* (Tell me that you love me), e 8, *É o Amor, Sim* (It's really love, composta com Johnny Carson) também foram transpostas por Romeo Nunes. *Trem do Amor* tinha saído em compacto no ano anterior.

Para o pesquisador Albert Pavão, provavelmente a ideia de um LP em que a cantora brasileira cantasse apenas composições de Paul Anka foi tirada do álbum *Annette Sings Anka*, lançado pela Buena Vista Records, no começo de 1960, no qual a cantora teen interpretava 12 músicas de Anka, a maioria feita por encomenda para seu disco e que teve arranjos do maestro Tutti Camarada.

Não por acaso, portanto, a coincidência das faixas nos álbuns de Annette e de Celly era grande, lembrou Pavão. Dez das que constavam no LP da cantora americana foram aproveitadas no disco brasileiro. Ficaram de fora apenas *Like a Baby* e *Waiting For You*, substituídas por *Don't Ever Leave Me* (Não me Deixe) e *That's Lave* (Isso é Amor), mais conhecidas no Brasil, por terem sido gravadas por Carlos Gonzaga dois anos antes.

No disco de Celly, nove faixas vieram de versões de Fred Jorge e três de Romeo Nunes – *Gosto de Você meu Bem* (I Love You Baby), *Diz que me Ama* (Tell me that you love me) e *É o Amor, Sim* (It's really love). As duas primeiras foram lançadas pelo próprio Anka, em 1957. No disco da brasileira, as duas primeiras faixas tiveram acompanhamento do organista Walter Wanderley e seu conjunto, enquanto a terceira foi gravada com o acompanhamento do conjunto do Maestro Gaya.

Das que ficaram com Fred Jorge, quatro tiveram arranjos do maestro Francisco de Moraes, quatro foram acompanhadas por Mário Gennari Filho e Conjunto (*Diga, Querido, Trem do Amor, Isso é Amor* e *Hey Mama*) e *Meu Amor* pelo conjunto de Walter Wanderley. Francisco de Moraes cuidou de *Não me Deixe, Teddy, Garota Solitária* (Lonely girl) e *Isto É Adeus*. Curioso que *Garota Solitária* foi composta pelo autor no masculino como *Lonely Boy* (Garoto solitário), lançada em maio de 1959 e que entrou de imediato para o hit-parade americano.

A faixa *Trem do Amor* tocou bastante nas rádios e foi lançada em um compacto simples em outubro de 1961, com *Flamengo Rock* do outro lado. O rock *Hey Mama* foi o maior sucesso do LP e de Celly em 1961. Composto por Paul Anka para o filme juvenil *Girls Town*, de 1959, foi cantado nas telas pela sensual Mamie Van Doren, no auge de sua beleza, em uma das cenas mais eróticas do cinema de todos os tempos, em que ela está debaixo do chuveiro e é possível ver parte dos seus fartos seios, com a câmera mostrando ainda a silhueta do seu corpo dançando pelo vidro embaçado. Para o público, pouco importava sua voz estridente e gritante, claro.

Hey Mama foi gravado por Celly, em versão bem-comportada, como só Fred Jorge sabia fazer, quando queria, claro. Assinava a produção do LP Mário Duarte. A capa foi concebida novamente, como em todos os discos anteriores, por César G. Villela, a partir da foto de Otto Stupakoff, que seria reconhecido como um pioneiro da fotografia de moda no Brasil e um dos fotógrafos brasileiros de maior projeção internacional, com uma série de 43 fotografias incorporada a partir de 1969 à coleção permanente do Museu de Arte Moderna de Nova York (MoMA).

Na imagem da capa, Celly aparece com um sofisticado vestido Tomaso Sport, cujo corte se tornara um ícone desde meados da década anterior. Tony reforça que as músicas que mais figuraram nas paradas de sucesso em 1961 foram Trem do Amor, Hey Mama e Teddy. Mas não foi apenas isso. Banho de Lua e Broto Legal continuavam a fazer parte da programação das emissoras de rádio em todo país, assim como ainda se ouvia Estúpido Cupido com frequência.

Tony recorda que colocou bastante energia pessoal no LP da irmã. Gostava cada vez mais de se envolver nos bastidores de produção, dar sugestões de músicos e arranjos etc. Sem querer, treinava para ser produtor no futuro – de enorme sucesso. "Nesse disco, o responsável pelos arranjos foi Mário Duarte, com quem sempre me dei bem. Quem foi buscar ele para ser diretor artístico da Odeon fui eu, depois que Jorge Nagib foi 'saído' da Odeon. Eu o via como um mentor meu, um pai artístico".

Um dia, recorda Tony, Oswaldo Gurzoni chegou para ele e disse: "Tony, você que anda por ai em todo lugar, tem alguém para a gente trazer e ocupar o posto de diretor artístico?". O nome de Duarte foi o primeiro que lhe veio à mente. "Ele era diretor artístico da Rádio Nacional e diretor de repertório da TV Record, tinha trabalhado na Nacional, no Rio, sabia bastante de música. No mesmo dia, à tarde, sai da minha casa e fui falar com ele, perguntei se ele gostaria de ir para a Odeon por um ótimo salário. Ele disse que seria interessante. E emendei: 'Ótimo, vamos lá conversar com seu Gurzoni', que confiava bastante em mim".

Por mais que se envolvesse cada vez mais nos discos de Celly, Tony não se acostumava com ao fato de a gravadora não dar os merecidos créditos a seus colaboradores e funcionários na produção dos discos. "Na Odeon, aconteciam umas coisas meio esquisitas, o comando achava que produtor era a própria empresa e colocava o nome do diretor artístico nos créditos dos discos, mesmo que o sujeito nunca tivesse ao menos entrado no estúdio para ver o que acontecia".

Sob a direção de Mário Gennari Filho, a partir desse quarto disco de Celly, Tony ficou mais à vontade para contribuir com ideias de arranjos e instrumentos, além da escolha do repertório. "Hoje, sinto pena por não ter feito um disco de Celly também só com músicas de Neil Sedaka, que encontramos pessoalmente umas duas vezes. Tenho pelo menos uma carta que ele mandou com uma fotografia e dedicatória quando excursionava pela Austrália".

Para ele, um disco de sua irmã teria sido mais exato e mais justo com repertório de Sedaka, "pela proximidade que eu e Celly tivemos com ele. E tinha mais hits também, era mais popular e um compositor completo, com formação de pianista de música clássica. Tenho cópia de um LP que ele gravou na Argentina só com clássicos dos grandes compositores de todos os tempos".

Naquele começo de 1961, no entanto, Tony achou mais apropriado fazer com Paul Anka: "Não fiquei na dúvida entre um e outro, Anka era compositor de sucesso e achei mais viável o repertório que ele tinha gravado por outros artistas brasileiros. A ideia de LP só com Sedaka veio bem depois e teria melhor resultado ainda, insisto". Uma vez que Celly se retirou do mundo musical quase que de uma maneira inesperada, "algumas coisas que gostaria de fazer com ela não tivemos tempo".

No texto de apresentação do LP na contracapa, o crítico musical Joagus destacou o fenômeno que a cantora tinha se tornado: "Você pode não saber o nome do técnico ou a escalação do E. C. Taubaté. Mas você sabe que o E. C. Taubaté é o quadro de futebol da terra de Celly Campello. Você pode ter lido o livro *Reinações de Narizinho* e ter esquecido o nome do autor. Mas você pode lembrar que Monteiro Lobato e Celly Campello são conterrâneos. Isto quer dizer sucesso, popularidade... em outras palavras: cartaz".

O que Celly conseguiu em apenas três anos de vida artística era a maior prova disso, acrescentou: "Ela coleciona sucessos artísticos e outros êxitos como quem coleciona fósforos ou flâmulas. Com facilidade impressionante, sem modificar suas feições, sua maneira de ser, seu modo feminino e ao mesmo tempo ingênuo de cantar". Nesse LP, continuou ele, o fã iria ouvir e gostar porque a Odeon havia juntado duas das maiores expressões musicais dos últimos anos – Celly Campello cantando e Paul Anka compondo.

Joagus continuou: "Para completar, temos o esplêndido acompanhamento feito por quatro grandes nomes da música popular – Mario Gennari Filho e seu Conjunto, Walter Wanderley e seu Conjunto, Francisco Moraes e sua Orquestra, e Gaya e seu Conjunto. E arrematou: "Assim é e assim acontece na vida artística da graciosa Celly. Deixe que sua vitrola 'conte' agora como Celly canta".

Tony adorou o resultado do LP e enfatiza o quanto Celly cresceu como intérprete, mesmo com apenas 18 anos de idade quando as faixas foram gravadas – ela faria 19 anos três meses depois, em junho. "Nesse disco ela está com uma maturidade vocal invejável, talvez o trabalho dela que menos tenha sido lembrado com o passado dos anos e do reconhecimento que ela alcançaria para a história do rock brasileiro, mas é o grande momento dela naquela fase de ouro em que começou um movimento musical no país".

Desde 1959, como foi visto, *Revista do Rádio* bem que tentou estabelecer uma guerrinha entre Rio e São Paulo ao forçar uma rivalidade entre Celly e a ascendente cantora carioca Sônia Delfino. E não desistiu disso nos dois anos seguintes. Na edição de 14 de abril de 1961, a publicação estampou a manchete da capa com as duas cantoras: "Brigam Rio e São Paulo estes brotos".

O texto começava comedido, porém: "Elas estavam ficando inimigas, mesmo sem saberem... Muitos garantem que se repetirá, com Sônia Delfino e Celly Campello, o terremoto (provocado pelas fãs) de Marlene x Emilinha Borba (na década anterior). Isso se Celly não deixar mesmo o rádio, como pretende", ressaltou. Valia tudo, até mesmo colocar um estado contra o outro. "A verdade é que os cariocas acham Sônia Delfino um estouro. E os paulistas entendem que Celly Campello é a nova namorada do Brasil. Futebolisticamente comparando, a coisa se afigura assim como um duelo de popularidade entre Garrincha e Pelé. Veja-se que os cariocas consideram Garrincha o maior fenômeno do futebol nesses últimos anos. Já os paulistas reivindicam para Pelé essa condição de gênio da pelota!".

Quem tinha razão?, perguntou a revista. "Sem acomodações, diríamos que o direito pertence a ambos. Porque é maravilhoso um material humano assim tão espetacular e capaz de provocar essa luta de opiniões. A mesma coisa acontece com Sônia e Celly. Quem pode dizer qual a mais sensacional? Sônia é uma nova campeã de discos. E Celly também. A moça paulista é um ídolo no Brasil inteiro. Também Sônia Delfino atingiu essa mesma condição. Desnecessário dizer-se que as vozes de uma e de outra contém aquele gostinho juvenil que produz euforia nos corações de brotos e veteranos".

Beleza, então, qual a mais bela? "Celly é um encanto de moça. Lembra assim um desenho de Walt Disney para *Branca de Neve e os Sete Anões* ou *A Bela Adormecida*. Soninha é o tipo da moça que faz qualquer solteiro pensar em casamento. Está visto também aí há um empate". E o que pensava uma da outra, perguntava *Revista do Rádio*. "Até algum tempo, olhavam-se assim, como rivais. Até que a *Revista do Rádio* as reuniu num programa de televisão (de Anselmo Domingos, na TV Tupi). Sônia achou Celly um encanto. E a estrelinha de Taubaté disse que Sônia era uma criatura adorável".

Ficaram amicíssimas, segundo a revista. "Se perguntassem a uma qual era a melhor, automaticamente que Celly diria que era Sônia – e vice-versa". Outra indagação seria feita, para achar-se uma solução: quem vendia mais discos? Ainda assim, escreveu a publicação, a resposta seria favorável a ambas. "Veem? Isso já não é mais briga, é uma pacificação automática e indiscutível. Se Rio e São Paulo brigam por causa de Celly e Sônia, o melhor mesmo é que façam as pazes".

Mas o empenho para colocar uma contra a outra não cessou. Se polemizar ajudava a vender nas bancas, na edição de 10 de setembro, a missão para provocar as duas coube ao repórter Valdemir Paiva. A manchete estampava: "Brigam Rio e São Paulo pela disputa do trono dos brotos". Ele começou com um histórico da biografia da cantora carioca. "Foi aos 8 anos de idade que Sônia Delfino começou a cantar no programa da Rádio Tupi, *Clube do Guri*".

Durante anos, prosseguiu ele, a pequena estrela atuou como amadora e quando a Tupi quis contratá-la, aos 15 anos, o juiz de menores foi contra. "Depois de conversar com a mocinha, o magistrado mudou sua opinião e há 3 anos ela é contratada da Rádio e TV Tupi. Nós que a conhecemos ainda menina no programa infantil, ficamos surpresos ante o belo broto em que Sônia se transformou".

Mais de 60 anos depois, para este livro, Sônia conta que tudo não passava de encenação de parte da divulgação das gravadoras e das revistas e que ela e Celly se tornaram amigas por toda a vida. Sônia de Campos Veras era apenas cinco meses mais nova que a roqueira de Taubaté. Outra semelhança foi que começou a cantar cedo. Com 1,60 metro de altura, 44 quilos, olhos e cabelos castanhos, a doce e simpática Sônia contrastava bem com Celly, graças à sua pele morena, segundo a revista.

Sônia era uma candidata em potencial ao título de "Miss Guanabara", acrescentou o repórter. "Ela nos recebe em sua residência e vai contando as novidades. 'Estou estudando no Colégio Brasileiro de São Cristóvão, onde curso o terceiro ano científico e este ano entrei para a Cultura Inglesa para melhorar meus conhecimentos desta língua". No ano seguinte, disse ela, "vou fazer exame de habilitação para a Faculdade Nacional de Direito, pois pretendo ser advogada. Acho que tenho vocação para a profissão, pois desde pequena sou oradora de turma, como vai acontecer também na minha formatura".

A cantora, em seguida, mostrou uma notícia que a apontava como rival de Celly Campello. Ela sorriu e explicou: "O que é verdade é que tenho pontos de contato com Celly, mas não me considero sua rival. Somos ambas estudantes, temos mais ou menos a mesma idade, mas, em geral, cantamos gêneros diferentes". Sônia explicou que a colega cantava sempre rock and roll. "Eu raramente canto esse ritmo, embora meu grande sucesso no momento seja o rock *Diga que me Ama* (Make Believe Baby), de Ben Weisman e E. Lewis, versão de Luís Bittencourt – a música que faz parte do LP *Sônia Delfino Canta para a Mocidade*".

Durante a entrevista, ela apanhou um disco de Celly, pôs para tocar e depois disse ao repórter: "Acho Celly Campello boa cantora no seu gênero, mas eu prefiro cantar mesmo música romântica, por isto mesmo é que não me considero sua rival". A rivalidade deveria ser mais levada em conta pelo fato de serem de gravadoras diferentes, observou Sônia. "Ela é da Odeon e eu sou da Philips e como ambas as gravadoras fazem muita publicidade em torno dos nossos nomes, surgiu a ideia de rivalidade".

Ela preferiu falar de suas prioridades a se preocupar com aquele assunto. "Vou agora filmar com Herbert Richers e tratar de economizar dinheiro para tornar realidade meu sonho, que é ser dona de um carro Mercedes Benz!", observou ela. Décadas depois, Sônia volta a descartar qualquer tipo de mal-estar com Celly e fala de sua admiração pela antiga colega. Ela conta que nasceu em Laranjeiras, Rio de Janeiro, porém cresceu em São Cristóvão, onde também estudou. "Sou carioca de São Cristóvão", ressalta.

Quando Celly começou a fazer sucesso com rock, "a Phillips me contratou para ser uma versão carioca dela, uma concorrente, o que nunca aconteceu porque nos tornamos grandes amigas. Saímos juntas na capa da *Revista do Rádio*", lembra. Ela cresceu e só saiu de São Cristóvão quando se casou, no final da década de 1960. "Meu pai trabalhava no Instituto dos Marítimos, era funcionário público, chamava-se Elimar Delfino. Minha mãe era Maria Alvina Delfino. Eu só tinha um irmão, mais moço, Paulo Roberto Delfino", destaca ela.

Sônia teve a felicidade de nascer e crescer em um ambiente musical. Primeiro, porque era sobrinha da cantora Ademilde Fonseca, que, durante algum tempo, antes da fama, morou na casa dos seus pais com o marido Naudimar Delfino, irmão do seu pai. Desde bem pequena foi cercada de música, "Lá em casa, minha tia recebia Pixinguinha, Meira (um dos grandes violonistas brasileiros) e outros. Eles faziam em nossa casa verdadeiros saraus. Meu pai e meu tio tocavam violão bem. Eu fui me educando musicalmente ouvindo minha tia Ademilde".

A primeira experiência de que se lembra em música aconteceu quando foi visitar a avó em Natal, Rio Grande do Norte, e se inscreveu em um programa da Rádio Poti, da Rede Nacional de Emissoras Associadas, do magnata Assis Chateaubriand. Como na sua casa se ouvia rádio, ela se empolgou em participar do "A Mais Bela Voz Infantil". E levou o primeiro lugar. "Quando voltei das férias do colégio, fiquei com aquele bichinho da música me perturbando para ser cantora e me inscrevi no *Clube do Guri*, de Samuel Rosemberg, da Rádio Tamoio" – veterano jornalista, apresentador e diretor de programas de TV que revelaram alguns talentos.

A atração ia ao ar aos sábados às 18h30 e depois aos domingos, das 11h às 13h. Assim que surgiu a TV, o programa foi adaptado para a Tupi, onde virou *Gurilândia*, apresentado por Collid Filho. Rosemberg tinha alto senso crítico e selecionava as músicas que as crianças iam cantar. Assim, gravou inúmeros discos com seu elenco mirim e promoveu excursões e campanhas em seus programas. Até os 13 anos, Sônia foi a principal atração do *Clube do Guri* e do *Gurilândia*. A garota cantava e apresentava algumas atrações e ainda fazia propaganda da boneca Susie, da Estrela.

Cada participação lhe rendia 200 réis – pagava o colégio com os 2.400 réis que ganhava – e uma caixa de sabonete Eucalol, o mais consumido do país, cujo marketing era ajudado por suas intermináveis coleções de estampas colecionáveis. Sônia também dava autógrafos para crianças que se diziam suas fãs. Assim como ela, outros adolescentes promissores da mesma idade passaram por lá, como Leni Andrade, Rosemary, Peri Ribeiro, Wanderléa, Neide Aparecida, Zaira Cruz, Neuci José da Cruz, Hélio Tys, Elisângela e Leila Miccolis.

Sônia gostava tanto de participar do programa que, aos 13 anos, apertava os pequenos seios dentro da blusa com faixa de tecido para parecer mais criança. Porém, a produção descobriu essa estratégia. Ao invés de impedir a sua participação, ofereceu à cantora um lugar nos programas de "gente grande". Foi contratada pela Rádio e TV Tupi e começou a gravar discos a partir daí, depois que saiu um 78 rpm com um coral do programa em que cantava *Jingle Bells*, rebatizada de *Sinos de Belém*.

Seus primeiros registros em disco vieram de composições da dupla Pedro Machado e Samuel Jatai, que faziam especialmente para ela, no gênero mais infantil. De acordo com Sônia, saíram pelo menos dez discos pela Copacabana, cujas faixas não se lembra mais. "O programa que eu participava era exatamente igual ao *The Voice Kids* de hoje, só que não ganhávamos notas e nem prêmios, a gente gostava de cantar, fazia shows nos clubes e na periferia, em outras cidades, nos subúrbios", conta ela.

E veio o passo seguinte na carreira. "Até que percebi que estava ficando mocinha e achei que tinha de mudar. A TV Tupi me ofereceu um contrato". Ela começou sua carreira de cantora para valer nesse momento. Um dia, quando cantava no *Programa Tonelux*, nome de uma famosa loja de venda de aparelhos de TV carioca, o diretor artístico da Philips ligou para a produção e a convidou para fazer um disco "adulto".

Sônia começou bem, com o sucesso *Diga que me Ama*, a deliciosa versão do rock americano *Make Believe Me Baby*, que depois sairia no LP *Sônia Delfino Canta para a Mocidade*. A faixa lhe rendeu o troféu Euterpe como cantora revelação de 1960, entregue pelo deputado federal e futuro governador Carlos Lacerda. Elizeth Cardoso ganhou como melhor cantora. O mesmo disco trazia ainda duas outras faixas bastante tocadas: *O Barquinho*, de Roberto Menescal e Ronaldo Bôscoli, e a explosiva *Bolinha de Sabão*, de Orlandivo e Adilson Azevedo, que se tornou um clássico da época, mas que era um típico samba bossa nova e nada tinha a ver com rock and roll.

Em novembro de 1959, Sônia cantava na TV *Oh, Carol*, quando Neil Sedaka, que estava no Brasil, viu a apresentação e quis conhecê-la. "Fizemos fotos juntos no Copacabana Palace, foi ótimo. Mas eu gostava mesmo era de bossa nova. Tanto que meu primeiro disco não é exatamente só de rock, é variado, mas o que fez mais sucesso foi *Diga que me Ama*. Tinha várias baladas também".

O segundo LP da cantora, *Alô Brotos*, foi consagrado pela crítica como um trabalho para jovens e lhe rendeu um programa de mesmo nome na TV. Para apresentá-lo, chamaram Sérgio Murilo como par masculino para dividir o palco com ela. "O diretor Carlos Alberto me chamou e perguntou quem eu deveria convidar para ser meu parceiro. Sérgio tinha a mesma idade e mesmo público que eu, já tínhamos feito shows juntos, e sugeri ele".

A atração se tornou sucesso imediato no Rio. Sônia, porém, cada vez mais tinha outros interesses. "Comecei a cantar bossa nova porque o conjunto que me acompanhava no programa era de Oscar Castro Neves, muito bom, ele no piano, Ivo Castro Neves no baixo". Mas os roqueiros tinham seu espaço no programa, liderados por Sérgio Murilo. Para ela, ajudava na audiência o fato de entrar antes do noticiário *Repórter Esso*, o *Jornal Nacional* da época, apresentado por Gontijo Theodoro.

A Tupi era o que é a Globo hoje, lembra a ex-cantora. "Nosso programa entrava às 18h30 e ia até as 20h, às quintas. Depois, aos sábados. A gente apresentava pessoas que eram famosas na época e começavam a se destacar. Passaram por lá Wilson Simonal, o jogador Bellini, capitão da Seleção campeã de 1958, e Roberto Carlos, que se apresentou com um violão. Ela não se esqueceria desse momento: "Eu fiquei ao lado dele, que era completamente desconhecido. Dei oportunidade de ele aparecer porque o programa tinha audiência e poderia lhe abrir portas. Ele cantou um sambinha que não me recordo, não tinha nada a ver com rock".

Tudo acontecia ao vivo e no improviso, sem roteiro ou textos preparados para apresentar os artistas e as músicas. "A gente falava o que quisesse, tinha um modelo parecido com *Altas Horas*, de Serginho Groisman. Qualquer um que estivesse na moda e fosse jovem ou veterano era convidado para conversar com a gente e cantar. Todos ficavam sentados ao lado da gente, quatro ou cinco convidados e eu e Sérgio sempre cantávamos também".

A dupla se dava bem, conta ela. "Sérgio era uma boa pessoa, tranquilo, simpático, nunca tive problemas com ele, era bastante gentil comigo e com os convidados. Mas com outros se dizia que não era fácil, que andava com nariz empinado. Nunca tive motivos para achar isso. Como se comportava Elis, que era excelente cantora, mas tinha um gênio horroroso".

O Rio era a vitrine, observa Sônia. Quem fizesse sucesso, atingia o Brasil inteiro. "Celly foi uma exceção, ela estourou em São Paulo e, por causa dela, o rock estava chegando e virou moda, não havia música de juventude até então". Para Sônia, Celly "fazia a personagem teenager, a menina-moça. Nessa parte, éramos exatamente iguais, cantávamos para o mesmo público".

A ex-cantora ressalta: "A gente era um pouco cópia das meninas americanas, das colegiais, das teenagers que víamos no cinema e nas revistas. Eu usava saia e blusa, saias de xadrez, lancei um sapato de duas cores que as americanas usavam, branco e azul marinho, parecia um tênis. Eu comprei na (Lojas) Polar e sabia que as americanas usavam igualzinho. Estava na capa do meu disco e as meninas ficaram doidas para ter também".

Tudo era instintivo, enfim. Não havia empresas para vincular produtos à imagem das estrelas, como aconteceria na jovem guarda. E nem pagar direitos autorais. "A gente não sabia de nada, não havia marketing, as rádios tocavam nossas músicas porque os discotecários gostavam". Além de aparecer em várias capas da *Revista do Rádio*, Sônia participou de dois filmes de sucesso produzidos por Herbert Richers: *Tudo Legal* (1960) e *Um Candango na Belacap* (1961). No primeiro, cantou *Meu Pianinho*, de Mário Vieira e Mauricio de Oliveira.

Logo, porém, ela se dedicaria mais à bossa nova. "Meus três LPs eram luxuosos, porque quem tocava nos arranjos eram Zé Menezes, no banjo, todas as músicas tinham Baden Powell ao violão e os corais de Os Cariocas. Tinha também Maestro Carlinhos Monteiro de Souza, o baterista Wilson das Neves. Enfim, só craques no estúdio da Phillips. Eram um luxo para uma garota como eu contar com esses gênios". Quem produziu todos foi Luís Bittencourt – músico e compositor, parceiro de Jacob do Bandolim em suas primeiras composições.

A cantora recorda que o segundo LP a afastou ainda mais do rock. "Era mais bossa nova, quanto mais esse ritmo foi se estabelecendo, mais gravei composições assim. Tanto que jamais fiz parte da jovem guarda porque eu tinha mudado completamente de rota na minha carreira. Minha afinidade era mesmo a bossa nova e quando alcancei uma maturidade musical, mudei. Deixei de lado as versões de rock e baladas americanos e foquei em música brasileira".

Da suposta rivalidade com Celly, "que nunca existiu", Sônia recorda que a cantora paulista nunca foi a seu programa, mais por falta de oportunidade e de agenda do que por inimizade. "Eu gostava dela, tinha uma voz doce. Ela tinha uma voz menor, cantava mais baixinho, era mais moderna. Parecia perfeita para um gênero musical ingênuo, não tinha maldade nela".

Celly surgiu, explica Sônia, em um contexto musical estabelecido havia bastante tempo e causou espanto em alguns, resistência em outros e críticas de vários. "E o seu ponto fraco para ataques eram as versões em português que gravava e faziam sucesso". Não consideravam, porém, que havia um público específico para ela, o juvenil, um segmento que surgiu no mercado de discos e com demanda surpreendente. O estilo tão pessoal e moderno da cantora, na sua opinião, fizeram a diferença. Tanto que foi ela quem teve o brilho maior, afirma.

A concorrente tinha uma modernidade única, de acordo com Sônia. "As cantoras mais antigas cantavam alto, como Ângela Maria e Dalva de Oliveira, com muita gritaria. Sou fã demais de Doris Monteiro porque a vida inteira ela foi uma cantora cool" – e que estava entre as preferidas da garota fenomenal de Taubaté. Celly aparecia como um meio termo e sem impostação, observa Sônia.

Enquanto isso, surgiam cantores homens que seguiam o mesmo caminho do sucesso pelo rock, nos passos de Celly. A maioria vivia em São Paulo, alguns nascidos em outros estados. Como Wilson Miranda, Ronnie Cord, Eduardo Araújo e, claro, Sérgio Murilo, que até aquele momento começava a azedar sua relação com o diretor da Columbia, Roberto Corte Real – a briga com a gravadora destruiria sua carreira para sempre, como se verá adiante.

Todos eles conseguiram se projetar e se tornavam os precursores do incipiente movimento de música jovem, o rock and roll, que desaguaria na jovem guarda alguns anos depois. No primeiro momento, Wilson Miranda logo se destacou. Junto com Carlos Gonzaga, ele foi um dos intérpretes que introduziram gêneros como calypso-rock e twist no Brasil no fim dos anos 1950, além das versões de baladas de rock de sucesso nos EUA.

Miranda havia se lançado como *crooner* de jazz e passou a cantar baladas no final da década anterior, sob a desconfiança da crítica. Estreou em 1958, com o calipso *Picolissima Serenata*, de Ferrio, Amurry e Sidney Morais; e, no lado B, o samba canção *Fui Procurar Distração*. No mesmo ano, com *Quando*, pela Chantecler, experimentou o sucesso comercial de músicas como *Bata Baby* (Long Tall Sally), de Little Richard, com versão de Toni Chaves e D. Fulgêncio.

Seu maior êxito e pelo qual seria lembrado para sempre foi a belíssima *Alguém é Sempre Bobo de Alguém* (Eveybody Someboy´s Fool, de Howard Greenfield, Jack Keller), outro sucesso de Connie Francis em versão de Fred Jorge. No ano seguinte, Miranda repetiu o êxito com o rock-balada *Twilight Time*, de Nevins e Dunn, sucesso do The Platters, com versão de Fred Jorge, e o beguine *Veneno*, de Poly e Henrique Lobo. Em 1960, o cantor emplacou o samba *Olhos Verdes*, de Aldacir Louro e Linda Rodrigues. Também lançou o bolero *Abismo de Amor*, de Waldick Soriano, e a guarânia *Teu Amor é Minha Vida*, de Lucio Cardim e Alberto Roy.

Sorte teve também um estreante de 1961, Eduardo Araújo, com o compacto duplo *O Garoto do Rock* (Philips). Este, aliás, ganharia maior projeção durante a jovem guarda, a partir de 1965. Ele era apenas 35 dias mais novo que Celly e tinha uma origem improvável de roqueiro, pois nasceu na pequena cidade mineira de Joelma e era filho do coronel e fazendeiro Lídio Araújo. Fã quando menino de Luiz Gonzaga e Pedro Raimundo, na adolescência se apaixonou por rock e pelo rockabilly de Gene Vincent, o que o levou para a banda The Playboys, em 1958. Até que o radialista Aldair Pinto, da Rádio Inconfidência, de Belo Horizonte, apelidou-o de "O Rei do Rock de Minas Gerais".

Em julho de 1961, o rock ganhou outro reforço com a estreia do programa na Rádio Guanabara *Os Brotos Comandam*, apresentado por Carlos Imperial. Enquanto o ritmo se consolidava, o país foi abalado com a renúncia do Presidente Jânio Quadros, em agosto, oito meses depois de tomar posse. O fato gerou uma crise constitucional porque os ministros militares se colocaram contra a posse do vice, João Goulart, que estava fora do país, em missão diplomática na China. As divergências resultam na aprovação do parlamentarismo no Brasil, em que Goulart tomou posse, mas não pôde governar – tarefa dada a Tancredo Neves, que assumiu como primeiro-ministro.

Enquanto isso, Celly manteve uma agenda cheia que teve como destaque a sua eleição e a de Sérgio Murilo como rainha e rei do rock no Brasil, respectivamente, em concurso feito por carta com os leitores da *Revista do Rock*, comandada por Janet Adib, uma espécie de bíblia do gênero no país. O casal ocupou a capa da edição de fevereiro de 1962, devidamente enfaixados e coroados.

O cantor carioca vivia seu melhor momento, com início de uma carreira internacional pela América Latina, a partir do lançamento, no Peru, de seu primeiro compacto em espanhol, pelo selo Columbia, que trazia as músicas *Bikini Amarillo*, *Lunares Diminuto* e *Justo*, com acompanhamento de Bob Rose y su Conjunto. Ainda em 1961, Murilo gravou o seu terceiro álbum de estúdio, com o título *Baby*, produzido por Renato Corte Real. Logo sairia no Peru uma versão em espanhol desse disco.

Na virada para os anos de 1960, o rock brasileiro cantado ainda se esforçava para estabelecer seus primeiros ídolos populares quando o estilo viu surgir uma nova onda – a das "guitarras que cantam". Eram os grupos de rock instrumental, tendência que nasceu com os ingleses do The Shadows e do The Tornados e os americanos do The Ventures, que trocaram a linha melódica dos vocais por solos de guitarras elétricas e se fundiriam à nascente surf music e ao twist, criando um sólido terreno para a música jovem que seria praticada naquela década.

Assim, impulsionaram dezenas de grupos brasileiros que exigiam perícia com o instrumento, mas que historiadores entenderiam como uma simplificação juvenil dos "conjuntos melódicos", como eram chamadas as bandas de salão de dança dos anos de 1950, como a Ritmos Ok, de Tony Campello. E funcionaram como solução diante da dificuldade em adaptar – ou mesmo compreender – as letras em inglês do rock que as plateias queriam ouvir. Ao mesmo tempo, não precisavam de cantores que alimentassem carisma dos fãs e davam credibilidade ao rock nacional em seus primeiros anos.

Havia uma distância considerável quanto à qualidade dos músicos americanos e brasileiros nesses conjuntos. Isto se deve, em parte, como escreveu a revista *Música*, no final da década de 1970, à inexistência de boas guitarras elétricas de fabricação brasileira e aos amplificadores de mínima potência (5 Watts) encontrados no mercado, que também limitavam as performances dos músicos. Nos EUA, já eram fabricadas boas guitarras, como a Fender e a Gibson, enquanto no Brasil as que havia apresentavam péssima qualidade sonora.

A fabricante e lojista Del Vecchio, de São Paulo, criou um modelo que foi descrito como "Les Paul", mas, apesar do nome pomposo, possuía corpo de madeira compensada, braço grosso e pesado. As concorrentes Giannini e Di Giorgio, famosas por seus violões, também fizeram suas tentativas de estabelecer modelos de guitarra que conseguissem atender à crescente demanda. Não deu certo. Nenhum fabricante nacional conseguiu criar instrumentos que proporcionassem execução mais fácil e menos cansativa.

Apesar das dificuldades, alguns grupos se destacaram, como Os Avalons, formado por Dudu, Daniel (Drácula) e Paulinho; Clevers, que mais tarde mudaria para Os Incríveis; The Jordans, The Balis e Jet-Blacks – liderado pelo guitarrista Gato, que trabalharia com Roberto Carlos.

O mais expressivo foi The Jordans, que surgiu no programa de Tony e Celly, *Crush em HI-FI*, em 1959. O grupo estreou em disco, porém, somente dois anos depois, em 1962, com o LP *A Vida Sorri Assim!...*", pela Continental, que trazia versões de Peter Gunn (H. Mancini), *Apache* (J. Lordan) e *Walk Don't Run* (J. Smith). À frente estavam os guitarristas Sinval e Aladdin. O conjunto conseguiu permanecer diversas semanas nas paradas com *Blue Star* (Victor Young). O sucesso seguinte foi *Tema de Lara* (Maurice Jarre), do filme *Dr. Jivago*, em que usaram diversos instrumentos de corda como guitarra e bandolim e, assim, ganharam atenção dos adultos.

No mesmo ano apareceu The Vampires, que seria rebatizado de The Jet Black's e se tornou a aposta da Chantecler contra o The Jordans. E não fez feio, com o ótimo disco *Twist* (1962). Ganhou entre os seus fãs Roberto Carlos e Raul Seixas, como confessaram depois. Nesse começo, o grupo acompanhou algumas gravações, como dos cantores Roberto Carlos, Celly Campello, Ronnie Cord, Deny & Dino e Sérgio Reis.

Logo viria o terceiro grupo de êxito, que se especializou em tocar com artistas em estúdios: The Clevers. Com cinco talentosos músicos, seria considerado um caso raro de contribuição autoral do rock instrumental brasileiro, com o disco *Clevers Surf*, antes de mudar o nome para Os Incríveis, em 1965, e alcançar sucesso com a versão da instrumental *The Millionaire* (*O Milionário*). Outros nomes que fizeram parte da turma do rock da praia foram The Rebels, Top Sounds, Bolão & Seus Rockettes, The Sparks e Os Santos, entre outros.

Do bairro da Pompeia, considerado o berço dos grupos de rock no Brasil, os The Rebels foi criado pelos irmãos Benvenutti – Romeu (guitarra) e Lidio Jr.(bateria). Os outros componentes eram José Carlos (baixo), Gaspar (piano e vocais) e José Galli Jr (guitarra e vocais). Lidio Jr. tinha apenas treze anos e foi apelidado de Nenê, o mesmo que faria parte do grupo The Clevers/Os Incríveis, onde ocupou o posto de contrabaixista. Galli Jr ficaria conhecido como Prini Lorez, nome que lhe foi dado por Vaccaro Neto. Romeu se tornaria um exímio construtor de guitarras, e abasteceu roqueiros por décadas.

Outro grupo do selo Young que se destacou foi o The Cupids, cujo nome era uma clara relação ao primeiro sucesso de Celly. Seus membros se destacariam durante a jovem guarda. À frente estava a vocalista Lucy Perrier, descrita como a dona de uma voz cristalina e de forte personalidade – que lembraria Rita Pavone –, além de carismática.

Sua gravação mais conhecida foi *Kiss Me, Honey Kiss Me*. Ao lado de Regiane, Lucy formava a dupla de cantoras da Young, cada uma em seu estilo, que nenhuma gravadora possuía igual na época. Outra vantagem a favor dos The Cupids era o fato de ter entre seus componentes dois garotões irreverentes, brincalhões, divertidos, além dos talentos para cantar e compor.

Todos paulistanos, estes grupos costumavam se apresentar no programa de Antônio Aguillar aos sábados à tarde, no auditório da Rádio Nacional de São Paulo. A Rádio Bandeirantes possuía em seu quadro três disc-jockeys da maior importância para difusão do rock em São Paulo e no Brasil: Walter Silva (*O Pick-Up do Pica-Pau*), Enzo de Almeida Passos (*Telefone Pedindo Bis*) e Henrique Lobo (*É Disco que Eu Gosto*).

Entre os cantores, um destaque desse começo de década era o paulistano Baby Santiago, negro e um dos mais originais compositores do nascente rock nacional. Apelidado de "Chuck Berry brasileiro", Baby foi um dos primeiros compositores regulares, com letras consideradas originais, sagazes e metricamente perfeitas, como observou o jornalista e pesquisador Fernando Rosa. Nascido em 17 de outubro de 1933, seu nome de batismo era Fulgêncio Santiago e seu apelido nasceu do sucesso que fez com *Bata Baby*, versão de *Long Tall Sally*, de Little Richard, que dividiu com o cantor Wilson Miranda, em 1960.

Na contramão das versões, Baby Santiago destacou-se por escrever músicas originais, com letras talentosas e cheias de humor, como observou Rosa. Destaque para *Adivinhão* (também em parceria com Miranda), gravada por George Freedman, em 1961. Outras pérolas nascidas de sua verve foram *Rock do Saci* (1961) e *A Bruxa* (1964), sucessos com o cantor Demétrius. Suas mais expressivas criações foram mesmo *Estou Louco* (1962) e *Boogie do Guarda* (1963), registradas por ele próprio em 78 rpm.

Outro nome promissor foi, sem dúvida, Ronnie Cord, filho do maestro Hervê Cordovil, um dos mais importantes compositores da era de ouro do rádio, entre os anos de 1930 e 1950. Paulistano, Ronnie apareceu em 1958 com o rock juvenil cantado em inglês *Itsy Bitsy Teenie Weenie Yellow Polka Dot Bikini*, de Brian Hylland, que havia sido gravado naquele ano. O mesmo cantor, quatro anos depois, curiosamente, retornou às paradas com uma versão em português da mesma canção, intitulada de *Biquíni de Bolinha Amarelinha*.

Enquanto no Rio Carlos Imperial tentava lançar seus amigos Roberto Carlos e Erasmo Esteves no mundo da música – não exatamente do rock, no caso do primeiro –, era em São Paulo que o ritmo se tornava cada vez mais profissional e as gravadoras buscavam seus novos talentos. Naquela loteria em que Celly tinha tirado o prêmio máximo, por causa do seu talento, a maioria não conseguiria êxito comercial. No máximo, um sucesso. Mas serviam para dar tamanho e variedade e consolidar o gênero.

A busca desses artistas por espaço tinha obstáculos como as críticas que recebiam desde a qualidade das músicas e das letras, o fato de serem versões, ao modo de se vestirem. "A rejeição compreensível em relação àquele bando de jovens topetudos era inevitável, especialmente no período em que a bossa nova se firmava, entre 1958 e 1962", escreveu o pesquisador Sérgio Barbo. "O curioso é que apenas os bossanovistas de 'segundo escalão' repudiavam o rock", observou Tony Campello.

Nomes consagrados como Cyro Monteiro, Tom Jobim, Tito Madi, Sílvia Telles, diz ele, "gostavam da gente, Cyro adorava a gravação de *Índio Sabido*, de Celly". Ele afirma ainda que alguns disc-jockeys também não tocavam rock em seus programas por preconceito. "Por outro lado, existiam outras atrações importantes que apoiavam a gente, como as de Enzo de Almeida Passos, de Carlos Alberto 'Sossego' e outros, eles divulgavam bastante nosso trabalho".

As grandes gravadoras eram o sonho de quem queria fazer sucesso no meio musical, claro. Em 1961, todas pareciam ter conseguido suas apostas de êxitos. Na primeira fila estava a Odeon, que vivia o melhor momento em sua história, com João Gilberto a liderar o movimento da bossa nova, Anísio Silva como precursor da música brega e, claro, os irmãos Campello na linha de frente do ingênuo rock de versões estrangeiras e leves atitudes de rebeldia.

O galã Demetrius – que nem precisava cantar para arrancar suspiros das mocinhas – tinha trocado a Young pela Continental para cantar em português –, Carlos Gonzaga e Ronnie Cord vendiam cada vez mais discos pela RCA Victor. O primeiro sucesso de Demetrius só veio em 1961, com *Corina, Corina* (Ray Peterson) em português. Em seguida, lançou *Rock do Saci*, de Baby Santiago. A consagração demoraria um pouco, em 1964, com *O Ritmo da Chuva*, versão de *Rhythm of the Rain*, do grupo vocal The Cascades.

O Rio de Janeiro tinha seu próprio circuito roqueiro, que se reunia em casas de shows como o Blue Riviera e no sucesso televisivo do programa *Alô, Brotos*, de Sérgio Murilo e Sônia Delfino, na TV Rio. Sérgio continuava conhecido por *Marcianita* e *Broto Legal*. E se mantinha nas paradas com seu recente *Rock de Morte*. Essas canções renderam a ele, em agosto de 1961, o título de Rei do Rock, pela *Revista do Rock*, como foi visto.

Todos esses artistas, liderados pelos irmãos Campello, fizeram com que o rock se abrasileirasse, mesmo com as críticas na imprensa contra as versões de sucessos originais americanos. De qualquer modo e de um jeito particular, a jovem estrela de Taubaté criou o que chamariam depois de "rock and roll cor-de-rosa" de Celly Campello, voltado principalmente para meninas adolescentes que começavam a descobrir o amor.

Com o impacto de sua imagem de simpatia e carisma, além da voz afinada e perfeitamente clara e límpida, teve início o primeiro estilo de rock nacional que mais tarde ganharia o rótulo de jovem guarda. As fãs a copiavam à exaustão, inspiravam-se em suas saias rodadas, blusinhas comportadas e rabo-de-cavalo e ensaiavam passinhos de rock para tentar impressionar os rapazes.

A Odeon, enquanto isso, não perdia oportunidade para promovê-la, depois de quatro álbuns demolidores e cerca de 60 canções gravadas, somadas as dos compactos. Como, por exemplo, incluir músicas cantadas por ela em suas bem-sucedidas coletâneas. E de Tony também. Foi o que aconteceu no LP *Estamos em Dia com o Sucesso*, onde os misturou entre nomes diversos como Isaura Garcia, Osny Silva, Orlando Dias e Anísio Silva. Celly entrou com *Hey Mama*.

À medida que ela se mantinha no topo das paradas, a cantora incomodava cada vez mais uma geração de críticos conservadores que cultivavam relacionamentos estreitos por afinidade com grandes nomes do que seria chamado anos depois, no fim daquela década, de MPB (Música Popular Brasileira). Vários desses puristas do samba-canção, do samba tradicional e até mesmo da bossa nova e da música de boate começaram a pichá-la porque a maioria de suas músicas, de Tony e de outros artistas jovens, eram versões.

Esse desmerecimento magoaria Celly a ponto de ela dizer que foi um dos motivos que a levou a deixar a música tão cedo – além do sonho de casar e ter filhos. Mesmo com toda a discrição, ela não aceitava ser excluída do rol de intérpretes de qualidade e cobrava respeito. Disse em entrevistas no decorrer de décadas que cantava versões porque era costume valorizar hits internacionais.

O irmão Nelson se impressionava com o comportamento contido da irmã por outros motivos: "Celly fazia shows, já era famosa no país inteiro, algo impressionante, mas chegava em casa, punha uniforme e ia para escola como se fosse uma estudante normal. Tanto que ela terminou os estudos quando era o nome mais conhecido do país. Minha irmã nasceu com uma estrela na testa, tudo que fazia dava certo".

A expansão do rock levou ao surgimento de mais programas dedicados ao gênero em todo país. Como o do paulista de São José do Rio Preto Antônio Aguillar. Desde junho de 1960, ele apresentava no auditório da Rádio Nacional, de São Paulo, na Rua Sebastião Pereira, no Arouche, aos domingos, às 16h, o programa *Ritmos da Juventude* – curiosamente, cinco anos depois, no mesmo dia e horário, seria apresentado na TV Record o *Jovem Guarda*.

Como anotou *Correio Paulistano*, em 25 de novembro de 1961, ao comentar a atração naquele dia: "intérpretes do rock and roll estarão a postos: Demetrius, Gesay Soares de Lima, George Freedman, entre outros". O radialista seria apontado como lançador de carreiras de nomes como Roberto Carlos, Sérgio Reis, The Jordans, The Jet Blacks, The Clevers ("Os Incríveis"), Jean Carlo, Marcos Roberto, Wanderley Cardoso, Jerry Adriani, Eduardo Araújo, Os Vips etc.

Em seu microfone foram entregues as coroas de rainha e rei do rock para Celly Campello e Sérgio Murilo, de acordo com a eleição promovida pela *Revista do Rock*. "A festa será realizada em colaboração com a imprensa escrita, que vem fazendo pelos seus leitores e provavelmente será em fins de julho do corrente ano em Taubaté – quem sabe; ou na própria capital paulista", escreveu a publicação. "Desde já está garantido o sucesso. Antonio Aguilar não conhece derrotas nessa constante de trabalho em prol da juventude do nosso Brasil".

Um dos momentos marcantes na carreira de Celly foi essa eleição como Rainha do Rock. A pequena – no formato de bolso e na estrutura empresarial –, porém barulhenta *Revista do Rock* fora fundada e editada pela jornalista Jeanette Adib, uma apaixonada por aquele gênero musical. O nome da Editora Rio Branco Ltda, de propriedade dela, veio de seu endereço, pois ficava na Avenida Rio Branco, 185, Centro do Rio, perto da sede da gravadora Polydor.

A pequena equipe de colaboradores da publicação era formada por M. Mussa, Jorge Cabral, Saldanha Marinho, Van Gold e Carlota A. Neves. Depois de quase três anos de Celly no topo das paradas, a revista resolveu fazer uma eleição entre os leitores para escolher o Rei e a Rainha do Rock. Sérgio Murilo ficou com o troféu masculino e ela com o feminino – teve 40 mil votos. A escolha mexeu com a emoção de Celly. "Tenho até hoje a coroa que recebi, juntamente com Sérgio Murilo, escolhido como o rei do rock. Era a briga pelas paradas de sucesso entre nós (risos)".

A verdade era que o cantor estava em outro patamar de popularidade em relação a ela, bem abaixo, mas continuava a fazer sucesso. Nesse ano, Murilo lançou o LP Baby, mais uma vez acompanhado da Orquestra e Conjunto de Bob Rose. A maioria das faixas trazia versões. Como as que Fred Jorge fez de *Tu és Tudo para Mim* (You mean everything to me), de Neil Sedaka e Howard Greenfield; *Minha História de Amor* (The Story Of My Love), de Paul Anka, e *Um Só Momento*, de Esther Delamare.

Coube a Hervé Cordovil, pai de Ronnie Cord, adaptar para o português (antes de o filho gravar) *Biquíni de Bolinha Amarelinho* (Itsy Bitsy Teenie Weenie Yellow Polka Dot Bikini), de Paul Vance e Lee Pockriss. *Merci, Meu Bem* (Merci Paris), de Chabrier e Barelly, ganhou versão de Fernando César; enquanto *Abandonado* (Only the Lonely), de Roy Orbison e Joe Melson, recebeu letra de Gerson Gonçalves. O disco trouxe ainda *Quem Não Gosta de Rock* (Teenage Dance), de S. Balono.

Entre as originais de autores brasileiros apareciam *O Sininho da Matriz*, de Renato Corte Real e Nadir Peres; *Domingo de Sol*, de Rutinaldo e Vicente Amar; *Baby*, de Astor Silva e Renato Corte Real; *Balada do Homem Sem Rumo*, de Castro Perret; e *Tu Serás*, de Ângela Martignoni e Othon Russo. No mesmo ano, sua gravação em compacto para *Domingo de Sol*, incluída na coletânea *As 14 Mais - Vol. VI*, da CBS.

A imprensa destacou principalmente a escolha de Celly como Rainha do Rock, porque continuava a se superar com sucessos que tinham a sua marca, uma vez que determinadas músicas saíram em discos de outros artistas, mas só alcançaram as paradas com sua voz. Em todos os estados, clubes e teatros disputavam sua presença, o que a levava a viajar toda semana – uma rotina que foi facilitada por já ter concluído o segundo grau. E tinha de encontrar tempo para os convites das rádios. Como a apresentação com o irmão Tony e com o cantor Peri Ribeiro em uma temporada na Rádio Mayrink Veiga.

Quando faltavam notícias sobre Celly, a imprensa musical e de fofocas inventava. Principalmente *Revista do Rádio*. No vale tudo, recorria-se até a notícias falsas sobre seu irmão Nelson Filho. Em uma nota, a publicação anunciou que ele pretendia se tornar cantor. "Tudo não passou de uma gozação que o repórter deve ter ouvido quando foi a Taubaté. Meus amigos diziam que já tinha Tony, Celly e eu seria Fred Campello". Sua função nunca foi além de ficar na retaguarda da irmã mais nova durante os shows, ressalta. "Eu era apenas motorista dos meus irmãos", conta.

O ano de 1961 chegava ao último quadrimestre e a cantora continuava a reafirmar sua decisão de parar com a música e se casar. Na reportagem "Rock em família", publicada na revista *O Cruzeiro*, em 9 de setembro, Celly disse ao repórter Eduardo Ramalho exatamente isso. Ele lembrou que a música *Um Rapaz Bonito* (tradução do título de *Handsome Boy*) a ajudou a ficar conhecida em todo o Brasil e "em boa parte do mundo – o que não era verdade. "Depois, veio um *Estúpido Cupido* e seu sucesso reforçou-se".

Ramalho continuou: "Ao leigo em matéria de música popular, poderá parecer que Celly Campello, para se tornar famosa como cantora, ter-se-ia enamorado de um guapo 'playboy'. Mais tarde o teria trocado por outro, talvez não tão guapo, nem tão 'playboy', revigorando sua popularidade. Mas, na verdade, não aconteceu nada disso". E explicou o que queria dizer sobre o tal "rapaz bonito" e *Estúpido Cupido*, que a tornaria ainda mais conhecida e mais admirada pelos aficionados do rock and roll".

Assim, escreveu ele, "está resolvida a charada. Essa é a história da vitória artística de Célia Campello, menina prodígio da Praça Santa Teresinha, na próspera cidade paulista de Taubaté. Célia, hoje, é Celly. Seus dez aninhos ficaram para trás. No dia 18 de junho último completou 19 primaveras. Contou-as, felicíssima, não pela maioridade que alcançava, mas pelo grande número de amigos presentes, pelo apoio dos papais à carreira que abraçara, pelos 50 discos que já gravou (em diversos formatos) e pelos 'quase três milhões de cruzeiros' que já ganhou desde que começou a cantar como profissional", observou a revista.

Aquela "bonequinha" que alegrava as festinhas infantis de Taubaté, prosseguiu Ramalho, "hoje ainda é bonequinha, mas com uma diferença: encanta todas as festas particulares, ou de clubes, de todo o Brasil. O povo de sua cidade, que não é egoísta, está feliz em saber que a voz de Celly ganhou ressonância. Tanta, que já ultrapassou as fronteiras do 'ex-gigante adormecido'" – como era comum se descrever o Brasil.

Ele fez uma observação importante sobre o preconceito que ela enfrentava desde o primeiro disco: "A vitória de Celly Campello como cantora tem mais valor porque ela enfrentou um gênero novo, difícil de ser aceito em nosso país, principalmente porque os grandes intérpretes estrangeiros, ressaltando-se os norte-americanos, eram donos absolutos do mercado. Ela chegou assim como quem não quer nada. Chegou e agradou".

Para *O Cruzeiro*, a jovem "difundiu o 'rock', em versão ou em criação brasileira, abrindo novos campos para essa modalidade de música". Curioso, prosseguiu, que quando garota, Celly cantava músicas de Ângela Maria. "Era e ainda é admiradora de Ângela. Mas não pôde continuar com seu estilo. Precisava criar algo para si. Criou. Agora também tem fama, fortuna e um amor. Sem isso, diz, nada seria completo", afirmou a reportagem.

A revista revelou que, por causa do casamento, ela tinha mudado sua relação com quem a contratava para se apresentar por todo país e na TV. "Atualmente, a jovem Celly não tem contrato com estações de rádio ou de televisão. Prefere o 'cachê'. Ganha mais, tem maior liberdade, vai aonde quer e como quer". Seu pai, Nelson Campello, era quem assim preferiu, teria dito ele. "Íamos esquecendo: ele é o 'manager' da filha. Cuida de seus interesses como pai, como amigo, como empresário".

Tudo em família, portanto. Ela conseguia tantos louros e nem por isso Celly perdeu aquele jeitinho de moça provinciana. "Em suas folgas, corre para a casa dos papais. Ajuda a mamãe, estuda, prepara gravações. Nas horas extras, namora". Estava apaixonada, disse. "Ela escolheu o príncipe, que não é de rádio, nem de família aristocrática. Um antigo colega de colégio (não era verdade como foi visto). Chama-se Eduardo. O casamento sairá no ano que vem. Depois, Celly Campello só vai cantar para ninar os seus pimpolhos. Deixará a vida artística".

No segundo semestre desse ano, Celly participou de um projeto inusitado que não seria lembrado por seus biógrafos e nem pelos de João Gilberto. Como os dois eram da

Odeon, a gravadora os convidou para cada um gravar um refrão exclusivo que faria parte de um LP que o humorista José Vasconcellos estava preparando para as crianças, com textos e letras de Pascoal Longo e composições do maestro Gaya. O disco se chamaria *José Vasconcellos Conta Histórias de Bichos*. Cada artista cuidaria de um animal.

O Lado A começava com "O Presunto do Jacaré" e refrão vocal de Celly Campello. Em 19 segundos, ela canta uma paródia de *Estúpido Cupido*, com o mesmo arranjo, aliás:

Este caso do presunto
É um caso sem igual
De Paris a Niterói
De Brasília a Bananal
Este caso do presunto
É um caso sem igual

Em seguida, vinham: "A Roupa do Leão", com João Gilberto; "O Elefante Tarzan", com Noriel Vilela; "Vicente, O Peru Diferente", com Norma Bengell; e "O Rato Cangaceiro", pelo Trio Irakitan. Os refrões do Lado B eram de: Anísio Silva ("Rosa, A Macaca Formosa"), Elza Soares ("A Barata Serafina"), Trio Esperança ("Panchito, O Galo Tenor"), Stellinha Egg ("A Pirraça da Tartaruga") e Moreira da Silva ("O Gato Mágico"). Foi um sucesso entre a meninada.

O inusitado disco com tantas presenças ilustres ganhou destaque no *Diário da Noite* de 1º de novembro de 1961, com o título de "Historietas" – como se chamava histórias em quadrinhos na época: "Com aquele seu olho todo especial, José Vasconcelos conta, agora, através de seu novo LP para as crianças, histórias de bichos. O curioso das gravações é que cada poema das historietas tem início com uma quadrinha musicada cantada, cada uma pelos vários artistas do LP".

Após listar os cantores convidados, o jornal comentou: "Uma delícia ouvir Zé contar, por exemplo, a história da barata Serafina, de cintura fina, de Panchito, o galo tenor, do gato flautista ou de Vicente, o peru diferente... Divertido, sem dúvida, o novo disco de José Vasconcelos. Divertido para as crianças e para os marmanjos".

Seria natural que a cantora tivesse fã-clubes em várias cidades do país, como em Belo Horizonte, onde foi criado o Fã-Clube Campello, dedicado aos dois irmãos. Enquanto isso, no dia 12 de agosto, *Hey Mama* ainda aparecia nas paradas da *Revista do Rádio* em oitavo lugar. Celly não sabia direito quantos discos tinha vendido até ali, mas achava que chegara aos cem mil exemplares somente de *Estúpido Cupido*, como teriam lhe dito não oficialmente na Odeon – na verdade, teria passado de 500 mil somente o LP.

De fato, nenhum artista conseguia conferir os números com precisão e a prudência recomendava acatar as prestações de conta das gravadoras, para que não se tivesse problemas na condução da carreira de cada um. "Naquela época, não existia uma máquina para controlar tudo que se fazia em torno de um nome", lembrou Celly, décadas depois. Sem contar que usavam seu nome para vender produtos e nunca recebia alguma coisa por isso.

Uma empresa de calçados, por exemplo, lançou o "cinto Celly" e não pagou um centavo de royalty a seu pai. Os fabricantes mandaram apenas uma unidade de cada modelo para a cantora, que agradeceu por carta e disse que "achou-os simpáticos". Celly não ficou rica por essas razões, disse depois. Com o dinheiro que ganhou durante sua curta carreira, conseguiu comprar um apartamento de um dormitório em São Paulo, como foi dito. Só. "Não sei se eu não almejava mais ou se não era possível ganhar mais", disse.

A vida intensa da família parecia não deixar tempo para que alguém se preocupasse com direitos autorais. "Nossos pais vibravam, assim como eu, com o sucesso de Celly e de Tony", recorda Nelson Filho. "Papai gostava demais daquilo que os dois faziam, das turnês, do programa de TV e dos discos". Os espetáculos ao vivo dos dois irmãos eram considerados, em 1961, dos mais caros do país, embora pouco dinheiro chegasse às mãos da dupla, como conta Tony.

Havia também o imponderável. Ou quase isso. Na viagem a Manaus, Nelson Filho quase enfartou de susto, quando foi informado que o quadrimotor superconstelation da Panair teve de retornar por problemas técnicos e que ia atrasar sua chegada a São Paulo. "Temi que perdesse toda a minha família". A ida à capital do Amazonas fez parte de uma longa turnê que começou em Salvador e passou por quase todas as capitais das regiões Nordeste e Norte, exceto Alagoas (Maceió), cujo show não foi acertado.

Esse foi um ano intenso de apresentações por todo Brasil. "Eu e Tony viajamos para todas a capitais e as maiores cidades do interior", contou ela. O irmão completa: "Idas à televisão era uma coisa mais de São Paulo, a maioria dos estados não tinha emissoras e as entrevistas eram nas emissoras de rádio. A gente chegou a cantar em cidadezinhas do Amazonas ao Ceará. Lotava mesmo. Todo lugar que a gente ia precisava de segurança".

Era cansativo, mas os dois gostavam daquele carinho dos fãs, da correria em busca de um autógrafo. Jamais se negavam a atendê-los. "A gente ia no DC3 da Vasp para todo canto, ou pela Real Aerovias e os aviões balançavam bastante. Em Porto Alegre, a dupla se apresentou no Cine Castelo, onde foi assistida por uma menina de 16 anos que gravaria seu primeiro disco naquele ano e cantava no rádio: Elis Regina.

Por onde Celly ia, uma multidão de fãs enlouquecidos lotava seus shows. Quase todas as adolescentes queriam ser como aquela estrela e copiavam suas roupas para ir aos shows. As apresentações ocorriam muitas vezes nos intervalos dos bailes de formatura, porque todos queriam registrar aquele momento tão importante em suas vidas ao som de *Estúpido Cupido, Banho de Lua* e *Broto Legal*. Como os cachês não eram altos, a dupla topava também esse tipo de evento.

Havia um ritual nessas festas, como conta Nelson Filho. As danças e celebrações paravam à meia-noite para a atração que era Celly. "E ela tinha uma dificuldade tremenda de lutar contra o sono, tadinha – e eu sou igual a ela – para esperar a hora de fazer o show. Às vezes, começava à 1h da manhã. Não era fácil para quem gostava de dormir cedo".

A fama também permitiu aos irmãos conhecerem de perto outros ídolos, depois de Neil Sedaka e Brenda Lee. Em 1961, foi a vez de Johnny Ray, tão importante na formação de Tony, como foi visto. "Ele me fez gostar de música americana. Fomos eu, Celly e Fred

Jorge vê-lo cantar no Teatro Bandeirantes, foi maravilhoso, tietamos e fomos falar com ele no camarim depois do show".

Entre tantos compromissos, a cantora entrou o segundo semestre de 1961 com uma agenda repleta de gravações para a Odeon. Mas insistia que estava disposta a lutar contra aquela rotina cansativa que não era a que queria para si. Seriam meses com mais prêmios, novos sucessos e o lançamento do quinto LP. Na sua cabeça, ela havia experimentado tudo que uma carreira musical bem-sucedida poderia oferecer e um pouco mais e chegara o momento de dar ao namorado uma prova disso.

Em especial, para aniquilar as especulações, intrigas e fofocas que *Revista do Rádio* promovia ao falar de sua relação com Eduardo. A publicação mais lida do país havia tentado lhe arranjar ao menos dois namorados famosos: Agnaldo Rayol e Sérgio Murilo, com fotos forjadas de ela junto com cada um em diferentes momentos, inclusive estampavam as capas. Por mais que seu noivo acreditasse que tudo era armação, com o aval dos irmãos Campello e do pai para promover suas músicas e discos,

Eduardo sempre ouvia piadas de que chifres brotavam na sua cabeça. Sua confiança em Celly e a palavra dela lhe davam certa tranquilidade, conta ele, seis décadas depois. A presença de um dos pais em vários shows lhe trazia essa certeza. Procurava não atrapalhar, porém, a carreira da noiva. Como trabalhava, viajou pouco para vê-la no palco. "Alguns shows eu acompanhei, mas não gostava, não porque era um ambiente fora do meu meio, tumultuado", observa Eduardo. Até que Celly lhe pediu em casamento e não o contrário, como era regra.

No caso de Agnaldo Rayol, a amizade com a cantora ajudava a alimentar as especulações. Décadas depois, o cantor recorda para este livro a pressão da revista carioca: "Essa publicação era um dos poucos órgãos que levantava a carreira dos artistas, mas muita coisa que saía era armação, como os noivados de Cauby e meu – Ai, meu Deus! E todo mundo engolia". O jovem astro conheceu Celly através de Fred Jorge. "Eu gravei muitas versões dele e ficamos amigos. Um dia, ele me apresentou a ela. Ficou uma amizade gostosa".

Agnaldo chegou a frequentar a casa dela em Taubaté muitas vezes. "Eu ia do Rio para São Paulo de carro quase toda semana e, na volta, sempre dava uma passadinha em Taubaté para falar com ela, os pais, Tony. Eu era bem recebido e Celly sempre se mostrou uma pessoa encantadora, uma moça de uma educação fora do comum". Na intimidade, continua o cantor, ela era exatamente como as pessoas a viam na vida pública: uma artista tranquila, suave, mesmo com a fama fora do comum que conseguiu tão nova.

E passou a admirá-la por isso. "Posso garantir que nunca subiu à cabeça de Celly a fama que a perseguia, nunca deixou de ser uma pessoa de família, trabalhava de acordo com o que combinava com Tony, o pai e a mãe". Agnaldo parava para mostrar o que havia gravado e queria saber se eles tinham gostado, se Celly aprovava. "Eu trazia um acetato, uma prova em 78 rpm e pedia a opinião de todos na casa dela".

Para o cantor, a televisão foi importante no processo de criação e imposição dos primeiros ídolos jovens na música brasileira, na virada para a década de 1960. "Vivíamos uma época de ouro em termos musicais, com a TV Record e sua aposta em Celly e Tony com o programa *Crush em HI-FI*. Até então, fazia-se musicais na Tupi, a maior emissora de TV que tínhamos. Eu mesmo comecei como cantor lá, antes mesmo de gravar meu primeiro disco", observa.

A descoberta de Agnaldo como cantor foi das mais interessantes, como ele recorda, em detalhes. "Ninguém sabia quem eu era e Cassiano Gabus Mendes resolveu apostar em mim, quando vim para São Paulo pela primeira vez". Ele não se esqueceria a data, 12 de outubro de 1957. Cassiano era diretor artístico da TV Tupi, o cargo mais elevado da emissora, embora tivesse pouco mais de 20 anos de idade. "Primeiro, cantei em um programa da Rádio Tupi e foi um sucesso". O convite para aparecer na TV tinha vindo depois de um produtor o ouvir no Rio e o chamar para cantar na capital paulista.

Agnaldo nasceu em Bom Sucesso, subúrbio carioca. E quando pisou em São Paulo pela primeira vez conseguiu sua grande chance. "Assim que terminei de cantar a primeira música e entrou o intervalo comercial, um rapazinho veio falar comigo, elegante, magrinho, mocinho. E me disse: 'Vai na minha sala depois de cantar a próxima música que quero falar com você'. 'Pois não, mas gostaria de saber o seu nome porque não conheço ninguém aqui'. 'Eu sou Cassiano Gabus Mendes, sou diretor artístico e quero falar contigo'. Fiquei meio nervoso, mas cantei a música e fui até lá".

Quando entrou na sala, Cassiano imediatamente falou: "Quero que você faça um programa de televisão aqui na Tupi. Você quer fazer? Você quer ser lançado por mim na televisão, com um programa seu, escrito, narrado, produzido por mim?". Agnaldo não conseguia acreditar no que ouvia. "O que eu ia responder? Que não? E foi assim que aconteceu, ao contrário de outros, que fizeram sucesso primeiro com seus discos. Como Celly, que gravou, estourou e chamaram ela e Tony para fazer um programa para jovens na Record".

O cantor acredita que a maior divisora de águas para o êxito do rock no Brasil foi a TV Record. Por meio dela e por causa do *Crush em HI-FI*, diz ele, vieram os grandes programas musicais da segunda metade dos anos de 1960, que foi a época de ouro desse formato de atração. A lista era grande. Além dos de Agnaldo, Celly e Tony, havia *Corte Real Show* (Renato Corte Real), *Fino da Bossa*, *Esta Noite se Improvisa*, *Esta Noite É*... e os festivais musicais. "E antes disso tudo teve Celly e Tony. Foi a Record quem deu essa reviravolta na música brasileira".

Até 1961, os programas não eram transmitidos ao vivo para todo país, por falta de tecnologia. Mas passaram a ser gravados com a invenção do videoteipe. Tudo era registrado em fitas, editado, duplicado e distribuído. Lembra Agnaldo: "E foi assim que a Record transformou a MPB, criou uma onda nova de gêneros musicais. Eu fazia o romântico, Celly fazia com o rock, depois apareceu a jovem guarda, que sofreu preconceito, porque muita gente levantava a bandeira pela MPB. Tudo importante e quem começou foram Celly e Tony".

Por causa de Agnaldo, aliás, Celly tomou um enorme susto quando as rádios começaram a divulgar a morte do cantor, que estaria entre as vítimas da queda do avião da Vasp, modelo SAAB Scandia 90A-1, Prefixo PP-SRA, que se chocou no ar com um Cessna 310, Prefixo PT-BRQ, no dia 26 de novembro de 1962. O primeiro tinha decolado do aeroporto de Congonhas pela manhã, com destino ao Rio de Janeiro e, 26 minutos depois, colidiu-se com o segundo, quando voava do Rio para o Paraná.

As duas aeronaves bimotores se espatifaram sobre a cidade paulista de Paraibuna. O acidente matou 26 pessoas e não houve sobreviventes. O nome de Agnaldo estava na lista de passageiros. O cantor ia embarcar naquele voo, quando foi tomado por um medo inexplicável. Hesitou, mas resolveu seguir a intuição. Deu sua passagem de presente a um publicitário que acabara de chegar atrasado no aeroporto e disse que precisava viajar.

O cantor seguiu em seu carro e, ao chegar ao Rio, sem saber de nada, foi direto para seu apartamento e levou um susto quando sua empregada chegou na casa e encarou-o assombrada e lhe contou que estava todo mundo lamentando sua morte pelas emissoras de rádio e em todas as esquinas da cidade – e do país. Inclusive Celly, por ter nele a pessoa com quem tinha mais afinidade no meio artístico. Sem estrelismo, os dois realmente se tornaram amigos.

Eduardo conta que naquele final de 1961 poucos levavam a sério que Celly cumpriria a palavra de parar com a carreira para se casar. "Ninguém acreditava que ela podia largar tudo para viver a vida de casada comigo. Mas ela vinha nutrindo esse pensamento fazia tempo, desde que começamos a namorar. O meio musical não tinha o profissionalismo de hoje, que poderia funcionar como pressão contra a gente, entende? Mesmo com o tremendo sucesso que ela fazia".

Por isso, Celly vivia situações inusitadas e que soariam inacreditáveis seis décadas depois. Para fazer um show na capital ou se apresentar no seu programa de TV ela continuou a viajar de ônibus, pela companhia Pássaro Marrom. Isso durou mais de três anos. Eduardo lembra: "Eu a deixava à vontade. Todo mundo estranha, acha que quando ela estourou, o pessoal da música tinha as facilidades de hoje. Longe disso. Ela saía de ônibus e não tinha como voltar. Aí, seu Nelson procurou a direção da Pássaro Marrom, que colocou um ônibus extra às 22h30 nas terças para ela voltar em segurança para casa. Não tinha isso de mandarem buscar e levar de carro ou de helicóptero. Era tudo amador, as coisas aconteciam mais pelas amizades do que por acordos profissionais".

Uma das atividades que Celly sentiria falta seria seu programa de TV, líder de audiência em São Paulo e que lhe dava bastante popularidade – e vendas de discos. O público adorava vê-la cantar as músicas novas e ligava para as rádios pedindo que as tocasse. Assim, provocava um efeito em ondas que a mantinha no topo das paradas em São Paulo.

Ela interpretava de vez em quando os primeiros sucessos, como *Estúpido Cupido*, *Banho de Lua* e *Broto Legal* e acontecia o mesmo: as rádios eram pressionadas por cartas e telefonemas e as tocavam sempre. "Toda semana, ela cantava de três a quatro músicas na TV e não havia da nossa parte essa preocupação de promover os discos novos, a gente cantava o que desse vontade, na maior curtição", recorda Tony.

Celly deveria ter renovado o contrato semestral com a Record em fevereiro de 1961, mas preferiu acertar um cachê semanal com a emissora, a fim de mostrar que pretendia mesmo se afastar da televisão também. O lamento viria depois do casamento, pois, para onde se olhasse, a figura dela se fazia presente no decorrer de 1961.

As lojas estavam abarrotadas com seus discos, que eram repostos ao menos duas vezes por semana. Seu sorriso aparecia em campanhas publicitárias do achocolatado Toddy e das bicicletas Monark, por exemplo, na TV e no rádio, em outdoors e principalmente em revistas, com letra e música de Miguel Gustavo. Este também a convidou para cantar o jingle do Colírios Moura Brasil naquele ano.

Foram mais de duas dezenas de capas e reportagens sobre ela somente na *Revista do Rádio* em quatro anos. As notas passaram de 100. Dezenas de cartas para Celly e Tony chegavam todos os dias no seu endereço oficial, divulgado na seção dos leitores da *Revista do Rádio*. Todos deveriam escrever "Para Celly Campello, aos cuidados da Discos Odeon, Avenida Rio Branco, 99, 14º andar, Rio de Janeiro". De lá, sacos de cartas seguiam em Kombis para a casa da cantora toda semana.

A medida fora adotada para evitar assédio dos mais afoitos, como visitas inesperadas à casa da artista – se bem que bastava chegar em Taubaté e perguntar onde ela morava, o que aconteceu diversas vezes. Em sua maioria, as correspondências vinham de fãs que diziam o quanto gostavam dela e a admiravam – quase todos pediam fotos autografadas e eram atendidos.

Ela recebia também pedidos de namoro e casamento – assim como Tony. Não apenas por cartas. Pessoalmente também. "Os fãs eram meio afoitos, impetuosos, agiam de modo... Quando não tinha segurança nos shows, tudo acontecia de forma diferente", contou ela, ao MIS. "A gente passava por cada sufoco... Meu pai, coitadinho, tinha de aguentar a barra muitas vezes. Meu noivo, quando ia a um show, tinha que segurar os rapazes, eles avançavam, queriam rasgar (minha roupa), beijar, puxar o meu cabelo (risos)".

Seu Nelson não se esquivava de tudo que fosse possível para o êxito da filha. E acompanhava tudo com atenção. Desde os primeiros meses de repercussão de *Estúpido Cupido*, ele cuidou de fazer cinco assinaturas de cada revista sobre o meio artístico que havia na época. Recortava tudo e colocava em pastas. Depois dividia os recortes: uma ia para cada filho, um para o arquivo da carreira e outra para os pais. "Meu pai fez um arquivo de todas as cartas, ele era cuidadoso nesse sentido, guardou tudo até morrer".

Teria orgulho de dizer que jamais deixou um(a) fã sem resposta, embora fosse um trabalho estafante. Podia demorar alguns dias ou poucas semanas, por causa dos compromissos que assumia, mas não deixava passar muito tempo para dar retorno. Para toda essa dedicação ele deixava as noites e madrugadas, porque durante o dia se desdobrava no comando do Sesc e do Senac e em telefonemas, telegramas e cartas para fechar shows e entrevistas.

Mesmo com tantos discos de todos os formatos à venda, não paravam de chegar às lojas coletâneas em LP com pelo menos uma gravação sua. Como *Juventude Espetacular*, que reunia, em meio a outros artistas, *Hey Mama* e *Gosto de Você meu Bem*. O disco *Avant-Premiére – Volume 4* apresentava *Broto Legal*, que passou todo o ano tocando nas rádios. Com a aproximação do fim de 1961 e Celly cada vez mais decidida a trocar a carreira pelo casamento, a Odeon aproveitou a disponibilidade dela para gravar um LP de despedida em outubro, como aposta nas vendas do Natal.

Ao mesmo tempo que saiu o compacto simples de *Trem do Amor* e *Flamengo Rock*, a Odeon lançou em outubro o compacto duplo Celly Campello, com *Hey Mama*, *Teddy*, *Flamengo Rock* e *Little Devil*, de Neil Sedaka e Howard Greeenfield, cantada em inglês e que tinha sido gravada por Carlos Gonzaga em 19 de junho de 1961, com lançamento em julho, com o título *Diabinho*, versão de Ramalho Neto, na RCA Victor. Celly cantou sobre os arranjos do maestro Waldemiro Lemke. *Flamengo Rock*, que também teve arranjos de Lemke, foi composta pelo italiano Malgoni, fez sucesso na voz da cantora Mina e ganhou versão de Romeo Nunes.

Ainda nesse mês, saiu o segundo LP seu do ano, *Brotinho Encantador*, que seria o último de sua primeira fase como cantora. Mais uma vez, a palavra broto aparecia em dois títulos de músicas. "Broto era uma gíria que já existia antes da gente, coisa de carioca, acredito que Francisco Carlos foi o primeiro a cantá-la em música – "Ai, ai, brotinho, não cresça meu brotinho, e nem mude como a flor", conta Tony, em tom um tanto jocoso. A música era, na verdade, uma marcha carnavalesca composta por Humberto Teixeira e Luiz Gonzaga:

Ai, ai, brotinho
Não cresça meu brotinho
E nem murche como a flor
Ai, ai, brotinho
Que eu sou um galho velho
Mas quero o seu amor

Meu brotinho
Por favor, não cresça
Por favor, não cresça
Já é grande o cipoal
Olha só que galharia seca
Tá pegando fogo neste Carnaval
Ai, ai, brotinho

Das 12 faixas no novo LP, oito eram versões – inclusive *Little Devil* e *Flamengo Rock*, que tinham saído no compacto duplo mais recente –, três músicas gravadas em inglês e apenas uma inédita, feita em português, *A Lenda da Conchinha*, de Marilena, que ela compôs especialmente para a voz de Celly. Quem apresentou as duas foi Mário Gennari Filho. A faixa fez enorme sucesso. Trazia uma letra curta claramente inspirada nos versos de Vinicius de Moraes para *Chega de Saudade*, musicada por Tom Jobim.

Décadas depois, no entanto, a letra de *A Lenda da Conchinha* ganharia uma conotação erótica que, naqueles tempos ingênuos, jamais passaria pela cabeça da cantora. Na verdade, sexual. Como não achar que ela está falando da vagina no primeiro verso:

Nas dobrinhas de uma concha
Nosso amor eu escondia

E a conchinha cor de rosa
Meu segredinho sabia

Nela eu guardava os beijos e
O calor do nosso amor
A conchinha caiu n'água
Mergulhei para buscar
Mas o amor que estava dentro
Escapuliu, ficou no mar

E dois peixinhos que passavam
Então levaram nosso amor
E agora o mar
Tem mais peixinhos a nadar

Tony conta que a irmã adorava cantar essa música no seu programa de televisão. "Na gravação, Celly está bem, pois é uma música difícil por causa do falsete". E destaca: "Esse falsete que ela dá é de uma técnica vocal impressionante. Celly era intuitiva nesse negócio de cantar, não teve estudo de voz, de colocação nem nada. Eu sempre digo que desde bebê, ao invés de chorar, ela cantava". Sobre a faixa, ele acrescenta: "Esse é o único registro que conheço com uma mulher cantando".

No disco, das cantadas em inglês, a mais conhecida era *Runaway*, que tinha acabado de ser lançada por Del Shannon e que ficou em terceiro lugar nas paradas nos EUA no ano de 1961, de acordo com o hit-parade da revista *Billboard*. A faixa se tornaria uma das mais belas canções americanas de todos os tempos e marcou a era de ouro do rock and roll. O destaque na gravação original foi ter apresentado como novidade o solo de teclado diferente chamado Musitron, um pré-sintetizador desenvolvido em 1959 por Max Crook, coautor de *Runaway* e que fazia parte da banda de Shannon.

No Brasil, teve uma versão em português pelo cantor Demetrius chamada *O Amor que Perdi*, lançada em dezembro de 1961, ou seja, depois de Celly cantá-la em seu disco. Era dificílima de ser interpretada, porque exigia efeitos vocais desafiadores. Celly se saiu bem, mas não foi ajudada pelo arranjo porque o órgão original foi substituído por um saxofone, por não haver um no Brasil.

Angel, Angel era uma das inúmeras composições do casal Boudelaux e Felice Bryant e fora lançada por Sue Thompson naquele ano, pela gravadora Hickory. *Hey Boys, How Do You Do?* Era dos mesmos autores de *O Jolly Joker* – que fazia parte daquele disco de Celly –, com versão de Tassilo Marischka. Juvenal Fernandes transpôs para o português a antiga *Together*, sucesso de 1928 com a orquestra de Paul Whiteman e que registrou sucessivas gravações até que Connie Francis resolveu regravá-la em 1961, com alguma repercussão.

Das cinco versões feitas por Fred Jorge, a que mais apareceu foi *O Jolly Joker*, sucesso da alemã Conny Froboess. Outra faixa versada por ele foi *Presidente dos Brotos*, da original

That's All You Gotta Do, do americano Jerry Reed e imortalizada por Brenda Lee. Gravada por Connie Francis, *Too Many Rules* virou *Ordens Demais*. Para quem achava que Celly era comportada em excesso, ela simplesmente questionava a autoridade em casa e falta de liberdade imposta pelos pais às suas filhas quanto a namorar:

Na noite passada cheguei depois das 10
Papai bronqueou, mamãe também
Eu tenho que me deitar antes das 10h
É a ordem que eu recebi

Ordens pra cá, ordens pra lá
Os pais são tolos e dão ordens demais
Eu quase perdi o amor que eu sonhei
Porque dão ordens demais

E se meu bem quiser me telefonar
Não vão deixar eu atender
Por isso me chame só antes das 10
É a ordem que eu recebi

Ordens pra cá, ordens pra lá
Os pais são tolos e dão ordens demais
Eu quase perdi o amor que eu sonhei
Porque dão ordens demais

E meu irmãozinho vive a me seguir
O que vou fazer para fugir
Você vai compreender que o meu irmão
É um perfeito espião

Ordens pra cá, ordens pra lá
Os pais são tolos e dão ordens demais
Eu quase perdi o amor que eu sonhei
Porque dão ordens demais

  Índio Sabido, adaptação de *Indian Giver*, foi lançada pela americana Annette Funicello. A faixa seguinte era *Tchau, Baby, Tchau*, que veio de *Angel of Love*, do original cantado por Charlie Gracie, sem repercussão nos EUA, em 1959 – seu autor era o compositor, músico, arranjador e pioneiro da música eletrônica canadense Mort Garson. Embora nunca tenha sido lembrada, fez sucesso na voz de Celly e é uma das mais belas composições de seu repertório, com legítimo ritmo de rock and roll, com apoio vocal de Os Titulares do Ritmo.

No arranjo, destaque para o solo de Bolão, mais uma vez. A letra de Fred Jorge funcionaria como um hino de despedida do mundo artístico para ela algum tempo depois:

Sorria amor, não chore mais
Teus lindos olhos choram demais
Tchau, tchau, tchau, Baby, tchau
Tu serás meu amor

Eu vou embora, mas vou voltar
Quem por mim chora, vai me esperar
Tchau, tchau, tchau, Baby, tchau
Tu serás meu amor

Sei que despedida dói no coração
Veja minha vida como triste estou
Não se aborreça tenho que entrar
Sei que amanhã vou te encontrar

Tchau, tchau, tchau, Baby, tchau
Tu serás meu amor

Sorria amor, não chore mais
Teus lindos olhos choram demais
Tchau, tchau, tchau, Baby, tchau
Tu serás meu amor

Sei que despedida dói no coração
Veja minha vida como triste estou
Não se aborreça tenho que entrar
Sei que amanhã vou te encontrar

Tchau, tchau, tchau, Baby, tchau
Tu serás meu amor
Tchau, tchau, tchau, Baby, tchau
Tu serás meu amor
Amor

O LP não chegou a repetir o número de sucessos do anterior, mas teve ótima repercussão e vendas significativas. Teria sido diferente, talvez, se a imprensa não o tivesse deixado de lado para falar do fim de sua carreira. As músicas mais tocadas foram *A Lenda da Conchinha* e *Runaway*, que também saiu no LP coletânea da Odeon do final do ano *Em Dia com o Sucesso Vol. 2*.

Se não bastasse, em novembro, ela voltou às lojas com uma experiência curiosa: pela primeira vez cantava ao lado de Tony, com a balada caipira *Canário* (Yellow Bird), na coletânea *Hebe Comanda o Espetáculo*. E em dezembro, o LP coletivo natalino *Noite de Natal Cheia de Estrelas* incluiu sua faixa *Jingle Bell Rock*.

Canário é uma canção americana supostamente da autoria dos compositores N. Luboff, M. Keith e A. Bergman. Na verdade, tinha sido apropriada do folclore do Haiti e havia sido recém-lançada pelo grupo The Brothers Four. Tratava-se de uma canção do século 19 chamada *Choucoune*, que foi passada para o inglês e lançada em 1957 no LP *Calypso Holiday*, do coral de Norman Luboff, sob o título de *Yellow Bird*. Logo ganhou gravações de vários artistas, como os Mills Brothers, em 1959, além de Keely Smith e até Chris Isaac.

A música foi redescoberta porque, em abril, a Odeon lançou no Brasil um 78 rpm com a faixa cantada por Isaac. Na versão dos Campello, tinha arranjo tipicamente country e se tornou a única que os dois irmãos gravariam em disco juntos por toda a vida. Celly e Tony colocaram vozes com acompanhamento de Walter Wanderley e Seu Conjunto. Com versão de Fred Jorge, *Canário* era totalmente fora da curva do rock que os Campello tinham estabelecido em suas carreiras. A letra era adulta e falava de traição:

Certa vez, um lindo canário eu vi,
A voar alegre no meu jardim,
Sempre a cantar veio segredar,
Pra ferir o meu coração,
Que viu meu amor, outro alguém beijar,
Sem de mim se lembrar.

Quando encontrei o meu amor,
Tudo mudou pra mim,
Hoje perdi o seu calor,
Meu lindo sonho chegou ao fim.

Certa vez, um lindo canário eu vi,
A voar alegre no meu jardim,
Sempre a cantar veio segredar,
Pra ferir o meu coração,
Que viu meu amor, outro alguém beijar,
Sem de mim se lembrar.

Ao canário eu vou dizer,
Vá pedir ao meu bem,
Pra voltar e não mais partir,
Ser só meu e de mais ninguém.

Chegar ao fim do segundo semestre daquele ano não tinha sido fácil para Celly e o irmão, embora muitos pensassem que tudo tivesse sido tranquilo e prazeroso. "Eu e Tony trouxemos o rock para cá em 1958 e passamos por uma série de dificuldades nos anos seguintes. Quando nós cantávamos rock, éramos obrigados a fazer versão do inglês. Não havia condição de gravar um rock feito aqui no comecinho, só depois", disse ela ao MIS.

Tony concordava com a irmã: "As coisas não foram fáceis para a gente porque vínhamos com uma proposta nova, para um público novo, os jovens. Claro que alguns surgiram antes da gente, como Carlos Gonzaga e até Cauby (Peixoto) cantou alguns roquinhos". Para ele, Fred Jorge foi o responsável não só pelo sucesso que ele e a irmã tiveram como de vários cantores: "Ele tinha a capacidade interessante de compreender o que a garotada queria ouvir em termos de letras. E fazia boas versões, adaptava aos costumes e às coisas que eram nossas. Às vezes, quase não tinha a ver com o original, apenas aproveitava o tema".

Desde o final de 1959, observa Tony, "Celly se acostumou a manter quatro músicas nas paradas todos os meses. E quando alguma perdia o fôlego, surgia outra nova para tomar o lugar. Todo o país estava de olho nela, em cada passo, nos shows, como se comportava em público, as roupas que vestia e que tinham de ser contidas por causa de algum decote ou indiscrição".

Naquele tempo, "moça de família que fumasse em público era malvista. E mulher desquitada não prestava. Felizmente, ela não era nem uma coisa nem outra", destaca. Não havia baile no qual sua voz não reinasse absoluta, em meio a risinhos, olhares e sussurros. Além de ditar moda, Celly influenciou toda uma geração de brotos como ela. Tudo isso ao mesmo tempo em que só se falava na crítica especializada em bossa, que também se encontrava no apogeu.

Nesse ano, ironicamente, Nora Ney, a pioneira na gravação do ritmo no Brasil com *Ronda das Horas*, em 1955, lançou o samba *Cansei de Rock*, de Armando Cavalcanti e Moacir Falcão, uma crítica implacável ao espaço que o ritmo americano ocupou no mercado fonográfico brasileiro e na programação das rádios e TVs:

Eu ligo o rádio e tome rock
Vou a boate e tome rock
Vejo filme italiano
Da Lolo ou da Mandano

E tome rock e tome rock
Compro parte de piano
Entro logo pelo cano
E tome rock e tome rock
É de amargar, não tem mais jeito
Eu vou me mandar no peito
Lá pra América do rock
Talvez um samba de gente bamba

O meu amigo cane-cabalar o toque
Talvez um samba de gente bamba
O meu amigo cane-cabalar o toque

Compro parte de piano
Entro logo pelo cano
E tome rock e tome rock

É de amargar, não tem mais jeito
Eu vou me mandar no peito
Lá pra América do rock

Talvez um samba de gente bamba
O meu amigo cane-cabalar o toque
Talvez um samba de gente bamba
O meu amigo cane-cabalar o toque

Toque cabalado, toque um samba, toque
Toque cabalado, já cansei de rock
Teco, telecoteco, teleco...

Enquanto isso, a concorrência se desdobrava para encontrar uma rival à sua altura. Entre elas estava a gaúcha Elis Regina, que cedeu à exigência da gravadora Continental e tentou seguir o estilo de Celly, mas não deu certo. Chegou a fazer dois discos – os primeiros de sua carreira. O de estreia não deixava dúvidas dessa intenção, pois se chama No Reino da Brotolândia. O disco saiu em 1961, quando ela tinha apenas 16 anos de idade.

Elis Regina Carvalho da Costa começou – assim como Celly, Sônia Delfino e Sérgio Murilo –, no programa infantil *Clube do Guri*, só que da Rádio Farroupilha, que pertencia aos Diários Associados. Em 1959, tornou-se cantora contratada da Rádio Gaúcha. Ela admitiria depois que imitava sem cerimônia Ângela Maria em boleros e chá-chá-chás. No ano seguinte, confiante de que precisava ir para o Rio de Janeiro em busca de uma oportunidade, mudou-se para lá e se apresentou em vários programas de rádio e TV que lhe valeram o convite para gravar seu primeiro LP pela Continental.

E ela aceitou a condição de ser transformada em uma concorrente de Celly. Mas o título do disco enganava porque trazia uma variedade de gêneros como baladas, versões de sucessos americanos, rocks e calypsos – como *Baby Face, Fala-me de Amor, Garoto Último Tipo* (Puppy Love) e *Sonhando* (Dreamin), que também apareceu em 78 rpm e que tinha sido gravado por Tony Campello na Odeon, em 1960. Até no modo de cantar impuseram que ela imitasse Celly.

Agnaldo Rayol conheceu Elis antes de ela ir para o Rio. "Eu fazia uma programa de TV e rádio em Porto Alegre toda semana, ia de avião. Havia ali uma locutora que – me falaram – cantava bem e falei que queria ouvi-la. E era Elis. Ficamos amigos. Quando ela veio para o Rio, um produtor a pegou e decidiu que poderia transformá-la em uma nova Celly Campello, o que não era absolutamente o caso. E ela gravou um disco só de versões que ainda bem que não deu certo. No meio tinha um samba, dor de cotovelo, de João Roberto Kelly, ali estava a verdadeira Elis".

Tem certas coisas, continuou ele, que aconteceram porque estava escrito que tinha de ser assim. "Só vai existir uma Celly e uma Elis, ninguém pode ficar no lugar de ninguém. Celly revolucionou uma época, foi uma desbravadora naquele movimento musical e continua sendo importante. A obra dela está aí e vai ficar para sempre, inesquecível como pessoa e pelo jeito doce de cantar que encantou todos os brasileiros. Aquela vozinha doce, transmitindo alegria para todos".

Duas semanas antes de morrer, em 19 de janeiro de 1982, Elis falou sobre seu primeiro álbum: "Eu não sei se é bom, não sei se é ruim. Eu acho gostoso!". Ao ser perguntada sobre a intenção da gravadora em querer que ela fosse comparável a Celly Campello, algo que a incomodava, que a deixava "um pouco nervosa", ela afirmou: "Não o fato de ser escalada para ser uma segunda Celly Campello, mas pelo fato de ser uma segunda pessoa".

Acrescentou ela: "Se a perfeição é uma meta, eu estava à cata dela. E continuo à cata. Não sei se vou chegar lá um dia, mas eu queria morrer sendo eu... E eu não achava muita graça pintar no pedaço meio parasitando o trabalho de outra pessoa". A cantora gaúcha afirmou ainda que "não achava muita graça em imitar Celly, mas também não tinha muita escolha. Eu tinha 16 anos de idade e estava meio subentendido que a gravadora estava me fazendo um favor ao me dar a chance de gravar aquele disco".

Embora o mercado brasileiro reunisse algumas das maiores companhias de discos do mundo, o amadorismo marcava a carreira até mesmo de expoentes como Celly. Não havia qualquer esquema empresarial para gerenciar sua carreira e a gravadora não lhe dava a mínima orientação ou assistência nesse sentido. Não havia um agente ou empresário sequer. "Eu não contava com essa máquina que existe hoje, com empresário e essa coisa toda que fica por trás do artista", observou Celly ao MIS.

Portanto, voltou a dizer ela, "quem cuidava de tudo era papai mesmo. E olha que só tivemos satisfação com ele porque nunca nos deu cano (risos), era uma pessoa bem quista, a imagem dele, a pessoa dele, quem não o conhecia e falava com ele pela primeira vez ficava encantado na hora de acertar um show ou uma campanha publicitária. Era uma pessoa própria para isso, tinha o poder da palavra, parecia que ele quem ia fazer o show (risos), tinha aquela simpatia mesmo para as pessoas ficarem em volta. Então, cuidou de nossas coisas e bem cuidado".

E nos mínimos detalhes. "Eu tenho álbuns de recortes que ele mandou fazer, comprava as revistas e os jornais, não passava nada. Não sei se ele dava alguma coisa por fora, mas o jornaleiro avisava sempre quando saía alguma reportagem com os filhos. E a ordem era para guardar 3 ou 4 exemplares de cada *Revista do Rádio*, *Radiolândia* etc. Quando saía, ele pegava um monte, achava que cada filho deveria ficar com um exemplar. Ele montou álbuns com recortes de imprensa que estão comigo, com capa e nossos nomes".

Tony também havia conquistado seu espaço. Ele estava com três LPs lançados pela Odeon e fez um comercial para o sabonete Gessy Lever, onde dublava Sammy Davis Junior e dançava com uma garota. A ideia foi do publicitário e cineasta Agostinho Martins Pereira, que via na faixa de público jovem um enorme potencial para anunciar. Tony participou ainda de um episódio de *O Vigilante Rodoviário*, seriado criado e dirigido pelo cineasta Ary Fernandes e lançado em março daquele ano pela TV Tupi, às 20h, após *Repórter Esso*, e patrocinado pela Nestlé do Brasil.

Vigilante Rodoviário se tornou o primeiro seriado filmado em película de cinema nacional. No total, foram produzidos 38 episódios do Inspetor Carlos, herói interpretado por Carlos Miranda, e seu cão Lobo. Os dois lutavam contra o crime, com o policial montado em uma possante motocicleta importada Harley-Davidson ano 1952 ou de um carro Simca Chambord 1959. Sua base ficava na altura do km 38 da Rodovia Anhanguera, onde a maior parte dos episódios foi gravada porque tinhas clima ensolarado em grande parte do ano, fator fundamental para as filmagens externas.

Tony participou do episódio 37, "A Extorsão". Na trama, dois casais de jovens em Santos saem para curtir uma praia. No caminho, ligam o rádio e Tony dubla a si mesmo cantando *Vamos Dançar o Twist*, composição de Baby Santiago. A música foi o lado B de um disco de 78 rpm – no outro vinha *Balada de Roy Rogers*, uma versão de Benil Santos para o tema de Roy Rogers. O que eles não sabem era que um carro com criminosos os seguem desde que deixaram o prédio de onde partiram.

Assim que chegam, são cercados por dois assaltantes. Numa briga corporal iniciada por uma das garotas, sem querer, o personagem de Tony faz um dos revólveres disparar e a bala supostamente mata sua acompanhante. É uma cena bem tosca, aliás. Ele nem se preocupa com a jovem caída e é orientado pelos bandidos a dar o fora com os amigos. A garota, na verdade, nada sofreu e é cúmplice do crime de chantagem contra o rapaz. Eles lhe pedem uma grande quantia em dinheiro. Inspetor Carlos, amigo do pai do moço, entra em cena para ajudá-lo.

Os últimos meses de 1961 não foram fáceis para Celly. Além dos compromissos com o programa semanal na TV Record, entrevistas, visitas às rádios para divulgar seu quinto LP e viagens para shows, a imprensa especula mais do que nunca algo sem volta: ela se casaria no ano seguinte e abandonaria a carreira musical.

A maioria dos artistas usava esse tipo de informação para virar notícia e vender discos. Aqueles que se casavam, a relação não costumava durar tanto tempo – meses, muitas vezes –, porque as fãs queriam os ídolos desimpedidos para que sonhassem em ser a mulher ou o homem de sua vida. O problema era a informação complementar, dada pela própria cantora: "Ao se casar, ela largaria a carreira de cantora para ser mãe e dona de casa".

Quem sabia que as revistas de fofocas do meio artístico como *Radiolândia* e *Revista do Rádio* inventavam mentiras o tempo todo, achou que não era verdade. Celly, com jeito de boa moça, a jovem que toda mãe queria como nora, de fato, não se cansava de confirmar em seus shows e no programa de TV que estava noiva e se casaria no primeiro semestre do ano seguinte.

Para os mais próximos, tinha definido que seria em maio, um mês antes de completar 20 anos de idade. Era uma afirmação segura e contundente. Desse modo, o noivo Eduardo se transformou em um dos maiores vilões da história das celebridades em todos os tempos. Era o inimigo número um dos fãs, porque tiraria Celly dos braços deles. E das fãs, principalmente. Ele, o boa-pinta, odiado por milhões de mulheres que preferiam a mocinha ao bandido.

Celly comentou ao MIS o bombardeio de notas sobre a sua vida pessoal: "Cada vez que saía uma fofoca nos 'Mexericos da Candinha', na *Revista do Rádio*, era um problema que me surgia. E a mais 'brava' foi a do meu suposto romance com Agnaldo Rayol. Eu tremia quando via aquilo: 'Ai, meu Deus, será que Eduardo vai ler isso?'". E, claro, Eduardo sempre lia. "Não que ele tivesse motivos para duvidar de mim, pois a gente não dava margem a comentários e nosso comportamento, no meio artístico, era meio distante de tudo que acontecia", disse ela.

Referia-se à sua participação sozinha ou com o noivo de eventos criados para reunir celebridades. "Eu evitava porque sabia que ele se chateava, principalmente com os comentários que faziam em Taubaté" – de que ela o traía com outros artistas. Segundo Eduardo, inúmeras vezes ela recusou convites de apresentações só para ficar em sua companhia, quando havia alguma chateação da parte do namorado, que se sentia deixado de lado.

Ela sempre dizia para tranquilizá-lo: "Gosto de cantar, mas quando eu me casar, largo isto tudo...". Celly sabia que teria de enfrentar duros obstáculos, como a direção da Odeon e da TV Record, seus pais e os fãs. Logo percebeu que estava sozinha contra o mundo. Mesmo assim, seguiu em frente, com altivez, sem baixar a guarda e mais segura que nunca do que queria fazer.

Até que veio 1962 e ela teria de fazer tudo sozinha. Absolutamente, sozinha.

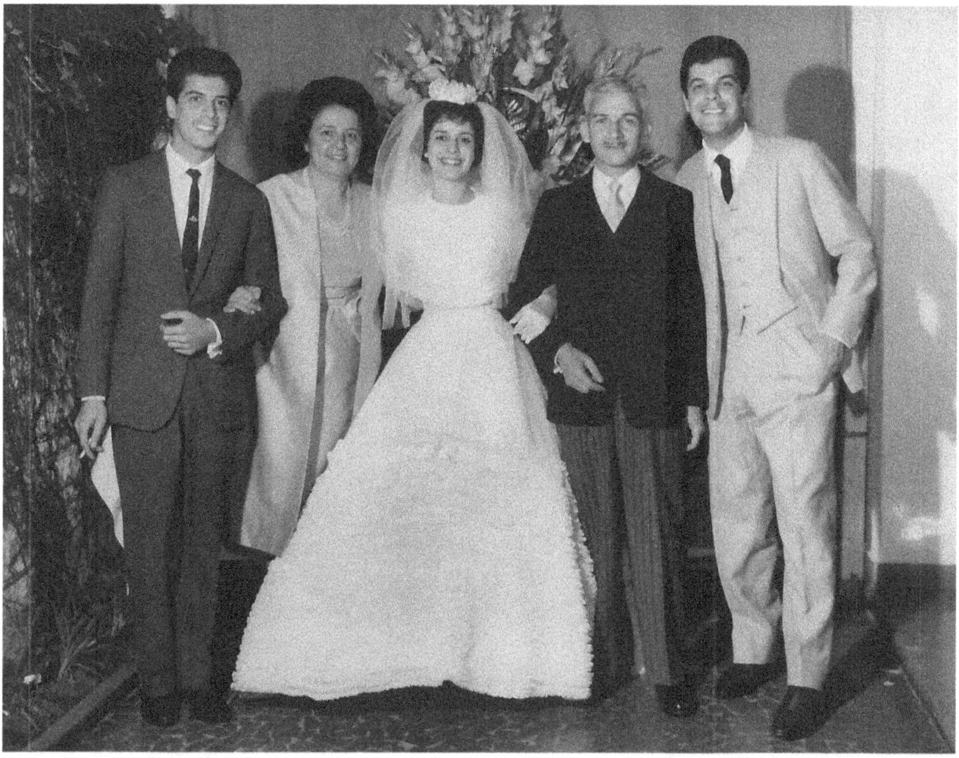

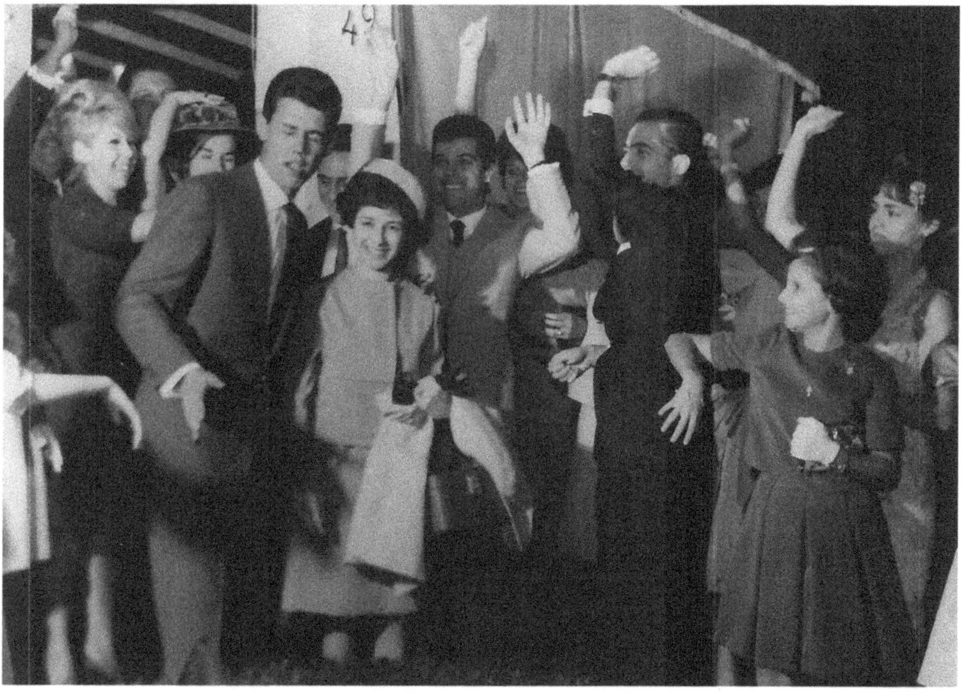

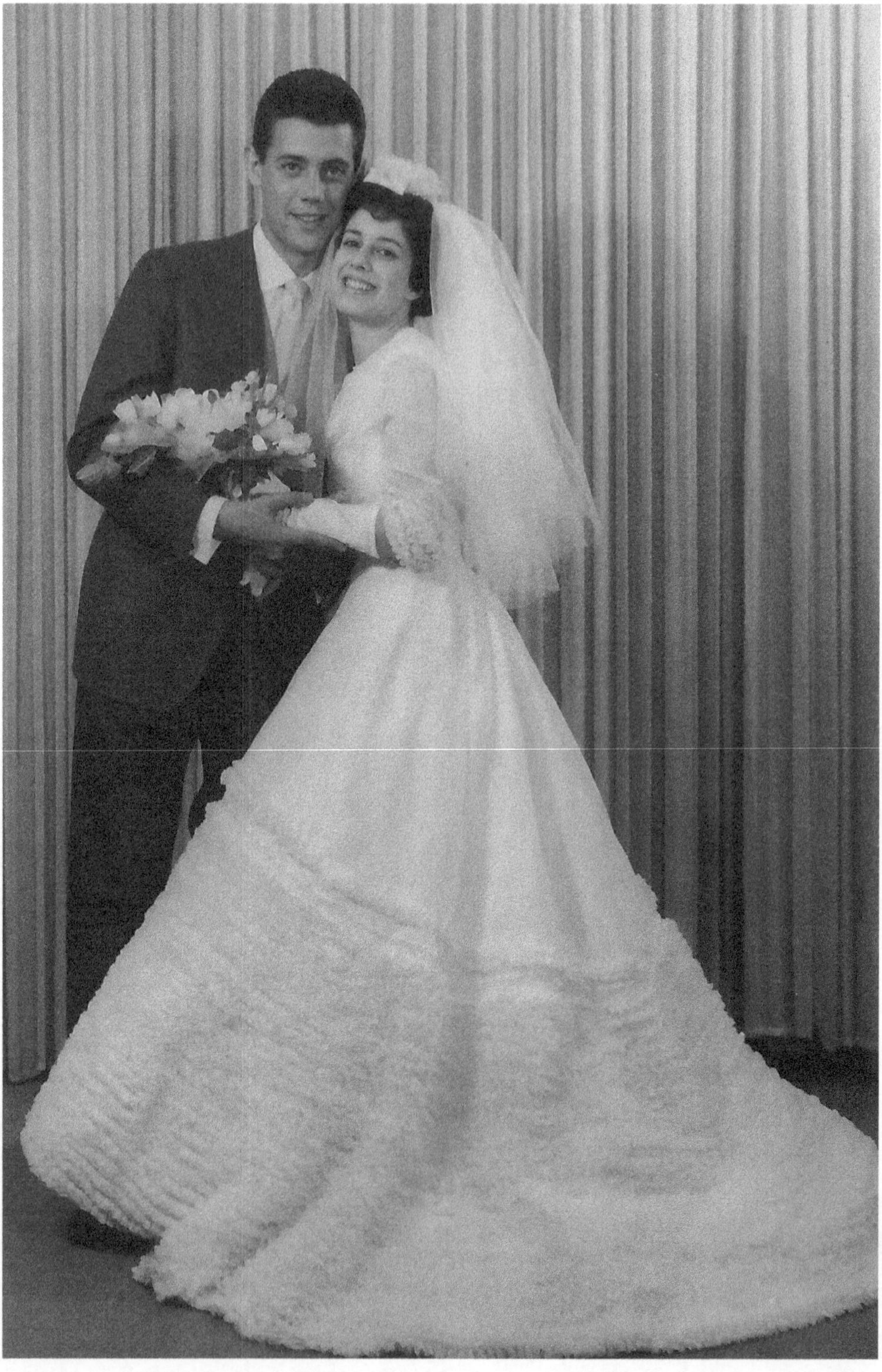

Capítulo 11
Até que a morte os separe

O escritor paulista Mário Prata – que depois escreveria a novela *Estúpido Cupido* –, em entrevista para este livro, lembra que os anos de 1950 e 1960 se tornaram uma unanimidade entre os que viveram sua juventude nesse período como um momento especial na história política, social e cultural do Brasil, em que o otimismo tomou conta do país. A maioria desses contemporâneos, acrescenta ele, afirmaria depois que não trocaria esses por outros tempos quaisquer. "Os acontecimentos mais importantes do mundo no século passado ocorreram nos anos de 1960", diz.

Era a geração do Muro de Berlim, de Neil Armstrong na Lua, dos assassinatos dos irmãos John e Robert Kennedy, da renúncia de Jânio e do golpe militar no Brasil. "Do Teatro Oficina, dos festivais da Record, da pílula anticoncepcional e da minissaia, que surgiram na mesma época", relembra. Foi também quando o Brasil conquistou as duas primeiras Copas do Mundo de futebol em apenas quatro anos, em 1958 e 1962. No mesmo período apareceu e se consagrou a bossa nova, sob o comando de João Gilberto.

A década de 1950, na verdade, foi onde tudo começou. Até mesmo os primeiros ventos rumo à revolução sexual vieram das mudanças de comportamento que se seguiram ao fim da Segunda Guerra Mundial. "Quando Yuri Gagarin atingiu o espaço e declarou que a Terra era azul isso se tornou um grande acontecimento", destaca Prata. Muita coisa "mágica" viria na década seguinte. "Essas lembranças ainda me emocionam 60 anos depois. Foi uma revolução política e cultural mundial que nem a ditadura militar aqui conseguiu impedir que chegasse até nós".

Prata entrou nos anos de 1960 com a idade de 14 e saiu aos 24. "Pois é, tive a sorte de viver os anos de 1960 por inteiro, completos. Acredito que todos os fatos importantes da época foram responsáveis pelo surgimento de uma geração tão criativa". Celly Campello, afirma ele, estava no centro de tudo, naquela virada de década. Ele era um garoto cheio de atitude, de esquerda, mas que se rendeu a certos americanismos, como o rock and roll.

E viveu tudo intensamente. "Nossas influências vinham da música e do cinema americanos. E o cinema tinha uma grande importância cultural e social para todos nós. A musa de todo mundo era Marylin Monroe. Éramos contra, mas tomávamos Coca-Cola". Naqueles tempos, ele trabalhava em um jornal da cidade de Lins, onde nasceu. Ali, conheceu

Celly em uma concorrida apresentação que ela fez na cidade, ao lado de Tony, em 1960. "Ela viajava sempre acompanhada pelo pai. Era uma menina comportada e nos chamava atenção nesse sentido. Bastante séria".

Não era a única a agir assim. "O rock and roll era comportado e romântico, como Elvis, que se perdeu mais tarde, com as drogas. Celly surgiu no meio disso". Em Taubaté, os Campello viviam a realização do sonho único da fama alcançada pelos filhos de Nelson e Idea. Nos últimos três anos, o mais velho e a mais nova tinham provado seu talento como cantores. Tony foi além, com uma surpreendente capacidade para produzir a irmã e escolher os repertórios de seus discos com competência e eficiência.

O lado financeiro aparecia em boa parte das reportagens, entrevistas e perfis que escreviam dela. Celly não ficou milionária como se imaginou ou disse depois. Tanto que foi somente em 1962 que Nelson comprou um aparelho de TV para ver os filhos se apresentarem na telinha. "E toda a família acabou por assistir o Brasil ganhar sua segunda Copa do Mundo de Futebol seguida", lembra Tony, ao se referir à conquista de 1962.

A presença permanente de Celly no topo das paradas ao longo de três anos, no entanto, só fez aumentar as críticas a ela, a Tony e a outros artistas que cantavam músicas estrangeiras. Não demorou para a reação sair do campo dos críticos de jornais e revistas e virar até mesmo tema de música contra esse modelo e o próprio rock and roll.

Pela segunda vez, Nora Ney se tornou porta-voz dessa reação. Depois do samba Cansei de Rock, de 1961, no ano seguinte ela lançou o samba-canção satírico *João da Silva*, de Billy Blanco. A letra falava de um sujeito que se dizia nacionalista, mas só consumia produto americano. Os versos traziam um inventário dos termos usados em inglês na época, inclusive com a citação de marcas dos produtos mais consumidos no país. O rock ficou para o fim, ao dizer que não gostava de samba e achava o rock uma beleza:

Cidadão sem compromisso
Não manja disso
Que o francês chama l'argent
Pagando royalty
Dinheiro disfarçado
É tapeado desde as cinco da manhã

Com Palmolive
Ao chuveiro dá combate
Usa Colgate
Faz a barba com Gilette
Põe Água Velva
Paga royalty da fome
No pão que come
Ao leite em pó com Nescafé

Movido a Esso vai
Em frente pro batente
De elevador Otis
E outros sobe-e-desce
Ele é nacionalista
De um modo diferente
Pois toma rum com Coca-Cola
E tudo esquece

Vai com madame ver
Um bom Cinemascope
Ela usa nylon
Ele casemira inglesa
Entorna whisky em vez de chopp
Paga royalty dormindo
Quando esquece a luz acesa

Movido a Esso vai
Em frente pro batente
De elevador Otis
E outros sobe-e-desce
Ele é nacionalista
De um modo diferente
Pois toma rum com Coca-Cola
E tudo esquece

Vai com madame ver
Um bom Cinemascope
Ela usa nylon
Ele casemira inglesa
Entorna whisky em vez de chopp
Paga royalty dormindo
Quando esquece a luz acesa

Diz que não gosta de samba
E acha o rock uma beleza
Diz que não gosta de samba
E acha o rock uma beleza

Diz que não gosta de samba
E acha o rock uma beleza
Diz que não gosta de samba
E acha o rock uma beleza

Uma grata notícia para Odeon, Celly e Tony no começo de 1962 foi o explosivo sucesso da música *Canário*. A faixa, como foi visto, fora gravada para fazer parte do LP *Hebe Comanda o Espetáculo*, em novembro de 1961. Como continuou a tocar bastante nas rádios, a Odeon resolveu fazer um single em maio de 1962, com *A Lenda da Conchinha* do outro lado. Pouco depois, Canário seria gravada também por Carlos Gonzaga.

Era, curiosamente, essa gravação do ano anterior que se tornou o último grande sucesso de Celly e causou bastante surpresa por ter uma pegada totalmente caipira e nada a ver com o rock and roll convencional da primeira geração americana. A repercussão de Canário sinalizava para Tony, que tinha pretensões de virar produtor de discos, que o gênero caipira poderia abrir uma nova porta para a irmã no futuro, caso os discos de rock perdessem a força – o que ele faria com a carreira de Sérgio Reis, como se verá adiante.

Mas ela não estava preocupada com isso e se divertiu em cantar com ele essa balada folk abrasileirada. *Diário da Noite*, que se intitulava o vespertino de maior circulação em São Paulo, na coluna Discos, de J. Pereira, de 30 de maio de 1962, aprovou a experiência sertaneja da dupla: "Gostamos, de verdade, da gravação dos irmãos Celly e Tony Campello, artistas da Odeon, de *Canário*, versão de Fred Jorge de *Yellow Bird*. Na nutra face, *A Lenda da Conchinha*, de Marilena, bem interpretada por Celly. Acompanhamento bom como de costume de Valdemiro Lemke e sua orquestra". Na primeira semana de julho de 1962, a música apareceu em primeiro lugar na lista dos "Maiorais da quinzena", da *Radiolândia*, na votação do programa *Peça Bis ao Mário Luz*.

A dedicação de Tony à irmã sem dúvida fez com que sua carreira ficasse em segundo plano. Os mais próximos contariam que a ouviam dizer em momentos que lhe perguntavam sobre seu sucesso frases balbuciadas como: "Tony é quem merecia isso... Ele é o artista da família... Eu apenas aconteci!" e olhava-o todo sorridente pelo sucesso dela. Tony presenciou uma situação assim quando ocorreu a entrega do troféu *Cidade de São Sebastião do Rio de Janeiro*, no programa de rádio *Melhores da Semana*, e, em São Paulo, duas ou três vezes em outras premiações.

Por incrível que parecesse, quem não a conhecia a via com certa antipatia. Como Candinha, a fofoqueira da *Revista do Rádio*: "Celly estava sempre preocupada e insatisfeita, sentia-se incomodada por fazer tanto sucesso e eu não! Então, passei essas experiências indiretamente para ela de que não tinha nada a ver, que estava indo bem. Fazia isso porque era uma figura dócil para mim, ela nunca reclamava de nada. Mas as decisões dela eram firmes", afirma Tony.

Da menina boba e ingênua que se deixava levar por todos ela não tinha nada, garantem Tony e Nelson Filho. Nos bastidores, mostrava personalidade e firmeza nas decisões e para afastar fãs masculinos mais insistentes. "Tanto que não se abalou com a enorme pressão que sofreu para não largar a carreira e se casar". Sua atenção e doçura com os fãs se manteria inabalável, com o suporte do pai, que a ajudava a responder todas as cartas e a fez ter uma legião de seguidores em todo país.

Uma em especial se tornaria amiga dela e da família por toda a vida. Sua história começou em março de 1961. Alguns dias depois do Carnaval daquele ano, a pequena Neusa Aparecida Soares tinha apenas onze anos de idade quando pediu à mãe para realizar o sonho de sua vida nos últimos dois anos: conhecer Celly Campello pessoalmente, pois ela tinha se transformado em sua cantora preferida. A menina mantinha uma reverência absoluta à jovem estrela, que era apenas oito anos mais velha que ela. Queria ser como ela quando crescesse, dizia.

A admiração começou na primeira vez que ouviu no rádio Estúpido Cupido. "Tocavam bastante a música de Celly e eu ficava sentada ao lado do aparelho só esperando quando fariam isso de novo. Aumentava o volume e cantava junto com ela. Até que veio a vontade de conhecê-la porque se tornou um mito para a gente em pouco tempo, com aquela voz tão própria para a nossa idade. As musiquinhas eram gostosas de ouvir e cantar", recorda Neusa para este livro.

Como não fazer aquele sacrifício pela filha dentre tantos que Maria de Lourdes se impusera desde que a família veio da cidade de Maracaí, na região de Assis, em 1957? Ela tinha se separado e mudado para a casa de seus pais, na Rua Diogo Ortiz, em frente à estação de trem da Lapa, enquanto buscava emprego que lhe permitisse sustentá-los. Seu maior problema era a pouca formação escolar. Além disso, havia a falta da experiência, pois nunca tinha trabalhado até aquele momento, a não ser nas pesadas tarefas caseiras.

Não lhe faltava, porém, disposição para trabalhar. "Meus pais tinham se desquitado, minha mãe levou eu e meu irmão João para São Paulo. Foram tempos difíceis para nós", lembra Neusa. Por outro lado, com 35 anos, Maria de Lourdes era de uma beleza brejeira fora de série, o que escondia sua origem humilde e o fato de não ter completado os estudos e crescido na roça. Mesmo assim, só conseguia trabalho como diarista em casas de família.

E foi por causa disso que ela viveu uma história de amor que, para muitos, só seria possível nos contos de fada infantis. Mais precisamente, na história da Gata Borralheira. Tudo começou quando uma senhora para quem ela fazia faxina lhe deu uma anotação e a orientou: vá a esse endereço, a casa pertence a um deputado amigo meu, fica aqui mesmo na Lapa. Procure ele no meu nome e diga que tem interesse em ocupar a vaga de copeira que vagou lá".

O tal político era ninguém menos que André Franco Montoro, o mesmo que se tornaria governador de São Paulo três décadas depois, de 1983 a 1987, além de senador, deputado federal e ministro do trabalho. O escritório do político funcionava em sua própria casa, o que provocava um entra e sai intenso de pessoas. Contratada, a elegante Maria de Lourdes um dia cruzou com um dos melhores amigos do deputado, o comendador e empresário Antonio Martins Rios, dono da Metalúrgica Rios, da empresa de ônibus urbano Vila Ipojuca e da Fábrica de Tapetes Dema.

Por anos, Rios seria um dos principais patrocinadores dos programas de TV de Silvio Santos, de quem era amigo. Os seus olhos se voltaram para a copeira quando os dois amigos conversavam e ela entrou com uma bandeja de café. Rios, mesmo sem necessidade urgente, passou a ir cada vez mais à casa de Montoro, até que criou coragem e falou para ele: "Essa moça do café, me fala dela".

Sorridente, o anfitrião lhe contou a história da funcionária, que era separada e recomeçava a vida com os filhos em São Paulo. O interesse só aumentou nos dias seguintes. Por fim, bateu o desespero: "Estou gostando dela, o que eu faço?", perguntou o industrial. O deputado disse para não se preocupar que ele cuidaria de tudo. E foi até Maria de Lourdes. "Olha, meu amigo Rios está gostando de você. Ele tem alguma chance contigo?". Sim, tinha.

E foi marcada uma conversa entre o casal. Não demorou para ele pedir sua mão e poucos meses depois se casaram. A funcionária gostou do senhor distinto e cheio de cavalheirismo – o mesmo comportamento que teria por toda a vida ao lado dela, segundo Neusa. "Esse senhor era viúvo. Minha mãe era bonita, uma mulher de presença, chamava a atenção por onde passava. Ele tirou minha mãe de lá da casa de Montoro e deu um lar para todos nós. Minha mãe viveu com ele um conto de fadas", repete.

E todos foram morar na aristocrática Rua dos Gusmões, a mesma que no começo do século abrigou tantas famílias dos barões do café. "Cresci nas proximidades da Avenida Rio Branco, lembro que vi aquele cavalo de aço ser erguido" – refere-se à estátua do Duque de Caxias, na Praça Princesa Isabel. Antes da fartura, os tempos eram difíceis, quando Neusa descobriu Celly. "Não tinha TV na casa dos meus avós, esporadicamente algum vizinho com aparelho em casa chamava a gente para ir ver. Era uma festa poder assistir algo, algum programa qualquer, era algo chique, pois pouca gente podia comprar uma TV".

Nesse momento, conta Neusa, Celly estava em todo canto: nas rádios, na televisão, nas capas das revistas sobre rádio, música e TV. Crianças, adolescentes e jovens, todos adoravam suas músicas. "Em qualquer festinha de escola cantávamos ou dançávamos as músicas dela – *Estúpido Cupido, Lacinho Cor-de-Rosa, Banho de Lua* etc.". Não foi fácil para a filha convencer dona Maria de Lourdes Oliveira a atender sua vontade de levá-la para ver a sua estrela preferida, uma vez que havia uma série de ocupações e tarefas domésticas para fazer todos os dias e a Record ficava longe do centro.

Até que, ao perceber que a menina não ia desistir, a mãe perguntou a ela como poderia fazer o que pedia. Neusa apresentou a solução: esperá-la na saída dos estúdios da TV Record, na Avenida Miruna, em Moema, que ficava em paralelo à pista do Aeroporto de Congonhas. O programa que Celly apresentava com Tony, *Crush em HI-FI*, continuava a fazer enorme sucesso e tinha uma das maiores audiências da emissora na faixa a partir das 19 horas. Isso implicava sair cedo de casa, pois a família morava longe.

Mãe e filha teriam de pegar um ônibus no vizinho terminal da Praça Princesa Isabel em direção ao aeroporto, o que implicaria em viagem de mais de uma hora. E retornar um pouco tarde, uma vez que a cantora deixaria a emissora por volta das 21 horas, como fazia toda terça-feira. E ficou acertado que as duas seguiriam esse roteiro de viagem na semana seguinte. No dia combinado, Neusa e a mãe embarcaram rumo à TV Record. Por volta das 18h, pegaram o ônibus que fazia a linha até Aeroporto de Congonhas.

Teriam de descer um pouco antes do ponto final. "A essa altura, por minha causa, minha mãe também tinha ficado fã de Celly e a nossa aventura se tornou inesquecível, ela curtiu bastante aquela experiência". Como Neusa não tinha idade para entrar no auditório, elas ficaram esperando do lado de fora pela vinda da cantora. Um dos funcionários deu a dica: depois das 20h30, ela, o irmão e a mãe sairiam pela entrada principal assim que terminasse o programa.

Maria de Lourdes estava preocupada, pois seria tarde para uma senhora de família e a filha voltarem para casa, principalmente por causa do longo trajeto de volta. Mas, como estavam ali, resolveram esperar. E no horário previsto, Celly, Tony e Idea deixaram a Record e foram parados pelas duas desconhecidas quando se dirigiam ao ponto de táxi, de onde iriam para a rodoviária. Tony seguiria de carro para seu apartamento, pois morava em São Paulo.

Todos, claro, deram atenção àquela senhora bem arrumada com sua filhinha. "Celly foi incrivelmente encantadora com a gente, assim como Tony e dona Idea", recorda Neusa, sessenta anos depois. A conversa foi rápida porque ela tinha de voltar para Taubaté e o motorista não podia esperar na rodoviária da Estação da Luz. Como não tinha foto para autografar, a cantora prometeu que mandaria uma pelos Correios e ela própria anotou o endereço, em um papel que a mãe lhe deu.

Naquela mesma noite, ao chegar em casa, Celly pediu ao pai que cumprisse a promessa e mandasse a foto para a pequena Neusa. A cantora gostou tanto da fã que as duas passaram a se corresponder e, mais adiante, a se telefonar sempre – o que fariam por mais de quarenta anos. Nas décadas seguintes, aliás, ela se manteria como ícone entre as admiradoras de Celly para sua família, uma espécie de fã nº 1 ou a mais importante de todas. Colecionaria tudo que fosse possível dela.

O que Neusa não podia imaginar era que a carreira da artista que ela mais gostava seria interrompida menos de um ano depois daquele primeiro encontro entre elas. Em tão pouco tempo, entre os dois pontos da história, muita coisa aconteceu com a artista de Taubaté. E com o Brasil e o mundo também, que faria daquela década uma das mais intensas e transformadoras do século 20, só comparada àquelas marcadas pelas duas grandes guerras mundiais.

Nada disso fazia parte do dia a dia de Celly. Sua cabeça estava focada exclusivamente na decisão de abandonar a carreira musical para se casar, o que era algo um tanto complexo para uma jovem de 19 anos que tinha se tornado a maior estrela da música no país nos últimos três anos. Nada a faria recuar e ela entrou 1962 decidida. Não tinha conversa. Não tinha retorno. Nem pressão da família, nem dos fãs e, principalmente, da gravadora e da TV Record.

O casal tinha atravessado todo o ano de 1961 na condição de noivos, como foi visto. Permaneciam tão próximos que, no começo de dezembro desse ano, Eduardo aceitou o convite de Celly e foi com ela a alguns shows durante suas férias na Petrobras. A pequena turnê lhe serviu para apresentar o futuro marido aos fãs. "Acompanhei ela numa viagem a Assis, Presidente Prudente e Santo Anastácio. Eu tinha um tio em Assis e meus pais eram de Santo Anastácio. Estávamos noivos desde uma semana antes do Natal de 1960, meus pais vieram passar a festa com meus avós", recordou Eduardo.

Alguns dias antes, na reunião de fim de ano no escritório da Odeon, na capital paulista, ela comunicou à diretoria que nada gravaria no novo ano e que encerrava ali sua carreira de cantora. Disse isso depois de um entusiasmado discurso do diretor Oswaldo Gurzoni sobre o quanto ela fora importante para a empresa naquele ano que terminava e que estavam todos ali para traçar um cronograma para 1962, que incluiria a gravação de dois LPs, os de números 6 e 7, algo que aconteceria em pouco mais de três anos.

Claro que a Odeon sabia bem dos boatos que circulavam sobre o que a cantora pretendia fazer desde o ano anterior e montou uma estratégia para neutralizá-la. Ou seja, todos falariam primeiro, de modo a deixá-la desconfortável em dizer não. Mas eles não conheciam Celly como pensavam. A mocinha tinha personalidade e determinação e não recuou. A conversa durou perto de duas horas, quando todos procuraram convencê-la ao menos a tentar conciliar a vida de casada com a de cantora, como várias colegas suas faziam.

Não adiantou. Eduardo não queria que sua esposa cantasse e ela faria isso por ele. Só restou ao diretor pedir que pensasse um pouco e eles voltariam a conversar em janeiro. Quando ela saiu, todos comentaram que tinham alguns meses pela frente e era possível que a cantora mudasse de ideia e renovasse o contrato para ao menos mais um LP. Eduardo acompanhou tudo. "Ela estava em fim de contrato, não renovou porque ia casar e a gravadora fingia não entender ou aceitar que aquilo era verdade. 'Como assim?', perguntavam. Eu não me metia nesses assuntos, quem cuidava de tudo isso eram seu Nelson e Tony", lembra Eduardo.

Mas tinha deixado claro para Celly: ou o casamento ou a carreira. Nem mesmo na família todos tinham certeza de que ela faria isso no último instante e daria uma guinada na decisão. Os irmãos preferiram deixar que ela seguisse sua vontade. "As coisas foram acontecendo, nunca houve por parte dela a prioridade de ser uma cantora profissional, ir para o meio artístico, ser famosa. Ela nunca disse que queria isso, nunca teve em mente, diferente de Tony, que amava tudo aquilo, queria ser famoso", conta Nelson Filho.

Ou seja, "ele mentalizou que queria viver da música. Ela, não, apesar de gostar e ter um programa na Rádio Cacique, quando adolescente. E veio a chamada de Tony e ela foi, porque tinha facilidade para fazer as coisas, principalmente música, era bastante afinada e gostava de cantar". Para o irmão, Celly tinha um objetivo que era fazer faculdade. "Nunca imaginou ser uma artista, foi porque aconteceu, os fatos contribuíram para isso. Não deu continuidade aos estudos por causa da música e, depois, seu sonho era casar e ter filhos. E foi a atitude dela que prevaleceu".

Nelson Filho conta que a aceitação em casa não foi tão tranquila. "Lógico que papai estranhou. A gente também, pois ela deixar tudo no auge, surpreendeu todo mundo. A gente procurou reagir de modo espontâneo e natural, era a vida dela e se queria aquilo, tínhamos de aceitar". Certas coisas são delicadas de falar, prossegue Nelson, "mas a situação para ela, a vida artística, na minha opinião, era sacrificada".

Embora se desse bem com o irmão mais velho, Celly sofria pressão dele também, segundo Nelson Filho. "Ela reclamava das exigências que existiam da parte de Tony (risos). Ele dizia: 'Tem de ser assim', 'dessa forma'. ele era mandão sobre ela nesse aspecto". Celly tinha a preocupação de ele não gostar ou de desagradá-lo. "Esse vestido não está bom, bota outro", descreve Nelson Filho. "Mas aquele era o que ela tinha gostado e queria usar. Tony interferia em algumas coisas e isso mexia com a personalidade dela, certas coisas que ela queria fazer e ele não gostava, a escolha de uma roupa, por exemplo".

Prossegue Nelson Filho: "Tony era exigente e interferia nessa parte. Claro que não era nada demais, mas podia chatear, magoar, deixava ela intranquila. Por ser uma pessoa dócil, a gente sentia nas entrelinhas que essas atitudes dele podiam deixá-la incomodada. Celly não nasceu com essa estrutura que artista precisa para enfrentar o ritmo de shows, era uma criatura frágil nesse sentido, e Tony conduzia tudo".

As viagens estavam longe de ser prazerosas para Celly, de acordo com o irmão do meio. À *Revista do Rock*, ela contou: "Quando os negócios (dos discos) começaram a crescer e eu tive que viajar quase todos os dias para São Paulo e outras cidades, fui ficando entediada. Queria que acontecesse lá em casa apenas um grande sucesso, mas para Tony, não para mim". E veio a explosão de *Estúpido Cupido*. "Daí por diante, choviam propostas para excursões e eu não parei mais. O que eu queria mesmo era ficar em casa estudando para terminar o meu curso e depois pensar no casamento, mas até isso foi prejudicado".

Nem sempre ela conseguia ir ao colégio ou estudar para as provas nos dois últimos anos do ginásio, entre 1958 e 1959, quando se formou. "Quase perdi o ano por umas notinhas pequeninas que tive em matemática. Deixei de participar de várias provas mensais e fiz exame de segunda época. Foi a primeira vez que isso me aconteceu, mas, a gente (artista) tem que se sacrificar pelo público também. Felizmente, tudo correu bem", recordou.

E havia o noivado, que ela conseguiu preservar a duras penas. E não foram poucas as vezes que quase terminou antes de ela chegar ao altar. "Estava doidinha para acabar os estudos para continuar o namoro. Aliás, logo depois ficamos noivos, mas foi aí que o negócio piorou. Apareceram outras músicas de sucesso na minha carreira e mais do que nunca eu tinha que me ausentar de Taubaté", contou ela.

No começo da carreira, Celly ficou dividida, com medo de perder Eduardo. "Isso que me deu muita satisfação ao mesmo tempo causava-me um mal-estar terrível. Eu sentia cada vez mais que havia nascido mesmo para viver a vida tranquila de estudante e dona de casa", afirmou, à revista *Cláudia*, em 1976. Nem o dinheiro a animou, garantiu. "A parte monetária nunca me influenciou. Felizmente, sempre tive do bom e do melhor dos meus pais. Tenho meus pais esforçados e tudo nós fizemos para dar-lhes prazer. É claro que após o nosso faturamento a receita aumentou, mas já possuíamos tanto conforto em casa que em nada foi modificado".

Nelson Campello cuidava de tudo, insistia ela. "Papai foi durante muito tempo o nosso agente e soube administrar maravilhosamente a nossa receita", recordou a cantora.

Pouco antes de se casar, ainda à *Revista do Rock*, Celly disse que só não estava realizada financeiramente em sua vida pessoal. "Mas quem está?", perguntou. Sobre largar tudo para virar esposa, tirou qualquer pressão de Eduardo em sua decisão: "É pretensão minha e para isso nada influiu o pensamento do meu noivo. Como já falei anteriormente, já tinha vontade de me afastar da carreira há muito tempo!".

A revista brincou com sua "nova" carreira, de dona de casa, que começaria em breve e quis saber se tinha iniciado os "estudos" nesse sentido. Ela deu uma resposta que faria tremer as feministas se dita uma década depois: "É claro, isso eu já estou estudando desde que nasci. A maior inveja que eu tive foi de mamãe, quando preparava seus quitutes saborosos e cuidava da casa... Ah, que tempinho bom!".

Ela contou que sabia fazer quitutes. "Preparo aqueles que eu gosto. Sou incondicionalmente admiradora de massas e camarões, empadas, empadões e empadinhas, pastéis e pastelões... Tá pra mim". E Eduardo, o que pensava de ela ser uma mulher prendada?, quis saber a publicação. "Até nisso nós combinamos bem. Tenho a impressão de que pela boca ele não vai morrer. Pretendo ser ótima orientadora na cozinha do nosso lar".

Estava decidido que o casal iria morar em Tremembé. "Se você tivesse chegado mais cedo nós poderíamos ir até a nossa casa", disse ela à repórter e ao fotógrafo. "É pertinho. Eduardo trabalha lá em Tremembé, ele é contador da Petrobras e então resolvemos morar ali mesmo para ficar mais perto. Nossa casa é um sonho! E fica distante somente cinco quilômetros daqui de Taubaté".

Os dois tinham decidido a não se casar em Taubaté porque a Igreja matriz não permitiu fotógrafos e câmeras de TV. "Lá em São Paulo você sabe que é mais fácil para isso. Mas o nosso Cônego daqui, Cícero de Alvarenga, irá até São Paulo para realizar o nosso casamento". Ela ficou surpresa quando perguntada se gostava de crianças. "Ora bolas, quem não gosta? É a coisa mais linda que existe sobre a face da Terra. A criança é pureza, perfume e cor, ela é quem, muitas vezes, nos dá coragem para tantos sacrifícios".

A cantora lembrou que foi pensando no imenso público infantil que conseguiu durante algum tempo viajar "incomodamente" por todo o interior do Brasil. "Ficava tão feliz com as cartinhas simples e sinceras que recebia de cada localidade que você nem calcula. Sou fã incondicional da infância".

Não significava que tinha planos de ter muitos filhos. Mas não faria nada no sentido de controlar a quantidade – em um momento que se discutia a polêmica da pílula anticoncepcional. "Eu espero aquilo que está reservado para mim com a Graça de Deus. Sempre fui devotada e creio que encontrarei a felicidade que toda criatura almeja na vida... Com uma família grande ou pequena eu quero estar sempre abençoada e me sentir feliz como estou me sentindo atualmente".

Mesmo ícone maior do rock nacional, Celly chegou a 1962 com uma imagem sólida de cantora de família, quase uma menina educada, prendada e ideal para se casar, embora em outros países a ideia de roqueiro ou roqueira estava mais atrelada a irreverência e à rebeldia. Havia sim, no Brasil esse perfil nela, mas ninguém conseguia rotulá-la nesse sentido. Como escreveu Leonardo Vinhas, "os versos ingênuos que compunham seus sucessos, a imagem da moça de família meiga, inteligente e respeitável, a companhia constante do irmão (Tony) e cantor: tudo isso constituía um potencial de penetração comercial perfeito para aqueles tempos pudicos, onde a rebeldia dos astros americanos Little Richards (homossexual assumido) e Chuck Berry (ex-delinquente juvenil), ambos negros, jamais seria aceita".

Para Vinhas, Celly era "a nossa Sandra Dee", uma moça simples, porém com luz própria e um carisma tão grande que chegava a ser criminoso. Era um ídolo da juventude – o primeiro em território nacional –, mas do tipo que não preocuparia nenhum pai ou mãe. "Pelo contrário, os coroas também se simpatizavam com ela".

A TV Tupi chegou a anunciar que tinha planos para tirar Celly da Record e lhe dar um programa voltado ao público infanto-juvenil. Mais uma vez, ela tinha avisado em janeiro que não ia renovar o contrato com a Record e que antecipou o casamento para maio. "Minha irmã já tinha seus planos, nunca fui de ficar me metendo nisso", afirma Tony.

Ele garante que nunca conversaram para que a irmã continuasse a ser cantora ou desistisse no caminho. "Por duas vezes, ela teve oportunidade para fazer uma temporada no Cassino Estoril, em Portugal, e não quis ir. Meu pai tratava disso e tinha conversado para a ida dela, em um espaço que, na época, apresentavam-se os grandes nomes da música europeia. Estávamos bem lá, com vários discos à venda nas lojas, ela mais do que eu tocando nas rádios".

Até então, tinham sido lançados em Portugal seis compactos duplos de Celly, com total de 24 músicas. "As gravadoras portuguesas tinham um sistema semelhante aos da Itália, da Espanha e da França: não faziam um LP de cara. Lançavam os duplos e quando completavam 3, com 12 músicas, vinha o LP", explica Tony. Ele colecionou todos os discos dele e da irmã que saíram em outros países. "Tenho discos dela na Argentina e em Portugal".

Curiosamente, *Enxutinha*, com versão de Fred, cantada por ela, só saiu em selo português. "Essa nem minha mãe ouviu e foi o maior sucesso por lá". Ele não se recorda porque a música nunca foi lançada no Brasil e até mesmo a letra é desconhecida. Tony alcançou os primeiros lugares nas paradas com *Pobre de Mim*, que chegou a ser regravada pelo astro Daniel Bacelar.

Para Celly, o assunto deixar a música estava encerrado. Como foi visto, o anúncio do casamento vinha sendo feito desde o começo de 1961. "Não foi fácil. Eu avisei à gravadora quando fiquei noiva, um ano antes (do casamento), que ia parar. Todos sabiam que eu ia me casar, mas não gostaram, não. Lembro que o diretor Oswaldo Gurzoni, não me esqueço, cada vez que eu ia lá (na Odeon) dizia para ele: 'Olha, seu Gurzoni, eu vou me casar'. Ele não se conformava, achava que eu podia colocar a carreira acima 'disso aí' (o casamento), que era uma pena eu deixar uma carreira tão em alta".

Gurzoni esperava jogar com o tempo, segundo Tony. Torcia para que algo acontecesse que a levasse mudar de ideia. Ou mesmo ela decidisse continuar. "Enfim, coisas que um homem de negócios vê e eu achava que tudo aquilo, a carreira, para mim, era uma coisa passageira e o que eu queria era me casar. Mas eles não entendiam, diziam que não. Não foi fácil, repito, mas a decisão era minha".

Com o tempo, viriam outras pressões de todos os lados, inclusive dos fãs. "A imprensa já sabia que eu estava com o casamento marcado e os jornalistas começaram a fazer reportagens: 'Celly vai se casar', 'Ela foi flechada por um cupido', 'O casamento vai ser em maio' etc. Então, aí foi sendo levado até que chegou o dia e eu me casei e foi outra loucura, né? Eu não esperava o que aconteceu".

Ela estava tão certa do que queria que passou a dizer para quem lhe perguntasse que a data seria 10 de maio próximo, uma segunda-feira, quarenta dias antes de completar 20 anos de idade. No passo seguinte, em janeiro de 1962, informou da decisão a Paulo Machado de Carvalho, da Record, de não fazer mais o programa *Crush em HI-FI*. Mas ele a convenceu a manter o programa até junho, um mês depois do casamento, por causa de compromissos com os patrocinadores. Como ela sairia em lua de mel, eles gravariam alguns programas – naquele momento, o videoteipe já tinha sido incorporado à produção de teledramaturgia e programas da emissora.

Mesmo com 19 anos de idade, Celly só fortaleceu sua decisão de deixar a música nos meses de janeiro e fevereiro. Era pressionada principalmente pelos fãs, que chegavam a implorar para continuar cantando. Alguns até faziam isso de joelhos no auditório do programa ou na rua. "Ninguém faz ideia do quanto essa situação era dura para ela", conta Eduardo, seis décadas depois. "Imagina, no auge da carreira ela resolve largar tudo, desistir de tudo para ir casar porque achava que ninguém consegue conciliar as duas coisas. É difícil, principalmente naquela época. Nunca comentamos sobre outras carreiras que entraram em declínio após o casamento, mas ela tinha essa percepção".

Em abril de 1962, no seu programa, Celly informou ao público que iria encerrar sua carreira artística, pois iria se casar no dia 10 do mês seguinte. O felizardo se chamava Eduardo, "meu namoradinho de infância", como ela dizia. O jovem foi apontado por ela no meio da planeia. O então noivo também foi cobrado pela família da cantora.

Pelo futuro sogro, em especial. "Seu Nelson veio conversar comigo, queria saber o que estava havendo, porque ela ia chorando para os shows e queria voltar logo para São Paulo quanto estava em viagem. Talvez achasse que eu a pressionava para largar tudo. Eu disse para ele: 'Seu Nelson, eu não falo nada, mas o senhor tem que entender que ela é uma menina de 19 anos, vai ter um baile no clube que ela adoraria ir, mas tem de fazer um show em Cascavel, no Paraná'. E expliquei diversas vezes que eu não interferia na carreira dela".

Entre as tantas vezes que tentou deixar claro porque fizera aquela "loucura" de desistir da carreira, Celly disse: "Não foi uma imposição (de Eduardo) porque ambos concordávamos em eu parar. Vi que as constantes viagens iriam prejudicar nosso casamento, ao menos no início e enquanto nossos filhos fossem pequenos".

A defesa de Celly seria veemente quando ficava magoada por tentarem impingir ao marido uma atitude antipática, de responsável por ela largar a música pelo casamento. Dizia-se "feliz, imensamente feliz" com sua decisão: "Olha, se todo mundo tivesse a vida que eu tenho, meu marido é maravilhoso, as crianças também. Eu nunca vou poder dizer a você que eu sentia falta de cantar". Eduardo, insistia ela, era "a pessoa ideal, que poderia me dar apoio em tudo".

A amiga Isabel Mazela conta, 60 anos depois, que não foi surpresa Celly trocar a música pelo casamento porque ela não queria fugir ao modelo padrão de moça de classe média do interior que era formar família. Mas não esconde que o noivo estabeleceu condições para se casar. "Eduardo era fechadão, um cabloclão, tinha ciúme, aquele povo todo em cima da menina, aquele sucesso tremendo, ela tendo de viajar, não batia com o modelo de namorada que ele queria. E ela era apaixonada, apaixonada, apaixonada por Chacon e escolheu ele para ser seu marido e ponto final".

Isabel só perceberia depois o quanto os hábitos e costumes colocavam as mulheres – em todo Brasil – sob uma série de restrições e submissas ao marido. Não era nada fácil, conta ela, fazer faculdade, por exemplo, em cidades do interior. Mesmo um lugar rico como Taubaté, onde as novidades não demoravam a chegar.

Para ela, "havia bastante machismo, a gente, mulher, passava a ser propriedade do marido quando se casava, não podia nem piscar para o lado, era uma coisa terrível, podia ficar malfalada. Casar era abrir mão de tudo, se dedicar somente ao lar, ao marido e aos filhos. O máximo a fazer como profissão era ser professora, a gente não podia sair para estudar em São Paulo, fazer faculdade, ter independência".

Por mais incrível que pudesse parecer, mesmo famosa, Celly amava a vida que levava em Taubaté e queria ser anônima como suas amigas, aproveitar as festinhas e passeios nos fins de semana, ir ao cinema e à Sorveteria São Rafael tomar milk-shake e comer banana-split.

A cantora lembrou: "Eu levava minha vida normal, Tony tinha o seu grupo, eu era sócia do TCC, ia lá, ia a bailes, depois que eu me tornei profissional é que o negócio ficou meio complicado já não era só aquela turma que se aproximava, era a cidade toda, eu tinha que ir cinema e sair antes das luzes se acenderem". Ela odiava aquilo. "Mesmo com tudo isso, tinha minha vida em Taubaté, normal como outra garota, não queria deixar de ter, achava importante para mim".

Celly disse ainda: "São coisas que falo, não adianta, podia pensar: 'Eu sou uma estrela, não vou frequentar mais. Nada disso, eu ia a bailes, tudo continuava a mesma coisa". Por algum tempo, pelo menos. A cada novo sucesso, o cerco se fechava com assédio dos fãs. Com isso, nem sempre ela conseguia se divertir. Às vezes, o problema era outro. "Eu namorava Eduardo, quando havia baile no TCC, eu não podia ir porque tinha que estar em São Paulo para fazer meu programa ou show fora do estado (quando era exibido aos sábados)".

Não foram poucas as vezes, nos últimos meses, que o pai a pegou chorando antes de embarcar. "Eu ficava triste porque ia perder o baile e Eduardo ia ficar lá, sozinho, sem poder ir. E eu tinha que avisar a ele que ia viajar, isso era um negócio que me deixava bem chateada. Ao mesmo tempo, queria fazer o show, mas queria também ficar em Taubaté, entende? Por isso essa decisão minha de parar para casar-me foi fácil de ser tomada".

A notícia do casamento de Celly e de sua polêmica decisão logo se tornou tema de conversas até mesmo entre os famosos. A coluna "Mexericos da Candinha", da *Revista do Rádio,* passou o ano inteiro de 1961 alfinetando a cantora e o noivo. Para a autora da coluna, havia clara pressão machista de Eduardo para ela largar tudo. Ele era descrito como rude e mandão e ela subserviente.

A "rival" carioca Sônia Delfino, reagiu de modo diferente. Em entrevista para este livro, recorda: "Quando Celly disse que ia largar a carreira, eu achei que era o natural de toda mulher fazer aquilo, de se casar. E eu fiz a mesma coisa, alguns anos depois, em 1970. Como me casei com um diplomata, passei a viajar e desapareci do Brasil. O que ela fez não foi absurdo, tanto que estava apaixonada".

O casamento com José Eduardo foi marcado finalmente na Igreja do Sagrado Coração, que funcionava no pomposo Liceu de Artes e Ofícios, no Largo Coração de Jesus, 154, no outrora aristocrático Campos Elíseos, perto de onde morava sua dedicada fã Neusa. "Escolhemos essa igreja porque foi a única que aceitou a presença das emissoras de tevê e dos fotógrafos, algo que fiz questão que acontecesse", recordou a cantora.

No mesmo depoimento ao MIS, ela acrescentou um outro motivo para a escolha: "Eu morava em Taubaté, mas me casei em São Paulo porque, para convidar a cidade toda, não ia dar, eu conhecia todo mundo. A opção foi casar-se na capital e fazer uma coisa mais íntima, os amigos que fossem mesmo próximos iriam, o pessoal das rádios, da gravadora, que eu tinha que convidar". Não aconteceria de modo algum dessa forma. Tudo fugiu ao controle como se verá adiante.

Ao MIS, Celly contou sobre os últimos meses de noivado: "Não foi fácil, mas continuamos firmes. Eduardo ficava em Taubaté e eu viajava muito. Tanto que teve uma época que a gente quase terminou, mas eu bati o pé firme e, no fim, casamo-nos e sou muito, muito feliz". A quem perguntava, respondia que estava cansada daquela rotina insana de fazer um programa de TV por semana, comparecer a vários outros na capital e no Rio, além de dezenas de rádios, entrevistas para jornais e revistas, além de shows por todo país.

Observou ela que, "chega um ponto que até o artista fica saturado, né? Era demais, no bom sentido, mas era demais (risos). Minhas músicas tocavam e isso era uma coisa boa para o artista. Em qualquer rádio que você sintonizasse estavam tocando Celly Campello, só se falavam em Celly Campello". E isso tinha a ver, explicou ela, "com a música que você tem que cantar porque está fazendo sucesso, o que não era fácil para qualquer artista, por mais que isso fosse o que todos buscassem. Vai se tornando complicado", observou.

Duas décadas depois, ela não seria esquecida. "Até hoje eu sou a marca registrada de *Estúpido Cupido e Banho de Lua*", acrescentou. E insistiu que a decisão pelo casamento em si nada tinha a ver com uma educação familiar opressora e moralista ou com o fato de ter pais católicos praticantes, ao contrário do que se chegou a afirmar depois. "A minha juventude foi maravilhosa, sem tabus dentro de nossa casa. Papai era liberal com os filhos, companheiro".

Ela não se cansava de explicar que estava saciada do que a fama poderia lhe trazer. Foram três anos intensos, repetia, com cinco LPs lançados e dezenas de compactos de 33 e 45 rpm e discos de 78 rpm. Por mais que *Revista do Rádio* lamentasse toda semana seu abandono da música, a publicação procurou tirar o máximo de proveito do fato, com cobertura semanal nos últimos meses.

Como em uma contagem regressiva, os leitores que acompanhavam a publicação havia tempo sabiam que vários outros artistas tinham dito o mesmo e desistiram de subir ao altar ou se casaram sem abandonar o palco ou as telas. Bastava ter um pouco de paciência, apostava Gurzoni, até ela optar em seguir pela música também.

Muitos fãs, porém, acreditavam que tudo podia ser apenas um golpe de marketing não de Celly, mas do departamento comercial da Odeon, um blefe, como se dizia na linguagem dos jogadores de baralho. Tudo isso para vender mais discos, como se ela precisasse desse expediente. De qualquer modo, o assunto passou a fazer parte de conversas de corredores das rádios e TVs e de almoços e jantares do meio. Alguns chegaram a propor apostas.

Aquela menina tão nova não cometeria a loucura de abandonar a fama e o sucesso no auge, repetiam os descrentes. Mas dessa vez seria diferente. Era Celly, a garota madura e focada de 19 anos, que buscou a perfeição em tudo: nas competições de natação, nas gravações de discos, nas pontas dos filmes de Mazzaropi e, portanto, como esposa e mãe também queria tudo da melhor forma possível. E estava disposta a criar uma personagem para a toda a vida que ofereceria aos fãs e à imprensa: a da mulher casada feliz e sem arrependimentos.

Não seria uma vida de sacrifício, mas de amor por Eduardo, não se cansaria de repetir. No íntimo, desafiava a si mesma em atingir a perfeição. Mesmo que o preço fosse alto demais, como acreditavam os que viam em sua decisão algo fruto de uma cultura que condicionava a felicidade da mulher ao casamento e à maternidade. Arrependimento por tudo isso era algo que não havia em sua mente. Pelo menos naquele momento.

Seu Nelson dava toda atenção possível às últimas atividades da filha, mas se remoía por dentro. Tentou algumas vezes fazê-la mudar de ideia, mas era logo cortado no meio da primeira frase. Celly dizia que Eduardo tinha esperado demais e pretendia cumprir sua promessa de ficar com ele. "Nosso pai sempre nos apoiou, inclusive cuidando de nossa carreira. Viajava com a gente e até acertou uma grande excursão que começou em Salvador e terminou em Manaus. Quando ela decidiu que ia se casar e parar de cantar ele apoiou. Sabia que ela estava convicta, não recuaria jamais", lembra Tony.

Nelson conhecia bem a filha. Celly se tornou uma artista sui-generis por outro motivo: nunca ter saído da casa dos pais, em Taubaté, onde tinha sua privacidade respeitada pela cidade, embora aparecessem de vez em quando turistas ou fãs locais mais afoitos. A cantora se tornara um enigma também por outros motivos que reforçavam a sua falta de interesse em ser famosa de qualquer jeito e a qualquer custo. Ela poderia, por exemplo, ter ido morar na capital paulista ou no Rio de Janeiro, os dois centros da música e dos meios de comunicação que teriam rendido outras propostas e mais fortuna e, claro, ampla presença na mídia.

Mas tinha suas incoerências. "Celly gostava de ser reconhecida e admirada pelo público, não tenho a menor dúvida, mas a empolgação de papai era maior. Ele praticamente sozinho agenciava nossos shows por telefone, cartas e telegramas", recorda Tony. Para dar uma estrutura mais profissional ao novo trabalho, ele montou um escritório no prédio Centro Espírita União e Caridade, que ficava na Rua Dr. Souza Alves, 142, em Taubaté.

No local, mandou instalar um arquivo de aço para guardar todas as cartas dirigidas a Celly e a Tony – e que seriam preservadas por décadas. No meio, aliás, havia algumas de uma jovem chamada Maira Freitas, que morava nos Estados Unidos e era ardorosa fã de Tony. Ela acabaria por se tornar sua segunda e definitiva esposa anos depois, em 1970.

Nelson Filho conta que quando Tony teve seu primeiro filho, Marcello, do casamento com a atriz Terezinha Sodré, ele recebeu uma correspondência com parabéns enviado por Maira. Daí nasceu uma amizade postal, digamos assim, pois demoraria para se conhecerem pessoalmente. "Ao saber que Tony tinha se separado da mulher, ela se aproximou e estão juntos até hoje", observa o irmão.

Enquanto isso, Nelson pai virava as madrugadas em tarefas que dava a si mesmo de montar álbuns com recortes do que saía na imprensa sobre os filhos. "Seu Nelson, meu pai, era o tipo de pessoa ao mesmo tempo pai e amigo dos filhos, fazia questão de manter esse clima em nossa casa. Sabe o que é ter experiência de vida e passar para os filhos como aprendizado? Nossa ligação era intensa. Quando ele não podia acompanhar Celly, eu que ia no seu lugar, porque confiava mais em mim do que em Tony", diz Nelson Filho.

O casamento de Celly, sem dúvida, causou um enorme impacto na família. Tony, tantas décadas depois, volta a amenizar o episódio, justamente ele que tinha focado seu trabalho mais na carreira da irmã, como músico-acompanhante dela, embora seu nome figurasse na divulgação dos shows como artista que se apresentava individualmente. "Não tentei convencê-la a continuar ou a conciliar as duas coisas – a música e o casamento. Para mim, Celly já tinha feito muitas coisas boas e eu achava que ela tinha direito de seguir sua vida, de fazer a escolha que quisesse e que todos nós deveríamos respeitar sua vontade. De todo modo, achei uma pena ela ter parado", admite.

Acompanhado do fotógrafo Hildo Passos, o jornalista Arnaldo Câmara Leitão, de *Radiolândia*, foi encarregado de fazer uma reportagem com Celly e a mãe sobre o casamento da cantora, uma semana antes do evento. "Entre panelas e o fogão: Celly despede-se da vida de solteira", dizia o título, na edição da segunda quinzena de maio, que circularia após a cerimônia.

Na primeira foto da reportagem, a mãe segurava uma panela e a filha experimentava a comida com uma colher. A legenda dizia: "Como boa mãe brasileira, dona Idea também acha que toda dona de casa precisa saber fazer para poder mandar". Na abertura do texto, Leitão escreveu: "A esta hora, Celly Campello estará viajando em lua de mel pela Argentina. Dias antes do casamento, entretanto, *Radiolândia* locomoveu-se para Taubaté a fim de colher os derradeiros flagrantes de solteira da popular 'estrela' no recesso familiar".

A viagem, observou ele, "valeu não só pelo aspecto de amizade – o contato da imprensa com a família Campello naquela cidade é sempre uma festa – como pelo jornalístico". Celly "ultimava", então, os preparativos para a cerimônia nupcial, que se realizaria em São Paulo alguns dias depois e onde inclusive se encontrava em confecção o vestido de noiva, de acordo com a revista – na verdade, a peça foi construída em Taubaté, como se verá.

E dentre esses preparativos se situavam as últimas "aulas" de cozinha que "Mamãe

Idea" lhe proporcionava, "no bom estilo tradicional brasileiro de que toda dona de casa precisa saber de lides domésticas, ainda que seja só para bem mandar" na casa. Esses e outros "flashes" emotivos "colheu a reportagem junto aos Campello, devidamente registrados nas fotografias que ilustram esta matéria".

Do noivo, ainda desta vez, não foi possível lhe dar um flagrante fotográfico por dois motivos principais: "a) José Edwards continuava alérgico a publicidade; b) os regulamentos de serviço não lhe permitiam receber estranhos no escritório da unidade local da Petrobras, onde trabalha, cinco quilómetros distantes da sossegada Taubaté". O repórter observou ainda: "Cremos, porém, que as fotos conseguidas consolarão os fãs dessa carência. E das conversas íntimas tidas com Celly Campello e seus familiares, a impressão final é de que a artista ainda não se decidiu, definitivamente, sobre o abandono da carreira face à nova situação civil".

Esse detalhe, mais uma vez, contradizia a confiança que ela tentava demonstrar de que o casamento era mais importante que a música. Leitão afirmou ainda sobre isso, porque Celly tentou desfazer sua incerteza: "Disse-me ela, por exemplo, quanto à perspectiva desse abandono, no auge da popularidade e após ganhar cerca de 12 milhões líquidos em apenas quatro anos de intensa atividade: 'O cartaz pessoal e as consequências econômicas dele decorrentes nunca os persegui. Entusiasmei-me, naturalmente, com os resultados dessa situação, iniciada por um apoio amigo e confiante de Mário Gennari Filho, anos atrás, mas nunca deixei a coisa subir à cabeça".

O sucesso, acrescentou a estrela, "veio a meu encontro, não lutei por ele nem com ninguém em busca dele, exceto o sacrifício imposto pela profissão artística no que respeita a viagens longas e cansativas, ao controle rigoroso dos horários, ao afastamento de casa e do noivo etc.". De modo que, continuou ela, "sou grata ao destino e a todos os que me apoiaram – em primeiro lugar ao fã e à fã juvenis a quem sempre me dirigi preferencialmente – alcancei posição a um tempo inesperada e privilegiada".

A própria Celly se questionou na entrevista: "Valerá a pena continuar após o casamento? Devo abandonar tudo e retirar-me completamente à vida doméstica, sem preocupação de espécie alguma? Ainda permaneço na dúvida. No duro, no duro, acho que a decisão só virá depois de consolidada minha nova situação civil. Meu noivo respeita a minha personalidade e me dá carta branca para agir segundo o que penso. Estou tranquila a respeito".

Celly afirmou ainda: "E como disse: só mesmo daqui a uns tempos (terei essa certeza). Intuitivamente, entretanto, acho que darei por finda a carreira... agradecida, sobretudo, ao público, a quem em verdade o artista tudo deve. Quero agora conhecer a outra face da vida, a maternal, ambicionada por toda mulher". Para o rapaz, afirmou a revista, "a vidinha de funcionário da Petrobras seguirá na normalidade burocrática de costume, amparada pela companhia da amada escolhida e conduzida aos pés do altar".

Dois meses antes da cerimônia, começou a ser distribuído o convite para o casamento. Na mensagem, impressa com letras em dourado, os casais de pais Idea e Nelson Campello e Carmen Chacon Gomes Santiago e José Gomes Santiago diziam que a família "recebedora" daquela mensagem estava convidada para a cerimônia do casamento religioso de seus filhos Célia (Celly) e José Edwards (sic), às seis e meia da tarde do dia 8 de maio, no Santuário do Sagrado Coração de Jesus, nos Campos Elíseos, em São Paulo.

Eduardo garante que soube segurar a barra da pressão que vinha do noticiário sensacionalista e que aumentou à medida que se aproximava o dia do casamento. O Brasil não queria perder a jovem cantora para ele, justifica. "A imprensa séria não se metia nisso não, não inventava namorados para Celly, como tanto fez *Revista do Rádio*. Eram coisas que criavam da imaginação deles. O que inventaram de casamento para Cauby Peixoto não foi brincadeira também, lembro bem disso".

Quando acontecia, no entanto, diz Eduardo, a revista sempre contava com a anuência dos artistas, das gravadoras e de seus divulgadores. "Eram coisas combinadas para causar impacto e projetar o nome do artista. Eu sei disso porque frequentei com Celly a redação da Revista do Rádio, que funcionava na esquina da Avenida São João com o Largo do Paissandu. E o público comprava porque acreditava e tinha essa curiosidade, havia uma avidez por fofoca da vida pessoal de seus ídolos".

Só que, às vezes, ele era pego de surpresa com intrigas criadas no Rio. Como a televisão não cuidava disso como acontece hoje, "não repercutia essas histórias, não havia desmentidos, as pessoas acreditavam". Até que novas fofocas surgissem. Somente em 1989, na entrevista à revista *Criativa*, o marido de Celly não escondeu que nunca gostou da carreira que a namorada pretendia seguir, pois teve de ouvir gozações e provocações quando ela estava viajando: "Passei mal na minha cidade, Taubaté, quando Célia cantava. Se morássemos em uma cidade grande, como São Paulo, esse tipo de provocação se diluiria. Mas, em Taubaté, na época uma cidade de 80 mil habitantes, todos a conheciam e me conheciam. Era um verdadeiro sacrifício o que eu tinha de aguentar de brincadeiras e provocações".

Muitas vezes, quem fazia isso eram os amigos. "E os rapazes, você sabe, são implacáveis", observa ele, que não esqueceria algumas frases que tinha de ouvir: "Aí, hein? Namorado de cantora... ela vai te passar para trás, hein? Olha lá...", e ele não gostava e retrucava. Quando a acompanhou nos últimos meses, o temor foi outro. "Eu tinha um certo medo daquele povo todo em volta da gente, não sabia o que poderia acontecer no caso de alguém mais exaltado fazer algo porque íamos nos casar".

Se não bastasse, nos primeiros meses de 1962, Eduardo recebeu dos fãs e da imprensa títulos nada lisonjeiros como "machão ciumento" e "homem mau", o que demonstrava a indignação do público de Celly, que não ouviria mais novos discos da Rainha do Rock por causa de Eduardo, diziam. De todo modo, ele garante – e Celly confirmou em algumas entrevistas – que nunca atrapalhou seus planos de deixar ou não a música. Mas se contradizia ao alertá-la de que não haveria casamento. Ou relacionamento.

A cantora observou ainda que "enquanto éramos namorados, eu fazia o que queria (em relação à música). Mas ficou acertado que eu largaria o palco quando a gente se casasse", disse ela. Ainda à revista *Criativa*, contou que "Eduardo era uma pessoa escolhida entre muitas e nada podia fazer-me mudar de opinião (sobre me casar com ele). Posso dizer seguramente que o amo, hoje, mais do que ontem. Mas não é raro acontecerem separações entre casais", ressaltou.

A mesma publicação destacou que Celly acreditava que o contato com muita gente poderia, eventualmente, levar a certos "raciocínios" ou falatórios sobre sua fidelidade, do tipo "a pessoa com quem estou agora não é tão interessante quanto esta". E daí surgissem desentendimentos entre os casais. "Celly garante que nunca deu motivos para Eduardo sentir ciúme. Afinal, sempre transmitiu a imagem (pública) de uma menina comportadinha". E acrescentou: "Isso estava dentro de mim".

A imagem que Celly oferecia ao público, escreveu a revista, não era construída por engenheiros de marketing, apesar do nome artístico condizente com os padrões do rock que nascia nos EUA e no Brasil: "Ela se mostrava como era no seu dia a dia. Sua mãe costurava seus vestidos, ela mesma se penteava e até a escolha de seu repertório era trabalho artesanal, impensável nos dias de hoje".

À medida que se aproximava o mês de maio, até mesmo a grande imprensa anunciava os dois fatos: o casamento e o fim da carreira da estrela. Teve até uma despedida solene uma semana antes da cerimônia, no *Programa Clube dos Artistas*, do casal Airton e Lolita Rodrigues, na TV Tupi. A atração ia ao ar às sextas à noite, quando os convidados se sentavam nas mesas que formavam o cenário e os apresentadores passavam em cada uma para contar as novidades e, em seguida, pediam que o artista cantasse uma ou mais músicas, a depender de quantos sucessos tinha no momento.

Desde a semana anterior, os apresentadores avisaram aos telespectadores para que não perdessem o próximo programa, pois seria o adeus oficial da cantora da carreira musical. "Celly vai se despedir de seu público no nosso palco", prometeu Airton, ao lado de Lolita. No dia combinado, ela apareceu acompanhada do noivo Eduardo e de Tony. Nos três números que apresentou acompanhada pelo irmão ao violão, ela o fez com as lágrimas escorrendo pelo rosto. Primeiro, cantou seus dois maiores sucessos, *Estúpido cupido* e *Banho de Lua*.

Por último, ela e Tony interpretaram *Canário*. "Ficamos esperando a anunciada despedida, que assistimos em casa com enorme tristeza e emoção", contou a fã Neusa. Lembro que as lágrimas escorriam por seu rosto e a câmera mostrava com bastante proximidade. A gente via o lamento nos olhos dela. Eu também chorei naquela noite, juntamente com minha mãe. Acho que muitos que estavam em casa também choraram com ela".

E veio o dia do casamento. À exceção dos noivos e da família de Eduardo, o tom não era exatamente de festa, mas de despedida desde as primeiras horas da manhã de 8 de maio. Para os fãs mais apaixonados pela cantora, ir à Igreja do Sagrado Coração de Jesus significava não só testemunhar o casamento da estrela, mas dar adeus à artista Celly Campello. A revelação do lugar da cerimônia só ocorreu durante a manhã do dia marcado, o que provocaria uma confusão que, por pouco, não terminou em tragédia.

Uma multidão se concentrou na entrada da Igreja, onde cabiam 600 pessoas. Poucos minutos antes do início, perto de três mil penetras se espremeram no espaço. Comentou-se depois que a maioria estava ali inconformada, na tentativa de fazer com que aquele grande ídolo mudasse de ideia. A tentativa foi infrutífera, porém. Alguns procuraram se agarrar nas bases das colunas e se penduravam nas janelas, dentro e do lado de fora, para ver alguma coisa. Os mais afoitos subiam nos bancos, onde os convidados deveriam se sentar.

Celly trajava vestido de "cassa" suíça branca, trabalhada com renda valenciana. Seria definido pelas jornalistas de moda como modelo princesa, com bolero, a saia alargando em baixo e uma barra de renda tiotada. A peça foi recortada e costurada por Noêmia Nader, a mais famosa modista de Taubaté, e consumiu vinte metros de cassa suíça e renda valenciana. A noiva usava um véu de tule francesa de seda-pura, branca. A peça foi feita com acabamento à mão por inteiro.

O preço foi orçado na pequena fortuna de 300 mil cruzeiros e sua construção tomou mais de um mês, 12 horas de trabalho por dia, sete dias por semana. Sua grinalda tinha forma de coroa de botões de laranjeira com brilhantes. Em uma das mãos, ela levava um buquê de botões de rosa brancos e cor-de-rosa nas mãos, que estavam calçadas de luvas brancas de cetim. O noivo usava paletó cinza escuro, colete cinza claro, calças cinza riscada e gravata cinza pérola.

Como foi anunciado, a cerimónia foi realizada pelo Cônego Cícero de Alvarenga, vigário do Santuário Santa Terezinha, de Taubaté, que ficava na mesma praça onde viviam os Campello. Era grande amigo da família. Não fazia calor naquele começo de noite, felizmente. "A temperatura estava bem agradável para o mês de maio e por ser à noite", recorda Neusa. Celly chegou meia hora atrasada, às 19h30, e desceu de um Bel Air creme e verde, atravessou uma ala formada por 30 cadetes da Escola de Força Pública (PM), em uniforme de gala azul, pois ela fora no ano anterior, eleita por eles a 'Rainha da Escola", além de madrinha de formatura.

Só com ajuda deles chegou ao altar porque fizeram a guarda de honra em todo corredor da igreja – uma espécie de cordão de isolamento entre as duas fileiras de bancos, em meio a empurrões e pressão. Os fãs receberam Celly Campello com palmas, hurras e pique-piques à entrada da Igreja. Por causa de uma pequena confusão na porta principal, houve uma demora até a mesma ser aberta, e depois da espera, veio a noiva de braço dado com o pai, que a conduziu até o altar, em meio a um barulho ensurdecedor, forçando o vigário a pedir, insistentemente pelos microfones, que se fizesse silêncio.

Ao lembrar daquela noite, Celly disse que quando chegou à praça perto da Igreja do Sagrado de Jesus e viu aquela multidão, apenas soltou um sonoro "Nossa", de espanto. Nem a cantora imaginou que tanta gente pudesse aparecer. E que acontecesse tamanha confusão também. "Eu não esperava aquilo. Apesar de todo sucesso dos meus discos, achava que não ia ter muita gente, nunca fui uma pessoa de imaginar o contrário, que iriam tantas pessoas porque eu era um sucesso. Precisou chamar o Deops para dar segurança", até ela se aproximar da entrada principal da Igreja.

Ela ficou honrada com a presença dos rapazes fardados, como disse depois. "Eu tinha sido madrinha da turma da escola dos cadetes de 1960 ou 1961, e eles fizeram aquela ala de espadachins, como dizem. Ficou tudo bonito. Mas o padre ficou horrorizado, porque acabaram com os bancos da Igreja, pisotearam, ele apagou a luz e disse: 'Eu não acendo enquanto vocês não fizerem silêncio e não deixo a noiva entrar'. Coitado do padre, ele ficou apavorado", recordou, divertida.

Ao ser recebida pelo noivo no altar, Celly chorou. Não tinha sido fácil chegar até ali, lembrou. Em um dos lados do altar estavam os pais da noiva: Nelson Freire Campello e Idea Benelli Campello; os padrinhos Tony Campello e Léia Benelli Endres e os tios Jorge e Odete Campello de Luca, juntamente com seu marido. Do outro, os pais do noivo, José Gomes e Carmen Chacon Gomes; e os padrinhos do rapaz: os avós Miguel Chacon Ruis e Alexandra Chacon e os tios seus tios, Fausto e Angelina Chacon.

A cerimônia foi interrompida várias vezes pelo vigário que implorava silêncio. "Aquilo se tornou um verdadeiro acontecimento, marcado por tumulto dentro da igreja porque nos dias seguintes o padre anunciou que havia uma grande quantidade de sapatos perdidos", recorda Eduardo. Neusa acrescenta: "Agnaldo Rayol – acompanhado de Mário Genari Filho no órgão – cantou *Ave-Maria* e deu um colorido todo especial à cerimônia. Ela chorou quando Agnaldo cantou. Eu e minha mãe corremos para a porta e ela entrou no carro – uma limusine – e deu tchau para nós".

Celly também lembraria de outros detalhes daquele que foi o momento mais importante de sua vida. "No dia do meu casamento, a presença de toda aquela gente foi uma loucura. Fiquei tão nervosa! As pessoas puxavam meu véu, subiam nos altares, nos santos, nos bancos, quase que não houve casamento. Na verdade, era a minha despedida e muitos estavam ali por isso. E meu marido ficou sendo o 'homem mau', que me tirou da vida artística, em 1962. Mas não foi, não: nós nos casamos de comum acordo e eu resolvi parar porque o amor foi mais forte".

Ao descrever a cerimônia, com local e horário, a revista *O Cruzeiro* destacou a principal personagem da noite na legenda principal: "A noiva era uma beleza de noiva e cantora: Celly Campello. O noivo, o felizardo Edwards (sic) Gomes Chacon". O repórter tentou ser poético: "Naquela noite, Celly não cantou. Era a sua noite de chorar – de emoção. E chorou bonito ao som da *Ave Maria*, executada ao órgão por Genaro Filho e cantada por Agnaldo Rayol".

Toda aquela multidão teria tomado um "banho de lua" no sereno da igreja, disse a publicação. "Todos queriam ver a intérprete de *Estúpido Cupido* ser flechada pelo próprio e desfilar com seu vestido branco de cassa suíça, todo trabalhado com renda valenciana. Celly, que sempre foi pontual em seus compromissos, chegou à igreja com a pontualidade de todas as noivas: meia hora de atraso". O desfecho da cobertura, porém, trazia uma fala enigmática de Celly que ajudaria a vilanizar Eduardo junto aos fãs: "E a vida artística? Com um sorriso nascido em 18 de junho de 1942, ela diz: 'É ele (Eduardo) quem sabe'".

Como não podia ser diferente, o casamento virou destaque na capa da edição de 2 de junho da *Revista do Rádio*, com a manchete "Fotografias e reportagens do casamento de Celly Campello". Em seis páginas, a revista abria com destaque: "Casamento de Celly Campello fez São Paulo parar". Como noticiava um fato ocorrido três semanas antes, o texto não trazia novidades: "O Santuário do Sagrado Coração de Jesus, perto do Palácio dos Campos Elíseos, em São Paulo, foi pequeno para conter a multidão que ali se comprimiu para ver o casamento de Celly Campello".

A igreja estava "superlotada e gente se espalhava pela praça que fazia fronteira com a Igreja". E seguiam detalhes como o nome do padre, dos padrinhos, a presença de vários artistas e personalidades. Segundo cálculos da família, foram enviados pelos Correios exatos 1.500 convites para várias regiões do país – e não foram poucos que vieram para a cerimônia. "Quando o casal voltou (da lua de mel), foi residir em Tremembé, cidade a seis quilómetros de Taubaté e onde o noivo trabalha como contador da Petrobras. Ali, pretendem montar uma linda casa, cercada de jardins e um pomar que é quase uma chácara", descreveu *Revista do Rádio*.

Assim, os dois esperavam ter um pouco de paz e diminuir a cobrança para que Celly voltasse a cantar. O tempo e o silêncio fariam parte da estratégia que pretendiam seguir. A mesma revista escreveu ainda algo que mostrava uma Celly não tão certa de querer parar: "Sobre a sua volta à atividade artística, Celly Campello declarou que não mais pretende fazer excursões. Vai se dedicar quase que exclusivamente às gravações na Odeon". A informação não parecia correta, pois ela diria que rompeu por completo com a gravadora.

Encerrada a cerimónia, Celly ganhou um beijo na testa de seu noivo e novamente chorou. Os cadetes prestaram-lhe continência e a levaram até a porta, e, em meios a gritos, os noivos embarcaram rumo à lua de mel. Tudo isso sob flashes de dezenas de fotógrafos, cinegrafistas e repórteres que registraram a cerimônia. "Minha mãe e eu chegamos à igreja meia hora antes do casamento e o lugar estava superlotado. Ficamos no meio de uma grande confusão, tinha pessoas penduradas junto aos santos (olha o perigo)", conta Neusa.

Ela preferiria lembrar mais, depois, dos melhores momentos: "Mesmo assim, foi tudo lindo, uma realização para nós e um tanto triste para os fãs que foram lá, pois ela estava encerrando sua carreira. Minha mãe e eu sentimos um climão de despedida, de emoção, de tristeza, com lágrimas, principalmente quando Agnaldo Rayol cantou *Ave Maria*, na hora da bênção final. Era como se Celly estivesse embarcado em uma viagem da qual não voltaria jamais. Ou se mudasse para um país distante".

O que toda aquela plateia não sabia era que o enlace oficial fora realizado três dias antes, em uma cerimônia civil na residência da família da noiva, em Taubaté, pelo juiz Antônio de Maria, juntamente com o tabelião do Cartório Civil do 2º Subdistrito de Taubaté. Era o sábado 5 de maio. A festa após a celebração na igreja foi realizada na área social do edifício onde morava a tia e madrinha de batismo de Celly, Odete Campello de Luca, que foi, juntamente com seu marido, padrinhos no religioso.

O prédio ficava nos Jardins, região nobre de São Paulo. "Foi uma bela recepção, à qual compareceram amigos, colegas e parentes", observou *Revista do Rádio*. O padre recebeu o casal após a volta da lua de mel e contou aos dois que, se não bastasse, uma hora antes daquele "caos", na mesma Igreja, teve o casamento de um jogador de futebol. E ele disse: "Nossa, foi um horror". Tanto barulho e confusão fizeram com que o público demorasse a perceber, segundo Celly, que Agnaldo Rayol, um dos cantores mais populares então, cantava *Ave Maria*, a seu pedido.

A performance, porém, acabou atrapalhada pelo barulho da multidão. "Muita gente ouviu, mas só depois ficou sabendo que era ele porque ninguém fazia silencio. Mas foi bom, um prêmio daquilo que você foi para aquelas pessoas que ali estavam", observou a cantora. As lembranças do agora marido seriam de emoção também: "Se não fossem os cadetes, não sei como teria sido, se teríamos chegado ao fim. A gente não conseguia sair sem eles, as pessoas atiravam flores, tem foto dela entrando no carro e eu quatro metros atrás".

Eduardo reforça que quem não gostou nem um pouco foi o padre titular da paróquia. "Eu e Celly visitamos a igreja depois e ele disse: 'Esculhambaram com minha igreja, os bancos estão todos marcados de saltos'. Mas conseguimos sair vivos de lá (risos)". O amigo Rayol não se esqueceria daquela noite: "Ela me convidou para cantar *Ave Maria* e foi uma coisa bem emocionante, pois São Paulo parou por causa do casamento de Celly. Ela estava no auge, todo mundo queria entrar na igreja, a molecada em cima das árvores tentando ver o que acontecia no lado de dentro".

O casal partiu para a lua de mel que percorreria três lugares em um mês. Primeiro, na Pousada Recanto Feliz, em Campos de Jordão, um espaço paradisíaco, onde um chalé os esperava com uma placa em frente que dizia: "Morada do Sonho". Ficava perto de alguns dos badalados pontos turísticos do município, como Morro do Elefante (2,3 km) e Praça São Benedito (2,4 km). Depois de uma semana, os dois seguiram para Foz do Iguaçu e, por fim, Buenos Aires, onde permaneceram por duas semanas.

A imprensa não perdeu os mínimos detalhes daquele começo de vida a dois para a estrela, como noticiou *O Cruzeiro*, sobre o momento em que os dois seguiram de ônibus para Campos do Jordão. Os presentes oferecidos aos noivos foram em grande quantidade, lembrou a publicação. Parte foi entregue em Taubaté e outra em São Paulo. Entre as lembranças, destacaram-se o conjunto de malas de couro oferecidas pelos pais de Celly no valor de 60 mil cruzeiros; o faqueiro, que enviou o padrinho e tio de Celly, professor Jorge Campello, e a enceradeira, presente da direção da fábrica de discos Odeon.

Duas semanas depois, na edição de 26 de maio, a mesma publicação deu seis páginas sobre o casamento. Com o título "Cupido flechou Celly Campello", a reportagem de *O Cruzeiro* afirmou que havia cinco mil pessoas dentro da Igreja. As fotos que ilustravam a edição foram batidas na manhã do casamento, em Taubaté, e, como dizia a legenda, "só fazem mostrar a felicidade" dela. Em uma delas, Celly exibia a aliança na mão direita e "posa de Madame Chacon". Na outra, podia-se notar que "o objetivo do noivo é a própria (lente) objetiva" (da câmera). Na terceira, o casal demonstrava "que um é a sombra do outro".

Demorou um pouco, porém, para essa tranquilidade surgir. "Nem a gravadora acreditava que ela poderia deixar de fato a carreira", conta Eduardo. Nem mesmo o pai. No primeiro encontro de família após a lua de mel, Seu Nelson tinha uma proposta que lhe pareceu irrecusável. Eduardo lembra que o sogro, que também era profissional nas coisas que fazia, trouxe uma notícia que ele achava sensacional: a proposta para uma viagem de 45 dias por países da Europa.

Celly lembraria das palavras do pai: "Olha, filhinha, tenho uma notícia maravilhosa, uma excursão de 45 dias na Europa, 15 dias na Itália, 15 dias em Portugal e 15 dias na Espanha. O que acha, vamos fechar?". Ela cortou logo o assunto: "Pai, eu não vou". "Como não vai?", insistiu Nelson. "Estou casada e Eduardo precisa voltar ao trabalho", disse ela, firme. "Não falei que estava tudo encerrado?". O pai tentou argumentar: "Mas Eduardo vai também, filha, está incluso, com todas as despesas pagas".

E ela: "Não, ele não pode atrapalhar sua carreira na Petrobras. Eu abri mão da minha, foi o que combinamos e eu não vou mudar". Eduardo continua: "Até ali, ele não acreditava que ela ia cumprir a promessa. E ficou espantado por a filha abrir mão daquela oportunidade, porque ir à Europa era coisa de milionário. E ela ainda iria ganhar um bom dinheiro de cachê, acrescentou ele".

O sucesso não queria deixar Celly em paz. Em julho, no mês seguinte ao retorno da lua de mel, Canário chegou ao primeiro lugar nas paradas da revista *TV Radiolândia*, como foi dito. A seleção era feita no programa *Peça o Bis ao Mário Luiz*, da Rádio Globo. E assim permaneceu pelos três meses seguintes. Para quem não acompanhava a vida das celebridades nas revistas e jornais, era como se a cantora continuasse na ativa e a lançar músicas de sucesso.

Para a imprensa, conta Eduardo, dava a impressão de que o então marido a tinha obrigado a parar de cantar. "Acontecia isso porque não existia um sentido profissional no meio musical, Celly era amadora, tanto que o pai cuidava dos contratos como agente e Tony via tudo para ela, cuidava de tudo, dos shows, dos discos. Para ela, mais importante era o casamento que a carreira. Com pouca idade, sabia que a carreira era algo passageiro, tinha o pé no chão".

Embora Celly tenha ficado famosa por trocar a carreira pelo casamento e ser sempre citada por feministas por ter sido fraca em relação à vontade do marido, ela não foi a única a fazer isso naquela década. No ano seguinte, a cantora Regiane (Regina Célia) optou pela família em relação à música. Em 1970, seria a vez de Sônia Delfino fazer o mesmo, como foi visto, quando ela se casou com um diplomata, o que lhe permitiu conhecer o mundo em sua companhia ao viver em diversas embaixadas por décadas.

Nenhum entrevistador que conversou com Celly ao longo dos mais de 40 anos seguintes deixou de pedir a ela uma explicação sobre o fato de ela largar a carreira para se casar, com insinuações de que fora obrigada a fazer isso. E ficava sempre no ar a expectativa de que ela confessasse arrependimento. Essa resposta jamais viria, embora tenha reafirmado que havia feito o certo, o que mandou seu coração, o máximo que disse foi sentir saudade da fama.

A edição de maio de 1962 da *Revista do Rock*, que chegou às bancas no momento em que a cantora estava em lua de mel, foi inteira dedicada a ela, em tom de despedida. Trazia até fotos do casamento da estrela e um extenso relato em primeira pessoa sobre a carreira e letras de seus principais sucessos. "Cupido levou a melhor: Celly se casou!", dizia a chamada da capa. "Sorrindo e chorando ao mesmo tempo, Celly caminha feliz, ao lado de seu noivo, Edwards (sic). Em sua carreira artística, de contratos vantajosos, o casamento foi o mais importante de sua vida, relatada por J.A.".

A "lançadora do rock no Brasil (em versão) realizou os maiores sonhos de um broto: sucesso, fortuna e casamento que resultou de um romance de colegiais (Celly e Edwards foram colegas de colégio)" – a última informação, claro, não era verdadeira. De acordo com a reportagem, o rock *Eu Não Tenho Namorado*, uma de suas principais gravações, seria uma "mentirinha" sem consequência que a cantora arriscou cantar em disco.

E explicou que, "na realidade, havia um namorado oficial, ou melhor, um noivo residente em Taubaté, que todas as noites fazia planos para o futuro, com a noiva, que não desejava mais nada, a não ser um lar todo seu e dos herdeiros que por certo viriam. A fortuna ganha por Celly Campello e a fama que chegou a coroá-la 'Rainha do Rock No Brasil', dando-lhe o justo valor, uma vez que ela é a pioneira do rock em nosso país, não modificaram a moça simples de uma cidade do interior, feliz, no conforto de seu lar, junto à sua família".

Mesmo assim, a revista insistiu que havia um conflito interno na jovem, sem deixar de recorrer a um velho trocadilho: "Celly gosta de cantar, adora a carreira artística, que acabou levando a pior para Cupido, que de mansinho e sem ser 'estúpido', saiu vitorioso". O noivo, mais uma vez, foi apontado por impor sua vontade à cantora: "Edwards quer pôr um ponto final na carreira do maior ídolo feminino da juventude brasileira, permitindo apenas que Celly continue gravando até terminar seu contrato com a gravadora Odeon".

No dia do casamento, continuou *Revista do Rock*, Celly não fugiu à regra: chorou de emoção. E colocou em dúvida se ela manteria a decisão de não cantar mais: "Era o dia mais bonito de sua vida. Os fãs compareceram em massa, para ver seu ídolo desfilar no lindo vestido branco todo trabalhado com renda da Espanha. Seria o adeus definitivo aos seus fãs?". Nem mesmo a estrela da juventude poderia responder, escreveu a repórter, em um tom machista comum na época até mesmo entre as mulheres.

E continuou: "Seu coração e sua vida pertencem a Edwards. E seus fãs que lhe proporcionaram fama e fortuna? Ela os esquecerá? Até quando poderá um ídolo fugir ao seu destino? Ninguém o sabe. Passada a lua de mel em Campos do Jordão, num romântico chalé, Celly Campello, agora Sra. Chacon, olha para um futuro diferente, sem *Lacinhos Cor-de-Rosa*, sem *Banho de Lua* e sem o misterioso *Estúpido Cupido*, que resolveu deixá-la em paz".

Antes de terminar a entrevista, a cantora acrescentou um discurso que faria, mais uma vez, as feministas perderem o controle, tamanha a sua submissão ao marido: "Algumas pessoas nos aconselham fazer de quando em vez um programinha ou outro, mas você compreende... Quem se casa quer casa e eu estou disposta a fazer exclusivamente a vontade de Eduardo para sermos felizes e até hoje temos combinado muito bem em tudo. Isso é realmente maravilhoso!".

Depois de se casar, Celly não desapareceu de imediato do estrelato onde se encontrava havia quase quatro anos. Primeiro, cumpriu a agenda de apresentar seu programa de TV com Tony na Record até o final de junho – com edições inéditas gravadas antes de se casar. Enquanto fazia isso, *Canário*, nas vozes dela e de Tony, ocupava o topo das paradas em várias emissoras de rádio de todo país. No fim do ano, mais uma vez, ela foi considerada a "Campeã do Disco", pela *Revista do Rádio*.

De 1959 a 1962, Celly ganhou todos os prêmios importantes da música brasileira, no total de 54 troféus que ocupariam as prateleiras de uma estante construída somente para isso em sua casa. Entre os destaques, *Roquete Pinto*, duas vezes; quatro vezes *Chico Viola*; e mais os troféus *Cacique, Boneco, Tupiniquim, Mullard, Euterpe, Disco de Ouro* (*Radiolândia* e jornal *O Globo*) etc. No mesmo mês do casamento, saiu o LP *Os Grandes Sucessos de Celly Campello*, com as principais faixas dos seus cinco álbuns.

A expectativa sobre se ela ia mesmo parar ou continuar fez com que ao longo do segundo semestre de 1962 a imprensa continuasse a procurá-la em busca de um furo de reportagem. Ou seja, a afirmação de que prosseguiria como cantora. Revista do Rádio, Radiolândia, Revista do Rock e outros órgãos de imprensa que cobriam celebridades da música, da TV, do rádio e do cinema alimentaram a dúvida se era mesmo verdade que ela se transformaria em dona de casa, pretendia ter filhos e se dedicaria exclusivamente a cuidar do marido, como ela mesma dizia para todo mundo.

Desde as primeiras semanas, a agora ex-cantora se manteve irredutível em não mais gravar ou cantar, embora sempre atendesse todos os jornalistas que a procurasse. E passou a ser cobrada por quem encontrava na rua, na feira ou no supermercado, de forma carinhosa, como um pedido para que voltasse. Mais de duas décadas depois, no depoimento ao MIS, ela recordou, com um ponto de vista um pouco diferente, sem a segurança de antes: "Não vou dizer que deixei a carreira por causa do casamento, talvez tenha sido, sim".

Prosseguiu ela: "A minha carreira talvez tenha sido como um conto de fadas, eu não estava preparada para tudo aquilo, foi uma coisa que apareceu na minha vida assim, de repente, eu tinha outra meta na vida, queria estudar, casar, ter filhos. Então, essa vida de artista era algo que não estava no programa, de me tornar uma profissional. De repente, começou tudo, namorei, noivei e Eduardo me dizia que quando casássemos gostaria que eu parasse de cantar. Eu disse que tudo bem, eu pus o amor acima de tudo, não tive dúvida e eu queria mesmo era me casar, foi aquilo que optei e até hoje acho que foi certo o que fiz".

Sua escolha, apesar de espelhar a mentalidade natural de uma época considerada conservadora, patriarcal e machista, onde a carreira de profissional de uma mulher era mesmo a de ser uma boa mãe e boa dona de casa, ainda assim, deixou todo mundo inconformado, à medida que os meses e os anos passavam e Celly circulava com uma barriga enorme de grávida por duas vezes – nos três anos seguintes, deu à luz um casal de filhos: Cristina (1963) e Eduardo (1965).

Celly insistiria diversas vezes que não foi difícil viver longe dos holofotes e ter de abrir mão do título de Rainha do Rock: "Sendo criada em Taubaté, minha fase de criança e adolescente foi mais para tímida, mas tinha um comportamento musical, tocava um pouco de piano e violão, fiz balé. Apesar de ter sido criada no interior, uma menina mais para tímida, com certos tabus, quando me tornei uma profissional, aos 15 anos, foi difícil conciliar algumas coisas. Eu já namorava Eduardo e essa fase de mudar de a garota que estudava e tinha namorado para, de repente, uma artista profissional, quando eu tinha de estar mais em São Paulo do que aqui, foi complicado".

A estrela dizia que soube lidar com isso sem complicações. Até perder o controle de tudo. Assumia compromissos e mais compromissos em shows e programas de rádio e TV porque uma coisa puxava a outra. "Eu me sentia criticada porque tinha de ir a shows, entrevistas, programas de rádio e TV e, às vezes, queria ficar em Taubaté porque tinha um baile no fim de semana e gostaria muito de participar. Às vezes, eu chorava: 'Ai, meu Deus, eu queria tanto ir... Mesmo assim, conseguia conciliar, era um momento muito bom, muito bonito, mas acreditava que não duraria muito e eu voltaria depois a ser aquela Célia, a garota normal, sem aquele sucesso todo".

Não foi complicado também, continuou ela, porque sabia que um dia deixaria aquele glamour para se casar e ter filhos. "Falar que era artista ou ia ser artista era algo não bem-visto, tinha certo tabu. Felizmente, tive o apoio de papai e mamãe porque, por ser de menor de idade, sem autorização deles, não poderia viajar para São Paulo. A palavra 'artista' para uma pessoa criada numa cidade pequena do interior era um negócio meio complicado, porque isso deixava muita gente de cabelo em pé: 'Nossa, ela vai se tornar uma artista, imagina?'".

Quando se imaginava que vivia um conto de fadas a partir do primeiro sucesso, Celly acrescentou: "Eu passei esses quatro anos me preparando para deixar aquela vida, embora Eduardo apoiasse, dizia que eu podia cantar, viajar, mas que depois que a gente se casasse, ele gostaria que eu deixasse de cantar. Então, meu pensamento era sempre esse, procurava aproveitar ao máximo porque deixaria com o casamento".

Só anos depois, conseguiu dimensionar o que havia feito e porque deixara tanta gente boquiaberta: "Eu nunca ouvi falar de alguém que deixasse a carreira no auge, com tanto sucesso, para se casar. A gravadora tinha planos e projetos e, de repente, eu chego lá com meu convite de casamento. Para eles, foi uma coisa minha, não fiquei indecisa em tomar essa atitude. Para mim, pode ter sido até bom, não corria o risco de ficar esquecida, de não ter mais gravadora, como acontece com outros artistas, que ficam lá, insistindo, não querem deixar de cantar de jeito nenhum. Acho, enfim, que deixei coisas boas para serem lembradas, parei no momento certo".

Para o irmão Nelson, os anos passaram e só então ela começou a sentir e a ver o quanto era querida como artista, graças ao imenso sucesso que fez. "O casamento era o tipo de vida que ela queria e a gente tinha de respeitar, como fizemos. O fato de dizerem que Eduardo a impediu de continuar não é nada verdadeiro. Ela saía dos shows e tinha oportunidade de passear e conhecer os lugares melhores de cada lugar, mas não, queria voltar para ver Eduardo, tinha verdadeira loucura por ele".

O marido de Celly passaria a vida a dar explicações sobre o relacionamento antes e durante o casamento. Para ele, foi complicado nos dois momentos. "Se eu tivesse ciúmes, nós não teríamos namorado tanto tempo. Naquela época, não se usava beijar as meninas no rosto. E no meio artístico todos se abraçavam, beijavam e isso gerava provocações e gracejos em relação a mim. A gente conversava sobre isso e ela falava: 'Pode ficar tranquilo, é tudo fofoca o que as revistas dizem'. Eu tinha confiança nela. E ela nunca viajava sozinha, estava na companhia dos irmãos ou dos pais. Não via problema, não era ciumento, nunca... hoje, carrego a pecha, a carga de que eu não a deixei seguir a carreira", avalia.

Eduardo não vê como pressão condicionar o casamento a Celly ter de interromper a vida de artista. "Eu só falei para ela que se fosse para eu continuar na minha carreira e ela na dela não daria certo porque eram muitas as viagens e compromissos com shows, programas de rádio e TV". Por mais que a cantora passasse firmeza e segurança em sua decisão, tinha suas fragilidades e Eduardo as conhecia bem: "Ela era uma pessoa muito dependente para quase tudo, inclusive emocionalmente".

Nesse sentido, o papel do irmão se tornou fundamental. "Eu acho que Tony deixou a carreira dele para cuidar da dela por causa disso. Ele ia lá no estúdio, ensaiava com o conjunto, preparava tudo e ela chegava na hora, só para cantar. Ele explicava tudo direitinho, bastava colocar a voz. 'Você vai cantar isso e isso', dizia. Ele trazia as músicas prontas. Ela era muito tímida, mesmo no colégio, ficava no seu cantinho, assistindo as aulas, mesmo no auge do sucesso. Já pensou alguém com a popularidade que tinha em todo o país ir para uma escola pública para fazer prova e assistir aulas como qualquer adolescente?".

O contador voltaria a lamentar o quanto condenaram ele. "Eu vou muito a Taubaté e até hoje, 60 anos depois, falam que eu cortei a carreira de minha mulher. O que cortou foi o casamento, ela fez uma escolha, por amor a mim e as pessoas se negam a aceitar isso, infelizmente".

Os dois passaram a morar na Praça Padre Luiz Balmes, a mesma onde ficava a Igreja Matriz de Tremembé. O imóvel era cercado de jardins e um pomar que fazia do lugar quase uma chácara. "Alugamos uma casinha e fomos morar lá. Ficamos cinco anos e Eduardo foi transferido para Curitiba, onde ficamos por três anos", recordou Celly. "Quando voltei da lua de mel, eu já era chefe de toda a divisão de contabilidade com apenas 25 anos", recorda Eduardo.

Tinha de ter cara de sério para comandar 23 pessoas, destaca. Por causa do seu jeito fechado, aliás, não havia brecha em casa para falar sobre a agora esposa continuar a cantar depois do casamento. E tudo ficou por isso mesmo, com a última palavra tendo sido dela. "Nunca ninguém veio falar comigo para eu convencê-la a prosseguir ou apoiar que continuasse a cantar. E Celly nunca lamentou ter deixado a carreira. Ela era uma garota que queria ficar no cantinho dela. Gostou de ser reconhecida, mas ser apontada toda hora em qualquer lugar incomodava, embora fosse gentil com todos", afirma Eduardo.

Enquanto o casal começava a vida juntos, uma pergunta se fazia presente: Celly nunca mais voltaria a cantar? Ela se arrependeria de ter parado, por sentir falta dos fãs e da fama? Só o tempo poderia dizer – e disse. E o tal tempo seria implacável com ela.

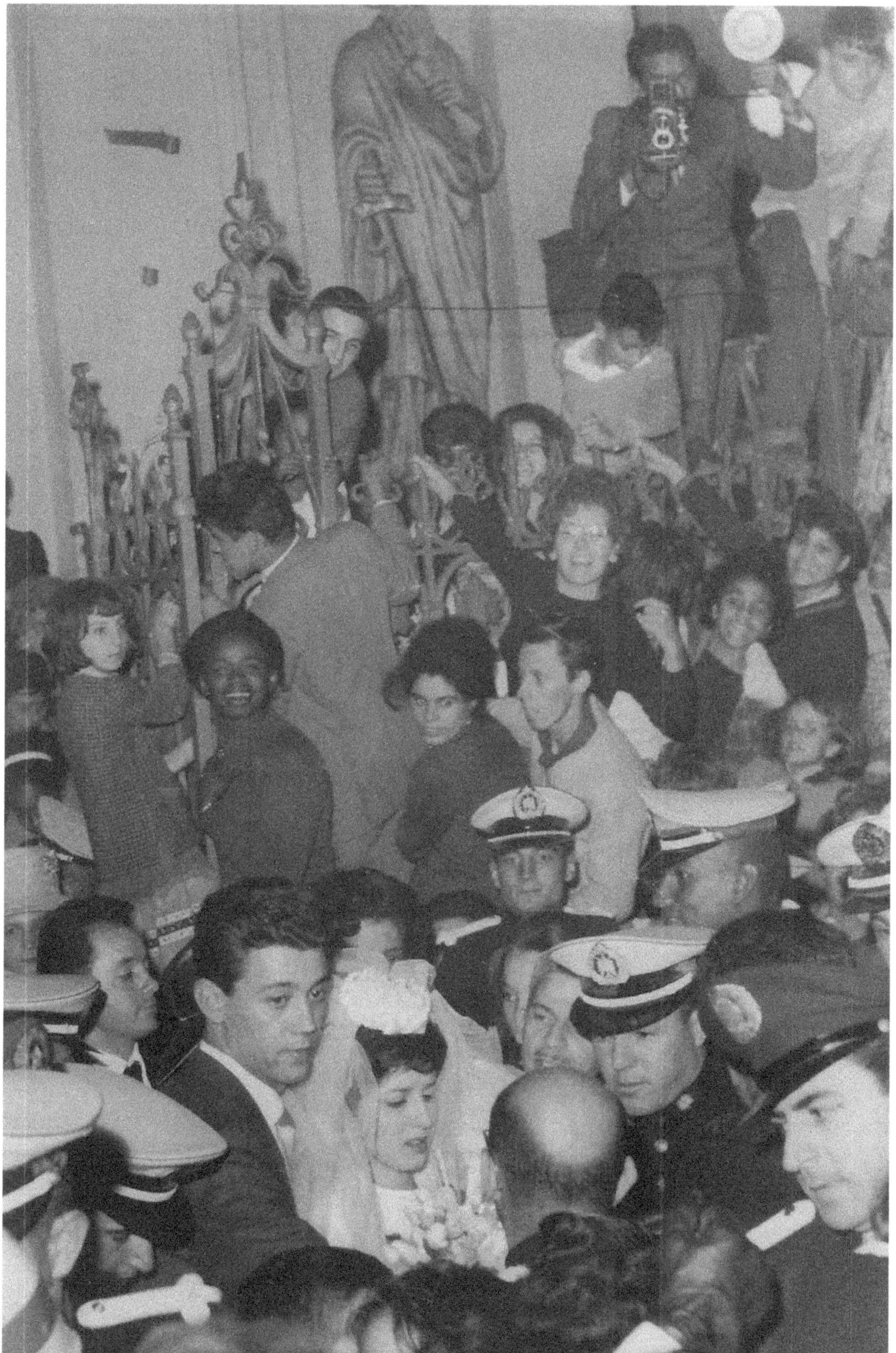

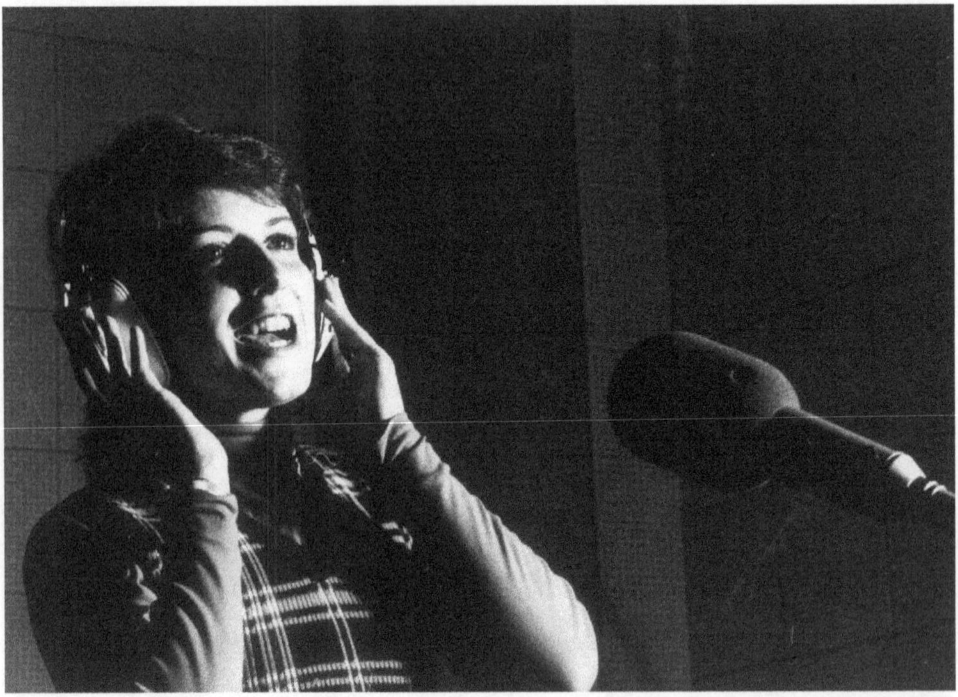

Parte 2

Segunda onda do rock nacional

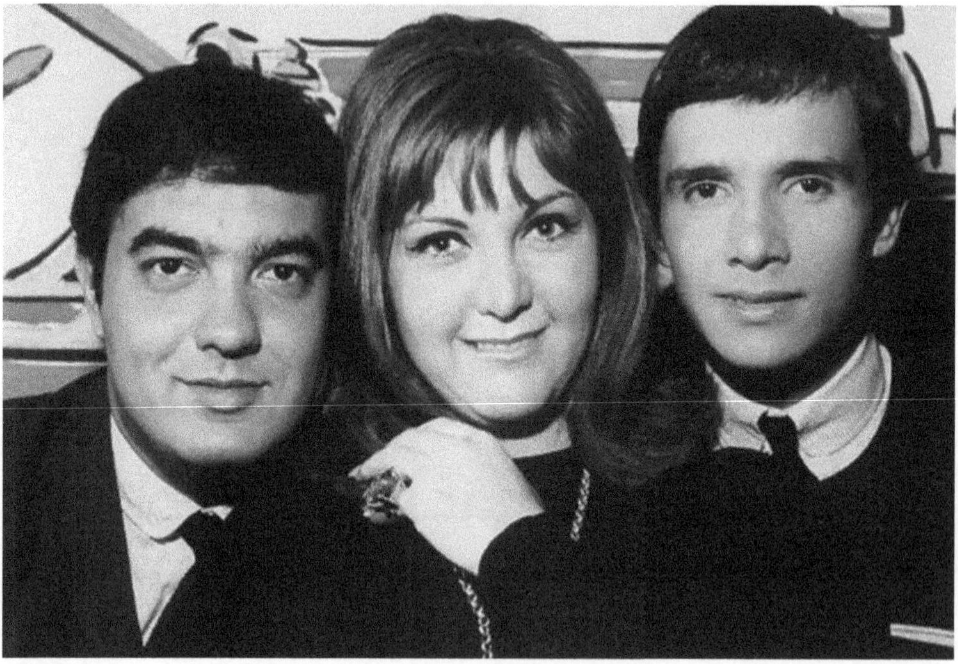

Capítulo 12
No caminho da jovem guarda

Quem viu a foto estampada na página 12 do suplemento cultural de sábado do *Diário da Noite*, de 10 de dezembro de 1960, certamente só reconheceu um dos três jovens que apareciam sorridentes, cada um com uma mão sobre a do outro, no famoso gesto dos três mosqueteiros no cinema: "Um por todos e todos por um". Aqueles rapazes eram os "brotos" que a multinacional americana Columbia (CBS) resolvera apostar no segmento musical para jovens que Celly Campello liderava naquele e nos dois anos seguintes.

O único famoso era o primeiro à esquerda, Sérgio Murilo, que tinha gravado um dos principais sucessos do país no ano anterior, *Marcianita*. Os outros dois apareciam citados como cantores também. Mais como promessas, na verdade. Lívio Romano estava ao centro e Roberto Carlos posava à direita. Aquele se tornaria o único registro que se tem notícia de Sérgio Murilo e Roberto Carlos juntos. Eles, que se tornariam arqui-inimigos nos bastidores da gravadora e acabariam por protagonizar às escondidas uma das maiores rivalidades do mercado fonográfico brasileiro.

Dois anos depois, em 1962, ambos só não foram aos tapas no esforço para ocupar o espaço deixado por Celly como uma das maiores vendedoras de discos no Brasil. mas chegaram perto disso. Como se sabe, Roberto sairia vencedor no embate interno da CBS, porém acusado de deslealdade pelo primeiro e por sua irmã, Angélica Lerner, em depoimento para este livro. Sérgio Murilo, no primeiro momento, foi a aposta maior da gravadora e sua presença naquela foto pretendia funcionar como um apadrinhamento dele aos dois novos colegas.

De imediato, o mercado musical nacional para jovens ou "para a juventude" sofreu um baque terrível causado pela ausência que prometia ser para sempre de Celly. Na verdade, toda uma geração do rock brasileiro que surgiu com ela começou a declinar, até praticamente apagar nos três anos seguintes, quando o rock nacional foi salvo pela explosão da beatlemania e o consequente aparecimento do movimento da jovem guarda, a partir de um programa homônimo da TV Record, de São Paulo, em 1965.

Sônia Delfino, a única que podia fazer frente a Celly, estava mais interessada em bossa nova e no que ficaria conhecido como MPB – gêneros que predominariam nos quatro álbuns subestimados que ela lançou até 1965. Murilo, eleito merecidamente o Rei do Rock pela *Revista do Rock*, veria sua carreira ruir irremediavelmente a partir daquele ano, quando contratou um advogado para processar a Columbia por discordar e questionar os direitos autorais pagos por seus discos.

Sérgio Murilo não só os vendia bastante no Brasil – acreditava ele – como em toda a América Latina, onde tinha se tornado um fenômeno com a sua versão cheia de bossa em espanhol de *Marcianita*. "Embora as gravadoras afirmassem que não existisse um controle, Sérgio acreditava cegamente que vendia bastante discos, principalmente em países da América Latina", recorda Angélica Lerner.

Segundo ela, quando Murilo recebia o extrato dos royalties da Columbia, ficava incomodado, achava estranha a soma, bem pequena, pois todo mundo dizia que comprara o disco dele. "A imprensa falava em 150 mil unidades vendidas e o valor não correspondia a quase nada disso. Meu pai, então, contratou um advogado para questionar junto ao Ecad e à gravadora e aí começou a confusão que destruiu a carreira do meu irmão".

Angélica conta que a baixa remuneração pelos royalties dos discos de Murilo podia ser medida pelo fato de que, no auge do sucesso do artista, entre 1959 e 1962, ele só conseguiu comprar um apartamento simples, de dois quartos, para os pais, na Rua Correia Dutra, no Flamengo. E isso quando voltou de uma extensa turnê de meses no Peru, quando tinha sido colocado na geladeira pela Columbia entre 1962 e 1964, sem gravar nenhum disco.

Depois, mais para frente, chegou a ter um pequeno sítio em Teresópolis, comprado com o que ganhou de shows pelo Brasil. "Sérgio ganhava bem com essas apresentações, mas gastava porque gostava de se vestir com o melhor, não repetia roupas nos programas de TV, tinha até um alfaiate próprio, que cuidava de seus ternos. Era muito ligado a esses detalhes, fazia parte da sua visão de palco".

Antes de Murilo cair no ostracismo forçado pela Columbia, com os sucessos de *Marcianita* e *Broto Legal* em países vizinhos ao Brasil, a gravadora o convocou para cantar em inglês sucessos de Neil Sedaka e Paul Anka – assim como Celly fez com Anka em 1961, só que em versões em português. Ele sabia falar inglês, francês, espanhol e italiano e não teve qualquer dificuldade nesse sentido. Seus discos em inglês foram lançados também na Argentina antes das gravações dos ídolos americanos chegarem àquele país.

Assim que o departamento jurídico da gravadora informou ao diretor-financeiro e artístico Evandro Ribeiro que a empresa estava sendo processada por um de seus astros, furioso, o temperamental executivo determinou que Sérgio Murilo não gravaria mais nada na Columbia e que ficaria à sua disposição, preso por um acordo assinado, nos próximos mais de dois anos. Era o chamado "contrato engavetado". E ele deveria cumpri-lo até o fim.

Ribeiro anunciou para quem quisesse ouvir que Sérgio Murilo seria liquidado, de acordo com a irmã. Da noite para o dia, a vida do cantor virou um pesadelo, jogado em um limbo silencioso e vazio. Ele imaginava que, no máximo, a gravadora rescindiria a parceria e poderia assinar com a Odeon ou a RCA Victor, como havia planejado, pois tinham interesse nele. Havia até feito uma checagem com as duas multinacionais, que se mostraram receptivas.

Mas o que fizera era uma ousadia "sem limites", algo que nunca tinha acontecido na história das gravadoras no Brasil. Na lógica de Ribeiro, um acinte daquele precisava de uma lição para quem pensasse em fazer o mesmo e pensasse duas vezes. O próprio cantor confidenciaria a Tony Campello durante uma excursão que os dois, Celly e Carlos Gonzaga fariam, quase três décadas depois, sobre a briga com a Columbia.

Tony narra o que ouviu: "Eu sei a história que ele me contou por que fizemos quatro viagens e conversei com ele bastante no caminho sobre os velhos tempos e o que prejudicou a carreira dele. Eu o encontrei mais falante porque, no começo, os primeiros cantores de rock se encontravam principalmente nas estações de rádio do Rio e Murilo era fechado, quase não conversava, retraído, ficava no canto dele, o que causava uma antipatia junto aos colegas".

O irmão de Celly estranhava esse comportamento arredio, como se não quisesse interagir com os colegas. "A gente procurava conversar uns com os outros, fazer amizade, trocar impressões e informações. Quando a gente encontrava os Golden Boys, por exemplo, era uma festa, com abraços e sorrisos. Com Murilo não tinha disso, não". Até eles se apresentarem juntos em 1989.

E aí veio a história da briga com a gravadora. "Ele me contou que tinha renovado o contrato com a Columbia e fez 12 playbacks (arranjos gravados sem a voz do cantor ou cantora) para o próximo disco. Por causa da briga que veio logo depois, ele deixou tudo pronto e foi viajar pela América do Sul e Central em uma excursão com sua banda, para depois colocar a voz. Como a gravadora tinha Roberto Carlos prestes a gravar um novo disco, aproveitaram alguns playbacks e botaram a voz dele, dentro da estratégia de isolar Murilo na geladeira – nada de disco novo para ele".

Ou seja, no seu segundo disco, depois do fiasco de *Louco por Você*, Roberto teria aproveitado as bases, não o arranjo inteiro, e se criou outra harmonia sobre a melodia. Quando Murilo soube disso, começou a rivalidade com o quase desconhecido cantor capixaba. Tony diz que Murilo tinha razão de reclamar que o colega teria sido desleal com ele, assim como o diretor da Columbia. "Ele até me cantou uma das músicas que depois ouviu o mesmo playback, só que com outra letra. Como foi o caso de *Malena*".

Para Tony, a adesão de Roberto ao rock foi oportunismo, uma vez que só gostava de bossa nova, boleros e músicas românticas ou de fossa. "Roberto nunca foi roqueiro. Erasmo, sim. Aliás, ele se tornou a figura mais importante da jovem guarda, tinha mania de rock, sempre teve uma cabeça de roqueiro. Roberto começou pelas mãos de Carlos Imperial, com a bossa nova *João e Maria*, uma música chata, Ave Maria". Para ele, criaram um passado de roqueiro para Roberto que nunca existiu.

Nem mesmo quando fazia parte do conjunto The Sputniks, que surgiu no Rio de Janeiro, em 1957, e teve sua formação inicial com Tim Maia (Tião Maia), Roberto Carlos, Arlênio Lívio, Edson Trindade, Wellington Oliveira e José Roberto "China". Tanto que ele não demorou a sair para cantar bossa nova no ano seguinte. "Pode ter gravado alguma coisa que pudesse cheirar rock, mas essas coisas com característica de roquinho, como chamaria, ou pop rock, partia mais da cabeça de Erasmo que de Roberto", opina Tony.

Ao mesmo tempo em que suspendeu o disco de Sérgio Murilo, Evandro Ribeiro cancelou a prensagem de todos os compactos e LPs do cantor para reposição e os que estavam nas lojas de todo país foram recolhidos e destruídos. O "Rei do Rock" brasileiro estava no auge, com Broto Legal ainda nas paradas de sucesso, além de continuar com o programa na TV Tupi com Sônia Delfino, *Alô Brotos!*, líder de audiência agora nas noites de sábado no Rio de Janeiro.

Mas isso era pouco diante do plano que o diretor montou para destruir sua carreira para sempre, com uma fúria desmedida. Ribeiro passou a colocá-lo em prática quando se lembrou do jovem protegido do apresentador de TV e compositor Carlos Imperial, o conterrâneo Roberto Carlos, de 21 anos, que tinha gravado no ano anterior um LP que se tornara um fiasco comercial e de crítica, com faixas que iam de uma bossa nova a boleros e baladas românticas e nada que soasse rock.

Louco por Você mais parecia uma coletânea de boleros do que um LP de um artista sozinho, pois trazia a foto de um casal namorando na capa. Ribeiro mandou chamar Roberto e explicou o problema que passava com a "insubordinação" de Sérgio Murilo, que definiu como ingrato e mal-agradecido. E perguntou se ele toparia tomar seu lugar. Para isso, teria de gravar um disco de rock. O resto, que deixasse por conta do departamento de divulgação da Columbia.

Não bastava Ribeiro liquidar Murilo, ao tirá-lo do mercado por dois anos. Era preciso usar esse tempo para exterminá-lo, com outro em seu lugar – e sepultá-lo para sempre. Tudo seria feito para que Roberto tomasse seu posto de roqueiro e de "Rei do Rock". Enquanto isso, na audiência de conciliação na Justiça carioca, a gravadora insistiu que seus relatórios estavam corretos e desafiou o cantor e seu advogado a apresentarem provas.

A defesa de Murilo até tentou fundamentar, com recortes de jornais sobre vendas, mas não convenceu o juiz. E como tinha sido acertado internamente na empresa entre o jurídico e a direção, não deveria haver acordo para anular o contrato como o cantor tinha pedido. Ele teria de ficar à disposição da Columbia até o final do prazo acertado em cartório.

Aquela seria mais uma chance do já cansado Roberto Carlos, que tentava emplacar a carreira havia meia década, desde a adolescência, quando experimentou gêneros diversos, principalmente samba-canção, bolero e bossa nova. Parte dos biógrafos dele, no entanto, não mediu esforços para fantasiar um passado de roqueiro que jamais existiu, desde que sua família se mudou do Espírito Santo para o subúrbio do Rio, no começo dos anos de 1950.

Quarto e último filho do relojoeiro Robertino Braga e da costureira Laura Moreira Braga, Roberto Carlos Braga nasceu em Cachoeiro do Itapemirim, Espírito Santo, em 19 de abril de 1941 – era um ano e um mês mais velho que Celly, portanto. Em entrevista à revista *Bizz*, publicada em 1988, o cantor recordou que quando era menino, fazia covers de Bob Nelson na rádio de sua cidade. "Minha mãe disse que nasci cantando (risos). E, antes de falar, assobiava. Uma nota só, mas assobiava (risos)".

Entre os cinco e seis anos, bastava chegar gente na casa dos Braga e Dona Laura dizia para o filho cantar. "Envergonhado, eu cantava escondido atrás da porta. Quando tinha uns nove anos, minha mãe sugeriu que eu fosse a um programa de rádio. Na época, cantava-se bolero e tangos – a música em espanhol fazia sucesso". Era a época de Gregório Barrios e Fernando Borel, entre outros.

O pequeno Roberto curtia o gênero: "Cantei um bolero chamado *Amor y Más Amor*, de Borel. Depois, comecei a cantar em português os sucessos de Nelson Gonçalves. Mas as músicas de Bob Nelson eu cantava em casa. Tinha aquela coisa de gostar de caubói, de uma música que falava da vaca Salomé". Em 1950, aos nove anos de idade, ele venceu um concurso de calouros no programa de auditório da ZYL9, Rádio Cachoeiro de Itapemirim.

Por causa disso, o desejo de ver o filho ficar famoso motivou a mãe a levar a família para o Rio – o marido iria depois. Primeiro, os Braga moraram no subúrbio de Lins de Vasconcelos. Roberto levaria na bagagem o trauma de ter perdido o pé e parte da perna direita aos seis anos de idade, no momento que brincava com amigos entre os trilhos da estação de trem em um dia de festa na cidade.

Quando chegou ao Rio, o menino usava uma prótese – cujos detalhes jamais foram conhecidos. Além de cantar afinado, ele trazia algumas noções de piano, adquiridas no conservatório da cidade, onde estudou no decorrer de 1948, no Rio, adolescente, mesmo com as dificuldades financeiras, Roberto concluiu o primeiro ano do segundo grau (científico) e trabalhou como datilógrafo no Ministério da Fazenda. Alguns anos depois, entrou para a turma da Rua do Matoso, na Tijuca, onde ficou amigo de futuros talentos musicais como Erasmo (Carlos) Esteves, Tim Maia e Jorge Ben (Benjor).

Como a maioria se interessava por rock – e não era o caso de Roberto –, esses garotos criaram o conjunto de baile The Sputniks, depois rebatizado de The Snakes, um dos destaques dos encontros do "Clube do Rock", reuniões de fins de semana organizadas por Carlos Imperial, que viraria programa de rádio homônimo pouco depois, na onda do enorme sucesso de Celly Campello.

Ao relembrar essa época à *Bizz*, Roberto também procurou criar um passado para si de encantamento com o rock and roll e de profunda proximidade desde que o ritmo surgiu no Brasil, embora tenha optado por gravar bossa nova em seu primeiro 78 rpm. Ele recordou: "Entrei na escola Ultra, na Praça da Bandeira, onde fiz o Artigo 91 (curso supletivo). Lá, conheci Arlênio Lívio, que era da Rádio Nacional. Ele conhecia o pessoal da Rua do Matoso, na Tijuca".

Ele observou que essa rua dava na Barão de Itapagipe, em frente à casa de Tim Maia. "Erasmo morava por ali e a gente se encontrava, ficava tocando violão. Aí já estava rolando o rock, tinha pintado o sucesso do *Rock Around the Clock*, com Bill Haley. No Cine Roxy passou o filme *Juventude Transviada*, com o James Dean. Eu tinha um blusão como o dele, vermelho, usava botas e cantava *Tutti-Frutti*", garantiu o filho de Lady Laura.

Nesse momento, um sujeito chamado Otávio Terceiro, assistente de Chiara de Garcia, apresentador de um programa de TV, levou Roberto para se apresentar no Teletour, da TV Tupi. Ele teria cantado Tutti-Frutti e, por isso, começado a ficar mais conhecido na escola como roqueiro. Ao lado de Erasmo, Edson Trindade e Zé Roberto, que a turma chamava de "Tininha" (personagem feminina dos quadrinhos), porque fazia uma voz aguda, gostava de vocalizar".

Roberto, contou ele, aprendeu algo que o deixou deslumbrado, a batida que Tim Maia fazia no rock *Long Tall Sally*. "Ouvi, fui para casa e fiquei tocando a noite inteira. Aquilo mudou minha forma de tocar. Foi então que fizemos o (grupo) The Sputniks. Depois vieram os Snakes". Como era o vocalista, teriam mudado o nome do segundo para Roberto Carlos & The Snakes.

O passo seguinte envolveu seu conterrâneo, que seria fundamental em sua carreira. "Nos apresentamos no programa do (Carlos) Imperial, *Clube do Rock*. Ele gostou e me apelidou de 'Elvis Brasileiro', mas só porque eu cantava músicas dele. Quem tinha mesmo aparência de Elvis era Erasmo. Ele tinha aquele andar, que tem até hoje. No que a gente falava, ele ficava mais parecido ainda (risos)". O repertório era todo estrangeiro, garantiu ele, e só os feras do rock americano: Elvis, Little Richard, Jerry Lee Lewis, Tommy Sands, Chuck Berry, Buddy Holly, Gene Grana.

Para Tony, tudo isso foi delírio da imaginação do cantor capixaba. E Roberto continuou com suas memórias. O retorno era quase nulo e para pagar as contas e, por precaução, ele mantinha o emprego público. Um dia, teve a ideia de buscar uma aproximação com a área musical por meio do próprio trabalho. "Fui transferido para o Ministério da Educação e Cultura e pedi para ir para a Rádio MEC ver se conseguia fazer um programa lá".

Na época, não existia o divulgador da gravadora. "A gente tinha de ir à rádio direto, convencer o cara (o programador) a tocar a gente". Os anos tinham passado e Roberto lançado alguns 78 rpm, em que imitava sem qualquer constrangimento João Gilberto, e o primeiro LP, *Louco por Você*. Nada tinha dado certo para ele. "Foi quando pintou o primeiro sucesso, *Splish Splash*, de 1963, versão de Erasmo para a música de Bobby Darin. "Grana ainda não pintava, mas foi quando comprei minha primeira guitarra, uma Giannini".

Essa versão de roqueiro que Roberto descreveu para si, inclusive a partir do repertório do The Sputniks, no entanto, era uma contradição em relação ao que há de registro sobre sua carreira nos jornais da época. É fato que ele queria fazer sucesso de qualquer maneira e sem se importar em que ritmo a banda tocava. E a bossa nova virou sua paixão maior assim que ouviu João Gilberto pela primeira vez, não o rock. Desde sempre, adorava principalmente boleros, tangos e um pouco de samba canção, como foi dito acima.

Desde as primeiras oportunidades, Carlos Imperial foi uma presença decisiva em todos os pequenos passos que Roberto deu. O conterrâneo começou a aparecer ao lado de Roberto em 1958, quando tinha 22 anos e criou o *Clube do Rock*. No ano seguinte, compôs as músicas e organizou os dançarinos para o filme-chanchada *De Vento em Popa*, do diretor Carlos Manga, em que o comediante Oscarito e a atriz Sônia Mamede interpretavam, entre outros, a música *Calipso Rock*, de Imperial em parceria com Roberto Reis.

No mesmo filme, ele atuou com o grupo Os Terríveis – Roberto aparecia tocando (dublando) piano e acordeon. Imperial conseguiu, enquanto isso, transformar seu grupo em um programa de mesmo nome, *Clube do Rock*, na TV Tupi. No começo de 1959, revelou Roberto Carlos na TV, mesmo com alcance limitado porque poucas famílias tinham aparelhos em casa, por serem caríssimos. Roberto ficou razoavelmente conhecido, mesmo assim.

Mas não o suficiente para fazer o disco de boleros que tanto queria. As gravadoras estavam interessadas em outra novidade, nascida no Brasil, a bossa nova. E foi por isso que Imperial decidiu transformar o amigo em um produto vendável, bem a seu estilo – e que o jovem cantor adorava. E fez ele cantar parecido com João Gilberto, com um violão, quando estreou como *crooner*, na temporada que o músico e arranjador Oswaldo Gigliano, o Vadico – o lendário parceiro de Noel Rosa – fez na Boate Plaza, no segundo semestre de 1959, como mostram jornais da época.

Nesse período, Roberto gravou seu primeiro disco, em 78 rpm, com as faixas *João e Maria* e *Fora do Tom*, ambas de Imperial. Com letra em formato de sátira, a segunda fazia uma brincadeira com Tom Jobim, principal compositor ao lado de Vinicius de Moraes das músicas gravadas por João Gilberto, inventor do novo ritmo. Antes do primeiro disco, Roberto foi recusado na Chantecler, na RCA Victor, na Philips e na Odeon, até conseguir uma chance na Columbia, depois rebatizada de CBS.

Essa "incompreensão" em relação a seu talento não o fez mudar de gênero musical, como disse à *Bizz*. "Pensar em desistir, não. Mas eu ficava pensando em quantas gravadoras ainda sobravam para bater na porta. A CBS foi a última delas. Cheguei para Carlos Imperial e disse: 'Lá tem um cara chamado Roberto Côrte-Real. Como ele é Real e você Imperial, quem sabe sai alguma coisa' (risos)".

Para ele, o que aconteceu depois teve três responsáveis ou padrinhos: Chacrinha, que o levou para um teste na Polydor; Imperial, que abriu a porta da CBS para ele; e o produtor Roberto Côrte-Real. Na verdade, tudo dependia da palavra final do temperamental e imprevisível Evandro Ribeiro, gerente-geral da Columbia. Em janeiro de 1961, ele deu a oportunidade que o jovem capixaba tanto queria e lançou o LP *Louco por Você*.

Era um disco difícil de ser conceituado e que nada tinha a ver com o gênero que o consagraria depois, o rock. A começar pela capa que, ao invés da imagem do artista, trazia a mesma foto exposta na capa de um disco lançado quinze anos antes pelo organista norte-americano Ken Griffin, *To Each His Own* (1946).

Seis décadas depois, o crítico Mauro Ferreira escreveu que o álbum de fato destoaria da discografia autoral iniciada por Roberto, em 1963: "Trata-se de disco esquizofrênico, com repertório que atira para todos os lados, ecoando o Roberto imitador da bossa de João Gilberto – estratégia tentada pelo cantor iniciante em 1959, ano em que gravou o primeiro single –, entre bolero, rock e calipso". Para Ferreira, era "um coquetel pretensamente juvenil que passou despercebido, mantendo o cantor no anonimato".

Suas doze faixas tiveram acompanhamento da orquestra do trombonista e maestro carioca Astor Silva e eram creditadas a Imperial, com uma exceção, a versão em português da balada jazzística *Cry Me a River* (Arthur Hamilton, 1953), intitulada *Chore por Mim*, e feita por Júlio Nagib, o mesmo que não queria que Celly gravasse *Estúpido Cupido*. "Em essência, *Louco por Você* é mesmo um álbum indigno de figurar na discografia de Roberto Carlos, embora faça parte da história do artista. Em 2021, aos 60 anos, *Louco por Você* soa tão irrelevante como em 1961", acrescentou Mauro Ferreira.

Na mesma entrevista à *Bizz*, Roberto foi lembrado do fato de sempre se referir a Tito Madi e a João Gilberto como influências marcantes no seu início de carreira como cantor.

Mas quando começou a fazer sucesso, foi fuzilado por essas mesmas pessoas da bossa nova. E foi questionado a que atribuía a quebra dessa resistência depois e se isso o tinha mudado. "Não sei exatamente. A gente tem que reconhecer que a bossa nova foi um trabalho mais sofisticado que o rock que a gente fazia naquela época".

A resistência ao rock, disse ele, era evidente e a regra entre os críticos estava em questionar sua qualidade: "A gente pode pensar que o pessoal da bossa nova, de repente, considerava que aquilo não era música da mesma qualidade, musicalmente, harmonicamente falando. Era difícil que alguém da bossa topasse cantar um iê-iê-iê, embora nós sempre estivéssemos dispostos a cantar uma bossa" – aqui, Roberto parecia falar da jovem guarda, iniciada em 1965.

Continuou ele: "Sabíamos dessa sofisticação, mas sabíamos também que nosso trabalho tinha uma identificação, um diálogo grande com o povo, que era uma música fácil de cantar, de decorar. Esse preconceito eu só posso explicar por esse lado. De repente é isso mesmo, a gente acha estranho uma coisa nova que aparece. Depois, eles também foram reconhecendo que nosso trabalho tinha uma importância grande dentro da música brasileira. Também havia aquela história: guitarra elétrica na bossa nova? Jamais! Mas, depois, ela foi entrando e esse preconceito foi se diluindo".

Desde essa época, o mal-estar entre a Columbia e Sérgio Murilo já existia, como Roberto Carlos deixou claro à *Bizz*. E as desavenças tiveram início com Roberto Côrte-Real. O entrevistador da revista disse que Côrte-Real falou que precisava dele para "segurar" (domar) Sérgio Murilo, na condição de "Rei do Rock" no início dos anos de 1960 e perguntou a Roberto qual foi a proposta e se esta incluía algum tipo de música, de produção ou se foi tudo coisa do cantor. "Na verdade, na época eu não sabia de nada disso, estava lá só para cantar. Ele me propôs fazer um disco variado – porque até então eu havia gravado só bossa nova", contou o capixaba.

Côrte-Real lhe teria dito: "Precisa ter um pouco de rock". E ele teria respondido: "Então, está bom". O resultado foi o primeiro LP do cantor. "Fiz um disco com boleros, baladas e rocks. Foi meu primeiro LP, de 1961, *Louco por Você*. Teve uma execução razoável, mas não vendeu – somente umas quinhentas cópias. Roberto fez confusão. Na verdade, quando começou a guerra de Murilo com a CBS, o que veio foi o segundo LP, de 1963.

Portanto, o conhecido fiasco do primeiro LP – e os 78 rpm anteriores – não impediu que Imperial conseguisse o segundo disco em formato LP, porque havia o desejo de tirar Sérgio Murilo literalmente da parada pela CBS. Somente quando a Columbia o chamou para o lugar do desafeto, começaram a surgir histórias do seu suposto passado de roqueiro.

Roberto vivia em uma encruzilhada desde que começou a buscar uma oportunidade nas gravadoras. Para entender como começou sua relação com a Columbia, seu biógrafo Paulo César de Araújo entrevistou Evandro Ribeiro, que tinha assumido o comando da gravadora depois de entrar como terceiro contador, indicado por um colega, quatro anos antes. Um dos primeiros problemas que Ribeiro tinha para resolver era demitir o diretor artístico Roberto Côrte-Real, que, na sua visão, deveria ser visto como principal responsável pelo fraco desempenho da gravadora.

A Araújo ele disse que "Côrte-Real era um sujeito de uma sensibilidade musical grande, justiça se faça, só que era um pouco teimoso nas ideias artísticas dele". O biógrafo comentou: "Por teimosia artística entenda-se o fato de Roberto-Côrte Real insistir em gravar artistas que, na visão de Evandro, não eram comerciais, não davam retorno financeiro à gravadora. A partir daí, ficou estabelecido o confronto de ideias e projetos entre o diretor artístico Roberto Côrte-Real e o novo gerente-geral da companhia Evandro Ribeiro".

Estabeleceu-se entre os dois um mal-estar, uma distância desde o início, que viraria embate. A situação se tornou delicada porque Côrte-Real tinha "costas quentes" com o chefão internacional da gravadora James Conckling. Tanto que dois outros gerentes-gerais tinham perdido o cargo por decisão de Ribeiro e Côrte-Real permanecido firme no dele. "Quando Roberto Carlos entrou na Columbia, em 1960, a gravadora vivia esse impasse administrativo".

Conta Araújo que um cuidava da administração geral da empresa; o outro, da sua parte artística – cabia a ele contratar o elenco e produzir os discos. "É por isso que Roberto Carlos teve que se entender apenas com Roberto Côrte-Real, que o contratou e cuidou do lançamento de seu primeiro álbum", observou Ribeiro. Nesse período, o diretor culpava o colega por a Columbia não dar lucro. Seus artistas não vendiam e os novos lançamentos (como Roberto Carlos) fracassavam um atrás do outro.

E gravadora vivia de vender. "Era preciso fazer alguma coisa. E Petter Rougemantt, gerente geral da filial brasileira, deu carta branca para Evandro Ribeiro decidir o que achasse melhor. Afinal, o próprio Rougemantt também tinha que prestar contas à matriz americana. Com isso, cresceu a pressão sobre Roberto Côrte-Real". Ribeiro passou a se intrometer cada vez mais na seara do colega. Até que este, por se sentir desprestigiado, pediu demissão, no início de 1962. "Ele percebeu que não tinha mais clima. E a sua decisão de sair me poupou de ter que demiti-lo, porque eu respeitava o passado musical dele, que de fato tinha sido bom", afirmou Ribeiro.

Sem Côrte-Real, Ribeiro acumulou os cargos de gerente-geral e de diretor artístico da gravadora – área que jamais tinha atuado e acreditava conhecer bem. Além da administração da empresa, passou a contratar e a produzir os discos de seus artistas. A matriz concordou porque, como um homem de finanças, ele saberia melhor do que ninguém controlar o custo das gravações, pois sua especialidade eram os números. Mesmo assim, fez jogo de cena, enquanto, na verdade, apenas acompanhava as sessões de estúdio dos artistas que estavam sob contrato.

E disse ter aprendido rápido, porque começou a assinar como produtor discos de nomes importantes como Silvio Caldas, Emilinha Borba, Carlos José, Lana Bittencourt e outros cartazes da gravadora. A partir daí, nada era resolvido na gravadora sem passar por Evandro Ribeiro. Sem rodeios, como escreveu Araújo, ele contratava, demitia, dava vale, produzia e controlava desde o pagamento dos artistas à compra do pó de café servido aos funcionários. "Eu centralizava tudo, tudo, tudo mesmo, mas por razões econômicas", contou ele ao biógrafo de Roberto.

Tornou-se também onipresente porque era um dos primeiros a chegar e um dos últimos a sair. Na verdade, chegava às sete horas da manhã e podia virar o dia no estúdio quando havia gravação importante. A primeira providência de Ribeiro foi reduzir o elenco da gravadora, porque havia artistas contratados "demais e com sucesso de menos". Além disso, eram todos trazidos por Roberto Côrte-Real. Queria fazer o seu próprio elenco – com cantores, cantoras e músicos adequados ao seu perfil e que devessem a ele a oportunidade de gravação.

Roberto Carlos entrou para sua lista de demissionários por dois motivos: o fracasso do primeiro LP e o fato de ter sido apadrinhado pelo rival de Ribeiro. Para piorar, o diretor não tinha nenhum interesse em ter um cantor de bossa nova e qualquer outro tipo de música popular. A paixão dele, aliás, era a música clássica. Para o executivo, bolero, bossa nova, samba, rock e twist não passavam de produtos de consumo popularescos, com a diferença de que uns vendiam mais e outros menos.

Segundo sua esposa Virgínia Ribeiro disse a Araújo, "ele não gostava e não ouvia" esses gêneros musicais. Em casa, só música clássica e tinha devaneios ouvindo óperas. "Frequentemente, ele ouvia óperas três, quatro horas seguidas, e não se cansava". Como tinha de aumentar a lucratividade, decidiu produzir e gravar a música popular mais comercial e nessa lista não estava a bossa nova de Roberto Carlos. Araújo contou: "Como cantor de música jovem poderia ser, mas aí existia um outro problema: a CBS já tinha o seu cantor nesse estilo, Sérgio Murilo, um dos primeiros ídolos do rock nacional".

Segundo o biógrafo, a musicalidade dos brasileiros fez com que, além da diversidade de ritmos próprios, o país produzisse também a valsa, o fox, o bolero, o tango e, principalmente, o rock nos últimos três anos – "naquele processo antropofágico de deglutir e depois contribuir com algo mais". No momento em que Evandro Ribeiro decidia o destino artístico de Roberto Carlos, porém, veio o levante de Murilo, o grande nome masculino do rock nacional.

Antes disso, a situação era ainda mais desfavorável para Roberto porque uma das normas administrativas que o diretor seguia era a de não criar concorrência na própria gravadora. "Ou seja, ele não aceitava dois artistas de um mesmo estilo, brigando pelo mesmo público". Na biografia de Roberto que escreveu, Araújo citou como exemplo o cantor de bolero Carlos Alberto. Quando o jovem Alternar Dutra foi lá pedir para gravar um disco, Ribeiro disse a ele um sonoro "não" e explicou que tinha o seu cantor de bolero. "Com o tempo, ele ficou menos radical, mas, no início da sua administração, seguia essa determinação à risca", anotou o biógrafo.

Significava que, naquele ano de 1962, na Columbia, só haveria espaço para um cantor de rock: Sérgio Murilo. E Ribeiro não teve dúvida sobre quem escolher depois do processo do "Rei do Rock" contra a gravadora. "Foi então que Sérgio Murilo ousou questionar a autoridade de Evandro Ribeiro – e isto acabou custando-lhe a carreira". Araújo descreveu o executivo como "um civil com cabeça de militar". Não admitia indisciplina ou quebra da hierarquia na empresa que comandava com rigorosa autoridade. Artistas temperamentais, rebeldes, questionadores, não teriam vez com ele.

Além de Murilo, outro exemplo de desobediência aconteceu com Elis Regina. Antes de se tornar uma estrela da MPB, ela foi contratada da Columbia, onde gravou dois álbuns com rocks, boleros e sambas-canções. Quando quis questionar o repertório do terceiro álbum, Ribeiro não concordou e os dois bateram de frente. "Elis Regina era malcriada e Evandro gostava de respeito. Eles tiveram um sério atrito, uma discussão pesada e ela acabou saindo da gravadora", contou o produtor Othon Russo a Araújo.

Não por acaso, portanto, Evandro Ribeiro entrou para a história do disco por ter gênio difícil e autoritário, que o levou, no decorrer daquela década e da seguinte, a brigas feias com os cantores Maysa, Tim Maia e Odair José, que levaram às suas saídas da gravadora. Com Sérgio Murilo o caso foi mais grave porque o modo ardiloso como o executivo tentou destruir sua carreira – e conseguiu – foi único: eficiente, implacável, mortal.

No primeiro momento, o cantor reclamou do repertório que Roberto Côrte-Real selecionava para ele gravar. Depois, veio a desconfiança quanto ao valor recebido pelas vendagens de discos que o então gerente financeiro Evandro Ribeiro lhe apresentava. Com a saída de Côrte-Real, a dupla cobrança foi concentrada em Ribeiro. O artista recusou um acordo e o diretor contra-atacou. "Sérgio Murilo era um cantor de temperamento difícil", afirmou a Araújo o relações-públicas da gravadora Othon Russo.

Angélica Lerner confirma que o irmão não era mesmo uma pessoa flexível. Mas tinha razão ao questionar os números da Columbia. "Aquilo que Sérgio achava que tinha que ser feito ele fazia. Se dava errado, ele assumia o erro, mas não aceitava conselhos. Era exigente com os produtores, discutia com os empresários e isso tudo dificultou a carreira dele". Na prática, tinha o temperamento oposto do ideal para lidar com Ribeiro. A gota d'água foi a contratação do advogado para questionar a CBS judicialmente e o diretor engavetou o contrato do artista, que só terminaria em junho de 1964. Até lá, ele nada gravou e nem foi liberado para outra gravadora. Na Justiça, perdeu a ação, como foi dito.

Uma das faixas do último álbum que Murilo gravou na então Columbia, em 1961, tinha um título e uma letra que se tornaram premonitórios para ele: *Balada do Homem Sem Rumo:* "Caminhando sem rumo/eu vou sem destino/procurando encontrar um mundo melhor...". Se não bastasse, o cantor foi atacado no meio artístico por sua atitude, a partir do princípio de que não se brigava com gravadora. Ficou totalmente sozinho. "Meu irmão foi criticado até pelos outros cantores. Todos diziam que tinha feito uma besteira ao peitar a CBS, mas ele estava atrás do que acreditava ser o correto. E era".

A contraofensiva mortal de Ribeiro foi focar em Roberto Carlos para conquistar o mesmo público jovem de Sérgio Murilo e, desse modo, sepultar sua carreira. Sua orientação foi para que o cantor desistisse de vez daquele estilo bossa nova e passasse a gravar rock. "Mas qual deles exatamente: o de Elvis Presley ou dos Beatles? Nem um, nem outro. Elvis tinha perdido força depois de servir o exército e os Beatles ainda não haviam saído da Inglaterra", escreveu Araújo. Segundo ele, o modelo indicado para Roberto Carlos seguir naquele momento foi o dos baladistas Paul Anka (*Diana*) e Neil Sedaka (*Oh! Carol*).

Era exatamente o que Celly, Tony, Sérgio Murilo, Carlos Gonzaga e Sônia Delfino faziam desde 1958, com um bom número de versões dos dois americanos em português. Ribeiro cuidou dos mínimos detalhes do que seria, para Roberto, por toda a vida, o seu "verdadeiro" disco de estreia, nos formatos 78 rpm e 33 rpm. De imediato, encomendou ao compositor Rossini Pinto um rock-balada também com nome de mulher, que resultou em *Malena* – ficaria conhecida pela citação sem cerimônia da introdução de *Diana*. Pior era a letra, copiada da tradução literal da mesma música de Anka. No lado B, outro rock-balada, *Fim de Amor*, versão de *Runaround Sue*, de Dion, um clássico do rock americano.

O disco chegou às lojas em abril de 1962, no momento em que Celly fazia os últimos ajustes em seu vestido de noiva. Aquelas duas faixas marcariam a estreia oficial de Roberto Carlos no campo da música jovem. Mas ele continuou sem sorte, pois *Malena* não foi além das execuções em emissoras de rádio cariocas, principalmente nos programas de José Messias, na Guanabara, e de Jair de Taumaturgo, na Mayrink Veiga.

Quanto a *Fim de Amor*, o público já estava acostumado com a versão original de Dion e, ao que parece, os programadores de rádio também. Ribeiro ficou receoso e preferiu não autorizar a gravação de um novo LP do artista. Avisou a ele que só faria isso depois que conseguisse um sucesso em compacto. Sua munição, assim, estava no fim.

Para se manter, Roberto se apresentava em circos de periferia, no meio de malabaristas, palhaços, contadores de piadas e números com leões. Perderia a conta de quantas vezes fez isso quase sem plateia. Um dia, chamou o guitarrista Renato Barros para acompanhá-lo em três circos, dois no Rio e outro em São Gonçalo. "Eu me lembro que, nesse dia, o melhor dos três shows foi no primeiro circo, que tinha umas dez pessoas. Os outros estavam praticamente vazios", contou Barros, o mesmo que lideraria o conjunto Renato e seus Blue Caps.

Até que, ainda em 1962, Erasmo Carlos passou para o amigo a versão de *Splish Splash*, que tinha sido lançada cinco anos antes nos EUA e ocupado os primeiros lugares nas paradas americanas na voz de seu autor, Bobby Darin, empurrado por sua aparição no filme *Quando Setembro Vier*, no qual contracenou com Rock Hudson e Gina Lollobrigida. Não fez sucesso no Brasil, mas aparecia de vez em quando no programa *A Hora da Broadway*, na Rádio Metropolitana, onde Erasmo a ouviu pela primeira vez. "Achei a música engraçada e resolvi fazer a versão", disse ele a Araújo.

Preferiu seguir o caminho dos outros "versionistas" e aproveitou pouco da letra em inglês. O "splish splash" original, por exemplo, fazia referência ao barulho de um objeto caindo na água. Como Erasmo não sabia inglês, imaginou o que a letra poderia dizer e transformou a expressão em um beijo seguido de um tapa no rosto do sujeito bolinador dentro do cinema.

O momento em que passou a música para o amigo seria lembrado em detalhes por ele. Teria acontecido numa madrugada de sábado, quando os dois voltavam para a Tijuca em um ônibus, depois de participarem de uma festinha em Ipanema. Quando passavam por Copacabana, Erasmo tirou do bolso um papel sujo e amassado e disse: "Olhe aqui, bicho, estou fazendo uma versão de uma música de Bobby Darin. Quer ouvir?".

E ali, no meio do burburinho, ele cantou o trecho inicial da sua versão: "*Splish splash* fez o beijo que eu dei nela dentro do cinema...". A reação do futuro parceiro foi melhor que a esperada: "Mas isto é bárbaro. Cante o resto da letra". Erasmo explicou que ainda não tinha terminado. "Então, conclua que eu vou gravar esta música", prometeu Roberto.

Naquela mesma semana, Erasmo levou para ele a versão definitiva de *Splish Splash*. Ao buscar a opinião de um amigo, semanas depois, a recepção não teve o entusiasmo que o cantor gostaria: "Roberto, não faça isso, é loucura", desaconselhou o radialista José Messias, quando ele lhe disse que iria gravar.

O locutor da Guanabara temia pela comparação que seria feita com a original. Além do mais, argumentou que *Splish Splash* era um tema velho e até então gravado por muitos outros cantores mundo afora. Roberto, no entanto, estava decidido. Havia testado em shows e festas e as reações eram sempre positivas. E ficou feliz com o aceite de Evandro Ribeiro, que chamou Renato e seus Blue Caps para acompanhá-lo na gravação. Com o disco pronto, pediu a José Messias para tocá-la na Guanabara. "Taí, Messias, a gravação que eu falei. Gravei e gravei melhor do que Bobby Darin".

Messias botou o vinil para rodar e de fato se surpreendeu com o que ouviu. Achou-a mesmo boa, soou-lhe pulsante e jovial, na mesma batida do estilo do momento, ainda mais porque não usou solo de sax tenor no arranjo da música, como a maioria fazia. Era surpreendente como Roberto tinha cantado com uma bossa roqueira, como nunca fizera antes. Para os críticos, o registro era moderno porque se mostraria depois em sintonia com o que os Beatles começavam a fazer naquele momento na Inglaterra e ninguém conhecia ainda. Somava-se o jeito despojado, brincalhão e suingado de cantar.

Houve quem dissesse que era até possível sentir na sua voz um frescor de beijo molhado. "A garotada adorou! Depois de testar vários estilos, Roberto Carlos finalmente acabou fazendo a sua síntese. Nem João Gilberto, nem Anísio Silva, nem Sérgio Murilo. Com a gravação de *Splish Splash*, ele começava a ser simplesmente Roberto Carlos", escreveu Araújo. A canção estourou. Com isso, tinha o tal hit que Ribeiro exigiu para lançar seu segundo LP.

Em meados de 1963, Roberto tinha uma composição ainda inédita, *Parei na Contramão* e outras que estavam sendo feitas com o agora parceiro Erasmo Carlos. Era, portanto, o momento do segundo LP na CBS. Em setembro, o cantor entrou no estúdio para gravar o disco que trouxe na capa finalmente sua foto e o título *Splish Splash*, embora, oficialmente, o rótulo trazia apenas *Roberto Carlos*. A faixa *Parei na Contramão* abriria o lado A, pois era a maior esperança de sucesso do LP. Deu certo. A música se tornou um marco por ser a primeira composição de Roberto e Erasmo.

A abordagem, de certo modo, remetia à letra de *Rua Augusta*. Ambas começavam falando em velocidade, tema que se tornaria constante na obra da dupla de compositores. Mas *Rua Augusta*, cantada por Ronnie Cord, tinha saído antes e prenunciava uma ruptura entre a primeira fase do rock nacional e o que viria no decorrer daquela década e desaguaria na jovem guarda. A letra falava sobre a longa rua de três quilômetros que unia o centro de São Paulo à área nobre formada pelo bairro dos Jardins, que começaram a surgir em 1913 e onde moravam as famílias dos avós de Celly – Jardim Europa, Jardim Paulista, Jardim Paulistano e Jardim América.

O trecho ia do entroncamento das ruas Martins Fontes, Martinho Prado e a Praça Franklin Roosevelt, até a rua Colômbia, no Jardim Europa. O que pouca gente sabia era que a letra tinha sido feita, como foi dito, por um senhor cinquentão bastante conhecido no meio musical mais convencional, o maestro e compositor Hervé Cordovil. Quem cantava era seu filho, Ronnie Cord. O delicioso rock acabaria por imortalizar a via como o palco do glamour, da paquera e dos devaneios dos jovens dos anos de 1960.

Ronnie Cord gravou a música no comecinho de 1963 e seria considerada o marco de fundação da jovem guarda, dois anos antes do programa que daria nome ao movimento. Ou, para alguns estudiosos, virou o maior hino do rock brasileiro pré-jovem guarda. A composição trazia uma harmonia simples, como a maioria dos rocks de então e uma letra que captava com perfeição o espírito daqueles anos dourados:

Entrei na rua Augusta a 120 por hora
Botei a turma toda do passeio pra fora
Fiz curva em duas rodas sem usar a buzina
Parei a 4 dedos da vitrina

Hay Hay Johnny
Hay Hay Alfredo
Quem é da nossa gang não tem medo
Hay Hay Johnny Hay Hay Alfredo

Quem é da nossa gang não tem medo
Meu carro não tem breque
não tem luz não tem buzina
Tem três carburadores

todos os três envenenados
Só para na subida quando acaba a gasolina
Só passa se tiver sinal fechado
Toquei a 130 com destino à cidade

No Anhangabaú botei mais velocidade
Com três pneus carecas derrapando na raia
Subi a Galeria Prestes Maia
Tremendão

Hay Hay Johnny Hay Hay Alfredo
Quem é da nossa gang não tem medo
Hay Hay Johnhy Hay Hay Alfredo
Quem é da nossa gang não tem medo

A composição estabeleceu a temática de carros, garotas e velocidade que seria bastante explorada na jovem guarda. Porém, quatro versos da música foram proibidos pela censura:

Comigo não dá pé esse negócio de farda
Nem reduzir a marcha quando passo na esquina
Tirei a 130 a mais fina do guarda
Tirei o maior grosso da menina. Legal

Tudo em Rua Augusta apontava para a modernidade e uma segunda fase ou "onda" das muitas que o rock brasileiro teria desde então e nas próximas décadas. Primeiro, rompia com a fase de reinado de Celly, Tony, Sérgio Murilo, Sônia Delfino e Carlos Gonzaga. Saía das canções adolescentes para um formato de namoro mais juvenil em suas letras, com certa ginga e malandragem, sem se apegar ao romantismo do primeiro amor e introduziu certa malícia.

Havia ainda, claro, a influência americana, dos nomes, inclusive, além da rebeldia sem causa herdada um tanto tardia dos filmes de James Dean e Marlon Brando. Como foi visto, nos EUA, a relação do rock com a rebeldia tinha mais a ver com a liberdade do corpo para dançar como forma de se posicionar em relação a restrições morais ou patriarcais. Era inadmissível, por exemplo, que as garotas pulassem ou fossem jogadas para o alto, de modo a mostrarem suas calcinhas. O ato de destruir salas de cinema estava, na verdade, ligado ao desejo incontrolável de dançar.

A onda que veio depois de Celly e que levaria à jovem guarda, porém, mostrou que o máximo de contestação a que se chegava era acelerar o carro não a 120 km/h, como cantava Ronnie Cord em *Rua Augusta*. Nada do que acontecia a partir da fama libertária da Augusta como a "rua da diversidade" seria levado para a rock ensaiado por Cord. O cantor tinha sido apelidado de "Rei da Juventude" pela *Revista do Rádio* – depois, em 1966, perderia o posto para Roberto Carlos. "Em 1960, eram só o meu irmão e Celly Campello", afirmou Norman Cordovil, irmão de Ronnie, a *O Estado de S. Paulo*, em março de 2003.

Não tinha para mais ninguém, observou ela, sem considerar Sérgio Murilo. Com Ronnie, Norman viveu o auge da Augusta. Na parte abastada, que começava no cruzamento da Avenida Paulista e onde ficava o Conjunto Nacional, reuniam-se os jovens em busca de diversão e certo descompromisso com regras de trânsito e rebeldia. "Enquanto os boys aceleravam como loucos, nós andávamos bem devagar para paquerar as meninas, com Everly Brothers no último volume".

Segundo ele, um dos principais pontos de encontro era a loja de discos *HI-FI*, onde os namorados marcavam encontros. "O telefone da loja era trocado entre os casais porque as moças não podiam receber ligações de homens em casa", disse o dono do local, Hélcio Serrano, em 2003. "Todos os movimentos culturais, filosóficos e sociais começaram naquela época e a Augusta era um reflexo de toda essa transformação, dos questionamentos, da sensação de liberdade".

Outro ponto de encontro era a lanchonete Frevo, aberta no início dos anos de 1950 e que chegaria a 2024 no mesmo local e com filial no Shopping Iguatemi. Ela conserva a decoração e o cardápio de pratos rápidos, sanduíches e milk-shakes, além da banana-split. "Percebemos que o Frevo tinha virado um marco quando o fechamos para reforma e os clientes passavam por ali quase nos intimando a confessar o que faríamos com a casa, como se fosse deles", disse Roberto Vicente Frizzo, filho do fundador, Geraldo Modesto Abreu, ao *Estado*, em 2003.

Nove entre dez pessoas que circulavam pela Augusta tinham a lanchonete como point. Seu concorrente era o Hot-Dog, uma das primeiras casas americanizadas da capital, ao lado do Cine Paulista. A Augusta era um *footing* só – passear e namorar. "Tudo era chique, as moças se arrumavam para passear. Escapávamos até a Yara, onde elas se reuniam", disse depois Mário Abduch, funcionário da Firenze Tecidos por quase cinco décadas, desde a sua fundação em 1955.

A partir de 1959, na voz de Celly estava em todo canto na capital paulista. Reinava absoluta nos bares do sobe-e-desce da Rua Augusta, nos bailes de formatura no Clube Paulistano, do chá da tarde da Confeitaria Yara, dos encontros na porta da loja HI-FI ou no Frevo e no twist do Lancaster, na esquina da Rua Estados Unidos. Ela cantava sobre e para os "brotos". Como vinha de ônibus e voltava para fazer o programa ou pegar avião para apresentações pelo Brasil, não tinha uma ideia precisa de sua popularidade na famosa rua. "Vocês não sabem o que era dançar de rosto colado", contou João Baptista Lopes Agostinho, colecionador de músicas de uma época que curtiu como ninguém, em depoimento ao jornal *O Estado*.

Para impressionar as garotas, Agostinho teve aulas de dança com Madame Poços Leitão, que ensinava aos jovens passos ensaiados. "Era para fazer bonito nos chás dançantes". Ele não se cansava de ir com sua lambreta de uma ponta à outra da Rua Augusta. Fazia o mesmo no Mercedes conversível do amigo Mário Carlos Ottobrini Costa. "Fui um típico roqueiro dos anos de 1950, estilo James Dean. Éramos os 'mauricinhos' da época", afirmou.

Segundo ele, as "molecagens" saudáveis justificavam a juventude transviada, como eram conhecidos rapazes como ele. "Quando o motorneiro parava para um café na Paulista, a turma roubava o bonde, que era fácil de guiar. Largávamos o bonde uma quadra depois e saíamos correndo". Nos trilhos, jogavam gasolina e acendiam um fósforo, fazendo o fogo correr pela Augusta.

Cine Paulista, na esquina com a Rua Oscar Freire, exibia filmes juvenis que se tornariam clássicos – reprisados à exaustão – como *Ao Balanço das Horas*, *Ritmo Alucinante* e *Juventude Transviada*, com James Dean. "Quando tocava rock and roll todo mundo se levantava no cinema (e começava a dançar). O lanterninha ficava louco", recordou Agostinho. Era uma fase de efervescência e conquistas inesquecíveis para sua geração, observou.

A Augusta era intensa de um lado a outro, dividida física e financeiramente pela Avenida Paulista. "A primeira lambreta, o primeiro beijo, a primeira descida para a praia", contou Carlos Alberto D'Annibale, na mesma reportagem, que se declararia ter se tornado um pai à moda antiga. As jovens eram rigorosamente controladas e orientadas pelos pais: "Moto? Nem pensar. Ficar no quarto com o namorado? Não!".

No fim da década de 1950, São Paulo mal chegava a 4 milhões de habitantes. As moças só saíam de dia e ai de quem ousasse subir a saia acima do joelho. Os rapazes tinham de usar cores discretas e gravata. "Fui chamado na diretoria na primeira vez que apareci no (Colégio) Rio Branco de jeans e jaqueta vermelha. Fiquei famoso", lembrou Agostinho. Impressionar os garotões era complicado para as moças, acrescentou ele.

A começar pela ditadura dos cabelos lisos, que as fazia até passar as madeixas a ferro de roupa. "Eu ficava ajoelhada, com o cabelo na tábua e minha mãe pressionava o ferro sobre uma folha de seda e os fios enquanto eu puxava a cabeça", afirmou Maristela Pati Corrêa. Para aumentar o volume do cabelo, enrolado num coque, Maristela contou ao Estado que colocava um chumaço de esponja de aço (Bombril). O penteado era chamado de bolo de noiva. Arrumada, seguia para a Augusta. "O programa era vespertino, cinema, lanche no Frevo, chá na Yara", observou. "Moça de bem não ia em baile".

Cristina Martinez Torres contou ao mesmo jornal que escapava de um internato para cruzar a Augusta com uma amiga em um Chevrolet 1957. O carro era cuidadosamente tirado da garagem do pai de Neusa Gardini sem que ele percebesse. "O problema era que eu não conseguia estacionar de ré (na nossa garagem) e quando papai via o carro virado não entendia. E fumávamos com dropes Dulcora de anis, para suavizar o sabor".

Enquanto isso, a regra no mercado fonográfico ainda era recorrer a versões de rocks de sucessos internacionais e isso se intensificaria no decorrer da década de 1960, principalmente na segunda metade, com a febre da jovem guarda. Mas esse período seria marcado por uma produção cada vez maior de composições originais, com destaque para Roberto e Erasmo. O mérito maior de *Parei na Contramão*, que faz da mesma um marco na história do rock brasileiro, foi ter sido o primeiro grande sucesso de uma composição feita em português.

Com letras um tanto irreverentes, ainda influenciadas pelas canções gravadas por Celly – que ajudou bastante a popularizar o termo "broto", que Roberto e Erasmo passaram a usar para garotas, assim como "cupido" –, o cantor atendeu às expectativas de Evandro Ribeiro e começou a se destacar no meio dos súditos do "rei do rock" Sérgio Murilo para inaugurar seu próprio reinado, como se escreveu depois. "Aquilo (a canção) era fresco como seus 22 anos, popular como a história do menino do interior que vence na cidade grande, sintonizado com o rock à Beach Boys, com a Motown e as raízes nacionais de Tony Campello e Sérgio Murilo. Era um novo capítulo da música jovem brasileira", escreveram Sônia Maia e José Eduardo Mendonça, na revista *Bizz*, 25 anos depois.

Havia aí um exagero quanto à afirmação de que a dupla de compositores estava sintonizada com o rock (surf) dos Beach Boys e com a gravadora de *black music* Motown, que os dois desconheciam – o que só aconteceria a partir de 1968, sob a influência de Tim Maia, que retornou cheio de novidades dos EUA. Para os jornalistas, esses primeiros trabalhos "oficiais" do agora roqueiro Roberto "eram bem resolvidas adaptações do pop americano e do surf rock da época: a rebeldia a serviço do amor (que permitia estacionar na contramão, desde que fosse pela garota mais bonita) abriria a trilha para um comportamento rock and roll".

O cantor se consolidou em 1964, definitivamente, depois que emplacou os hits *É Proibido Fumar*, *Broto do Jacaré*, *O Calhambeque* e *Um Leão Está Solto nas Ruas*. Roberto, porém, ainda estava longe de alcançar o posto de principal ídolo jovem do Brasil. suas músicas não ocuparam os primeiros lugares como aconteceu com Celly. Embora fosse irregular, transitório e ainda com algumas canções românticas bolerizadas e apenas quatro rocks, ele deu certo, pois abriu caminho para o álbum seguinte, *É Proibido Fumar*.

O terceiro disco não ficou totalmente do jeito que ele queria, pois, a maioria das faixas ficou a cargo dos músicos fixos de estúdio da gravadora, que tocavam qualquer coisa, sob o comando do maestro Astor Silva. Os rocks tiveram no acompanhamento a banda The Youngsters (ex-The Angels), que agitava o cenário carioca como uma das pioneiras do rock instrumental e da surf music no Brasil.

Nesse momento, Roberto e a CBS sabiam que São Paulo tinha um público importante e ele passou a viajar com frequência para a capital paulista, onde se apresentava no programa da TV Record *Astros do Disco*. No ano seguinte, com *Splish Splash* e *Parei na Contramão* na programação das rádios, começaram a se intensificar as apresentações em programas de rádio e televisão, o que tornou seu nome mais conhecido nacionalmente. Mas estava longe de ser um fenômeno musical em todo país.

Ainda em 1964, o LP *É Proibido Fumar* emplacou os sucessos *O Calhambeque*, versão de Erasmo Carlos para *Road Dog* e a faixa título. Mesmo com o benefício de ser colocado no lugar de Sérgio Murilo, Roberto acabou por superar todas as expectativas porque o resto ficou por conta do seu talento, que emergiu pela segurança de cantar com um estilo bem pessoal e de arriscar a compor suas próprias músicas, em parceria quase sempre com Erasmo Carlos.

Desse modo, libertou-se em definitivo da presença de Carlos Imperial em sua carreira – como agente e compositor de várias das canções que ele gravou. Assim como ele, vários outros artistas, a maioria de conhecidos seus da jovem cena musical carioca que nada tinha a ver com a bossa nova, flertavam com o rock desde que os irmãos Campello começaram a fazer sucesso.

O ano de 1962 seria marcado pelo lançamento de vários discos que se tornaram importantes historicamente no rock nacional, embora não tivessem feito o sucesso merecido como o *The Snakes só Twist*, pela Columbia, do maestro Astor & Seu Conjunto, com vocais do grupo The Snakes, que tinha Erasmo Carlos em sua formação. Uma das faixas foi *Calypso Rock*, de Carlos Imperial.

Nesse ano, o mineiro Eduardo Araújo também debutou em disco com o compacto *O Garoto do Rock*, pela Philips, em que não escondia a influência dos gritos agudos de Little Richard. Até o humorista Jô Soares entrou na onda com as faixas *Vampiro* e *O Volks do Ronaldo*, pelo selo Farroupilha, em compacto que saiu em 1963. Ele teria sido importante para injetar humor e inteligência no rock brasileiro, onde antes só havia romantismo.

Na mesma linha divertida, Moacir Franco tinha gravado, em 1960, *Rock do Mendigo*, no selo Copacabana, com acompanhamento afiado de Betinho & Seu Conjunto. Pela RCA Victor, o grupo carioca pré-jovem guarda Luizinho & Seus Dinamites lançou *Choque*

que Queima e chamou atenção por unir twist e surf rock com vocais. Merece ser citado ainda o Conjunto Alvorada, que registrou em disco *A Cigarra e a Formiga*, pela Mocambo, em 1962.

Em paralelo e sintonizado com o que seria a jovem guarda, apareciam os irmãos músicos Renato e Paulo Cesar Barros, que montaram o conjunto Renato e Seus Blue Caps – o mesmo que acompanhou Roberto na gravação de *Splish Splash* –, Renato Corrêa (dos Golden Boys), Getúlio Côrtes, Sérgio Reis, Dori Edson e Marcos Roberto, entre outros, que começaram a criar suas próprias canções e a gravar discos.

Tornar-se aceito na capital paulista, a partir de 1964, virou uma prioridade para Roberto e a CBS. Primeiro, porque a receptividade para o rock era maior em São Paulo, como provara Celly e Tony, enquanto no Rio o samba continuava a ser forte, sem esquecer a bossa nova. "A situação não estava boa para cantor de rock no Rio. E eu ouvia dizer que em São Paulo ganhava-se mais dinheiro. O problema é que eu não podia deixar o emprego no Ministério da Fazenda, porque, afinal, eu ajudava nas despesas de casa", lembrou ele.

São Paulo exigiria dele percorrer as emissoras de rádio, fazer shows, ao mesmo tempo em que tinha um horário a cumprir na repartição pública. Para piorar, tinha um chefe que pegava no seu pé por causa dos atrasos. "Estou indo lá para o curral", dizia ele, ao se referir ao trabalho. Até que conseguiu transferência para o Ministério da Educação e Cultura e, para sua alegria, passou a ocupar uma vaga na Rádio MEC, como programador musical, onde poderia divulgar suas próprias canções. Mesmo assim, não conseguiu se livrar dos atrasos por causa da música.

Dessa vez, porém, a sorte ficou ao seu lado, quando Evandro Ribeiro resolveu investir mais nos artistas da CBS e contratou divulgadores com escritórios no Rio e em São Paulo. E o disco de Roberto foi parar nas mãos certas, da catarinense Edy Silva, que cresceu em Curitiba, onde foi professora primária, cabeleireira, manicure, auxiliar de escritório, até virar divulgadora. Ao iniciar a promoção de Roberto, ela convenceu Ribeiro a lançar, em dezembro de 1963, o compacto *Parei na Contramão* e *Na Lua Não Há* e a mandar imediatamente o cantor para percorrer com ela as emissoras de rádio paulistas.

Ao desembarcar em Congonhas, Roberto foi recebido por Edy e se deparou com uma senhora gorda, branca, de pouco mais de trinta anos de idade. "Pô, até que enfim a CBS criou vergonha e arrumou uma mulher para trabalhar na divulgação. E que mulher, hein?", disse para ela. A anfitriã não vacilou: "Olha, garoto, você me respeita porque eu sou sua chefe, tá?" E os dois se encaminharam rindo para o táxi, um carro preto Chevrolet que se usava em São Paulo.

Entre Roberto e Edy ocorreu uma simpatia mútua e instantânea. A assessora focou no rádio, no primeiro momento, que apostava em notícias e músicas gravadas para se manter firme em meio ao crescimento da televisão – que puxou para si as novelas e os programas de auditório. Como observou Paulo César de Araújo, por volta de 1964, a Rádio Globo do Rio e a Rádio Bandeirantes de São Paulo assumiram a liderança da audiência em seus estados depois de instituírem as bases de um novo formato radiofônico, calcado no tripé música, esporte e jornalismo, apresentado por locutores descontraídos e alegres.

Os resultados conquistados por Edy Silva deixaram o cantor em êxtase. Ele comentou com ela que era chegado o momento de ter um empresário, alguém que vendesse seus shows, que preparasse sua chegada nas cidades. Explicou que gostaria que fosse alguém de São Paulo, estado onde ele queria investir para valer. A divulgadora disse que não tinha outro nome em vista que não o de Geraldo Alves. Este topou e seria remunerado com uma porcentagem sobre cada show que conseguisse em qualquer lugar do Brasil.

Roberto Carlos, finalmente, parecia ter encontrado o caminho certo, depois de meia década de estrada. E o destino acabaria por lhe dar um empurrão necessário, por meio de uma jovem um ano mais nova que ele e que tinha experimentado o sucesso em todo o seu potencial bem antes. Sem querer, seu destino passou pelas mãos – e mente – de Celly Campello. Isso aconteceu em junho de 1965, quando três anos tinham se passado desde o casamento da ex-estrela.

Eduardo e Celly continuavam a morar em Tremembé. Como ficava a 15 minutos de Taubaté, ela via sempre a família e o marido podia visitar os avós toda semana. O rosto da jovem continuava bem conhecido na cidade e em outras que o casal visitava. Como na capital paulista. "Sempre vinha um ou outro falar algo quando via Celly ou apontava de longe, ao reconhecê-la, mas não chegava a ser algo tão de assédio como existe hoje em relação às celebridades", conta Eduardo.

Os dois procuraram levar uma rotina normal, mas nem sempre conseguiam. "O único local que tínhamos sossego era em Ubatuba, onde passávamos as férias desde quando namorávamos. Depois de casados, íamos com Nelson Filho e a esposa Helena e ficava difícil continuarmos, assim que descobriam que Celly estava ali. Todo mundo queria falar com ela e tirar fotos". Não raro, a família antecipava a volta por causa da falta de privacidade.

Nos anos que se seguiram àquele maio de 1962, quando Celly se casou, seu marido deu continuidade à sua bem-sucedida carreira como chefe da contabilidade na Petrobras e ela foi, aos poucos, desaparecendo do noticiário, até praticamente não se falar mais dela nos anos seguintes. Não significava que se desligara por completo de tudo. A única certeza que havia era que Célia Campello Gomes Chacon tinha realmente optado pela vida de dona de casa e mãe 24 horas por dia, sete dias por semana.

Celly não fazia a menor ideia de que quando se retirou da carreira musical em meados de 1962, uma revolução musical liderada pela banda inglesa The Beatles começava a se formar no horizonte como uma tempestade de mudanças que não deixaria pedra sobre pedra na música mundial. E atropelaria aquela primeira onda do rock and americano (e brasileiro) que tomou conta da indústria musical na segunda metade da década de 1960, com suas letras ingênuas e com ênfase em seu caráter dançante.

Em março daquele ano, a banda de John, Paul, George e Ringo se apresentou pela primeira vez na Rádio BBC, de Londres, a grande vitrine musical do Reino Unido desde sempre. Seis meses depois, em outubro, o disco de estreia *Love Me Do* chegou às lojas e não demoraria a se espalhar pelo mundo. No Brasil, enquanto isso, a revolução sexual iniciada nos EUA na década de 1950 e ampliada pela pílula anticoncepcional – que deu liberdade sexual às mulheres – começou a dar seus primeiros sinais e a reação não demoraria a acontecer.

Os ventos de mudanças de comportamento começavam a surgir em 1962 e talvez Celly tivesse de repensar seu estilo como cantora para sobreviver no topo das paradas. Se fosse considerar isso, pode-se concluir que ela parou na hora certa, mesmo sem se dar conta do que encontraria pela frente. Em maio, a atriz Norma Bengell protagonizou nas telas dos cinemas o primeiro nu frontal da produção nacional em Os Cafajestes, de Ruy Guerra. Foi um escândalo tão grande que sua performance "licenciosa" seria usada como pretexto pelos moralistas para pressionar por um golpe militar nos primeiros meses de 1964.

Em agosto, os fãs de Marylin Monroe choraram sua morte, enquanto a crise por causa da instalação de mísseis atômicos em Cuba quase gerou uma guerra atômica entre EUA e União Soviética. O ano, porém, terminaria bem para o Brasil, com mais uma conquista internacional, a primeira e única Palma de Ouro do Festival de Cannes, com o filme O Pagador de Promessas, de Anselmo Duarte, com adaptação da peça homônima de Dias Gomes.

O feito prenunciou o movimento do cinema novo, com um viés político e social, de transformação por meio da arte – sem o filme de Duarte jamais ser considerado parte dessa corrente por seus mentores Glauber Rocha e companhia – a produção chegaria a ser exibida na Casa Branca, em Washington, para o presidente John Kennedy.

No depoimento ao MIS, antes de falar do casamento, Celly observou que naqueles quatro anos de carreira praticamente a maioria das suas músicas ficou nas paradas o tempo todo. Não havia exagero nessa afirmação. E não foram poucas. Nada menos que 60 faixas foram distribuídas em cinco LPs e a maioria fez sucesso. "Uma emendava com a outra, ocupava primeiro lugar, segundo lugar, terceiro lugar, quarto lugar. Quer dizer, eu tinha muitas músicas naquelas paradas de sucessos das rádios, uma loucura".

Mesmo assim, abriu mão de cantar. E bastava ser instigada a falar, tinha de dar explicações dessa decisão. Em um raro momento de mudança de discurso, falou em saudade do sucesso: "Quando me casei, me propus a deixar a carreira artística, quando estava no auge. Fiz isso e deu certo, como havia planejado. A maioria das pessoas pergunta se eu tenho saudade desse período. Saudade eu tenho, foi uma coisa linda na minha vida, um negócio que marcou em tão pouco tempo e que ninguém esquece".

Arrependimento, entretanto, garantiu que não havia de sua parte. Mesmo que fãs e pesquisadores acreditassem que ela sempre se recusou a reconhecer arrependimento para se auto proteger de críticas ou não dar o braço a torcer que errou. "Foi uma coisa forte essa minha parada, assim, de maneira que estava no auge, fiz algo que não fui parando aos poucos. A Celly dos anos sessenta, com 18, 19 anos, vestidinho rodado godê, quer dizer, completamente diferente depois do movimento que veio anos após (jovem guarda), não existe mais. Depois que eu deixei para trás completamente essa vestimenta, quer dizer... o que fizemos foi uma revolução em todos os sentidos, dentro daquilo que a gente começou" (o rock nacional).

Na edição de 7 de setembro de 1963, Revista do Rádio trouxe uma reportagem de quatro páginas sobre o nascimento do primeiro bebê de Celly, que recebeu o nome de

Cristiane (tanto ela quanto o irmão não quiseram falar com o autor deste livro). "Adeus de Celly Campello: só cantará para a filha", dizia o título, para reafirmar que ela não queria saber de atividades ligadas à música. A equipe da publicação foi acompanhada por Tony a Taubaté, onde ela se recuperava do parto na casa dos pais. O irmão aproveitou para ver a sobrinha pela primeira vez e tirar as fotos que a redação tinha pedido.

Treze meses tinham se passado desde o casamento, "praticamente renunciando ao sucesso artístico para ser esposa de José 'Edward' Chacon, a meiga Celly Campello viveu outro instante abençoado de sua vida: deu luz a uma adorável menina de três quilos e 303 gramas, olhos azuis-esverdeados, cabelos ruivos e aparência doce, com a mesma suavidade da mamãe". Cristiane veio ao mundo em 23 de junho, na Pro Matre de São Paulo, a mesma onde a cantora e os dois irmãos nasceram.

O desafio, naquele momento, era escolher os padrinhos, disse ela à revista, pois o casal tinha vários parentes e amigos que mereciam tamanha homenagem. Celly e Eduardo procuravam uma maneira hábil de escolher uns e não desagradar a outros. Tony, às vésperas do seu casamento com Terezinha Sodré, confessou aos amigos que desejava herdeiros tão bonitos como a filhinha de sua irmã e do cunhado. "A *Revista do Rádio* custou, em verdade, a conseguir fotografar Celly Campello e sua filhinha. Não que faltasse cordialidade por parte do casal e de seus parentes".

Como Celly estava decidida a deixar a vida artística, seu esposo preferia que não se fizesse mais retratos seus junto a ela. Além disso, temia uso negativo de sua imagem, como a publicação tantas vezes fizera e o transformou em um dos homens mais odiados do país. "Todavia, gentilmente, consentiu nos flagrantes que ilustram esta reportagem – e a revista é grata, por isso mesmo, à sua distinção", escreveu o repórter.

A repórter disse que Celly tinha mesmo se despedido da vida artística. "Não voltará a se apresentar no rádio, TV ou discos. O nascimento de Cristiane marcou o fim de sua carreira. Celly, encantada e felicíssima com a vida do lar, está compondo uma canção para a filhinha. Vai embalar Cristiane ao som da melodia que faz com todo o amor de mãe".

Depois que Celly se casou e se aposentou antes de completar 20 anos de idade e ter ido morar em Tremembé, o trono de "Cinderela do rock and roll nacional", como diziam alguns jornalistas, ficou vago. As grandes gravadoras tentaram encontrar alguém com seu carisma e talento. Entre as candidatas que chegaram a gravar discos apareciam Cleide Alves, Meire Pavão, Selma Rayol, Rosemary, Elis Regina, Giane, Sônia Delfim, Wanderléa, Betinha, Susy Randal, Yeda Maria e Elza Ribeiro, entre outras.

A que mais se aproximava do estilo de cantar de Celly foi a também taubateana Meire Pavão. Quando ela iniciou carreira solo aos 17 anos, em 1964, já era uma cantora experiente. Seu nome de batismo era Antônia Maria Pavão e ela começou a carreira musical quando seu pai, o maestro, compositor e versionista Theotônio Pavão selecionou algumas de suas alunas de violão e formou o grupo As Garotas Violonistas. Além da filha, reuniu Regiane, que se tornaria um dos maiores nomes da gravadora Young nos anos seguintes, como já foi dito.

Em seguida, Meire migrou para o Conjunto Piratininga. Depois, mudou-se para o

Conjunto Alvorada, formado também só por garotas, criado e dirigido por seu pai. Além dela, o grupo contava com Marly, Sidnéia e Luci. O grupo gravou, na Mocambo, o 78 rpm *Lição de Twist*, talvez seu maior sucesso. Sozinha, Sidnéia gravou *Estamos Tristes*, que saiu na coletânea em LP *Antônio Aguilar Apresenta o Reino da Juventude* (Continental, em 1964) e Marly gravou no mesmo LP o rock *Eu Sei*.

Assim que deixou o conjunto, Meire Pavão assinou contrato com a Chantecler, onde conquistou seu primeiro sucesso, *O Que Eu Faço do Latim* (versão de *Che Me Ne Faccio Del Latino*) e seu primeiro LP, *Meire Pavão: A Rainha da Juventude*, que tinha os sucessos *Bem Bom* (a esquisita versão da belíssima *Downtown*, hit de Petula Clark), *Areia Quente* e *Lili*, versão de *Hi Lili Hi Lo*.

Em 1965, Meire foi para a RCA, onde gravou, acompanhada pelo conjunto Os Lunáticos, sua música de maior sucesso, *Família Buscapé*, campeã de vendas e execução naquele ano e que saiu no Lado A do compacto *Meire Pavão* (no B gravou Robertinho, *Meu Bem*) e no LP *Meire*, que tinha os sucessos *História da Menina Boazinha*, *Chame um Táxi (Taximan)* e *O Rapaz de Terno Preto (Baby's in Black)*, versões de canções dos Beatles.

Naquele ano de 1965, *Revista do Rock* promoveu um concurso para escolher o Rei e a Rainha do twist no Brasil. Meire ganhou ao lado de Roberto Carlos – esquisito, pois nunca gravou twist. Como o cantor era exclusivo da TV Record e não respondeu se ia comparecer para receber o prêmio, o segundo colocado Jerry Adriani levou a coroa e saiu na capa da publicação ao lado de Meire Pavão. O prêmio foi entregue por Antônio Aguilar em um especial de seu programa *Ritmos para a Juventude*, transmitido pela TV Globo, de São Paulo.

Em sua coluna na agora *Revista do Rádio e da TV*, Chacrinha escreveu que Meire Pavão era a "Rainha da Juventude com méritos", enquanto Silvio Santos dizia: "Meire Pavão tem grandes possibilidades de ser a mais querida cantora da juventude paulista. Graça, beleza, valor e simpatia podem levá-la a grandes sucessos". Mas faltava conquistar o Rio de Janeiro, para onde se mudou como contratada da TV Tupi. Ela passou a fazer parte do programa de humor *O Riso Mora ao Lado*, com Ema D'Avila, Suely Franco e Brandão Filho e apresentaria todo mês, ao lado de Wanderley Cardoso, o programa musical *A Grande Parada*.

De volta a São Paulo algum tempo depois, Meire começou a participar do elenco de telenovelas. A primeira foi *Sozinho no Mundo* (Tupi), ao lado de Vida Alves e Guto Franco, filho de Moacyr Franco. Em seguida, gravou mais um compacto, agora pela RGE, *Romeu e Julieta* e *Monteiro Lobato*, que entraram nas paradas de sucesso. Em 1969, afastou-se da vida artística e de 1974 a 1980 gravou cerca de doze LPs infantis com grupos diferentes – *Quarteto Peralta* e *Trio Patinhas*, produzidos por Theotônio Pavão e Albert Pavão, seu irmão.

No começo de 1961, outra jovem sonhava com o estrelato, encantada com o sucesso de Celly. Era Wanderléa Salim, quatro anos mais nova, nascida em 5 de junho de 1946, na cidade mineira de Governador Valadares, mas criada em Lavras, para onde a família se mudou pouco depois que ela veio ao mundo. A mais remota lembrança que ela guardaria de sua relação com a música foi ter cantado ainda bem pequena Caminhemos, de Lupicínio Rodrigues, lançada por Francisco Alves. Aos nove, seguiu com os pais para a Ilha do Governador, bairro da cidade do Rio de Janeiro.

Em 1956, Wanderléa estreou nos programas *Clube do Guri* e *Vovô Odilon*, ambos da Rádio Tupi. Encantava a todos com sua voz afinada e venceu vários concursos. A Columbia ofereceu um contrato com a condição de que mudasse de nome. Furioso com a proposta, o pai a proibiu de cantar. A pausa durou até ela subir ao palco durante um baile no Social Ramos Clube e cantar *Mulata Assanhada*, ajudada pelo irmão cúmplice. A receptividade do público a fez repetir a apresentação no Clube Olaria.

Com apoio do mesmo irmão, tornou-se *crooner* do conjunto Jaime e sua Música. Os dois enrolavam o pai de modo simples. Assim que ele dormia, saíam para as apresentações. Finalmente, o Velho Turco, como era chamado, cedeu. A menina ganhou o título de "A mais bela voz infantil", em concurso da TV Rio, com patrocínio do Açúcar União. O prêmio foi um contrato com a gravadora Columbia e 12 cruzeiros de cachê por apresentação. De novo, a resistência a seu nome voltou. Dessa vez, por iniciativa do apresentador da Rádio Nacional Paulo Gracindo, líder de audiência nas tardes de domingo.

Gracindo fez um concurso para mudar o nome dela e, novamente, o pai proibiu a filha de voltar a cantar. Em seguida, tomou uma decisão inesperada, levou-a à Columbia e falou para Othon Russo e Roberto Côrte-Real: "Minha filha nasceu e vai morrer com o nome de Wanderléa". Os diretores não concordaram. A partir desse momento, ela estava proibida de cantar no rádio e gravar discos. Com o veto do pai, Wanderléa "matava" as aulas no IBEU e ia para a Columbia assistir as gravações. Todos perguntavam: "E aquele turco, continua bravo?".

Enquanto chegava à adolescência, Wanderléa ficou hipnotizada por Celly. E passou a acompanhar suas músicas e shows. "Celly faz parte da minha memória afetiva", diz a artista, seis décadas depois. "Ela e seu irmão sopraram um vento novo e inusitado no coração de todos os jovens da época. Representa toda a modernidade musical que a cultura americana começava a projetar através dos seus ídolos. Com a impecável produção do irmão Tony Campello, Celly nos envolveu com toda aquela novidade sonora, com o seu *Banho de Lua* e sua adorável voz de vinil que brindava as nossas vidas".

As paradas de sucesso das rádios de todo o Brasil aderiram logo "àquele som alegre nas deliciosas versões de Fred Jorge", acrescenta a cantora. Segundo ela, a dupla se tornou "um grande impulso" e inspiração para novos talentos. No decorrer de 1960, muita coisa havia mudado ou se consolidado no meio dos jovens urbanos brasileiros e Celly era a trilha sonora principal do que faziam e viviam, acredita Wanderléa.

Em especial, na capital paulista, onde o cinema havia mudado o modo de vestir, beber, pentear o cabelo e se comportar. Por todo país, ela se tornou a musa dos roquinhos que animavam as matinês da pré-jovem guarda, enquanto os com mais idade e ousadia se animavam com bebidas como Cuba Libre e HI-FI, usavam calça jeans Lee e brilhantina nos cabelos com topete e circulavam em busca de brotos com suas lambretas.

Sem Celly, Tony voltaria a se dedicar à própria carreira de cantor. "Acho que meus cuidados sempre foram em relação à carreira artística de minha irmã, não à sua vida pessoal, não me metia de modo algum em sua intimidade, nem mesmo para dar conselhos. A parte artística e o repertório eu fazia questão de colocar todos os dedos. Nunca tive ciúme como irmão, meu pai criou bem os filhos nesse sentido".

No dia 7 de agosto de 1965, nasceu o primeiro filho de Tony Campello e Terezinha Sodré. Foram tantas sugestões de nomes que os pais ficaram indecisos até depois do nascimento. Mais tarde, realizada uma enquete entre familiares e amigos, o casal escolheu, de comum acordo, que se chamaria Marcello. Se tivesse nascido menina, como era o palpite de todos, seu nome seria Gisela ou Annette.

Até o especialista em horóscopos e seu grande amigo Omar Cardoso vaticinara que ele seria pai de uma garota. Mas todos os prognósticos falharam e vingou o palpite de Tony mesmo, que seu primeiro filho seria um menino. Aliás, astrologia era uma das grandes paixões dele, que tinha vários livros sobre o assunto em sua biblioteca. O parto, na Pro Matre Paulista, curiosamente, foi assistido pelo doutor Reginaldo Hallaz, filho do médico que atendeu Celly Campello à chegada de seus dois bebês nos dois anos anteriores.

Antes de seguirem para o hospital, Terezinha e Tony assistiram na TV um dos últimos capítulos da novela O Direito de Nascer, o maior fenômeno de audiência da década de 1960, um dramalhão de origem mexicana. Por causa da emoção de uma das cenas, Tony notou que algo se passava com sua esposa. Perguntou o que havia e ela respondeu que achava que teriam de assistir à novela na maternidade. Foram para o hospital, em companhia de um casal de amigos e, ao chegarem lá, as enfermeiras, brincando, reclamaram que iam perder o capítulo daquela noite.

Até 20 dias antes do nascimento do bebê, Terezinha trabalhou em sua função no Departamento de Correios e Telégrafos. Ao falar à TV Radiolândia, Tony disse que gostaria que seu filho tivesse pendores artísticos e ele não se oporia se preferisse seguir alguma outra carreira. Contou também que no dia em que a esposa e o filho vieram para casa, Marcello chorou sentindo falta das enfermeiras bonitas que ficaram no hospital.

O casal morava na Amaral Gurgel, perto do Largo do Arouche, em São Paulo. "Estamos casados há um ano e meio e temos uma vida agradável, com reuniões, passeios e muitas alegrias". Continuou o cantor: "Acho que eu e Terezinha somos quase crianças ainda, pois estamos sempre brincando e procurando nos divertir", disse, pouco antes do parto, à Revista do Rádio e da TV. Talvez por isso a vida de casados fosse tão agradável para os dois. "Ainda não sentimos grandes emoções pelo fato de que vamos ser pais, mas papai e mamãe, apesar de já terem dois netos (filhos de Celly), estão bastante excitados".

Aliás, lembrou ele, o apartamento onde moravam pertencia a Celly, que alugou para eles. "Agora, com o crescimento da família, precisamos de um maior. Esse é de quarto e sala, só. Assim, vamos comprar um apartamento na planta e mandar construir conforme nos agradar". Terezinha tomou a palavra: "Eu e Tony desejamos que venha uma menina, mas ainda não escolhemos o nome, pois não queremos arriscar. Quando for a hora, resolveremos".

Tony, descrito pelas revistas de celebridade como "boa pinta", bonzinho e simples, era reconhecido por todos assim que botava o pé para fora do seu prédio. E ostentava orgulhosamente Marcello, seu "rebento" cabeludo e gracioso. Para a revista, Teresinha, "com o ouro dos cabelos em tranças, era o tipo exato da esposa jovem e compreensiva. Sabe que todo cantor tem legiões de fãs e não tem ciúmes das fãs do esposo. Ao contrário, sorri agradecida, pois sabe o quanto a admiração popular é importante na vida do marido".

Quando dava entrevista, tocaram a campainha da porta e entregaram um convite a Tony para o jantar de apresentação do novo suplemento com os próximos lançamentos da Odeon. Ele explicou que não tinha nenhum disco naquela leva como cantor, mas, sim, como coprodutor: "Sou agora, também, produtor da Odeon e vamos lançar um novo cantor de Jundiaí chamado Teddy Nilton, cujo primeiro compacto eu produzi".

Ele estava empolgado com a nova função: "Fui também o produtor de um LP de twist e hully-gully para a etiqueta Imperial, gravado pelo conjunto The Rebels. Meu último disco foi um compacto em que eu cantava *Como Sinfonia* e *Tchin-tchin*, mas estou preparando minha nova gravação para a Odeon, que talvez eu mesmo produza".

Nos três anos anteriores, sem Celly no mercado, Tony havia chegado ao topo das paradas com a romântica *Pertinho do Mar* e o rock *Lobo Mau*, a mesma música que faria bastante êxito com Roberto Carlos alguns anos depois – tratava-se de uma versão de *The Wanderer*, de Ernest Maresca, feita por Hamilton Di Giorgio. Nesse ano, ainda na Odeon, saiu o LP *Tony Campello – Não Te Esqueças de Mim*. "Prossegui fazendo rock na linha de Elvis Presley e Little Richards. Aparecia na TV, fazia shows e era assediado pelas fãs. Fui um precursor da jovem guarda, meu som era rock", destaca ele.

O divertido *Boogie do Bebê* foi um dos grandes sucessos de 1965. O curioso foi que Tony jamais cantaria a música em shows ou programas de TV – até 1993, quando o fez no programa *Ensaio*, da TV Cultura – porque não gostava daquele tipo de representação que a letra pedia. "Eu nunca cantei ao vivo, jamais fiz isso, sempre achei que não tinha nada a ver comigo". De origem americana, a composição teve uma história interessante durante seu registro brasileiro.

A gravadora perdeu as contas de quantos registros tinha feito com vozes de bebês – grunhidos, na verdade – e recorreu até mesmo a radioatores e dubladores e ninguém chegou a um resultado satisfatório que se aproximasse da versão alemã. A solução foi ligar para a filial da Odeon em Berlim. "A gravadora teve de pedir para a filial alemã os áudios do bebê. O original é americano, mas a minha gravação foi baseada na alemã, porque lá tinham conseguido aquele áudio de um bebê de cinco anos de idade, com aquelas gracinhas todas. E pediu autorização. Nessa época, eu ganhava três por cento de direitos autorais e concordei em mandar metade disso para o bebê na Alemanha".

As crianças brasileiras amaram a música e, de acordo com números oficiais da gravadora, nos primeiros meses, foram vendidos 80 mil compactos em 33 rpm. Tony confessa que foi pressionado a cantar e achava que não faria sucesso. "Eu nem queria, mas ou eu gravava ou a Odeon me matava. Eu só atendi a uma intimação da gravadora. Até hoje tem gente que diz que toca para as crianças e elas riem e pedem de novo. Até o disco sair, eu achava que ficaria meio caricato, logo eu que sempre fui crítico com o que faço. Talvez tivesse aproveitado melhor as minhas condições como cantor se não tivesse senso de autocrítica forte – e que me foi útil como produtor".

O rock tinha virado um estilo de vida para ele. "Só comprei aparelho de televisão em 1963, quando me casei, aos 27 anos. Eu e Celly viajávamos por causa dos shows e não tínhamos tempo para diversão. Mas eu ia ao cinema e assistia o seriado *National Kid* em preto e branco. Aliás, era mais interessante porque podia ficar imaginando como seria na realidade. Até porque São Paulo era sempre nublada...", observa.

Em casa, na TV, gostava de ver futebol e o programa *Astros do Disco*, na Record. Todo final de ano, ele assistia o *Troféu Roquete Pinto*, aos melhores do rádio e da TV, com transmissão ao vivo. "Mas meus filhos Marcello, Luís Carlos e Mariana já pegaram outra fase e viam desenho animado", observa.

Na segunda metade da década de 1960, Tony cuidou dos primeiros discos de vários ídolos da jovem guarda, como Deny e Dino, Silvinha, Sérgio Reis, Os Incríveis e outros. "Eu comecei a produzir na Odeon no começo de 1965. Antes, nos discos de Celly, olhava o que os outros faziam, prestava atenção, perguntava aos técnicos minhas dúvidas. E tinha bom conhecimento de música brasileira, principalmente antes da bossa nova – não gostei desse gênero, não fez minha cabeça, estava em outra. E tinha um bom acervo de discos".

De 1962 a 1966, sem a irmã, "continuei a fazer meus shows e a viajar, cobria cidades próximas a São Paulo durante 15 dias seguidos e voltava". Também se apresentou pela América Latina. "Fiz temporada no Peru de 31 dias, com 29 apresentações na TV Vitória, de Lima, e, à noite, me apresentava na Boate Embassy. Quando voltei, tive uma proposta para cantar em Caracas, mas comecei a participar do programa da *Jovem Guarda*, achei que era mais interessante. Mas fiquei um ano só no elenco e não viajei pela América do Sul".

Tony estava empolgado na função de produtor, pois adorava produzir discos. Em uma entrevista da época, afirmou: "A gravadora confia em mim, pois sabe que já tenho experiência, porque era eu quem praticamente produzia os discos de Celly. Por sinal, que outro dia estive em Taubaté, e falei com ela. Celly está satisfeita com a missão de dona de casa e mãe de família e não pensa mais na carreira artística. Quanto a mim, vou fazer dentro de pouco tempo uma excursão pelo interior de Minas e São Paulo".

Outro dia, continuou ele, "tive uma experiência interessante. Atuei como ator. Tomei parte numa peça completa, de teatro, apresentada no Teatro Record e gravada em videoteipe para a Televisão. Em uma dessas comédias que Zelone apresenta às segundas-feiras". Ele participou da encenação ao lado de Riva Nimitz, Anilza Leone e Henrique César. "Foi uma experiência interessante e gostei tanto que pretendo voltar a trabalhar com Zelone".

Na primeira semana de agosto de 1965, com os Beatles nas paradas de todo o mundo, o rock havia se reinventado pela segunda vez, depois da onda do rock and roll, do rockabilly e das baladas de rocks americanas entre 1955 e 1962. Não foi diferente no Brasil, onde jovens talentos – alguns surgidos no reinado de Celly, como Demétrius, Ronnie Cord e Golden Boys – emplacavam sucessos, como também Roberto Carlos, Erasmo Carlos e Eduardo Araújo. O dono da TV Record, Paulo Machado de Carvalho, achou que seria uma boa ideia trazer de volta o *Crush em HI-FI*, dessa vez só com Celly.

Ela preencheria o horário das tardes de domingo, uma vez que a transmissão de futebol pela TV havia sido proibida. Segundo os clubes, as partidas vistas de casa tiravam público e receita dos estádios, o que era verdade. Na época, não havia patrocínio para os times ou para as transmissões, pago por empresas. Carvalho sabia, claro, que a cantora tinha se "aposentado" dos palcos havia três anos. Mas, quem sabe, não mudaria de ideia com um bom cachê?

Tudo seria repaginado e ela seria uma espécie de apresentadora das atrações dos jovens artistas que davam continuidade ao movimento de rock que ela havia liderado, cantando seus maiores sucessos. Isso seria só no começo, pois voltaria a gravar discos e, certamente, recuperaria seu lugar nas paradas. Machado concluiu que em tão pouco tempo – três anos – ninguém a tinha esquecido. O empresário conhecia a jovem estrela o suficiente para se lembrar que não seria fácil trazê-la de volta. Ficou decidido, então, que uma força-tarefa formada por pessoas que Celly gostava fosse imediatamente a Tremembé convencê-la a aceitar a proposta.

Mesmo que, se fosse preciso, levassem "um caminhão de dinheiro", expressão que seria usada depois por ela, Tony e Eduardo para enfatizar a proposta. Algo impossível de ser recusado, enfim. A soma era de 2,5 milhões de cruzeiros, contou ela sete anos depois, a O Pasquim. Coube ao publicitário, empresário e produtor Marcos Lázaro fazer a Celly a proposta irrecusável. Para não correr risco, ele levou na caravana ninguém menos que Fred Jorge, o versionista dos principais sucessos da cantora e que ela adorava.

No caminho, passaram na casa do patriarca Nelson Campello, em Taubaté, e Lázaro pediu a ele para que os acompanhasse, depois de explicarem o que pretendiam fazer. Fred Jorge sabia que o pai da cantora nunca se conformara com sua decisão de parar e via nele um possível aliado. Existem diversas versões para o que aconteceu naquele dia, cujo resultado poderia, talvez, ter mudado os rumos da carreira de Roberto Carlos para sempre.

Na primeira, a ideia era simplesmente retomar mesmo *Crush em HI-FI* sem Tony na segunda, a oficial, ela teria sido chamada pela Record para formar um trio com Roberto e Erasmo Carlos – Lázaro era empresário do primeiro e não o deixaria de fora do projeto. Se ela resistisse, ele deveria oferecer dois milhões de cruzeiros por mês de salário, uma fortuna que ninguém recebia na televisão.

O diálogo teria sido assim, segundo várias fontes: "Olha aqui, Celly, vamos apostar em um cantor novo que está fazendo sucesso, Roberto Carlos; com um programa para a juventude. É ele e um outro, Erasmo Carlos. Quero você no programa. O ídolo da juventude é você, não posso perdê-la!".

Lázaro não se esqueceria que derramou a xícara com café quando ela deu a resposta final: "Agradeço, mas não quero". O emissário da Record continuou a insistir. E, para que o negócio não desse certo mesmo, ela pediu 2,5 milhões livres de impostos. Mesmo assim, ele topou. Então, Celly – que estava ao lado de Eduardo, reafirmou a resposta negativa, explicou que tinha dois filhos pequenos e pretendia priorizar sua criação e educação. Lázaro voltou à carga: "Como assim? Nunca vi ninguém recusar uma proposta como esta!". E ela retrucou, segura: "Pois eu recuso". Por causa disso, a cantora Wanderléa foi convidada para ocupar seu lugar no trio.

Uma terceira versão foi de que, além de Celly, a Record teria tentado convencer Ronnie Cord, que continuava a fazer sucesso com *Rua Augusta*, e ele não quis. Os dois formariam uma dupla de palco, como ela fizera com Tony anos antes, na volta do *Crush em HI-FI*. Só depois o nome de Roberto teria aparecido como substituto de Cord. Ao MIS, a cantora contou o que teria acontecido, pelas suas lembranças, quando fez uma confusão de datas: "Minha primeira filha tinha seis meses (na verdade, era o caçula) e me aparece lá (em casa) Marcos Lázaro, empresário, juntamente com Fred Jorge, me convidando para participar de um programa que seria lançado na TV Record chamado *Jovem Guarda* e eles me falaram que seria lançado Roberto Carlos, que começava a ser tocado nas rádios, mas era pouco conhecido".

Queriam fazer um programa que reunissem vários artistas e para lançar Roberto na TV. "E eles me convidaram para fazer junto com Roberto. E eu não aceitei". Continuou ela: "Marcos Lázaro não se conformava, lembro que ele tomava um café e segurou a xícara com força, de tanto que ele tremia. Não aceitava minha negativa porque a quantia que me propôs não era de se recusar. Por isso, ficou meio abismado: 'Não acredito que você não queira'. Seria uma vez por semana. "E eu nem pensei duas vezes. Não queria".

O motivo, recordou, era "talvez pelo fato das crianças serem pequenininhas. De qualquer modo, eu estava em outra na minha vida. Se fosse alguns anos mais tarde, talvez eu até topasse, mas, naquela hora, eu disse que não tinha condição de assumir aquele compromisso semanal. Como não aceitei, colocaram Wanderléa no meu lugar. Eu achei válido, como são as coisas, eu não aceitei e ela fez par com Roberto, acho justo, acho ela maravilhosa, parece que o lugar tinha de ser dela mesma".

Eduardo tinha sido chamado às pressas para participar da conversa e, pelo que se sabe, seria o único sobrevivente e testemunha do que aconteceu naquela tarde de julho de 1965. Tony não estava presente: "Quando a Record lançou o programa *Jovem Guarda*, a gente morava em Tremembé, já tinha Cristiane com dois anos e meio e Eduardinho com quase um ano. E foi lá em casa Marcos Lazaro, acompanhado de Fred Jorge, e fez uma proposta, disse que a emissora ia lançar um programa e gostaria que os apresentadores fossem ela e Roberto".

De acordo com Eduardo, a esposa teria dito: 'Não posso, tenho dois filhos para cuidar e são bem pequenos'. E Lazaro: 'Não tem problema, deixa com seus pais, você só vai no domingo fazer o programa e volta em seguida'. Eu presenciei essa conversa, que guardei na memória". Nessa época, continua Eduardo, o casal estava construindo uma casa em Taubaté. "Embora meu salário fosse razoável, tinha gastos com a obra. E o que ofereceram por quatro programas era o dobro do que eu ganhava". Ainda de acordo com ele, Lázaro teria dito: "Menina, você está jogando dinheiro fora".

O marido da cantora lembra do detalhe citado por ela: "Ele tremia segurando a xícara de café". E Celly não cedeu: "Eu prefiro ter uma conta bancária vazia, mas uma casa cheia de amor", afirmou, romântica. Eduardo conta, mais uma vez, que não interferiu em momento algum na decisão da ex-cantora. "Eu só ouvi. Seu Nelson estava presente. 'Não tenho interesse em voltar a cantar', disse ela. Seu Nelson disse para não se preocupar que ele e a esposa cuidariam das crianças e não adiantou. 'Não se trata disso, pai'".

Tony recorda que a irmã lhe contou ter, de fato, recusado a proposta porque tinha a vida de casada que queria e os filhos eram bem pequenos. "Ela não queria passar a responsabilidade para alguém cuidar das crianças, porque teria de ensaiar, viajar etc. começaria toda aquela loucura de novo. Conhecia bem aquela rotina de compromissos que viria com o programa, voltar a fazer tudo de novo era uma coisa que não ia agradar a ela de jeito nenhum".

Ao relembrar a história, ele excluiu Roberto da prioridade de fazer parte do programa. Seu nome só teria sido lembrado depois da Record desistir de Celly. "O nome do moço (Roberto Carlos) não tinha sido pensado ainda como opção para substituir Celly e Marcos Lázaro foi a Tremembé atrás dela com Fred Jorge, que deveria facilitar o convencimento, acreditava o empresário. Não me lembro porque não fui, por achar que talvez não coubesse a eu fazer isso, preferi deixar o casal mais à vontade para decidir".

Como a comitiva da Record precisava passar por Taubaté, pegaram seu Nelson. "Celly não aceitou, para ela, mais que dinheiro, importava a família que estava construindo. E só então se foi atrás de outra pessoa (Roberto)". Nelson Filho narra uma quinta versão. Ele conta que Marcos Lázaro não desistiu depois da primeira visita a Celly. "Ele voltou mais de uma vez com propostas milionárias para ela fazer o *Jovem Guarda*".

Para ele, não é correta a versão de que ela faria par com Roberto ou um trio – mais Erasmo Carlos: "Havia a proposta de ela seria a protagonista do programa, apresentaria sozinha, seria a volta do *Crush em HI-FI*. Como ela não aceitou e queriam uma mulher, bem depois colocaram Wanderléa como coadjuvante de Roberto e Erasmo. Essa foi a história. Não me lembro de alguém ter dito que Celly dividiria o palco com Roberto. Ela tinha experiência com os três anos em que apresentou *Crush em HI-FI* com Tony, a Record confiava nela". Sem ela, o caminho ficou livre para a consagração de Roberto Carlos.

A TV Record vivia um grande momento até algumas semanas antes de agosto de 1965, como líder de audiência nas tardes de domingo, graças às transmissões dos jogos do campeonato paulista, com narração de Raul Tabajara, considerado o mais popular locutor esportivo da TV paulista. Na verdade, a motivação para os times interromperem as transmissões teria sido outra, que não prejudicar a renda com bilheteria: um capricho em forma de vingança de um influente diretor da Federação Paulista de Futebol porque, durante o intervalo de um jogo no Pacaembu, a câmera passeava pelas dependências do estádio e filmou ele acompanhado de sua amante.

Irritado com o flagrante e por causa das explicações que teve de dar em casa, ele inventou a alegação de que prejudicavam a bilheteria. Não teve conversa capaz de dobrá-lo – se foi verdade – e os outros dirigentes. Paulo Machado de Carvalho, então, teve a ideia de colocar um programa com palco e números musicais para jovens, semelhante ao *Crush em HI-FI* que Celly e Tony Campello apresentaram até três anos antes. Há quase uma certeza de que, inicialmente, seu plano era trazer a mesma atração de volta, somente com Celly.

Havia uma forte concorrência entre as emissoras de TV nesse momento. Tupi, Excelsior e Record brigavam por audiência, em uma guerra que incluía tomar o tempo todo as estrelas uns dos outros. Havia, nesse embate, a febre dos programas musicais, que tinha se tornado uma tendência desde os tempos de Celly e Tony, a partir de 1959. Naquele meio de década, a Tupi tinha o *BO 65*, comandado por Wilson Simonal e Elsa Soares, criado para concorrer com *O Fino da Bossa*, de Elis Regina e Jair Rodrigues, da Record.

A Excelsior chamou Agnaldo Rayol para fazer a novela musical *Caminho das Estrelas*. No mesmo período, estreou nessa emissora o programa musical *Campeões da Popularidade*. Nesse contexto, com os primeiros sucessos nas paradas, Roberto começou a ter sua vida monitorada pelas revistas de celebridades e fofocas. Descobriu-se, por exemplo, que dinheiro entrava em tamanha quantidade na sua conta que ele mandou fazer dez ternos semelhantes aos que os Beatles usavam, que pretendia vestir nas apresentações do seu programa que estava por estrear na Record, o *Jovem Guarda*.

Nos bastidores, um personagem trabalhava para fazer aquilo dar certo: o publicitário Carlito Maia. Desde as primeiras discussões para definir o formato, após a recusa de Celly, ele esteve presente. E um detalhe em seu depoimento chamava a atenção: Roberto não era ainda tão conhecido como se afirmou depois – o que reforça a informação de que a prioridade para o programa era Celly. Tanto que Maia, bastante atento ao que acontecia no mundo da TV e da música, contou depois que não sabia quem era o rapaz que escolheram para apresentar a nova atração.

No documentário *Close Up Planet*, Maia recordou: "Magaldi e eu montamos a Magaldi e Maia Publicidade e um dos clientes, a (TV) Record, buscava uma alternativa para (substituir) a proibição do futebol ao vivo nos domingos", disse ele. "Numa visita naquela mesma tarde, Paulo Machado de Carvalho nos mostrou um vídeo de um cantor que era do Rio. Ele disse: 'Será o futuro apresentador do *Festa de Arromba*!'. O cara era sensacional – mas o nome do programa era horrível. No outro dia veio a ideia de uma frase de Lênin: 'O futuro do socialismo repousa nos ombros da Jovem Guarda'".

Tony Campello garante que o primeiro programa foi ao ar como *Festa de Arromba*, pois foi uma das atrações. Só na semana seguinte virou *Jovem Guarda*. Para ele, a mudança se deu por outro motivo: "Originalmente, o programa seria chamado de *Festa de Arromba*, mas acabou trocado por insistência dos próprios artistas, que achavam que o nome perderia força com a saída da música (de Erasmo) das paradas de sucesso".

A letra de *Festa de Arromba*, de Erasmo e Roberto Carlos, era uma radiografia do que acontecia no rock nacional antes do programa, com a relação dos artistas que estavam em evidência e formariam o movimento da jovem guarda, por meio da citação da maioria dos artistas que faziam sucesso. Celly não foi lembrada:

Vejam só que festa de arromba
Noutro dia eu fui parar
Presentes no local o rádio e a televisão
Cinema, mil jornais, muita gente e confusão

Quase não consigo na entrada chegar

Pois a multidão estava de amargar
Hey-hey (Hey-hey), que onda.
Que festa de arromba

Logo que eu cheguei, notei
Ronnie Cord com um copo na mão
Enquanto Prini Lorez bancava o anfitrião
Apresentando a todo mundo Meire Pavão

Wanderléa ria e Cleide desistia
De agarrar um doce que do prato não saía
Hey-hey (Hey-hey), que onda.
Que festa de arromba

Renato e seus Blue Caps tocavam na piscina
The Clevers no terraço, Jet Black's no salão
Os Bells, de cabeleira, não podiam tocar
Enquanto a Rosemary não parasse de dançar

Mas vejam quem chegou de repente
Roberto Carlos, com seu novo carrão
Enquanto Tony e Demétrius fumavam no jardim
Sérgio e Zé Ricardo esbarravam em mim

Lá fora um corre-corre dos brotos do lugar
Era o Ed Wilson que acabava de chegar
Hey-hey (Hey-hey), que onda.
Que festa de arromba

Hey-hey (Hey-hey)

Renato e seus Blue Caps tocavam na piscina
The Clevers no terraço, Jet Black's no salão
Os Bells, de cabeleira, não podiam tocar
Enquanto a Rosemary não parasse de dançar

Mas vejam quem chegou de repente
Roberto Carlos, com seu novo carrão
Enquanto Tony e Demétrius fumavam no jardim
Sérgio e Zé Ricardo esbarravam em mim

Lá fora um corre-corre dos brotos do lugar
Era o Ed Wilson que acabava de chegar
Hey-hey (Hey-hey), que onda
Que festa de arromba
De madrugada, quando eu já ia embora
Ainda estava chegando gente
O Di Jordans, o Golden Costa, o Trio Esperança
Moine Pinto

Ha! Caramba!
Até o Simonal
O Jorge Ben
E o meu amigo Jair Rodrigues

O público não demorou para perceber um brilho próprio em Wanderléa como um dos componentes do trio de apresentadores. Mas ela não teve o protagonismo prometido a Celly, segundo a versão mais difundida. Mesmo assim, logo suas músicas entrariam nas paradas de sucesso em todo país, ajudada pela atração dominical. A cantora lembrou mais de meio século depois: "Eu cantava em programas infantis um repertório baseado em canções brasileiras, boleros em espanhol que era o gênero que mais se tocava nas estações de rádio. Por isso, fiquei surpresa quando fui convidada pela gravadora CBS para assumir o espaço vago que Celly havia deixado quando escolheu pela vida familiar, abandonando a carreira musical".

Na ocasião, conta ela na entrevista para um documentário sobre a cantora de Taubaté, "conheci Roberto e Erasmo Carlos, algo que me serviu como um estímulo a mais para que eu escolhesse por aquela novidade também, que era a jovem guarda. Celly nos trouxe a sonoridade e eu acrescentei a imagem, creio. E isso nos aproximou. Não tive o prazer de conviver com ela. Quando comecei a gravar, Celly já havia se afastado da cena. Mas a trago com um profundo carinho no coração".

Celly, afirma Wanderléa, também influenciou jovens como ela quando cantava. "Éramos infestados de audição de cantores de vozeirão do rádio, com bolerões pesados. Celly trouxe um frescor, uma modernidade sonora, junto com aquelas produções maravilhosas, bem-feitas, de seu irmão Tony". A cantora lembra que a música de Celly "surgiu como uma coisa leve, de forma gostosa, com sabor de chantilly, de sorvete de casquinha, de milk-shake de flocos, com uma identificação com nosso estado de espírito. Ela era uma coisa delicada, porque nos pegou de surpresa, com suas músicas que faziam um sucesso atrás do outro".

Wanderléa conta que Celly cantava "aquelas coisas pegadas de rádio, aquelas coisas bem-feitas, com versões de Fred Jorge, que falavam do que a gente vivia, meio criança, a juventude nascendo em nós, tudo era encantador, nós a adorávamos". O fato de Celly, Tony e outros contemporâneos cantarem versões, destaca Wanderléa, era algo recebido com bastante crítica na imprensa e no meio musical. Mas ela não via problema nisso. "As letras em português eram válidas porque traziam uma coisa que era só de nossa língua, pois se fazia adaptações, coisas válidas para nós. Os originais, de alguma forma, entrariam no Brasil, só que as versões davam mais certo".

Fazer a transposição para o português, afirma ela, não era tão fácil como aparentemente se achava. O responsável por isso "precisava saber fazer", Fred Jorge e Rossini Pinto, completa, cumpriram bem essa tarefa, com canções em português que ficaram na memória das pessoas. Um trabalho que começou com Celly Campello e atravessou toda a década de 1960. "Não só as melodias, mas as letras, a forma de fazer a transposição, tudo isso se mostrava bem complicado. É uma coisa difícil e delicada. Se não casava a versão com a melodia, tinha de mudar", explica.

Até mesmo nas versões, os irmãos Campello abriram caminho para a jovem guarda, acredita Wanderléa. "Foram eles os responsáveis pelo advento da sonoridade, aquela renovação juvenil vinda pelo som do rádio. Tivemos aquele impacto com os dois. Depois, demos continuidade com a imagem de música jovem que eles construíram, tivemos a oportunidade de fazer isso, a gente tinha a responsabilidade de preencher isso visualmente em um programa de televisão porque era uma coisa visual. Eles começaram trazendo essa modernidade, abriram esse nicho da juventude".

Na época, conta a cantora, ela não tinha consciência de que estava preenchendo o espaço que era de Celly. Pelo menos no programa da Record. "Eu não tive a alegria de ter um contato com Celly porque quando comecei a gravar ela já tinha se afastado da música. Eu era menina e a gravadora precisava de alguém com o perfil dela. Como eu vinha de uma carreira infantil bem-sucedida, estabilizada no mercado, queria fazer uma carreira musical porque era obstinada. Era o que queria para minha vida. Mas nunca imaginei que seria esse nicho jovem, por causa da minha pouca idade".

Wanderléa foi contratada após vencer um concurso infantil na CBS para gravar um disco. Depois, veio a ideia de atender ao público de Celly: "Havia espaço e acharam de procurar alguém que a gravadora pudesse lançar. Eu relutei um pouco, não achava que era aquilo que eu queria fazer". Ela tinha uma breve experiência como *crooner* de orquestra, cantava um pouco de blues e música romântica brasileira: "A música de Celly trazia essa descontração, essa coisa de não ter preocupação de impostação de voz, do vamos ser felizes, *Lacinho Cor-de-Rosa, Banho de Lua* etc.".

A CBS teve a ideia de aproveitar esse gancho da música jovem porque havia um mercado forte relevado por Celly e Tony, segundo ela. "Mesmo assim, no começo, a gente teve dificuldade de tocar no rádio, de aparecer na televisão". Para ela, a decisão da roqueira de abandonar tudo fazia parte da formação da mulher jovem naquele tempo, algo considerado natural. Mulher nascia para ter família. "Eu, assim como ela, tive uma criação dirigida, a mulher não podia ter profissão, só se casar, ter filhos, no máximo ser professora primária".

Nada de ter uma profissão bem-sucedida, trabalhar fora porque se dizia que com vida familiar trabalho era incompatível. "Eu mesma tive muita dificuldade, era uma divisão dentro de casa. Os meninos podiam vadiar, ir pra rua, jogar bola. A gente tinha de aprender coisas domésticas, éramos criadas para ser mãe desde pequena, para ter uma vida familiar".

De certa forma, continuou Wanderléa, Celly sentiu esse compromisso e achou incompatível continuar a cantar.

A colega entendia outra razão para Celly desistir: "Na nossa carreira existe uma coisa que eu sempre costumo perceber, independentemente do talento, tem que existir a vocação para aquele tipo de vida. Talvez Celly tivesse aquela voz deliciosa, a graciosidade, mas lhe faltava a natureza para seguir a carreira. Sempre me intrigou porque ela parou. Quando menina, eu tinha uma coisa que cantar era o que eu queria, mas também conciliar com uma vida de mãe, ter filhos. Quando é uma aceitação popular, isso te toma completamente a vida, é uma coisa que fica difícil de conciliar".

A vida da ex-cantora depois do casamento também despertou a curiosidade de Wanderléa. "Não sei nesse período como foi a sua vida pessoal, se foi feliz, se sentiu saudade disso tudo", afirma a cantora da jovem guarda. "Sei que foi feliz com a família. Mas tenho a impressão de quando a pessoa tem a alma voltada para aquela criação como artista, pode ter sentido saudade. Na realidade, acho que tudo isso deve ter influenciado um pouco a preocupação de ela não poder conciliar as duas funções – casamento e carreira".

Para a cantora mineira, a impressão é que Tony foi quem mais sentiu com a parada da irmã: "Eu perdi um irmão que foi meu grande propulsor, o grande estímulo da minha vida, estava ao meu lado desde que eu era menina. Não atuava como produtor musical, mas um manager, com quem podia trocar ideias em relação aos caminhos de minha carreira, resoluções, cuidados com a minha imagem, marketing etc. Tony foi isso para Celly, acrescido de um ótimo produtor musical, a ponto de ele mesmo criar os arranjos das músicas que ela gravava. Então, creio que ele foi acometido de uma tristeza, por uma falta dela. Além os laços consanguíneos, aquela parceira, de criação, de trabalho, parceira tradutora daquilo que ele criava no estúdio".

A cantora chama atenção para a qualidade dos discos de Celly, que permanecem modernos tanto tempo depois. Esse valor está, na sua opinião, na química entre os dois irmãos e no talento de Tony como produtor – mesmo sem ter seu nome nos créditos. "Se você ouve as produções dela, são perfeitas até hoje, têm uma sonoridade indiscutivelmente correta, coisas que até depois, com o aprimoramento das gravações, não conseguíamos. Tínhamos um produtor que gostava de música clássica (Evandro Ribeiro), não era amante do rock ou de música jovem, que dizia: 'Ah, tá, vamos gravar isso aí'. Tony foi um parceiro cuidadoso, eles fizeram aquilo com uma beleza, um carinho. Foi uma dupla que deixou até hoje uma lacuna".

Roberto Carlos inaugurou seu programa no dia 22 de agosto de 1965, às 16h30, amparado por uma ampla campanha em jornais, revistas e na própria programação da Record. Desde a primeira edição, contou com apresentações de diversos outros cantores e bandas do cenário nacional. Desde o início, formou trio com Erasmo Carlos e Wanderléa – os três estavam presentes em todas as edições. Um dos trunfos para transformar a atração em um fenômeno no Brasil inteiro foi gravar as apresentações, editá-las, fazer cópias e, durante a semana, enviá-las por avião para as capitais onde a Record era retransmitida, já que não tinha sinal via satélite ainda. Assim, todo domingo, no mesmo horário, milhões de pessoas viam o programa ao mesmo tempo.

A novidade era gravada no Teatro Record, na Rua da Consolação. Seu público seria predominantemente feminino, na faixa entre 10 e 16 anos, imaginaram os organizadores. Depois, foi elevado para 13 a 20 anos, por uma questão de segurança, para não envolver crianças. No decorrer de uma hora, o trio cantava seus sucessos e recebia convidados – cantores e bandas – com o perfil do programa –, além de situações de humor, programas temáticos, exatamente como *Crush em HI-FI*. Logo nas primeiras semanas, *Jovem Guarda* atingiu 90% de audiência, segundo o Ibope.

A revolução sexual, o movimento hippie e a contracultura de modo geral que surgiram na virada para a segunda metade da década de 1960 nos EUA e em alguns países europeus não deixavam dúvidas de que a juventude havia conquistado seu espaço, sete anos depois de Celly abrir o mercado fonográfico brasileiro para a faixa etária com menos de 20 anos de idade. Nada havia no programa de Roberto, Erasmo e Wanderléa que assumisse essas influências a não ser certa irreverência no modo de vestir.

Mesmo assim, era tanto sucesso que, por causa da televisão, várias gírias adotadas por Roberto e sua turma se espalharam pelo país como um jeito moderno de se comportar e falar. "Broto", termo consolidado por Celly, ainda era moda, mas o repertório cresceu: "bandidão" (rapaz bonito), "boneca" (garota bonita), "bidu" (pessoa ótima, notável), "barra limpa" (pessoa simpática), "barra pesada" (malandro), "papo firme" (conversa verdadeira e interessante), "papo furado" (conversa ruim, mentira, perda de tempo).

Enquanto isso, o programa introduzia o Brasil no mundo colorido da cultura pop, mas não criou os primeiros ídolos "jovens" do país, como se acostumou a dizer, pois esse papel coube à turma pioneira formada por Celly e Tony Campello, Sérgio Murilo, Baby Santiago, Sônia Delfino e o veterano Carlos Gonzaga, entre outros.

A agência de publicidade Prósperi, Magaldi e Maia se empenhou dia e noite para tornar *Jovem Guarda* não só um programa de sucesso, como um movimento cultural e uma marca vendável. Além de música, os publicitários incrementaram uma indústria com a grife da atração, para vender botas, calças, jaquetas, anéis, bonequinhos e outras coisas. Produtos foram criados para serem comercializados em submarcas reconhecíveis – Calhambeque, para Roberto Carlos; Tremendão, para Erasmo Carlos; e Ternurinha, para Wanderléa.

Dois perfis masculinos e um feminino bem diferentes entre si, como opções de escolha para públicos de ambos os sexos. Todos ditavam moda a partir de um termo que era meio novidade, "marketing", com a venda de chaveiros, cadernos, calças etc., anunciados durante o programa. Uma estratégia agressiva de convencimento para consumo encontrou os jovens ávidos por coisas diferentes, inovadoras.

Paulo Sérgio do Carmo observou que aquele era um momento de mudanças, que serviu para afirmar uma identidade própria para o rock brasileiro dos anos de 1960, que estabeleceu uma linguagem particular e nacional para a música jovem: "A revolução causada pela jovem guarda mudou o mercado fonográfico no país, trouxe a ideia de ídolos nacionais e de marketing".

Assim, preencheu-se um vazio consumista nos mais jovens, que se encantaram com as letras e os ritmos românticos das músicas e passaram a utilizá-las para animar suas festas.

As baladas românticas, de letras fáceis, prosseguiu Carmo, convidavam a garotada a festejar novos tempos, que traziam a emergência da sociedade de consumo e a promessa de uma vida mais agitada. "Puro entretenimento, a música, feita basicamente para cantarolar e dançar, caracterizava-se pela descontração".

O maior reflexo dessas novidades, sem dúvida, aparecia, em especial, no modo de vestir das garotas urbanas, dos grandes centros, que, estimuladas pelos ídolos da TV, caíram de amores pelas minissaias, botas de cano-longo e roupas de linha reta. As estampas de bolinhas (poá) eram sucesso em vestidos, blusas e saias de diversas cores. Até na praia via-se estampa assim, como no rock cantado por Ronnie Cord em *Biquíni de Bolinha Amarelinha*.

Os jovens do sexo masculino se soltaram como nunca se vira. Mesmo os mais novos, orientados a usar terno e gravata a partir da adolescência, recorreram a calças jeans ou de tergal e camisas de cores fortes e até berrantes. A moda para eles eram as camisas floridas e com babados, acompanhadas de exagerados anéis, colares e medalhões. O vestuário não apenas pregava uma nova linguagem como quebrava tabus de uma sociedade extremamente rígida e conservadora.

A palavrinha mágica que justificava tudo isso era liberdade, que logo seria castrada pela ditadura. No palco da Record, os apresentadores ditavam essa moda cuidadosamente planejada: os cabelos longos de Roberto (à la Beatles), os anéis e colares reluzentes de Erasmo, as roupas coloridas e os vestidos curtíssimos de Wanderléa, as gírias ou qualquer atitude ensaiada no palco eram logo imitadas pelo grande público. A histeria que se via na plateia era marcada por desmaios, choros, correrias e gritos que, não raro, atrapalhavam quem estava em casa de ouvir as músicas.

Carmo destacou que o rock and roll se consolidou e virou febre mundial, em um fenômeno planetário liderado pelos Beatles. A energia rebelde da música, com guitarras elétricas e letras sobre a juventude e o amor, contaminam o Brasil, que, nesse momento de ascensão da juventude, via a jovem guarda como sua versão nacional, segundo Carmo. Por outro lado, sobravam críticas à alienação política de seus artistas, enquanto o país mergulhava na violência de uma ditadura militar e o mundo pegava fogo na luta pelos direitos civis dos negros e das mulheres e contra a guerra, principalmente nos EUA.

Nesse contexto, as letras das músicas do iê-iê-iê não possuíam cunho ideológico nem de protesto contra nada. Era o som dos alienados. Soavam até estranhas para os mais atentos, pois se tratava de artistas que passavam dos 25 anos de idade, mas cantavam versos adolescentes na linha do primeiro amor, na melhor tradição de quando Celly tinha apenas 15 anos de idade e começou a gravar discos. Para os críticos de esquerda, a jovem guarda era formada por artistas submissos à cultura imperialista norte-americana. "A rebeldia destes estava apenas nos cortes de cabelo, no uso da guitarra elétrica, nas roupas extravagantes e na comunicação entremeada de gírias", avalia Carmo.

Sem dúvida que copiar o que dava certo lá fora, como as versões de sucessos americanos desde a década de 1950, oferecia menos riscos para as gravadoras, que não davam a menor importância às críticas. Roberto Carlos foi além e resolveu copiar a fórmula dos Beatles de fazer filmes musicais. Em 1966, após justificar que tinha uma louca paixão por cinema, começou a gravar o longa *SSS Contra a Jovem Guarda*, com direção de Luiz Sergio Person e produção da mesma agência Magaldi, Maia & Prósperi, Mas o projeto jamais seria concluído.

Roberto, Erasmo e Wanderléa começaram as filmagens. Apesar do roteiro pronto e de diversas cenas rodadas, o longa foi interrompido logo que Roberto rompeu com a agência. Além da fórmula dos Beatles, o filme seguia a receita das chanchadas brasileiras das décadas de 1950 e 1960, de intercalar situações tolas com números musicais. Nesse caso, porém, só Roberto cantava. A produção acabou por servir de base para *Roberto Carlos em Ritmo de Aventura*, que explodiria nas bilheterias em 1968.

Em fevereiro desse ano, estreou a versão carioca do programa da Record, com o título de *Rio-Jovem Guarda*, na TV-RIO, associada da Record, que ironicamente havia tirado o programa do ar em 1965, por falta de audiência na capital carioca. Na atração oficial, gravada em São Paulo, o Roberto tímido que adorava imitar João Gilberto se tornou uma figura irreverente que chegava a cantar vestido de mendigo, ao mesmo tempo que gostava de um exótico e antiquado calhambeque, usava cartola, botinhas sem meia, cabelo na testa, anéis brucutu, e sua palavra de ordem era "quero que tudo mais vá para o inferno". Tudo isso antes da militância religiosa que iniciaria em seus discos.

O programa *Jovem Guarda* se tornou, assim, uma conexão entre a indústria fonográfica e a indústria da moda, que pretendia criar ídolos pop com inspiração no modelo britânico dos Beatles, difundido internacionalmente. Daí a ideia que deram a Roberto de se vestir como o quarteto de Liverpool. Enquanto isso, chegava ao país o sistema do *prêt-à-porter*, ou seja, roupas prontas para o consumo que seriam vendidas em magazines. Por causa disso, o rock brasileiro da época ficou conhecido como "iê-iê-iê", versão nacional do "yeah-yeah-yeah" presente em sucessos dos Beatles.

A indústria da moda passou a difundir em seus anúncios e comerciais de TV que aderir àquela onda era sinal de que o público estava sintonizado ao ideal do jovem urbano, moderno, sempre a par da última novidade. Enquanto a turma da MPB detestava o rock, dizia-se que a música do momento era o pop-rock eletrificado das guitarras. A juventude urbana e de visual modernizado era tudo que se podia querer. E os jovens de classe média e da periferia se rendiam àquela onda de cores e ritmos.

Mas, nesse momento, o que teria acontecido a Sérgio Murilo, depois de ser colocado na geladeira da gravadora por mais de dois anos? Ele diria depois que Roberto ajudou a Columbia a sabotar a carreira dele de outra forma também, ao vetar que cantasse no programa *Jovem Guarda*. Angélica, sua irmã, garante que isso aconteceu. O biógrafo Paulo César Araújo afirma para este livro: "O próprio Murilo contou, numa entrevista em 1966, que foi convidado três vezes para participar do *Jovem Guarda* e que ele não aceitou porque o programa era apresentado por Roberto Carlos. Ou seja, a mágoa dele atrapalhou mais a carreira dele do que a possível sabotagem de Roberto".

Araújo também não vê sentido em dizer que o rival tenha pedido a Erasmo para tirar o sobrenome Murilo da letra de *Festa de Arromba*, como afirma a irmã Angélica: "Além de Sérgio Murilo, os cantores Cleide Alves e Tony Campello também aparecem só com o primeiro nome na letra. E outros como Celly Campello e Wanderley Cardoso nem são citados lá. Se fosse por implicância, teria sido mais fácil excluir também Sérgio Murilo da letra".

Enquanto Murilo se sentia perseguido, um ano depois de Celly não topar apresentar o programa da Record, uma nota da *TV Radiolândia* no final do ano surpreendeu os fãs da ex-cantora. Quatro anos tinham se passado desde que ela desapareceu por completo do meio artístico: "A festa de encerramento de 1966, promovida pela gravadora Odeon, em São Paulo, contou com a participação especial de Celly Campello (foto), que foi a pioneira da música para a juventude e uma das melhores e mais famosas do gênero".

O que teria convencido Celly a aceitar o convite nenhum dos irmãos ou mesmo o marido se lembraria. Desde o começo do ano, circulavam boatos pela imprensa de que ela voltaria a gravar na Odeon e a cantar. A edição de julho da *Melodias – A Revista da Mocidade* trazia a reportagem "A volta de Celly Campello", escrita por ninguém menos que Fred Jorge, com fotos de B. Silvestrini. Ele começava com a pergunta que todo mundo fazia nos últimos anos: quando é que Celly vai voltar?

Escreveu Fred Jorge que "esta pergunta tem sido feita a mim e a todas as pessoas ligadas à famosa estrela, que se retirou do cenário artístico para cuidar de seu lar". O amigo observou que Celly foi um desses raros fenômenos de que não se esquece: "Apareceu e encantou o Brasil todo. Seu nome atravessou fronteiras. Enquanto os maiores cartazes deliciavam-se com prêmios, algumas vezes injustos, conseguidos aqui, ela, sem alarde, modesta e merecidamente, recebia troféus até da África. Em toda sua carreira, que foi brilhantíssima, não teve um único gesto que a desabonasse".

Por que ela se retirou?, perguntou ele. "O motivo é simples. Celly encontrou na vida aquilo que todos nós buscamos. Um verdadeiro amor. Seu esposo, Eduardo Chacon, moço inteligente e bom, pacientemente acompanhou a jovem estrela em todos os momentos de sucesso, enquanto era seu noivo. Quantas vezes eu não vi esse rapaz, modestamente sentado nos bastidores? Só depois da chuva de aplausos é que ele podia aproximar-se e sentir que Celly naquele momento era sua noiva".

No momento em que ela estava no palco, continuou ele, "ou em frente às câmeras de televisão, pertencia ao grande público, que, com justiça a endeusou. Casaram-se". E como prêmio à paciência e à bondade desse rapaz, escreveu Fred Jorge, Celly se retirou da vida artística para cuidar unicamente do seu lar. "Foram viver numa casa magnífica, em uma cidade deliciosamente calma chamada Tremembé, perto de Taubaté. Veio a primeira filha. Um anjo loiro chamado Cristiane. Depois, veio Eduardinho, um garoto como manda o figurino".

E aquela casa "se transformou em uma filial do paraíso. Os filhinhos do casal são fãs da voz da mamãe. Quando de nossa visita, Cristiane parou em frente à vitrola e disse: 'Hoje não vai tocar *Banho de Lua*? Os dois filhos sabem cantar. E como são afinados!" O versionista, compositor e ex-radialista observou que Celly vinha sendo "muito" assediada para voltar às atividades artísticas. E corriam lendas injustas sobre isso.

E o vilão supostamente era um velho conhecido. E ele, por conhecer bastante o marido, cuidou de defendê-lo: "Dizem as más línguas que o marido não deixa. Nado disso. Ninguém é mais fã da voz da Celly do que Eduardo. Acontece que a própria Celly não troca um mundo ilusório de glórias e aplausos pelos carinhos meigos e suaves de seus filhos. Eduardo compreende isso, aprova e agradece". Mas a insistência tinha sido muita para a sua volta, principalmente desde o início do programa *Jovem Guarda*.

O amigo continuou: "Celly é mãe e não mudou nada. Continua a mesma menina linda que sempre foi. Ainda há pouco uma caravana de estudantes de Itu ganhou como prêmio uma viagem-visita à casa da famosa estrelinha. E foram lá. A sala da residência ficou cheia de freiras. E Eduardinho 'botou a boca no mundo', com a maior irreverência". Pudera, ele nunca tinha visto uma freira, e, ao ver tanta gente de preto, "largou brasa' no choro mais afinado do mundo". E veio a afirmação que seus fãs tanto esperavam, sem qualquer insegurança: "Agora Celly vai voltar. Tanto ela como o esposo atendem às solicitações de milhares e milhares de fãs. Ela saiu no apogeu, e vai voltar no apogeu".

Para Fred Jorge, o pouco tempo de afastamento não conseguiu desgastar "o metal de sua voz magnífica nem a graça inconfundível de seu rosto juvenil". Estranhamente, porém, ele terminou o texto com um aviso vago, apenas, em tom de suspense: "Atenção juventude: Celly Campello vem aí". E não explicou de que modo isso aconteceria e nem quando. O tempo mostraria que isso só veio a ocorrer dois anos depois. Mas a presença dela na festa da Odeon no final de 1966 não só matou um pouco a saudade como apontou alguma flexibilidade para ela ceder e não ser mais tão resistente quanto a remontar a carreira, como aconteceu no episódio em que foi convidada para apresentar *Jovem Guarda* pela TV Record.

Além de produtor, Tony seguiu a carreira de cantor, mas não conseguiu se encaixar no que seria o movimento da jovem guarda. Ele não guardaria boas lembranças da atração da Record e nem de Roberto: "Eu fiz parte do primeiro programa. Alguns dias antes, fui com Marcos Lázaro procurar alguns artistas para também participarem da estreia. Levamos Ronnie Cord, que morava em Moema, na Rua Sabiá, e os Jet Blacks. Fomos juntos em um Wilson, carro inglês".

Durante a última semana antes da estreia, recorda ele, ainda se conjecturou de Celly fazer uma participação especial, mas não deu certo, ela não quis de jeito nenhum. Por um ano, Tony apareceu algumas vezes, até desistir, à medida que sua antipatia por Roberto Carlos aumentava, por causa da manipulação que fazia nos bastidores. "Não me dei bem, aquilo não tinha a cara da jovem guarda e vice-versa e eu não fazia a média com o líder do programa (Roberto), não puxava o saco, não tinha benesses da produção".

Segundo ele, havia um claro favorecimento aos cantores cariocas e àqueles que tinham conseguido fazer parte do séquito de Roberto, que andavam com ele. "Eu nem precisava me curvar e fazer mesuras ou tomar a bênção, já pelo meu próprio estilo, um tanto irreverente e de roqueiro como eu sempre fui e continuo a ser", lembra ele, 57 anos depois. Tony não concordava com o modo como Roberto conduzia o programa, a partir de interesses pessoais e não em relação à relevância dos convidados, na sua opinião.

Em uma segunda entrevista para este livro, ele retomou o assunto: "Eu não esticava o tapete para ele passar. Me tratava bem, eu apresentava bem meus números musicais, agradava o público. Mas eu me sentia deslocado no meio daquela patota". E a própria produção, diz ele, "fazia uma separação entre Rio e São Paulo e eu percebia que havia uma certa discriminação contra nós, paulistas. Isso era bem evidente. Havia uma guerra de vaidades nos bastidores que ninguém faz questão de lembrar. Todo mundo brigando por espaço. Roberto tinha a turma dele, de conhecidos e amigos".

Tony passou a se interessar mais pela produção de discos de outros artistas, à medida que não conseguiu se adaptar à jovem guarda, principalmente por causa de sua dificuldade em lidar "com o ego e o estrelismo" de Roberto Carlos, afirma ele, que se mantinha atento a tudo à sua volta que pudesse, de alguma forma, ofuscá-lo. "Eu era roqueiro, de topete, como eu ia usar aquelas roupas com gola apertada imitando ingleses da turma do programa?", questiona.

O talento de Tony para produção de discos se confirmou quando ele foi escalado para cuidar da gravação, em 1967, de uma das músicas mais marcantes da década de 1960 e que se tornou um clássico de seu tempo, Coração de Papel, na voz de Sérgio Reis e de autoria do próprio cantor – que compôs seis outras músicas para o mesmo álbum. O disco tirou o artista do limbo e o inseriu na jovem guarda, após anos de tentativas sem êxitos de se tornar um cantor conhecido, com alguns compactos gravados.

Reis definiria o produtor como "o grande artífice de sua carreira – amigo de todas as horas –, o jovem cantor e produtor Tony Campello". E completou: "Sem dúvida, devo a Tony Campello o grande empurrão para minha carreira. Além de meu amigo, foi o produtor mais importante que tive em toda minha vida. A ele devo até mesmo minha entrada na música sertaneja". A aproximação entre os dois aconteceu depois que Reis gravou a romântica Eu Só Quero Ver. Tony, então, convidou-o para fazer um teste na Odeon, pois queria gravar as composições de sua autoria que ele tivesse prontas. Sabia que tinha algumas na gaveta. Assim, em 1966, produziu dele um compacto simples com Nuvem Branquinha e Qual a Razão?.

Logo em seguida, em outro compacto simples, lançou Coração de Papel e Fim de Sonho. Na sequência, essas quatro músicas formaram um novo disco, dessa vez um compacto duplo. Na maioria, ele era acompanhado pelo conjunto The Jet Blacks, que fazia enorme sucesso. Essas músicas traduziam bem o espírito da jovem guarda, como destacou Murilo Carvalho: "Eram composições simples, mas que marcaram definitivamente a carreira de Sérgio Reis". A principal delas, Coração de Papel, tornou-se sua marca registrada. A partir daí, uma carreira de verdade começou para o artista, com convites para se apresentar nos programas musicais dos canais de TV.

E, assim, entrou para a jovem guarda. Foi para esse público que cantou, no programa da Record, Coração de Papel, que logo se tornou um clássico do movimento. A consagração veio quando ele recebeu o Troféu Chico Viola, da Associação dos Funcionários das Emissoras Unidas. "Comecei a intuir que poderia assumir a condição de produtor de discos e deixar a carreira de cantor de lado. Eu tinha aprendido como fazer – juntar repertório, escolher as músicas, falar com os maestros, chamar os músicos, procurar estúdios para gravar, trabalhar interpretação do cantor, dar uns toques durante as gravações", recorda Tony.

Faltava convencer a Odeon a lhe dar essa função. "Conversei com seu Osvaldo Gurzoni e pedi uma oportunidade para produzir novos artistas e ele me deu". O filho mais velho de Nelson Campello começou a trabalhar com todos os gêneros musicais a que era escolhido para produzir. Fez discos marcantes daquele período como os de Oscar Ferreira e Vilma Bentivegna. E coproduziu com Walter Wanderley e Isaurinha Garcia.

Aos poucos, ganhou a confiança do diretor. "Não aconteceu de uma hora para outra. Tive de acender e apagar a luz dos estúdios até ter controle sobre tudo. Precisava ser ativo, atuante, como um técnico de futebol. E passei a ir à casa de alguns cantores para conversar, acertar detalhes do disco, dar sugestões, escolher repertório. "Fui à casa de Sérgio Reis buscar ele como compositor. Morava em Santana. Depois, chamei ele para fazer um teste como cantor, após escutar ele na cozinha de sua casa".

Tony não se esqueceria do seu zelo no arranjo e mixagem da música que lançou Sérgio Reis ao estrelato e como se envolveu na produção. "A gente tem de prestar atenção no que acontece ao redor e aí a intuição começou a comandar a coisa". O contrato de Reis era para três discos, ao mesmo tempo que passou a cuidar de uma parte da Odeon voltada para música jovem. Até que algo extraordinário aconteceu. Tony trouxe Deny e Dino, que tinham gravado Coruja, um grande sucesso. "Um dia, aparece essa dupla na minha salinha na Rua Bento Freitas, na região da República (Centro de São Paulo). E Reis trouxe Coração de Papel para ver se queriam gravar".

Deny e Dino, depois de ouvirem o próprio Reis, comentaram: "Que coisa boa". O compositor disse, orgulhoso: "É de vocês". Tony soltou, então, um "para" e fechou a cara. "Soltei um palavrão. 'Essa música não vai ser para vocês, o grandão está precisando de uma música, ele vai gravar, vocês estão cheios de músicas, essa não vai fazer falta'. E não se falou mais no assunto.

Quando foi marcado o ensaio, os músicos de estúdio estavam em greve. "O jeito foi fazermos no Rio, com arranjo do Maestro Edmundo Peruzzi e não sei por que Sérgio não pode ir lá gravar o playback. Como aprendi para mostrar Celly e como conhecia o processo, fiz a voz guia para a base. Ele foi no dia seguinte no estúdio de São Paulo e, sobre o playback pronto e o coro, gravou junto". Sem falsa modéstia, o irreverente Tony recorda: "Foi o primeiro grande sucesso dele, graças a mim. Eu tirei o pão da boca deles (Deny e Dino) e dei para a pessoa certa".

Entre 1966 e 1968, Tony produziu e lançou talentos como Suzi Darling, Dick Danelo e Luiz Fabiano. Para ele, poucas canções atingiram a perfeição em riqueza de arranjo como *Coração de Papel*. É uma perfeição exemplar, em sua opinião. "Foi Peruzzi quem fez aquela introdução maravilhosa, que considero responsável pelo sucesso da música. É uma chamada que me lembra aqueles filmes em que as trombetas anunciavam a entrada do rei. Já de cara. O arranjo dá apoio ao cantor". A abertura, continua ele, "foi uma coisa que sempre achei importante em qualquer música. Tanto que algumas vezes não gostei das tentativas que experimentamos e fiz o artista entrar direto".

O êxito desse trabalho acabaria por levá-lo a realizar o velho sonho de produzir um novo disco da irmã, seis anos depois de ela parar. Era o ano de 1968, data do décimo aniversário do seu primeiro 78 rpm pela Odeon, *Handsome Boy*. Quem sabe Celly toparia fazer um LP para comemorar a data? Não custaria tentar. Como eles se davam bem, talvez tivesse mais chance de trazê-la de volta do que Marcos Lázaro. Tony levou a ideia para o presidente da gravadora, Oswaldo Gurzoni, que continuava apaixonado pela cantora. Ele adorou a ideia e prometeu falar com ela pessoalmente.

A primeira rainha do rock brasileiro voltar a lançar um disco poderia ser um estímulo enorme de marketing na divulgação. Pediu à secretária para ligar no número que Tony lhe deu. A chamada se completou rapidamente: "Celly, aqui é Gurzoni, da Odeon. Como vai, minha querida? Podemos conversar? Tenho uma ideia aqui para você que vai gostar. Preste atenção: este ano você completa dez anos na Odeon. Vamos comemorar com um disco produzido por seu irmão?". Será que ela finalmente responderia sim?

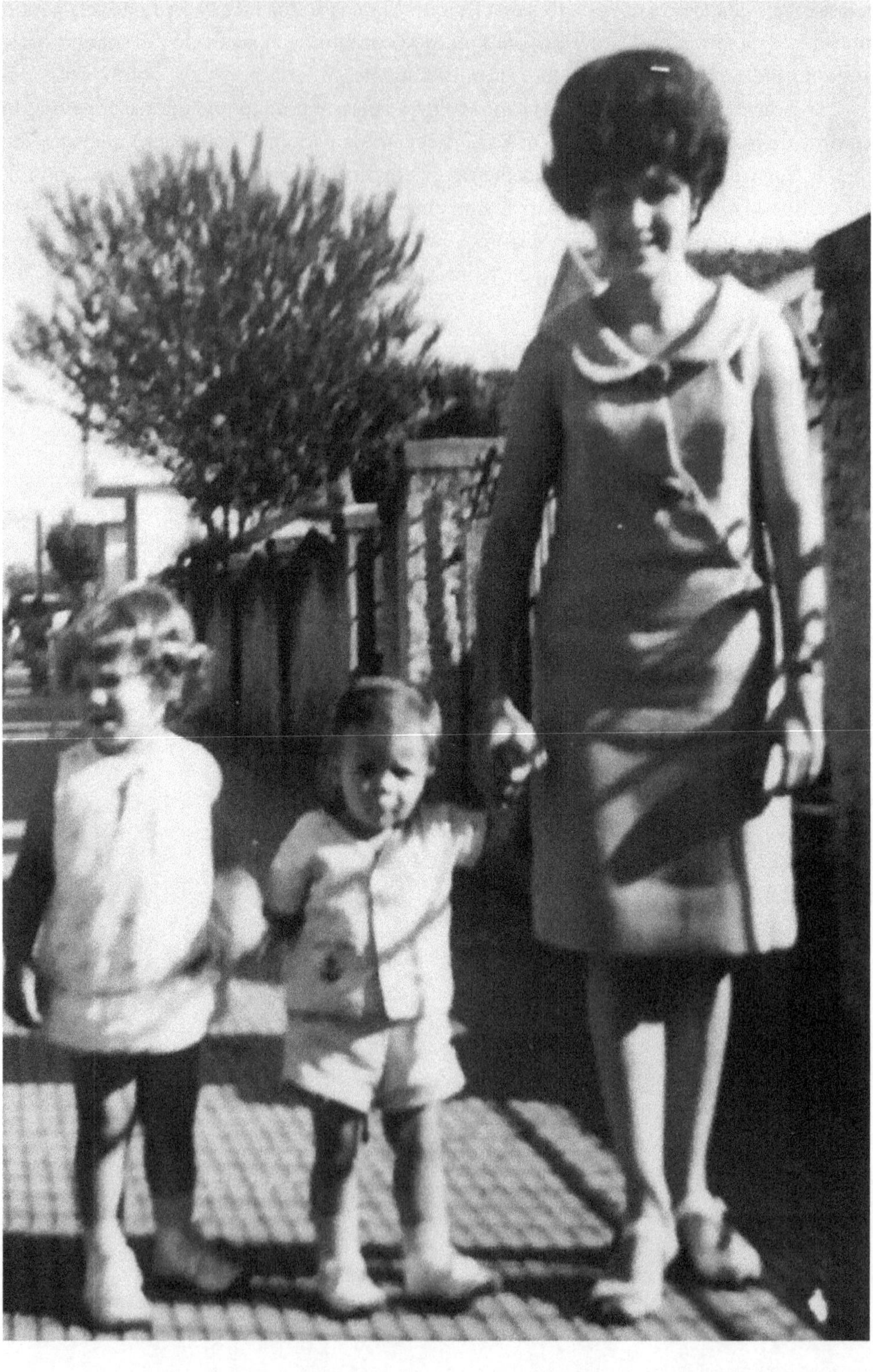

Capítulo 13
Exilio em Curitiba

A vida em Tremembé, a 15 minutos da casa dos seus pais, em Taubaté, deu certa tranquilidade a Celly quanto a seus planos de ter filhos. Podia ver a família todo fim de semana e se tivesse alguma emergência, bastava dar um telefonema. Sua mãe também a socorreria nos momentos de dúvidas e inexperiências. O casal logo começou a definir que viveriam ali por toda a vida. Em especial, para facilitar o deslocamento de Eduardo até o trabalho. Era um emprego seguro e com salário que dava conforto à esposa e aos filhos.

A Unidade de Produção da Petrobras onde ele trabalhava começou a ser instalada no município em 1954. A finalidade principal seria a exploração do gás xisto, cuja ativação da operação só ocorreu 18 anos depois, em 1972. Havia mais de uma década ele trabalhava na administração do canteiro de obras e, em seguida, na preparação da planta para iniciar a produção. O produto é usado para produzir um tipo de gás natural que serve de combustível para indústrias e no funcionamento de veículos.

Celly e Eduardo escolheram a casa antes de subir ao altar. "Fomos morar lá depois que vimos a casinha que queríamos, aquela casinha linda, maravilhosa, uma coisa assim bem romântica. Com toda a fama que eu tinha, coisa e tal, a gente queria casar e ter nosso cantinho. Então, alugamos uma casinha, ficamos cinco anos lá", recordou Celly. A carreira de Eduardo ia bem, até que, em março de 1967, ele foi transferido de Tremembé para Curitiba, capital paranaense, como uma promoção. E, claro, levou toda a família.

A mudança se deu ainda naquele mês. "Eu não queria ir para Curitiba. O chefe do departamento financeiro da Petrobras no Rio, um dia, ligou-me. 'Eu preciso de você em Curitiba, fica dois anos lá e depois te transfiro para onde você quiser'". Era um pedido, mas que poderia resultar em demissão se o funcionário fosse contra. "Na época, a empresa indenizava quem não queria ir para onde nos mandavam e eu tinha tudo arrumado para sair da empresa e comprar um posto de gasolina, depois que pedi um tempo para pensar na proposta".

O sogro Nelson, porém, convenceu-o a não tomar essa decisão: "Você vai fazer bobagem, vá para Curitiba. Eu vim de São Paulo e tudo deu certo para mim aqui em Taubaté". O genro tentou argumentar: "Mas Celly não quer ir e ficar longe de vocês". De acordo com o machismo da época, Seu Nelson sentenciou: "Não, ela vai se você quiser". Eduardo viajou primeiro e ficou uns dois meses sozinho. Ia a Taubaté todo fim de semana – Celly e os meninos se mudaram para a residência dos pais dela, depois que a casa foi entregue.

Na hora de partir para o Paraná, não foi fácil para eles, diz Eduardo. "Ela foi de Taubaté a Curitiba chorando, decidiu aceitar a mudança talvez por influência do pai. Lamentava que estava deixando a terra dela, a família e os amigos. Depois, viu que não era tão ruim, sentia saudade, mas de vez em quando a gente viajava de volta para passear".

Durante todo o resto do ano, os Chacon aproveitaram a famosa discrição curitibana para tentar levar uma vida normal. Com apenas 25 anos e dois filhos ainda pequenos, Celly parecia ter se acostumado à vida de mãe e dona de casa. Mas evitava ao máximo sair, a não ser para levar ou pegar a filha na escolinha de alfabetização. Temia ser descoberta e perder sua privacidade. Se precisava fazer compra no supermercado, pedia ao marido ou à empregada e lhe passava a lista das necessidades.

Nada parecia alterar essa rotina até que, no final daquele ano de 1967, o telefone de sua casa tocou e ela reconheceu a voz de imediato. Era Oswaldo Gurzoni, o todo poderoso presidente da Odeon, aquele que não se cansava de dizer com orgulho que tinha descoberto Celly para a música e a transformara em sua menina de ouro no período em que durou sua breve carreira musical. Gurzoni fora lembrado por Tony que, em abril de 1968, completariam dez anos da estreia da irmã em disco. Ele explicou que estava, naquele momento, fechando a programação para o ano seguinte e queria incluir um disco inédito dela para marcar seu décimo aniversário de casa.

Gurzoni não só adorou a ideia como combinou com o departamento de marketing para que montasse uma estratégia de fazer Celly voltar de vez, como ações intensas de mídia no segundo semestre, sem que ela soubesse. Para tudo dar certo, precisaria que ela topasse gravar o disco e de um engajamento maior seu, claro. O problema era que ela morava em Curitiba e jamais sacrificaria a vida de dona de casa para atender o que a divulgação demandaria.

Com a sua idade, muitos artistas ainda ensaiavam em começar uma carreira. Pelo plano de Gurzoni, sua volta começaria com novas versões dos sucessos *Estúpido Cupido* e *Banho de Lua* em compacto simples e depois em um LP, produzido por Tony. A ideia incluía um triunfal show de retorno na nova arena externa do TCC, em Taubaté. Na conversa por telefone, antes que Celly respondesse, Gurzoni pediu para que ela pensasse bem antes e conversasse com o marido. Temia que repetisse o não de sempre, sem uma reflexão.

Ele disse ainda que seu trono continuava vago e que sua popularidade permanecia inabalável. Não tinha como dar errado. Mais ainda por causa da revigorada que o rock passara por causa dos Beatles e a versão nacional do iê-iê-iê representada pela jovem guarda. Os argumentos do diretor da gravadora empolgaram Celly a ponto de ela dizer que sim ali mesmo e só depois conversar com Eduardo, ligar de volta e prometer que gravaria e divulgaria o disco. Mas ressaltou que não faria shows de jeito nenhum além de São Paulo e Taubaté. Só então deu o sim final.

Celly contou que Gurzoni, "que era fanzoca dela, chefe da Odeon", propôs lançar um LP inédito e disse o seguinte, segundo suas palavras: "Você não precisa ficar trabalhando o disco, você tem nome, o disco vai vender sozinho. Frank Sinatra vai nas rádios? Não, não vai. E continua a vender muitos discos". O otimismo do diretor (que abandonou a ideia do compacto) deixou Celly entusiasmada. Ela acompanhava de longe o mundo da música, apenas pelo que ouvia nas rádios e nos programas de TV ou o que lhe contava Tony nos encontros familiares. Ou pelas revistas de fofoca que comprava de vez em quando, como *Intervalo*, *Melodias* e *Cartaz*.

Sentia-se próxima da turma da jovem guarda, pois a maioria tinha a sua idade. Mas fora alertada por Tony da vaidade de Roberto em manter um rigoroso controle sobre quem aparecia no programa, de modo a não atrapalhar sua luz de astro. Em outra entrevista, afirmou: "Eu estava em Curitiba e fui chamada pela Odeon para fazer um LP. Mas aí eu não queria voltar a gravar, não queria assinar contrato, e concordaram que seria um disco comemorativo, embora quisessem que eu continuasse a cantar. Toparam, sem aquele compromisso de contrato".

Quase seis anos depois, a estrela voltaria aos estúdios. Para fazer o disco, ela viajou no período de férias das crianças para Taubaté, em janeiro de 1968. Celly combinou que o irmão reuniria as músicas com arranjos e músicos ensaiados e ela passaria de 15 a 20 dias em São Paulo, entre ensaios e registros de voz. Depois, voltaria para Curitiba. "Eu e Tony escolhemos as músicas. Na verdade, ele mais foi à cidade onde eu morava do que eu a São Paulo para cuidarmos do que seria gravado".

Dessa vez, a cantora deixou tudo em suas mãos ainda mais. "Ele via tudo para mim, escolheu a maioria das músicas, sabia o que eu gostava e eu aprovava tudo, só faltava cantar com a voz de Celly Campello porque o resto ele fez tudo. E fui gravar. O disco saiu só com meu nome e foi um dos que mais curti de ter feito porque gostava da maioria das músicas, foram bem escolhidas". Faltava esperar a previsão de Gurzoni de que ela voltaria direto para as paradas de sucesso, pois sua fama permanecia intocável, acreditava ele.

Assinava a produção do LP o diretor artístico Milton Miranda, com direção musical de Lyrio Panicalli e Tony Campello como assistente de produção. O orquestrador e regente foi o maestro Edmundo Peruzzi. Na parte técnica, a direção ficou com Z. J. Merky, com a técnica de gravação de Nivaldo D. Garcia e mixagem de Reny R. Lippi. O layout da capa ficou por conta de Moacyr Rocha, a partir de fotos do Studio Maitiry.

A produção não deveria se preocupar com custos porque tinha carta branca de Gurzoni para chamar quantos músicos quisesse. Na verdade, Miranda só foi saber do LP quando o mesmo estava pronto, porque ele ficava no Rio de Janeiro e a produção ocorreu inteira em São Paulo. "Apareci nos créditos como assistente de produção. Dessa vez, uma das coisas que acordei com Gurzoni foi que meu nome tinha de sair em função do que estava fazendo e não ficar escondido, como aconteceu nos discos anteriores de Celly", afirmou o irmão.

Tony conta que, na verdade, ela só ficou uma semana em São Paulo para gravar todo o disco. Das doze faixas, três eram brasileiras: a dois, *Marquei Encontro com Você em Meus Sonhos*, de Luis Vagner e Tom Gomes, que faziam canções para outros artistas. A mesma dupla era autora de *No Outono* (*Nos Encontraremos Outra Vez*); e a última do lado B, *Você*

Quem Quis Assim, de Deny, da dupla Deny e Dino, que também gravava pela Odeon. Curioso que a abertura lembrava a de *All You Need Is Love*, dos Beatles. Mesmo com uma letra adolescente, tanto tempo depois, o arranjo era bastante moderno e com potencial para agradar. Apenas uma das faixas do disco era regravação, *Banho de Lua*, de nº 10 – *Estúpido Cupido* acabou excluída de última hora.

A música de abertura se chamava *Hey! Ex-amor*, de Wilbir Meshel e Angela Martin, transposta para o português pelo radialista Ari Soares, da Rádio Excelsior de São Paulo, que assinou quatro versões do disco. O original tinha um título esquisito em inglês, L. David Sloane, isto é, tinha nome de uma pessoa, e fora gravada pela pouco conhecida cantora americana Michele Lee, na Columbia, em 1967. Mesmo com uma voz ainda juvenil e um arranjo que remetia às baladas dos anos de 1950 nessa faixa, notava-se o quanto fazia diferença o trabalho de adaptação de Fred Jorge, pois a tradução quase literal e sem rimas mostrava certa dificuldade de interpretação por parte da cantora.

A faixa 3, *Palavras* (Words), da dupla Boyce e Hart, com versão de Fred Jorge, não era outro senão o mega-hit dos irmãos Bee Gees. Para Tony, foi uma das melhores gravações de Celly em toda a carreira. Fred Jorge também adaptou a quarta faixa, *Um Mundo Feliz* (Was a Happening World), da famosa dupla de compositores Barry Mann & Cynthia Weil, que fora gravada naquele mesmo ano pela americana Lesley Gore. Em seguida vinha *O Amor é Azul*, em versão de Geraldo Figueiredo, que era a francesa *L'amour Est Bleu*, de autoria do maestro francês André Popp e P. Cour. A gravação original foi feita na França pela cantora grega Vicky, que se apresentou no Festival Eurovision de 1967. "Essa tem uma gravação bem-feita", afirma Tony.

No ano seguinte, a versão instrumental dessa faixa feita pela orquestra do maestro Paul Mauriat, já chamada de *Love Is Blue*, causou sensação nos EUA, tendo sido a terceira colocada no hit parade anual da revista *Billboard*. Fechava o lado A *Felicidade* (Felicidad), de Diane Hilderbrand-Dominic Frontiere, que também era outra versão bastante literal de Ari Soares. A faixa original fazia parte da trilha sonora da série *A Noviça Voadora* (The Flying Nun, 1967), na qual era cantada pela atriz Sally Field.

O lado B do disco trazia como faixa de abertura *Bonnie e Clyde* (Bonnie and Clyde), de Charles Strouse, com letra em português de Geraldo Figueiredo, que fora tema do filme de mesmo nome e de enorme sucesso, em 1967, com Warren Beatty e Faye Dunaway, e que no Brasil levara o título de *Uma Rajada de Balas*. A seguinte, *Perdoa* (Perdono), de Soffici e Mogoi, versão de Ari Soares, foi uma das que mais tocaram nas rádios. "Alguns amigos gostaram de *Perdoa*, que tinha sido gravada originalmente por Catarina Cazelli, cantora italiana", lembra Tony.

A terceira era *Banho de Lua*, com um arranjo moderno que dividiu a preferência dos fãs com a antiga versão. Tony lembra: "Resolvi regravar *Banho de Lua* com uma roupagem nova, com superposição de voz de Celly, mas só tinha jeito de registrar como eu queria com ela ao vivo com orquestra no estúdio – eram, seguramente, dez cordas, entre violas, violinos e cellos, mais quatro metais, baixo, guitarra, bateria e piano".

Ela tinha de gravar ao vivo e, depois que o estúdio ficasse vazio, colocava a sua segunda voz. Foi um momento de grande emoção. "Quando terminou, dei o ok de dentro da técnica que estava bom porque Celly tinha uma afinação excepcional. Antes disso, no ao vivo, os músicos se levantaram e começaram a aplaudi-la, porque muitos deles eram fãs e se emocionaram ao vê-la anos depois ainda em forma", conta Tony. O novo arranjo coube ao Maestro Edmundo Peruzi, que pareceu a Tony diferente do original, sem sair da essência.

Outro momento marcante foi a belíssima *As Tears Goes By*, que ganhou versão em português de Fred Jorge como *Meu Pranto a Deslizar* – a faixa que vinha em seguida a *Banho de Lua*. A música era de Mick Jagger, Keith Richards e Andrew *Loog Oldham*, sucesso na voz doce e miúda de Marianne Faithfull, na Inglaterra em 1964, e que só no ano seguinte foi gravada pelos Rolling Stones.

Quem ouviu a versão de Celly, no entanto, mesmo em português, ficou, certamente, confuso sobre qual a mais bela interpretação. Ela está absolutamente magistral. Alcança uma afinação combinada com naturalidade que ampliava todo o potencial que tinham identificado nela até então. Foi um momento mágico e pouco conhecido em sua carreira, quando mostrou que era, definitivamente uma das grandes intérpretes brasileiras. Logo essa versão seria gravada por Ronnie Von e pela dupla Deny e Dino.

Na contracapa do disco, uma emocionada Celly escreveu aos fãs: "De repente, encontro-me nos estúdios da Odeon, gravadora onde iniciei minha carreira e da qual, na verdade, jamais me separei. Aqui estou novamente, vivendo as emoções de uma gravação; emoções que eu julgava banidas de minha vida para sempre. Eis-me aqui, entretanto, ao lado de músicos, maestro, técnicos e produtor, fazendo algo que sempre gostei de fazer. E, de repente, começamos a gravar... O resultado de tudo isto está neste exato momento em suas mãos. 'Celly". Mais uma vez, ela mostrou que suas palavras traiam suas certezas de que o casamento sempre fora a primeira opção em sua vida e que, de fato, amava a música.

Em um dos dias em que ela foi ao estúdio da Odeon, na Rua 7 de Abril nº 216, no caminho, quando passava pelo Largo do Arouche, encontrou a fã Neusa Aparecida Soares. As duas se abraçaram emocionadas. "Eu estava recém-casada e Celly vestia a mesma blusa vermelha com a qual apareceria na capa do novo disco. A gente não se falava fazia algum tempo, ela tinha ido morar em Curitiba. Eu e minha mãe andando e olhei: 'Nossa, mãe, veja, é Celly'. Ela e Eduardo me olharam. 'Nossa, quanto tempo'. Ela estava na cidade para gravar o disco de 1968. Lembrei a ela: 'Sou Neusa, aquela menina que foi com mamãe te conhecer na saída do programa e trocamos cartas'. Eu tinha contato por cartas com ela, mas era seu Nelson quem respondia e me mandava".

Por meses, a família Chacon viveu discretamente na capital paranaense, até Celly ser descoberta pela reportagem da revista curitibana semanal *Panorama*. Isso aconteceu exatamente no mesmo mês em que seria lançado seu novo disco, em junho de 1968. A publicação trouxe uma reportagem sobre ela cujo título era "O repouso de Celly", com texto de Carlos Fonseca da Rocha e fotos de Henrique Serrano. Os dois foram bem recebidos por ela. "Dona Célia Campello Gomes Chacon foi ídolo da juventude brasileira no tempo do rock and roll e hoje vive em segredo num dos bairros de Curitiba, ao lado dos filhos e do marido", começava o texto, sem dar mais pistas sobre o endereço.

Na verdade, o casal foi morar em uma confortável casa na Rua Mamoré, no bairro das Mercês. "Quem era ligado em música reconhecia ela na rua, mas tínhamos mais liberdade que em Tremembé porque o curitibano é mais discreto. De vez em quando, vinha um jornal ou revista fazer reportagem porque alguém a reconheceu", recorda Eduardo. E tentava chegar a Celly por intermédio dele. "Eu recusava todas, depois de falar com Celly, porque ela não queria", completa. "Esta entrevista da *Panorama* é a primeira e única que ela concede, desde que abandonou a vida artística", afirmou a revista.

Sem dúvida, Celly rompia um silêncio de alguns anos, desde que os jornalistas deixaram de procurá-la para saber quando voltaria a cantar e a gravar discos. Agora, tinha interesse – e aceitou o convite de Panorama – porque ajudaria a promover sua volta aos discos. Na foto que abria a reportagem, a ainda jovem Celly, de apenas 26 anos, aparecia alegre e descontraída no jardim de sua casa. "O rosto e o sorriso continuam os mesmos de oito anos atrás, quando ela era a maior atração para a juventude brasileira. Só que agora há uma aliança na mão esquerda", dizia a legenda.

Panorama lembrou que, em 1959, ligava-se o rádio e ouvia-se uma cantora ainda desconhecida interpretando o sucesso do momento: "Estúpido cupido/me deixa em paz/eu certa vez/amei um belo rapaz" – a letra estava errada nessa citação. Continuou Serrano: "A estreante se tornou uma figura famosa no país inteiro e todos falavam da garotinha de dezessete anos, baixa estatura, cabelos curtos, rosto meigo, sempre usando vestidos evasê, como era moda, e que vendeu milhares de gravações de um rock-balada chamado *Banho de Lua*".

Havia uma série de imprecisões no texto, como afirmar que ela se casou em 1964 e, depois disso, "sumiu de circulação". Até ser descoberta na capital paranaense pela revista. "Hoje, a musa do rock brasileiro mora anonimamente com os dois filhos e o marido em um dos bairros de Curitiba". Se lá atrás os fãs gritavam na rua o seu nome, na sua casa, longe do público, a empregada usava um formal "Dona Célia" para chamá-la; o marido, "meu bem"; e Cristiane e Eduardo diziam com simplicidade "Mamãe!".

A revista explicou que "a Celly Campello de ontem se transformou na Célia Campello Gomes Chacon, uma dona de casa preocupada com o marido e os filhos e que só sai para fazer compras imprescindíveis". Como vivia essa nova Celly, perguntava o repórter. Ele mesmo respondeu: "Para descobrir, foi difícil. Primeiro passo: localizar José Gomes Chacon, contador-geral da Superintendência da Industrialização do Xisto em Curitiba. É o seu marido. As informações, por enquanto, são desanimadoras, pois muitos repórteres de estações de rádio, TV, jornais e até revistas de circulação nacional foram barrados à porta. 'Sinto, ela não dá entrevista'".

O repórter contou que, no início daquele ano, quando foi noticiado pela primeira vez que Celly Campello estaria residindo em Curitiba, foi realizada uma gincana em uma das emissoras de rádio da cidade, que daria um prêmio máximo a quem descobrisse o endereço da cantora. Ninguém conseguiu alcançar essa proeza. Desta vez, contudo, o contador-geral da Petrobras recebeu bem o jornalista, convidou a sentar, mandou vir um cafezinho – até então, Eduardo ainda não sabia qual era o pedido do repórter, disse este.

Ao ouvi-lo sobre do que se tratava, ele ensaiou uma resposta negativa: "Olha, você está perdendo tempo. Muitos jornalistas me procuraram e nada conseguiram. Pessoalmente, sou contra essas entrevistas. Mas vamos fazer o seguinte. Celly foi para São Paulo (gravar o novo disco) e, na volta, vejo se ela quer. Se ela aceitar, muito bem. E se recusar, o que julgo provável, paciência. Não será o primeiro. Volte daqui a dez dias".

Exatos dez dias depois, "José Chacon, um rapaz alto, bem-vestido, óculos escuros de grau e aparentando ser bastante jovem para a função que exerce – abre a porta de seu gabinete com um sorriso. Mas logo fica sério, queixa-se da vida". Na verdade, do assédio da imprensa: "Veja, nós não temos paz. Morávamos em Tremembé, São Paulo, onde ficava a sede da Superintendência (da Petrobras). Viemos para Curitiba há um ano, sem conhecer ninguém". Alguns dias depois, telefonam para ele: "Alô, o senhor é o marido de Celly Campello? Será que podíamos entrevistá-la?".

Eram incontáveis, disse ele, as recusas que foi obrigado a dar, daí em diante. De acordo com o jornalista, Eduardo fez uma pausa, assinou dois ofícios ligados a seu trabalho, telefonou para um funcionário, despachou alguns papéis, arrumou processos espalhados em cima da mesa e acendeu um cigarro. "Eu falei com a patroa. Vocês podem ir lá em casa domingo, às dez horas da manhã", disse ele. E deu o endereço, ao mesmo tempo em que pediu o máximo de sigilo. No domingo, no horário marcado, o contador aguardava a equipe da revista em frente à sua casa.

O repórter descreveu o imóvel como uma construção nova, de esquina, em um bairro residencial com um bem cuidado jardim, quintal, quatro salas, lareira, cinco quartos e móveis funcionais bem distribuídos. A sala de visitas era espaçosa, decorada com simplicidade e bom gosto. As poltronas pareciam resistentes, aguentavam Cristiane e Eduardo, que brincavam sobre as mesmas o dia todo, enquanto fugiam da vigilância materna.

Cristiane ia fazer cinco anos. "É uma menina tímida e bem-comportada, está vendo desenhos animados na televisão", observou o pai. "Dois anos mais moço, Eduardo corre, pula, conversa". Alguns minutos depois de Eduardo ter recebido o repórter e o fotógrafo, Celly apareceu. "Não é mais a menina de quinze anos que gravou o primeiro LP (78 rpm, na verdade), claro, mas o rosto não mudou muito. Em vez do vestido evasê, usa uma blusa verde de gola rolê, calça comprida marrom e sapatos comuns. A voz é como a dos discos – agradável, afinadinha".

E ela começou a falar: "Pois é, agora sou uma dona de casa". No início da conversa, mostrou-se tímida, de acordo com o entrevistador. Depois, ficou mais à vontade. Disse que recentemente participou de alguns programas na TV Record, em São Paulo, onde foi apresentada aos artistas que não eram de seu tempo e que ela pessoalmente admirava – a reportagem não citou os nomes. E contou, em tom confidencial, que acabara de gravar um LP, que seria lançado naquele mês, em São Paulo, "com grande divulgação publicitária".

Celly revelou que, no disco, incluiria, ao lado de composições novas, uma versão modificada de *Banho de Lua*. A cantora acreditava que o sucesso seria grande, pois a Odeon tinha prometido bastante atenção de seus divulgadores. Mesmo assim, pretendia ir devagar e não significava que voltaria com força total e dividir seu tempo de casada com a carreira de cantora. "Gravo o disco, mas não volto à vida artística propriamente dita. Tenho a minha família e não me apresentarei em lugar nenhum".

Não demorou para ela ouvir a pergunta que todos queriam lhe fazer: se ela não tinha saudade do seu tempo de cantora. Antes de responder, Celly olhou para o marido, a fim de observar sua reação. "Ela finge que não vê e diz qualquer coisa para Eduardo". E admitiu: "Um pouquinho a gente tem. Agora, vontade de voltar, isso não. Eu sou feliz. E nada mais me importa".

Durante seus quatro anos de carreira, contou a revista, a cantora "ficou rica, contam" – o que estava longe da verdade. "Celly não gosta da insinuação". A cantora retrucou com uma desculpa que não era exatamente verdadeira: "Eu não trabalhei o quanto devia. Sabe, quando iniciei, eu estava namorando com ele (apontou para o marido) e não queria estragar os nossos fins de semana, viajando e cantando, com o que poderia ganhar dinheiro. Não, não fiquei rica. São apenas fofocas".

Ela fez questão de esclarecer, de modo contraditório ao que tinha acabado de fazer, que o namoro não atrapalhou em nada sua carreira. E se contradisse quando falou da exigência de ela ter de largar tudo quando subisse ao altar: "José entendia bem. Ele dizia que eu devia aproveitar enquanto não estivéssemos casados, para depois deixar tudo. E foi o que fiz".

Durante a conversa, Celly não parecia interessada nos festivais de música, o modismo naquele momento. Mas "ainda" gostava da chamada música da juventude que era apresentada nesses eventos grandiosos organizados pelas emissoras de TV. A cantora listou sua admiração por Wanderléa, Wilson Simonal, Roberto Carlos e os Beatles, "principalmente as suas últimas músicas". Achava "o máximo" a banda de Liverpool. Quando perguntada se gostava de ouvir sempre seus próprios discos, respondeu: "Bem, os meus filhos gostam". Em seguida, foi até a radiola para mostrar seus LPs, os compactos e os "78 rotações", que não se fabricavam mais. Ela ligou o toca-discos, mas pareceu que não estava funcionando. Explicou que alguma peça não devia estar bem colocada, enquanto tentava descobrir o defeito.

Por fim, anunciou: "Pronto, já consegui arrumar". Colocou seu primeiro disco para tocar, na faixa *Handsome Boy*, e se dirigiu à outra sala, para mostrar aos repórteres alguns troféus que trouxera de Tremembé, inclusive *Roquete Pinto* e *Chico Viola*, que considerava os mais importantes. Posou, então, com eles. "O fotógrafo não precisa recomendar nada, ela sabe bem em que ângulos fica melhor. Cristiane continua encabulada, foge da (câmera) Rolleiflex. Chacon também se recusa. 'Não sou artista', disse ele. Não adiantou pedir outra vez, ele não queria fotografia. Celly insistiu com Cristiane, que acabou concordando, mas não argumenta com o marido, pois sabe que não adiantará".

Depois de mostrar uma série de fotos dos seus tempos de estrela da música ao entrevistador, a cantora colocou o que chamou "de um disco quase inédito", com a faixa *Devotion*, seu segundo disco, que não fez sucesso, embora trouxesse uma música bonita, "em estilo atual, romântico, como Celly, na verdade, prefere".

O casal disse que não sabia quanto tempo pretendiam viver em Curitiba. Só que não seria por meses, acreditava, porque Chacon, "transferido à revelia", tinha pedido para voltar para São Paulo. Celly elogiou a cidade onde vivia, ideal para a privacidade que buscara até então. "É bonita, limpa, quieta, sossegada". Mas disse que não podia deixar de manifestar seu temor ante o frio e lamentar seu isolamento, pois não tinha amigos e os parentes ficaram em Taubaté.

Celly sentia falta do irmão, Tony Campello, e dos pais – não citou Nelson Filho. Observou que seu Nelson respondia às milhares de cartas que recebia "todos os dias" no auge do sucesso – e que continuavam a chegar, porém em número menor. A maioria perguntava se ela não voltaria a cantar e se tinha vontade de fazer isso. "Sim, talvez eu volte um dia, mas só nos discos e na televisão, entende? Hoje sou uma dona de casa". Celly cantarolou, baixinho, *Estúpido Cupido*. "Por mais que se esforce e negue, não consegue esconder que, no fundo, apesar de se considerar feliz com o marido e os filhos, ela gostaria de voltar. E talvez ainda volte". Não, voltaria sim, antecipou *Panorama*.

O LP *Celly* chegou às lojas com dois meses de atraso, em junho de 1968. E começou a divulgação em massa prometida por Gurzoni. A gravadora apostou, no primeiro momento em *Marquei um Encontro com Você em Meus Sonhos* e a nova roupagem de *Banho de Lua*. O ponto de partida seria a cidade onde viveu a maior parte da vida. Mais de três mil taubateanos foram matar a saudade da filha ilustre no show organizado na área aberta do *Taubaté Country Clube*. Acompanhada dos músicos do Ritmos Ok, a apresentação foi um sucesso.

Seguiu-se a agenda das duas primeira semanas, que incluía cinco programas de TV, com destaques para *Hebe Camargo* (Tupi) e *Almoço com as Estrelas*, de Airton e Lolita Rodrigues (Record). Eduardo ficou cuidando das crianças em casa, auxiliado por uma babá que já trabalhava com a família. Ao perceber que aquela rotina sacrificante de dez anos antes ia voltar ainda mais intensa, porém, Celly começou a se sentir pressionada pela cobrança que se fazia por ser mãe, esposa e dona de casa.

Não podia deixar os filhos ainda pequenos para atender os compromissos de divulgação do disco. Para piorar, aquela facilidade que Gurzoni tinha imaginado não aconteceu, pois a imprensa musical não deu a menor importância ao disco, nem que o mesmo representasse a volta da maior cantora jovem brasileira até ali.

Essa pouca receptividade também desmotivou Celly a se empenhar mais. Tony, no entanto, via tudo de modo diferente. A própria irmã tinha a ver com o ocorrido – ao deixar de lado a divulgação, sem cumprir tudo que havia combinado. "Se o disco não foi para frente, isso aconteceu pelo fato de ela viver em Curitiba, não teve oportunidade de trabalhar nas rádios, não fez shows, como se exigia naquele momento. O mundo tinha mudado de forma bastante rápida, a mentalidade era outra".

Em São Paulo, onde deveria ser impulsionada a campanha de promoção do disco, tudo se resumiu, lembra ele, ao lançamento com um jantar belíssimo e um show no dia 18 de junho, dia do seu aniversário de 26 anos, no Salão do Jardim de Inverno Fasano, que ficava na sobreloja do Conjunto Nacional, em um jantar para 200 pessoas que Gurzoni organizou com o departamento promocional da Odeon. A gravadora convidou nomes de importância e relevância no mundo da música – jornalistas, disque-jóqueis e programadores – e do disco, como donos de lojas etc.

Antes do jantar ser servido, Celly fez um pocket show, cantou algumas músicas do novo disco e antigos sucessos e chamou ao palco alguns convidados como o irmão Tony. Tudo saiu melhor do que o planejado e ela foi aplaudida de pé por dois minutos. Mesmo com um figurino de mulher mais madura, a voz estava melhor que nunca. "Alguns artistas do *cast* da Odeon cantaram, eles vieram do Rio ou moravam em São Paulo. Eu e ela encerramos a apresentação com *Canário*. Foi o principal evento de promoção do disco, foi um sucesso, mas morreu aí porque ela estava mais recolhidinha em Curitiba, dizia não para uma série de compromissos", lembra Tony.

Um dos convidados daquela noite para prestigiar Celly foi a sambista Clara Nunes, que estava no topo das paradas com *Você Passa e Eu Acho Graça*, de Ataulfo Alves e Carlos Imperial, feita especialmente para ela. A própria Celly recordou: "O disco teve certa repercussão, fizeram um jantar no Fasano no dia do meu aniversário. Programaram uma festa bonita, eu me senti uma estrela novamente, depois de algum tempo parada, com o pessoal de rádio e TV presente e me prestigiando. Mas voltei para Curitiba".

Na capital paranaense, Celly também fez uma apresentação de algumas músicas do disco e de seus maiores sucessos, acompanhada de Os Carcarás, "a banda jovem do Paraná", em um clube da cidade. Mesmo assim, em agosto, a Odeon lançou um compacto simples com duas músicas tiradas do disco: *Hey Ex-Amor* e *Bonnie e Clyde*. Em novembro, saíram dois compactos duplos com outras faixas. O primeiro trazia *Ao meu Amor, Marquei Encontro com Você em Meus Sonhos, Felicidade* e *Perdoa*.

O outro trazia as três primeiras canções do LP – *Hey Ex-Amor, Marquei Encontro com Você em meus Sonhos* e *Palavras* – e uma gravação inédita, *Ao meu Amor*, versão do megahit *To Sir With Love*, da famosa dupla inglesa Don Black e Mark London, feita para o filme de 1967 de mesmo nome, e que no Brasil foi batizado de *Ao Mestre com Carinho*. O longa tinha como protagonista Sidney Poitier, professor de uma escola cheia de adolescentes rebeldes. Entre eles estava a cantora Lulu, que interpretava a canção e acabou em primeiro lugar nos hits parade americano e inglês de 1967.

Mesmo com o fiasco comercial do sexto LP de Celly, Tony ficou bem feliz com o resultado do disco em si. "Gosto do repertório e, como intérprete, depois de dez anos, ela estava bem. Por eu trabalhar na produção dos discos da Odeon, ela se sentia segura, mas eu era exigente, sempre procurava tirar o melhor dela, tinha confiança em mim, sentia firmeza", conta. Ele ressalta que com outros produtores e técnicos de som a irmã sempre se mostrara durona. Com ele, não. "Ela era indulgente comigo, se eu não fosse irmão, sairia contudo para cima de mim, mesmo como produtor. Desde pequenos a gente se dava bem", acrescenta.

Quando Celly desembarcou em São Paulo para gravar o disco, acompanhada de Eduardo, que assistiu os primeiros dias de ensaio no estúdio, ela sabia do sucesso do programa *Jovem Guarda* e dos festivais de música das emissoras de TV porque a televisão era a ligação que ela ainda mantinha com o mundo exterior à sua família. Mas a vida longe dela tinha se complicado demais, depois que decidira se dedicar exclusivamente ao marido e a ter filhos.

O mundo mudava de comportamento e postura todos os dias, todas as horas, por completo, em uma velocidade como jamais se vira até então. Até a Segunda Guerra Mundial, mudanças aconteciam mais lentamente no comportamento dos jovens, separadas por anos e até décadas. A revolução sexual iniciada no final da década de 1950 nos EUA fez surgir o movimento hippie e seu jeito de viver a vida com pouco e toda liberdade possível, enquanto os movimentos civis pelos direitos dos negros e das mulheres ganhavam força principalmente nos EUA.

Como o país estava em guerra no Vietnã, os jovens foram às ruas contra o conflito e adotaram o slogan "Faça amor, não faça a guerra". No Brasil, um golpe militar havia imposto uma ditadura que começou em abril de 1964 e, tragicamente, estender-se-ia até março de 1985. Os partidos políticos foram extintos e somente dois passaram a aglutinar governistas (Aliança Renovadora Nacional – Arena) e os opositores (Movimento Democrático Brasileiro – MDB). As eleições para presidente, governadores e prefeitos das capitais, que seriam realizadas em 1965, foram extintas por tempo indeterminado. Milhares de políticos, militares que faziam oposição à ditadura e estudantes sofriam perseguição.

A União Nacional dos Estudantes (UNE), entidade que representava nacionalmente a classe estudantil, foi colocada na clandestinidade, assim como o Partido Comunista Brasileiro (PCB). Uma onda moralista passou a pressionar o regime para censura na defesa dos costumes, com proibição de tudo que tivesse a ver com liberdade sexual, no momento que o mundo passava por uma revolução nesse campo. A pílula anticoncepcional tinha chegado para ficar e dava liberdade às mulheres para viver os prazeres de seu corpo. Mas a pressão moral não arrefecia. Pelo contrário.

A campanha pela Lei do Divórcio não conseguia fazer progresso na Câmara dos Deputados. Em São Paulo, a Sociedade Brasileira pela Tradição, Família e Propriedade, a famigerada TFP, ampliava seus tentáculos na paranoia sobre uma nunca provada tentativa de estabelecer o comunismo no país que a levou a organizar as famosas marchas que pediram a derrubada do Presidente João Goulart pelas Forças Armadas – que ajudaram a legitimar o golpe e o termo "revolução", como se o povo tivesse protagonizado o movimento.

Em 1967, a situação piorou bastante, com a explosão do movimento estudantil, cuja crise levaria à imposição do Ato Institucional nº 5, em 13 de dezembro de 1968. Marchas contra a violência policial aplicada sobre os estudantes ocorriam em todas as capitais. Em paralelo, acontecia uma revolução, de fato, só que na música, que começou em 1965, com os festivais. O primeiro de todos naquele formato foi o da combalida TV Excelsior, cujos proprietários, da Família Simonsen, sofriam pressão dos generais que mandavam e desmandavam no país.

A emissora seguia os passos do Festival de San Remo, na Itália, que era realizado desde 1951, de fazer, pela televisão e em horário nobre, competições de música. No Brasil, esses programas se espalhariam pelos principais canais e fariam surgir a mais genial geração de cantores e compositores brasileiros da segunda metade do século 20. Além disso, mostrariam a riqueza multicultural da música, influenciada por correntes nacionalistas, porém com elementos do se tornava o pop-rock. Acontecia uma espécie de caldeirão misturado com panela de pressão, onde se via choques entre tendências tradicionais e novidades rítmicas, como samba versus jovem guarda ou rock contra o que ficaria conhecido depois como MPB, por exemplo.

Um detalhe que ajudou nesse processo foi o barateamento dos aparelhos de TV, que permitiria à boa parte da classe média adquirir o produto para seu entretenimento. E quem não podia, recorria à política do crediário, que se popularizou nesse período. Desse modo, a telinha em preto e branco – a cor só chegaria ao país em 1972 – se tornava mais influente e influenciável a cada ano. Mesmo assim, ninguém podia imaginar que um festival despertaria tanta paixão no público.

A ponto de se fazer uso alucinado de faixas com mensagens de apoio ou protestos, recorrer a gritos histéricos e até à formação de fã-clubes, que se manifestavam em coro com os artistas ou davam vaias nos concorrentes mais fortes. Na capital paulista, no decorrer dos anos seguintes, quando a Record tomou o lugar da Excelsior na realização desses eventos, os festivais serviram para estimular a competição que existia entre os adeptos de dois famosos programas da emissora: *O Fino da Bossa*, com Elis Regina e Jair Rodrigues, e *Jovem Guarda*, de Roberto e Erasmo Carlos.

As novelas, então, começavam a se tornar uma mania noturna e quem não tinha TV em casa via no vizinho. Enquanto isso, o rádio perdia espaço no interesse do público – a não ser pela manhã, quando a TV estava fora do ar, pois só entrava ao meio-dia ou às 14h – a depender da região – e saiam à meia-noite. Na década de 1960, a maioria dos estados litorâneos tinha suas emissoras. O videoteipe aumentou o interesse das grandes empresas em patrocinar atrações, o que garantiu o retorno comercial do investimento que faziam em programas e nos cachês dos artistas mais populares. Como consequência, cresceu a briga pela audiência.

Na década anterior, a Tupi conseguia 90% da audiência com o programa *O Céu é o Limite*, apresentado por Jota Silvestre. Com a ajuda de atrações noturnas de entretenimento, como *Crush em HI-FI*, de Celly e Tony, a Record havia assumido a liderança da audiência – pouca, mas de uma parcela com enorme poder aquisitivo, o que atraía anunciantes – no final dos anos de 1950. Nesse momento, foi fundada a Excelsior, em São Paulo, do Grupo Simonsen, que intermediava a maior parte da exportação de café do país e era dono da empresa aérea Panair do Brasil.

A emissora surgia, portanto, com bastante dinheiro em caixa, bem estruturada de tecnologia e com ideias arrojadas de montagem da grade de programação, a mesma que seria aproveitada pela Globo desde o seu lançamento, em 1965. Com a ditadura militar, no entanto, a corporação Simonsen começou a ter problemas de perseguição política e financeira e faliu antes da década chegar ao fim. Nessa fase, perdeu força na sua programação, principalmente por causa do modelo dos festivais que tinha lançado no Brasil.

A concorrência não perdeu tempo e a copiou. Em especial, a Record, que ocuparia seu espaço na segunda metade da década. Nesse contexto, os finalistas das competições se tornavam hits do ano e imprimiram, a partir das preferências do público e dos jurados, uma tendência que seria apelidada ironicamente de "música para ganhar festival". Essas composições tinham, a princípio, uma espécie de fórmula, ou seja, características como a marca regional, o acento da cultura e das tradições nordestinas e a ausência de conotação urbana.

Em 1965, durante o *Primeiro Festival de Música Popular Brasileira* da Excelsior, transmitido da Praia do Guarujá, em Santos, viu-se um bom exemplo disso: a vitória de *Arrastão*, de Edu Lobo e Vinicius de Moraes, na voz de Elis Regina. O *II Festival de Música Popular Brasileira*, agora na Record, foi realizado nos meses de setembro e outubro de 1966, no seu próprio teatro, na Rua da Consolação. O primeiro colocado levaria o Prêmio Viola de Ouro. O júri escolheu *Disparada*, de Geraldo Vandré e Theo de Barros, cantada por Jair Rodrigues, Trio Trio Marayá e Trio Novo. O compositor foi obrigado, por exigência do público, a dividir o prêmio com *A Banda*, de Chico Buarque, defendida por ele e Nara Leão. Em segundo ficou *De Amor ou Paz*, de Luiz Carlos Paraná e Adauto Santos, com Elza Soares.

Nesse mesmo ano, em outubro, surgia no Rio de Janeiro o *I Festival Internacional da Canção (FIC)*, cujos direitos tinham sido comprados pela TV Globo, de Roberto Marinho, e com características bem diferentes das adotadas pelos festivais paulistas. Predominava nos outros o gênero canção romântica. A força do intérprete e a pressão do público sobre os jurados não contavam tanto.

No FIC, porém, gêneros tradicionais brasileiros como samba, samba-canção, marcha, valsa-serenata não tinham chances, porque o júri fora orientado a escolher a que tivesse melhores condições de competir com as apresentadas pelos outros países, e que seriam classificadas por um júri internacional. Isso explicava por que *Saveiros*, de Dori Caymmi e Nélson Motta, cantada por Nana Caymmi, não foi a preferida do público, mas ganhou a fase nacional e ficou em segundo lugar, na internacional – atrás de *Pergunte ao Vento*, dos alemães Helmut Zacharias e Karl Scuauble, cantada por Inge Brueck.

Em 1967, na terceira edição do *Festival de Música Popular Brasileira*, da Record, *Ponteio*, de Edu Lobo e Capinam, interpretada por Edu e Marília Medalha, foi a vencedora. *Domingo no Parque*, de Gilberto Gil, ficou em segundo. *Roda Viva*, de Chico Buarque, pegou a terceira colocação. No quarto lugar, *Alegria, Alegria*, de Caetano Veloso. As composições de Gil e Caetano seriam consideradas marcos iniciais do movimento musical da tropicália.

A maior de todas as polêmicas nesse tipo de competição estava reservada para o ano seguinte, em novembro e dezembro de 1968, e foi o último festival antes da decretação do Ato Institucional nº 5, o AI-5, que radicalizou a repressão da ditadura. E não foi o da Record, mas o da Globo, com o III FIC, que consagrou como hino contra a repressão e de resistência do movimento estudantil *Pra Não Dizer que Não Falei das Flores*, também conhecida como *Caminhando*, de Geraldo Vandré.

A música acabou censurada porque os militares entenderam que o refrão "Vem, vamos embora/Que esperar não é saber/Quem sabe faz a hora/Não espera acontecer" seria uma convocação à luta armada contra os ditadores, o que levou à perseguição política do artista. No festival, Vandré ficou em segundo lugar, perdeu para *Sabiá*, de Chico Buarque e Tom Jobim, que foi vaiada pelo público – para quem o prêmio deveria ser dado a

Caminhando.

Tudo isso aconteceu nos seis anos em que Celly esteve fora do mercado musical e fonográfico. E foi nesse cenário dos festivais que a Odeon tentou renascer um de seus maiores fenômenos musicais, a rainha do rock brasileiro. A gravadora não mediu esforços para fazer dela um sucesso novamente e poderia ter conseguido com a ajuda da estrela. Apenas uma faixa tocou bem nas rádios: *Marquei um Encontro com Você em Meus Sonhos*. Mas não foi o suficiente.

A própria Celly lamentou depois o fiasco do disco, sem tomar para si qualquer responsabilidade. "Só que o LP não andou", lembrou ela, no depoimento ao MIS. Celly, que tinha aberto um novo nicho para o mercado musical brasileiro, o do consumidor adolescente e jovem, passou pelo constrangimento de saber que seu LP nada vendeu. Nas lojas, ela parecia quase irreconhecível na capa do LP. Estava belíssima, sem dúvida, mas tinha um corte de cabelo bem curto de senhora e usava um casaco que a fazia parecer uma pessoa de 35 anos, quando tinha apenas 25 anos quando tirou a foto.

Uma segunda tentativa, nos últimos meses do ano, foi feita para que o projeto ganhasse algum fôlego. E foi aí que seu destino se cruzou mais uma vez com o de Roberto Carlos. "Resolveram, depois de algum tempo, que ela viesse a São Paulo e arrumaram alguns programas para ela se apresentar, mas era tarde demais", recorda Tony. Três anos tinham se passado, então, e Roberto Carlos atingira um status de popularidade só comparável ao da própria Celly no seu reinado do rock.

Em janeiro daquele ano, o agora astro deixou o programa da Record para iniciar um voo solo, com ambições maiores, como investir em sua carreira no cinema e participar como cantor dos festivais de música da TV. Na despedida ele disse: "Estou triste à beça. Este programa me lançou, me fez. São dois anos e meio de vida, de amizades boas que ficam para trás. Este programa era importante para mim. Mas agora Erasmo e Wanderléa saberão levá-lo para a frente. Erasmo conhece o gosto do público e tenho certeza de que vai ter sucesso, oferecendo o que o público quer".

A última música que Roberto cantou como integrante do programa foi *E que Tudo Mais Vá pro Inferno*. Um título bem oportuno para seus críticos dizerem que sua atitude era por demais egoísta. Astro maior daquele movimento que a atração criou, ele reaparecia algumas vezes nos poucos meses que duraria ainda o programa como apenas convidado. E foi em uma dessas oportunidades que aconteceu o desentendimento entre Celly e o diretor Carlos Manga, que queria uma "passagem de bastão" da rainha do rock para o novo "rei da juventude". Ela não gostou nem um pouco da ideia.

Celly estava no camarim, quando desistiu de última hora, a cinco minutos de ser chamada ao palco. Segundo Eduardo, o diretor não fez uma sugestão, mas uma imposição. Ele queria que Celly entrasse, cantasse e chamasse Roberto como substituto dela na suposta linhagem real do rock nacional. Tinha de ser assim e ponto final. Achou que a cantora não faria oposição a isso. Ela, porém, negou-se a seguir tal ordem e simplesmente foi embora.

Eduardo recorda que a ideia só surgiu quando ela estava na maquiagem, preparando-se para cantar *Estúpido Cupido* e *Banho de Lua*. Celly chegou acompanhada dele. A cantora disse que não se sentia confortável para fazer aquilo. "Manga insistiu e Celly não deixou por menos: disse que era Roberto quem devia reverência a ela e não o contrário. Ele tentou de novo e ela disse que não. 'Ou entro com ele ou não participo. Não vou estender tapete vermelho para ele'. E não se apresentou".

Em momentos assim, Celly se transformava. "Ela era uma pessoa de decisões firmes. E ainda disse: 'Podem ficar com o cachê', pegou sua bolsa, puxou-me pelo braço e saiu furiosa. Fomos embora. Na rua, pegamos um táxi e seguimos para a casa de Tony, na Rua Amaral Gurgel".

A equipe de divulgação da Odeon tentou colocar panos quentes e não adiantou. Celly se recusou a voltar à emissora para outros programas. Para a sua história pessoal, aquela foi a tarde em que ela poderia ter participado do programa que foi pensado, a princípio, para ser seu. Mostrava, assim, mais uma vez, que aquela mocinha aparentemente insegura e que parecia depender tanto do irmão e do marido para tomar suas decisões sabia agir quando se sentia diante de algo com o qual não concordava.

Tony guardaria sua versão do episódio: "Cinco ou dez minutos antes do início do programa, Manga orientou que ela entrasse para reverenciar Roberto, que viria em seguida. Ela disse: 'Negativo. Ou entramos os dois juntos ou entra só ele e estou fora'. Ela nada tinha contra ele, mas não queria servir de escada, tinha uma história de vida na música brasileira, uma biografia. Enfim, ela foi, mas não entrou no palco". Mas cumpriu todos os outros programas agendados. Como voltar de modo triunfal ao *Almoço com as Estrelas*, de Airton e Lolita Rodrigues, os mesmos que tinham apresentado sua despedida seis anos atrás, poucas semanas antes do casamento.

O ano de 1968 não terminou como Celly esperava, enfim. Se não bastasse o disco que passou quase em branco, antes do Natal, quando estava em Taubaté para as férias escolares dos filhos, os médicos mostraram preocupação com o grave estado de saúde de seu Nelson, que tinha um carcinomatose, um câncer na região do estômago. Ele morreria com apenas 58 anos de idade, no dia 22 de fevereiro de 1969, depois de um longo período de tratamento.

Celly, em especial, ficaria arrasada com a tragédia familiar, como conta seu irmão Nelson: "Lembro que, na véspera do Natal de 1968, o médico de papai me parou na rua e disse que queria falar comigo e que eu fosse ao seu consultório o mais rápido que pudesse. Compareci no mesmo dia e ele explicou a situação gravíssima e que papai não teria mais que 60 dias de vida".

O filho do meio, então, avisou aos dois irmãos por telefone e os três concluíram que era melhor esconder da mãe aquele diagnóstico. "Tive de tomar todas as providências, havia coisas que precisava fazer e tinha de ser realista e ter coragem, como providenciar a funerária e um túmulo, à medida que os dias passavam e o quadro piorava, pois a família não possuía um jazigo, não tínhamos perdido ninguém em Taubaté".

Nelson Filho fez tudo aquilo sozinho. Uma das vontades do pai era ter um dos filhos como membro do Rotary Club, que ele ajudou a fundar na cidade. Avisados pelo filho do meio, todos os seus amigos da instituição correram para que isso acontecesse. Mas ele não viveu a tempo de ter aquela alegria. O filho que levava seu nome tomaria posse três meses depois de sua morte, em 11 de maio de 1969. O pai parecia acreditar que se recuperaria. "Os amigos preparam minha entrada o mais rápido possível. 'Diga a seu pai que você já é rotariano'. E ele respondeu: 'Fala que eu estou contente, mas que quero colocar o distintivo em sua lapela, gostaria de ter essa honra".

Enquanto corriam os tramites legais, porém, a doença foi mais rápida. A caçula acompanhou de perto os dois últimos meses de vida do pai. "Celly ficou devastada, eles eram muito ligados um ao outro. Ela estava nas férias escolares das crianças e foi ficar com a mãe, enquanto o quadro do pai piorava", recorda Eduardo. "A gente vivenciou bem de perto quando ele morreu, ela ficou o tempo todo próxima do pai doente. E eu vim um pouco antes de ele morrer, por causa do meu trabalho".

Alguns meses depois da morte do marido, dona Idea resolveu voltar a viver em São Paulo, depois de 29 anos em Taubaté. Por sugestão de Tony, mudou-se para um apartamento que ele conseguiu no prédio na esquina do Largo do Arouche com a Rua Amaral Gurgel – que ainda não tinha o famoso viaduto Minhocão. No térreo, funcionava uma farmácia. Alguns anos depois, a viúva conheceu um senhor de nome Paulo e se casou com ele. Como o novo marido tinha um apartamento na Aclimação, ela foi morar com ele.

A mítica casa dos Campello na Praça Santa Terezinha ficou vazia, sem função. Os três filhos tinham se casado e viviam em suas próprias residências. Só Nelson Filho morava em Taubaté, onde tinha uma papelaria na região central. O imóvel onde foram gestados os discos que consolidariam o rock no Brasil acabaria vendido pouco depois e foi logo demolido – no local, funcionariam vários tipos de comércio nas mais de cinco décadas seguintes, como restaurantes e uma farmácia.

Quase dois anos tinham se passado desde o lançamento do LP temporão de Celly, quando ela e o marido se mudaram para Campinas. Era março de 1970. "Nós viemos quando teve início a construção da refinaria de Paulínia", lembra Eduardo. "Antes de ficar doente, seu Nelson mandou para mim um recorte do jornal *Estadão* (*O Estado de S. Paulo*), com a notícia de que a Petrobras ia fazer uma refinaria em Campinas e liguei imediatamente para Jorge, aquele mesmo que tinha me transferido para Curitiba, e disse a ele que queria ir para lá. Afinal, tinham passado os dois anos que havíamos acertado e eu poderia escolher um novo destino. E ele cumpriu a palavra".

O chefe respondeu por correspondência interna: "O lugar é seu, como combinamos, vou providenciar para que seja feito dessa forma o mais rápido possível". Eduardo se mudou quando a unidade ainda estava em obras, mais de um ano depois dessa conversa. Teve tempo suficiente também para preparar seu substituto e ir com Celly procurar uma casa ou apartamento para a família. "Voltamos para o estado de São Paulo em definitivo depois de quase três anos, com a expectativa de nos estabelecermos para sempre em Campinas, como de fato aconteceu", conta ele.

Em 1968, enquanto tentava trazer Celly de volta à música pela primeira vez com um novo disco, Tony trabalhava como produtor diretamente com talentos novos como, entre outros, Silvinha, uma das estrelas da jovem guarda. Ele mesmo também voltou a gravar um

LP pela Odeon pouco tempo depois. Um dos destaques foi *Pertinho do Mar*, uma das raras e divertidas tentativas de se fazer no Brasil rock no estilo de surf music cantada. O disco trazia também versões de material italiano, porém sem a mesma aura de sucesso de seu repertório inicial, o que o levou a abandonar a carreira de cantor.

No decorrer de 1969, ele estava insatisfeito com o modo como a Odeon vinha fabricando os discos, com certa displicência no acabamento como forma de economizar, o que interferia na qualidade dos áudios. "Eu tinha tido um ano difícil, com meu pai doente e acabou por falecer. E resolvi deixar a gravadora depois de 11 anos de relacionamento". Por fim, ele aceitou um convite da Continental para ser produtor. "Seu Gurzoni ficou chateado porque tinha planos para mim como produtor, embora quisesse continuar a gravar discos meus, como cantor", lembra.

No final do primeiro semestre de 1970, enquanto o Brasil ganhava pela terceira vez a Copa do Mundo de futebol, dessa vez no México, Tony resolveu fazer uma nova tentativa de gravar Celly e emplacar um sucesso dela. Ele conhecia a irmã, sabia ler em seus olhos, nas entrelinhas de suas frases e que lhe faria bem voltar a gravar. Um dia, foi visitá-la, assim que a família se estabeleceu em Campinas e lhe disse na saída: "Agora que você está perto, fica mais fácil gravar, você vem e a gente grava alguns compactos na Continental, já conversei lá, eles estão radiantes em ter você lá, o que acha? Diz que topa, vai".

Celly concordou e formalizou sua saída da Odeon, de modo bastante tranquilo, sem a interferência de Gurzoni, que pareceu não mais interessado em novas gravações com a antiga estrela e sua protegida. Tony continuava a apostar nela e eles torciam um pelo outro desde sempre. A vontade de cantar falou mais forte e ela concluiu que sem fazer shows, poderia conciliar família e música. E acabou por fazer algumas concessões.

Tanto que, entre 1970 e 1971, ela participou de alguns festivais de músicas importantes e despertou o interesse da imprensa pelo seu papel histórico na música brasileira. Tudo isso antes de completar 30 anos de idade, em 1972. Em nenhuma das competições, porém, as canções que defendeu conseguiram chegar à final. Ao mesmo tempo, insistia que nada daquilo era para valer e que o mais importante eram os filhos e o marido. Dividida em seus pensamentos e desejos, Celly se contradizia ao parecer que queria retomar a carreira.

Na Continental, ela gravou primeiro um compacto simples e um duplo, ambos em estéreo, com melhor qualidade de som. O primeiro saiu em 1970, com *Help! Vem me Ajudar* e, surpresa, *Pra Você Gostar de Mim (Taí)*, de Joubert de Carvalho, a mesma marchinha que Carmen Miranda tinha consagrado 40 anos antes, no começo da década de 1930. Só que em ritmo de rock, com guitarra, violino e instrumentos de sopro. Impressionante como ela estava melhor que nunca, mais cheia de bossa que no auge da carreira.

A história da gravação foi contada por ela ao jornal *Bondinho*, na longa entrevista que deu em 1972: "Foi em novembro do ano passado, Flávio Cavalcanti estava com aquele quadro 'Festival Calhambeque', com músicas antigas, cantadas pelo pessoal jovem, com roupagem nova nas músicas. O produtor do programa lembrou de *Taí* e, na hora, eu falei: 'Puxa, bacaninha essa música, acho que é bem o meu estilo'". Tony mandou fazer o arranjo e foi um sucesso. "No dia (da final do concurso no programa), eu ganhei (o primeiro lugar) e a música entrou nas doze escolhidas para compor um long-play. Foi um sucesso".

Pelo menos o programa ajudou o LP a vender bastante. Ela e o irmão, então, fizeram pressão para sair em compacto em janeiro, para aproveitar o Carnaval, embora fosse em ritmo de rock. "Mas o disco foi lançado antes do Natal, o público não dá muita atenção para esse tipo de música nessa época. A gravadora também não deu aquela divulgação que o disco talvez precisasse, então Tony e eu ficamos trabalhando praticamente sozinhos, você entende uma coisa dessas?", perguntou Celly.

Em seguida, Celly chegou aos primeiros lugares das paradas e prometia ir longe – se não levasse uma rasteira de sua antiga gravadora – com o compacto duplo que trazia *Mar de Rosas* – além dessa, todas as demais faixas eram versões de sucessos estrangeiros: *Estou Bem (I'm all right)*, *Deixe Estar como Está (Put your hand in the hand)* e *Oh, Mama (Deny)* – não confundir com *Hey Mama!*

Mar de Rosa, que se tornaria um clássico dos anos de 1970 não pela voz de Celly, veio da música country *(I Never Promised You) A Rose Garden*, sucesso de Lynn Anderson e Dolly Parton. Tinha uma bela letra, pela versão de Rossini Pinto:

Você bem sabe
Que não lhe prometi um mar de rosas
Nem sempre brilha o sol
Também há dias em que a chuva cai

Se quer partir
Para viver por viver sem amor
Oh, oh, oh, Não tenho culpa
Eu não lhe prometi um mar de rosas

A promessa que fiz foi lhe fazer feliz
Eu queria que você soubesse
O quanto eu sou sincera
E como eu lhe quero bem

Se eu falasse talvez ao menos uma vez
que o mundo inteiro a seus pés
contente eu poria
Isso eu não podia

Não há razão para ser tão triste
Nosso amor ainda existe
Temos muito tempo para amar

Você bem sabe
Que não lhe prometi um mar de rosas
Nem sempre brilha o sol

Também há dias em que a chuva cai

O disco ia bem nas rádios e em vendas, até chegar às lojas algumas semanas depois o LP do grupo The Fevers com a mesma faixa e um arranjo mais encorpado e vibrante, cantado por Almir, que atropelou Celly. Era inegável que o arranjo era melhor que o de Celly, inclusive com uma série de mudanças na letra da mesma versão. O grupo vivia seu grande momento e a Odeon decidiu ignorar a relação do passado com a musa do rock e colocou seu exército de divulgadores para trabalhar a mesma canção nas vozes dos rapazes dos The Fevers e ganhou a guerra.

O fato chateou Tony, que questiona o comportamento antiético da concorrente, meio século depois. Se não bastasse, a nova gravadora onde os irmãos estavam não reagiu como ele acha que deveria. "A gente estava gravando no selo errado, a Continental não tinha muita força diante dos concorrentes, era uma fábrica que à época se dedicava mais a outros gêneros de música – sua estrela maior era Elizeth Cardoso – e não deu qualquer atenção a Celly. Sempre achei que artista e gravadora precisam ter afinidade para um disco dar certo e não foi o caso com Celly", observa.

E veio o embate com a Odeon. "Quando falo da Continental, eu me refiro principalmente no sentido de nosso vendedor saber vender esse produto que era o disco de Celly. E na parte de divulgação não havia preocupação grande, a gravadora tinha uma linha mais popularesca, voltada para o sertanejo". A instabilidade administrativa e financeira também chamavam atenção na empresa, segundo ele. "Foi uma fase estranha em que a Continental se mudava de um lado para o outro de endereço".

Estava na Rua 7 de Abril e foi para a Avenida do Estado. Em meio a essa precariedade, Celly perdeu o embate com os Fevers. Na verdade, contra a potência que era a Odeon, acredita Tony, que acha seu arranjo melhor. Segundo ele, a banda gravou *Mar de Rosas* com a letra errada. Na verdade, foi alterada por ele para Celly cantar como personagem feminina, além de alguns ajustes. "O versionista foi Rossini Pinto, que eu conhecia desde o início. Quando a letra veio para mim, eu percebi que tinha alguma coisa estranha".

Ou seja, The Fevers cantou a que Rossini entregou para eles. Prossegue Tony: "Constava 'Nem sempre o sol brilha' e eu mudei para 'Nem sempre brilha o sol' e ficou mais musical. Eu nunca fui compositor, mas sempre fui um ótimo arrumador de letras, fiz isso uma infinidade de vezes. Inúmeras letras que acabei arrumando e nunca reclamei parceria porque sempre achei que isso não dava direito a parceria alguma. A versão dos Fevers ficou horrível". Não foi o que o público achou, ao que pareceu.

Um momento tenso entre as duas gravadoras aconteceu quando Tony acompanhou Celly para uma apresentação no *Programa do Chacrinha*. Os Fevers estavam escalados para cantar depois da cantora. "O acordo foi Celly entrar com *Mar de Rosas*. De repente, chega o produtor e diz que ela ia cantar a última versão de *Banho de Lua* e ela ficou furiosa. Mas não tinha jeito, a Odeon já havia combinado com a Globo que os Fevers fariam *Mar de Rosa*, uma puta sacanagem com minha irmã. Portanto, foi bem conturbado e a sua gravação acabou engolida".

Sem a retaguarda da Continental e chateados, depois de sete meses, os dois irmãos pediram rescisão dos seus contratos. "Se não bastasse a falta de divulgação, tivemos alguns problemas com a direção artística da gravadora, erros da parte deles, como editar um disco de Celly com rotação errada, um problema de prensagem que descobri em outros títulos da Continental. A gente gravava em dó maior e quando ouvia o pick-up estava sempre com meio tom acima".

Os responsáveis, no entanto, não reconheciam o problema e a responsabilidade por aquele resultado: "Ah, pode ser que o seu pick-up está com rotação errada", diziam a Tony, quando ele reclamava. "Mas acontece que vi isso em dez aparelhos diferentes. Depois ouvi o mesmo defeito no disco da cantora Joelma e expliquei que isso era um problema na parte industrial".

O defeito na prensagem não seria corrigido nem mesmo depois da evolução tecnológica dos toca-discos. "Eu reclamo até hoje porque algumas rádios quando tocam músicas dessa época, a equalização fica completamente diferente do original. Na voz humana, não é difícil perceber quando está fora da rotação para cima – para baixo é mais raro. As masculinas, com graves mais acentuados, não se percebe, mas nas femininas isso fica terrível".

Aconteceu em alguns compactos que Tony produziu. "Foram erros técnicos na verdade. Reclamei, tiveram de fazer outra cópia com supervisão minha, porque era difícil me passar a perna ou me enganar nessa parte técnica, eu já era profissional, tinha uma década de experiência na Odeon, isso acabou desagradando o diretor artístico Júlio Nagib, que reencontrei na Continental. O cara tinha um problema pessoal comigo".

Sim, Nagib, aquele que tentou impedir Celly de gravar *Estúpido Cupido*. "Aprendi que para ser um bom diretor ou produtor de disco a pessoa precisa ser surda de um ouvido e burra do outro e esse daí era o homem certo. Mas ele não era bobo não, sabia que tinha erro, mas era aquele cara que nessa altura defendia seu salário e jamais admitiria que aconteceram erros na sua administração". Tony perdeu a paciência. "Por tudo isso, resolvi sair, pois não tinha mais o que fazer lá dentro".

Antes que ele saísse, Celly gravou mais seis faixas que formaram o LP *Celly Campello – Mar de Rosas*, que viraria raridade entre os colecionadores, porque vendeu pouco. Diagnóstico implacável veio de Odair Inácio de Primo, Chefe de Vendas da gravadora: "O disco teve um retorno totalmente frustrado e decepcionante. Foram prensadas somente mil cópias. O resultado foi pavoroso. Nem essas foram vendidas".

Com nome no mercado como produtor depois de sete anos, Tony imaginou que não demoraria a conseguir novo emprego. Estava enganado. "Achei que as coisas seriam fáceis em qualquer gravadora. E descobri como é difícil conseguir emprego quando se está desempregado. Ainda mais eu que tinha feito sucesso na Odeon". Pela primeira vez na vida, com família para sustentar, ele enfrentaria até então o período mais difícil de sua vida.

Enquanto isso, mesmo decepcionada por causa da passagem pela Continental, Celly não rechaçava convites para se apresentar desde que se mudou para Campinas. E nem de dar entrevistas. Não admitia que queria voltar, porém. Jamais faria isso, aliás. Mas passou a se contradizer cada vez mais. Enquanto o crítico de cinema Rubens Ewald Filho escrevia no *Jornal do Brasil* que ele, com orgulho, fazia parte da "Geração Celly Campello" – detalhe, ela tinha naquele momento apenas 29 anos –, sempre que aparecia alguma demanda, ela aceitava viajar para algum show, quando cantava o que todos queriam ouvir: seus antigos sucessos.

Ela surpreendia o público por fugir do estereotipo do roqueiro drogado e com roupas de hippies, além de bêbados. Era o que se esperava de quem cantasse aquele gênero de música. Celly subia ao palco com roupa comportada de dona de casa e mãe de classe média e um corte de cabelo "careta". Não impedia, no entanto, de aparecer oportunidades com bons cachês, graças ao tamanho dos eventos mais conservadores que lhe ofereciam.

No dia 27 de outubro de 1971, por exemplo, foi a principal atração da badalada III Exposição Feira Agropecuária e Industrial de Ponta Grossa. O evento foi realizado no decorrer de quatro finais de semana daquele mês. Em outros dias, apresentaram-se nomes famosos como Sérgio Reis e Nelson Gonçalves, entre outros. As mesmas oportunidades não tinha Tony. Aos 35 anos, não tinha mais a quem pedir ajuda. "Fiquei meio no limbo, como cachorro que cai do caminhão de mudança".

Uma luz, então, surgiu. "Foi aí que me juntei com dois amigos como produtores independentes e fomos prestar serviço na Fama Records. Fizemos meia dúzia de compactos, dois ou três LPs e vi como era difícil, a gente chegou antes da hora, aquele tipo de aventura só se solidificaria nos anos 1980 e 1990. Mesmo assim, continuei ligado com as coisas de discos". A situação, porém, ficou complicada. "Eu me virei de todo jeito e passei a me apresentar em circos por todo o estado de São Paulo. Hoje, vejo que foi interessante para minha formação humanista, conheci um pessoal sofrido, vida de artista de circo nunca foi fácil".

Pelo menos uma vez, ele deixou seu cachê com o dono. "A situação era bem difícil, abri mão da minha parte porque passei em uma barraca atrás da lona e vi cinco crianças dormindo em condições precárias e alguém me disse que eram filhos do dono. Queria ajudar porque estavam precisando mais do que eu". Em uma de suas buscas por trabalho, Tony tinha passado pela Gravadora Philips, cuja sede ficava na Avenida 9 de Julho. Um antigo desafeto seu olhou para ele e perguntou: "O que você veio fazer aqui?". O produtor respondeu, depois de concluir que aquela pessoa não o contrataria: "Vim tomar seu lugar".

E a luta por um emprego continuou. Até que, no momento em que se preparava para tomar uma difícil decisão, voltar a viver em Taubaté, aconteceu algo que já não esperava. Um amigo da primeira geração do rock veio socorrê-lo. "Estava sem trabalho e apareceu em meu apartamento, na Amaral Gurgel, Wilson Miranda. Era agosto de 1972 e ele tinha sido um dos grandes cantores da primeira fase do rock nacional e trabalhava com Osmar Navarro, na RCA Victor, como produtor e chamou para me juntar a eles".

O convite não podia ter chegado em melhor hora. "Eu pensava em voltar a morar em Taubaté ou passar a cantar em bares da capital e ele me convidou para trabalhar em sua equipe. Peguei a missão para cuidar de um Sérgio Reis em fim de contrato (e carreira) e sugeri que ele gravasse *O Menino da Gaita*. E foi assim que mudei o rumo da vida dele e da minha também". Na verdade, Tony ficaria responsável por cinco artistas, cuidaria da produção dos seus discos e Sérgio Reis estava entre eles.

Até então, Reis mantinha como carro-chefe de seus shows *Coração de Papel*, de cinco anos antes, e outras músicas menos conhecidas suas da jovem guarda. Cantava não apenas suas composições, mas sucessos de outros compositores do movimento, como Roberto Carlos. Graças a Tony, de roqueiro Reis viraria sertanejo e renasceu como uma fênix para o mercado musical brasileiro. Os dois, como foi visto, conheceram-se quando o primogênito dos Campello produziu seu grande sucesso *Coração de Papel*.

O produtor não esqueceria o detalhes desse reencontro tão importante para os dois: "Não só levei ele para gravar sertanejo como dei três dias para vir à minha casa de lenço, bota e chapelão de vaqueiro me convencer de que tinha incorporado o gênero de corpo e alma". Afinal, era preciso ter uma aparência diferenciada para cantar nessa fase. Ou seja, tinha a ver com a necessidade de o cantor adotar um estilo mais caipira para enfatizar que ele tinha uma ligação forte com a música sertaneja.

Reis cumpriu direitinho a orientação: "No segundo dia, ele bateu aqui na minha porta devidamente paramentado, abriu um sorriso e perguntou: 'Tá bom assim, chefinho?'. Ele me chamava de chefinho. E eu disse: 'A fantasia está boa, mas você precisa agora cultivar a alma de sertanejo. Precisa de alma e coração para dar certo, isso é que vai ser importante". E *O Menino da Gaita* explodiu. A música era de autoria do cantor e de Fernando Arbex ("Era um rapaz/Olhos claros bem azuis/andava só/Com uma gaita em sua mão/Ouça sua linda canção/ Olhos tristes no chão").

Antes de Reis gravar seu primeiro LP do gênero, Tony fez com ele três experiências em compactos: *O Menino da Gaita, Menino da Porteira, João de Barro* e *Rio de Lágrimas* – mais conhecida por *Rio de Piracicaba*. Quatro êxitos extraordinários e raros na história da música brasileira. nenhum artista tinha lançado até então um pacote com tão impressionantes sucessos. "Depois do terceiro êxito, fui à direção da RCA e disse que queria fazer com ele um disco só de sertanejo". Nem precisava avisar, pois o comando sabia das vendas.

E o repertório Tony tinha na sua casa desde a época da Continental porque uma das coisas que chegou a falar com Celly era gravar um LP só de sucessos sertanejos dos dois, porque tinham gravado *Canário* dez anos antes e sido um êxito tão grande, a ponto de dar aos dois o cobiçado troféu *Chico Viola*. "Eu achava que podia fazer à minha maneira, sem machucar o sertanejo, fazer isso com um disco nosso e com respeito".

A ideia tinha a ver com o fato da Continental ter se afastado da MPB para focar no sertanejo. Mas ele saiu antes de fazer o disco com a irmã. "Aqueles imbecis nem chegaram a saber disso e engavetei o projeto", afirma o produtor e roqueiro. E veio o reencontro com Reis. "Quando cheguei, Sérgio Reis estava para ser dispensado porque tinha feito dois compactos que nem a mãe dele gostou, provavelmente menos ainda a mulher também".

A retomada de Reis com Tony animou os dois: "As coisas aconteceram e fizemos um disco que teve sucesso. O lenço que ele está usando na capa desse LP era meu, eu tinha essa onda de usar porque me apresentava em circos, onde o pessoal se virava bem na luta pela sobrevivência, inclusive o pessoal da jovem guarda, que estava fora das gravadoras, rádios e programas de TV".

Depois de O Menino da Gaita no topo das paradas do interior de todo país, veio o arrasa-quarteirão Menino da Porteira, que fez tanto sucesso que virou filme homônimo a partir da trágica e melodramática letra da composição de Luizinho e Teddy Vieira. "Dei para ele todo aquele repertório que tinha pensado em usar com Celly", diz o produtor.

Tony também trouxe de volta a banda de rock Os Incríveis, formada por músicos talentosos e que tinha se dissolvido no final da década anterior. "Eu os reorganizei e o grupo tinha apenas três componentes originais, porém os mais importantes, Mingo, Nenê e Risonho, e passamos a gravar um sucesso atrás do outro". Ele conta que Mingo fazia base para ele como músico em vários discos e Nenê começou a cuidar da base e do baixo. Ou seja, tinham se tornado músicos de estúdio que acompanhavam vários artistas.

Por que não trazer a banda ao mercado? "Os dois eram excelentes. Conversando comigo sobre uma possível volta da banda, trouxeram Risonho e fizemos um compacto". Em seguida, foram produzidos dois LPs com o título Os Incríveis Mingo, Nenê e Risonho. "Depois, Mingo faleceu e isso foi uma merda para todos nós e a banda acabou novamente". Dividido entre gravações de rock e sertanejo, Tony lançou Leo Canhoto e Robertinho, de quem produziu os dois primeiros LPs.

Nesse período, Fred Jorge fez bastante sucesso com suas versões, inclusive na jovem guarda, quando ganhou vários concorrentes. Passou anos bastante ligado a Roberto Carlos. Arriscou-se como compositor e fez uma das músicas gravadas por Roberto Carlos em seu disco de 1970, A Palavra Adeus. Nas duas décadas seguintes, faria mais de cem músicas, com mais quatro gravadas pelo agora "Rei": Não Adianta Nada, Todos os Meus Rumos e Recordações e Mais Nada – em parceria com o cantor, quando este tinha rompido com Erasmo Carlos.

Aos poucos, cansou-se de tudo aquilo e buscou outras formas de prazer com a escrita. Espírita militante, escreveria depois a primeira biografia de Chico Xavier, lançada em 1972. Como jornalista profissional, publicou várias biografias que venderam bastante, como A Vida de São Judas Tadeu e A Vida de Arigó. Ao mesmo tempo, trabalhava na Rádio Capital como produtor-executivo até se transferir para produção de discos na CBS. Mantinha a amizade com Tony.

O irmão Nelson Filho admira a dedicação integral de Tony em tudo que realiza na área musical. "Ele ajudou artistas como produtor que hoje são famosos a se projetaram, tinha essa natureza de bondade". Em meio a essa rotina intensa, ele, claro, não tinha esquecido da irmã. E assim que foi efetivado na RCA Victor, tratou de levar seu nome para a direção, que foi convencida a assinar contrato com Celly para gravação de dois compactos, inicialmente.

Era o ano de 1972. Precisamente uma década tinha se passado desde que Celly largou a música pela primeira vez, para se casar. Deveria ser para sempre. Em seu conflito interno, portanto, topou tentar a terceira volta, depois do disco de 1968 na Odeon e as gravações na Continental em 1970, com o sétimo LP. Na nova gravadora, Celly teve um dos momentos mais intensos de sua vida, enquanto chegava aos 30 anos de idade, em junho. Não porque tivesse colocado algum sucesso nas paradas. Era o momento do início do reconhecimento de sua importância histórica para a música brasileira em diversos aspectos.

Em abril de 1972, a revista-tabloide *Bondinho*, principal veículo da contracultura e da luta dos artistas contra a ditadura em São Paulo, trouxe uma extensa entrevista com a cantora, cuja autoria não vinha identificada. O texto começava com uma curiosa observação: "Antes da entrevista, um momento de deleite para nossos amigos, uma recordação: *Banho de Lua!*". E seguia a letra quase completa da música, para refrescar a memória dos leitores.

A primeira pergunta foi para saber quais eram os "planos" de Celly naquela terceira retomada da carreira. "Mil planos aí. O que eu fiz já passou. Então, fico no ritmo da juventude, Roberto, música de Caetano, entende? No atual, agora. E vou aproveitar a oportunidade pra fazer um pedido aos dois. Por favor, Caetano e Roberto, mandem para mim, urgentemente, músicas especiais pra eu gravar!". Ao que se sabe, os dois não mandaram – e talvez não tenham lido o seu apelo.

O repórter observou que ela tinha parado de cantar em 1962 e depois houve um "ensaio" de volta em 1968, quando morava em Curitiba e tinha ido a São Paulo fazer uns programas de televisão e gravar um LP na Odeon. Celly o interrompeu para comentar: "Por sinal, o LP está excelente. Foi uma pena que não foi para frente, não teve divulgação". Daquela vez, porém, seria diferente, prometeu. E anunciou uma "volta pra valer". Ela explicou: "Eu voltei em junho do ano passado, com a versão de *Rose Garden*".

Referia-se a *Mar de Rosas*, lançada pela Continental e que levou à briga com os Fevers. A cantora recordou que, em 1970, foi morar em Campinas, após a transferência do marido da Petrobras de Curitiba. Com a proximidade da capital, veio a ideia de tentar de novo. "Tony estava na Continental como produtor, apareceu *Rose Garden*, gravei a versão feita pelo Rossini Pinto".

Em uma das fotos da entrevista apareciam a "rainha" Celly e em outra Tony e Celly no Studio V, do disc-jockey Sossego, durante a gravação de *Mar de Rosas* para a Continental. Nesse mesmo dia, ela gravou *Put Your Hands in the Hands*. "Em agosto lançaram as músicas anteriores também. Com capinha (do compacto) colorida". Mas o disco não entrou nas paradas, observou o entrevistador. "Não sei o que aconteceu; não trabalharam o disco".

Depois apareceu *It's Too late*, de Carole King, que fez um grande sucesso, segundo ela. "Até a cantora Joelma gravou versão disso. O diretor queria que eu gravasse essa música, mas não é o meu estilo. É uma música assim... soul, como eles dizem agora. Tony sempre diz: 'Cê tem um estilo que não adianta querer mudar, teu negócio é cantar direitinho, certinho'".

Bondinho observou que, durante a entrevista, Tony estava quieto no canto. "Vem contar os seus planos para a volta de Celly", pediu o repórter. "Eu acho que tá na hora mesmo da Celly voltar, porque a juventude está se interessando pelo que se fazia em música dez anos atrás. O pessoal que lançou o rock está sendo lembrado hoje em dia. Lá nos EUA eles chamam esse movimento de 'nostalgia'. Mas eu acho que se a gente quiser prosseguir tem que dar alguma coisa nova ou renovada dentro daquilo que a gente fazia".

Quando o rock and roll surgiu, disse o entrevistador, havia uma diferença entre o rock brasileiro e o americano, que era mais agressivo, "enquanto você e Celly cantavam mais suave". Tony respondeu o que aconteceu, na sua opinião: "Aqui nós não tivemos o problema que lá gerou uma juventude dita 'transviada'. Lá nos EUA, eles tiveram o problema do pós-guerra e isso influiu para que a geração viesse a contestar logo".

Tudo tinha mudado radicalmente nos últimos anos, porém. "Hoje já se observa isso em quase todas as áreas da juventude, tanto que o que se faz em matéria de música é praticamente o que melhor espelha o que acontece no mundo". Como produtor da irmã, ele achava que ela tinha que prestar atenção em muita coisa do que se passava "por aí" – a observação tinha a ver com o seu isolamento doméstico de dona de casa, que parecia alheia ao que acontecia no mercado musical brasileiro, e o modo "careta" de se vestir.

Mais que uma provocação ou cutucada, Tony aproveitava para cobrar dela uma postura mais participativa, de se informar, pois o mundo tinha mudado demais desde que ela parou para se casar. E trocar o figurino, atualizá-lo – não que devesse entrar na onda do sexo, drogas e rock and roll. Ele não disse, mas a cantora se encaixava no rótulo de alienada tanto em suas ideias quanto na postura no palco. Parecia que ela tinha passado dez anos em um abrigo nuclear e foi libertada. "Eu acho que a gente tem que participar hoje de uma porção de coisas. As coisas não são como dez anos atrás", prosseguiu Tony.

Celly nada comentou e nem reagiu. Talvez não tenha captado a mensagem do irmão. A revista quis saber como a carreira da cantora começou e ela narrou a história cor-de-rosa que os fãs conheciam. Em seguida, cantou seu primeiro sucesso, *Estúpido Cupido*, o que deixou o repórter em êxtase: "Sensacional, Celly! Isso marcou época. Quem não se lembra?", observou, eufórico. Ela comentou: "Foi mesmo uma coisa bacana, né? Eu criei um estilo assim (de cantar e me comportar)... não tinha malícia, era um negócio puro".

Aquela música já antecipava tudo, segundo ela. "Fred Jorge fez a versão e ele seguia uma linha, sabia que Celly Campello tinha que seguir aquele tipo de letra: era namoradinho que brigava, ou era mamãe que não gostava que namorasse, eram letras bem infantis, mas que atingiram também o público adulto", destacou *Bondinho*.

Uma pessoa que Celly disse que gostaria de lembrar era Carlos Gonzaga, que andava distante das gravadoras e dos palcos fazia anos. Generosa, disse: "Acho que não podemos esquecer dele. Ele cantava *Diana* e *Oh, Carol!*, músicas de Paul Anka e de Neil Sedaka. Ele gravou as versões em 1957. E nós surgimos em 1958". Queria destacar, portanto, seu pioneirismo.

Claro que não podia faltar a pergunta de sempre: "Por que você parou no auge?". Dessa vez, deu a resposta um pouco diferente, sem o romantismo entusiasmado de antes: "Eu já namorava Eduardo desde os 15 anos. E quando assinei o contrato, ele não queria, mas eu dei um jeitinho. Eu só ia cantar e gravar até que a gente se casasse. E não me arrependo, sou feliz com ele".

Só mais uma pergunta, pediu o repórter. Ele queria saber se Celly soube que Gilberto Gil compôs uma música que falava dela no período em que esteve exilado em Londres, entre 1969 e 1971, e que seria gravada naquele ano. "Eu soube, sim, e quando Tony me disse, nossa! Eu fiquei... isso pra mim é uma alegria imensa. E eu espero um dia encontrar Gil e agradecer. Depois do fim da entrevista, entravam os primeiros versos de *Back in Bahia*, de

Gil, ainda inédita:

Lá em Londres,
Vez em quando eu me sentia longe daqui
Vez em quando,
quando me sentia longe,
dava por mim
Puxando o cabelo nervoso,
querendo ouvir Celly Campello
pra não cair
Naquela fossa
em que vi um camarada meu
de Portobello cair

    Não era a primeira vez que a nova geração mais ligada em MPB e rock rendia homenagem a ela. Um dos reconhecimentos pela influência de Celly naquela década que tinha terminado foi, sem dúvida, a regravação de *Banho de Lua*, em 1969, pelo grupo tropicalista Os Mutantes – a faixa abria o lado B do segundo álbum, *Mutantes* (sem o artigo).
    Para sua alegria, o citado encontro que ela gostaria de ter com o cantor e compositor baiano aconteceu dois anos depois. Eles foram reunidos pelo jornal *Folha de S. Paulo* e a reportagem saiu publicada no dia 22 de maio de 1974, com o título "Gil e Celly: 15 anos depois, o encontro". O repórter abriu com a justificativa daquela reunião: "Gil admirava Celly. Celly admirou Gil. A admiração de Gil por Celly começou, obviamente primeiro".
    Vinha desde os tempos de colégio em Salvador. "Nesta época, ela fez show em Salvador e ele foi vê-la. Curtia o trabalho dela. Depois, já famoso, fez uma música onde ela entrava, logo que voltou de Londres (em 1972): *Back in Bahia*". Um tanto tímido, Gil citou o trecho da música: "De vez em quando dava por mim, nervoso, querendo ouvir Celly Campello...". Escreveu a *Folha*: "Mas aí Celly já era, fazia tempo, sua fã" – o que ela tinha dito em entrevistas.
    O jornal afirmou que, uma vez que ela voltara recentemente à vida artística depois de dez anos de afastamento e acabado de gravar um compacto na RCA, onde preparava um LP, "a gravadora resolveu promover um encontro dela com seu admirado-admirador". Antes de prosseguir, disse o repórter, era necessário que se abrisse um parêntesis na história para informar que o novo compacto da cantora se constituía no seu primeiro trabalho para a gravadora.
    De um lado, vinha (o "adulto") *Cada Dia Fica Mais Difícil Não Te Ter do Meu Lado*, de Zé Rodrix e Tavito; do outro ("A Celly de antes, o lado comercial"), *Onde Você For*, de John Rostili, versão de Fred Jorge". Fechava o parêntesis. "E agora, depois de um grande abraço, aí estão eles, um ao lado do outro, num sofá de uma saleta do hotel em que Gil se hospeda. Ela, meio tímida, as faces enrubescidas, as mãos cruzadas no colo. Ele, como sempre, à vontade, os pés cruzados em cima do sofá em postura ioga, um copo de Cinzano

nas mãos".

Celly, dizia a reportagem, não era mais o brotinho que ameaçava enfeitar seu sapatinho com um laço cor-de-rosa. "Seu rosto ainda lembra o de um brotinho, mas uma sombra de maturidade paira sobre ele e sobre suas maneiras. Inverteram-se as posições e agora o astro é Gil, que, passadas as primeiras efusões e se sentindo pouco à vontade de Celly, resolve entrevistá-la".

Sorrindo, pediu ele: "Me diga, Celly, como é que foi que começou tudo? (Sorrindo e torcendo as mãos)". Ela descreveu sua carreira como um conto de fadas: "Lá na minha cidade (Taubaté) eu cantava em tudo o que era festinha, mas nunca pensei em cantar profissionalmente. Queria fazer filosofia (fiz até o terceiro clássico e parei). Meu irmão, sim, que era louco para se profissionalizar e tanto fez que Mário Genari Filho conseguiu (em 1958) um teste para ele na Odeon".

Ela contou resumidamente o que aconteceu depois que subiu ao estrelato. Lembrou até como os dois irmãos adotaram nomes artísticos. Gil observou que a dupla fez filmes com Mazzaropi. Ela confirmou que foram dois longas. O cantor quis saber quantos discos (cópias) Banho de Lua chegou a vender. Ela chutou bem para baixo, 30 mil cópias. "Para a época, isto era uma loucura. Ficou uns dez anos nas paradas", acrescentou. Gil fez questão de destacar que aquela música tinha sido importante "para nós (grupo baiano) porque marca toda uma época: o início do rock no Brasil".

Gil prosseguiu com os questionamentos: "Com que idade você está agora, Celly?". A pergunta indiscreta não partiu do baiano, mas da repórter. Esta continuou: "Dizer que Celly recebeu (a pergunta) com naturalidade seria falsear a realidade. Enrubesceu. Hesitou. Torceu as mãos. Gil não aguenta a aflição: 'Diga lá menina. Não se importe não. Celly está com 30 anos'. "Não (Olhos baixos), eu não me importo. Mas também não precisam ficar insistindo neste ponto. Não me importo de dizer. Todo mundo está mesmo cansado de saber. Toda entrevista que eu dou, fazem questão de frisar que eu tenho 30 anos, sou casada, mãe de dois filhos...' (Resignação)".

A repórter volta a investir: "E seu marido? Ele não se incomoda que você volte a cantar?". Celly garantiu que não. Depois alguns segundos em silêncio, prosseguiu: "Não, ele não se importa. Ele dá palpite, ajuda a escolher o repertorio. Não, ele não se importa. Agora as crianças já estão crescidas (uma menina de dez anos e um menino de nove), já dá para a gente fazer alguma coisa...".

Gil deu início, então, a um pequeno discurso filosófico-existencialista: "Antigamente, a sustentação do mito exigia toda essa coisa fora da realidade. Principalmente a mulher, não podia envelhecer, casar. Mas hoje em dia está tudo reduzido à essência do trabalho. Quanto mais pessoa o artista for hoje, melhor. A vida é mais importante do que a carreira. E hoje em dia os trabalhos são confessionais, existenciais".

Virou, então, um advogado de defesa da cantora: "O relançamento da Celly... Eu acho devia ser mais sobre o real dela. Ela é uma mulher feliz. Parou porque quis, para fazer outra coisa, com alegria. Agora voltou, porque quis, com a mesma alegria. Não sei sentir o trabalho de Celly de outra maneira: ela sempre transmitiu alegria". Depois que Gil concluiu suas ponderações, Celly fez confissões para o jornal: "Mas, quando venho para cá (ela mora atualmente em Campinas) fico sempre preocupada com as crianças. A gente que é mãe acha que ninguém sabe cuidar dos filhos como a gente, cozinhar com o tempero que eles gostam...". E novo parênteses da repórter da Folha: "(Sempre com a postura digna de uma jovem senhora bem-comportada). Gil Sorri".

À medida que os filhos cresciam, Celly se sentia cada vez mais segura para continuar a cantar com mais dedicação e até disposição para shows. Tanto que aceitou participar do Festival de Música Popular Brasileira de Juiz de Fora, Minas Gerais, idealizado por Mauro Motta e realizado desde 1968. Embora fosse no interior, como os grandes festivais das emissoras de TV tinham praticamente acabado em 1972, tornou-se o mais importante evento nesse formato nos últimos anos.

Ao longo de suas edições, desde a primeira, em 1968, reuniu em Juiz de Fora grandes nomes da MPB – Elis Regina, Clara Nunes, João Nogueira, Gonzaguinha, Ivan e Lucinha Lins, Joyce, Sá, Rodrix e Guarabyra, Carlos Imperial, João Bosco, Aldir Blanc, Alaíde Costa, Erasmo Carlos, Chico Buarque etc. Celly participaria exatamente no ano do Desbunde de 1972, quando os hippies e descolados de todo país buscavam por liberdade e eram perseguidos, presos, espancados e tinham suas cabeças raspadas.

O evento foi realizado no fim de semana dos dias 31 de agosto e 1º e 2 de setembro. O coordenador artístico, o jornalista Júlio Hungria, decidiu incluir em paralelo um debate sobre a velha polêmica das cobranças e do pagamento de direito autoral no Brasil. A TV Educativa exibiu a apresentação gravada no Cinema Central da cidade, com todas as 16 finalistas, às 21 horas, no dia 2 de setembro.

O júri, que deveria ser presidido por Nara Leão – mas ela não compareceu –, foi composto por Sérgio Cabral, José Arrabal, Marcos Valle, Artur da Távola e Ivan Lins. Mas o público estava mais interessado em ver os shows programados para os três dias, com nomes de projeção como Edu Lobo, Chico Buarque, MPB-4, Clara Nunes, Celly Campello, Lô Borges, Som Imaginário, Sérgio Ricardo, Milton Nascimento, Tim Maia, Martinho da Vila, Luiz Gonzaga, Jorge Ben, Paulinho da Viola, Ivan Lins e Egberto Gismonti.

Os principais jornais do país mandaram repórteres da área musical para acompanhar o festival. A competição foi considerada diferente das outras, sem aquele espírito de que importava apenas vencer, em que os concorrentes apelavam o tempo todo para bajular um público que nem de longe estava ligado em música e só queria saber quem seria o vencedor daquela briga de foice, como escreveu um crítico.

Sérgio Ricardo abriu o festival. Chico deveria se apresentar em seguida com MBB-4, mas não apareceu, para ira do público. Paulinho da Viola, amado pelo público e pelos companheiros, fez dois shows maravilhosos: um no palco do Cine Brasil e outro no bar ao lado até o sol nascer, cercado de colegas e fãs. Ivan Lins cedeu parte do seu tempo para apresentar a importante figura de João Bosco, ainda desconhecido. Milton Nascimento apresentou-se com grande sacrifício, mal podia se aguentar de pé – nenhum jornal explicou o motivo.

O irreverente Jorge Mautner foi o melhor no palco, para alguns. Edu Lobo também faltou, mas o público não reclamou a sua presença, como ironizou O Pasquim. Egberto Gismonti foi a Juiz de Fora, mas na hora da sua apresentação, deu uma desculpa desconexa para Júlio Hungria. O diálogo foi testemunhado por um jornalista: "Não sei não, Júlio, hoje não estou a fim (de cantar). Acho que não vou subir ao palco". E Júlio: "Você é quem sabe, Egberto". Menos de 24h depois ele apareceu como jurado do Programa Flávio Cavalcanti, na TV Tupi.

Além do rock rural de Sá, Rodrix e Guarabyra, a imprensa destacou o "espetacular" retorno de Celly Campello aos palcos – ela se apresentou acompanhada de Sá, Rodrix, Guarabyra, Jorge Amiden (fundador dos grupos O Terço e Karma) e Jards Macalé. A cantora simplesmente roubou a cena com sua impressionante afinação e matou a saudade de quem tinha mais de trinta anos, com seus clássicos como Estúpido Cupido, Banho de Lua e Broto Legal, entre outros.

E um detalhe ajudou para que todas as atenções fossem voltadas a ela. Na mesma semana do festival, chegou às bancas de todo país, no dia 29 de agosto de 1972, a edição do jornal O Pasquim com a entrevista que Tárik de Sousa fez com ela em seu apartamento na cidade de Campinas. A conversa era destaque em toda a capa daquele número, com o título: "Entrevista com Celly Campello – O Estúpido Cupido ataca novamente".

Naquele momento, a publicação vendia mais de 200 mil exemplares por semana, ajudada por sua postura de total enfrentamento à ditadura, que levou à prisão de toda a redação no final de outubro de 1970. Lida por intelectuais, artistas, estudantes e todos os contrários ao regime militar, a edição trazia a conversa que teve importância fundamental para tirar Celly do limbo histórico. Por quase 15 anos, era a primeira vez que um crítico identificava traços de rebeldia na garota que cantava letras maliciosas e todo mundo não desconfiava ou dava bola, diante da imagem de menina de família que tinha estabelecido para si.

Não apenas isso. Com a reputação de um dos grandes jornalistas musicais da nova geração, Tárik escreveu uma introdução à entrevista que atestava definitivamente o quanto Celly fora importante para a música brasileira, sua geração e a vida cultural do país. Exatos 50 anos depois, o jornalista recorda para este livro que não teve dificuldade alguma para aprovar o nome de Celly para ser a entrevistada – no que era a seção nobre do jornal.

Em especial, porque na reunião de pauta havia um fã devotado e entusiasmado dela, o cartunista Henfil. "O argumento que usei foi de sua importância histórica na nossa música. O Pasquim era uma tribuna livre, e não havia resistência a nenhuma ala da MPB". O jornalista não se esqueceria de que, durante a entrevista, que fez sozinho, sem a costumeira turma do jornal, Tony Campello também estava presente, a convite da irmã. "Ele era uma espécie de mentor de sua carreira. Depois, ficou satisfeito com o resultado e sempre me agradecia pela entrevista", acrescenta.

Tárik destaca que, "apesar de recatada, Celly tinha uma voz adolescente de soluço sensual, que se impunha, mesmo nas versões de rock balada que ela enfileirava. Foi um padrão para o início do rock nacional, tanto que as gravadoras procuraram concorrentes nas vozes das iniciantes Elis Regina e Sônia Delfino. Ela foi a verdadeira mãe do rock nacional, uma década antes da Rita Lee". O jornalista escreveu na abertura: "Milk-shakes, hot-dogs, playboys e lambretas adornavam capas e programas da 'rainha dos brotos', uma das primeiras estrelas formadas pelo disco e a TV, sem a obrigatória passagem pelo rádio".

Ele incluiu, na apresentação, o trecho da música *Back to Bahia*, de Gil, em que ele citava a cantora, lançada em disco naquele ano. Bossa nova, prosseguiu ele, "além de méritos, costuma-se atribuir pais e papas. Nesse caso, Célia Campello Gomes Chacon, a Celly Campello, é mãe de Gilberto Gil e Caetano Veloso: prima-dona, histórica, por ordem de entrada em cena do rock and roll nacional. Por certo, até mais que isso: aos 15 anos, audaciosa em suas calças compridas, mocassim sem meia, cabelo cortado à la broto, Celly foi, em 1958, o primeiro ídolo jovem – tratado como tal".

O repórter de *O Pasquim* lembrou que Paulinho Machado de Carvalho, dono da TV Record, temia conflitos (que de fato aconteceram) na instalação das cenas iniciais do rock no auditório de sua emissora. E disse que folhetos da gravadora chamavam Celly de revelação do ano, "na melhor tradição moderna" – como Tommy Stands, Paul Anka, Gene Vincent e Celeste Novaes, 18 anos, autora da primeira letra (em inglês), gravada pela cantora.

O jornalista reconheceu que antes de Celly havia "El Broto", o seresteiro Francisco Carlos, da Rádio Nacional – aquele mesmo que difundiu o termo em um de seus sucessos. "Cronologicamente, Lana Bittencourt e Carlos Gonzaga tinham gravado versões (*Little Darling, Diana, Oh Caroll!*) do que seria a estreante música da juventude, nascida por volta de 1954, nos EUA. Mas, Celly, "física e espiritualmente, encarnava boa parte da classe média jovem brasileira, encerrada em apartamentos (na zona sul) e/ou festinhas (na norte), principalmente para cantar temas de suas preocupações diárias, que ainda interessavam ao comércio musical".

Em 1959, com *Estúpido Cupido*, a nova cantora "foi recebida com rótulos e slogans como "a rival de Lana Bittencourt", "uma nova Emilinha Borba". Mas não era uma coisa nem outra. "Seus passinhos miúdos se casavam com a voz aberta e jovial que surgia em meio à estranha versão instrumental do rock brasileiro: acordeon, piano, baixo, bateria, violão elétrico e pauzinhos". Às vezes, disse ele, tratava-se de um mambo-calypso-rock, outras de uma balada-bolero-rock. Variava com a mesma frequência dos gestos da cantora no palco.

Na entrevista, ela recordou sobre seu comportamento no palco, quando fazia shows pelo Brasil: "Eu só mexia os braços, estalava os dedos, ou batia palmas, no ritmo". Para o repórter, "mesmo astro dessa primeira juventude, Celly Campello nasceu predestinada. Uma boneca ("Celly", da Trol), um chocolate ("Cupido", da Lacta) e um cinto (também chamado "Celly") adotaram-na para o consumo. Ela gravou jingles e foi perseguida nas ruas como hoje acontece com Roberto Carlos".

Para ele, Celly foi heroína e vítima das primeiras "sardas" musicais. E se casou, "como acontecia em muitas de suas letras e parou de cantar – como uma estrela nascida, criada e residente em Taubaté". Feliz, sorridente, dois filhos e um marido funcionário da Petrobras, escreveu o jornalista, Celly tinha decidido voltar à música. "De seu belo apartamento numa das principais avenidas de Campinas, lembra o inexplicável fracasso da primeira tentativa, em 1968.

Na entrevista, ela explicou: "A gravadora deu 15 mil (cruzeiros) adiantados (para mim) pelos direitos da vendagem do LP, fez uma festa caríssima na Confeitaria Fasano e não divulgou o disco". No ano anterior à entrevista, ela voltara a gravar compactos, um deles a versão "em ritmo americano" de *Taí*, de Carmen Miranda, como foi visto. Mas ela tinha novas queixas. "Que estará acontecendo?", perguntou ela sobre a dificuldade em retomar a carreira, na sala onde uma estante abrigava 33 troféus, um deles da rádio ZDA, de Assencion Island, base americana perto de Fernando de Noronha.

O que a imprensa não falava e *O Pasquim* destacou foi que desde o começo do ano, a cantora e o irmão Tony estavam na estrada, em shows que rendiam bons cachês a cada um de dois mil cruzeiros por apresentação. Os irmãos tinham cantado em Ilha Solteira (SP), União da Vitória (PA) e Ponta Grossa (PR), com retorno positivo do público "para uma carreira que pouca gente sabe que foi reiniciada", disse ela ao entrevistador, com algum lamento. Essas apresentações aconteceram no momento em que Tony passava por problemas financeiros e depois de suas performances em circos da periferia da capital e pelo interior.

Um mês antes da entrevista, no Teatro Oficina, em São Paulo, Celly cantou "no meio dos hippies", que definiu como "uma gente espalhafatosa, assim, meio malvestida, mas educada". Ela adorou a experiência: "Foi uma coisa que a gente não esperava. Inclusive eu e Tony tínhamos ensaiado poucas músicas, nem pensei em *Lacinhos Cor-de-Rosa*, porque a gente achava que a letra era infantil. Mas, olha, o pessoal aplaudiu tanto... Eles queriam ouvir mesmo eram as músicas velhas".

A maioria ainda se lembrava dela, claro. O que são dez anos para a memória afetiva? "Cantei *Estúpido Cupido*, *Túnel do Amor*, *Tammy*. Nessa, que é lenta, foi um silêncio danado. Cantamos durante uns quarenta e cinco minutos e a reação da plateia, tudo gente de 17, 18 anos, foi sensacional. Até comentei para Tony: estou me sentindo o próprio ídolo outra vez".

O Pasquim quis saber se ela se preocupou antes de subir ao palco com a roupa, como ia se apresentar para aquela plateia longe de ser careta e que não era a que estava acostumada a encontrar em seus shows. Celly respondeu: "Sabe, eu não gosto de roupa, assim, espalhafatosa. Antigamente, o artista não tinha tanto essa preocupação. Eu cantei com uma calça preta e um colete de listra colorido, porque não combina comigo, sabe?".

E pôs-se a comentar sobre moda, algo que a incomodava porque era seu calcanhar de Aquiles, segundo as críticas que lhe chegavam de ser recatada demais. "Por exemplo, Martinha (cantora da jovem guarda), eu acho que se veste bem, em uma linha sóbria, que combina mais com a minha personalidade".

Celly contou que, no início, foi um "escândalo" quando ela colocou calça comprida – era como aparecia na capa do seu primeiro LP, de 1959. "Me lembro que mulher só usava calça comprida em piqueniques, era roupa de passeio. Mas, em geral, eu não me preocupava com isso, entrava e cantava".

Ela falou ainda da emoção de ser escalada para cantar no Festival de Juiz de Fora – o que ocorreria nos próximos dias. "No entanto, é possível que esta simpática dona de casa, de idade que não diz e não aparenta, resolva se prossegue ou desiste", ressaltou Tárik. E foi essa a pergunta inicial que lhe fez: por que resolveu voltar a cantar? "Para dizer a verdade, não sei bem, mas acho que foi a oportunidade. Quando me casei, em 1962, eu morei cinco anos em Tremembé, três em Curitiba, mas agora estou pertinho, aqui em Campinas. Depois, Tony vivia insistindo pra que eu tentasse voltar".

Celly afirmou que tinha uma "coisa" que pouca gente sabia. E contou, pela primeira vez, que, em 1965, foi procurada por Marcos Lázaro que queria oferecer 2,5 milhões de cruzeiros "para estrelar" o programa *Jovem Guarda*, na TV Record. Nesse momento, o marido interrompeu: "Para ver se eles desistiam pedi que fosse dois e meio livres do imposto de renda, que começava a endurecer naquela época. E eles aceitaram. Marcos Lázaro tomou um cafezinho e a xícara tremia na mão dele. Ele dizia que era uma loucura Celly recusar o contrato".

A cantora explicou que seu casamento também estava no começo, com dois filhos pequenos. E fez uma revelação que ninguém sabia e que jamais retomaria em entrevistas: "Estava passando mal, tinha perdido uma criança". Eduardo acrescentou: "Eu achei que era preferível uma conta bancária baixa e um lar tranquilo, que uma conta alta e a vida tumultuada. Agora, nossos filhos já estão grandes, Cristiane tem nove anos ("uma menina esperta, que fica andando pela sala e acompanha a entrevista") e Eduardo, oito anos ("um menino educado, entra e cumprimenta a todos"). "Assim, fica mais fácil trabalhar".

A maior parte das perguntas de Tárik tinha a ver com sua história familiar desde a infância, os programas de rádio e a primeira gravação, em março de 1958. "Eu fui até o terceiro ano clássico, pensava em estudar filosofia e pensava em casar-me. A carreira foi só por acaso mesmo". E o que a teria levado a escolher a música americana para gravar, que era pouco cantada e se gostava de imitar Ângela Maria? "Taí uma boa pergunta, mas eu não sei responder. Talvez por influência de Tony, mas sei lá. Não sei responder".

Desde o início, porém, ela tinha consciência que de que foi a primeira cantora de música jovem no Brasil. "Essa noção eu sempre tive. O problema é que as pessoas esquecem. Eu sempre soube disso". Tárik quis saber por que ela nunca gravou samba. "É como eu disse, não sei. Acho que para o samba precisa ter mais molho, não sei explicar bem isso". A curiosidade de todo mundo, observou ele, era saber se ela ganhou dinheiro: "(Aí, uma gargalhada, apoiando as mãos nas pernas. Celly, que já foi 'uma bolinha' no início da carreira, está magra como nos grandes tempos), ela respondeu: 'Não. Só deu para comprar um apartamento em São Paulo e pôr algum dinheiro no banco. Acontece que o artista, naquela época, não ganhava como hoje".

Eduardo veio em seu auxílio: "Para você ter uma ideia, eu ganhava quinze contos na Petrobras e ela só trinta, naqueles programas de rock da Record". "E o problema da venda de discos?". O marido respondeu: "Bem, sei lá. É difícil dizer. Só sei que antes de Celly parar veio um convite para uma temporada de quinze dias na Itália e quinze na Espanha, além de Portugal. Se havia interesse por ela, é porque estava vendendo discos nesses países, não é?".

A cantora completou: "Além disso, eu era ingênua. Quando vieram me mostrar a boneca [da Troll] e o cinto 'Celly Campello' eu achei que era uma ótima promoção, fiquei contente de ser lembrada, mas nem sabia que podia cobrar por isso". Uma pergunta interessava aos fãs: o que ela ouviu no período que ficou afastada da música: "Continuei (a ouvir) sim. Dos novos, eu gosto dos Beatles, mas só tenho um LP deles (a banda tinha surgido em 1962 e se dissolveu dois anos antes daquela entrevista). Engraçado, com Elvis é a mesma coisa, também gosto, mas só tenho uns dois discos. Tenho muitos de Dionne Warwick, de Nancy Wilson, Jackson 5, Tom Jones – ah! meu Deus! Do B. J. Thomas".

Entre os brasileiros, fez uma pausa antes de responder. "Deixa eu ver... engraçado, nem os últimos LPs de Ângela Maria eu tenho. Tenho Roberto Carlos, tenho um do Caetano, o que tem *Alegria Alegria*, acho que é só. Eu gosto de Cláudia, da Elis Regina, mas não compro disco". Do "novo" rock feito no Brasil, Celly gostaria de gravar um disco com alguns sucessos. E antecipou algo que não aconteceria: "Pensar eu pensei, acho até que Caetano e Roberto vão fazer músicas novas para mim".

E a entrevista chegou ao fim. Na semana seguinte à sua publicação, a conversa mereceu uma nota escrita por Henfil, então uma celebridade nacional por causa de seus cartuns de resistência contra a ditadura militar, no auge da repressão contra os opositores políticos. Com o Presidente Médici no comando da nação. Henfil participou como espectador do Festival de Juiz de Fora e saiu em defesa da cantora e isso rendeu seu desabafo.

Na plateia, ele se irritou contra quem a criticava por cantar rock. "Vocês leram a entrevista de Tárik de Souza com a dona Celly Campello? Lá no Festival de Juiz de Fora ela deu um show de ajuntar criancinhas. Mas, criaturas agressivas (entre elas uma loura de dentaduras) bufavam e babavam querendo esganar a vó de Gilberto Gil em defesa do samba que eles dizem preservar. Essas múmias estariam com a razão não fosse o aspecto apenas jornalístico que cercou a apresentação de dona Celly".

Henfil disse mais: "E eu vi, ninguém me contou, a tal loura de dentaduras xingando com a boca e marcando o ritmo com os pés. Mostrei a loura pro Jaguar e ele apenas vomitou". O detalhe nessa observação era que embora ele a chamasse de vó de Gil, os dois tinham a mesma idade – ambos nasceram em 1942.

Celly também voltaria a ser destaque no começo de dezembro do mesmo ano, quando a RCA lançou o LP *Implosão do Rock*. O título do disco foi tirado da demolição um pouco antes do Edifício Triton, em São Paulo. A antologia reunia nomes brasileiros como Celly, Eduardo Araújo, Silvinha, Made in Brazil e Waldir Serrão, roqueiro baiano amigo de infância de Raul Seixas. Celly participou com a bela versão em ritmo country *Onde Você For (Let me be there)*.

Em 1973, uma coletânea de seus grandes sucessos, com o título *Celly Campello Anos 60*, mostrou que a relação com a Odeon – que tinha virado EMI – continuava boa, mesmo com uma capa sofrível, em que a cantora aparecia retratada por um ilustrador de qualidade duvidosa. Todas as faixas tinham sido gravadas entre 1958 e 1961 e passaram por um reprocessamento eletrônico conhecido por Fake Stereo, e o LP saiu pelo selo Odeon-Coronado.

A gravadora aproveitou para relançar o compacto simples com *Canário*, a mesma que ela cantava com Tony, lançada no final de 1961. Era um aceno de paz com ela, depois do embate de bastidores para impor *Mar de Rosas* dos Fevers? Talvez, mas ela nunca mais voltaria a gravar no selo que a lançou como cantora 15 anos antes.

Nesse ano, quando Raul Seixas lançou seu primeiro disco solo – a obra-prima *Krig-ha, Bandolo!* – e declarou ser seu fã por diversas vezes, Celly se sentiu homenageada também quando o mesmo Raul cantou as versões de Fred Jorge para *Estúpido Cupido*, *Banho de Lua* e *Lacinhos Cor-de-Rosa* no disco *Os 24 Maiores Sucessos da Era do Rock*. Embora trouxesse aplausos e gritos no início e no final de cada faixa, aquele era um registro de estúdio, inicialmente creditado a uma banda fictícia chamada Rock Generation, lançado pela gravadora Philips Records, pelo selo Polyfar, em maio de 1973.

Sempre que possível, nas poucas entrevistas que deu a partir de 1968, Celly dizia que não aceitava ser excluída do rol de intérpretes de Música Popular Brasileira. Afirmava que cantou versões em português porque o costume da época - e se manteve durante toda a jovem guarda – era valorizar os hits internacionais. E nada disso tirava seus méritos como intérprete e cantora bastante popular. Seus críticos não a perdoavam por ter se acomodado a isso.

Historiadores de música e de rock, em especial, e biógrafos se acostumaram a dizer que, em 1974, Celly teria feito uma temporada na série de shows intitulada *Cuba Libre in HI-FI*, da boate paulistana Igrejinha. Teria sido um acontecimento tão inesquecível que surgiram até testemunhas. Ela teria se apresentado ao lado de outros cantores que fizeram sucesso em sua época de reinado do rock. Como o irmão Tony, Carlos Gonzaga, Ronnie Cord, George Freedman, Baby Santiago e Dan Rockabilly, intérpretes de sucesso no final da década de 1950 e início de 1960.

Esses shows teriam sido produzidos por Tony. A verdade foi que tal série jamais foi sequer organizada. O próprio Tony faz questão de desmentir a "lenda" que criaram sobre a irmã em relação à boate Igrejinha. "Esses shows de Celly nunca aconteceram. Não sei quem inventou essa maluquice. A única vez que pisei na Igrejinha foi com ela e outros artistas para uma coletiva. Só usamos o lugar para receber a imprensa. Afinal, era um espaço especializado em samba. Não tinha sentido, portanto, tocar rock naquela casa".

A coletiva tinha a ver com uma apresentação no Teatro 12 de Maio, ao lado do Bar Piu-Piu, um dos mais antigos de São Paulo e que continua a existir enquanto este livro é escrito. "Foi um espetáculo com essa turma que organizei, chamamos de *Semana do rock*, patrocinado pela *Folha de S. Paulo*, um apoio conseguido pelo jornalista Carlos Alberto Gouveia, que cobria a área de música. Na Igrejinha, houve uma coletiva na parte da tarde do dia de estreia e nem todos os artistas compareceram".

Um documento sobre a história de Celly foi sua participação no programa *MPB Especial*, da TV Educativa, criado e dirigido por Fernando Faro. A atração tinha surgido em 1969 com algumas peculiaridades, como fechar a câmera no rosto do artista e não permitir que o público ouvisse as perguntas, somente as respostas, intercaladas com trechos de músicas cantadas ao vivo. Um de seus méritos era não ter preconceito sobre qualquer gênero musical.

Assim, por lá passaram centenas de compositores, cantores e instrumentistas da MPB, de todas as suas vertentes imagináveis. Fã declarado dela quando a rainha do rock surgiu, Faro incluiu seu nome entre os que gravariam em 1973. Jamais, no entanto, se saberá como foi o programa exibido ainda naquele ano porque, em um momento infeliz, alguém da emissora usou a mesma fita para gravar outra atração por cima.

As tentativas de retorno à música feitas por Celly a partir do LP de 1968, que negava ser esta a intenção e que apenas atendia a apelos do irmão, não evitaram que ela fosse definitivamente considerada a desbravadora do rock no Brasil, pelo sucesso que fez e abriu o mercado. Algo, aliás, diferente de vários países, inclusive os EUA. Em todos, esse papel foi atribuído a homens brancos – e não negros, como também aconteceu no Brasil, com nomes como Carlos Gonzaga, Baby Santiago, Agostinho dos Santos, Golden Boys, Tony Tornado e Cauby Peixoto, entre outros de origem afro-brasileira.

O pontapé para esse reconhecimento de Celly se deu em agosto de 1972, na entrevista que deu a Tárik de Souza para *O Pasquim*. Em julho de 1974, a revista *Pop*, da Editora Abril, dedicou a ela uma reportagem especial. A publicação era voltada a adolescentes e jovens, com cobertura de músicas de todos os gêneros, tendências e moda, comportamento e cinema. Por alguns anos, fez enorme sucesso – chegou a ter especiais só para garotas com pôsteres gigantes dobrados (tinham o dobro do tamanho dos cartazes de cinema) de astros da música para serem colados na parede do quarto dos leitores.

Na abertura do texto sobre Celly, o subtítulo abaixo do seu nome anunciava: "A rainha do rock brasileiro está de volta. Ela fez o Brasil inteiro delirar no início dos anos 60". A reportagem foi escrita por Carlos Eduardo Caramez, com fotos de Leonardo Costa e acervo do jornal *Última Hora*, de São Paulo. Na abertura, o jornalista a apresentou aos jovens leitores: "Celly Campello está querendo provar que ainda sabe dar o recado. E reaparece guiada pelo irmão Tony. Foi ele que a chamou para a primeira gravação, ainda nos anos de 1950".

Depois, selecionou os rocks que ela espalhou pelo Brasil. "Agora, está casada, tem dois filhos e espera que seu nome volte outra vez para as paradas". Ela teria dito: "Eu quero sentir toda a garotada gostando de mim como nos bons tempos de *Lacinhos Cor-de-Rosa*". Como quem voltava aos bons tempos, disse a revista, Celly pretendia cantar ao vivo "para a patota!". No começo dos anos de 1960, lembrou o repórter, ela aparecia na TV de moto lambreta e saia rodada. "Agora, depois de um compacto com músicas novas, ela quer voltar aos palcos. E já está pensando em shows junto com Gilberto Gil, Rita Lee, Sá & Guarabira e outros cobras do rock atual".

Pop resumiu com precisão: "Tudo começou com ela". E deu a Celly um ar de rebeldia que ela não reconhecia em si, embora as letras que cantou no auge do sucesso não fossem tão ingênuas como ela pensava: "Até a segunda metade dos anos de 1950, a garotada brasileira só se ligava em programas de rádio, tomava Coca-Cola, andava no banco de trás do carro importado do papai, dançava baladas e boleros melosos e sempre chegava em casa antes da meia-noite. Mas, à medida que a nova década se aproximava, as coisas iam mudando".

E a televisão "já estava conquistando seu lugar nos olhos faiscantes da garotada, quando a irrequieta Celly Campello invadiu a cabeça de todo mundo com uma música vibrante que, até então, era exclusiva de cantores estrangeiros – o rock and roll". Foi uma correria geral, disse a revista. "A garotada descobriu o cuba-libre, trocou o banco do carro pelo da lambreta e começou a chegar mais tarde em casa, depois de descarregar um bocado de suor nos bailinhos ao ritmo do rock".

Para a *Pop*, Celly apareceu meio por acaso como cantora e roqueira. "Seu irmão Tony estava gravando as duas primeiras músicas brasileiras compostas em inglês (*Forgive Me e Handsome Boy*) e chamou Celly para reforçar o vocal (não foi bem assim, como se viu). Pouco depois, em 1958, ela explodiu em todos os rádios cantando *Estúpido Cupido*, versão de Fred Jorge para um rock-balada de Neil Sedaka – um dos maiores ídolos da época".

Nada seria como antes desde então, afirmou Caramez. "E aí começou toda a zoeira. Celly gravou uma enxurrada de rocks e baladas (*Banho de Lua, Lacinhos Cor-de-Rosa, Broto Legal*) falando das coisas simples que inquietavam a cabeça e o coração de toda a garotada da época. E quando foi para a televisão, de sapatinho cor-de-rosa e saia floreada, não deixou mais dúvida: era a Rainha do Rock, ritmo que ia sacudir a garotada do mundo inteiro pelos anos de 1960 afora".

E a Rainha estava de volta. Seus velhos sucessos tinham sido relançados pela Odeon no disco *Os Anos 60*, como foi dito. E Celly gravou, para a RCA, um compacto que já era sucesso, segundo *Pop*. "Casada, com dois filhos, morando em Campinas (SP), Celly está louca para voltar aos palcos e cantar para a gente: 'Adoro essa garotada de hoje, é cada um na sua e pronto. São maravilhosos e me curtem com muita atenção'".

Um momento especial que colocou Celly definitivamente entre os grandes aconteceu no hoje mítico e pioneiro Festival de Hollywood Rock, a partir de 17 de janeiro de 1975, em três finais de semana, no Estádio General Severiano, do time do Botafogo, no Rio de Janeiro. O evento foi filmado e transformado no documentário *Ritmo Alucinante*, de Marcelo França, com suas imagens sofríveis e péssima captação de som, no entanto.

Na primeira noite, com a presença de dez mil pessoas, apresentaram-se Rita Lee e Tutti-Frutti – primeira aparição dela e do grupo, com quem gravaria, seis meses depois, o disco *Fruto Proibido*, que trazia o clássico instantâneo *Ovelha Negra*. No dia 18, subiu ao palco o grupo Mutantes (sem Rita Lee) e a obscura banda Veludo, fundada no ano anterior pelo tecladista Elias Mizhrai como Veludo Elétrico, de rock progressivo. As duas atrações tinham o mesmo empresário. O show dos Mutantes acabou na quarta música, quando um temporal fez desabar o palco. Felizmente, ninguém se feriu gravemente.

Na semana seguinte, foi a vez das bandas cariocas Vímana, O Peso e O Terço. A primeira era liderada por Lulu Santos, que tinha 21 anos. O momento mais esperado foi de O Terço, a mais importante banda nacional de rock progressivo, com dois LPs e alguns compactos lançados que fizeram dela um grupo cult. Os destaques na sua formação eram Flávio Venturini e Sérgio Magrão, que, alguns anos depois, em 1979, fundariam a banda mineira *14 Bis*, um dos grandes grupos vocais da década de 1980.

Em 1º de fevereiro, finalmente, as atrações mais esperadas: Erasmo Carlos e Celly e Tony Campello. Em seguida, entrou Raul Seixas, no auge da carreira, com dois LPs que abalaram a música brasileira e não apenas o rock para sempre – *Kriga-há, Bandolo!* (1973) e *Gita* (1974). Celly cantou acompanhada do irmão e um grupo de músicos amigos seus.

Antes de adentrar o palco, a dupla foi apresentada ao público por Erasmo Carlos. Ele a saudou com o nome fundamental para consolidar o rock no Brasil.

Nas poucas imagens que restaram, ela aparece cantando dois sucessos seus, *Túnel do Amor* e *Estúpido Cupido*. Destaque para o acompanhamento do saxofonista Pique Riverti. Na plateia, o alto índice de consumo de maconha chocou o agente da polícia política da ditadura (Deops), que relatou em um documento confidencial se tratar de um evento organizado pelo comunismo internacional, embora não se tenha falado em política, a não ser quando Raul cantou *Sociedade Alternativa*. Celly finalmente recebia o rótulo de subversiva.

Outro momento importante para ela e os artistas de sua geração ocorreu também em 1975, mas seria esquecido para sempre. Limitou-se a ganhar uma nota na página musical do carioca *Jornal do Brasil*. Encerrado em 20 de julho, o Festival Rock Revival, organizado por Tony, foi realizado no Teatro Municipal de Santo André, na Grande São Paulo. Ao que se sabe, foi a segunda iniciativa de reunir em um mesmo palco os principais nomes da primeira geração do rock nacional, depois do coletivo show no Teatro 12 de Maio, confundido com a Igrejinha, como foi visto.

Dessa vez, as atrações foram Celly, Carlos Gonzaga, Sérgio Murilo, Bob Di Carlo, Wilson Miranda, Eduardo Araújo e Ronnie Cord. A inspiração veio de um movimento de resgate dos pioneiros do rock nos EUA, com turnês coletivas, divulgação de suas memórias pela imprensa e em livros. Nomes como Bill Haley & Seus Cometas, Chuck Berry, Little Richard, Fats Domino, Carl Perkins, Roy Orbison e Jerry Lee Lewis passaram a fazer turnês em grupo e individuais por toda a América e até no exterior, inclusive no Brasil. As emissoras de TV e de rádio abriram espaço para eles, que voltaram a gravar discos. Por que não fazer algo semelhante no Brasil? O projeto de Tony, no entanto, não teve a repercussão que ele esperava.

Apesar da terceira tentativa de retomar a carreira de Celly não ter dado o resultado esperado na primeira metade da década de 1970, mesmo depois da lendária entrevista a *O Pasquim*, a imprensa continuava interessada na carreira e na vida familiar da estrela, que completou 34 anos em junho de 1976. Mesmo assim, tinha bons motivos para acreditar que o seu auge havia ficado mesmo antes do casamento. Não poderia imaginar que voltaria a fazer shows, gravar discos e ocupar os primeiros lugares nas paradas dos mais disputados programas da TV brasileira dois meses depois de seu aniversário.

Sim, os tempos tinham mudado. A TV ganhara o suporte do satélite da Embratel e o mesmo sinal chegava a todos os cantos do país simultaneamente. Eram os tempos das telenovelas e do reinado absoluto da Rede Globo. Foi quando, mais uma vez, seu telefone tocou em sua casa e ela imediatamente reconheceu a voz de Tony: "Celly? Você está sentada? A Globo vai fazer uma novela ambientada nos anos de 1960 e eu sugeri que incluíssem *Estúpido Cupido* na trilha sonora. Se prepara, maninha, vai começar tudo de novo para você...".

SOM LIVRE
«ESTÉREO»
℗ 1976
TRILHA SONORA DA NOVELA
estúpido cupido
BANHO DE LUA • QUEM É? • DIANA • MEU MUNDO CAIU
BROTO LEGAL • ALGUÉM É BOBO DE ALGUÉM • POR UMA NOITE • RITMO DA CHUVA
BOOGIE DO BEBÊ • SERENO • NEURASTÊNICO • BIQUINI AMARELO
TETÊ • BATA BABY • ELA É CARIOCA • ESTÚPIDO CUPIDO
REDE GLOBO

Capítulo 14
A novela dos sonhos

Sem querer, o ator, dramaturgo e escritor paulista Mário Prata se tornou um autor de telenovela da Rede Globo, em março de 1976. O que era sonho de fama e fortuna para escritores, roteiristas e dramaturgos caiu no seu colo, como um presente dos deuses. Ele tinha acabado de completar 30 anos de idade e sua experiência com dramaturgia se restringia a apenas duas peças que escreveu para o teatro. Mas trazia consigo ambições de ver algo seu adaptado para o cinema. TV, nem pensar, dizia para quem quisesse ouvir.

Como qualquer intelectual engajado na resistência contra a censura, a ditadura militar e a sociedade de consumo naquele momento, Prata achava que aqueles dramalhões alienantes, que duravam até oito meses no ar, eram uma espécie de ópio do povo, que o levava a fechar os olhos para as mazelas políticas do país. No seu caso, porém, não era preconceito. Faltava interesse apenas, garantiu quase cinco décadas depois. "Eu não tinha assistido uma única novela até então, embora só se falasse nisso no Brasil, pois as produções da Globo batiam recordes seguidos de audiência, principalmente na reta final das tramas".

Naquela época, é importante ressaltar, diz ele, não era todo mundo que possuía um aparelho de TV em casa porque ainda custava caro. Mas não foi esse detalhe que o afastou daquele tipo de entretenimento. "Eu vivia envolvido com outras coisas, outros interesses e preocupações. Não era como hoje, que é falha não ter um televisor em casa. Quem não tinha por que não queria ver não ficava isolado do mundo como agora". Prata, enfim, reforça que não tinha interesse porque também achava as novelas uma bobagem. Seu negócio era teatro, como autor e ator, o que aparecesse para fazer.

Desde o segundo semestre de 1974, ele atuava na peça *Réveillon*, de Flávio Márcio, onde fazia par com a musa máxima da TV Regina Duarte no papel principal. O espetáculo ficaria um ano e meio em cartaz. "Viajamos o país inteiro com a peça, foi uma farra", conta ele. Depois de se consagrar como "Namoradinha do Brasil" – mesmo título que Celly ganhara no começo da década anterior, a primeira a ter tal honraria, aliás –, com várias novelas de enorme sucesso, Regina tirara licença da Globo para se dedicar aos palcos.

Mas, como continuava a ser remunerada pela emissora, tinha de fazer dois episódios da série *Caso Especial*, um programa de ficção com duração de uma hora, que tinha começo, meio e fim em um só episódio. Como se fosse um filme de média-metragem, exibido às 10 da noite, com temática mais adulta. "Regina tinha assistido minhas peças (*O Cordão Umbilical* e *E Se a Gente Ganhar a Guerra?*), gostava do que eu fazia. Certa noite, a gente estava no camarim e ela pediu para eu escrever um dos episódios do Caso Especial para ela. E eu fiz logo, em pouco tempo".

Prata colocou como título *Uma Pinta Atrás da Orelha*. "Mas minha história não foi ao ar, sequer gravaram". Ele tinha se inspirado na relação entre uma estrela e uma fã para criar a trama do programa. "Eu via diariamente da coxia do teatro as fãs de Regina irem lá tietar ela, eufóricas, uma coisa muito maluca, com álbuns de fotos e recortes de revistas sobre ela, coisas para ela autografar etc. E comecei a curtir aquele negócio de fã, ficava impressionado com tudo aquilo, pela tamanha dedicação ao ídolo".

Na verdade, continua ele, observava aquele comportamento fazia tempo e passou a prestar mais atenção quando resolveu aproveitar como tema para o que Regina lhe pediu. "Era um negócio louco aquilo. E ela atendia todo mundo, dava atenção a todos, sempre gentil. A gente ia jantar e ela ficava lá, dando autógrafos. Regina cultivava esse negócio de fã", recorda Prata. O jovem autor ficou satisfeito com o resultado do roteiro e aguardou com expectativa o resultado da avaliação pela dramaturgia da Globo. Quinze dias depois, porém, veio a má notícia. A colega lhe avisou que a emissora não ia aproveitar seu texto porque o departamento de dramaturgia não tinha aprovado a ideia.

Acharam a trama pesada. "Minha história mostrava a relação não saudável de uma fã com uma atriz. Na Globo, quem leu o que eu tinha feito foi ninguém menos que o grande e celebrado Ziembinski, considerado o pai do moderno teatro brasileiro e que trabalhava na Globo". O diretor pediu a Regina para lhe dizer que a emissora não podia aproveitar a história porque estava meio que criticando as fãs e que mexia em um tema que não era interessante para a emissora. O mais surpreendente, porém, foi que, mesmo assim, ele recomendou que a Globo o contratasse para escrever outras tramas porque tinha gostado do texto, de qualquer modo. "Fiquei maravilhado quando ouvi aquilo, pirado por ele gostar do meu trabalho".

Prata conta que era um garoto, tinha 29 para 30 anos e aquilo significava bastante para ele e para as suas pretensões como autor ou escritor. Ele seguiu a orientação dada por Regina e foi conversar com o diretor Regis Cardoso, que cuidava do núcleo de teledramaturgia e tinha feito algumas das novelas mais importantes da emissora de Roberto Marinho – ele gerenciava as produções do horário das 19 horas. A conversa não ocorreu na sede da TV, mas em um restaurante, a convite de Cardoso.

Sem se preocupar com a própria aparência, Prata acha que não causou boa impressão, pelo seu visual "riponga" que fazia parte do seu dia a dia. "Nessa peça com Regina, eu fazia um hippie, tinha o cabelo grande e usava uma tiara na cabeça, bata e sandália de couro. Quando não estava em cena, usava rabo de cavalo. Imagina entrar na Globo daquele jeito. Quase me prenderam na entrada quando fui lá pela primeira vez". Naquela época, acrescenta, "as pessoas usavam terno e gravata e eu não fazia a menor ideia de que devia ir assim". Antes dessa experiência, quando ele e Cardoso se conheceram, o diretor da Globo foi pegá-lo na saída do teatro.

Sete meses depois da primeira conversa, em outubro de 1976, a revista *Veja* descreveu assim o encontro dos dois: "Estava Mário Prata posto em sossego no Rio de Janeiro fazendo uma pontinha na peça *Réveillon*, de Flávio Márcio, quando, de repente, numa noite de março passado, à saída do teatro, Régis Cardoso lhe cutucou a omoplata e, depois de apresentar-se, convida-o a discutir a ideia de escrever uma novela para a Globo. Prata não apenas aceita conversar como, dias depois, trabalhar".

No decorrer de seis meses, a emissora pagaria a fortuna de 400 mil cruzeiros ao autor – o suficiente para comprar quatro apartamentos – em troca da seguinte tarefa: escrever 160 capítulos de dezenove páginas cada um, com diálogos e rubricas capazes de rechear 30 minutos diários. Prata memorizaria todos as observações da direção: "Em outras palavras, seis meses de ação, a cargo de 23 atores e atrizes". Recomendação final: tratando-se da novela das 7h, cuidado com as frases e atitudes das personagens. Palavras e atos nada poderão conter de impróprio para uma criança de 10 anos – idade carimbada no certificado de liberação da Censura.

O acerto, no entanto, foi mais demorado que o descrito, como conta Prata quase cinco décadas depois para este livro. "No momento em que ele me viu – depois me contou –, Régis achou que era gozação de Regina e de Ziembinski com ele. Eu era hippie. E ele veio com a ideia de uma história para eu escrever sobre um bombeiro como protagonista. Eu disse: 'Se tem militar estou fora. Mas eu tenho uma ideia para um programa'". Cardoso lhe pediu, então, que escrevesse quatro ou cinco páginas de sinopse. "Eu disse que tudo bem, mas perguntei na lata: 'Quanto você me paga?' E ele: 'Aí, não sei, você tem de conversar com Borjalo, diretor de programação da Globo, abaixo do Boni, é ele quem cuida dessa parte".

Prata foi procurar Borjalo e levou a sinopse do projeto que desenvolvia para um longa-metragem de cinema. "Pretendia fazer um filme daquilo e o material foi aceito pela Globo, todos eles adoraram. Quando escrevi o resumo, adaptei um pouco para a TV a história do filme, já tinha a ideia de como deveria ser, dei um tapa na minha história. Tudo foi louco". O resultado foi mais surpreendente do que ele esperava. O tal *Caso Especial* com sua história que deveria ser um filme acabou transformado em telenovela que deveria ocupar o próximo horário das 19h, a partir de agosto.

O tempo estava curto demais. Era preciso correr. E sem saber para onde ir, mais perdido que cego em tiroteio, Prata ganhou todas as atenções e facilidades possíveis, enquanto o projeto andava em velocidade industrial. A Globo tinha outro ritmo de produção, mais urgente e sem tramas futuras em andamento. Não havia, portanto, plano B se algo saísse errado. A não ser reprisar alguma novela, como aconteceu no ano anterior com *Roque Santeiro*, de Dias Gomes, proibida pela censura quando tinha 25 capítulos gravados. Em seu lugar, voltou *Irmãos Coragem*, de Janete Clair, encerrada cinco anos antes.

Prata empolgou todo mundo. "A coisa logo chegou a Boni, porque ele me viu na sala de Borjalo sentado no chão batendo papo. Não falou nada, voltou para sua mesa e ligou: "Borjalo, quem é esse moleque folgado que está aí sentado no chão?'. E ouviu de volta: 'É o autor da nova novela das 7h'". Prata ouviu os gritos do nome mais poderoso da programação da Globo: "Vocês estão loucos? Me manda os cinco primeiros capítulos para ler imediatamente". Poucos minutos depois, as cópias chegaram às suas mãos. "No dia seguinte, Boni mandou me chamar, bem cedo. E me disse: 'Rapaz, você tem um diálogo do caralho, mas isso aqui não é novela. Senta aqui comigo".

E começou a explicar o que achava que era. "Ele escreveu um texto para mim de umas três páginas. E realmente o que eu estava fazendo era uma espécie de crônica dos anos de 1960. A essa altura, eu tinha escrito 30 capítulos e acrescentei uma série de coisas para ficar mais novela, como ele tinha sugerido. Aprendi com Boni e Borjalo". O diretor deu a ordem para que ele sumisse por 15 dias com Régis Cardoso em um lugar isolado onde pudessem afinar os detalhes da novela e dos personagens.

Também deveriam retrabalhar o texto, mais uma vez. "Acabou não sendo complicado, mas Régis não ajudou, ele não entendia nada de dramaturgia, mas era um bom diretor, não era um Boni. Fiz tudo sozinho". Por solicitação de Boni, o inusitado dramaturgo começou a ver todas as novelas e passou um dia inteiro na casa de Dias Gomes e Janete Clair, os dois nomes mais importantes da teledramaturgia brasileira e que estavam com novelas no ar. "Almocei com eles. Pela manhã, fiquei com um; e na parte da tarde, com outro. Deram dicas preciosas que me lembro até hoje".

A romântica Janete, uma mestre em tramas de amor, disse-lhe: "Nunca deixe para o capítulo de amanhã o beijo que pode ser dado hoje". E Dias observou: "Uma novela é como ter duas fazendas distantes e você tem que levar a boiada de uma para a outra. Claro que no meio do caminho tem boi que desgarra, tem boi que entra, boi que morre. Mas tem que saber onde vai chegar com eles, os personagens". Prata, então, percebeu que não seria fácil transportar uma boiada daquela porque ele jamais sequer montou um cavalo.

Mas estava animado com a experiência e a guinada que sua vida daria a partir dali. "Eu escrevia tudo sozinho, ficava o dia inteiro na máquina, aquilo ia me enlouquecer, logo descobri isso, antes mesmo da estreia do primeiro capítulo". Com a responsabilidade assumida sem ter a exata noção de onde se metia, Mário Prata respirou fundo para contar uma história que veio de sua adolescência em Lins, cidade do interior paulista, a quase 500 quilômetros da capital. Tanto que o nome da cidade fictícia de Albuquerque foi tirado de "Albuquerque Lins", antigo governador de São Paulo e que deu nome ao lugar.

Havia detalhes de sua própria vida que usou como inspiração. "Eu namorei uma menina que depois se tornou Miss Brasil. Não que a personagem interpretada por Françoise Forton – então com 19 anos de idade – tivesse algo baseado nela. Eu tinha essa coisa na cabeça de uma personagem que queria ser miss, pois era algo importante na época, 15 anos antes de quando eu escrevia a novela".

No momento em que Prata entregou a sinopse para Borjalo, a trama se chamava *Parece que Foi Ontem*. Mas Boni não gostou. Era longo demais para uma novela – que tinha sempre uma ou duas palavras, exceto no caso de adaptações de romances, que tinham os títulos respeitados. "Até que uma amiga minha, a atriz Betina Vianny – filha do crítico e cineasta Alex Vianny – teve a ideia de propor *Estúpido Cupido*, por ter feito um enorme sucesso na época da novela, na voz de Celly Campello, e Boni bateu o martelo. Teria sido isso mesmo a origem do batismo ou aconteceu de outra forma?

O que Mário Prata não sabia era que toda a trilha nacional da novela tinha sido selecionada por ninguém menos que Tony Campello, fruto de um desses acasos da vida. E foi daí que teria sido escolhido o nome da novela. Embora sua assinatura não tenha saído nos créditos do disco, mais uma vez, ele garante que teve uma participação fundamental no LP. "Infelizmente, saiu como uma antologia feita pelo produtor da Som Livre, Guto Graça Mello, mas eu recebi pagamento tanto pelo disco quanto pela inserção da minha música na novela".

A ficha seguia o padrão da emissora, acrescenta. "Pediram-me desculpas, mas não creditaram depois disso. Como Graça Mello fazia todas as montagens das trilhas, na hora de escrever a ficha técnica para a contracapa, acharam que aquela também era dele". Tudo começou quando Tony e Celly – que iam viajar juntos para um show no Rio – encontraram em São Paulo o gerente da gravadora Som Livre, fundada para cuidar das trilhas das novelas da Globo. Tratava-se de João Araújo – pai do futuro compositor e cantor Cazuza. O contato se deu no Aeroporto de Congonhas, e os dois começaram a conversar sobre produção de discos. O que seria um papo descompromissado teria desdobramentos inesperados.

Para entender o que aconteceu, é preciso voltar um pouco no tempo. "Alguns anos antes, quando eu trabalhava na Continental, fiz uma coletânea de rocks e baladas do comecinho da década de 1960, antes da jovem guarda, com os nomes mais importantes da época, que tentei aprovar em uma reunião com a diretoria para lançarmos em disco", conta Tony. Todos gostaram, mas decidiram não aprovar porque teriam que pedir autorização para as outras gravadoras e acharam inviável fazer isso naquele momento.

Tony não desistiu do projeto. "Cheguei a oferecer para a gravadora Central Parque, mas, na época, não aprovaram porque os royalties a serem pagos não eram interessantes para um selo tão pequeno". A autorização dependeria, portanto, das editoras, que costumavam pedir adiantamentos que ficavam caros para selos menores. Alguns anos depois, quando ele já estava fora da Continental, a conversa com Araújo fez renascer a ideia. O músico e produtor e a irmã iam fazer uma apresentação em Duque de Caxias, durante a eleição da Miss Duque de Caxias, e quem se apresentaria também seria o grupo Renato e seus Blue Caps.

Tony ficou animado ao conversar com o executivo. "Encontrei João Araújo na hora de embarcar, uma pessoa belíssima e boníssima". Até que a ideia do disco surgiu. "Ali mesmo, lembrei daquela antologia e como a Som Livre vinha fazendo várias coletâneas de diferentes épocas, sugeri a ele uma só com gravações originais de nossos maiores roqueiros. Ele me pediu para procurá-lo na semana seguinte com a lista das músicas, pois tinha interesse sim".

Araújo lhe passou o endereço do escritório da Som Livre, na Rua Augusta, no trecho da região dos Jardins, entre a Oscar Freire e a Avenida Estados Unidos. "Era uma salinha com João e uma secretária. Dei a ele uma fita cassete que guardou e disse que ia apresentar ao pessoal da matriz, no Rio, na semana seguinte, quando teria uma reunião, e daria a palavra final quando voltasse". E acrescentou: "Daqui a uma semana a gente volta a conversar", diz.

Até esse momento, o produtor da Som Livre não sabia da telenovela de Mário Prata e o que aconteceu em seguida foi a tal coincidência inacreditável. Araújo tinha guardado na pasta a antologia de Tony e quando o irmão de Celly estava saindo de sua sala, o telefone tocou em sua mesa. Do outro lado da linha, um dos diretores da empresa no Rio pediu sua ajuda porque precisava de um disco com músicas da primeira metade da década de 1960 para uma novela de época que se chamaria *Parece que Foi Ontem* e vários músicas dessa época eram de São Paulo. Citou, em especial, *Estúpido Cupido*, a mais conhecida de todas, afirmou.

O representante da Som Livre correu os olhos na lista e lá estava a música na voz de Celly. Araújo respondeu eufórico: "Você não vai acreditar no que vou dizer, mas tenho o disco pronto aqui". E leu a relação escrita a mão pelo filho mais velho dos Campello. Se não bastasse a sorte desse fato, ao invés de Tony ir embora do escritório, ficou na antessala conversando com Tuca, a secretária de Araújo. Qual não foi a surpresa quando o gerente deixou a sua sala e disse, com um largo sorriso: "Ora, você está aí? Volte à minha sala".

Araújo explicou o pedido que a matriz tinha lhe feito segundos antes. "Vou levar sua proposta para o Rio amanhã, mas não vou adiantar nada para você de que dará certo, pois pode ter alguma implicação dos caras". A Globo passava por um de seus momentos mais complicados naquele ano, por causa de um grave incêndio ocorrido no dia 4 de junho, que criou uma série de problemas para dar continuidade à produção de suas telenovelas. Tanto que, no horário das 21h, a saída foi reprisar *Selva de Pedra*, concluída quatro anos antes, em preto e branco, até que pudesse retomar as gravações de *O Casarão*.

O fogo começou por volta de 13h, por causa de um curto-circuito no sistema de ar-condicionado, no segundo andar do prédio da Rua Von Martius, no Jardim Botânico. Seis ilhas de videoteipe, equipamentos do setor de telecine e de emissão de comerciais foram destruídos. Tinha queimado também parte dos estúdios e dos equipamentos, principalmente câmeras usadas nas novelas.

Duas horas depois do início do fogo, a editora-chefe do *Jornal Nacional*, Alice Maria, e os locutores Cid Moreira e Sérgio Chapelin viajaram para São Paulo para que o *JN* daquela noite pudesse ser apresentado de lá. Os editores do programa também foram junto, com um rolo de filme que continha as imagens do incêndio. As atividades no Rio só foram retomadas quase três meses depois, com a chegada de novos equipamentos importados dos EUA com urgência.

Estúpido Cupido já estava no ar quando a produção das outras novelas foi retomada. Devido ao fogo, porém, ainda em junho, a emissora resolveu antecipar a novela e precisava da trilha definida o mais rápido possível. Tony guardaria detalhes: "Nossa conversa foi em uma quinta, fizeram a reunião na segunda e mandaram que João mostrasse para Boni minha lista. Até então, ele disse a Araújo que, em função de uma novela que ia entrar no ar antes da data prevista, por causa do incêndio, estava tudo uma bagunça e precisavam definir tudo bem rápido".

Na série de coincidências que continuou a acontecer, *Parece que Foi Ontem* tinha o mesmo nome do programa que Tony apresentou por seis meses, alguns anos antes, na Rádio

9 de Julho, que pertencia à Cúria Metropolitana da Sé. "Eu levava os meus 78 rpm e os LPs debaixo do braço para tocar no sábado da meia-noite à uma da manhã, andava da Amaral Gurgel até a Sé. Pena que aquela experiência tão legal durou pouco tempo". Quem o convidou para a emissora foi Carlos Alberto Gouveia, diretor artístico da rádio e jornalista. "Ele era meu concunhado, casado com a irmã da minha mulher".

Na etapa seguinte de encaminhamento da trilha sonora, Tony entregou a Araújo dois tapes em velocidade de 7,5 rotações e não de 15, que continham as músicas escolhidas e o representante entregou-os a Boni. O disco começava e terminava com sua irmã. A ordem era esta, pelo lado A, depois de direcionadas aos personagens: *Banho de Lua* (Celly Campello), tema de Glorinha; *Quem é* (Osmar Navarro), tema de Belchior; *Diana* (Carlos Gonzaga); *Broto Legal* (Sérgio Murilo), tema de Mederiquis, Caniço e Carneirinho; *Alguém é Bobo de Alguém* (Wilson Miranda); *Ritmo da Chuva* (Demétrius), tema de Guima e Olga.

O lado B trazia: *Boogie do Bebê* (Tony Campello), tema de Zé Maria; *Sereno* (Paulo Molin), tema de Belchior; *Neurastênico* (Betinho e Seu Conjunto), tema de Guimão; *Biquíni Amarelo* (Ronnie Cord), tema de Aninha; *Tetê* (Sílvia Telles), tema de Tetê; *Bata Baby* (Wilson Miranda); e *Estúpido Cupido* (Celly Campello), tema de abertura.

Três faixas ficariam por conta do acréscimo de Guto Graça Mello, que ele e Tony tinham combinado em um telefonema. "Guto me ligou perguntando se ele poderia colocar três outras músicas porque tinha personagens adultos na trama que pediam isso. E entraram Maysa (*Meu Mundo Caiu*, tema de Olga e Guima), Os Cariocas (*Ela é Carioca*), tema de Betina; e uma instrumental, de Stradivarius (*Por uma Noite*, tema de Angélica). Eu disse que não teria problema nenhum, contanto que fosse em frente com o resto da trilha que eu tinha proposto. Talvez por isso deram créditos a ele".

Boni aprovou tudo. Tony, ao falar disso, citou outra versão para a mudança do nome da novela. "João me contou, disse que tinha a trilha pronta, Boni gostou do conjunto final, principalmente porque estava tudo pronto, na emergência que eles tinham. Aí, como Celly era o top daquela lista e em função de ser a primeira música da montagem, alguém decidiu mudar o nome da novela". Para ele, a ideia de colocar *Estúpido Cupido* foi de Boni, apenas. "Ele sempre teve a antena ligada, era um sujeito que tinha vindo da publicidade".

Tony recorda que eram músicas conhecidas do público de até 17 anos antes, boa parte com menos de 40 anos de idade, o que justificava seu sucesso. O LP começou a vender antes da novela decolar, com várias faixas de volta às paradas de sucesso e ao *Globo de Ouro*, programa da emissora que apresentava em horário nobre as mais tocadas do mês. Isso aconteceu umas duas semanas depois da estreia. A Som Livre montou uma operação de guerra para prensar o disco e mandá-lo para as lojas aos milhares.

A novela finalmente estreou na quarta-feira, 25 de agosto de 1976, no lugar de *Anjo Mau*, e ficou no ar por 160 capítulos, até o dia 28 de fevereiro de 1977. A produção superou todas as expectativas de audiência na primeira semana. As semelhanças de Albuquerque com a Taubaté da cantora, com a Praça da Matriz como cenário marcante e o clube esportivo, garante Prata, não passou de coincidência.

Ele não conhecia a história pessoal de Celly. "Mesmo porque a maioria das cidades pequenas do interior paulista era bem parecida naquela época". Ele ficou feliz quando soube que a música de Celly faria parte da trilha sonora. "Eu a conhecia pessoalmente, mas nunca pensei nela para ser personagem da novela, sabia que tinha sido cantora e deixado a carreira para ser dona de casa. Foi uma grande coincidência".

Criou-se a expectativa de que ele faria uma comédia, gênero que adotara em todas as suas peças até ali. E foi o que se viu desde os primeiros capítulos. "Embora ainda em fase de delineação, as personagens, representadas por três dezenas de atores, pertencem a grupos cujo antagonismo é fácil prever", escreveu *Veja*, na edição de 1º de setembro de 1976, em meio a um tom de deboche, quando os principais veículos tratavam as telenovelas sem qualquer seriedade e com o pé na alienação dos telespectadores.

Continuou a revista: "Os rapazes da novela, por exemplo, estudam num colégio de padres. Namoram alunas de um externato de freiras. O pai de um, por acaso, é viúvo. A mãe de uma, ó desgraça, desquitou-se do marido. E enquanto as comadres cochicham maldades, ela flerta com o namorado, por sinal diretor do clube-família de Albuquerque, onde tocam os valentes Personélitis Boys, grupo musical simplesmente odiado pelo delegado da cidade, pai, evidentemente, da mais travessa garota do colégio, que, por sua vez etc. etc.".

Para viver estes e os demais tipos da novela, observou *Veja*, a Globo reuniu um elenco de novatos e veteranos, figurões e desconhecidos do público. "Várias gerações de artistas brasileiros se fazem representar. Ao lado dos escolados Oswaldo Louzada, Leonardo Villar e Maria Della Costa, por exemplo, trabalham jovens de sempre elogiada, embora curta, passagem pelos palcos". Como Ricardo Blat, "ora atuando em *Equus*, no Rio. Ou Nuno Leal Maia, que até pouco antes interpretava um dos papéis principais de *Pano de Boca*, em São Paulo". Do teatro também vieram Vic Militello, no papel de uma empregada doméstica fã de Ângela Maria e Maysa, e Tião Ribas D'Avila, o "Carneirinho", braço direito do temido Mederiquis, o playboy municipal, vivido com bem dosado mau-caratismo por Ney Latorraca.

As cenas internas foram gravadas desde o início nos estúdios da Cinédia, no subúrbio carioca de Jacarepaguá. O local foi descrito pela *Veja* como bastante precário. "Quando chove, por exemplo, o trabalho tem de ser interrompido, pois o barulho da água no telhado de zinco não deixa ninguém ouvir ninguém. Quando faz bom tempo, os atores gravam suas cenas e saem mais do que correndo do galpão abafadíssimo – menos afortunados, os técnicos suportam jornadas de trabalho de até doze horas, pingando suor".

As gravações externas ocorriam na cidadezinha de Itaboraí, a 38 quilômetros de Niterói. A praça principal do lugar foi escolhida porque dava a exata noção de uma cidade do interior de São Paulo. "Qualquer que seja o lugar, no entanto, não faltam os fãs implacáveis, estão sempre por volta, acotovelados, esperando a oportunidade de ver algum artista, identificado sempre da maneira mais curiosa. "'Olha aí Heloísa Milet', dizia uma senhora para a amiga ao lado, apontando a faiscante bailarina do *Fantástico* que estreia como atriz na novela. 'Quem?', quis saber a amiga. 'Aquela li, que no *Fantástico* faz uooooooo".

Veja descreveu o contexto temporal da novela com a precisão das arestas morais que Celly e suas contemporâneas tiveram de se curvar por toda adolescência e juventude, a partir de segunda metade da década de 1950. Algo que só a passagem de uma geração permitiria dimensionar: "Naquele tempo, moça de família que fumasse em público, nossa! E mulher desquitada definitivamente não prestava. Os padres usavam batina, liam todo dia o breviário e esconjuravam o demônio da época – de óculos escuros, lambreta e topete petulante, o playboy só não era mais execrado que a pílula anticoncepcional, alvo de acesos debates".

Nessa época, do reinado de Celly, na cidade de Lins, observou a revista, Mário Prata, de 15 anos, sonhava em ser escritor. "Na quarta-feira da semana passada. aos 30 anos, ele viu estrear, pela Rede Globo de Televisão, a primeira telenovela que escreveu, *Estúpido Cupido*". O primeiro capítulo começa numa cidade chamada Albuquerque. no dia 28 de fevereiro de 1961. "Essa época sempre me fascinou. Foi quando começou o 'sonho'. Hoje todo mundo fala que o sonho acabou, mas não sabe como começou", disse o autor à revista.

Ele afirmou que pretendia mostrar, com a liberdade que lhe permitia a censura, o rigor empregado na liberação de uma novela para o horário das 19h. "Em todo caso, o autor se mostra otimista. Nem poderia deixar de se sentir exatamente assim, pois trata-se de um homem bem-humorado na vida e na obra", observou *Veja*. E a vida de Prata foi virada de ponta-cabeça. Ele teve de entrar no ritmo de produção da Globo e da própria TV, um meio que não fazia a menor ideia de como funcionava. Fez estágios de três turnos, tomou cursos com outros autores, tudo em um ritmo alucinante.

A novela deveria estrear dali a menos de cinco meses, quando conversou com Régis Cardoso pela primeira vez. E o tempo correu para ele. "Eu só caí na real mesmo quando levei um susto no momento que estava em casa assistindo um filme na TV com minha mulher (Marta Goes) e vi uma chamada sobre a próxima trama das sete da noite, e o narrador (Dirceu Rabello) dizia: 'Novela de Mário Prata'. Eu disse a ela: 'Puta que pariu, eles levaram mesmo a sério essa história'. E passei a ver várias chamadas, à medida que aproximava a estreia".

A primeira começava com a voz de Celly cantando *Estúpido Cupido*. Pouco depois, entrava o mesmo narrador: "O amor, o romance, o encantamento dos anos 60...". E apresentava o elenco dos atores e personagens, com a mesma música ao fundo: "Leonardo Villar é Guima, presidente do Clube de Albuquerque – a solidão de um viúvo tímido, apaixonado e sua grande ambição: a Prefeitura da cidade".

Prosseguiu o thriller: "Maria Della Costa, Olga, o amor secreto de Guima, mãe de Maria Tereza, uma mulher infeliz no casamento e que reencontra o entusiasmo pela vida no sucesso de sua filha: Françoise Forton, Maria Tereza, o desejo de ser miss, uma moça bonita e irrequieta, que sonha com a cidade grande; Ney Latorraca (Mederiques), líder dos estudantes de Albuquerque e fã incondicional de Elvis Presley e James Dean, metido a cantor, blusão preto, um playboy incorrigível, o espírito de aventura dos rapazes da cidade". E acrescentava: "*Estúpido Cupido*: as incríveis aventuras da juventude" da década de 1960 – como se via nos figurinos, cenários e carros. Outras cenas eram apresentadas ao som da música de Celly.

Quando começou a novela, Prata montou um escritório no quarto de empregada de seu apartamento. Dali sairiam as histórias e personagens que o Brasil logo aprendeu a amar.

"A gente morava no Leblon e todos os apartamentos em volta tinham gente ouvindo *Estúpido Cupido*, tocavam o tempo todo a porra do disco, que vendeu 1,2 milhão de cópias. Eu não aguentava mais aquilo, queria que a novela acabasse, não pelo trabalho que estava tendo, mas para parar de ouvir aquelas músicas porque não aguentava mais".

O escritor não se esqueceria de uma amiga que, logo no segundo dia da novela, ligou para contar o que sua filha de sete anos tinha lhe dito: "Nossa, mãe, a novela começou ontem e a senhora já sabe todas as músicas?". A garota, claro, não imaginava que as canções eram do tempo da adolescência da mãe, que tinha a idade do autor. "Quando vi aquilo, o sucesso que estava fazendo, cheguei para Borjalo e disse que estava pensando em colocar Celly em dois ou três capítulos".

O incrédulo diretor se limitou a soltar um "Como assim?". O autor explicou que na trama Celly chegaria de ônibus para fazer um showzinho no clube da cidade, um bailinho, e queria saber se a Globo bancava essa participação especial porque envolveria cachê, viagem, hotel etc. "Banca, banca, pode pôr ela, pode pôr ela, eu cuido de tudo, mas não sei se isso aumenta o Ibope da novela, não", disse Borjalo.

A ideia de Prata não era aumentar a audiência, mas colocar uma cereja no bolo. A grande estrela da época da novela apareceria ainda jovem, com 34 anos de idade. À medida que a semana e os meses passavam, o país respirava a novela de época das 7h. Por causa da trilha sonora em todos os cantos, voltou-se a dançar os hits de 1960 e os concursos de twist se multiplicaram em festas à fantasia e colégios de norte a sul.

Meses antes, Celly foi ao coquetel de lançamento da novela, em São Paulo. "A gente conversou bastante e levantei a possibilidade de ela fazer uma ponta na novela, o que lhe agradou bastante. Quando ela foi gravar, assisti tudo e, de novo, conversamos, ela falou do quanto tudo aquilo parecia a própria vida dela em Taubaté, a praça, a igreja, o colégio".

Prata a lembrou que ela tinha ido a Lins, em 1960, e ele, adolescente, ficou meio que como anfitrião dela. "Eu tinha 14 anos, era colunista social do jornal da cidade, lembro do pai dela, que era baixinho. Só que ela não lembrava que era eu, até contar. Disse-me que eu tinha a mesma cara de garoto de antes. E ela também. Eu não tinha pensado nela até estrear a novela, mesmo depois que mudaram o nome para *Estúpido Cupido*".

E tudo foi preparado para a chegada retumbante de Celly a Albuquerque, que se tornou um dos momentos memoráveis da novela. Essa surpresa aconteceu no último terço da novela. Ela cantaria no clube da cidade durante a escolha da miss local e ficou hospedada na casa de uma das personagens. Borjalo vibrou quando, no terceiro dia em que Celly participava da trama, a audiência deu 92 pontos, de 100 possíveis. "Esse número só tinha acontecido no Brasil quando o homem pisou na Lua, em julho de 1969", diz Prata, orgulhoso.

Parte desse índice impressionante se devia ao suspense que o autor criou, ao passar algumas semanas com os personagens a falar do show da cantora. Tanto eles quanto o público de casa tinham dúvida se ela deixaria a suposta reclusão a que se impôs para se casar – e que tinha abandonado nos últimos oito anos.

No mundo real, Celly não só aceitou o convite da produção como seguiu uma dieta para perder alguns quilos e ficar com o corpo da época da novela, na qual era a cantora preferida da juventude. Cada conquista levava Prata a vibrar. "Eu tinha uma amiga na Globo que me passava o Ibope diário da novela e ela falou desse índice do pouso na Lua. E eu disse: 'Puta que pariu, Celly Campello é foda. Ela gravou tudo em um dia só, com um profissionalismo que deixou todos boquiabertos".

Em paralelo a alegrias assim, o autor teve bastante problemas com a censura, como aconteceu com todos os autores de novelas da Globo durante a ditadura militar. Com Prata, a implicância tinha a ver com costumes sob os pontos de vista moral e político. "Os caras da tesoura encheram o saco, o tempo todo. Primeiro, acharam que a freira interpretada por Elizabeth Savalla era comunista e pintou um amor para ela que não estava previsto inicialmente, o que era inaceitável para a censura, por ser uma religiosa".

Mas se tratava de uma freira progressista – e comunista, para a censura. "Era uma personagem legal e um dia ela passa pela praça e tem um personagem interessante, meio louco, culto, meio mendigo, Belchior, e fica com pena, vai no colégio, pega uma maçã para matar a fome do rapaz. Eu pensei: 'Puxa, aqui dá samba, essa freira com o mendigo'. E comecei a escrever e a censura passou a cortar tudo, tudo, não passava nada que insinuasse um amor entre os dois. Tinha de ser só bondade dela".

O autor conta que havia também bastante pressão da Igreja para impedir que o romance entre os dois se realizasse: "Chegavam centenas de cartas de freiras, padres, associações católicas nos condenando, em protesto pelos rumos que a personagem tomou com a descoberta do amor". A novela havia também mexido com outro tabu para as religiões: o desquite – a lei do divórcio só seria aprovada no ano seguinte ao lançamento de *Estúpido Cupido*. "A Globo nunca falou nada para mim sobre esse tema, orientou apenas que eu pegasse leve ou evitasse certas abordagens polêmicas. O pessoal de cima sabia do que estava acontecendo e jamais pediu para eu maneirar. Nunca falou nada, nada, nada, e eu segui em frente".

A vigilância aumentou nos últimos capítulos, quando Prata resolveu escancarar alguns relacionamentos da trama. No capítulo final, gravado em cores, a história deu um salto de uma década e meia para que o público pudesse saber o que aconteceu com os personagens e como estavam no presente. Ou seja, em 1977. "Com isso, a gente vai ver aqueles personagens 16 anos depois, no que eles se tornaram". Maria Tereza Oliveira (Tetê) estava casada com João Guimarães (Ricardo Blat). Caniço (João Carlos Barroso) vivia na clandestinidade por ter se tornado militante contra a ditadura, com barba, escondido, com dificuldade para ver os filhos.

Por fim, foi revelada a sexualidade do personagem de Ney Latorraca, ao sugerir que tinha um caso com o padre. Subtendia-se, pois foi o que os agentes da tesoura permitiram. "Tudo isso apareceu disfarçadamente porque vetaram quase tudo dos dois últimos capítulos", recorda o autor. Prata teve de refazer todas as cenas e diálogos. "Não tinha bolado uma coisa insidiosa, ofensiva para os moralistas, por causa do horário. Mas os caras perceberam as minhas intenções. A sacanagem deles era a seguinte: tinha um coronel dentro da Globo que lia tudo. Era um cara simpático, legal. E nos dizia: 'Isso aqui, não grava porque eles vão cortar'. E a escrotidão era que cortavam mesmo só no dia que ia para o ar. Não dava para fazer de novo".

Por isso, às vezes, um capítulo tinha cinco, dez ou quinze minutos a menos. "Isso dava uma merda gigante na programação da Globo, alterava tudo. A censura quando não entendia uma coisa, cortava integralmente a cena, simples assim". O autor lembra que tinha uma passagem em que aparecia na lousa de uma sala do colégio a frase: "Vida e obra de Calderon de La Barca", um escritor espanhol do século 17 e sua simples menção acendeu o farol para a censura. Ninguém sabia quem era ele. "Eu tinha estudado cinco anos de espanhol no colegial, inclusive literatura, e adorava o nome desse autor. Quando os censores começaram a ver a cena, como eles não sabiam de quem se tratava e achavam que era algum terrorista cubano ou algo assim, e não havia Google para checarem, cortaram a cena inteira".

Prata ficou furioso. "Eu cheguei para o censor e disse: 'Coronel, por que o senhor fez isso?'. E ele me respondeu: 'Eu não sabia quem era ele'. Eu insisti: 'Vamos colocar no ar assim mesmo'. Ele aconselhou: 'Não façam isso, eles vão cortar, a Globo vai levar uma multa filha da puta por isso'". Sim, quando uma ordem de veto era desobedecida, tinha multa, que era a multiplicação do número de minutos de cortes levados ao ar pelo total de emissoras que retransmitiam a novela vezes mil. Uma fortuna, enfim. "E quando proibiam a cena, o público em casa não entendia o que estava acontecendo. Na anterior, o personagem estava em um contexto e na seguinte aparecia em outro".

Outra curiosidade estava no nome do personagem Belchior, que veio da homenagem ao cantor cearense que fazia bastante sucesso naquele momento. "Ele era meu amigo", diz o autor. Prata lembra que na cronologia histórica, o próximo presidente seria João Belchior Goulart e o protagonista se chamava João não por acaso. O personagem que ficava na praça e era meio de esquerda, Belchior, também tinha esse nome por causa do futuro presidente, além de lembrar o cantor.

E havia outras provocações parecidas. "Olga (Maria Della Costa) criei em homenagem à mulher de Prestes, entregue por Getúlio aos nazistas. E tinha lá maior loucura ainda, um americano que aparecia para explorar petróleo na cidade, Mister Gordon, mesmo nome do embaixador americano Lincoln Gordon, que armou todo o golpe para derrubar Jango". Quando mandou o capítulo com o nome do gringo, Prata teve receio e disse a Marta: "Gordon é demais, agora vão me prender". De novo, nada aconteceu. Nenhuma reação, nem mesmo dos censores. "Ninguém se tocou e eu não era maluco de especular isso com alguém".

Outra subversão que os censores e nem a imprensa notaram foi o nome de Maria Tereza, o mesmo da jovem esposa do Presidente João Goulart em 1961, enquanto seu par se chamava João. "Nunca soube se o público entendeu e fez a ligação". No caso do desfecho do personagem de Ney Latorraca, que tinha assumido sua homossexualidade, Prata não pôde sequer insinuar gesto de carinho com o padre. "Na cena final, os dois estão juntos numa sala assistindo um filme na TV, foi tudo que conseguimos fazer e não faço ideia se a maioria do público entendeu nosso recado". Havia também mensagens políticas mais explícitas. Como o fato de a novela começar durante a renúncia de Jânio Quadros, que aconteceu em agosto de 1961.

Ninguém incomodou o autor por causa desse detalhe. "Fiz isso para mostrar como teve início ali também a sacanagem toda que acabaria com a derrubada de Jango e a imposição da ditadura. Eu fiz tanta sacanagem nessa novela com a censura que minha mulher, tinha certeza de que nós dois seríamos presos no dia seguinte à sua estreia. Mas o alcance da inteligência dos caras era limitado demais, eles só prestavam atenção nos diálogos e na condução dos personagens".

E nada aconteceu quanto a datas e nomes: "O mais incrível foi que ninguém percebeu, nem a censura, e foi assim até o fim. Ninguém, até hoje, aliás, falou ou escreveu sobre isso". Nem sempre ele levava a melhor, porém, como foi visto. Uma das passagens da trama, na sala do prefeito, foi cortada por causa da foto de Jânio Quadros atrás da mesa do político. Não adiantou explicar que era preciso manter fidelidade à época, pois ele era presidente da República. E fizeram o mesmo com Jango, depois que ele assumiu o lugar do presidente que renunciou, ainda em 1961.

A média de audiência de *Estúpido Cupido* ficou em 75 pontos no Ibope. Estava acima das demais novelas do horário naquele momento, em torno de 70%. "Atingir isso e ficar aí nesse pico não foi nada tranquilo, tive vários problemas, embora fizesse tudo sozinho, sem ajuda de ninguém – além da inexperiência. Tanto que falei para Borjalo, em determinado momento, que estava difícil demais tocar aquilo e que pensava em renunciar à minha função de autor e ele arranjaria outra pessoa para concluir a novela".

Nunca tinha acontecido até então na Globo de um autor abandonar a novela que escrevia quando ela ainda estava no ar, a não ser por motivo de saúde. "Você está louco?", perguntou Borjalo, que disse em seguida estar aquela conversa encerrada. E Prata nunca mais voltou ao assunto. Por outro lado, a fama lhe trouxe algumas situações inusitadas. E até divertidas. "Por causa da novela, cheguei a ser júri do concurso Miss Brasil, como se eu fosse entendido do assunto, só entendia de meus personagens, mas não convenci ninguém disso. Queriam a minha presença de qualquer jeito".

A produção da novela reconstituiu com fidelidade o concurso Miss Brasil de 1961. A passagem se tornou um dos pontos altos do folhetim. As cenas da final foram gravadas no ginásio do Maracanãzinho (RJ), com os apresentadores do concurso real, Hilton Gomes e Marly Bueno, e um público de 10 mil pessoas que topou participar da encenação. Ninguém do elenco sabia qual seria a decisão dos jurados, nem mesmo a atriz Françoise Forton, que se emocionou de verdade quando soube que sua personagem (Maria Tereza) vencera a disputa. Claro que sua vitória fazia parte da trama, embora o autor não tenha revelado a ela. A intenção foi dar o máximo de realismo.

E o que aconteceu durante a exibição da novela – seis meses – com os cantores que faziam parte do disco foi algo inacreditável para eles mesmos – exceto com Sylvia Telles, óbvio, que tinha falecido em um acidente de carro. em 1966, aos 32 anos de idade. Sérgio Murilo, por exemplo, alcançou o primeiro lugar na parada do Globo de Ouro do mês de outubro de 1976, da mesma Globo, com *Broto Legal*. E todo mundo foi atrás para aproveitar a onda. A RCA Victor, onde Tony trabalhava, lançou um LP seu com velhos sucessos.

Mas quem voltou a brilhar como quase 15 anos antes foi mesmo Celly. Nas duas faixas da trilha – e por causa da abertura de cada capítulo –, sua voz era a mesma do final da década de 1950, porque se tratava dos áudios originais da época. Não deu tempo de regravá-las. Prata se diz orgulhoso de ter ajudado a trazê-la de volta ao lugar que lhe era de direito, segundo ele. "Celly caiu como uma luva para nós e para Tony, a volta dela foi boa para todo mundo", observa ele.

A cantora sabia o que representavam as novelas naquele momento em audiência, quando o país parava todas as noites para ver aquelas tramas de amor. E como sua vida poderia ser virada pelo avesso pelo menos enquanto a trama estivesse no ar, como disse o irmão. "Ela começou a ficar preocupada, os filhos eram adolescentes. E me perguntava: 'Como vamos fazer?' E eu apoiei: 'Você vai sim, a novela dura seis ou sete meses e depois você volta'. E começou tudo de novo, de fato e ela ficou bem feliz com aquilo tudo. Além disso, ganhou mais dinheiro em seis meses do que na carreira de quatro anos antes", conta Eduardo.

No começo, ela teve dúvidas se tornaria a fazer sucesso a ponto de viajar para shows. "Mesmo que eu não pretendesse retornar com coisas novas, era uma volta praticamente imposta pelo mercado porque eu parei para pensar lá em casa: a música toca todos os dias, eu vou ser convidada para cantar porque está fazendo sucesso novamente, vou ter de fazer show. Então, eu imaginava, se eu digo que não, quem iria cantar a música? Eu acho que tem de ser eu mesma".

Aí, "o marido concordou, achou que era uma boa essa loucura toda da novela e disse: 'Acho que você tem mais que aproveitar essa volta, vai ser uma satisfação para você, uma coisa gratificante depois de 15 anos, de repente volta com mais força que em 1958, por causa da televisão'". Então, continuou ela, "para mim, aquilo foi bom, maravilhoso, me marcou essa segunda fase da minha carreira, com a novela. Aí eu já estava dentro desse tempo em que o artista tem empresário ou empresários, pois uns dão certo, outros não dão. Tive sorte com alguns, outros não. Mas, no fim, Tony começou a dar uma mão para mim".

O marido também a acompanhou quando foi gravar a participação na novela. Seria somente para um capítulo, mas foi fragmentada e virou três. "Vieram até nossa casa, disseram que Celly teria uma ponta, ela ficou bem feliz, foi e recebeu o cachê". E ainda fez outra aparição inesperada. Naquela época, a Globo organizava a chegada de Papai Noel no Maracanã e a convidou para cantar, juntamente com outros artistas.

A atenção que recebeu jamais tinha acontecido nos primeiros anos de carreira. "Celly foi de avião, na condição de uma grande estrela. Como tinha um show em Duque de Caxias naquele mesmo dia, já agendado, a Globo a levou para cantar e a trouxe de helicóptero, para que pudesse pegar o avião no Rio e retornar a São Paulo. Imagina só, eram 200 mil pessoas no Maracanã, que a aplaudiram de pé depois que chamaram seu nome, foi emocionante", recorda o marido.

A essa altura, todas as expectativas de Celly quanto a um eventual revival de sua carreira tinham sido superadas. A reviravolta que a novela deu em sua vida profissional foi extraordinária. A novela criou uma espécie de mitificação de Celly. A grande musa parecia inalcançável, inacessível, supostamente vivia reclusa e a novela a resgatou. Os personagens sempre voltavam a seu nome como a maior cantora de 1961 – o que era verdade – e fez o país inteiro desejar o mesmo: assisti-la ao vivo, no palco. Enfim, coisa mesmo de novela, segundo o autor.

O irmão Nelson acredita que Celly finalmente conseguiu por causa da novela da Globo dimensionar o quanto ela era importante para a música brasileira e havia reconhecimento nesse sentido: "Eu não imaginava aonde aquilo ia levar Celly. Ela começou a fazer shows na semana seguinte à estreia da novela e virou uma loucura". Tony pegou sua guitarra, um baixista e eles saíram pelo Brasil, em apresentações para grandes plateias. Só os três. Chegavam a fazer dois shows por dia na sexta, no sábado e no domingo em cidades diferentes de uma mesma região, tudo lotado, inclusive estádios. "Na verdade, isso durou a novela inteira e um pouco mais", acrescenta.

Sim, bem mais, pois, quando tudo começava a esfriar, dois anos depois, a Globo resolveu reprisar *Estúpido Cupido*, em 1979. E a audiência não foi pequena. "Eles ganharam dinheiro, mais que eu. Se alguém ganhou dinheiro foram eles (risos)", brinca Prata. Celly lembraria depois o quanto o telefonema do irmão reacendeu a possibilidade de um novo recomeço musical para ela: "Eu me lembro bem, ele me ligou um dia, falou que ouviu rumores de que a Globo ia lançar uma novela e que a música tema seria *Estúpido Cupido*. Eu fiquei assim, sem saber o que fazer ou dizer, já fazia 15 anos que eu tinha parado. Falei "Sério? Não acredito".

Claro que não aconteceu assim. Entre 1968 e 1975, foram três tentativas de voltar, dois LPs e vários compactos, como foi visto. "Lembro que desliguei o telefone e falei para meus filhos, que eram adolescentes: 'Será que agora vão ver quem foi a mãe de vocês?' Disse isso porque a gente falava muito, mostrava para eles alguma coisa do que eu tinha feito, documentos, coisas e tudo e tal, mas eles não viveram aquela época, não compreendiam o tamanho do que tinha acontecido comigo".

Os filhos sabiam da fama da mãe, sem dúvidas. "Foi uma fase de quatro anos apenas, mas que deixou marcas profundas, ficou o nome, a fama, todo mundo falava, comentava, mas eles não viveram aquela época. Então, com a novela, isso se revelou, quer dizer, foi uma coisa marcante também. As revistas telefonavam para mim, queriam me entrevistar". Não só isso. Queriam saber se ela aceitaria participar das gravações da novela. "Se eu estaria em ordem, se estaria ainda bem (aparência) para aparecer, lembro que até era Régis Cardoso quem fazia a produção e a direção e ele telefonou: 'Como você está?'. Eu falei: 'Acho que estou bem'. Em 1976, eu estava bem melhor, né? Há vinte anos".

Cardoso continuou: "Tudo bem, então. É que a gente vai fazer uma participação sua. Você tem que chegar na cidade como se tivesse nos anos sessenta, praticamente você vai ser Celly com idade de quinze anos mais velha". Para quem tinha participado de dois filmes de Mazzaropi, não seria problema representar diante das câmeras, pensou Celly. "Então, fomos pro Rio e levei minha filha. Ela curtiu, conheceu todo aquele pessoal da gravação e tal, foi um negócio assim muito bom. Aí eles (os filhos) viram quem realmente você é, né? E começaram a ouvir todos os dias Celly Campello cantando a música da novela".

E viram a fama da mãe reacender, observou ela. "Ei, você é filha de Celly? Poxa, sua mãe não sei o que...". Parecia um sonho para ela. "Essa novela foi uma fase boa, porque eu já tinha parado e com a novela tocando todo dia a música, quer dizer, a Odeon lançou um disco com meus sucessos, a Som Livre lançou o da novela. E telefonavam: 'Poxa, a música é um grande sucesso de novo, você tem que fazer o *Globo de Ouro*', e eu fiz. Comecei a fazer shows, trabalhei com Tony no período todo da novela e começamos a viajar de novo pelo Brasil e tal. Foi um negócio que funcionava enquanto a novela esteve no ar. Terminou e eu fui ficando cada vez mais em casa, bem por aí".

Por causa da reprise da novela, nesse meio-tempo, saíram alguns compactos seus, como se verá adiante. Em janeiro de 1977, quando *Estúpido Cupido* estava no quinto mês de exibição, Celly foi convidada a fazer uma temporada em um hotel na cidade de Águas de São Pedro, interior paulista, nos finais de semana, por um mês. Todo mundo queria vê-la cantar *Estúpido Cupido* e *Banho de Lua*, que as rádios de todo país tocavam de modo incansável milhares de vezes por dia.

O pai Nelson fazia falta para ajudar na organização, pois diariamente chegavam convites para shows. "Foi uma loucura. E só então me veio a consciência do quanto eu era lembrada, que o pessoal não esquece seus ídolos, chamavam-me para entrevistas, eu que sou arredia a isso, tive de superar. E me fizeram dar conta de que fiz parte de um movimento importante na música brasileira, o nascimento do rock brasileiro" – modéstia dela.

Com o apoio de Eduardo, que passou a tomar conta dos filhos com ajuda de uma empregada, Celly e Tony pegaram a estrada novamente e se apresentaram em todos os estados brasileiros de outubro de 1976 até meados de 1977, quando a novela tinha terminado, mas ela continuava a ser tocada em bailes e discotecas – o movimento disco ganhava força, então, no Brasil. "O modismo na novela fez renascer a carreira de Celly em outro patamar", diz Nelson Filho.

Poucos conheciam o mercado fonográfico brasileiro como Tony. Sabia como funcionavam as gravadoras, a produção dos discos, contratação de arranjadores e músicos, os departamentos de divulgação dos artistas e bandas e o segmento de shows e eventos, onde a figura do empresário fazia a diferença como intermediário. Era um meio, porém, propenso a golpistas. O irmão tomou a frente e passou a acompanhá-la nas apresentações desde o início, cuidava inclusive da checagem dos contratos.

Relembrou Celly: "Eu sendo uma artista que estava fora havia tanto tempo, de repente me botam no meio musical outra vez e foi tudo conversado para que eu voltasse: não posso fazer isso, eu quero isso, vou passar tantos dias fora, tantos dia em casa, não saio todo fim de semana. Então, fui exigente, não estava a fim de largar totalmente a minha casa. E, normalmente, esses empresários, o que aparece eles tratam de pegar, não querem saber se o filho está doente, se está morrendo se a mãe precisa estar perto".

Mesmo assim, via-se obrigada a fazer concessões. "Começou daí, muita coisa eu era obrigada a fazer por causa de contrato. O sujeito (empresário) me telefonava, eu começava a ficar chateada porque não era isso que eu queria ou não podia fazer. E comecei a implicar por coisas mais fortes, como deixar de nos pagar pelos shows que fizemos. Todo artista já deve ter tido essa infelicidade de ter problemas assim, né?".

De qualquer modo, Celly admitiu que se divertiu bastante, ajudada por uma cabeça mais madura, já que tinha mais do dobro da idade de quando começou. "Aproveitei uma fase passageira que seria a mesma da novela, de seis meses. Viajei bastante outra vez. Não sei se aproveitei o máximo, porque sendo uma dona de casa com filhos, eu escolhia se dava para eu ir ou não. Se eu pudesse e quisesse todos os dias desses seis meses eu teria trabalhado. Mas já o tanto que fiz foi muito bom".

A cunhada Maria Helena, casada com Nelson Filho, conta que "na volta de Celly em 1976, para a gente, foi tudo gostoso. Ela era uma pessoa que não se preocupava com esse assédio dos fãs. Ao lado de nossa casa em Ubatuba tinha um barracão onde eles ensaiavam para o Carnaval. E à tarde a gente ia lá assistir. Por causa da novela, logo começavam a apontar para ela". Eram pedidos de autógrafos, fotos ou até mesmo um abraço, um aperto de mão, alguma atenção sobre o quanto ela fora marcante em suas vidas.

Celly atendia a todos, mas sabia que o sossego tinha acabado. "Aí era hora de a gente ir embora porque se tornava impossível permanecer ali nas horas seguintes. As pessoas ficavam desesperadas quando a viam. Iam até ela não apenas para falar, tentar conversar. Diziam algo do tipo: 'A minha mãe vai fazer um chá lá em casa e ela quer que você vá'. E no outro dia a gente tinha de fazer outra programação. Nós nos divertíamos com aquele assédio do bem. Nós todos somos assim, gostamos de estar perto das pessoas que consideramos ídolos".

Mas nem tudo foi legal para ela. A imprensa feminina pegou bem pesado com a rainha do rock. Uma das primeiras a lhe dar destaque no início da novela foi a publicação para meninas adolescentes *Capricho*, da Editora Abril, na edição de 8 de setembro, em que apresentou a ex-cantora a seu público. "Com vocês, Celly Campello", dizia o título. No bate-papo, ela antecipou que regravaria com novos arranjos antigos sucessos e pretendia cantar músicas de Raul Seixas e Zé Rodrix, ainda dentro da imagem de roqueira que tinha sido preservada.

A descrição que a revista fez dela não era nada agradável para Celly e qualquer mulher da sua idade. A autora da reportagem foi de uma deselegância desnecessária: "É bem verdade que ela está gordinha. Um excesso de quilos que aparece mais por causa da altura de Celly, que mede pouco mais de 1 metro e meio. É verdade também que ela está com 35 anos (34, na verdade) e, apesar do rostinho ainda jovem, já existem algumas rugas anunciando que ela, uma das maiores atrações da música jovem do finalzinho da década de 1950, estaria, digamos, um pouco fora de época".

Em seguida, a repórter fez um resumo de sua vida nos últimos 15 anos, falou do casamento, do tempo em que morou nas cidades de Tremembé, Curitiba e Campinas, onde continuava a viver. "Cristiane e Eduardo, há cerca de dois anos, morriam de rir das músicas da mãe: 'Ih, mãe, esse corinho lá atrás, que coisa esquisita!'. Depois que a Globo lançou *Estúpido Cupido*, tendo como tema central a antiga gravação de Celly, todos vibraram. Os meninos vivem com os discos da mãe na vitrola e o marido concordou com a volta de Celly". Ou seja, autorizou seu retorno.

A cantora garantiu à reportagem que conseguiria conciliar a pacata vida de dona-de-casa com as gravações e os shows que pretendia fazer nos meses seguintes. "Durante esses 15 anos que ficou parada, Celly apareceu algumas vezes em público, sempre cantando antigos sucessos e agradando a todo mundo, na base da nostalgia. Mas, agora, a situação mudou. Animada pela novela, na qual participará cantando em um barzinho *Estúpido Cupido*, Celly voltou a cantar para valer e está feliz com a situação".

Ela afirmou que a vida familiar passava por um momento mais tranquilo. "Os meninos já estão crescidos, vão às aulas sozinhos e eu tenho Tony para me acompanhar nos lugares, quebrando todos os galhos. Desta forma, dá bem para conciliar". Pela RCA Victor, sua atual gravadora, um mês antes da estreia da novela, fez um compacto duplo produzido pelo irmão, com regravações de *Estúpido Cupido* e *Banho de Lua*, além de músicas novas, uma das quais Celly prometeu que ia estourar: *Nosso Amor é para Sempre*. "Como não poderia deixar de ser, uma versão", escreveu *Capricho*, com ironia.

Celly contou que preparava também um novo LP com um pouco de versões de músicas americanas e algumas composições de Zé Rodrix e Raul Seixas, que fizeram especialmente para o disco – e que ela jamais gravaria. Para aproveitar a onda da volta, a Odeon resolveu relançar o LP *Os Anos 60*, prensado havia dois anos, com todos os sucessos de Celly. Seu entusiasmo era perceptível. "Vontade de cantar é o que não falta a ela, tanto as músicas mais tranquilas como as mais agitadas, desde que todas 'transmitam alegria', o que, para ela, é o mais importante", continuou a revista.

O que a cantora não podia admitir, ressaltou, era que a nova vida lhe trouxesse transtornos familiares. Ou seja, com o marido. "Tranquilidade é a coisa mais importante que a gente tem", disse. Segundo *Capricho*, apesar do vocabulário bem-comportado usado na entrevista feita em sua casa ("Eu nunca disse palavrões, não sei nem o que significam, às vezes..."), das roupas clássicas, do almoço e do jantar em horas certas, Celly era em tudo o mais uma mulher moderna, que curtia com os filhos "os sons da pesada, patrocina festinhas e arruma programas" de fim de semana para diversão da família.

Além de praticar ioga nas horas mais tranquilas, quando os filhos estavam no colégio, a estrela gostava dos jantares nas casas dos amigos, dos fins de semana no clube campestre de Campinas, das compras no supermercado, enfim, de tudo que uma boa dona de casa acabava por fazer.

Na edição de 23 de setembro, o jornal *Aqui São Paulo* tentou explicar o poder de uma novela para transformar uma antiga estrela – "de apenas 34 anos" – em sucesso novamente, apenas com antigas gravações. Os autores da reportagem, Marco Antonio Montandon, Sergio Mello e José Trajano, começaram assim: "'Mercadologia' ou outro diabo de nome que tenha a coisa, a verdade é que o dinheiro está rolando grosso por conta dos gostosos anos 60".

Continuaram eles: "A dona de casa que foi Rainha do Rock é obrigada a voltar aos palcos, enquanto o país devora seus velhos discos regravados. Celly e Tony Campello – ele foi um dos Reis, e agora faz contas incríveis, no que está cheio de razão: são shows, programas de tevê e, só numa gravadora, 200 mil cópias de um LP com músicas que ambos, certamente, não pretendiam nem mostrar para os netos".

Por falar nisso, lembrou *Aqui São Paulo*, Carlos Gonzaga, o "pai do rock brasileiro", já era avô naquele momento, além de Testemunha de Jeová. "Mas também está esfregando as mãos". Ao jornal, o cantor de *Diana* disse: "Parece que está chovendo de novo na nossa horta". E um balanço do que foi o ano de 1961 revelava, segundo os autores do texto, que até um recém-eleito Presidente da República entrava na onda, fazendo a letra de um rock-balada: Jânio Quadros, com seu *Convite de Amor*: os repórteres lembraram de um trecho de um sucesso dos dois irmãos:

– Oi, Tony...
– Oi, Celly... o que é que você vai fazer hoje à noite?
– Ah, vou estudar...
– Estudar o quê?
– Geografia...
– Aonde? – Lá no Paquistão... tiu-ru-ru-lá... tiu-ru-ru-lá...

E lembraram que a letra tinha apenas uma década e meia de idade. "Acreditem, meninos: há 15 anos, foi o maior sucesso. E agora, se vocês quiserem culpar alguém, culpem Mário Prata, a Globo... Bem que Celly Campello – dona Célia Campello Gomes Chacon – estava bem-posta e tranquila em Campinas, devidamente assumida no seu novo papel: esposa e mãe de família".

Quanto ao irmão, Tony, até resolveu mudar de ramo. "Voltara a ser o sr. Sérgio Benelli Campello, produtor de disco, o responsável por alguns dos maiores atentados, perdão, lançamentos, do mundo discófilo brasileiro: Sérgio Reis (*Coração de Papel*), Silvinha (*Playboy*), Deny e Dino (*Coruja*, *O Ciúme*), Luís Fabiano, Dick Danello..."

Então, de repente, "no último inverno, Mário Prata e a Globo anunciam a nova novela das 7h, *Estúpido Cupido*, uma volta aos anos 60". O jornal lembrou que com apenas um mês de exibição, ocorreram três lançamentos simultâneos de discos de Celly – com as mesmas músicas – da Odeon, RCA e Som Livre. "Pela Odeon, saiu um compacto de *Estúpido Cupido* e *Banho de Lua*, que já vendeu 150 mil cópias; pela RCA Victor, mais um compacto com 30 mil cópias; e, pela Som Livre, estimativa de 200 mil do LP que prepara para lançar da trilha sonora, juntamente com discos de Carlos Gonzaga, Ronnie Cord, Wilson Miranda e o irmão Tony".

Na entrevista da cantora ao *Aqui São Paulo*, a primeira pergunta era esperada. "Francamente, 15 anos depois, você esperava por isto, Celly?". Ela respondeu: "Não, não esperava". Os repórteres recordaram que, casada havia 14 anos com o contador da Petrobras Eduardo Chacon, ela se resignava a viver bem em Campinas, cuidando dos filhos: Cristiane, de 13, e Eduardo, de 12 anos.

O abandono da carreira no auge não podia faltar na conversa e, mais uma vez, surgiu a desconfiança de que fora obrigada a deixar tudo. Sem rodeios, o jornal quis saber: "Em 1962, o seu casamento fora uma verdadeira comoção nacional para os 'teenagers' brasileiros, pois você abdicava do título de Rainha da Juventude (na verdade, do Rock) para ser apenas esposa, uma vez que Eduardo, namoradinho de infância, havia sido decisivo: 'marido de artista, não'".

A cantora tentou explicar mais uma vez sua decisão e polpar o marido. A começar pelo sucesso que não conseguiu dimensionar, pois parou aos 19 anos: "Tudo aconteceu depressa... um presente do céu". Um presente do céu? "Melhor: uma loteria esportiva", observou o jornal. A reportagem fez uma série de contas, sem citar a fonte de informações questionáveis, como as baixas vendas do primeiro disco, algo que não aconteceu. "Em 1958, quando gravou a versão de *Estúpido Cupido*, o disco, apesar do sucesso, não chegou a vender 50 mil cópias; e se então cobrava 35 contos por show, hoje uma sua apresentação não custa menos de 15 mil cruzeiros e já tem compromissos firmados até o fim do ano, convidada por clubes de todo o Brasil". E "só nos discos vendidos pela Odeon já faturou 300 mil cruzeiros".

Diferentemente das revistas femininas, que não perdoavam sua suposta submissão ao marido, os três repórteres foram generosos com ela: "Baixinha, simpática, achando o marido 'maravilhoso', continua com a mesma carinha de 15 anos atrás: menina-família. Somente que, agora, para aguentar de novo o ritmo, faz ginástica rítmica duas vezes por semana". Pela primeira vez, ela fez uma crítica à turma de Roberto Carlos e ao movimento que ele liderou: "A jovem guarda se encarregou de mandar a gente para o espaço. Mas, nos EUA, os grupos ingleses também acabaram deixando os cantores de rock a perigo".

Aos 40 anos de idade, também pai de dois filhos (Marcello, 11, e Luís Carlos, 5 anos), Tony Campello tinha opinião formada sobre o sucesso que, repentinamente, voltou a soprar não apenas em sua direção, ou da irmã, mas, igualmente, daqueles que classificava como "a primeira geração do rock nacional".

Desde o início, ele apostou que aquele momento duraria pouco. "É uma fase que passará quando acabar a novela. Pode ser que ainda venha a refletir algum tempo depois, mas só". Enquanto isso, tratava de aproveitar a fase (como foi visto, um de seus sucessos, *Booggie do Bebê*, com o qual ganhou o *Troféu Chico Viola* em 1963, estava incluído numa das faixas do LP da Som Livre).

Uma curiosidade na guerra das gravadoras com lançamentos e relançamentos dos anos de 1959, 1960 e 1961, foi o surgimento de uma cantora de nome Suely, pela Copacabana, que causou indignação em Celly. Sem qualquer cerimônia, ele simplesmente gravou um LP e um compacto somente com os sucessos da primeira rainha do rock. O compacto trouxe *Estúpido Cupido*, *Banho de Lua*, *Lacinhos Cor-de-Rosa* e *Túnel do Amor*. "Distribuído no Norte, o compacto vendeu logo as 50 mil cópias gravadas)", observou Aqui São Paulo, que chamou a imitadora de golpista.

A forma como a revista *Nova*, da Editora Abril, voltada para mulheres entre 25 e 35 anos de idade, encontrou para falar de modo implacável da cantora na edição de dezembro de 1976 foi um tanto curiosa: por meio de uma correspondência endereçada a ela. O título dizia: "Carta a Celly Campello". A autora, a jornalista Inês Knaut, escreveu que a emoção que sentia ao ir entrevistar Celly logo se transformou em surpresa: "Na mulher de 34 anos, casada e mãe de dois filhos, nada lembrava aquela que fora o ídolo da sua adolescência".

Por isso, resolveu escrever uma carta à cantora – nada gentil, aliás. "Antes de mais nada, eu preciso confessar: não fui até sua casa (afinal, Campinas fica um pouco fora de mão) só para confirmar que Celly Campello é, de fato, baixinha, brejeira, simpática... Também não fui assistir às gravações de seu último LP para descobrir que sua voz continua afinada e quase tão estridente como na época em que você, garota assentada e caseira de Taubaté, 15 anos de idade, revelou-se ídolo da juventude brasileira (e, segundo dizem, de outros países da América Latina)".

Prosseguiu a jornalista, dirigindo-se a Celly, mais uma vez: "Essa sua quarta volta (lembro das tentativas que fez em 1968, 1972 e 1974), ou *rentrée*, como você diz, sugeria, aqui para nós, de *Nova*, um retrato mais por inteiro. Com aspectos positivos e, se fosse o caso, negativos. Você soube disso (com certo receio, não é mesmo?) desde o começo, quando me atendeu, impecável, estranhando um pouco a ausência de fotógrafo. Olhei bem para seu rosto maquiado sem exagero (era como se eu estivesse recuando 14 anos...), reparei no conjunto de jeans combinando com a camisa xadrez, os brochinhos enfeitando a lapela, arrisquei um olho nas alpercatas bordadas...".

Em seguida, a repórter fez algumas observações sobre o modo como a cantora se comportou durante a entrevista: "Engraçado, você estava um pouco tensa; suas frases, que geralmente não respondiam a minhas perguntas, pareciam preparadas na ponta da língua. Sentou-se na beirada do sofá e não mudou de posição durante mais de duas horas. Só seus braços mexendo enquanto falava (perdão!) pelos cotovelos. Ingenuidade pensar que vê jornalistas com simpatia. Caçadores! Isso mesmo, você tem razão: a gente fica de olho, tentando flagrar, tirar a pele, perceber um pouco além das aparências... Às vezes, até se engana. Tentei explicar isso e não sei se você entendeu...".

Nova observou que Celly estaria magoada ainda, embora soubesse que "é impossível agradar a todos", com o que saiu em uma entrevista sua para um jornal – não foi citado o nome – de que o "apartamento de oitavo andar, numa larga avenida campineira, está mais para contador da Petrobras que para cantora de rock: nada, ali, revela o passado de sua dona'. Cá entre nós, Celly, apesar de você ter preferido a reportagem que dizia haver 'um clima familiar e cheiro de marcenaria em sua casa', a frase anterior não é mentirosa".

A repórter lhe pediu, em referência à sua suposta falta de jeito para arrumar a casa, o que poderia magoar bastante uma esposa tão dedicada quanto ela: "Veja a disposição de seus móveis: o sofá ladeado pelo par de abajures; em frente, a mesinha de centro com seu vaso e seus cinzeirinhos; ao lado, as poltronas com suas almofadas; a estante junto à parede (suponho que guarde bebidas) com suas porcelanas e troféus simetricamente colocados". Até a entonação "dos móveis de jacarandá com o estofado, as cortinas, o tapete mostarda (ou seria tom de ouro?), tudo lembra mais a ordem e a limpeza de um documento preparado por um contador".

A carta, então, mudou de foco. "Você me pergunta: 'o que seria uma cantora de rock como eles falam que sou?'. Justifica-se em seguida: 'Eu não gosto de coisas reviradas, a casa toda desarrumada... Eu gosto das minhas coisas arrumadinhas, certinhas... É meu modo de vida'. Claro, você gosta e não vai mudar. Mas, Celly, a imagem oficial de uma cantora de rock, você há de convir, não combina com o ambiente. A sala de visitas e jantar pelo menos que você escolheu e decorou".

As observações da repórter, claro, não eram novidade. Desde 1968, Celly era cobrada por não ter uma postura de roqueira porralouca, hippie drogada e desbocada. Para a jornalista, a cantora havia de convir também que uma pessoa pública, isto é, alguém cuja popularidade obrigava a disfarçar-se atrás de artifícios, bem como a evitar certos lugares – "segundo você mesma me disse" – fosse alvo de certas expectativas. "Ah, as expectativas! Veja bem, se tivesse vencido um curso de culinária, todos estariam esperando que fosse capaz de fazer as mais deliciosas receitas de forno e fogão".

Algo que, aliás, "você troca com prazer pelo trivial. Se fosse artista plástica – tapeceira, por exemplo –, todos esperariam que as tapeçarias que gosta de fazer e que enfeitam algumas das paredes de sua casa fossem, no mínimo, criadas por você mesma e não em cima de um modelo comercial, estampado na tela". As alfinetadas continuaram, exageradas e sem qualquer nexo.

Como o que escreveu a seguir: "Pessoalmente, acredito que uma cantora (seja ela de que gênero for) deve exercer sua criatividade em tudo o que faz: nas receitas bem dosadas de cozinha, na composição de uma tapeçaria e até (por que não?) na maneira de se vestir. É uma forma de se treinar, uma forma de deixar uma marca pessoal nas coisas. Mas não é bem isso que tentei explicar durante nosso primeiro encontro. Quando a acusam de uma certa 'caretice', é porque você simplesmente foi eleita ídolo, rainha de uma juventude contestadora. Impossível querer negar".

A jornalista citou a resposta de Celly: "Mas as minhas letras sempre foram tranquilas; as letras não contestavam nada". Sem dúvida, Inês Knaut nada sabia sobre a carreira da cantora e ligou sua imagem às artistas confrontadoras do final da década de 1960, como Janis Joplin e a brasileira Rita Lee. A contestação de Celly não ia além de posar de calças na capa do primeiro disco ou cantar algumas letras apimentadas, como *Banho de Lua* e *Broto Legal*, mas que ninguém jamais viu algo nesse sentido.

Pelo menos os críticos e historiadores jamais a condenaram por isso. A não ser o apresentador Flávio Cavalcanti, que chamou *Banho de Lua* de música de mau gosto, lembrou *Nova*. "Talvez. Mas de qualquer forma, Celly, você estava envolvida com uma juventude que reivindicava um pouco mais do que livrar-se de um estúpido cupido; um pouco mais do que balançar-se num ritmo mais extrovertido".

Uma juventude, prosseguiu *Nova*, "em nome da qual seu irmão Sérgio, aliás Tony, foi impedido, certo dia, pelo diretor social do Taubaté Country Club de continuar tocando rock (isso na primeira vez que tentou o gênero em público), um ritmo considerado pouco adequado a um clube familiar. Uma juventude, enfim, Celly, que se voltava contra, no mínimo, a maneira oficial de vestir-se: rapazes de terno e meninas de vestidos bem-comportados. E, afinal de contas, quem sabia que você era uma garota caseira, mais disposta a terminar os estudos, casar-se, ter filhos e, de acordo com seu temperamento confessadamente romântico, viver feliz para sempre?".

Inês Knaut aproveitou o relato de Celly sobre como conheceu o marido e insinuou fraqueza de sua parte, ao culpar Eduardo por obrigá-la deixar a música antes de completar 20 anos: "Quem sabia do valor que você deu aos primeiros olhares trocados na quadra de basquete do clube ou à beira da piscina com José Eduardo, seis anos mais velho, um bom emprego na Petrobras e que viria tirá-la da vida artística?".

Continuou ela, de acordo com a linha feminista de *Nova:* "A verdade é que você foi eleita rainha da juventude e, em nome disso, as pessoas até hoje esperam que você conteste alguma coisa. A imposição de sucessos importados, por exemplo. Ou como Demetrius, um dos candidatos a rei do rock no seu tempo (lembra?), disse recentemente: 'O cara ter que se chamar Johnny Blue e gravar em inglês para fazer sucesso num país de língua portuguesa é o fim da picada!'".

A carta provocativa continuou, agora com foco nos filhos: "Que conteste, talvez, o poder incontrolável da televisão: se, por um lado, tornou possível esta sua volta, 'maravilhosa' como você diz (tentada sem êxito outras vezes), por outro lado é responsável pela massificação de gosto. Ou seja, Cristiane de 13 anos e Eduardo de 12, seus filhos, preferindo principalmente temas internacionais de novela".

O artigo em forma de carta da revista se manteve o tempo todo como um tribunal a julgar Celly se ela, que tinha perdido o bonde da história por fraqueza ao não enfrentar o marido, merecia de fato uma nova oportunidade. Outra ressalva ainda mais implacável, carregada de prepotência e arrogância da jornalista: "Concordo que seria uma posição difícil. Afinal, não fosse a Globo e a sua coragem em lançar Mário Prata (autor da novela *Estúpido Cupido*) que, além de estreante em TV, remexe com um passado tão movimentado, você talvez não tivesse a chance de sentir novamente o gosto do sucesso: 'Me dá um autógrafo, Celly', 'Puxa, aquela não é Celly Campello? Tá melhor que antes'".

Talvez não tivesse também a chance de ganhar tanto dinheiro, que jamais ganhou na sua época áurea de adolescente: "De cara (você me contou isso rindo), está recebendo pela Odeon, Som Livre e a sua atual gravadora, a RCA. Recebendo principalmente por reedições de sucessos antigos, hoje mais valorizados. Engraçado, eu não sabia que Roberto Carlos tinha também esse mérito: não fosse ele, como me explicou um sujeito da RCA, possivelmente os artistas ainda estariam acreditando que ceder seu nome ou o mesmo de seus sucessos para um novo bombom (Cupido, da Lacta) ou uma linda bonequinha (Celly, da Trol) valesse simplesmente pela promoção".

Não fosse ele, perguntou a repórter, "será que o cachê de Celly Campello, que no auge da carreira chegava no máximo de 30 contos por apresentação, alcançaria os 15.000,00 de hoje? Mas essa fase de muito dinheiro que você diz que 'não se pode jogar fora porque nunca se sabe o dia de amanhã', é óbvio que deve ser aproveitada, Celly. Como você disse também, depois da conversa que Tony e Zé Eduardo tiveram a respeito de sua volta, 'aproveitar pelo menos enquanto os compromissos não atrapalhem a vida doméstica'. Aproveitar, inclusive, enquanto 'as crianças estão adorando, nossa! E incentivando muito!'".

A forma como Inês Knaut destratou Celly, ao usar tudo que a artista lhe falou em confiança contra ela, tinha a ver com *Nova* ser totalmente voltada à luta feminista naquele momento. Uma mulher "fraca e submissa", como parecia ser a imagem que formou da cantora, era algo inadmissível e merecia ser criticada.

E sobrou para o irmão, que teria tentado fazer Celly cantar mais "sexy": "Oi, Tony, este recado é para você: acho que você está certo em lembrar aquele sujeito, também da RCA, que ficou triste por vender 100.000 cópias. Tem gente mesmo engraçada: não se conforma com o sucesso comercial, prefere o de crítica. Mas, Tony, será que você não está exagerando nos chavões que vendem bem? Como eu lhe disse, não sou 'especialista' em música...".

Ainda assim, ela achava, por exemplo, que aquele suspiro no final da música de Sá e Guarabira – "Se eu vivesse lá no fim do mundo e você fosse lá me visitar" – e que ela assistiu Celly gravar no estúdio "está sobrando". A cantora, para a jornalista, até demorou para acertar. E disparou: "Você queria (afinal é o produtor do LP) um som sexy e ela conseguia apenas um som de propaganda de pasta de dente".

Também em relação à escolha das músicas, escreveu a repórter, "tenho minhas críticas: sabe aquele negócio de conciliar o ritmo e arranjos dos originais americanos com a letra em versão? Às vezes, parece meio sem sentido... ou então acaba subcriando envolvimentos pessoais de Celly, que você sabe, não fala nada. Pelo menos não na frente de repórteres".

A jornalista não parou aí, em seu tom de diminuir e menosprezar Celly, embora confessasse a sua incapacidade de qualquer tipo de crítica à sua obra musical: "Mas, deixa para lá: não sou 'especialista' em música. De qualquer forma gosto quando você (apesar do coro, da instrumentação) dá força para a voz afinada e limpa; voz de quem não fuma e tem vida, embora mais movimentada ultimamente, regular. Que ela faça sucesso!".

E vieram as impressões ao vê-la no estúdio, um lugar onde a repórter jamais esteve em toda a sua vida: "Incrível, Celly, como demora a gravação de uma só música. Dá para fazer só uma ou duas faixas por dia. E você confessou que fica aflita quando não acerta na segunda ou terceira vez... Mas, e Waldick Soriano, que, segundo o técnico de gravação me contou, demora, às vezes, vinte e quatro horas para gravar uma faixa apenas?".

Inês Knaut voltou ao ataque, depois de dar detalhes técnicos sobre as gravações. E não escondeu sua impaciência porque a entrevistada foi comedida nas respostas e ironizou suas "frases decoradas" e nada modestas nas respostas: "Me pareceu que você não está disposta a defender seus pontos de vista, suas opiniões. Falar, às vezes, é arriscado. Daí, o que você diz começa a soar um pouco sobre a 'maravilhosa volta. Estou me sentindo o próprio ídolo outra vez' ou 'dizem que nasci com uma estrela'".

Atacou a cantora também por se mostrar uma dona de casa e esposa das mais conservadoras, o que destoava de quem queria voltar a ser reconhecida como a rainha do rock nacional: "Você se lembra, quando discordou lá no estúdio a respeito do pessoal que se diz 'pra frente'; quando disse que gostaria de ver quem é 'pra frente' mesmo? Você estava emitindo uma opinião... É importante isso, compreende?". *Nova* não apenas foi deselegante como distorceu cada frase que Celly disse, para que Inês Knaut pudesse desmoralizá-la como alguém fútil e submissa ao irmão e ao marido.

Ou mesmo uma mulher alienada e completamente idiota: "Se, às vezes, não aceitam suas opiniões, pelo menos você se manifestou, entende? Quando diz que os filhos devem estar sempre ocupados, para não pensar em bobagens, também está se manifestando. Posso não concordar, mas não há dúvida que você é capaz de defender com argumentos esse seu ponto de vista. Já, Celly, quando você afirmou não se adaptar ao samba porque 'sei lá, existem tantas versões bacaninhas que precisam ser conhecidas', te confesso que estranhei".

Aparentemente, escreveu a jornalista, não havia um disco, um livro em sua casa (engraçado, fora seus óculos escuros sobre a mesa redonda de jantar, não havia nada sobre os móveis além de objetos de decoração). Claro: lembro bem que me disse não se interessar por estudo... E mesmo por livros, pois dão sono a partir da terceira página; lembro bem de quando falou sobre os seus programas, o churrasco aos domingos, no clube; cinema, naturalmente, com as poucas salas da cidade nem sempre apresentando boas opções. Lembro bem de você ter me contado a respeito da vida puxada de Zé Eduardo, muitas vezes cansado por causa do emprego na Petrobras e das aulas noturnas da PUC, onde é professor de administração contábil".

A crítica a seguir mirou sua suposta alienação sobre o que acontecia fora daquele mundo de dona de casa e mãe de adolescentes que criara para si e de onde não deveria ter saído, ao que pareceu. "Pois é, Celly... Mas você precisa saber que estão acontecendo coisas que nem imagina e é exatamente em função delas que você está sendo julgada. Estou sendo agressiva, Celly? Se estiver, desculpe-me, pois não é essa a minha intenção".

Porque "eu quero que você saiba que, apesar de tudo, gostei de conversar com você, gostei da sua simplicidade (por menos, quantas pessoas por aí não botam banca de estrela?), do seu jeito sincero de confirmar o amor que tem por seu marido: 'Olha, eu adoro ele e cada dia que passa eu digo pra ele que o amo mais hoje que ontem'".

Ela lembrou que os dois estavam casados havia 14 anos. "Gostei da honestidade com que confessou, 'eu não me sinto bem na condição de avançada. Estou com 34 anos'. De certa forma, admiro também essa coragem de romper com a rotina de sua vida doméstica, à qual você, mulher pacata e acomodada, estava tão bem adaptada. Esse negócio de ir e vir – Campinas, Rio, São Paulo –, esse negócio de fazer dois shows por mês... Certamente está sendo difícil e é óbvio que você aceitou porque havia Tony, Zé Eduardo, Cristiane e seu filho caçula dando muita força".

Celly disse à repórter da *Nova* que as pessoas perguntavam se seu marido ficava enciumado por causa das viagens e dos contatos com os fãs. Ela respondia que "quando a gente não dá motivo, quando a gente conhece a pessoa com quem vive...". Para evitar fofoca (como aquelas que diziam que sua volta estava relacionada com um desquite), deixou até de acompanhar o pessoal nos programas depois de um show ou gravação.

Era a primeira vez que um órgão de imprensa relacionava ela com separação, ao citar o boato. "Até mesmo o jantar você anda recusando. Certamente está sendo difícil para você. Mas, no fundo, é como diz: 'Me puseram nisso sem eu querer, agora que aguentem!'". A repórter de *Nova* disse que não entendia como ela se considerava uma pessoa independente, com Tony a acompanhando e aparentemente decidindo como seria seu repertório, por outro lado sua preocupação a respeito do que seus filhos estavam achando, desde a escolha da roupa até o jeito de cantar. "Eu pergunto tudo para os meus filhos. Eu vou pôr uma roupa e pergunto: 'o que vocês acham da mamãe?'".

E acrescentou o raciocínio: "Você me disse que tem necessidade de alguém que te escore, mas, por outro lado, acrescentou que nem sempre a opinião dos outros prevalece... Deixa para lá". A verdade era que a sua formação naturalmente não era igual àquela que estava dando para os filhos, observou. "Hoje em dia, é preciso saber se virar sozinho", afirmou. Por coincidência, enquanto a jornalista escrevia a "carta" nada cortês a Celly, uma rádio de algum vizinho tocava a última versão dela de *Estúpido Cupido*. "Me lembrei dos vestidos rodados (era a sua mãe quem fazia, copiando figurinos da época), dos sapatos de bico fino, do cabelo 'brotinho'".

Nova foi cruel diversas vezes, até o fim, com sua ironia: "Há quem diga que você chocava com suas calças compridas, a boca estreita; chocava com os sapatos mocassins usados sem meia. Imagine: só porque os programas da Record imitavam determinadas situações (um dia foi um piquenique, não é mesmo?), e por isso você punha a roupa esporte da época". Sem imaginar que a repórter trairia sua confiança, Celly contou que os programas tinham script, diálogos decorados. Cada um seguia enredo em cima dos temas de música, escritos por Fred Jorge.

Assim como fizeram outros órgãos de imprensa, a revista questionou seu gosto para decoração: "Bom, Celly, eu gostaria de falar de outras coisas que gostei em você, mas fica até parecendo que quero fazer média. Melhor não dizer mais nada, a não ser lembrar daquelas samambaias das quais você gosta tanto e que ajudam a dar um toque de vida em sua sala. Tenho uma bonita que tentei transplantar para você. Se pegar, deixo com seu irmão Tony, lá na RCA. Tá bem?". Nas entrelinhas, essa observação pareceu ter sido a mais venenosa de todas escritas na tal carta.

Com razão, Celly ficou bastante aborrecida com a tal carta que a ridicularizou como nunca aconteceu antes em toda a sua carreira. No mesmo mês, dezembro de 1976, outra publicação da Editora Abril deu destaque a ela. Dessa vez, foi *Cláudia*, dirigida a mulheres acima de 35 anos e a revista feminina mais vendida do país. "Afinal, cupido não foi tão estúpido assim (Não é Celly Campello?)", dizia o subtítulo. Na introdução, a repórter Nilcéa Nogueira observou que, da primeira vez, o amor foi mais forte e ela desistiu de tudo pelo casamento. "Agora, aos 34 anos, feliz ao lado do marido e dos filhos e nem um pouco arrependida, o sucesso, cai de novo do céu para Celly Campello. E ela vai aproveitar".

A reportagem foi encontrar em Campinas a cantora em um momento de felicidade – antes, claro, do perfil devastador de *Nova* ser publicado: "Celly Campello ri, e acha mesmo sua vida igualzinha à novela. Adora ver *Estúpido Cupido* na televisão e diz que só quem viveu no interior, naqueles anos de 1950 e 1960, pode entender tão bem as tramas e as personagens da novela".

Ela, por exemplo, que cresceu e viveu em Taubaté, identificava-se demais com a trama e os personagens. Principalmente com a moça que queria ser miss em um concurso nacional: "Ah, é fora de série! Quando vejo as conversas, as situações, os problemas dela com o namorado, tenho a impressão de estar me vendo. Só que meu namorado, que hoje é meu marido, não ficou sentado na calçada, sofrendo com a minha decisão".

E voltou a dizer que não se arrependia nem um pouco por ter parado com a música para se casar: "Tudo que veio depois foi bom. Estou casada há 14 anos, temos dois filhos e, até hoje, estou apaixonada pelo meu marido. Para mim, a companhia dele é tudo". Na avenida arborizada de Campinas, o prédio de dez andares em que Celly Campello morava havia seis anos, descreveu Nilcéa Nogueira, era como outro qualquer. "As pessoas que estão em volta do porteiro nos veem chegar, com todo aquele equipamento fotográfico, e ouvem, curiosas, nossa conversa".

Pelo visto, disse ela, esses curiosos não eram moradores do prédio. Nem de Campinas, pois ficavam surpresos quando descobriam que Celly morava lá. "Claro que lembram dela! Como é que 'alguém pode esquecer'? 'Ué, ela mora aqui, é?' 'Em qual apartamento?', 'Vocês vão entrevistá-la? Digam que mandei um abraço...' Afinal, conseguimos subir".

Só que pelo elevador dos fundos, pois o da frente estava quebrado. A repórter observou: "E, até hoje, não sei se os dois homens que entraram logo depois de nós, e que estavam lá embaixo, junto àquele grupo, se enganaram mesmo de apartamento – ou foram lá para matar a curiosidade. A verdade foi que eles entraram, olharam bem para Celly e, como a repórter, ficaram impressionados. "Não é que ela continua a mesma, igualzinha? Depois, foram embora com um 'desculpe, foi engano' e a entrevista pôde começar".

Nilcéa Nogueira ficou encantada com a cantora: "Celly é simpática, sorridente, fala sem parar. Mas é calma, e tudo que ela diz tem a espontaneidade de uma menina. Meiga e, também, simples". E explicou para a entrevistadora: "Não dá para ser outra coisa, ou fazer outra imagem, eu sou assim mesmo, e acho que cada um deve ficar na sua, fazendo aquilo que quer e gosta".

Celly contou que em sua casa toda a família era musical, todo mundo tocava piano ou violão, cantava e torcia "por mamãe". "Meus filhos Cristiane e Eduardo são os que mais me animam", afirmou. "Não muda, não, mamãe, que a senhora está ótima!", disse um deles. Celly brincou: "Eduardo, então, se pudesse saía berrando por aí que é meu filho. Cristiane, não, ela gosta, mas fica sem graça".

A voz de Celly, como ela, ainda era a mesma, de acordo com *Cláudia*: "Está apenas um pouquinho mais adulta. Mas as crianças percebem e gostam mais da voz de antigamente". Natural que mudasse. Mas nem tanto. A estrela disse que, no começo, cantava como uma menina de 15 anos e era uma menina de 15 anos. "Agora, tomara que não me venham pedir para cantar *Lacinhos Cor-de-Rosa*. É infantil, ficaria ridículo".

Ela afirmou que nunca imaginou que fosse voltar a cantar com tanta ênfase – a revista não falou das experiências em discos que tentou sem êxito entre 1968 e 1974. "Como da primeira vez, aconteceu. Eu nem sabia que a Globo ia colocar essa novela no ar. Para mim, foi praticamente uma surpresa". E ficou impressionada como tudo tinha mudado no mundo da música e do entretenimento nos últimos 14 anos, desde seu casamento.

Ao ser pedida para comparar sua juventude com a daquele momento, respondeu que nem sabia o que dizer. "Olha, nem sei... A transformação foi tanta... Mas, que eles [os telespectadores] estão curtindo o clima da novela, isso estão. Eu entendo bem essa nostalgia. Acho que a juventude de hoje, do mesmo jeito que a nossa, está saturada, à procura de novos valores. Quem sabe não vai ser bom? Sei que não vou mudar o mundo, mas gostaria de poder influenciá-los. Acho que minha música é alegre e traz uma mensagem ótima para os jovens. Eles adoram nosso tempo romântico".

Se seus filhos resolvessem seguir a carreira artística, ela apoiaria, mas ficaria preocupada. "Preferia que não seguissem. A gente foi explorado, eu e Tony. Só depois que veio Roberto Carlos e a jovem guarda foi que o pessoal começou a ganhar dinheiro. Agora, com essa volta, as pessoas me dizem: 'Você vai rachar de ganhar dinheiro!'. Mas não sou ambiciosa. Levo uma vida estável e sei que esse sucesso é passageiro. Claro que, se o dinheiro vier, não vou jogar fora: sabe lá se, daqui a quinze anos, vai aparecer outra chance?".

Ela contou que tinha um fã japonês em Valinhos que todo ano telefonava no dia de seu aniversário, do marido e das crianças. "Na época em que eu ainda morava em Taubaté, ele ia lá em casa me visitar e levava sempre caixas e caixas de frutas. Era vidrado em mim. E foi ao meu casamento. As pessoas vibram, e a gente acaba se empolgando". Elas lhe diziam: "Você merece", "Você é tão bacana!", "Você é tão legal!". Ela adorava essas manifestações de carinho: "Eu não consigo nem dizer o quanto estou curtindo tudo isso".

Mais uma vez, Celly contou à imprensa que tinha sido chamada pelo produtor e empresário Marcos Lázaro para "fazer parte" do programa *Jovem Guarda*, em 1965, antes de contratar Roberto Carlos: "Era um dinheirão, mas eu não quis. Então, eles puseram a Vanderléa no meu lugar" – essa foi uma das versões do episódio, como foi visto. Segundo ela, sua juventude foi maravilhosa, sem tabus, porque seu pai era liberal. "Hoje, estou em uma faixa mais atrás: dou liberdade, converso bastante, mas cuido para que meus filhos não abusem".

Sem saber exatamente o que dizia e um tanto equivocada, ela se mostrou conservadora, ao tentar criticar o movimento hippie: "A gente faz ver que essa juventude que está aí tem um lado dela que não está certo. Paz e amor não levam a nada. Acho ótimo que meus filhos estudem, façam alguma coisa. E acredito que a família ainda é importante. Eu vejo pela minha. A gente é amigo, sai junto, passeia junto, meu marido e meu filho vão juntos ao futebol, e tudo vai bem, graças a Deus".

Ela fez questão de destacar sua cumplicidade desde sempre com o irmão Tony no meio musical: "Só voltei mesmo a gravar porque Tony está nessa (ele é produtor da RCA). Ele me dá apoio e procura fazer tudo para facilitar meu trabalho. Quando ele não está, me sinto sem braço e sem perna. E sei que, sozinha, não teria voltado. Eu falo que sou pra frente, que isso, que aquilo, mas sozinha não teria mesmo feito nada. E, para falar a verdade, nunca tive mesmo vontade de voltar (a cantar)". Era a Celly enigmática e contraditória de sempre quem falava, como se as tentativas anteriores fossem apenas por insistência de Tony, o que não era verdade.

Nos últimos quatro meses de 1976, nenhum cantor ou cantora no país teve tanta atenção da imprensa quanto Celly Campello. E pelos veículos mais importantes. Ela apareceu em todas as revistas femininas e semanais em circulação no Brasil e em várias reportagens em jornais de todos os estados brasileiros. Até a badalada revista de *MPB Música* dedicou a ela a capa da edição 5. A publicação aproveitou sua volta triunfal para produzir uma reportagem sobre "A primeira fase do rock – a época, os sucessos, os ídolos".

O texto começava com a frase "O sonho acabou", que vinha sendo repetida por alguns dos maiores nomes da geração do rock internacional e nacional, como John Lennon e Gilberto Gil. "Uma geração que acreditou na existência de nova maneira de ver, sentir e viver, criada em decorrência de uma nova forma musical". O fim do sonho, para Música, estava ou não dentro do espírito de cada um que o entendeu. Afirmou que, naquela matéria, falaria sobre seu início, "que certamente está na lembrança de todos e desperta a curiosidade dos que não viveram a primeira fase do nosso rock".

O foco inicial foi a primeira fase do rock brasileiro, quando um novo comportamento trazido pela euforia da criação de música jovem foi dirigido ao público jovem. E a cantora, claro, era o ícone desse movimento. "Celly e Tony Campello, talvez os maiores astros da música jovem brasileira, não foram convidados a cantar nos programas da Jovem Guarda uma vez sequer [Tony se apresentou algumas vezes no primeiro ano da atração]. Mágoas esquecidas, o tempo passou, e Celly Campello grava agora um LP pela RCA, a ser lançado brevemente".

De acordo com Música, "a 'rainha da juventude' pretende voltar com força total para gravar mais LPs, pois os artistas que possuem real valor têm também o poder da máquina do tempo: fazer os anos transformarem-se em segundos e viajar do passado ao presente no espaço de tempo que dura um sorriso verdadeiro".

A Continental também pegou carona e lançou o LP Explosão Década Musical 1960, que trazia Celly com Mar de Rosas. Ao mesmo tempo, saiu um compacto com um sucesso e uma desconhecida: Nosso Amor é pra Sempre e A Casa das Cortinas Amarelas. E um duplo com Estúpido Cupido, Banho de Lua (regravações de 1970), Cante, Diga que Eu Mando um Alô e Nosso Amor é pra Sempre.

Em novembro, o selo reuniu todas as faixas que tinha da cantora lançadas em compactos no LP Celly Campello. "O mesmo disco, agora com outra capa, foi relançado após os primeiros capítulos de Estúpido Cupido entrarem no ar... foi fulminante. Já ultrapassou a casa das 150 mil cópias tranquilamente", observou Zé Roberto, Chefe de Divulgação da gravadora.

Antes de terminar 1976, para aproveitar o Natal, a Odeon relançou todos os seus seis de 1959 a 1968 – no total de seis LPs. E um compacto simples e um duplo só com sucessos em gravações antigas anteriores a 1962. O primeiro trazia Estúpido Cupido e Túnel do Amor. O duplo, chamado Celly Campello Anos 60 saiu um mês antes da estreia da novela, em uma aposta de que ela voltaria ao estrelato, com seus maiores êxitos: Estúpido Cupido, Lacinhos Cor-de-Rosa, Banho de Lua e Broto Legal.

A uma semana do Natal, foi a vez da revista Manchete fazer uma reportagem para falar do fenômeno que acontecia com a cantora. "Celly Campello volta nos braços do estúpido cupido", dizia o título da reportagem publicada na edição do dia 18. O subtítulo completava: "Ela estourou nas paradas de sucesso nos anos 60 e depois sumiu. O sucesso da sua música em uma novela a devolveu ao público". O texto de Ronaldo Heim começava com uma descrição que soava poética: "O fotógrafo da gravadora talvez não tivesse planejado, mas Celly Campello se parecia com Cinderela, na capa do seu último LP, lançado em 1961".

Ela usava "um vestido-balão, no estilo vai-com-o-vento (lançado por Marilyn Monroe), equilibrava-se sobre altíssimos sapatos brancos e tinha o ar romântico das donzelas dos contos da carochinha. Na realidade, Celly vivia um conto de fadas, tornara-se estrela e líder das paradas de sucesso de todo o país, com os fãs disputando seus discos e seus autógrafos. Mas, de repente, o encanto acabou, Celly sumiu e avisou que seria para sempre. É que tinha encontrado o contador José Eduardo Gomes Chacon. Cinderela abandonou o seu fastígio e agora ela está voltando".

O seu retorno "triunfal" ocorreu quando o primeiro capítulo da novela *Estúpido Cupido* foi ao ar, escreveu *Manchete*. "Milhões de pessoas estavam coladas ao vídeo, para acompanhar os acontecimentos ocorridos em Albuquerque, pequena cidade do interior, nos conturbados anos de 1960. Presente, embalando bailes e paqueras, as músicas de Celly Campello. Foi o bastante. Assim que a voz meio aguda da cantora entrou nas casas dos espectadores, surgiu uma crescente onda de nostalgia pelo país. Donas de casa que, na virada para a década de 1960, eram brotos legais, encontraram na música alegre de Neil Sedaka as emoções da juventude".

E crianças que nunca tinham ouvido falar em twist passaram a curtir o ritmo dos primeiros rocks. "A tudo isso, Celly reagia com espanto. Antes do inicio da novela, ela não sabia que suas músicas voltariam a ser tocadas e continuava vivendo sua pacata vida de mãe e dona de casa". Ela recordou: "Eu ouvia uns boatos, mas temia que não fosse verdade". Mudou de ideia quando a Globo a convidou para o coquetel de estreia da novela. "A partir daí, a ex-bonequinha cantora voltou a se aproximar do sonho de Cinderela. No começo, timidamente, cobrando pouco pelos shows. Depois, em um esquema inteiramente profissional".

A trilha sonora de *Estúpido Cupido* vendeu 500 mil cópias em um mês e meio, disse *Manchete*. Relançados, LP, um compacto simples e um duplo só com sucessos da cantora foram, no mesmo período, para os primeiros lugares do *hit parade*, com 250 mil unidades vendidas cada um. Os convites para espetáculos em todo o país aumentaram rapidamente. E o preço de cada apresentação subiu para 40 mil cruzeiros. "Celly voltou a se sentir ídolo, reconhecida na rua, perseguida pelos fãs, distribuindo autógrafos".

Em Maringá, depois de um show promovido para um candidato da Arena (partido da ditadura), Celly e Tony tiveram de aceitar escolta policial para voltar em segurança ao hotel. Totalmente alheia ao que acontecia ao país, pareceu não ter se incomodado em atrelar sua imagem ao partido político da ditadura. Continuou a revista: "Seu telefone, em Campinas, tornou-se tão solicitado que ela está até pensando em mudar de número".

À *Manchete*, a cantora disse que encontrava alguma coisa de mágico nessa predileção do sucesso por ela. Em seguida, recordou sua carreira até ganhar as paradas com *Estúpido Cupido*. "A Cinderela ganhava sua roupagem de festa com apenas 17 anos. Durante três anos e meio – temporada em que ficou na vida artística –, a mocinha romântica viveu em clima do maior sucesso. Conheceu o país inteiro, em companhia do seu irmão e ganhou um programa na tevê que marcou época".

Até que trocou tudo pelo casamento. "O fim da carreira de Celly Campello foi quase tão lamentado quanto a despedida de Pelé da Seleção Brasileira. Empresários e gravadoras pediam que ela mudasse de ideia e até a acusavam de abalar o mercado brasileiro de discos (este só se recuperaria alguns anos depois, com a jovem guarda e Roberto Carlos)". Celly não voltou atrás, lembrou o repórter. "Largou tudo e foi ser dona de casa. Mas como as luzes da ribalta são tradicionalmente fascinantes, acabou fazendo duas tentativas para voltar", observou o repórter – foram três, na verdade, além daquela.

Ronaldo Heim recordou ainda: "Uma, em 1968, quando sentiu saudades da idade de ouro do rock: gravou um LP e fracassou. Depois, em 1972, tentou outro disco, sem repercussão (depois 1974-1975). Assim, o sucesso de Estúpido Cupido significou para ela um verdadeiro prêmio de loteria. Afinal, se todo o cenário brasileiro mudou, Celly continua a mesma". E não foi criticada por isso. "Acho que sou meio água com açúcar". Ela revelou que lia best-sellers ("adorou *Love Story*"), acompanhava nas revistas especializadas as fofocas da televisão, gostava de Vanusa e continuava fã de Ângela Maria.

E viajava com o irmão para apresentações em todo país, "recuperando o tempo perdido, tentando reconquistar os louros esquecidos em 14 anos de vida de Gata Borralheira". Para o futuro, tinha muita esperança em sua fada madrinha, escreveu o repórter. "Por enquanto, gravou um novo LP, *Celly Agora*, com muitas versões, como antigamente, e vai aumentar o cachê para shows, porque as propostas não param de chegar. Todos os seus fins de semana estão tomados até janeiro". O disco citado sairia com apenas seu nome no título.

No dia 28 de fevereiro de 1977, disse ele, *Estúpido Cupido* sairia do ar, substituída por outra novela. "Se até lá Celly não tiver conseguido fixar de novo sua imagem, o sonho de Cinderela poderá acabar. Os auditórios repletos, as salas cheias de público exaltado se dissiparão no ar e Celly Campello voltará à rotina antiga: o marido, os filhos, a casa". Para o jornalista, não era a rotina ideal para quem conseguiu ser coqueluche das plateias por duas vezes, em duas épocas diferentes. "Mas Celly guarda seu temperamento de moça romântica. Se não for Cinderela, ela não tem nada contra a vida de Gata Borralheira".

Ainda em dezembro, a semanal *Fatos e Fotos* dedicou duas páginas a Celly, em reportagem de Nélio Pedra Gandara. Ele conseguiu levantar informações interessantes sobre a estrela. Mas começou como a maioria, ao tentar explicar o sucesso da novela. "Se jovem também sente saudades, como dizia o disc-jockey, atualmente está sentindo mais do que nunca. A nostalgia de um passado recente se encontra em plena moda. E a prova disso é a novela da Globo, *Estúpido Cupido* – que revive, em texto de Mário Prata, a precocemente saudosa década de 1960. Fiéis a esses anos, as músicas da novela são quase todas velhos sucessos de Celly Campello".

Como resultado dessa volta inesperada, escreveu Gandara, Celly passou toda a última semana em um corre-corre intenso, queixando-se da falta de tempo para preparar o lanche da tarde das crianças. "Sem 'braços nem ouvidos suficientes para atender a tantos convites e convocação de volta, volta!'. Ela não tinha tempo nem de oferecer um cafezinho caseiro para os renovados fãs que a visitavam diariamente. "Até as plantinhas lá de casa, imagine só, ficaram sem o copinho diário de água!", disse ela.

No filme *Loucuras de Verão*, observou ele, o cinema tornou-se nostalgia no ano anterior. "No Brasil, este segundo semestre de 1976 é a hora e vez de *Estúpido Cupido*. Enquanto isso, em São Paulo a bilheteria do teatro que anuncia 'Rita Lee, a Rainha do Rock Brasileiro' em *Entradas e Bandeiras*, está fechada. A artista encontra-se no Presídio Feminino, acusada de consumir uma mania de hoje (tóxicos) e aguardando o pronunciamento da Justiça. O contraste não para aí. Rita Lee, a titular do rock, 29 anos, desquitada, mas grávida de três meses, vive com dois gatos maracajás (primos da jaguatirica) numa casa tão folclórica quanto tresloucada".

Continuou *Fatos e Fotos*: "Celly, 34 anos, continua com o mesmo marido (contador da Petrobras), em Campinas, na companhia de dois robustos filhos, de 13 e 11 anos, num apartamento confortável, mobiliado no mais puro estilo colonial autêntico". O imóvel, segundo o repórter, cheirava não a maracajá, mas a marcenaria, como tinha observado a repórter da revista *Nova*. Tudo coerente.

Quando Celly abandonou a vida artística, em 1962, "pouco antes do estouro de Roberto Carlos e sua *jovem guarda*, foi mesmo para voltar a ser Celinha e se casar com o namoradinho de Taubaté, realizando assim o 'maior sonho' de sua vida. Um sonho que, até hoje, tem a ver com as letras versionadas de Fred Jorge. 'Realmente, eu era aquela menininha ingênua, de sapatinhos cor-de-rosa, que os pais queriam para filha e os brotos para namoradinha da saída da missa, ou da matinê dançante no clube [TCC]. Eu sou aquelas letras. Só que, hoje, de forma adulta. Acredito nelas, sabe?'".

Celly realmente incomodava quem da imprensa ia visitá-la porque esperava encontrar alguém dentro do perfil de quem um dia tinha sido "Rainha do rock". Não foi diferente com o repórter de *Fatos e Fotos*: "Sobre o imaculadamente limpo chão de sinteco de Celinha (ou Dona Célia?), alguns discos jogados. Mas nada de *Estúpido Cupido*, *Lacinhos Cor-de-Rosa* ou *Banho de Lua*".

A revista continuou: "Quem pilota a vitrola é a filha mais velha, Cristiane, que nem sabe quem é o tal versionista Fred Jorge e prefere outros sons, mais internacionais. Eduardo, o filho mais novo, chega a demonstrar desagrado pelas letras das canções maternas: 'Oras, onde já se viu carinha andando de lambreta? Quem anda de lambreta é coroa. Cara anda é de motoca. E a mamãe está nessa, de lambreta!', comentou o garoto.

Durante a entrevista, o menino tinha acabado de chegar da escola. O jornalista acompanhou a cantora quando ela foi pegá-lo. "Mamãe, como sempre, foi buscá-lo. E, durante todo o trajeto ele veio falando em *Estúpido Cupido*. Estranha que só agora seus colegas comecem a cantar aquelas canções que ele já enjoou de ouvir em casa. Pois Celly canta enquanto arruma a casa, cozinha e passeia com os filhos".

O filho estranhava perguntas do tipo: "Oi, carinha, você é mesmo, de verdade, filho de Celly Campello?". Naquele momento, "o marido Eduardo está absorto, como os filhos, na televisão, que inicia a chamada para a novela das 7h, aos sons de *Estúpido Cupido*". Mas era sobre Tony que Celly mais gostava de falar: "Eu não teria existido artisticamente se não fosse Tony, meu irmão. Ele é um pouco mais velho, mas sempre fomos ligados. Aliás, nós três, somos ligados. Pois há Nelson, que ainda mora em Taubaté e é dono de uma livraria (a maior de lá)".

Em 12 de dezembro de 1976, o jornal *Diário do Povo* publicou a reportagem "O fim de uma década", em que a repórter Gania Winitzki lembrou a importância histórica de Celly para o rock nacional, que era reconhecida naquele momento apenas pelo sucesso de *Estúpido Cupido*. Mas tinha aparecido em meio "a uma onda generalizada de euforia de um Brasil que se estendia rumo ao Planalto Central e seguia célere nas asas da industrialização, quase que por decreto promulgadas por JK, iniciando nossa fictícia economia, baseada no consumo – Oh, Glória a Deus!".

Naquele 1976, ano da morte de JK, "cavalgando sobre um filão de ouro chamado nostalgia, também quase que imposto por nossos irmãos do norte [EUA], que passaram a auferir ricos dividendos sobre velhos filmes, contando velhas histórias de velhos tempos, nossa 'Hollywood brasileira', a fantástica Rede Globo, conseguiu, por honra e mérito de seus profissionais, redescobrir uma época e, consequentemente, aquela que impôs seu nome, como fiel intérprete do som que marcou a juventude 'transviada', atuais e respeitáveis senhores: o rock and roll".

O jornal insinuava que o revival tinha a ver com uma época de liberdade e desenvolvimento que não existia mais na ditadura [que completou 12 anos em 1976]. "E Célia, hoje também uma respeitável senhora, assim como sempre foi respeitadíssima profissional, volta a atuar, conservando a mesma figura pequena, morena e menina que encantou o país a partir de uma gravação: *Estúpido Cupido*".

De certa forma esta mulher, escreveu a repórter, alguns anos mais velha, inspirava força e um misto de fragilidade: "E não que o seja. Após a conversa, bastante longa (e aqui reduzida), posso afirmar. Muitos podem acreditar que fragilidade seja não pensar de acordo com as modernas normas (e lembro-me dela falando 'podem me achar quadrada'). Mas, isto afianço, é prova de muita maturidade".

Celly impressionou de modo bem diferente do que escreveu *Nova*, por exemplo. "Porque é saber enfrentar a turba, saber respeitá-la e amá-la. Mas conservar-se fiel a si mesma. E Celly o faz. 'Eu nunca fui uma criatura influenciável. Nunca vivi o meio artístico. E me sinto bem assim. Quero ir cantar. Dar o meu recado. O resto, é voltar para casa, ver o meu marido e meus filhos'".

Depois do término da novela, Celly ainda gravou, nos três anos seguintes, uma série de compactos simples e duplos pela RCA. A série incluía versões de sucessos internacionais do fim dos anos de 1970, como *Saudade* (It's a Heartache), de Ronnie Scott e Steve Wolfe, versão de Galahad e que fazia enorme sucesso com Bonnie Tyler; e *Só Entre Dois Amores* (Torn Between Two Lovers).

No LP que trazia apenas seu nome como título, lançado em 1977, pela RCA Victor, ela cantava versões inéditas. *Como Diga que Eu Mando um Alô* (Please Tell Him I Said Hello), de Mike Shepstone e Peter Dibbens, versão de Toddgreen; *Não Quero Nem Saber* (That'll be the day), de Buddy Holly, Jerry Allison e Norman Petty, versão de Hamilton Di Giorgio.

Ela também recuperou *Os Anos 60*, de Luiz Carlos Sá, Zé Rodrix e Guarabyra, que o trio tinha gravado cinco anos antes, no disco *Terra* (1973) – ela a transformou em uma espécie de vinheta de abertura de seus shows:

Há muito tempo que eu não vinha no clube
Mas as pessoas permanecem as mesmas
Parecem personagens saídas de uma balada de Neil Sedaka
No começo dos anos 60
No começo dos anos 60
No começo dos anos 60
No começo dos anos 60

Só falta agora entrar a mesma turma de outrora
De topete na testa, blusão James Dean e globetrotter marrom
Só falta agora alguém botar um rock na vitrola
Que eu saio de porre pela sala com um cuba libre na mão

O disco trazia também *Jolene*, de Dolly Parton, versão de Wally; *Cante Enquanto Houver Canção* (Dance While The Music Still Goes On), de Benny Andersson e Björn Ulvaeus, versão de Toddgreen; *Estúpido Cupido*, *Banho de Lua* e *Alguém é Bobo de Alguém* (Everybody's Somebody's Fool), de Howard Greenfield e Jack Keller, versões de Fred Jorge.

A lista continuava com *Vamos Começar Tudo Outra Vez* (Right Back Where We Started From), de Pierre Tubbs e J. Vincent Edwards, versão de Mariaux; *A Estação* (Station), de Terry Winter, Tony Temple e Dean Cliford, versão de Artúlio Reis; *É Mais um Dia*, de C. Walker e Galahad; *No Fim do Mundo*, de Luiz Carlos Sá e Guarabyra, e *Deixe o Amor Entrar* (Let Your Love Flow), de Lawrence Eugene "Larry" Williams, na versão de Arthur e Galahad.

Ainda em 1977, ela lançou um compacto duplo com duas músicas desse LP – *A Estação* e *Só Entre Dois Amores* – e duas inéditas, *Don't Cry For me Argentina*, de Andrew Lloyd Webber e Tim Rice, de um musical de grande sucesso na época. A outra nova era *Insisto, Amor* (Isn't She Lovely), de Stevie Wonder, versão de Walter. A primeira era uma canção que exigia afinação impecável e Celly estava perfeita nessa interpretação que, infelizmente, não teve a atenção merecida, pois se tornou um de seus grandes momentos como intérprete singular na música brasileira.

Em 1978, Celly lançou novo compacto duplo com duas músicas brasileiras e duas versões. O disco começava com *A Saudade* (It's A Heartache), que tinha saído no ano anterior, em outro compacto; *Dina*, de João Plinta, Hélio Santisteban e César Rossini; *O que Eu Sinto por Você*, de Osmar Navarro e Arthur Moreira; e *Você Me Fez Brilhar* (You Light Up My Life), de Joe Brooks, versão de Wally.

A reapresentação da novela no horário vespertino em *Vale a Pena Ver de Novo*, em 1979 prolongou mais um pouco a carreira de Celly. Nesse período, o roteiro da novela foi vendido para a Televisão da Universidade Católica, da Colômbia, a UCatólica TV, que a adaptou para o seu país e mostrou que o rock and roll também chegou com força no país e mudou hábitos e costumes de vestir, falar e comportar-se.

Nesse ano, ela gravou um compacto simples com as músicas *Chovendo em Meu Co-*

ração (Raining In My Heart), de Felice Bryant e Boudleaux Bryant, versão de Galahad, e *Estamos a Fim* (Stumblin'in), de Mike Chapman e Nicky Chinn, versão de Alf Soares, em faixa que contou com a participação de seu irmão Tony Campello. Também saiu um compacto duplo com as músicas do último LP – *Estamos a Fim, Chovendo em Meu Coração, Voltei a Ser Feliz* e *Deixe o Amor Entrar*.

Enquanto o sucesso lhe sorria novamente, a cantora topou participar do LP *O Mundo é da Criança*, do grupo Veludo Azul, da Som Livre, em 1977, ao lado do Conjunto Farroupilha (que cantou *Papai Walt Disney, A Festa do Bolinha* e outras mais). Ela interpretou seu velho sucesso *A Lenda da Conchinha*.

A cantora estava em forma por completo: "Pessoalmente, essa volta por causa da novela considero sua melhor forma, não só na voz como na física, quando estava extremamente bonita e a gente assistiu um remake, um revival das nossas vidas, 15 anos depois, a ponto de a gente ir a alguns lugares e os pais que eram nossos primeiros fãs faziam questão de nos apresentar aos filhos, emocionados", observa Tony.

Segundo ele, a irmã deixou de cantar e marcou de tal modo uma época que as pessoas não se deram conta de que ela tinha abandonado a carreira. "De certa forma, a novela reforçou essa coisa de que ela sempre estará aí, presente. Isso é uma coisa fora do comum, porque o artista deixa a carreira, o tempo vai passando, as coisas vão se modificando e ela teve essa bondade divina de aparecer 15 anos depois e o tempo sendo arrastado por ela, que me levava pela mão. Até hoje muita gente não se deu conta de que ela não está mais entre nós, pois sua música é tocada em rádios, programas de TV e teatro. Ainda vai demorar para que vire uma simples lembrança".

Quando a década de 1970 terminou, a segunda retomada de sucesso de Celly tinha superado as expectativas e durado quatro anos e não os seis meses estipulado por todos. O mesmo tempo da primeira fase, mas sem o auge de antes. Foi como uma vela que queimou aos poucos até se apagar. Mostrou para ela a única certeza de que fora, sem dúvida, uma protagonista na história da música brasileira. E isso pareceu deixá-la satisfeita e tranquila para enfrentar as próximas décadas. Só pareceu.

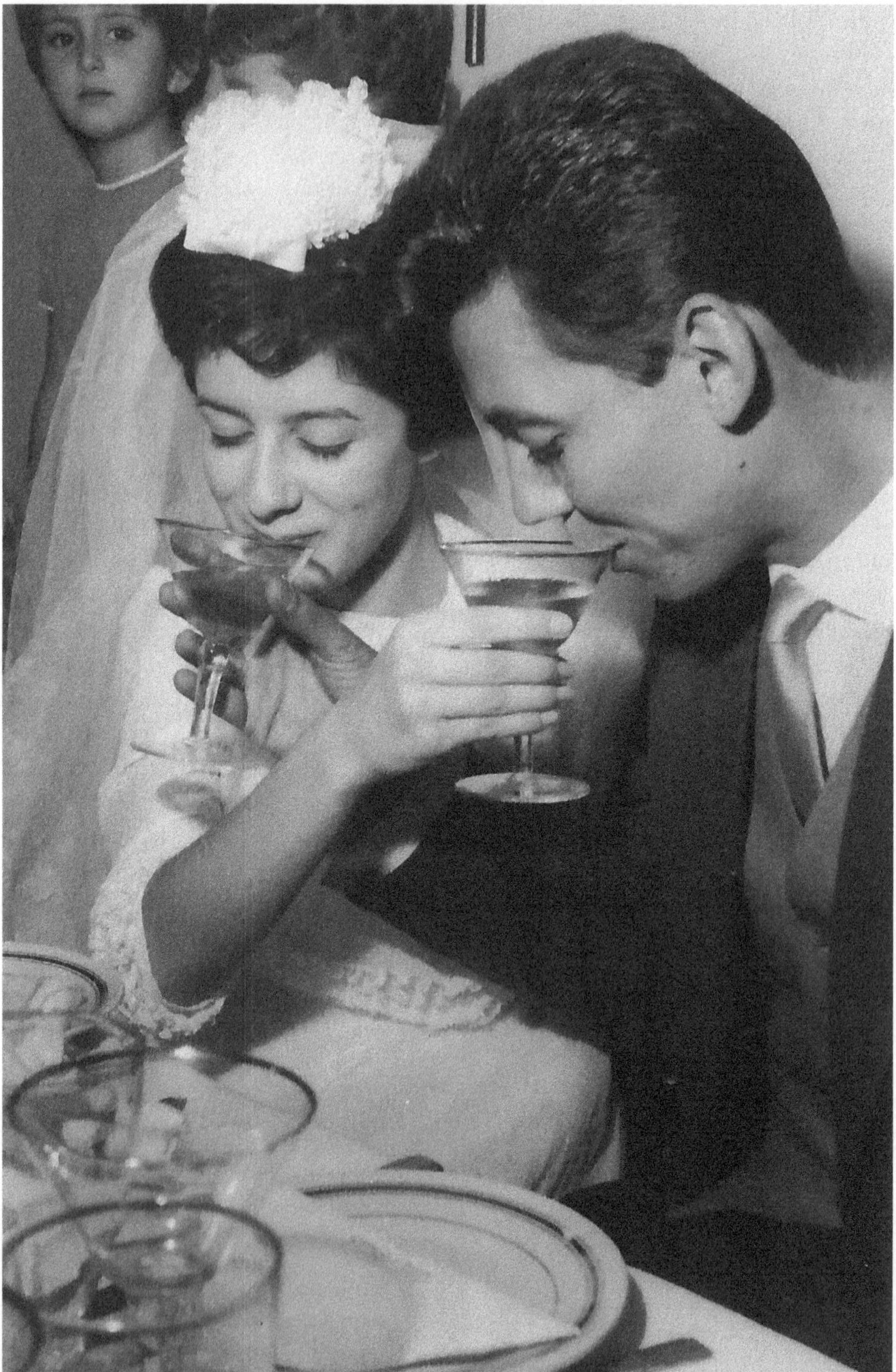

Capítulo 15
E só a morte os separou

O apagar da década de 1970 pôs um ponto final em pelo menos um aspecto na carreira de Celly Campello, pois ela não mais voltaria a gravar discos. A vida seguiu para ela, o marido e os filhos definitivamente instalados em Campinas. Eduardo caminhava para a terceira década na Petrobras e já fazia as contas para a aposentadoria. A cantora dizia que o marido "veio para cá ajudar a construir a Replan – Refinaria Planalto de Paulínia".

No começo do ano de 1980, os dois se mudaram com os filhos para um amplo e confortável apartamento no Edifício Forte São Lourenço, na Rua Coronel Quirino, 1457. "Ela adorava o bairro do Cambuí, onde passamos a viver", recorda Eduardo, que jamais deixou de morar no imóvel do casal. Por alguns anos, Celly foi reconhecida na rua por causa da novela *Estúpido Cupido*, queriam seu autógrafo.

Ela sempre curtiu esse tipo de abordagem e jamais se negou a dar atenção aos fãs. "Pedem, pedem autógrafo para mim bastante. Às vezes, fico sem jeito, meio envergonhada. Quer dizer, na hora que não vai ter jeito de atender, só se eu me esconder, eu atendo, claro", disse ela, no depoimento ao MIS. Essa procura se prolongaria por todos os anos de 1980.

A relação entre ela e seu nome artístico se dava de diversas formas e até em situações inusitadas. Como na hora de pagar compras. "Celly Campello é um nome forte, quando eu vou assinar um cheque (como Célia Campello) as pessoas ficam olhando e perguntam se sou parente de Celly Campello, eu digo: 'Sou a própria'. Quando vou ao supermercado as pessoas olham e dizem: 'Você parece com Celly Campello'. Elas nem sabem que eu moro aqui. Me falam assim: 'Pelo sorriso, você parou, você sorriu e eu reconheci'".

A cantora se sentia viva e bem com esse carinho. "Isso é bom, tanto tempo se passou e não apagou a lembrança, é interessante isso. Acontece sempre de virem falar comigo, em todo lugar que vou, a dona de casa tem que ir resolver as coisas. E quando estou lá, a pessoa fica ao lado, a gente percebe, está reconhecendo mas tem vergonha de perguntar, de confirmar se sou Celly Campello. Tem sempre essa lembrança, esse carinho".

Em 1982, José Eduardo Chacon completou 25 anos de uma bem-sucedida carreira no Departamento de Contabilidade da Petrobras. Tinha passado por unidades de São José dos Campos (quando morou em Tremembé), Curitiba e, finalmente, Paulínia, o que levou a família a se estabelecer em Campinas. Ele trabalharia mais oito anos, até se aposentar, em 1990. O casal pretendia continuar a viver na cidade depois disso. "Eu amo Campinas. Não saio daqui por nada", disse ela algumas vezes.

A imprensa nunca esqueceria Celly. À medida que as décadas passaram, sua importância para a história do rock e da música popular brasileira foi redimensionada a cada nova geração. O gênero tinha passado por ciclos como a jovem guarda, os anos de 1970 de Rita Lee e Raul Seixas e os grupos de rock progressivo, as bandas consagradas da década de 1980 e 1990 do chamado "Brock". Poucos lembrariam, porém, de ter sido ela, com o irmão Tony Campello, os desbravadores da música jovem feita por jovens no país.

Para a maioria dos historiadores, o rock nacional nasceu com a jovem guarda. Jamais se disse também que em sua gênese havia uma série de cantores negros que fizeram toda a diferença em paralelo ao sucesso dos irmãos Campello. O mercado que esses roqueiros da pré-história criaram derrubou um mito que vinha sendo alimentado pelas gravadoras por mais de meio século, pois achavam que não havia público consumidor de discos entre os 13 e os 23 anos.

A principal alegação era a de que os LPs e as vitrolas foram caríssimos por muitas décadas. Era uma constatação equivocada, pois os pais que podiam comprar aparelhos certamente adquiririam discos para os filhos ou lhes davam mesadas que podiam ser usadas nesse tipo de consumo – além disso, podiam usar as vitrolas da casa.

Não foram poucas as longas entrevistas que Celly deu para jornais, revistas e canais de TV nos anos de 1980 e 1990, porque a imprensa a procurava de vez em quando. Na edição de 31 de agosto de 1983, por exemplo, a revista *Veja* encontrou um bom motivo para relembrar a seus leitores por onde andava a garota fenomenal Celly Campello: os 25 anos do lançamento de seu primeiro disco. "Vida cor-de-rosa: Celly Campello curte seu lar em Campinas", dizia o título.

A reportagem começou com a lembrança de que a cantora tinha conquistado o Brasil em 1958, "pedindo a Cupido que ficasse longe dela, mas uma de suas flechadas acabou atingindo em cheio a jovem que o Brasil chamava de 'bonequinha que canta'" – na verdade, a contagem da revista estava errada, o sucesso só veio no ano seguinte, no começo de 1959. Casada havia 21 anos, escreveu *Veja*, "com um contador da Petrobras, mãe de dois filhos, ela é conhecida como Célia, seu nome de batismo, nos clubes que frequenta em Campinas".

Nas paredes de seu apartamento, continuou *Veja*, "localizado em um dos pontos mais valorizados da cidade, não se via qualquer traço de que ali morava a menina que saiu de Taubaté para se tornar a primeira cantora jovem do país. Não há, por exemplo, retrato de Celly vestida de saia balão e blusa banlom, no comando do programa *Crush em HI-FI*, na TV Record". Mas, disse a jornalista, a cantora teria prazer em voltar, aos 41 anos, a um estúdio – só que para gravar músicas "românticas, sem ser fossa", explicou.

Ela própria achava difícil que acontecesse outra vez e tentava se conformar com isso. "Sabe como é, é a gravadora quem cria a imagem e insiste em que eu continue cantando como se tivesse 15, 16 anos", lamentou. Cabelos tingidos de louro e cortados em um estilo mais conservador, Celly se vestia sobriamente, observou *Veja*. "Mas seu rosto mudou pouco e o sorriso é o mesmo da garota que começou a carreira empurrada pelo irmão Tony Campello".

A revista destacou para os leitores mais novos que, de 1958 a 1962, ela tinha reinado absoluta no mercado brasileiro de discos. Nesse período, fez as cabeças dos futuros inspiradores da jovem guarda e da tropicália. "Os sucessos eram instantâneos, devastadores e desbragadamente ingênuos: celebravam namoros entre adolescentes, travessuras no colégio e – incrível – o charme de sapatos com laços cor-de-rosa".

Até ela encerrar a carreira no auge para se casar, com apenas 19 anos. "Parecia definitivamente aposentada quando, em 1976, explodiu na TV Globo a novela *Estúpido Cupido*, cuja trilha sonora vendeu mais de 1,2 milhão de cópias. "Celly apareceu na novela e excursionou pelo país, mas era tudo apenas uma onda de nostalgia que logo passou". Novamente lembrada, agora, pelas semelhanças entre seu estilo e sua voz e os de Neusinha Brizola, Celly mostrava alguma decepção com recentes declarações da jovem cantora, filha do ex-governador gaúcho. "Ela diz que nunca me ouviu", espantou-se Celly. "Alguma coisa deve ter ouvido. Mas, tudo bem. Neusinha tá na dela e vai ter um lugar ao sol. Ela é diferente, leve e alegre".

Celly continuava na sua também, repetia sempre que estava contente em ser dona de casa, feliz por morar em Campinas e "sem grandes frustrações" pela interrupção da carreira. *Veja* escreveu, por fim: "Ela sabe o que representou para toda uma geração de brasileiros. Além disso, *Banho de Lua* está de volta às rádios, numa versão *new wave* de Regina Carvalho".

Um momento se tornou especial para ela e para a memória musical brasileira: o longo depoimento que deu ao Museu da Imagem e do Som (MIS) de São Paulo, no dia 28 de setembro de 1984, marcado por momentos de insuspeita sinceridade de sua parte e com uma série de revelações sobre sua vida e carreira. Até aquele momento, os arquivos do MIS somavam vinte fitas, no total de mais de 30 horas de gravação, como parte do Projeto Rock 260, que pretendia resgatar a história oral do gênero em São Paulo.

Tinham sido ouvidos Golden Boys, Trio Esperança, Ronnie Cord, Nick Savóia e Baby Santiago. O trabalho de pesquisa para entrevistar Celly, desenvolvido por Carlos Alberto Pavão Netto, chegou a algumas revelações surpreendentes. A cantora estava, então, com 42 anos de idade. "Hoje, nós finalizamos a primeira fase deste projeto e quis a sorte que a musa do rock viesse", começou o professor de violão, folclorista, produtor e compositor Theotônio Pavão, cujos filhos Albert e Meire Pavão foram grandes destaques da música jovem da década de 1960.

Em seguida, ele listou quem faria parte da equipe de entrevistadores: Abrão Berman, Albert Pavão e Marco Antônio Felix. Tony Campello deveria participar desde o início, mas chegaria atrasado. "Nós estamos esperando também Fred Jorge, o que fez a maioria de todas as suas versões, né, Celly? Mas ele está com problema de saúde e talvez não venha", destacou Pavão.

O mediador usou o protocolo de todo depoimento em descrever a aparência da entrevistada: "Celly Campello, em 1984, tem um aspecto bastante jovem. Ela está com cabelo claro cortado curto e aparenta realmente ser bastante jovem ainda. Acredito que se ela voltasse ao palco não deixaria ninguém constrangido porque faria parte do que seria a juventude musical de hoje e isso é um privilégio". Os elogios, claro, deixaram a convidada ainda mais a vontade.

Diante da certeza de que estava com pessoas que gostavam dela e a admiravam, a convidada relaxou e teve início o que prometia ser uma conversa tranquila. Depois de ouvir a relação dos mais de 40 troféus entre os mais importantes da música que ganhou entre 1959 e 1962, Celly observou, modesta: "Meu filho joga tênis e já passou da quantidade dos meus e resolvi guardar alguns para dar espaço a ele na estante".

Ao ser solicitada para dar uma definição de si própria, ela afirmou, na terceira pessoa: "Definição própria: tenho consciência do que Celly representou no início do rock aqui no Brasil e acredito que os que presenciaram sabem disso. Tenho que ter consciência de que marquei uma época". Portanto, demorou, disse a cantora, para que se situasse como personagem na história do rock brasileiro e no mercado fonográfico nacional, pois foi, talvez, a primeira recordista de vendas de altas tiragens, acima de 200 mil cópias – com os discos que traziam *Estúpido Cupido* e *Banho de Lua*.

O papo durou mais de duas horas e ela relembrou com detalhes os tempos de grande sucesso e a volta durante a novela *Estúpido Cupido*. Celly avaliou que "o rock de hoje é uma consequência daquilo que se fez anos atrás. A meu ver, talvez eu não entenda, sou leiga, mas é outra coisa o que é feito agora, não tem nada a ver com aquilo que cantávamos, apesar de ter o mesmo rótulo de rock. O que a gente cantava não era o rock pauleira, as minhas músicas eram mais quietinhas, mais comportadas. Quem fazia algo mais próximo do que veio depois foi [o americano] Gene Vincent".

Celly se defendeu de modo enfático das críticas que eram feitas às suas músicas – adolescentes demais, além de só versões de sucessos estrangeiros: "Concordo que as nossas letras eram bobinhas – mas ninguém mexeu tanto com o público quanto a minha geração". Argumentos para essa afirmação não lhe faltam: em 1962, quando Celly parou de cantar, por suposta imposição do noivo, para se casar, e no dia da cerimônia, os milhares de fãs que foram se despedir, insatisfeitos, acabaram por destruir a igreja – "só faltou mesmo arrancarem a batina do padre", brincou ela.

Mais uma vez, respondeu a pergunta que mais tinham lhe feito nos últimos 22 anos: se havia se arrependido de ter trocado a carreira pelo casamento. Sua resposta, entre risos, foi surpreendente, por fugir das afirmações convencionais que vinha dando até então: "Eu estava naquela fase apaixonada, ainda sou apaixonada – não sei se ele vai dizer o mesmo, né? – e o fato de deixar de cantar, não que eu diga que estou arrependida do casamento, não, mas aí passam os anos e você pensa: 'Puxa, eu deixei, eu estava no auge, se eu pudesse ter continuado...'".

Após breve pausa, completou: "Mas não que me arrependo de ter trocado a carreira pelo casamento. Isso nunca... Mas é uma saudade que a gente tem, uma lembrança que, de vez em quando, toca aqui... (apontou para o coração) 'Ah, que vontade de estar lá...'. Você vê hoje os grupos todos cantando, o pessoal do rock... E eu, no momento, não estou fazendo nada mesmo nesse sentido. Mas a gente tem saudade, sim".

Celly disse pela primeira vez que a sua trajetória era uma espécie de "história que parece conto de fadas, porque eu nunca pensei em ser cantora. O que eu tinha vontade era de estudar, casar e ter filhos". Ao voltar a falar do retorno em 1976, contou que houve certo desconforto para ela cantar letras tão juvenis, adolescentes, 15 anos depois.

Ao ser perguntada como encarava ter de repetir no microfone aquelas músicas, disse: "Bem, aí eu já encaro de uma outra maneira porque elas sendo cantadas como foram por uma adolescente de 15 até 18, 19 anos, eu era jovem, a música sendo feita de acordo com minha idade, eu era uma menina. Hoje, se tiver de cantar e for uma coisa que tenha relação com a música, com o show, tudo bem, eu canto. Mas se for meio jogada, fico meio assim... eu canto... mas eu acho que o tipo de música como você tem que cantar com aquele estilo mais de menininha, acho que já não dá mais, apesar de você ter dito que minha voz não mudou, eu mesma não me sinto mais como a Celly Campello de 15 anos".

Mesmos assim, não recusaria o pedido dos fãs: "Eu canto, tudo bem, mas desde que tenha uma certa relação. Por exemplo, se for um show de rock com todo mundo da época, tudo bem. Eu canto, faço até uns gestos da época, pois acho que a gente não está com a imagem tão ruim para não poder mais cantar essas músicas. Mas, no caso de *Lacinhos Cor-de-Rosa*, eu faço o possível para não cantar porque não tem mais aquela graça".

Era como Tony dizia para ela: "'Você tem que cantar, Celly, tirando um pouco de sarro da música, brincando e tal, para não ficar uma coisa sem graça, afinal, está com dois filhos moços e vai ficar cantando *Lacinhos Cor-de-Rosa?*'. Senão, acho que está meio fora. Mas a gente sempre canta, é até um prazer por a gente saber que você vai ter tanto de idade, os anos vão passar e o público não te esquece por causa daquela música".

Estar longe das rádios, no entanto, era pouco para que a primeira estrela do rock nacional fosse esquecida. Ela mesma, sem modéstia, deu a razão: "Eu marquei uma época". Ao ser solicitada a opinar sobre o que se fazia no Brasil naquele momento, ela se limitou a dizer: "Hoje vale tudo na música. Acho que o pessoal jovem de hoje não se prende a nada que lhes é imposto...". Em seu tempo, tudo era diferente: "A transição da gente foi forte... da era do cabelo certinho para o topete, das roupas sérias para os blusões James Dean, do bolero para o rock ad roll... era muita coisa!".

Ainda para o MIS, Celly garantiu estar em forma. "Eu tenho 40 anos [42, na verdade], mas me sinto bem com as pessoas mais jovens com as quais convivo". Nesse que foi o maior relato que fez sobre sua vida, ela parecia segura de que estava satisfeita com tudo que tinha vivido em dois momentos tão marcantes de sua vida, de 1958 a 1962 e entre 1976 e 1979. As gravadoras, no entanto, continuavam interessadas por ela. Em 1981, por exemplo, a Continental a incluiu em sua coleção *Disco de Ouro*, com mais uma coletânea das gravações que tinha em seu acervo. As mais conhecidas, *Estúpido Cupido* e *Banho de Lua*, apareciam juntas, como *pot-pourri*.

A edição de janeiro de 1985 da revista *Viva o Rock*, lançada no mesmo mês em que se realizava no Rio de Janeiro a primeira edição do megafestival *Rock in Rio*, trouxe uma reportagem para lembrar a primeira estrela do ritmo no Brasil: "Celly Campello, a rainha dos pioneiros do rock". O foco era a série de depoimentos que ela e seus contemporâneos tinham dado nos últimos anos ao Museu da Imagem e do Som (MIS) de São Paulo para a posteridade.

O repórter Jackson Bezerra observou que cada vez que a cantora Paula Toller, do Kid Abelha e Os Abóboras Selvagens, entrava nos palcos, uma garotinha meiga, de vestido rodado, anágua, cinto largo e sapatos de bico fino renascia na cabeça da primeira estrela do rock nacional, Celly Campello. "Eu me identifico com Paula e vê-la cantando me dá saudades – sinto uma vontade louca de voltar", confessou Celly, no depoimento ao MIS. Aquele foi mais um momento de contradição com o seu suposto sentimento de que a música era algo que fazia parte apenas do seu passado.

Cinco anos depois de falar ao MIS, Celly deu uma longa entrevista à revista *Criativa*, da Editora Globo. A conversa saiu na edição de setembro de 1989. O perfil foi escrito por sua xará pelo nome de batismo, Célia Valente. E ela começava pela dificuldade da ex-cantora em lidar com o afastamento da música, que dizia sentir falta, além de repetir que de modo algum se arrependia de ter parado para se casar.

A afirmação tinha a ver com o fato de ela fazer um raro retorno aos palcos desde o mês anterior, para uma série inesquecível de quatro apresentações semanais no hotel-fazenda Estância Barra Bonita, na cidade de mesmo nome, no interior de São Paulo, ao lado de Tony e de dois astros de sua época – Sérgio Murilo e Carlos Gonzaga. A repercussão da turnê mostrava a força que seu nome ainda tinha. "O broto certinho, a bonequinha que canta, hoje é uma típica dona de casa de Campinas", escreveu a repórter.

Aos 47 anos, continuou ela, "com tudo em cima, amando há 33 anos o namorado de infância, Celly tem dois filhos e está feliz. Só que, de vez em quando, bate a saudade. E volta aos anos dourados do seu sucesso". Na verdade, continuou Célia, para o público de quarentões que estava no hotel-fazenda.

A direção do hotel e os próprios organizadores ficaram surpresos com o interesse da grande imprensa pelos shows. A ponto de ganhar uma página inteira no jornal *O Estado de S. Paulo* de 1º de julho, mês dos shows e quando a *Criativa* a entrevistou para a edição de setembro. Na reportagem do *Estadão*, "Nos tempos do velho e bom rock' n' roll", a jornalista Regina Echeverría ouviu as quatro estrelas que foram fundamentais para consolidar o gênero no Brasil. E fez uma síntese tocante da importância de Celly na abertura:

Vozinha afinada, baby face, ar de boa menina. Menina de família. Durante os quatro anos em que ela reinou absoluta nas paradas de sucesso, viveu seu sonho de Cinderela. Comandou um programa de televisão e virou mania nacional. "Rainha do rock". Até que o estúpido cupido levou a mocinha para o altar.

E Celly Campello virou a senhora Célia Chacon. Deixou o palco para se dedicar aos afazeres do lar. Isso foi há muito tempo. Ainda era 1962, estávamos na pré-história do rock'n'roll. Faz 27 anos. Mas parece que essa saudade não passa e, vira e mexe, alguém se lembra de alertar que a gente era feliz e não sabia.

Durante as quatro sextas-feiras de julho – 7, 14, 21 e 28 –, no Hotel Estância Barra

Bonita, um recanto campestre a 270 quilômetros de São Paulo, o quarteto pioneiro do rock nacional se apresentou para antigos fãs e suas famílias até de outros estados. "Pela primeira vez juntos, os quatro aproveitam para homenagear um deles, que já se foi: Ronnie Cord, aquele da *Rua Augusta* e do *Biquíni de Bolinha Amarelinho*, que morreu de câncer em 1986, afastado da vida artística".

Além dos shows, "o hotel promete reviver os 'anos dourados', com uma extensa programação voltada para o período que o seu idealizador, o arquiteto Hélio Higushi, define entre os anos de 1955 e 1963". Hélio, gerente de marketing do hotel, era dono de uma loja de discos em São Paulo (Golden Hits) e um colecionador de raridades. "Para animar as noites, ele chamou os cantores, seus maiores ídolos de juventude. Mas, durante o dia, para interagir com os hóspedes ele também contratou velhos ídolos do esporte: Moreno (vôlei), Ademir da Guia (futebol) e Carioquinha (basquete)".

Hélio explicou: "Queremos proporcionar uma época em que não havia inflação, não havia essa incerteza toda. Nosso público é o que chamo de geração *baby boom*, pessoas que nasceram entre 1946 e 1955 e hoje estão bem de vida". A estrela maior dessas noitadas, escreveu Regina Echeverría, "será, sem dúvida, Celly Campello. Não foi fácil convencê-la a voltar. Afinal, aos 47 anos e uma filha casada de 26 anos, um filho de 24 anos, engenheiro formado, Celly vive a ambiguidade entre a vida pacata em Campinas e o fascínio de ser um mito vivo: 'Acho que sou mais Célia que Celly, mas adoro que me chamem de Celly".

Na semana anterior, ela tinha deixado "seu refúgio" em Campinas para ensaiar cinco músicas em São Paulo com a banda que ia acompanhá-la no hotel Barra Bonita. "Gente da velha guarda", observou Regina. Eram veteranos renomados. No baixo, Nené, de Os Incríveis; na bateria, Chuchu; no sax, Gerson; na guitarra, Giba; e nos teclados e na direção musical, Maurício Brito, todos do grupo Blues Band.

A jornalista escreveu que todos esses anos deixaram poucas marcas no rostinho angelical de *Lacinhos Cor-de-Rosa*. "Baixinha, faladora, simpática, continua ligadíssima no irmão Tony, 'meu braço direito, minhas pernas, meu tudo'. Não aceita convites, não sobe em palco nenhum sem consultá-lo. Mas suas pretensões musicais estão bem longe do que virou a música que ela ajudou a implantar no Brasil". Naquele momento, ela gostava de ouvir Julio Iglesias e Lionel Ritchie. Entre os brasileiros, Elba Ramalho e Oswaldo Montenegro.

Nas horas vagas, o maior passatempo de Celly era a tapeçaria, contou que amava trabalhos manuais – um hobby que aprendeu naquela década. Regina lembrou do segundo momento de fama, com a novela *Estúpido Cupido*: "Choveram convites, os discos de Celly e de toda a sua turma foram relançados e ela chegou a pensar remotamente numa volta definitiva. Mas não aconteceu. Como não deve acontecer agora, se depender da cantora, ainda afinada, soltando a voz pequena em *Banho de Lua*".

Celly contou que ficava encantada toda vez que lembravam dela. "Soube que Marília Pera me colocou entre as cantoras da música popular em seu espetáculo, que ainda não assisti. Puxa, fiquei superfeliz, imagine. Eu, ao lado dos grandes nomes". Modéstia extrema dela, observou a repórter. Como não podia ser diferente, Celly foi questionada, pela milionésima vez, se tinha se arrependimento por ter parado no auge, com 19 anos. "Costumo dizer que aquilo foi um acontecimento na minha vida. E sempre encarei a carreira como uma coisa passageira. Fiz a minha opção e não me arrependo".

Em seguida, reforçou: "Minha vida sempre foi para a família. nunca quis fazer outra coisa. E tanto deu certo que até hoje eu e meu marido nos damos bem. Gosto de pensar que vou ter alguém para viver comigo até o fim da vida". A última vez que ela subiu ao palco tinha sido no ano anterior, de surpresa, na festa de formatura do seu filho mais novo, na PUC Campinas. "Dessa vez, em Barra Bonita, ela vai juntar sua voz às de três outros ídolos do seu tempo, para prestar uma homenagem a Ronnie Cord. Cantam juntos o maior sucesso do cantor, *Rua Augusta*".

Enquanto Celly voltava a se divertir no palco, escreveu o jornal, Tony continuava com sua consagrada carreira de produtor. Naquele momento, mais que nunca, estava no embalo da música sertaneja, que ameaçava a hegemonia do rock nacional, com as duplas Chitãozinho e Xororó, Leandro e Leonardo, Christian e Ralf e João Mineiro e Marciano, entre outros. Logo viriam os irmãos Zezé de Camargo e Luciano.

Para Regina, ele se comparou àqueles jogadores de futebol que nunca foram grandes craques em campo, mas tinham uma visão tão ampla das jogadas, das táticas, que acabaram virando técnicos bem-sucedidos. "E, assim, Sérgio Campello, Tony para sempre, deixou de ser cantor há muito tempo e foi para trás dos bastidores". Desde 1965, contou a repórter do *Estadão*, o primogênito dos Campello trabalhava oficialmente como produtor de discos. E de música sertaneja, com seu maior artista, Sérgio Reis.

Segundo ela, Tony "está com os cabelos e a barba branquinhos, aos 53 anos. Mas é daqueles que animam qualquer ambiente. Na semana passada chegou atrasado para o ensaio da irmã, mas entrou dando ordens: 'Puxa vida, ela está com a voz afinadinha ainda'. 'Acho que sou a pessoa que mais se diverte com esses reencontros', diz Tony Campello. 'Não que este seja um acontecimento dos mais importantes, mas o fato é que existe gente da nossa idade que gosta de recordar. Espero que eles levem seus filhos'".

Para Tony, o velho e bom rock' and roll do final dos anos de 1950 só pegou no Brasil porque era levado em clima de brincadeira. "Se o nosso som tiver muita assepsia, fica chato. Rock levado a sério é chato", afirmou, com o mesmo humor ranzinza de sempre. "Se tivesse continuado a cantar, certamente ele teria se bandeado para a música sertaneja. Mas depois que esse mês de julho acabar e os quatro shows tiverem reunido a nata dos primórdios do rock, Tony e sua turma talvez se reúnam novamente para matar outras saudades", observou Regina Echeverría.

O terceiro que ela entrevistou para a longa reportagem foi o cantor de *Marcianita*. "O doutor Sérgio Murilo Moreira Rosa desengavetou seu diploma de advogado em 1978 e, desde então, os troféus do nosso primeiro 'Rei do Rock', coroado pela *Revista do Rock*, de cetro e coroa ao lado da rainha Celly Campello, estão na estante de seu apartamento, em Copacabana, onde mora. Há quem diga que ele foi o primeiro roqueiro brasileiro a balançar os quadris diante de uma câmera de TV. E, mais ainda, que o turbilhão Roberto Carlos cortou definitivamente as chances da voz de Sérgio Murilo de se manter na crista da onda.

Sua rota foi desviada por interesses de mercado", limitou-se a observar, sem trazer de volta a briga entre Sérgio e Roberto.

O que os fãs jamais saberiam era que Sérgio Murilo adorava ler e escrever crônicas, contos e poemas. Desde pequeno, lia e colecionava histórias em quadrinhos e livros infantis. Mas foram raras as músicas que tiveram letras suas. Ele usava o pseudônimo "Concha Acústica" nos contos, que permaneceriam inéditos. Em depoimento ao MIS, o cantor contou que começou a pintar quadros e uma de suas telas está no Museu Naif. Disse ainda que tinha muitos desenhos em seus arquivos.

Teria seguido a carreira de desenhista não fosse a música. "A primeira vez que ele fez desenhos que me lembro foi uma história em quadrinhos. Também usava uma caixa de sapato para projetar imagens na parede com uma lente e lanterna, como se fosse um cineminha para os amigos. Ele criava seus próprios heróis, tentava fazer personagens diferentes, inspirado no Amigo da Onça, de Péricles do Amaral, que saía em O Cruzeiro.

Além de trabalhar como advogado, Sérgio Murilo se dedicava à pintura e aos exercícios vocais para manter a voz em ordem. "Desde 1978, quando gravou um disco no Peru, fazendo uma versão em ritmo de discoteca para Mosca na Sopa, de Raul Seixas, nunca mais gravou. Mas, no release de apresentação do show em Barra Bonita, ele anuncia um disco novo para ainda este ano" – o que realmente aconteceria.

A lotação total de todos os shows mostrou que as plateias estavam prontas para ouvir aqueles que tinham sido seus ídolos na adolescência e estavam praticamente desaparecidos dos palcos. "Celly e Tony Campello, Carlos Gonzaga e Sérgio Murilo combinaram que um apoiaria o outro quando um estava no palco. Foi um sucesso", escreveu a repórter do Estadão. "Todo sábado, a gente ia de carro e o conjunto de Kombi. Era período de férias escolares e muitas famílias foram com seus filhos", recorda Tony. Como tudo foi acertado bem antes, o hotel vendeu pacotes que incluíam suas apresentações.

Os quatro iam no mesmo carro, dirigido por Tony. Os dois irmãos na frente e Sérgio Murilo e Carlos Gonzaga atrás. Cada apresentação durava 60 minutos e cada um fazia 3 ou 4 músicas – e Celly, a principal atração, cinco. Voltavam em seguida para São Paulo. "O roteiro foi todo bolado por mim, não escrevi nada. Eu mesmo decorei diante do espelho o que deveria falar com o público e fiz o papel de mestre de cerimônia antes de cada um subir ao palco. Ninguém pediu, eu me assumi nessa função. Lembro que Sérgio estava bem feliz e falante. Antes, no começo da carreira, ele ficava no cantinho dele, não era de falar, o que lhe rendeu a pecha de antipático. Mostrou-se uma pessoa agradabilíssima" recordou Tony.

No dia da abertura da série semanal de shows, Eduardo estava na plateia e ficou bastante emocionado. Ao lembrar daquele momento, falou dos filhos. "Eles têm consciência de tudo que aconteceu com a mãe, da fama que atingiu, porque viveram parte da história dela com a novela Estúpido Cupido, eram adolescentes e ali ressurgiu todo movimento em torno de Celly. Eles não gostavam de ser apontados como filhos dela em público, porém. Para os dois, era a mãe, diferente da cantora".

E aqueles shows fizeram um bem danado para a antiga estrela do rock. "Para mim, essa volta foi gostosa", disse ela, descrita como a que mais sucesso fez nos shows com seus *Estúpido Cupido* e *Banho de Lua*. "Celly abandonou o palco há anos. Mesmo agora, só se apresentou quatro vezes porque foi convidada para dar show em lugar fechado, por um cache 'irrecusável', segundo diz, sem revelar quanto", observou a revista *Criativa*.

A cantora afirmou que tinha vontade de cantar em um show "grandioso, com mais gente daquela época" – que dividiria o palco com ela. Mas para sair de casa exigia, naquele momento, no mínimo, um cachê de dois mil dólares (cerca de NCz$ 8 mil ao câmbio paralelo). Se a oportunidade não aparecesse, não teria problema algum e continuaria desempenhando seu papel de "superesposa" e mãe dedicada. "Hoje, seus dois filhos – Cristiane, 26 anos, fonoaudióloga, casada, e Eduardo, 24 anos, praticamente noivo, engenheiro – não precisam tanto de seus cuidados".

Mas, disse a jornalista, o lar ainda tinha encantos irresistíveis para Célia Campello Gomes Chacon. "Seu marido faz questão de chamá-la de 'Celinha'". E o assunto seguiu para o tema de todas as entrevistas: "Celly garante que não se arrepende. Passados quase trinta anos, diz que escolheu o caminho certo: 'Quando se tem um casamento firme, não vale a pena partir para algumas coisas que poderiam balançá-lo', explica".

Uma carreira de cantora era um exemplo, no seu entender, de "coisa que pode balançar um casamento", principalmente quando o parceiro não pertencia ao meio artístico, como era o caso de Eduardo – que acabara de se aposentar da Petrobras. "Ela acredita que a liberdade e a licenciosidade existentes entre artistas podem vir a atrapalhar uma relação firme, embora faça questão de frisar que isso não poderia ter acontecido com ela própria".

De acordo com a repórter, Celly vivia "bem" em Campinas. "Mora em um confortável apartamento de três dormitórios e uma saleta íntima e é uma típica dona de casa". Ou, melhor, quase típica porque, de seus dias de sucesso, guardou o hábito de não ir nem à feira e nem ao supermercado. Explicou que logo depois de seu casamento, ainda era requisitada pelos fãs na rua e a primeira feira que o casal resolveu fazer se tornou um desastre. "Era impossível andar e escolher as coisas", lembrou Eduardo. "Daquele dia em diante, eu passei a abastecer a nossa casa".

No momento da entrevista, Celly contou que só ia ao açougue pertinho de sua casa. Depois de tanto tempo longe da fama, poderia, se quisesse, fazer compras tranquilamente na feira. Mas se acostumou a entregar essa tarefa ao marido. "Seu dia a dia é calmo, Celly cuida do seu visual – ginástica, massagens e cooper – e acorda tarde. Passa as horas fazendo tapetes arraiolos (técnica que aprendeu com uma amiga) e tricô ou saindo com o marido e os amigos do casal para reuniões de bate-papo e jantares. Ouve as rádios FM, mas quase não compra discos. Com os filhos, agora adultos, acaba convivendo menos".

Celly entendia que a mulher deveria trabalhar para ajudar em casa, após se formar, ainda mais quando tinha um ideal profissional. Mas acreditava que a carreira deveria permitir a ela que conciliasse os interesses domésticos, principalmente quando vivia uma união que chamou de firme, mais uma vez. Aquela afirmação, claro, era tudo que as feministas mais combatiam. "Apesar de estar fora dos palcos e ter abandonado sua própria carreira,

Celly diz que não vive apenas das coisas do passado. Ela vive seu tempo e quer aproveitar todas as coisas boas", observou a repórter.

Como a "sede" que os jovens daquele momento tinham em relação a informações sobre os "anos dourados" em que ela foi uma das personagens de destaque. Quando andava na rua, ainda era reconhecida. Não pelos mais novos, que não a conheceram, mas por aqueles que tinham cerca de 40 anos. Alguns até paravam ao cruzar com ela para perguntar se era mesmo Celly Campello. Outros diziam ser ela "muito parecida" com a cantora.

Apesar de estar em casa havia longos anos, "aproveitando o sossego do anonimato", reforçou, mais uma vez, que adorava ser reconhecida em público. "Tranquila, ela se diz feliz quando alguém a acha 'parecida' com a cantora de *Estúpido Cupido*. Embora seja vista pelos filhos apenas como dona de casa e mãe – eles fazem questão de ignorar a carreira e o sucesso de Celly –, ela continua gostando de um palco".

Se a oportunidade de voltar não acontecer, "vai ficar em casa, numa boa", reforçou a jornalista. "É bom sentir-se esperada", disse a cantora. "Se eu tivesse aparecido, ninguém teria a curiosidade de saber como estou". *Criativa* destacou que Celly estava bem em todos os sentidos. "Ela mesma diz que é uma pessoa bem resolvida, sem grandes preocupações: 'Nunca fiz psicanálise e nunca fiz cirurgia plástica', acrescentou, de brincadeira. 'Acho que, pelo menos por enquanto, não estou precisando disso'".

O show que motivou as longas entrevistas a *O Estado de S. Paulo* e à revista *Criativa* foi filmado por um fã com uma limitada câmera em VHS, que registrou alguns números e os colocou décadas depois na Internet. O registro de áudio permite ouvir sem dificuldade as apresentações. Aquele foi, sem dúvida, um momento histórico precioso e a única vez que os quatro primeiros astros do rock nacional subiram juntos a um palco. Todos estavam em ótima forma, inclusive Gonzaga, o mais velho da turma.

O lendário quarteto estava acompanhado no teclado por Mauricio Camargo Brito, autor do livro *Elvis Mito e Realidade*. O evento foi patrocinado pelo chocolate Diamante Negro, da Lacta, cuja logomarca fazia parte da decoração do palco. Ninguém podia imaginar que aquela seria a última apresentação gravada com imagens de Sérgio Murilo, que cantou sozinho um de seus sucessos, *Querida*. No vídeo, vê-se que Murilo estava descontraído e até brincou com Tony, disse que, se ele quisesse, emprestaria a sua coroa, a capa e o cetro que recebeu como Rei do Rock, da *Revista do Rock*. "Mas vai ter que me devolver, viu, Tony? Because, I am the king".

Depois cantou outro sucesso seu, *Abandonado*, versão de *Only the lonely*, clássico de Roy Orbison. Não faltou *Marcianita*, claro, "a música que me deu consciência de que eu poderia ser um cantor de rock", disse ele à atenta plateia de quarentões e cinquentões, com seus filhos adolescentes. "Estou feliz, é um momento especial e vamos curtir com *Broto Legal*", emendou.

Três anos depois daquele que bem poderia ter sido um *revival*, seria a vez de Sérgio Murilo ir embora para sempre. Ele que tivera uma carreira das mais acidentadas, depois de um início triunfal, acabou alijado do programa e do movimento da jovem guarda, onde jamais se apresentou, segundo a irmã. Mesmo assim, teve dois sucessos na segunda metade dos anos de 1960: *Domingo de Sol* e *A Tramontana*, em que todo mundo o imitava na forma de mexer com as mãos, quando aparecia na TV. Nos anos seguintes, sobreviveu de música principalmente fora do país, no Peru.

Murilo morou alguns anos nesse país, onde fez razoável sucesso e lançou, em 1969, o LP *Sérgio Murilo en Castellano*. Ainda nesse ano, gravou o tema tradicional *Sinos de Belém* (Jingle Bells), com adaptação de Evaldo Ruy, para o LP *Natal Feliz*, da Continental. Por essa gravadora, no final de 1960 e início 1970, lançou vários compactos, porém sem obter sucesso ou mesmo aparecer em programas de TV, enquanto seu rival Roberto Carlos vendia 2 milhões de cópias de cada disco.

Preocupado com o futuro, depois de ter sua carreira destruída pela CBS, Murilo entrou para a Faculdade de Direito em 1964, como conta sua irmã. Segundo ele, no entanto, isso se deu por vaidade, e nessa época só se apresentava em shows esporadicamente. O cantor terminou o curso, na Faculdade Cândido Mendes, no Rio de Janeiro, entre 1971 e 1972. A partir de então, dedicou-se à advocacia e fazia alguns shows ou aparecia no programa de Silvio Santos, na TV Globo. O apresentador que o adorava e queria ajudá-lo no que fosse possível.

As coletâneas de sucesso, felizmente, mantiveram seu nome na lembrança dos fãs. A mesma CBS lançou por seu selo o LP *Os Grandes Sucessos de Sérgio Murilo*. Até que veio a novela *Estúpido Cupido*, que fez sua gravação de *Broto Legal* voltar às paradas. No programa mensal *Globo de Ouro*, a música ficou em primeiro lugar na parada de sucessos de outubro de 1976. Nos anos seguintes, o cantor sumiu novamente, quando foi estudar pintura na Itália, no começo da década de 1980, e trabalhou como artista plástico. Lá ficou por alguns anos, até voltar a morar com a mãe, na Rua Figueiredo Magalhães, 863, em frente ao Copa D'Or, em Copacabana, no Rio de Janeiro. Ele não se casou e levou uma vida das mais solitárias, sem jamais ser visto em público acompanhado. Teria tido um filho no Peru, que a irmã nunca conseguiu comprovar e sequer saber o nome.

No mesmo ano que fez o show com Celly, Tony e Gonzaga, em junho de 1989, Sérgio Murilo lançou, pela gravadora independente Fono Editorial Mirim, o LP *Tira-Teima*, com gravações inéditas. Na mesma época, a Mirim mandou para as lojas *O Rei do Rock – Sérgio Murilo*. O fiasco do disco com novas gravações, sem conseguir furar o esquema de divulgação das rádios e TVs, fez ele mergulhar em um quadro grave de depressão que duraria quase três anos.

Nesse período, sofreu de uma atrofia cerebral que provocou insuficiência renal. A atrofia, que pode ter muitas causas, manifestava-se por síndrome de envelhecimento precoce. A partir de dezembro de 1991, seu estado de saúde se agravou. Murilo tinha seguidos momentos de ausência de memória, de acordo com a irmã. O cantor morreu na madrugada de 19 de fevereiro de 1992, no Rio, aos 49 anos, de insuficiência renal. Estava internado havia alguns dias na Casa de Saúde Santa Marta, em Botafogo.

No dia seguinte, *O Estado de S. Paulo* escreveu que ele era "considerado o 'rei do rock brasileiro' nos anos de 1960 e fez sucesso com as músicas *Marcianita* e *Broto Legal*". Afirmou ainda que foi pioneiro no gênero, ao lado dos irmãos Celly e Tony Campello. O enterro de Sérgio Murilo Moreira Rosa foi realizado no Cemitério do Catumbi, no Rio.

"Eu senti muito quando ele faleceu, de verdade. Foi uma das mortes que mais lamentei", lembra Tony.

O ex-cantor e produtor conta que "quando ele estava bem, a gente teve umas duas conversas longas, pedi que cedesse algumas fotografias emprestadas para um projeto de memória dos primórdios do rock que eu pretendia desenvolver na gravadora onde eu trabalhava. Foi a única coisa que não consegui fazer dentro da RCA com os cantores que gravaram lá nos primórdios. Eu tinha me munido de um bom material para esse projeto e Sérgio me ajudou", completa.

Agnaldo Timóteo e Elizete Cardoso – que ele conheceu na Continental e se tornaram amigos – foram os únicos representantes do meio artístico presentes na cerimônia de adeus ao cantor. De acordo com Timóteo, o comportamento tímido de Sérgio o prejudicou bastante desde o início: "Ele era introvertido e diplomata", observou aos jornalistas que foram ao enterro. "Hoje, é preciso brigar, senão o sistema te devora", acrescentou.

Tony ficou como produtor na RCA até 1992. Mas não deixou a empresa. Foi cuidar de outro departamento, o do arquivo da gravadora. "Entrei em um campo de resgatar a memória da RCA e durante anos fiz compilações" – a maioria para o formato digital – CD. Isso aconteceu até 2000. No fim de 1999, aposentado, decidiu voltar a cantar e a tocar como guitarrista. "Eu fazia shows esporadicamente, nunca achei que fosse um bom guitarrista, mas passei a me divertir", recorda. Até antes do início da pandemia, em março de 2020, ele se apresentava com uma banda, próximo de completar 85 anos.

A grande alegria de Celly na década de 1990 foi a gravação, em 1993, do programa *Ensaio*, da TV Cultura, com Tony. A atração tinha virado uma instituição da memória musical brasileira, criada e dirigida pelo produtor e diretor Fernando Faro. Existia desde 1969 na TV Educativa do Rio de Janeiro – era chamado no início de *MPB Especial* – e, como foi dito, teve Celly como uma das entrevistadas em 1973, mas a fita foi apagada para gravar outro programa por cima. "Por conta disso, estamos entre os poucos que fizeram os dois programas dirigidos por Fernando Faro", disse, orgulhosa.

Faro tinha migrado o programa para a TV Cultura, de São Paulo. Seu formato era bem peculiar: grandes nomes da música – veteranos ou jovens em evidência – de qualquer gênero que eram convidados a responder perguntas e intercalar as respostas com trechos de seus sucessos, cantados ou tocados ao vivo.

Celly e Tony estavam em ótima forma quando gravaram sua participação. Ela tinha 51 e ele, 57 anos. Apresentaram-se acompanhados de um grupo de feras do rock, os músicos Maurício Camargo Brito (teclados) e Téo Matarazzo (baixo), ambos do grupo de rockabilly American Graffiti; Gelson Araújo (sax) e Jurandir Trindade (bateria), ambos dos Jet Blacks e todos amigos de Tony.

Na introdução levada ao ar, os bastidores foram mostrados sob a voz de Celly cantando a belíssima *Tammy*, uma de suas preferidas e que gravou em inglês no começo da carreira. Os dois cantaram trechos de 16 músicas, todas do repertório de sucesso de ambos, além das primeiras gravações de cada um. E abriram com o balanço irresistível do mais puro e simples rock'n'roll de *Estúpido Cupido*, após uma introdução lenta de sax e piano.

Afinadíssima, Celly se saiu melhor do que muitas vezes tinha se visto. Até que entra *Banho de Lua* como parte do pot-pourri para arrebatar em definitivo quem assistia. Em seguida, respondeu perguntas básicas sobre os primeiros anos em Taubaté, as influências musicais na família, os estudos de piano, violão e balé. Em seguida, cantou *Lábios de Mel*, sucesso de Ângela Maria, uma das canções que mais a marcou e adorava cantar. E *Do-ré- -mi-mi*, de Doris Monteiro. "Cantei muito suas músicas", disse, sobre as duas.

De Connie Francis, intérprete original de *Estúpido Cupido*, a preferida era *Who Sorry Now*, que ela cantou com perfeição e impressionante naturalidade. Falou dos programas de rádio, do primeiro disco e dos sucessos que a consagraram. Na segunda parte, foi a vez de Tony relembrar momentos de sua carreira e contar histórias dos bastidores.

A Cultura registrou, naquela noite, um dos melhores índices de audiência do cultuado programa. A crítica adorou e aquele seria um dos episódios mais reapresentados da história da atração. "O programa ficou ótimo, foi reprisado muitas vezes, a maquiagem me ajudou", observou ela, anos depois. E brincou com a vaidade feminina: "Uma pessoa bonita fica escrava da beleza. É duro encontrar alguém sendo mais ou menos, a pessoa não estranha", disse ela, na autodepreciação de si mesma em uma entrevista.

Na edição de 5 de agosto de 1993, a *Folha de S. Paulo* noticiou em destaque a estreia do programa, que seria apresentado naquele dia, a partir das 23h10. "Tony e Celly Campello recordam na TV Cultura a era do rock": "Considerados precursores da jovem guarda, os irmãos assinaram nos anos de 1950 sucessos como *Estúpido Cupido*, *Banho de Lua* e *Tutti-Frutti* (sic). Além de cantarem músicas que os consagraram, Celly e Tony vão contar histórias sobre suas carreiras e falar de suas preferências musicais".

Celly, por exemplo, "cita Ângela Maria, Connie Francis e Brenda Lee como suas preferidas. Na lista de Tony entram Johnnie Ray, Pat Boone e Bill Halley". Os irmãos, disse o jornal, foram os responsáveis pela popularização do iê-iê-iê no Brasil. "De 1959 e 1962, eles apresentaram o programa *Crush em HI-FI*, um dos maiores sucessos da história da TV Record, que recebia cantores brasileiros que davam os primeiros passos no rock".

Com o tempo, várias releituras foram feitas do papel histórico de Celly na música brasileira. O repórter musical da *Folha de S. Paulo* Pedro Alexandre Sanches, por exemplo, publicou um ensaio sobre ela em 7 de junho de 1995, com o título "Celly foi mãe e pai do rock", motivado pelo lançamento do CD *Celly Campello – Grandes Sucessos*, do selo Discobertas, que se definiu como a arqueologia de uma época – o nascimento do rock brasileiro.

Sanches lembrou que era um fardo pesado demais o fato de, com apenas 17 anos [o correto é 16], Celly Campello ter se tornado uma estrela nacional, equivalente brasileira aos astros rebeldes que surgiam inventando o rock'n'roll nos EUA. "Com *Estúpido Cupido* e *Banho de Lua* estourando nas rádios, natural que ela se tornasse nosso Elvis Presley, a um tempo mãe e pai do rock brasileiro".

Desde o seu reinado, assim havia caminhado, na sua opinião, entre exceções (como os Mutantes), o rock brasileiro: ingênuo, tímido, adotivo dos padrões de fora. "Pouco ousados, nossos roqueiros deixaram a outro artista a missão de renovar a música local. João Gilberto era, na verdade, o Elvis Presley brasileiro. Nem por isso os méritos de Celly são menores", destacou.

Segundo o crítico, ela gritava e transbordava fofura, como a "bonequinha que cantava" – numa referência do título do seu terceiro disco, de 1960 – e influenciou um espectro heterogêneo de artistas. Impossível não a reconhecer em Rita Lee, Wanderléa, Gal Costa e demais tropicalistas, Blitz, Kid Abelha, Pato Fu, Elis Regina (que estreou em vinil com *Viva a Brotolândia*, em 1961)".

O CD trazia surpresas, destacou ele. Reunia músicas que só depois de tanto tempo era importante se perceber seu pioneirismo ou ousadia. "*Índio Sabido*, por exemplo, inaugurava o indianismo na MPB, com ecos posteriores em Caetano Veloso, Rita Lee, Jorge Ben e Xuxa. Mas nada como *A Lenda da Conchinha*. Valia sozinha o preço do disco, com seus vocais delicados e a letra que dizia: *Nas dobrinhas de uma concha/Nosso amor eu escondia/ A conchinha cor-de-rosa/Meus segredinhos sabia*". Ninguém percebeu o sentido erótico desses versos?

Um resgate importante a partir da década de 1990 foi sua volta às trilhas sonoras de novelas e séries da Rede Globo. Todas de época, claro. A série *Engraçadinha, Seus Amores e Seus Pecados* (1995), trazia *Banho de Lua*. *Hilda Furacão* (1998) tocou *Túnel do Amor*. Em 1996, 20 anos tinham se passado desde que a novela *Estúpido Cúpido* trouxe Celly de volta aos holofotes, quando ela fez seus últimos shows – no decorrer de três anos.

Fazia 17 anos que tinha gravado seu último disco. Aos 52 anos, com os filhos casados e o marido aposentado, levava uma vida familiar confortável. Enigmática para todos os jornalistas que a entrevistavam, por se empenhar em dar respostas que pareciam prontas e decoradas e jamais expunham sua intimidade, ansiedade e fraqueza, Celly era criticada por ser "impenetrável" quando perguntada sobre arrependimentos e tristezas, por exemplo.

Para todos, Celly Campello era uma estrela que parecia não ter problemas emocionais e uma pessoa das mais bem resolvidas na música brasileira. Sentimentos disfarçados publicamente que poderiam fragilizar seu organismo e deixá-la exposta a alguma doença? Ter colocado a carreira de lado, fato contraposto com tentativas de volta que ela amenizava ou transferiria a responsabilidade ao esforço do irmão, reforçavam essa especulação.

De qualquer modo, a vida seguia tranquila em 1996, quando ela e Tony tiveram uma enorme alegria. No dia 28 de maio, a Câmara Municipal de Taubaté deu aos dois o título de cidadãos taubateanos. A iniciativa foi do vereador Wanderley Soares dos Santos e rendeu um momento de grande emoção para os irmãos e amigos que foram prestigiá-los.

Os organizadores mandaram fazer um vídeo em que amigos de infância e adolescência lembravam deles. O registro foi apresentado em um telão, durante a cerimônia. "A festa foi bonita, ficamos emocionados", contou Celly. "Demorou para a gente receber o título de cidadãos taubateanos porque achavam que a gente tinha nascido em Taubaté", observou.

Até que Nelson Filho disse ao vereador que os três irmãos nasceram na capital. "Fiquei contente com essa homenagem, que eu estava esperando", acrescentou Celly. Ela contou que chegou a ter dúvida se a homenagem aconteceria algum dia. "Sei lá, será que

Taubaté não vai nos dar essa honraria? Recebemos, enfim, e foi bonito, porque eles fizeram estes depoimentos dos amigos e falando das amigas e tal que conviveram com a gente e tal. Foi uma coisa bonita, deixei grandes amigas lá".

Ela lamentou que o tempo e a distância afastaram todos: "Hoje, quando vou para Taubaté, só vejo minha sogra, meu irmão e volto para Campinas. Perdi o contato, depois que sai de lá, já faz 30 anos". Contou que sempre teve vontade de rever a turma. "Só sei desses velhos amigos por meu irmão – que fulana perguntou por mim, como estou e que mandou um abraço", observou. Vários ela finalmente reencontrou na festa. "Estive com quem deu o depoimento".

Foi uma pena que esse reencontro tenha demorado tanto, disse ela depois ao *Diário de Taubaté*. "Infelizmente, a gente começa a ter outro tipo de vida, mais corrida. Em vez de ir lá com calma, acaba voltando logo, vai de manhã e volta de tarde, né?". Aos 53 anos, estava radiante e chegou a cumprir naquele ano uma agenda de shows com Tony.

Poucas semanas depois das homenagens em Taubaté, ela recebeu uma notícia preocupante. Foi informada por seu médico, após uma mamografia, que estava com câncer na mama e, depois de uma biópsia, precisava se submeter a uma cirurgia. Eduardo lembra que a saúde da esposa sempre foi ótima, nunca teve problemas que poderiam ser considerados relevantes, até acontecer aquele alerta médico. "Só um mês depois que casamos foi que ela teve de operar as amígdalas. Após isso, nada mais a incomodou, até aparecer um nódulo no seio, que foi um negócio que evoluiu rápido".

Eduardo conta que o câncer começou na mama esquerda, um caroço, uma coisa pequena, perfeitamente curável, disseram a ela. "O médico verificou e a encaminhou para outro médico que, por sinal, quando ela foi cantar em Lins 25 anos antes, conheceu como fã". Ele tinha voltado da Itália, onde se especializou em cirurgia de mama. "E fez a cirurgia, o nódulo estava atrás do mamilo, o que levou ela a perder essa parte do seio". Por precaução, o médico recomendou quimioterapia e radioterapia a cada 21 dias.

Algum tempo depois, Celly foi submetida a uma plástica de reconstrução da mama. Em seguida, encaminhada para um cancerologista, Dr. Medina, que passou a acompanhá-la com medicação e exames. Três anos depois, ele disse a Celly: "Parabéns, você é uma mulher curada".

O marido, então, propôs uma viagem à Europa com um grupo de amigos para comemorar a boa notícia. "Eu disse a ela: 'Já que você está curada, vamos para a Europa passear'. Fomos com dois casais de amigos. Entramos pela Espanha e seguimos para a Itália. Foram 23 dias pela Europa toda. Quando voltamos, ela retomou o acompanhamento".

Na primeira consulta que ela foi, entretanto, infelizmente, percebeu-se que a doença tinha voltado. "Dois ou três meses depois da nossa volta da Europa, um exame identificou nódulo na quinta costela, o que significava metástase". Era um lugar dos mais difíceis de serem percebidos. A doença também atingiu a pleura. Operada pela segunda vez, ocasião em que perdeu uma costela, Celly fez novo tratamento quimioterápico. Uma nova operação e mais quimioterapia não abalaram a moral ou esperanças dela.

Eduardo chegou a buscar informação sobre como levá-la para ser tratada fora do país. "Uma amiga nossa tinha uma sobrinha que trabalhava em um hospital de câncer nos Estados Unidos e, ao falar com ela em busca de ajuda por telefone, perguntou-me quem estava cuidando de Celly em Campinas. Quando lhe respondi que era Medina, essa amiga me disse: 'Fique tranquilo, ela está em boas mãos, não precisa vir para cá'".

Nova cirurgia foi recomendada. "Célia teve de operar e o que ela passou a partir daí não se deve desejar para ninguém, foi uma cirurgia invasiva demais, precisaram tirar o arco costal dela, o que demandaria um longo tempo para o orgasmo criar uma carne consistente para poder sustentar e cobrir o espaço onde a costela foi retirada". Até lá, ela sentiria dores terríveis.

O drama maior era a dificuldade para respirar. Se não bastasse, qualquer movimento mínimo que fizesse, até mesmo com o rosto para um dos lados ou a cabeça para cima e pra baixo, ela sofria dores intensas. "Era assim: se ela sorria, chorava, mexia ou se sentava a dor voltava. Tudo doía porque ficou só um pitoco da costela". Seriam sete anos de sofrimento desde o primeiro diagnóstico.

Foi no momento da volta da doença que a dedicada fã Neusa Aparecida Soares soube que Celly estava com problemas de saúde. Ela tinha criado uma página em forma de comunidade para reunir os admiradores da cantora na rede social Orkut, quando um desses fãs, de Campinas, de nome Fernando, mandou-lhe uma mensagem no privado perguntando se sabia do quadro de saúde da cantora. "Antes da doença, toda semana eu conversava por telefone com ela, Eduardo passava as ligações, eu e meu marido viramos amigos da família".

Mas ela não fazia ideia da gravidade. "Visitei a mãe dela algumas vezes depois que ela ficou viúva de Seu Nelson, casou-se e se mudou para o Largo do Arouche, pertinho do apartamento de Tony". Ela e Celly se tornaram próximas. "Ela era querida demais, atenciosa e educada sempre, uma pessoa iluminada, que foi preparada para ser uma artista, sabia tratar todo mundo bem. A gente conversava sobre filhos, famílias, por ela estar afastada da música".

A partir da informação da doença, Neusa voltou a ligar e acompanhou o tratamento. "Foi uma tristeza, mas ela sempre se mostrava positiva, com muita fé e esperança. Mas sofreu também". Acontecia de Eduardo dizer quando Neusa ligar: "Hoje ela não está bem, está deitada, liga outro dia?". Até o momento em que ele apenas dava notícias do quadro de saúde dela. "Difícil demais acompanhar de perto, a gente tinha de respeitar a necessidade de repouso dela".

Como os filhos estavam casados e moravam em suas casas, a maior parte do tempo somente Eduardo acompanhava a esposa. Os dois viveram momentos intensos de dor e cumplicidade que ele se emociona ao lembrar. Uma noite ela acordou o marido e disse: "Meu bem, está acordado?". Ele respondeu: "Estou". E ela disse: "Temos que agradecer a Deus por um simples virar na cama". Referia-se ao sofrimento com os efeitos da cirurgia. Celly não conseguia mais ter noites de sono como qualquer pessoa. Só cochilava de barriga para cima depois da delicada operação. Esse processo doloroso levou 120 dias.

Tony ligava sempre para saber como a irmã caçula estava. "Depois que ela sofreu a primeira operação, em 1997, um ano depois fomos fazer shows, viagens, sem se importar em aparecer na televisão. Ela estava se sentindo bem e isso era o que importava, queria se divertir, nos apresentamos em Recife. Algum tempo depois, quando a doença voltou, ela chegou para mim e disse que não queria mais viajar e cantar, estava cansada e eu respeitei, claro. Não queria fazer mais nada, não estava mais afim".

A partir de abril de 2000, Celly voltou a ser procurada pela imprensa por causa da novela *Esplendor*, da Globo, que ia ao ar às 18 horas. A trama, exibida ao longo de 2000, apresentou nada menos que duas canções suas: *Muito Jovem* e *Grande Amor*. A primeira, aliás, não fez tanto sucesso no auge de sua carreira. A trilha sonora trazia 17 faixas dos anos de 1950 e 1960.

Durante a exibição, foi tocada como música incidental *Grande Amor*, que não fez parte da trilha oficial. "Não fui informada sobre minha música na novela, mas quando soube que a produção seria ambientada em 1958, imaginei que teria músicas minhas, pois foi justamente nesse ano que a minha carreira começou", disse.

Para Celly, uma lembrança como essa, que acontecia mais ou menos a cada década, era uma forma de provar que seu talento ainda estava vivo, independente da manutenção de uma carreira regular, que não conseguiu com a oportunidade aberta pela novela *Estúpido Cupido*. Nesse momento, estava feliz porque os filhos finalmente a viam como alguém que fora importante para o rock e o mercado musical brasileiro, embora não exteriorizassem tanto. Sobre isso, disse ela: "Eles ficam envaidecidos, assim como meu neto, mas acho que para eles soa um pouco estranho".

A cunhada Maria Helena, esposa de Nelson Filho, esteve presente o tempo todo no longo tratamento de saúde que Celly enfrentava, com suporte total de Eduardo. "Ela foi uma pessoa batalhadora na luta contra o câncer, brigou até o fim. E sempre me falava: 'Lena, essa doença não vai me matar. Eu não vou morrer por causa dessa doença'. Pelo tipo de câncer que ela teve, realmente enfrentou tudo de cabeça erguida porque, nesses casos, as pessoas passam por dores fortes. E ela dizia: 'Eu vou batalhar, vou me espernear para não morrer'. E ela sofreu, viu? Ela tinha dores profundas que só uma pessoa com garra conseguia superar".

No começo do tratamento, conta Maria Helena, toda noite uma ligava para outra. "Eu, do meu jeito, fazia ela dar muita risada. Ela dizia: 'Lena, gosto de conversar com você porque é a única pessoa que me faz rir'. A gente falava de besteiras do dia a dia. Com o tempo, comecei a perceber que antes ela mesma atendia as ligações. Depois, Chacon fazia isso e chamava ela. Depois, ele dizia que ela estava dormindo ou repousando e não podia falar. Percebi que estava tão indisposta que nem essa conversa que a animava ela queria ter mais".

Até um dia em que Maria Helena falou para o marido: "Nelson, estou achando que a sua irmã não está boa porque ela não quer mais falar comigo ao telefone há vários dias". O casal pegou o carro para uma visita surpresa. "Realmente, quando chegamos lá, ela tinha caído à noite, batido a cabeça, estava mal, fraquinha. Ficamos sentadas no quarto, dei sopinha na colher e disse: 'Hoje você vai ser minha nenê'. Depois, tirei o esmalte da unha, que ela não estava querendo, fiz um sorvetinho para ela, demos um pouco de risada, mas estava fraquinha".

As duas cunhadas tiveram uma amizade de quase quatro décadas. "Era uma pessoa amiga, doce, gostava das coisas certinhas. Convivia comigo superbem, pois eu era o oposto dela". Maria Helena não se esqueceria do período em que o netinho de Celly, Gustavo, era pequeno e ela usava peruca por causa da queda de cabelo e o material esquentava a cabeça. Um dia, ela estava cansada e foi colocar o menino no banho. Ela tirou a peruca – dentro de casa usava um lenço. Ele olhou para ela e perguntou: 'Vó, por que você usa essas coisas na cabeça? Você é tão linda carequinha!'".

Ela ficou tão feliz, tão feliz, diz a cunhada, porque criança é sincera. "Ela jogou tudo fora e passou a sair careca. E disse: 'Eu vou sair assim, quem quiser achar que está feio que ache, eu vou ser assim. Meu neto me acha linda". As filhas de Maria Helena e Nelson, Juliana e Renata, diziam que se Celly morasse em Taubaté não ia parar de cantar porque iam arrumar mil shows para ela. "Iam sentar na primeira fila e aplaudi-la o tempo todo".

Um dia, Celly respondeu, quando estava na cidade onde cresceu e virou cantora: "Eu acho que tenho vontade de morar aqui de novo porque gostaria de cantar outra vez, começar tudo de novo". Para a cunhada, ela ficava animada com esse estímulo das sobrinhas. "Celly amava cantar, mas precisava que o pessoal fosse atrás, desse a ela só um pouco mais de estímulo".

E amava a vida familiar. Quando ela aparecia para almoçar na casa do irmão, dizia sempre para Maria Helena: "Que delícia comer em sua casa". Na última vez, comeu bem e observou, no meio da refeição: "Nossa, estou impressionada como estou com fome". E já estava fraquinha e saiu supersatisfeita. "A gente não se via pessoalmente tanto porque morávamos em cidades diferentes, mas conversávamos todos os dias, a conta telefônica era absurda, estávamos sempre falando uma com a outra, como cunhada, como irmã, nossa convivência era boa", reforça.

Logo depois da cirurgia que causou tantos sofrimentos para Celly, Eduardo teve complicações durante uma cirurgia na vesícula que o fizeram passar uma semana na UTI. O órgão estava grudado no fígado e quando os médicos o tiraram, lesionou o fígado e ele teve hemorragia. "Fizeram transfusão e me levaram para o quarto, no primeiro momento. Durante a noite, tive nova hemorragia interna, minha pressão caiu para 4 por 2 e tiveram de operar de novo para estancar".

Celly ficou em pânico quando soube que o marido estava na UTI. E Eduardo também, por deixá-la sem seus cuidados. "Na minha ausência em casa, ela piorou bastante, ficou chocada e preocupada que eu morresse. Ela tinha uma dependência de mim e eu acompanhava todos os seus exames. Nunca foi sozinha, Por minha causa, teve um grande baque emocional", lamenta.

Eduardo, felizmente, voltou para casa e retomou os cuidados com a mulher. "O câncer é uma doença da família e dos amigos que atinge a todos, precisamos ficar todos unidos para enfrentar esse grave problema quando pega alguém querido", observa. Eu aprendi isso com muito sofrimento".

Um dia, Celly pediu a ele, durante a madrugada: "Bem, estou louca para tomar aquele frapê de morango que você faz". Eduardo se levantou e pediu a ela: "Fica na cama que eu vou fazer". Mas a esposa seguiu para a cozinha, mesmo com dificuldade, apoiou-se na mesa, enquanto o marido ia na dispensa pegar os ingredientes. Queria acompanhá-lo, vê-lo preparar o que pedira, conversar um pouco. Quando o marido voltou, ela estava caída no chão e tinha batido a cabeça. "Coloquei ela sentada e, em seguida, a trouxe para cama nos braços. No dia seguinte, fizeram uma tomografia e viram que ela tinha um tumor de quatro centímetros na cabeça".

O mundo ruiu para Eduardo, que chora ao recordar aquele dia quase duas décadas depois: "Eu fui buscar o resultado sozinho. Ela ficou em repouso. Eu estava com mau pressentimento. Fiquei desesperado quando li o diagnóstico e voltei me perguntando: 'Deus, o que eu vou dizer para ela? Como vou contar? Me ajude...'". O médico tinha explicado que era gravíssima a situação. Mas ele preferiu esconder tudo e falou que era apenas uma calcificação do tamanho da ponta de um lápis, não tinha nada de complicado. "Vai ser nada, não", completou, disfarçando sua tristeza.

Sabia que ela sofreria ainda mais se soubesse a verdade. "O acompanhante em um quadro desses sofre bastante também, mas tem que mentir e enganar para prolongar a vida do paciente ou minimizar seu sofrimento", diz. "Se contar, pode acelerar a doença, porque a pessoa perde a esperança, se entrega. Não dá para falar tudo, os bons médicos dão notícias ruins a conta-gotas. E ela acreditava em mim. A verdade era que não dava para operar a cabeça dela, o jeito foi tentar radioterapia de novo. Ela tinha de colocar uma máscara de chumbo para proteger o rosto, mas sua vida estava perto do final".

Dores ela não sentia, só quando tirou o arco costal, segundo o marido. "E a doença avançou. Um médico disse que dava para fazer uma cirurgia menos invasiva, com um cateter que fazia chegar até a vertebra, onde injetaria um liquido – que apelidei de cimento e cola –, a aplicação era feita a 150 graus e tomava o formato da vertebra. Meia hora depois o produto estava mais duro que osso. "Ela entrou às 8h e às 11h30 voltamos para casa, com a cirurgia concluída. O incrível foi que ela voltou andando".

Mas Celly teve de ser internada novamente no dia 20 de fevereiro de 2003, no Hospital Evangélico Samaritano de Campinas. "Uns dias antes de ela falecer, voltei do almoço no hospital, ela me chamou e falou: 'Meu bem, venha cá, me dá sua mão aqui. Você não sabe o quanto eu te amo'. Eu respondi: 'Não Celinha, você é que não sabe o quanto eu te amo'. E ela continuou: 'Eu passei a minha vida toda preocupada em não ter sido a mulher dos teus sonhos e queria que você soubesse disso", disse, serena.

Eduardo pediu pelo amor de Deus para que ela não dissesse uma coisa absurda daquelas, pois ela tinha sido a melhor esposa que um homem poderia desejar em todo o mundo. "Por isso, sempre digo que ela viveu no amor. Estava prestes a falecer e preocupada comigo, em demonstrar o quanto gostava de mim. Isso foi numa quinta e ela partiu na terça seguinte".

Eduardo sabia que o amor dela era imenso, impossível de ser mensurado, pois largara a carreira e a fama de maior estrela do mercado nacional de discos para se casar com ele. E se manteve de cabeça erguida por todo o tempo, a dizer que o casamento era mais importante que a música, embora suas tentativas de voltar e conciliar as duas coisas apontassem em outra direção.

Na madrugada do dia 4 de março, quando estava internada no mesmo hospital havia duas semanas, Celly passou mal e o marido chamou o médico. Quem veio socorrê-la foi o chefe da UTI. "Ele a examinou e falou para mim: 'Vou dar um sedativo, mas você pode avisar à família que ela não passa de hoje'. E eu, desesperado, falei: 'Mas, como, doutor? Não pode ser, pelo amor de Deus'". O médico se calou e colocou a mão no seu ombro.

Os detalhes descritos por ele não deram qualquer esperança. Eduardo ficou em pânico, mas teve de chamar os filhos e os cunhados com suas esposas. "Seu sofrimento durou quase oito anos e você fica impotente a partir de determinado momento, depois de tentar tudo, vendo a pessoa que ama perder as forças, definhar e não se poder fazer nada", acrescenta.

Tony foi visitá-la nos seus últimos momentos. "Conversamos dois dias antes de ela partir, falamos bastante, estava serena, não tocamos na doença. Sou de peixes, tenho uma antena do tamanho da Torre Eiffel para capturar as coisas no ar. E quando sai do hospital, eu sabia que era a última vez que falava com minha irmã. Ela partiu em uma terça de Carnaval, mesmo dia que eu nasci".

Nelson e Maria Helena foram vê-la na terça da semana anterior. "Lembro de uma pessoa bem famosa que disse que quando se convive com alguém da família você não tem noção da importância dela. Mas você vai à Internet e coloca o nome dela, encontra pessoas no Japão, na Austrália que gostam dela. São pessoas que marcam e que ficam. Marcam e ficam para sempre", afirma Nelson.

Celly faleceu no mesmo dia previsto pelo médico, 4 de março de 2003, às 12h50, por causa de complicações também de diabetes e pneumonia, aos 60 anos de idade – faria aniversário três meses depois. Foi sepultada no dia seguinte, no Cemitério Flamboyant, em Campinas. Cerca de 500 pessoas passaram pelo velório na pequena capela. A única estrela da jovem guarda que apareceu foi a cantora Martinha. "Ela faz sucesso até hoje e é como se tivesse ido fazer uma viagem, um show lá no céu, onde vai encontrar tantos outros amigos", disse a cantora aos jornalistas.

No obituário, *Folha de S. Paulo* escreveu: "O que ela fez como cantora foi bom. Você ouve os originais das músicas que cantava e vê que fazia com qualidade, dava uma cor jovem, alegre, dançante, vibrante às versões, que era o que a música jovem brasileira mais desejava naquele momento. Ela trouxe esse frescor".

Ao *Estadão*, o crítico e historiador Zuza Homem de Mello destacou: "Além do casamento, acho que outro motivo para ela abandonar a carreira é que só cantava versões e quando as músicas passaram a ser compostas por brasileiros, o movimento criou raízes mais fortes". Ele se equivocou completamente, pois a maior parte das gravações da jovem guarda anos depois de ela parar eram versões de hits estrangeiros.

Dois dias depois, Pedro Alexandre Sanches publicou na *Folha de S. Paulo* o ensaio-reportagem "A emancipação feminina no curso da MPB, de Celly a Kelly". Começava por lamentar a morte da cantora: "Malvada, a terça gorda do Carnaval de 2003 levou embora a mãe do rock brasileiro, Celly Campello, aos 60 anos". E ressaltou: "Aos ouvidos de hoje, a afirmação pode parecer exagerada –mas não é. No biênio 1958-59, o Brasil passava por profundo surto modernizador, e na música popular dois artistas personalizavam tais transformações. O finíssimo João Gilberto era o pai da modernidade. A adolescente Celly Campeio era sua jovem mãezinha".

Para Sanches, "a modernidade de João era a bossa nova, movimento quase feminino de suavização e americanização do samba". A modernidade de Celly era o rock and roll, "levante quase totalmente masculino de sexualização e americanização da música jovem brasileira". Como perfeita inauguradora, continuou ele, Celly abria caminhos que ela própria nem supunha que o pop-rock nacional tomaria. "Era recatada, um broto que ficava em casa sem namorar porque precisava estudar. Celly fazia sucesso rogando um namorado ao 'estúpido' cupido, tomando banho de lua, atando lacinhos cor-de-rosa, passeando com um índio sabido".

Quase sempre bem-comportada, destacou o jornalista, ainda assim estimulava arrepios velados, ao contar/cantar que viajava no túnel do amor. "Tal roquinho podia manter a aura pudica dos parques de diversão, mas abriu trilha para que meia década depois Wanderléa pusesse as pernocas para fora e Roberto e Erasmo Carlos, um ano mais velhos que Celly, parecessem irmãos caçulas em pleno gozo dos hormônios sexuais que ela reprimira".

Sanches a descreveu também como precursora da sociedade organizada de consumo de massas. Tanto que, já em 1960, virou boneca de loja de brinquedo, "a bonequinha que canta", citou o título do seu disco. "O fetiche tinha lá seu parentesco longínquo com o que hoje provoca, de forma escancarada, a dominatrix adolescente Kelly Key. Era muita audácia para uma mocinha interiorana de 1960, não podia durar demais".

E ela se tornou o ícone de um Brasil pré-feminista e seguiu a rota admissível para as moças de família da época, à qual ela não queria ou não podia escapar. Tanto que renunciou à carreira de estrela do rock para se casar e constituir arrimo de família patriarcal em Campinas. "Enquanto fazia isso, ganhou mundão a cota masculina da classe de 1942, em que ela nascera: Caetano Veloso, Gilberto Gil, Milton Nascimento, Jorge Ben, Tim Maia, Paulinho da Viola".

O jornalista lembrou que a "mãe de família" ensaiou uma volta em 1968 e outra em 1976, quando fazia sucesso a novela *Estúpido Cupido*. "Foram fósforos riscados e logo carbonizados". Na maior parte do tempo, Celly seguiu sua sina de mulher respeitável, escreveu Sanches. "Enquanto isso, Wanderléa fazia papel parecido diante do público, encarnando sempre a pobre moça abandonada por rapazotes cruéis. E Elis Regina (que começara em 1961, imitando ora Ângela Maria ora Celly Campello) masculinizava a bossa nova e começava a encarnar a mulher do futuro, emancipada e participante. Celly ficou de banda, assistindo de longe à evolução solta da linhagem feminina de rock e pop que inaugurara".

Na passarela que era dela, disse o crítico, desfilaram sucessivamente mulheres retadas como Wanderléa, Rita Lee, Gal Costa (mas só na fase tropicalista), Baby Consuelo, Maria Alcina, Ângela Ro Ro, Marina Lima, Paula Toller, Fernanda Abreu, Cássia Eller, Fernanda Takai... e Kelly Key. "Sandy? Não, essa parece ainda viver em 1959", finalizou, com ironia.

No dia 13 de março, no *Jornal Contato*, foi a vez do conhecido economista e ex-guerrilheiro brasileiro, integrante de organizações de esquerda que fizeram a luta armada contra a ditadura militar no Brasil, Paulo de Tarso Venceslau, fazer sua homenagem à cantora conterrânea. "De repente aparece na telinha: '16h12 – Morre Celly Campello, cantora do sucesso *Banho de Lua*'. Notícia ruim chega rápido. Fiquei chocado, embora já soubesse que há anos ela vinha lutando contra um câncer que tomava conta de seu corpo".

Prosseguiu ele: "Em 1999, quando realizamos a primeira 'Festa do Elo Perdido', soubemos que essa doença a impedira de comparecer. Parei de navegar na internet. Comecei a recordar as imagens e as lembranças que não desbotam com o tempo". E lá estava ele na piscina do TCC. "Creio que era 1957 ou 1958, pouco importa, começando a treinar natação, o que eu faria durante alguns anos. Nessa ocasião, Célia, que ainda não era Celly, treinava juntamente com seu irmão Nelsinho Campello, que nada até hoje. O sucesso musical afastaria Célia da piscina".

Em compensação, "o Brasil ganharia sua primeira namoradinha. Tal qual dona Jurema, a verdadeira Velhinha de Taubaté, Celly foi a verdadeira namoradinha do Brasil. Não foi fabricada pela Globo. Nunca precisou representar qualquer papel que não fosse a si própria". Ela conquistou o Brasil de uma maneira tão profunda que acabou se transformando em uma lenda, afirmou Venceslau. "É impossível falar dos anos dourados sem o fundo musical de *Estúpido Cupido* ou *Banho de Lua*. Regina Duarte ou a própria Globo, há tempo, deveriam pagar direitos autorais para Celly, a verdadeira namoradinha do Brasil".

A geração com pouco mais de trinta anos pôde conhecer Celly através da novela *Estúpido Cúpido*, levada ao ar em 1976, lembrou ele. "Já faz tempo. Os mais jovens, com certeza, já ouviram comentários de seus pais". A história de Celly Campello marcou fundo a história da música e do próprio país, segundo o economista: "A bossa nova lança suas raízes e o rock começa a fazer a cabeça da juventude que desde 1955 fora picada pela mosca musical da *Rock Around the Clock*. Transformou-se em uma verdadeira epidemia".

Foi nesse contexto que despontou a estrela de Celly Campello, "a moça certinha de Taubaté, com músicas ingênuas em todos os sentidos. A ingenuidade, associada a uma voz cristalina e afinadíssima, promoveram o sucesso de nossa querida Celly, ao contrário dos rebeldes sem causa que causavam furor nos EUA. Por causa de tudo isso, as nossas gravadoras procuravam rapazes de bem e garotas de família para formar o embrião do rock brasileiro".

Até ela parar, em 1962. "Muita gente chiou. Acusaram o marido de machista e que ele a teria ameaçado com 'ou eu ou a música'. Bobagem. Celly não era personagem de nenhum roteiro. Era simplesmente Célia Benelli Campello, taubateana que nasceu em São Paulo só porque o seu Nelson e dona Idea, seus pais, achavam que a capital oferecia melhores condições". Além do sucesso já garantido, havia um potencial maior que ela abriu mão para continuar simplesmente Célia.

Venceslau afirmou ainda que, "segundo Jerry Adriani, o programa *Jovem Guarda* deveria ser comandado por Celly Campello e Roberto Carlos. Ela simplesmente recusou para se casar com Eduardo (na verdade, o convite aconteceu três anos depois). Roberto Carlos é o Rei até hoje. Mas Celly nunca deixou de ser Sua Majestade. Afinal, a Globo nunca mais conseguiu atingir os 92% de Ibope registrados quando Celly apareceu em algumas cenas da novela *Estúpido Cupido*, do meu amigo Mário Prata".

No mesmo dia e jornal que saiu o texto de Venceslau, Luciano Dinamarco prestou sua homenagem à cantora: "No auge de sua carreira, Celly chocou a opinião pública ao informar sua decisão de abdicar da carreira artística em nome de sua felicidade, que, para ela, partia da opção de constituir e dedicar-se a sua família. À época, diante do movimento feminista ululante, faltava sensibilidade para perceber a opção consciente de Celly, entendida como um ato de submissão".

Tal decisão, observou Dinamarco, apostava na força e na felicidade da Célia e aposentou o estrelato de Celly, que "resultou incompreendida e desacreditada, mas não hoje, ocasião em que a decisão tomada no passado se confirma mais do que acertada. Ao contrário da melô da Copa do Mundo de 2002, de autoria de Zeca Pagodinho, Celly – ou melhor, Célia –, tomou as rédeas de seu destino e, corajosamente, levou sua trajetória exatamente onde queria, optou por ser feliz ao lado de sua família, como ressaltado por Paulo de Tarso na reportagem de capa".

Celly "preferiu afastar-se das câmeras que a perseguiam e tentou permanecer no anonimato", escreveu ele. "A criatividade das fantasias, dos adereços, a afinação e o ritmo da bateria, as evoluções e todos os pequenos detalhes me fizeram ver o quanto o desfile foi fruto de trabalho, reflexão e dedicação. Célia Campello, ao contrário, despia-se das fantasias que lhe foram atribuídas".

A então prefeita de Campinas, Izalene Tiene, depois de contatar a família, em 16 de maio de 2003, dois meses após o falecimento de Celly, batizou com o nome da cantora a praça que fica entre a Avenida Nossa Senhora de Fátima, Rua São Salvador e Rua Azarias de Melo, logo atrás do supermercado Dalben. Celly morava na Rua Manoel Quirino. Deixou o marido, dois filhos e três netos, seu cachorro de estimação Pit Boy e um legado único na música brasileira.

Um ano depois de sua morte, em março de 2004, o jornal *Gazeta do Cambuí* entrevistou Eduardo Chacon para uma emocionante reportagem. "Tudo continua intacto no apartamento onde Celly morava com o marido", começava a jornalista Araceli Avelleda. Ao entrar no imóvel onde morou a ex-estrela, "a sensação é de que ela ainda continua presente. Desde que a cantora faleceu, o marido José Edwards (sic) Gomes Chacon faz questão de deixar todos os móveis e objetos no mesmo lugar onde ela costumava manter".

Ao olhar os porta-retratos, ele não escondia a tristeza que dividia, naquele momento, com os versos e poesias que escrevia quase todos os dias e dedicava a ela. Até mesmo os jarros com as flores, que Celly tanto gostava, continuavam a ser abastecidos na ampla sala. "São compradas pelo marido todos os sábados, com a mesma dedicação e carinho com que levava para casa durante os 41 anos que permaneceram casados", observou a repórter. "Continuo fazendo o mesmo", disse Eduardo, emocionado.

As referências à cantora eram de uma pessoa alegre e simpática. "Nas fotos ela está sempre sorrindo", observou. "Hoje é que me dou conta de que ela foi uma pessoa que viveu no amor pela casa e pelos filhos. Tudo o que ela fazia era visando a felicidade dos outros", disse, entre lágrimas. Celly gostava de frequentar os restaurantes do bairro com a família. Além do Fellini, onde costumava pedir fetuccine com bacalhau, também ia ao Vila Cambuí, Cantinho Português e ao Filé & Cia. "Assim que ficou doente, ela tinha vontade de se mudar para um condomínio, mas era difícil, pois aqui tudo fica mais perto", lembrou o viúvo.

Araceli Avelleda destacou ainda que Celly deixou também saudades no prédio onde viveu durante mais de 20 anos. "Ela era querida, verdadeira, tinha um sorriso maravilhoso", recordou a vizinha Marilda Augusto de Oliveira. "Lembro-me bem das novenas de Natal e, por acaso, na última em que participou, estava ao meu lado, segurando a minha mão", comentou. Durante o período em que esteve doente, disse, ela nunca demonstrou desespero, pois sempre andava com o mesmo sorriso. "Era meiga e vaidosa, a fama não lhe subia à cabeça, nunca notei nada de estrelismo", concluiu.

Eduardo afirma para este livro, aos prantos, que "tudo que Celly fazia era com amor e isso é difícil encontrar nas pessoas. No dia a dia, você só nota essas qualidades em alguém quando o perde, só vê as virtudes quando perde. Ela fez pintura em tecido, em porcelana, tudo com amor. Era incapaz de dizer um não ou de maltratar alguém, foi um anjo que do céu caiu na minha vida e pro céu subiu".

Dessa inspiração nasceu o desejo de ele escrever para ela cartas e poemas de amor depois que a companheira se foi. Perdeu as contas de quantos fez desde março de 2003. "Aconteceu de eu me levantar às duas da manhã, escrever e no outro dia ver, sei que a letra é minha e não me lembro de ter escrito. Também costuma criar frases como 'Você foi meu broto legal, minha garota sensacional'. E não parei mais. Não vou parar nunca mais, acredito".

Para este livro, ele enviou alguns desses textos e poemas. O primeiro, data de três meses após a morte de Celly. Eduardo tenta resgatar uma das últimas conversas que os dois tiveram:

Momentos...

A vida é uma sucessão de momentos. Alegres, tristes, de saudades, de lembranças. São apenas momentos. Alguns são inesquecíveis, nos marcam para sempre. Por mais que queiramos, não podemos apagá-los de nosso pensamento. Talvez sejam poucos, quem sabe sejam muitos, dependem da vida que levamos.

Poderá ser simplesmente um momento, um olhar, um sorriso, um perfume, um beijo, um sentimento forte ou a perda de alguém querido. Sempre teremos pessoas guardadas dentro de nós, algumas porque nos dedicam afeto ou um enorme carinho, outras porque foram inesquecíveis e conseguiram marcar nossas vidas.

Vivi um momento que levarei pelo resto de minha vida.

Quinta feira. Fevereiro 27.
Semana do Carnaval.

A caminho do hospital, driblando o trânsito para mais rápido chegar, para poder abraçar aquela que até então representou todos os momentos de minha vida.

Em seu leito, num clima de tristeza e desesperança, com o olhar meigo e irradiando cari-

nho, ela chamou-me:
- Amor dê-me sua mão.
Com lágrimas nos olhos, me dedica um momento de amor.
- Você não sabe o quanto eu o amo!
Tão doce confissão em momento tão pungente embargou-me a voz e lágrimas incontidas rolaram pela face.
Enternecido e emocionado, murmurei como em prece:
- Você é que não sabe o quanto eu a amo!
Ficamos olhando um para o outro, sem saber o que fazer. Dei-lhe um beijo na testa, pois seus lábios estavam machucados pela febre que não cedia.
Senti que sua mão apertava a minha e neste instante ela revelou uma preocupação, que para o meu espanto não era com sua doença, suas dores ou seu sofrimento.
- Passei minha vida preocupada em não ter sido a mulher de seus sonhos...
Que prova maior de amor poderia receber? Sem poder conter meu pranto, apenas confessei o que trazia no coração:
Você é... não só a mulher de meus sonhos, mas um sonho de mulher!
Instante sublime que jamais poderei esquecer.
Foi o nosso momento, a despedida. Ela veio a falecer na terça-feira, do mais triste Carnaval de minha vida.

Tributo
Março de 2005

No amanhecer de meus dias
com a solidão sendo iluminada
pelos primeiros raios de sol,
bailam em minha mente recordações vividas,
trazidas pelo vento da saudade,
transportando-me para época em que a conheci,
cantando canções de amor nas domingueiras dançantes.
Olhares trocados... Sorrisos...
Sua voz... Que suavidade...
Foi o nascer de nossos sentimentos,
certos de que algo sublime aconteceria,
pois a cada dia era como um novo renascer.
Amor crescendo como por magia
alegrias que jamais vou esquecer.
O inevitável acontece...
Contratos... Carreira... Fama...
Broto Certinho,

Bonequinha que Canta,

Namoradinha do Brasil.
Sucesso fulminante...
Estúpido Cupido,
Banho de Lua,
Lacinhos Cor-de-Rosa...

Por amor deixou tudo para comigo viver,
sem jamais pensar o que poderia ocorrer,
não se preocupando com o destino,
seguindo apenas sua intuição,
doando-me seus carinhos, corpo e alma,
entregando seu coração...

Quarenta e um anos juntos passamos,
com ela a contribuir para solidificar nossas vidas.
Amor... Dedicação... Pureza... Espontaneidade...
Paixão... Amizade... Família... Companheirismo...
Renúncia... Moderação... Paciência... Sinceridade...

Foi o que trocamos,
jamais aproximando-nos da infelicidade.
Vivemos momentos marcantes e inesperados,
sempre juntos, caminhando lado a lado.

Fui abençoado em poder compartilhar de sua vida,
vendo-a crescer, viver sua plenitude de mulher.
Mãe sempre presente, os filhos são frutos
de partículas da mesma luz divina que a iluminava.

Foi um ser especial
deixando marcas por onde passou.
Para mim foi uma graça divina,
um anjo que do céu caiu
e para o céu voltou...

Você ouve
uma de suas canções favoritas
Over the Rainbow
Ernesto Cortázar

Primeiro beijo
Maio de 2003

*Hoje, não sei por que,
veio-me na memória
nosso primeiro beijo.*

*Lembra-se!
Aquele beijo roubado
rápido, mas com muita emoção,
que trago até hoje guardado,
na profundeza de meu coração.*

*Não esqueço a alegria,
seu sorriso e olhar de satisfação.
O rubor de sua face
quando lhe perguntei:
"Meu bem, beijá-la é proibido?"
Meiga e delicada,
acariciando minha mão,
sua resposta foi singela:
"Querido, em nome do amor,
não existe proibição."*

*(Lavra)
"O que o tempo não faz...*

*O que era um frisson,
hoje é comum e vulgar..."*

(Fundo musical, Dolcemente, Wilma Goich)

Eduardo morreu no dia 2 de dezembro de 2023, aos 85 anos.

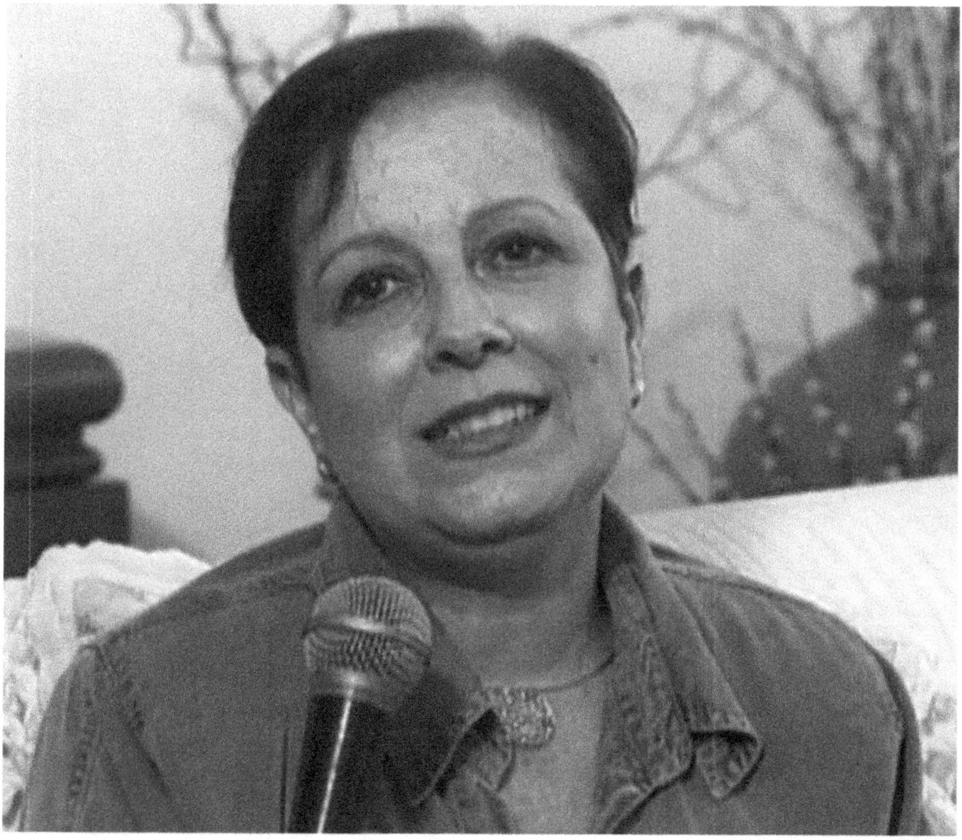

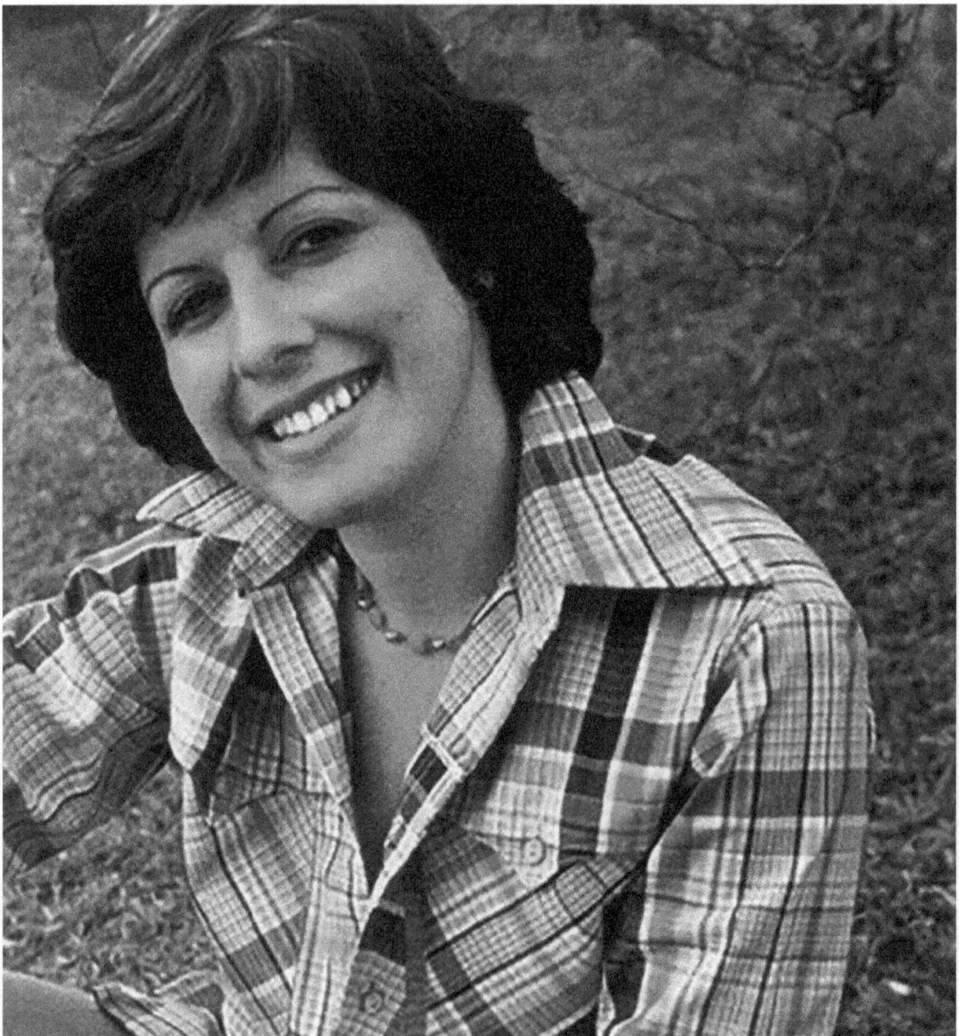

Epílogo
O dom de ser capaz e ser feliz

Depoimento de Renato Teixeira a Dimas Oliveira Junior

Nasci três anos depois de Celly Campello, em 1945, na cidade de Santos, no litoral paulista. Mas cresci no interior do estado. Muitos estranham o fato da minha música ter origens caipiras e eu ser caiçara, nascido no litoral. Vejo isso como uma questão puramente familiar; são fatos circunstanciais, apenas.

Vivi minha infância em Ubatuba e a adolescência em Taubaté. Meu pai melhorou de emprego com essa mudança; eu e meu irmão já estávamos em idade escolar quando isso aconteceu. Taubaté, naquele momento, era mais conveniente para nós. Mudamos para lá. E foi bom! Antes, a música, em Ubatuba, já fazia parte do meu dia a dia.

Das atividades familiares de lazer, a que mais me interessava era a música. Todos em casa tocavam e alguns eram, verdadeiramente, músicos. Eu poderia ter sido fogueteiro, como meu avô Jango Teixeira, que tocava bombardino na banda da cidade. Poderia ter sido professor como meu avô paterno, Teodorico de Oliveira, que tem uma linda história intelectual com a poesia e a literatura. Mas a música não me deixou espaços. Resolvi ser arquiteto por influência de um verso de Manuel Bandeira pregado na parede do ateliê de Romeu Simi: "Passou a arquitetura, ficou o verso".

Quando me mudei para São Paulo, no final dos anos de 1960, por indicação de Luiz Consorte, que colocou uma fita com minhas músicas nas mãos de seu tio, Renato Consorte, Celly tinha parado a carreira, que acompanhei fascinado em Taubaté. Tinha se casado e se mudado para Curitiba. Meu tio enviou o material e fez chegar aos ouvidos de Walter Silva, um grande promotor de novos artistas e um homem conhecido nos meios de comunicação.

As portas se abriram e, logo eu estava como um dos participantes do Festival da Record de 1967. Minha composição se chamava Dadá Maria e foi defendida pela novata Gal Costa e por Silvio César. Mas, no disco do festival, quem canta com Gal sou eu. Foi minha primeira gravação. Participei daquela fatia da história da MPB como um espectador privilegiado.

Em Taubaté, ouvia de tudo, de todos os gêneros. A geração musical que frutificou da bossa nova, nos anos de 1960, era chocante. Uma linda síntese de tudo que aconteceu de essencial na música brasileira até então. Foi uma festa. Ouvi pela primeira vez A Banda, de Chico, em São José dos Campos, antes do festival e foi um impacto inesquecível. Ainda morava em Taubaté. Ouvia Milton Nascimento antes do sucesso e o achava deslumbrante. Todos que o conheceram nessa época já tinham por ele uma admiração que só os grandes mitos podem desfrutar. Vimos e ouvimos Elis todos os dias. Assisti bem de perto o surgimento do tropicalismo.

Na virada dos 1960 para os 1970, a música se silenciou para mim. Fui fazer jingles publicitários para sobreviver. Acontece que gostei do assunto. Com os frutos financeiros da publicidade, em parceria com Sérgio Mineiro, criei o Grupo Água, que nós dois bancávamos. Tocávamos sem visar lucros. Foi com esse grupo que consegui assimilar o espírito da cultura caipira e projetá-la de uma forma contemporânea para todo o Brasil. Tocamos por anos juntos até que, um dia, Elis gravou Romaria e nos convidou para acompanhá-la na gravação.

A mesma Elis que quase três décadas antes, ouvi dizer que seria a nova Celly Campello, minha vizinha de Taubaté e meu primeiro ídolo. Como não ser? Adolescente, custava a acreditar que alguém tão perto da gente estivesse nas capas das revistas, dos jornais, na programação das rádios com uma música atrás da outra e na TV. Não tão longe fisicamente, eu a acompanhava discretamente, mas fascinado. Eu vejo Celly não como artista, mas na condição de conterrâneo taubateano.

Fui meio que contemporâneo dela, tem uma diferença de idade entre nós. Nunca conversei com ela, mas eu a via. No domingo você se deparava com ela como ídolo na TV e na manhã seguinte ela estava sentada no colégio, vestida de estudante. Ela estudava no Colégio Normalista. Celly não mexeu, não interrompeu o plano familiar das moças do interior de se prepararem para o casamento, ter uma família e filhos, e nisso ela foi bem-sucedida.

Lembro que a admirava por eu gostar de música já nessa época. Eu era envolvido com música desde que me entendo por gente, sentia um grande orgulho dela. E, mais tarde, vim entender o porquê desse orgulho: Celly é um divisor de águas na cultura do povo brasileiro, não somente da música.

A gente vinha de um tempo radiofônico, daqueles cantores fortes como Orlando Silva e Chico Alves e, de repente, surge um brotinho cantando muita afinada, excelente cantora, bem dirigida por Osvaldo Gurzoni, na Odeon. Era a fase em que o país deixava de ser radiofônico e passava a ser da TV, com forte vocação para isso porque a TV no Brasil era bem-feita, sempre houve uma evolução, tornou-se uma paixão nacional, o povo gosta de TV.

E Celly chegou, bonitinha, afinadíssima, cantando uma música jovem. Um arraso. Antigamente, é preciso lembrar, as músicas eram assim: "Eu gostei tanto, tanto quando me contaram/ Que lhe encontraram chorando e bebendo na mesa de um bar". Ou seja, aquelas coisas pesadas como "Risque meu nome do seu caderno/ Pois não suporto o inferno/ Do nosso amor fracassado/ Deixe que eu siga novos caminhos".

A poética musical era densa, encucada e Celly vem solta, vem leve, quicando, né? E faz um trabalho que mudou a história... É aquele negócio, era a pessoa certa, na hora certa, no lugar certo... O mercado precisava daquilo, de alguém como ela. Comparo o fenômeno que foi ela com o negócio dos Beatles, com relação à música universal, em um contexto brasileiro. Precisava acontecer aquilo, naquela hora.

Quero dizer, Celly é um caso desse, acho que mais emblemático ainda que a própria bossa nova e o próprio tropicalismo, aquele momento, só com ela, é único porque ali uma coisa deixa de existir e começa a acontecer outra. Daí vem Roberto Carlos e toda uma história de uma música pop nacional.

Para mim, o Brasil sempre foi um país evoluído musicalmente, embora a gente tenha sido sempre administrado por matrizes americanas. A partir de Celly, passou a ter uma vocação para matriz também. Se você pegar a história do rock brasileiro que, de fato, começa com ela, você vai encontrar Roberto Carlos, Rita Lee, Raul Seixas. Enfim, encontra tantos artistas que pagam pedágio para Celly... A própria Elis, quando Celly para de cantar, a gravadora diz: "Tem uma cantora de 14 anos que pode substituir ela".

O primeiro disco de Elis é uma tentativa nesse sentido, até a capa tem um sentido disso, embora Elis tenha me dito que, naquele momento, ela fez aquilo por uma questão de ordem da gravadora. Tanto que ali tem duas ou três música feitas do que ela viria a ser depois, uma cantora de MPB.

Celly também simbolizaria algo que acho que o Brasil tem de bonito em sua história, que são as mulheres. Temos grandes compositores, mas o grande charme, o grande encantamento, veio das nossas cantoras. Aracy de Almeida, com uma voz peculiaríssima; Dalva de Oliveira, que era uma magia, uma coisa inexplicável; Ângela Maria, Elis, Maria Bethânia, Gal Costa, Nara Leão.

Um mundo sem fim de grandes talentos e, o que é mais legal, a personalidade marcante de cada uma. Bethânia constrói uma dignidade, é tão digna, bonita, que está na música dela, é um valor que ela repassa. Elis: não é a voz que canta, é a alma. E Celly, ela chegou, avaliou, botou na balança, com muita personalidade, cumpriu o programado, foi até o fim, com uma posição bastante taubateana, de interior.

Eu vejo isso, não faço nenhuma crítica pelo fato de ela ter abandonado a carreira quando não poderia ter feito, entendeu? Mas foi em nome de um ideal, de um sonho, de um amor. Por isso, talvez ela seja a mais bem realizada de todas as nossas cantoras, porque cumpriu um ciclo. Ela sofreu uma fatalidade na vida, mas não sofreu tanto quanto as outras. Eu pergunto para os pais dela: será que não foi melhor assim? Ver a filha bem-casada, criando seus filhos e feliz? Lembro a importância do irmão em tudo aquilo. Tony foi o mentor disso tudo. Não sei nem se isso tudo foi uma coisa planejada.

O disco que ela fazia – todos, na verdade – era dele, que abre um espaço para ela. Depois, ele continua e faz outra transformação magnífica na música brasileira, lança Sérgio Reis com Coração de Papel e o traz para o universo da música sertaneja, uma coisa que conhece bem, por conhecer profundamente a música country, o folk, um cara bem-informado, acima da média.

Na verdade, Tony abriu um espaço no mercado porque a música brasileira sempre foi litorânea, quem mandou na nossa música sempre foi Rio de Janeiro, Salvador e outras capitais litorâneas. A bossa nova é litorânea. A música do interior estava aprisionada em Tonico e Tinoco, nesses gênios, e Tony chega e faz essa transformação e hoje essa música é 70% do mercado brasileiro.

Lógico que o reconhecimento histórico vai vir com o tempo. Mas eu acho que tanto Celly quanto Tony são pessoas que todos os artistas brasileiros deveriam se reunir, inclusive o mercado, e fazer uma homenagem épica para esses dois irmãos. Eles são fundamentais na música brasileira. Considero Tony um dos caras mais importantes nos rumos da música brasileira. Ele mudou com Celly, quando abriu os portos e mudou depois quando intuiu, a partir dos anos de 1970, isso que se chamou de música sertaneja.

Sei que Celly era exigente e que não compactuava com muita coisa que está aí, que não tem conteúdo, que é apenas apelação comercial, são bordões criados para as pessoas pularem, fazerem ginástica, não é música, mas o universo que ela revelou juntamente com Tony é fundamental. Foi daí que veio o futuro da música no Brasil.

O amor que Tony tem pelo rock é algo único. Até hoje duvido que alguém saiba mais de rock que ele. São eventos que se cristalizam com o tempo e se tornam capítulos da história. Celly é um capítulo fundamental, talvez essencial. Se aquilo – o rock e a música jovem que ela impulsionou com seu talento – não acontecesse naquele momento, a gente ia passar tempo ouvindo bolerões encharcados de nostalgia e tristeza. E se você pensar bem, o povo brasileiro é alegre, né?

Celly é o primeiro símbolo do novo Brasil que surgia com o Presidente Juscelino Kubistchek. Não falo nem como autor ou compositor. Logico que eu gostaria de ter uma música gravada por ela, eu morava em Taubaté, já compunha e ficava fazendo música para Celly. Em uma composição que falo de minha vida, quando saí de Taubaté e fui para São Paulo, cito ela:

Na casa dos meus pais
Uma janela aberta
E o mundo na cabeça
Foi o que bastou

Vim
Na mão um violão
Na boca a voz ingênua
Insinuando fraca

Coisas que eu dizia
Com o coração
Ah,
E o que ficou pra trás

A Rádio Difusora
E o supermercado
Onde eu trabalhei
Mas
Tomada a decisão
Tratei de esquecer
Da capital do Vale
A terra de Celly
A minha Taubaté

E a vida que se deu
Foi bem melhor

Vi
Que até então

Eu simplesmente não vivi
Sou agora a merencória flor
Que se acabou
E deu lugar
À luz angelical
Acrílica do amor

Não falo como autor. O que ela me passou foi o mesmo que fez para todo o público que a consagrou: juventude, qualidade musical. As pessoas criticam as versões: purismo inútil, interessa que aquela música que escolheu serviu para fazer tudo que ela conseguiu. Então, está perfeito. Que bom que a mídia e a televisão estão começando a jogar um olhar sobre isso. É esse olhar que vai fazer com que a história oficialize o trabalho desses dois irmãos.

Eu não consigo separar eles. Quando falo de Celly lembro de Tony e vice-versa. Para mim, são a mesma coisa. Nunca conversei com ela, nunca trocamos ideias, infelizmente. Mas se ela foi uma pessoa como Tony, um ser humano da qualidade dele, com certeza eu me apaixonaria por ela, como sou por Tony.

Nelsinho, o outro irmão, tem uma coisa interessante: sempre foi um grande nadador, é campeão mundial na idade dele, acima dos 70 anos. Uma família taubateana linda, bem organizadinha, tudo certo.

Tenho uma tristeza na vida porque os Campello moravam na Praça Santa Terezinha, em uma casinha linda e, naquela lugar, uma vez, Neil Sedaka ou Paul Anka foi visitar Celly. Aí, de repente, foram lá, derrubaram a casa, fizeram um caixote e colocaram uma farmácia. Até hoje não me conformo com isso. Acho que até hoje é uma obrigação moral do município derrubar a farmácia, pegar a planta e fazer a casa de novo. Isso é um crime cultural que eu não perdoo.

Eu sou um taubateano assumido e algumas coisas na minha cidade me incomodam. E uma delas foi esse acidente que cometeram contra a história da MPB quando derrubaram a casa de Celly. Não podiam ter feito isso. Deveria ser hoje um lugar para as pessoas irem lá e conhecerem um pouco da história. Tinha de ter lá um memorial – por sinal, uma sugestão que eu faço ao povo, que se junte, se cotize, não uma forma de órgãos do estado e deem para Celly uma memória em pagamento a tudo que ela fez.

As cidades são estranhas, você se decepciona com uma série de descasos. A história corrige isso. Taubaté deu Monteiro Lobato, Hebe Camargo, Mazzaropi, Cid Moreira, Tony, Celly. Isso não está na memória da minha cidade, todos lá sabem que isso aconteceu, gostam, mas não se organiza no sentido de criar uma memória para as pessoas saberem a importância dessa mulher.

Ela foi importante. Em sentido de logística musical, talvez tenha sido nossa artista mais relevante. A cantora mais importante de todos os tempos no Brasil, pela transformação que o trabalho dela promoveu, chama-se Celly Campello.

E isso ninguém tira dela.

Nem mesmo o descaso do poder público.

Milton Nascimento sempre me falou que gostava de Celly, que era uma cantora afinada. E o modo como tive meu primeiro contato com ela foi mágico. Um dia, fui ao Colégio Estadual Escola Normal Monteiro Lobato e era um fim de ano, tinha um cesto de lixo em um canto e vi que jogaram um monte de carteiras dos estudantes fora (que costumavam ser devolvidas no fim de cada ano letivo). Peguei uma e vi que era de Celly, a primeira, uma carteirinha vermelha, guardei, e um dia dei de presente para Milton, que ficou emocionado.

As pessoas que manjam de música sempre tiveram um olhar generoso e competente sobre o trabalho dela. O que mais me encantava e me marcou na minha personalidade de artista tinha a ver com ela: você aparece no programa de TV, o Brasil todo assiste, ganha prêmio e no dia seguinte você está na classe assistindo aula como qualquer pessoa.

Isso é uma lição importante. A hora de atuar é a hora de atuar. E a hora de viver é a hora de viver. Essas coisas se misturam um pouco, mas são absolutamente diferenciadas. O importante ela fez, a missão ela cumpriu, não se pode dizer que ela ficou devendo uma vírgula nessa história, ela fez o que precisava ser feito naquele momento.

Quando vou a Taubaté, converso com as pessoas e vejo que Celly está no coração de seu povo, continua viva, faz parte. É a coisa mais linda, uma consagração total e eu assino embaixo na decisão de ela parar ai e viver a vida dela.

Seu gesto só valoriza sua vida, só deixa ela mais bonita.

Falar em Celly faz com que eu me emocione.

Sua vida foi um momento singular, de pura magia.

Essas coisas que você viveu têm uma carga emocional grande, você não consegue descrever com palavras.

As pessoas não se fazem estrela, elas nascem. Celly nasceu estrela, para fazer aquilo, era a missão dela. Ela fez, cumpriu, resolveu tocar a vida dela, seguiu em frente e foi feliz.

As pessoas precisam entender isso.

Agradecimentos

Este livro surgiu de uma conversa ao acaso. Dimas nasceu em Taubaté e havia feito um documentário sobre Celly Campello, exibido no Canal Brasil. Disse a ele que escrever a biografia da cantora era um velho sonho meu. Sempre me impressionou ela ter sido um fenômeno na música brasileira em tão pouco tempo e largou tudo para se casar.

Dimas, então, falou-me do material que tinha das pessoas que entrevistou e que me poderia ser útil. Inclusive um registro de meia hora com Celly, tão arredia a receber a imprensa. Ficou combinado, então, que eu usaria as conversas que ele teve com os dois irmãos – que entrevistaria longamente depois, por diversas vezes – e com os astros Erasmo Carlos, Agnaldo Rayol, Wanderléa e Renato Teixeira. O resto eu iria atrás. Em troca, dividiríamos a autoria deste livro. Mas ele faria mais, colocou-me em contato com a família e o viúvo de Celly.

Nos seis anos gastos para escrever este livro – sem contar as nossas conversas com Dimas – em uma fase preliminar, inúmeras pessoas nos ajudaram de diversas formas. Principalmente os dois irmãos de Celly, Tony e Nelson, e o viúvo Eduardo Chacon. A eles somos eternamente gratos e não temos palavras para agradecer o quanto foram fundamentais para o resultado que buscamos.

Nelson me levou a Neusa Aparecida Soares, provavelmente a fã nº 1 de Celly, que a conheceu quando tinha 11 anos de idade e possui um vasto acervo sobre ela. Sua ligação com a família passou dos 60 anos faz algum tempo. Para não cometer injustiça, vamos apenas citar os nomes de todas as outras pessoas imensamente queridas que contribuíram conosco em diferentes momentos.

A lista segue por ordem alfabética. Aqui estão inclusos os entrevistados também: Ana Luísa Lage, Ângela Braga, Dirceu Rodrigues, Isabel Mazela, Maria Helena Campello, Michelly Bessa, Patrícia Rodrigues, Sônia Delfino, Tereza Murillo, Rafael Pereta e os funcionários maravilhosos do Museu da Imagem e do Som de Taubaté (Mistau). A todos, nossa eterna gratidão.

Discografia

1 – Na Odeon
Formato 78 rpm

Disco Handsome Boy – n.º 14.328 de 06/1958
Disco Devotion/ O Céu Mudou de Cor – n.º 14.385 de 10/1958
Disco The Secret/Estúpido Cupido – n.º 14.434 de 03/1959
Disco Banho de lua/Muito Jovem – n.º 14.490 de 07/1959
Disco Túnel do amor/Lacinhos Cor-de-rosa – n.º 14.506 de 08/1959
Disco Billy/Tammy – n.º 14.592 de 03/1960
Disco Frankie/Não Tenho Namorado – n.º 14.632 de 06/1960
Disco Malmequer/Broto Legal – n.º 14.669 de 09/1960
Disco Vi Mamãe Beijar Papai Noel/Jingle-Bell Rock – n.º 14.690 de 11/1960 -
Disco Hey Mama/Gosto de Você meu Bem – n.º 14.723 de 04/1961
Disco Canário/A Lenda da Conchinha – n.º 14.801 de 05/1962

Formato 33 rpm – Compacto simples

Disco Handsome Boy – 06/1958
Disco Devotion/ O Céu Mudou de Cor – 10/1958
Disco The Secret/Estúpido Cupido – 03/1959
Disco Banho de lua/Muito Jovem – 07/1959
Disco Túnel do amor/Lacinhos Cor-de-rosa – 08/1959
Disco Billy/Tammy – 03/1960
Disco Frankie/Não Tenho Namorado – 06/1960
Disco Mal-me-quer/Broto Legal – 09/1960
Disco Vi Mamãe Beijar Papai Noel/Jingle-Bell Rock – 11/1960 -
Disco Hey Mama/Gosto de Você meu Bem – de 04/1961
Disco Canário/A Lenda da Conchinha – de 05/1962
Disco Estúpido Cupido/Banho de Lua – de 1960
Disco Trem do Amor/Flamengo Rock – de 10/1961
Disco Hey! Ex-Amor/Bonnie e Clyde (Promocional) – de 06/1968 -
Disco Hey! Ex-Amor/Marquei Encontro com Você em Meus Sonhos – de 08/1968

Formato 45 rpm

Disco Handsome Boy – 06/1958
Disco Devotion/ O Céu Mudou de Cor – 10/1958
Disco The Secret/Estúpido Cupido – 03/1959
Disco Banho de lua/Muito Jovem – 07/1959
Disco Túnel do amor/Lacinhos Cor-de-rosa – 08/1959
Disco Billy/Tammy – 03/1960
Disco Frankie/Não Tenho Namorado – 06/1960
Disco Mal-me-quer/Broto Legal – 09/1960
Disco Vi Mamãe Beijar Papai Noel/Jingle-Bell Rock – 11/1960 -
Disco Hey Mama/Gosto de Você meu Bem – de 04/1961
Disco Canário/A Lenda da Conchinha – de 05/1962
Disco Estúpido Cupido/Banho de Lua – de 1960
Disco Trem do Amor/Flamengo Rock – de 10/1961
Disco Hey! Ex-Amor/Bonnie e Clyde (Promocional) – de 06/1968 - nº 7B-317

Disco Hey! Ex-Amor – nº DP-398, de 08/1968
Disco Celly Campello – BZA 1053, de 1960
Disco Canário (com Tony Campello) – 1973
Disco Estúpido Cupido/Túnel do Amor – 1976

Formato Compacto Duplo (45 rpm)

Disco Estúpido Cupido – n.º BWB 1.084 de 08/1959
Disco Broto Certinho – n.º BWB 1.131 de 04/1960
Disco A Bonequinha que Canta – 10/60
Disco Celly Campello – n.º 7BD-1006 de 10/1961
Disco Juntinhos com Celly Campello – Portugal – JGEP 49 07/63
Disco Juntinhos com Celly Campello – África do Sul – LMEP 1140
Disco Celly Campello – n.º 7BD-1167 de 11/1968
Disco Broto Certinho – nº 7BD-1006 de 1960
Disco Broto certinho – nª BWB-1131, de 1960
Disco A Bonequinha de luxo – BWB-1157, de 1960
Disco Celly Campello – 1960
Disco Broto Certinho – LMEP 1070, de 1960
Disco Anos 60 - S7BD-1359, de 1960
Disco Celly Campello – S7B-880, de 1959

Formato Long-play (LP)

Disco Celly Campello – Estúpido Cupido – S7B-880, de 1959
Disco Broto Certinho n.º MOFB-3162 de 04/1960 (Mono)
Disco A Bonequinha que Canta n.º MOFB-3186 de 11/1960 (Mono)
Disco Celly Campello – S7B-880, de 1959
Disco A Graça de Celly Campello e as Músicas de Paul Anka n.º MOFB-3230 de 04/1961 (Mono)
Disco Brotinho Encantador n.º MOFB-3257 de 10/1961 (Mono)
Disco Os Grandes Sucessos de Celly Campello n.º MOFB-3288 de 05/1962 (Coletânea em Mono)
Disco Celly n.º (S)MOFB-3543 de 06/1968 (Estéreo)
Disco Anos 60 n.º SC-10014 de 1973 (Coletânea com Reprocessamento Eletrônico - Fake Stereo)

Formato coletâneas

Disco Os Grandes sucessos de Celly Campello – 1962, Odeon
Disco Celly e Tony Campello – 1968, Odeon/Discobertas – LP/CD
Disco Celly Campello n.º 103.0184 de 11/1976 LP
Disco Disco de Ouro – Odeon, de 1981 LP
Disco Anos 60 – nª SC 10014, de 1973/2003, Coronado/EMI-Odeon, LP/CD
Disco Mar de Rosas – 2012, Discobertas, CD
Disco Coleção 4 em 1 - George Freedman, Celly Campello, Ronnie Cord e Waldirene – nº 74321836192, 2001, BMG Brasil – CD
Disco Bis - Celly Campello – nº 5288822 2, de 2000, EMI Music, CD
Disco Aplauso – Celly Campello – nº 7432133642-2, de 1996, BMG Brasil, CD
Meus Momentos - Celly Campello – nº 852389 2, de 1996, EMI Music,CD
Disco Celly Campello,- grandes sucessos- Odeon/1995
Disco O Melhor da Jovem Guarda, Odeon/1990
Box Estúpido Cupido, com seis CDs, Discobertas, de 2011
Formato participações LP/CD

Disco Os Campeões de sucesso, Odeon, de l960
Disco Em dia com o sucesso, Odeon, de 1961
Disco Juventude Espetacular, Odeon, de 1961
Disco Avant-Premiére, vol.4, Odeon, de 1961
Disco Hebe Comanda o Espetáculo – 1961, Odeon
Disco Juventude espetacular – Odeon, 1961
Disco Em Dia com o Sucesso – Odeon, 1961
Disco Sucessão de Sucessos – Odeon,, 1961
Disco José Vasconcelos Conta Histórias De Bichos – Odeon, de 1962
Disco Em Dia com o Sucesso Vol. 2 – Odeon, de 1962
Disco Noite de Natal... Cheia de Estrelas – Odeon, 1963
Disco Tesouro Musical – Odeon, de 1968
Disco As 14 Pra Frente VOL. 2 – Continental, de 1971
Disco As 14 Pra Frente VOL. 14 – Continental, de 1971
Disco Flashback Nacional – Coronado/EMI-Odeon, de 1975
Disco Implosão de rock – RCA Pure Gold, de 1975
Disco Flashback Jovem Guarda – Musicolor/Continental, de 1975
Disco Primavera em Marte – RCA Victor, de 1975
Disco Estúpido Cupido - Trilha Sonora da Novela – Som Livre, de 1976
Disco Saudade Jovem Nacional Vol. 2 – RCA Camden, de 1976
Disco Preferência Nacional Vol. 3 – Coronado/EMI-Odeon, de 1976
Disco Sucessos no Brasil Inteiro – RCA Victor, de 1977
Disco Fantásticos 79 Vol. 9 – RCA Victor, de 1979
Disco O Rock dos Anos 60 – Phonodisc/Continental, de 1987
Disco Tony E Celly Campello Demétrius Grandes Sucessos – Phonodisc, de 1989
Disco Engraçadinha – Trilha Sonora da Minissérie – Som Livre, de 1995
Disco De volta aos 60 – EMI-Odeon, 1996
Disco De volta aos 50 – EMI-Odeon, 1996
Disco No tempo do rock and roll – Revivendo, de 1998
Disco Hilda Furacão - Trilha Sonora da Minissérie – Som Livre, de 1998
Disco Lula - O filho do Brasil - Trilha Sonora do Filme, Som Livre, de 2009

Continental

Disco Pra Você Gostar de Mim (Taí) – nº CS-50.310, de 1971
Disco Celly Campello – nº CS-50.366, de 1971.
Disco Mar de Rosas – Compacto Duplo n.º LD.33917 de 1971
Disco Celly Campello – nº CS-50.382, de 1972.

RCA Victor

Compacto Simples

Disco Onde Você For – n.º 101.0245 de 03/1974
Disco Nosso Amor é Pra Sempre – n.º 101.0398 de 05/1976
Disco Celly Campello, nº 101.0440, de 1976, RCA Victor
Disco Celly Campello, nº 102.0156, de 1976, RCA Victor
Disco Diga que eu Mando um Alô – n.º 101.0472 de 1977
Disco Estamos a Fim (Com Tony Campello) – nº 101.0643 de 1978
Disco Celly Campello, nº 101.0566, de 1978, RCA Victor

Compacto Duplo
Disco Estúpido Cupido n.º 102.0156 de 1976
Disco Don't Cry for Me Argentina n.º 102.0180 de 1977
Disco Celly Campello n.º 102.0229 de 1978
Disco Celly Campello n.º 102.0256 de 1979, RCA Victor
Disco Estamos a Fim (com Tony Campello)
Disco Celly Campello n.º 101.0472,de 1977, RCA Victor

Filmografia
1959 - Jeca Tatu
1960 - Zé do Periquito
1975 - Ritmo Alucinante
1977 - Estúpido Cupido

Bibliografia
1 - Livros

AGUIAR, Ronaldo Conde. Guia do passado – Alegria, aventuras e esperanças: os anos 1950 e suas adjacências. Rio de Janeiro, Casa da Palavra, 2011.
ANAZ, Silvio. O que É Rock – Para ler ouvindo música. São Paulo, Popbooks, 2011.
ARAÚJO, Eduardo. Pelos caminhos do rock: Memórias do Bom. Rio de Janeiro, Editora Record, 2016.
ARAÚJO, Paulo César. Roberto Carlos em Detalhes. São Paulo, Editora Planeta, 2006;
ARAÚJO, Paulo César. Roberto Carlos Outra Vez – 1941-1970 – Volume 1. Rio de Janeiro, Editora Record, 2021.
BARSALLINI, Glauco. Mazzaropi – O Jeca do Brasil. Campinas, Editora Átomo, 2002.
BENVENUCI, Nenê. Os incríveis anos 60 e 70... E eu estava lá. Osasco, Novo Século 2009.
BRANDÃO, Antonio Carlos. DUARTE, Milton Fernandes. Movimentos culturais de juventude. São Paulo, Editora Moderna, 2011.
CALADO, Carlos. Tropicália: a história de uma revolução musical. São Paulo, Editora 34, 1997.
CALDAS, Waldenyr. A cultura da juventude – 1950-1970. São Paulo, Musa Editora, 2008.
CARDOSO, Sylvio Tullio. Dicionário biográfico de música popular. Edição do autor. Rio de Janeiro,1965.
CARVALHO FILHO, Paulo Machado de. Histórias... que a história não contou. São Paulo, Editora Companhia Nacional, 2006.
CHACON, Paulo. Rock - O Que é Rock. Coleção: Primeiro Passos Volume 68. São Paulo, Editora Brasiliense, 1982.
DEL PRIORE, Mary. Organizadora. História das mulheres no Brasil. São Paulo, Editora Contexto, 2020.
FAOUR, Rodrigo. Cauby Peixoto: 50 anos da Voz e do Mito. Rio de Janeiro, Editora Record, 2001.
GUERREIRO, Antonio; PIMENTEL, Luiz César. Ronnie Von. São Paulo, Editora Planeta, 2014.
GULLO, Carla. Jovem Guarda e Tropicália. São Paulo, Moderna, 2016.
HERDADE, Márcio. Waldirene, a Garota do Roberto – Uma história dos tempos da Jovem Guarda. Campinas, Pontes Editora, 2011.
HOLLANDA, Heloísa Buarque de. Impressões de viagem – CPC, vanguarda e desbunde: 1960/70. São Paulo, Brasiliense, 1980.
MATOS, Marcela. Sai da frente! A vida e a obra de Mazzaropi. Rio de Janeiro, Desiderata, 2010.
MELANTONIO, Pascoal. Geração "Coca-Cola". São Paulo, Clube do Livro, Edições Piratininga, 1959.
MENDES, Edith Gabus, Octávio Gabus Mendes – Do rádio à televisão. São Paulo, Editora Lua Nova, 1988.
MONTEIRO, Denilson Brandão. Dez, nota dez! Eu sou Carlos Imperial. São Paulo, Editora Planeta, 2015,
MUGNAINI JUNIOR, Ayrton. Breve história do rock brasileiro. São Paulo, Editora Claridade, 2016.

PEDERIVA, Ana Bárbara Aparecida. Jovem Guarda -Cronistas sentimentais da juventude. São Paulo, Companhia Editora Nacional, 2000.
PINSKY, Carla Bassanezi. Mulheres dos anos dourados. São Paulo, Editora Contexto, 2014.
PRIORI, Mary del; PINSKY, Carla Bassanezi. A história das mulheres no Brasil. Editora Contexto, 2020.
PUGIALLI, Ricardo. No embalo da Jovem Guarda. Rio de Janeiro, Editora Ampersand, 1999.
PUGIALLI, Ricardo. Almanaque da Jovem Guarda – Nos embalos de uma década cheia de brasa, mora? São Paulo, Ediouro, 2006.
SANTOS, Joaquim Ferreira. Feliz 1958 – O ano que não devia terminar. Rio de Janeiro, Record, 1998.
SEVERIANO, Jairo. MELLO, Zuza Homem de. A canção no tempo – 65 anos de músicas brasileiras – Volume 2: 1958-1985. São Paulo, Editora 34, 1008.
SILVA, Ana Maria Santos; SOUZA, Rosiane Moura. Celly Campello e sua Trajetória Artística. Monografia. Faculdade de Ciências Sociais e Letras da Universidade de Taubaté, 2005.
SILVA, Elmiro Lopes. Música e comportamento: nos embalos do Rock'n'Roll e da Jovem Guarda (Uberlândia – 1955/1968). Programa de pós-graduação. Instituto de História. Universidade Federal de Uberlândia, fevereiro de 2007.
VIEIRA, Lula. Incomodada ficava a sua avó – anúncios que marcaram época e curiosidades da propaganda. Rio de Janeiro, Ediouro, 2003.
WANDERLÉA. Wanderléa: foi assim. Rio de Janeiro, Editora Record, 2017.

2 – Coleções de revistas

Bizz, Carioca, Carta Capital, Cláudia, Criativa, Ele e Ela, Faça Fácil, Fatos e Fotos, Intervalo, IstoÉ, Manchete, Melodia, Música, Nova, O Cruzeiro, Panorama, Playboy, Pop, Revista do Rádio, Revista do Rock, Radiolândia, Rolling Stone Brasil, Showbizz, Status e Veja.

3 – Jornais e revistas

"O destino". Jornal Fagulhas, abril e maio de 1952.
"A passagem do ano no Taubaté Country Clube". Jornal A Tribuna, 4 de janeiro de 1957.
"Tony e Celly na Odeon". Gazeta Esportiva, 16 de abril de 1958.
"Bill Halley passou por São Paulo". O Estado de S. Paulo, 22 de maio de 1958.
"A nova sensação dos brotos". Revista do Rádio, 24 de outubro de 1959.
"Continua o duelo Celly x Sandra". Revista do Rádio, 24 de outubro de 1959.
"Essa moça vai ser a sucessora de Emilinha. Revista do Rádio, 24 de setembro de 1960.
"Tony Campello, um norte-americano que... nasceu em São Paulo". Revista do Rádio, 31 de janeiro de 1959.
"Tony Campello encontrou sua eleita". Revista do Rádio, 5 de setembro de 1959.
"Invasão triunfal dos paulistas no Rio". Revista do Rádio, 28 de novembro de 1959.
"Milionária em rádio e discos aos 17 anos". Revista do Rádio, 5 de dezembro de 1959.
"Muito jovem para amar". Revista do Rádio, 25 de junho de 1960.
"Cupido não pode flechar Celly". Revista do Rádio, 25 de junho de 1960.
"Celly Campello não vai aos Estados Unidos". Revista do Rádio, 9 de julho de 1960.
"Rival de Celly Campello: Sônia Delfino diz que não". Revista do Rádio, 10 de setembro de 1960.
"Celly tem 60 milhões de namorados". Revista do Rádio, 24 de setembro de 1960.
"Elegância das estrelas". Revista do Rádio, 1º de outubro de 1960.
"Surpreendente: estreia de Celly Campello foi um fracasso". Revista do Rádio, 8 de outubro de 1960.
"Maior sonho de Celly é o casamento". Revista do Rádio, 15 de outubro de 1960.
"Todas as fãs desejam isso: o casamento de Celly e Agnaldo". Revista do Rádio, 19 de novembro de 1960.
"Celly Campello diz quem é seu namorado". Revista do Rádio, 31 de dezembro de 1960.
"Celly não acabará comigo". Revista do Rádio, 12 de outubro de 1960.
"Sou feio e morro longe – vocês acreditam nisso?" Revista do Rádio, 4 de fevereiro de 1961.
"Confirmado: Celly vai parar de cantar". Revista do Rádio, 1º de abril de 1961.

"Brigam Rio e São Paulo por causa desses brotos". Revista do Rádio, 15 de abril de 1961.
"Celly Campello, o rock em família". Por Eduardo Ramalho. O Cruzeiro, 9 de setembro de 1961.
"Rock não faz mal aos jovens". Revista do Rádio, 16 de setembro de 1961.
"Mais um brotinho concorrendo com Celly". Revista do Rádio, 25 de novembro de 1961.
"Ficou noiva oficialmente Celly Campello". Revista do Rádio, 11 de janeiro de 1961.
"Celly quer se casar, mas Tony não quer". Revista do Rádio, 5 de agosto de 1961.
"Reação contra o Banho de Lua de Celly Campello. Revista do Rádio, 19 de agosto de 1961.
"Tony e Celly Campello: Dois irmãos abrem as portas do sucesso. Revista do Rádio, 17 de novembro de 1961.
"Cupido flechou mesmo Celly Campello". Revista do Rádio, 2 de dezembro de 1961.
"Entre panelas e fogão: Celly despede-se da vida de solteira". Por Arnaldo Câmara Leitão. Revista Radiolândia e TV, maio de 1962, 2ª quinzena.
"São Paulo em festa: o casamento de Celly Campello". Revista do Rádio, 19 de maio de 1962.
"Estúpido cupido flechou Celly Campello". Por Orlandino Rocha. O Cruzeiro, 26 de maio de 1962.
"Celly Campello em lua de mel". Revista do Rádio., 16 de junho de 1962.
"São Paulo gosta mais de rock". Revista do Rádio, 24 de março de 1962.
"O casamento acabou com a carreira de Celly Campello?" Revista do Rádio, 13 de outubro de 1962.
"Brotos de São Paulo elegem seus ídolos". Revista do Rádio. 9 de março de 1963.
"Tony Campello quase não casa". Revista do Rádio, 28 de outubro de 1963.
"Quem vai ficar no lugar de Celly Campello?" Revista do Rádio, 12 de fevereiro de 1964.
"Tony Campello vai estrear de papai". Revista do Rádio, 1º de maio de 1965.
"Jovens cantores fazem música jovem. Por Ary Vasconcellos. O Cruzeiro, 13 de novembro de 1965.
"A Volta de Celly Campello". Por Fred Jorge. Melodia – A revista da mocidade nº 107, julho de 1966.
"Nelson Campello – O esporte como ele é". Jornal A Tribuna , 20 de setembro 1971.
"Entrevista – Celly Campello" – Revista Bondinho 2, abril de 1972.
"Rock: o grito e o mito. Por Roberto Muggiati. In: Revista Planeta nº 10, Editora Três, junho de 1973.
"Gil e Celly: 15 anos depois, o encontro". Folha de S. Paulo, 22 de maio de 1974.
"Celly Campello: a volta da rainha do rock". – Geração Pop, nº 21, julho de 1974.
"Entrevista com Carlos Gonzaga, um ex-rei do rock". Folha de S. Paulo,30 de junho de 1975.
"A volta do rock-raiz após 15 anos". Por Carlos A. Gouveia. Folha de S. Paulo, 21 de julho de 1975.
"Os favoritos da juventude". Revista TV Radiolândia, agosto de 1962, 2ª quinzena.
"Os anos 60, The sixties". Jornal Aqui São Paulo, 23 de setembro de 1976.
"O fim de uma década, o início de outra". Diário do Povo, 12 de dezembro de 1976.
"Carta a Celly Campello". Por Inês Knaut. Revista Nova, dezembro de 1976.
"Afinal, cupido não foi tão estúpido assim (não é, Celly Campello?). Por Nilcéa Nogueira. Revista Cláudia, dezembro de 1976.
"Vida cor de rosa" – Revista Veja, 31 de agosto de 1983.
"Celly Campello: a rainha dos pioneiros do rock. Revista Viva o Rock, janeiro de 1985.
"Ao balanço dos anos". Por Ricardo Soares. O Estado de S. Paulo, 18 de dezembro de 1986.
"Nos tempos do velho e bom rock'n'roll". Por Regina Echeverria. O Estado de S. Paulo, 1º de julho de 1989;
Célia Valente. Celly Campello: de rainha do rock a rainha do lar. Criativa nº 5, setembro de 1989.
"Sérgio Mutilo". O Estado de S. Paulo, 20 de fevereiro de1992.
"Tony e Celly Campello recordam na TV Cultura a era do Iê-Iê-Iê". Folha de S. Paulo, 5 de agosto de 1993.
"Tony e Celly cantam sucessos da pré-jovem guarda". Por Geraldo Galvão Ferraz. O Estado de S. Paulo, 5 de agosto de 1993.
"Com vocês: Celly Campello". Por Dalva Ventura. Revista Capricho nº 413. Sem data.
"Celly foi mãe e pai do rock". Folha de S. Paulo, 7 de junho de 1995.
"Decreto Legislativo 26/86. Diário de Taubaté, 16 de Janeiro de 1996.
"Homenagem aos irmãos Campello". Diário de Taubaté, 5 de dezembro de 1998.
"Celly Campello inaugurou o trampolim do TCC". Correio Popular, 4 - jornal Correio Popular

"Celly, você não sabe da maior". Por Moacyr Castro. Jornal Vale Paraibano 6 de maio de 1998.
"Novela traz Celly Campello de volta". Jornal Vale Paraibano, 5 de junho de 2000.
"Um pouco de história: pioneiros do rock"!. Jornal Matéria Prima, 16 de junho de 2000.
"Celly ganha homenagem". Diário de Taubaté, 1º de abril 2000.
"Morreu Celly Campello, pioneira do rock". Folha de S. Paulo, 5 de março de 2003.
"Celly Campello e o adeus à roqueira das multidões". Jornal da Tarde, 5 de março de 2003.
"Morre Celly Campello, musa da jovem guarda". O Estado de S. Paulo, 5 de março de 2003.
"Taubaté tem orgulho de Celly Campello". Jornal da Cidade, 6 de março de 2003.
"O adeus a Celly Campello". O Estado de S. Paulo, 6 de março de 2003.
"Brotinho legal". Por Nelson Fukai. Jornal São Paulo, 18 de março jornal de 2003.
"A sempre musa". Jornal AOPM, abril de 2003.
"Celly Campello: o adeus da roqueira das matinês". Jornal da Tarde 5 de março de 2003.
"Morre Celly Campello". A Voz do Vale, 5 de março de 2003.
"Taubaté prepara homenagem póstuma a Celly Campello". Diário de Taubaté, 6 de março de 2003.
"Celly Campello, a namoradinha do Brasil". Jornal Contato, 14 de março de 2003.
"Morre Celly Campello, pioneira do rock". Sem autoria. Folha de S. Paulo, 5 de março de 2003.
"O adeus a Celly Campello". Por Rose Mary de Souza. O Estado de S. Paulo, 6 de março de 2003.
"Celly Campelo, 'uma cantora de família'". Por Reali Junior. O Estado de S. Paulo, 16 de março de 2003.
"Nos tempos de Celly, da cuba livre...". Por Adriana Carranca. O Estado de S. Paulo, 16 de março de 2003.
"Série conta história do rock brasileiro". Por Lauro Lisboa Garcia. O Estado de S. Paulo, 2 de julho de 2004.
"A música que inventou a juventude". Por Sérgio Augusto. O Estado de S. Paulo, 13 de julho de 2004.
"Um ano depois". Por Aracelli Avelleda. Jornal Gazeta do Cambuí, 12 de março de 2004.
"Prefeitura entrega praças". Diário Oficial de Campinas, 27 de março de 2004.
"Um ano sem Celly Campello". Jornal Mão de Obra, março de 2004.
"Empresária recebe carta de cantora". Jornal Vale Paraibano, 23 de janeiro de 2005.
"Celly Campello: personalidade uma geração". Jornal Diário de Taubaté, 29 de outubro 2005.
"A emancipação feminina no curso da MPB, de Celly a Kelly". Por Pedro Alexandre Sanches. Folha de S. Paulo, 8 de março de 2005.
"Silva Neto, personagem fundamental do rádio de Taubaté". Diário de Taubaté, 21 de maio de 2007.
"Primeira-dama apoia projetos de Silva Neto". Jornal Diário de Taubaté, 26 de maio de 2007.
    "A rainha do rock". Jornal Vale Paraibano, 14 de fevereiro de 2008.
"Bonequinha de luxo". Por Edmundo Leite. O Estado de S. Paulo, 22 de outubro de 2011.
"Doce ingenuidade de Celly Campello, a bonequinha que seduziu a brotolândia". Revista Rolling Stone, de março de 2013
"Augusta e transgressora". Por Maria Zimmermann de Andrade. Revista de História da Biblioteca Nacional nº 104, maio de 2014.
"A invenção da juventude". Por Lidiane Ainres e Fábio Marton. Site Revista Aventuras na História, publicado em 28 de janeiro de 2017.
"Nós na música". Gazeta de Taubaté, 23 de fevereiro de 2016.
"Maior que um teatro". Por Júlio Maria. O Estado de S. Paulo, 6 de abril de 2017.

4 – Internet
https://www.immub.org/artista/celly-campello
https://discografiabrasileira.com.br/posts/245418/celly-campello-80-anos-o-broto-mais-legal-da-musica-brasileira
https://www.letras.com.br/celly-campello/biografia
https://www.omelete.com.br/musica/morreu-celly-campello-icone-primal-do-rock-brasileiro
https://g1.globo.com/pop-arte/musica/blog/mauro-ferreira/post/2022/06/18/celly-campello-que-faria-80-anos-personifica-o-brotinho-encantador-na-pre-historia-do-rock-brasileiro.ghtml
https://www.camara.leg.br/radio/programas/516575-hoje-e-aniversario-de-nascimento-de-celly-

-campello/
https://som13.com.br/celly-campello/biografia
https://tangerina.uol.com.br/filmes-series/marianna-alexandre-celly-campello/
https://www.discogs.com/pt_BR/artist/1123020-Celly-Campello
chrome-extension://efaidnbmnnnibpcajpcglclefindmkaj/https://taubate.sp.gov.br/wp-content/uploads/2021/06/Cat%C3%A1logo-Celly-Campello-MISTAU-2021.pdf
https://almanaqueurupes.com.br/index.php/2020/06/18/ha-73-anos-nascia-celly-campello/
https://dicionariompb.com.br/artista/celly-campello
https://claudia.abril.com.br/coluna/ana-claudia-paixao-hollywood-cinema-series/broto-legal-filme/
https://www.jovemguarda.com.br/discografia-celly-campello.php

Do mesmo autor, leia: